作者简介

　　张芊，又名高小鹏，安徽铜陵人。生长于长江与青通河交汇处的大通对岸古渔村——河南咀。青少年时期为渔民，后曾任教师、干部。现为安徽省散文家协会会员、铜陵学院工商管理学院客座教授。代表作有散文集《润草方青》、四言律句《大通胜揽》等。

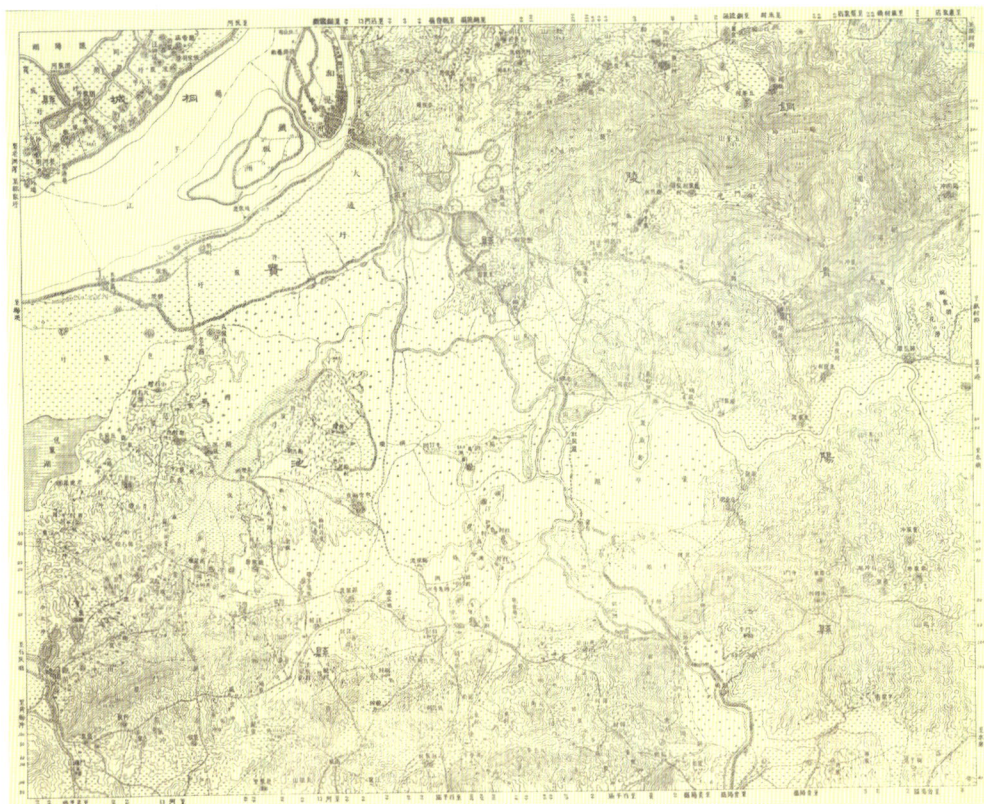

1935年大通地图

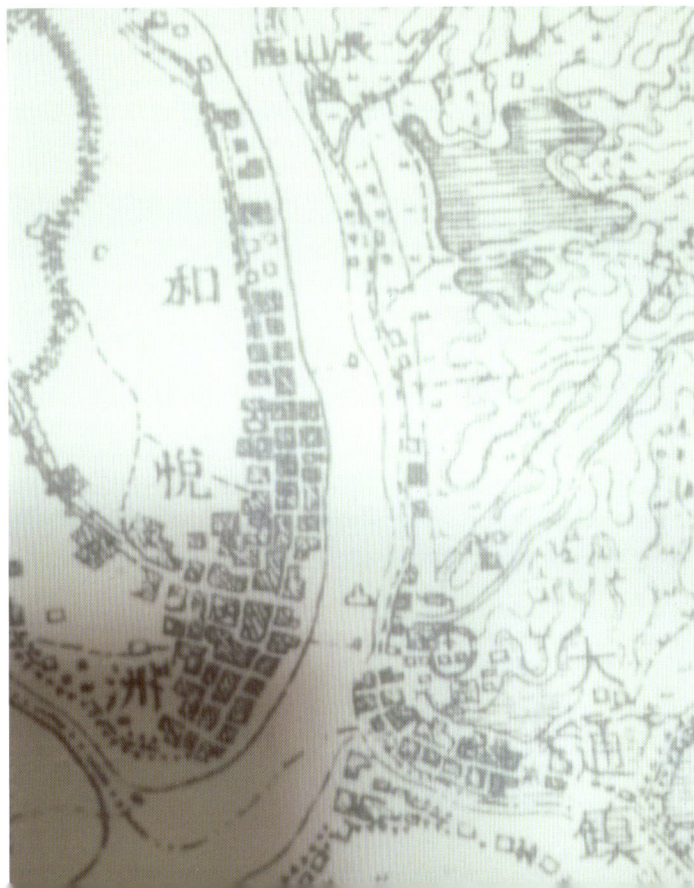

一江三地及一河两岸
（大通、和悦洲、河南咀）

　　青通河发源于九华山，自南向北流经青阳、池州、铜陵，到达河南咀嘴头入长江（鹊江），干流河长约68千米

动静相宜的母亲河——青通河

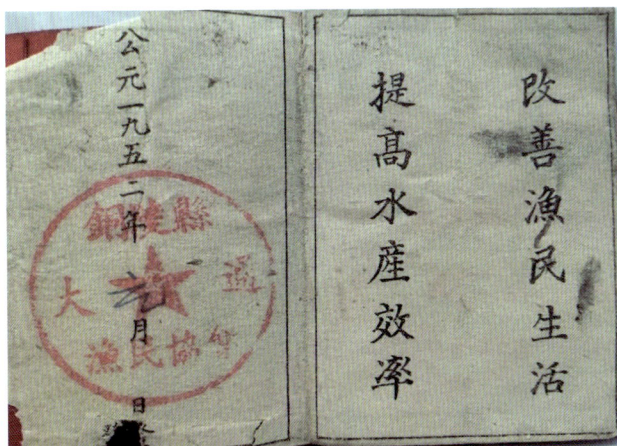

1952年的渔民协会证

民国时的大通渔业公会铜牌

1958年，张大信荣获社会主义建设
先进生产者奖章

鱼花筛子

鱼花桶

龙舟竞渡

省级非物质文化遗产——水上龙灯

神奇的老鼠石

铜贵大桥

渔歌唱晚

千年渔村河南咀

张 芊 ◎ 著

中国文史出版社

图书在版编目（CIP）数据

渔歌唱挽：千年渔村河南咀／张芊著. -- 北京：
中国文史出版社，2024.11. -- ISBN 978 - 7 - 5205 - 4769
- 7

Ⅰ. K295.45

中国国家版本馆 CIP 数据核字第 2024TL9880 号

责任编辑：程　凤

出版发行：中国文史出版社
社　　址：北京市海淀区西八里庄路 69 号　　邮编：100142
电　　话：010 - 81136606　81136602　81136603　81136605（发行部）
传　　真：010 - 81136655
印　　装：廊坊市海涛印刷有限公司
经　　销：全国新华书店
开　　本：787×1092　1/16
印　　张：40
字　　数：623 千字
版　　次：2025 年 2 月北京第 1 版
印　　次：2025 年 2 月第 1 次印刷
定　　价：168.00 元

序一

一个人的渔村

许春樵

也许要早于南宋，石台高姓祖先从青通河上了岸，定居河南咀那天，想必是个晴空万里的良辰吉日，他们面对着水天一色的大江，无数次憧憬着美好的未来，但压根就没想到，800 年后，有一个高氏后人高小鹏（张芊）捧出了一本《渔歌唱挽——千年渔村河南咀》的书，将他们的沧桑历程、兴衰往事连同他们一步一个脚印的跋涉全部记录在册，打开书页，洋洋洒洒竟 60余万字。

用了三天时间，总算读完了，像是一次时空穿越，又像是一次重温旧梦，那里面的场景、人物、风俗、民情，大多是我这一代人耳闻目睹且深刻体验过的，身临其境的亲近感异常鲜明。

张芊写的是渔村，复活的是历史，是一个渔村的历史，是一代人的历史，也是一个片段的近现代中国史。具体到河南咀，这部书可以定性为渔村河南咀的村史，或村志。中国有历代王朝史，有省志、州志、县志，但极少有村史、村志的，康熙年间贵池修过《杏花村志》，这些年，国内有个别腰缠万贯的村子尝试着修村志、村史馆，见过一些，大多扬长避短，文过饰

1

非，与《渔歌唱挽》的厚重与丰富相比，清浅单薄。

渔村河南咀是独一无二的存在，就像《渔歌唱挽》一样，它有理由在中国乡村志中拥有独特的地位和独到的价值。

《渔歌唱挽》作为渔村河南咀的村志，它的意义在于，一是为一个消失的村庄立传，为一个远去的背影留痕，环顾海内，独此一家；二是历史钩沉、世俗人情、风物地理、人文掌故、经济社会，无处不在，无所不包，是渔村志书，也是渔村百科全书；三是写作中，在对历史的纯客观书写中，渗透进了大量个人的理性思考、判断与评述，类似于渔村评传，第二篇章中用散文笔法记人叙事、咏物抒情，文学描摹与个人情感叙事成为基本调性，所以，它是一部志书，又是一部文学书。

志书、评传、散文集，《渔歌唱挽》的浩阔与丰富，写实与修辞，给这部书的文体定位带来了多种可能性。

余光中的《乡愁》就是写给故乡的一首挽歌，破碎撕裂的乡情与亲情，是疼痛中的伤害，是无奈中的绝望，而张芊为河南咀消逝所做的挽歌，是惋惜中的自豪，是不舍中的眷恋，是文字重建后的骄傲，精神质地与情感方向是大不相同的。张芊（高小鹏）是河南咀的后代，高张吴三姓鼎力的渔村，作者坐拥大半，他写村史，类似于写家史，情感代入与精神旨归，概括为一句话："谁不说俺家乡好"！

河南咀的好，建立在扎实而丰厚的资料上，建立在细腻而深刻的情感体验中，这是一部用心、用力、用情的书，河南咀前世今生，看似随手拈来，实则苦心孤诣，河南咀与大同圩隔开后，居民区 23.999 亩，江边操场 48.71 亩，狭小的 72 亩地上从一片荒芜到人生鼎沸，庙嘴头、临江小街、祠堂、老渡口、轮船码头、木行、洋桥、裁缝店、茶水铺、船钉铁匠铺、澡堂、钟表修理铺、剃头店、染坊、族谱、渔网、家什连同锅碗瓢盆全都从历史的尘烟中抖落一身灰烬，活灵活现地推送到读者面前，读者在文字中似乎能嗅到了河南咀早点铺子里的油条的香味、五香豆的茴香味，还有四处弥漫的鱼腥味。婚丧嫁娶的习俗、过年乐此不疲的繁文缛节，淡季的说书、听戏、下棋，夏季江面船上纳凉，挑墩子、造大屋，河南咀如同一幅慢慢展开的全景式的渔村《清明上河图》，从左到右，由浅入深。

是文字将已经消逝的渔村救活了，这是一次凤凰涅槃的惊艳与荣耀。

历史是事件组成的，事件是由人来完成的。《渔歌唱挽》写千年渔村的通史，笔墨集中于民国到当下历史，如同司马迁写《史记》，把写人当作写事件的前提，《渔歌唱挽》将历代渔村名人，参军的、当官的、经商的、招工的、打渔的、做手艺的、考学的都造册登记，立字为据。为村民立传是这本书的一个重要贡献，佘二和尚剑走偏锋，将河南咀商贸地位提档升级，其传奇经历足以写一本书；二嫂章大姐心灵手巧、勤俭善良；第一个大学生高宗一智慧聪明却一生坎坷；吝啬鬼佘文喜守财有道却人生荒唐；来自铁板洲的表婶周爱莲美若天仙，可地主家庭出身，红颜薄命，一生磨难，晚景凄惨。书中不仅写了典型人物，还写到那些卸货累死的、暴病早死的、打渔溺死的一群普通人，这些如蝼蚁般的村民是渔村河南咀命运的一个重要组成部分，为平民立传显然是基于作者的平民立场和平民情感。

河南咀是江边沉积地块建起来的渔村，地理位置好，风险也很大，崩岸塌方的险情连年不断，洪水暴发的年份，村民们家破人逃，与大同圩隔断后，河南咀实际上已暴露在天灾人祸的前沿，他们享有的是自生自灭的命运，就在这样一个已被放弃了的方寸土地上，他们演绎出了逆天改命的生存神话，彰显出了"知其不可而为之"的顽强的生命意志，一个萧疏的渔村被打造成一个繁华的街市，这应当是张芊《渔歌唱挽》写作的原动力和情感向度之所在。《渔歌唱挽》写的一个渔村的历史，隐喻和象征的是农业文明下，中国乡村顽强求生、不屈不挠的生存史和精神史。

作为一个"生于斯，长于斯"的写作者，张芊不仅倾注了自己对河南咀纯真质朴的情感，同时对千年渔村做出了深度的理性思考，其中对渔民的封闭与狭隘、粗疏与保守毫不回避并做了尖锐的解剖，招工的渔民见打渔比矿上收入高，就弃职返村打渔，又反悔后来工矿工资高。这不只是河南咀渔民的目光，而是农业社会的中国乡村结构性的思维模式。张芊如此写史，显然提升了这部书的思想含量。

《渔歌唱挽》第一篇章写史、记事，侧重于客观的史料与考据；第二篇章写人、言情，致力于人文情怀的主观抒发，其中大量运用了文学笔法，将人物形象、人物性格细腻准确地勾勒出来，散文质地鲜明，字里行间焕发着文学感染力。

一个在地图上已经消失了村庄，因为一本书而活了下来；一个有血有肉的渔村历史，因为一本书而成为永恒。

《渔歌唱挽》，是河南咀千百年所有人的渔村，更是张芊一个人的渔村，因为没有张芊，河南咀真的就没有了。

是为序！

（许春樵，中国作家协会全国委员会委员、安徽省作家协会主席、国家一级作家）

序二

消逝的渔村

吴稼祥

没有母亲的日子里，最难熬的是黄昏。太阳一落山，屋后邻居家做好晚饭的姆妈们，就开始召唤自己贪玩的小把戏们回家吃饭。

"小朋子啊，回家吃饭啰！"

"小长子啊，要姆妈喊你几趟啊！"

"……"

此时，我就和被喊的娃子们在一起疯玩，跳房子，打弹子，斗鸡腿，或拍画片。他们一走，没有人喊的我，孤零零地回家，等待我的不是姆妈做的饭菜，在碗里喷香，而可能是一小堆爆米花，可怜巴巴地摊在桌子上，没有热气腾腾的菜肴。

这样的日子里，通常是大大（父亲）和全村渔民们一样，都外出捕鱼，在初秋季的青通河；或去打鱼苗，在春季的长江边。大大临走前，会给哥哥留点钱，买米、买菜。可哥哥当时迷上了牌九，不仅把买米、买菜的钱输光了，还欠了一屁股赌债。结果就是没钱买菜，也买不到足够的米熬粥，只好吃爆米花当晚饭。看上去泡泡的一堆，还没等最后一粒米花吞下去，就饿

1

了。有时，债主找上门来，幸好其中有亲戚，拿走了最后一分钱，也就算了。有天夜里，我听见哥哥蒙着被子哭。从那以后，他就再没有赌过。

常常有邻居家的小娃子受到惊吓，姆妈们怕他们丢了魂，便出门为他们叫魂。

"华子啊，回家啰，姆妈在家等你哦——"

一遍又一遍地叫，声音还拖得老长，在晚风中飘荡，我在家里捂着耳朵都能听见。我完全受不了这声音，似乎它要把我的魂叫走，因为我的魂一直在找姆妈。

8岁那年，有天晚上，我蹲在门前篱笆西边的空地上大便。月亮在云层里时隐时现，风吹过头顶上的柳树叶，窸窸窣窣，像怪物在窃窃私语。我正在提心吊胆，突然，月光一暗，大概是被云遮住了。就在这时，一只黑猫惊叫一声，从我头顶上越过。我啊的一声，一下瘫软在我拉出的东西上。我确信我的魂丢了，好想自己的姆妈还在，为我拖长音调叫我的魂回家。此时，门前菜园篱笆前面的小池塘里，传来一阵阵蛙声，呱呱呱，呱呱呱——听起来，好像在叫"快回家，快回家……"，是在为我叫魂吗？从那以后，在任何地方，只要听见蛙声，我都迈不动脚步。

我们家的房子，在南边村头，邻居都姓高，而且户主都是亲兄弟。西北住的是老二，东北住的是老五，住在老五家北边的，是老三。俗话说，打虎亲兄弟，上阵父子兵。只要发生任何邻里纠纷，不用说，我们家肯定占不了上风。高老五家的房子本来朝东，面临河水，靠近河岸。30年河东，30年河西，曾经被带着泥沙的青通河水赐予的渔村，由于河水改向，如今正在被河水啃咬。春天一发山洪，河水就冲刷着渔村这边的河岸，河岸逐年崩塌，危及岸边高老五家的房子。他们决定拆房重建，后撤房址，改变朝向，由原来的朝东，改为朝南。这一改朝向不打紧，从此爆发了我们两家之间长达数年的"战争"。

我们家房子朝南，在东墙边搭了个披厦子，里面堆放着日常用的柴火，柴堆靠南的门口旁，是个猪圈，常年养着一口猪。这本来对谁都没有妨碍，邻里相安无事。高老五家的新房子一改成朝南，我家披厦子就挡住了他们的大门。从此以后，我们从披厦子里搬回家的柴火就经常烧不着。原因并不难找，老五家每天的洗脸水、洗脚水都泼在了披厦子上，水透过木头墙，淋湿了柴堆。不仅柴火烧不着，由于长年累月地被水泼，披厦子的木头北墙也开始朽坏霉烂。大大不敢正面冲突，多次上门交涉无果后，常常指桑骂槐地叫骂。多次引发斗殴，大大和哥哥每次都败下阵来。于是，披厦子拆了，柴火堆进了家里。在有无烟煤供应之前，我和大大夜夜与柴火共眠。猪也养不成了。在我孤独的童年，常常去猪圈，为猪捉虱子，与猪谈心，这些，都已成为温情往事。不过，事情也有好的一面。不再能养猪之后，我再也不会有那样的时刻，倾听过我那么多倾诉的猪，被绑走换钱，我却无能为力；也不再有它嗷嗷惨叫带给我的锥心之痛。

你要以为从此就进入了大同世界，那就错了。有一天我放学回家，发现后门（北门）进不去了，门前堆放着砖块竹木，大大正在和高老五，以及他的长子，肌肉横生的高传树抓扯，高家其他兄弟、子侄也在周围呼叫助阵。抓扯中，大大的头部受到击打，鼻血奔流而出，眼睛也顿时红肿起来。高老二的妻子叫章大姐，有点看不下去，踮着小脚来拉架，还数叨高老五不对。高老二一把将章大姐拉到一边，骂道："要你管，你看上那个尖头棒啦？"尖头棒是村民对我大大的蔑称，挖苦他好占小便宜。他这一骂，章大姐知道不好，转身抹着眼泪，一踮一踮地离开了。章大姐人特别好，我经常去她家玩，她的养子高小朋是我的同学，也是我最要好的童年伙伴。她看到我裤短袖烂时，总是说"没姆妈的娃子可怜啊"，边说边掏出针线来，帮我缝补。有时有什么好吃的，比如过年炸的肉圆子，或压的米花糖，她都塞给我一些。我还记得她颈子上有大块的暗红色胎记，我当时觉得，那就是好人的标记，没有写在脸上，写在了颈子上。

高老五也没想到会发生"流血"事件，转身离开了案发现场。我们扶着大大回家，他在床上躺了好几天，翻来覆去地呻吟，头疼，估计心更疼。虽然大大付出了血的代价，却并没有改变事情的结局：高老五家的一间灶屋（即厨房），像太行山一样，横亘在我家后门（北门）外。从此，这扇门就阵亡了，不能再开。如果开了，从那间灶屋冒出的油烟和煤烟，就会像入侵的蒙古兵，顺着北风，夺门而入，鼻腔和肺细胞会被屠城。我们先建的柴屋被强拆，他家后建的灶屋像卫城，这就是中国底层社会家族力量非对称性对抗合乎逻辑的结果。我们家无人在朝，所以后门外也成不了"六尺巷"，失门，也没有得名。我当时已经上初一，会写些字，唯一能做的，便是祭起阿Q式的精神胜利法。那年春节，我在那扇墓碑般死去的后门上，贴了一副碑文似的自撰对联："放得下四方世界，挡不了八面来风。"

很多年过去了。因嫂子大病难愈，哥嫂都被他们的子女接到北京，方便照顾。去年春节，我去看望他们。席间，谈起故乡和邻居，哥哥说，整个渔村如今一户都不剩了，因为渔业资源枯竭，更因为河岸坍塌严重。我感慨了一句，皇宫都不能万岁，何况当年在危岸上强建的灶屋啊！哥哥忽然说，还得亏那个高老五啊，边说边扭头，看了他的长子梦天一眼。我当时脸上必定写满困惑，所以他赶紧解释说，梦天五岁那年夏天，他还在大通镇做码头搬运工，长江发大水，整个村子都快被淹没了。他下班回家，已经是傍晚了。路过高老五家门口，看见高老五站在门口落日的余晖里，向他招手，就走了过去。

"要看好你家小天子哟，不要让他一个人玩水，他今天差点出事哦。"高老五若无其事地说。

哥哥吓了一跳："哪回事?!"

"他掉进两条船缝里，水好溜啊，吸进了船肚子下，不是我凑巧看见……"

哥哥突然膝盖发软，要跪下去，高老五朝哥哥挥挥手："时间不早了，赶快回家吃饭吧。"

高老五不肯多说，哥哥自然说不出当时梦天被救的更多细节。梦天是当事人，但他那时太小，没有记性。当天在家忙家务的嫂子，必定记得那惊魂的一幕，可她脑卒中之后，还说不了话。这事最好问高老五本人，但他去世了。唯一可问的，只有高学武（高老五的本名）的长子高传树了。几天前，我给张芊发微信，请他帮忙。张芊就是上文提到的高小朋，原本是我四家公（即外公）的幼子，也是年幼丧母，被我家邻居高韵祖（高老二本名）、章大姐抱养。几分钟之后，张芊回话说，他打通了高传树的手机，问起这件事，传树说，他当时不在场，他大大回家也只叨叨了一句。他让张芊转告我，不必在意，这样的事，河南咀多了去了，谁都会像他大大那样做。

传树说的话，和他大大救梦天的事，与我童年记忆中的他们，根本对不上号，但都是真实的。这就是人，芸芸众生，都是兽、人、神三位一体，统称为"人性"。用闻一多的话说，每个中国人心里，都住着一个儒家，一个道家（或一个佛徒——本文作者注），和一个土匪。是兽性发作，人性流露，还是神性显现，第一看他在什么情况下，第二看他遇到了什么人，第三看他人性中三种成分的比例如何。在阶级斗争年年讲、月月讲、天天讲的疯狂年代，兽性被全面释放，部分人的人性和神性被推上了断头台。那时，我们家不仅势单力薄，还被认为成分不好，且是坏分子家属，被根正苗红的邻居们亏待一下，便是反常时代中的正常现象。童子堕井，邻人施救。在孟子看来，施救者并非为了巴结他的父母，也不是为了让乡亲们说他好，而是出于恻隐之心。恻隐之心在乡人高老五身上苏醒，是当时反常时代噩梦逐渐消散的征兆。

奔腾不息的青通河生育了河南咀渔村，也慢慢地舔走了它，我的故乡。比青通河的舌头更不留情的，是时光，它舔走了，或将要舔走，一个个还活在我记忆里的面庞，邻居的面庞，乡亲的面庞，最终也会舔走人世间的一切恩怨情仇。

幸亏有《左传》，春秋五十二灭国才没有湮灭在历史的尘埃之中；幸亏有《史记》，陶唐以来之华夏风流人物才栩栩如生。对于我，幸亏有张芊，被河水舔走的我的故乡——河南咀渔村，才活在他的笔下。他写的，不只是一部渔村的生活史，也是我们身边的天下，老百姓的"史记"。

2024 年 7 月

前言

我是渔民的儿子，时代的变迁导致故乡的渔业、渔村和渔民逐渐消失在当下的视野里，但我知道它们的价值，深觉它们不应被湮灭。我想用细密的渔村往事，用纷繁的渔具，用古朴的渔民风俗，用苍凉的渔民呐喊，唤起渔民后人对父辈荣光的骄傲，唤醒他们的身份认同，纲举目张深藏在他们血脉中星罗棋布的水网。留住记忆，留住乡愁，留住那些正在消失的事物，是植入我内心的情结并演绎为使命。2020年正月，获知青通河疏浚改造，河南咀全部被征用，拆迁已接近尾声，千年古渔村——河南咀将彻底消失。在我心里，若有所失。值此，我开始了本书的写作。

河南咀差一点但终究还是没有产生大人物，没有发生惊天动地的大事变，没有辉煌灿烂和耀眼的历史清单，只有那些破旧的渔船，陈旧的罾网，斑驳破损的鱼花桶和其他各种捕鱼、养鱼的工具已在岁月里慢慢朽蚀，它就是一个普普通通的小渔村，它们就是一些破败的工具，但对于生于斯长于斯的我们来说，它的每一个细部都藏着记忆，都蕴含着芬芳，都有歌谣隐隐传出，它是我不忍舍弃的"这一个"，唯一的一个。关于它们的讲述，就像鹊江夜里的潮水般窃窃私语。我们在倾听先辈们久远的故事时，也就坐上了历史的夜航船，溯回而上，溯游从之。

回溯古渔村历史，表征是经济形态，延伸深远的河床，碰触的还是文化的礁石。"河南咀文化"也当如此，是世代渔民在特定时间和空间上的生态共同体总和。这种共同体之所以在历经无数个极其恶劣的自然条件和太多的社会磨难环境下能够生存下来,靠的是什么?窃以为是:爱心、良心、责任心。在本书中,您会找到我如此定论的原因。

一代人有一代人的使命,一代人有一代人的担当。纵向叠加起来就是一个地方的历史高度,横向交织起来就是一个地方的底色宽度。凡发生过的,都在时空纵横中封存,我坚信,尽管这些地理、历史、人文和物质遗存发生巨变甚至湮灭不存,但是它们已扎根在故乡人的心里,河南咀将永不消失。它是那么多人的记忆,那么多人的乡愁。记忆且不存,乡愁复何寄?

乡愁最大的悲哀莫过于无乡可望。"世界精神太忙碌于现实,太驰骛于外界,而不遑回到内心,转向自身,以徜徉自怡于自己原有的家园。"190 多年前,黑格尔在柏林大学的这段演讲词,似乎仍可作为乡愁现实处理的写照。也许只有当我们从现实利益的驰骛中解脱出来,对生命有着更深的追问,记住自己生命的原点,对来路的回望与珍惜,对重返故园的执着和深情,才能记住乡愁,也才能留得住乡愁。

为此,遵循"善序事理,辩而不华,质而不俚,其文直,其事核,不虚美,不隐恶,故谓之实录"的古训,用文字重建逝去的河南咀,拟声,摹形,深入内心,绘下他们的音容笑貌,以祭往者,可启来者。非刻意立言扬名,只为用文字护住心中那一点如豆的渔火。书分两篇:鹊江河岸;渔歌唱挽。一图胜千言,附若干图片。

任何个人都是时代和环境的产物。如果说,一个人的历史是国家历史的一部分,一个人的精神是时代精神的一部分,一个人的情怀是民族情怀的一部分,那么,对一个小渔村前世今生的观照,也可略窥天下乡村那些明明灭灭的往事。

而有这么一本书面世,我们及我们的后人多少可以窥见我们先人气血盈盈的生活和劳作,爱和忧伤、思想和情志,后人才有可能在千百年之后依然可以和前人心意相通。正如王羲之在《兰亭集序》中所言:"故列叙时人,录其所述,虽世殊事异,所以兴怀,其致一也。后之览者,亦将有感于斯文。"如能如此,则大幸也。

　　本书试图拾鸟之落羽，藉以还鸟之全形。然而因历史资料不全和主客观原因，本书尚存在错讹浅俗及遗漏，有待于后俊佳作典丽，勘误取当而行远。望读者批评指正。

2024 年 5 月 6 日

于铜陵商赢定慧斋

目 录
CONTENTS

第一篇　鹊江河岸

⚊ **地域源流** /3

　　河南咀小渔村的由来　/3

　　先民迁徙与开发　/7

　　高姓溯源　/10

　　张姓根源　/21

　　吴姓本源　/25

　　高、张、吴三姓鼎立及其他姓源流　/29

　　结缘青通河　/33

　　濒临鹊江南岸　/38

　　一河两岸皆大通　/42

　　隔江犹看江心洲　/47

　　隶属铜陵县及铜陵市的行政管辖　/50

　　一衣带水连青阳　/54

　　毗邻贵池　/57

　　自从圈了大同圩　/61

　　枞阳，江北江南成一家　/63

迷雾重重的庙嘴头 /67

历史上的小街 /70

老渡口 /74

操　场 /76

木　行 /79

洋　桥 /82

发大水的季节 /85

崩　岸 /87

竹墩山 /89

鸡冠山与吊罐山 /92

白浪湖渔圩 /93

墩　子 /97

前世今生的小埂 /101

日趋式微的废渔村 /103

本土的归依 /105

历史变迁 /108

鱼鳞册 /108

太平军在大通 /110

欢迎北伐军 /112

抗战时期的河南咀 /114

大军渡江解放大通 /116

大通港政府 /119

集体所有制的兴起 /120

扫除文盲 /127

妇产院 /128

防治血吸虫病 /129

大通渔业公社及河南咀鼎盛期 /132

陆地上的 3 个渔业生产队 /136

连家渔船的一、二、三队　/146

搓麻与纺线　/149

数不胜数的鱼种　/151

渔　船　/153

船上渔罾　/157

架　罾　/158

手　罾　/160

船头撒网　/162

蟹子网　/164

其他渔具　/166

桨·篷·锚链·芦席棚　/169

木　戗　/171

血网·漆罾·槲缯　/173

捕养并举　/174

装鱼花和养鱼花　/177

东北卖鱼苗　/180

老队屋　/181

打船钉的铁匠铺子　/183

打船木匠　/185

渔村裁缝　/187

做　屋　/188

烧不尽锅窿的烧锅柴　/193

猝不及防的火灾　/194

被怀念的合作医疗　/195

浮　桥　/196

驻　军　/197

特殊时期的渔业公社革命委员会　/198

多子多福的生育观　/199

殡葬变迁　/200

挑圩 /203

搞黄沙 /205

装石头 /206

养猪 /208

养鸡 /210

招工进城的年轻人 /211

不愿划走的"三社一镇" /213

渔家子弟兵 /215

河南咀居委会及社区 /218

渔民上岸 /220

禁渔以后 /221

天南地北的河南咀人 /223

三 人文风貌 /231

性格禀赋 /231

姓名趣谈 /233

渔村的女人们 /236

历代众多的五兄弟 /238

孝悌人伦继世长 /239

盘根错节一村亲 /241

扶危济困显爱心 /244

渔村名人趣闻逸事 /247

高明公习武崇德 /247

高彪起义 /251

高兴国拒仕从教 /254

国民政府安徽省总工会主席高宗鉴 /255

亦渔亦吏的高南庭 /255

百万富翁佘二和尚 /255

德高望重的张静山 /258

渔村第一个大学生高宗一　/258

戴过博士帽的渔民吴玉奎　/259

吝啬鬼佘文喜　/260

"冷骨头"涂三姑　/261

"孔明"吴贞福　/262

能人高光祖　/263

渔民干部张大信　/264

冷面热心的生产队长吴春发　/266

"二嫂"章大姐　/267

鱼老哇子高宝林　/268

智多星高根宝　/269

集体干部高帮本　/270

目连戏　/271

断　船　/275

水　庙　/277

多才多艺的渔家人　/279

风土人情及民俗　/283

方言及口语采撷　/301

春联和渔船上的楹联　/305

渔家春节春联，彰显文才　/306

渔家谚语俚语歇后语　/309

从未缺席的文化娱乐生活　/317

看　书　/323

河南妹妹　/325

渔人与木·竹·麻之缘　/327

渔业方与圆的解构　/329

龙　船　/332

龙　灯　/335

憨态可掬的江豚　/348

"永逝难挽"白鳖豚 /349

特色美食 /352

腌咸鱼 /358

独有的渔家衣着 /359

徽派民居 /361

无处不在的青石板 /365

失传的民间手艺 /367

喝　酒 /369

喊　吓 /371

私塾与笃学 /372

桃李芬芳的河南咀初级小学 /373

起承转合的大通高级小学 /376

莘莘学子艰辛的求学路 /378

名声大噪的大通中学 /380

渔家生活场景 /383

家传的稀罕物件 /390

第二篇　渔歌唱挽

水乡风情 /399

根祖的记忆 /399

名流兴会九华山 /403

李白与高霁 /403

金乔觉与高霁 /406

文脉斑斓青通河 /408

接力趟桨 1000 年 /425

绵延不绝渔文化 /430

黄梅调儿醉渔乡 /432

欢腾的大通河　/434

龙舟彩船吆喝声　/436

水陆龙灯展英姿　/437

夏季渔船上岸整修的景观　/440

渔舟唱晚的盛景　/442

吾心安处是渔火　/444

我本想做个打鱼人　/446

千年渔村河南咀　/449

不可或缺的渔文化博物馆　/453

至亲爱人　/458

父亲是个早起的人　/458

思念母亲　/462

家　婆　/465

新河大伯　/467

命运多舛的四大大、四母妈　/470

历经坎坷终不悔　/472

鹊江码头人　/475

纯粹人生熠熠生辉　/479

一位思想人　二三治学事　/481

表婶来自铁板洲　/486

对话高张吴　/489

俄美商人　/492

最后的守望者　/494

自在如风　/499

儿时家乡乐趣多　/499

鱼花棚里的快乐时光　/502

鱼花客　/504

街镇上那些各色人物　/505

掬香满门大通"佘"　/508

大通人，掀起你的盖头来　/511

情有独钟的"龙"文化情结　/519

情系大同圩　/525

迷人的九华河　/528

漂泊在江河上的渔船人家　/530

铜官山情结　/532

有世如斯，夫复何求　/534

㈣ 梦回故乡　/536

一个少年心中的大通十美　/536

四水归堂话大通　/543

老镇探秘　/549

家门口的天籁之声　/555

渔家子弟眼中的羊山矶　/557

最是难忘老家景　/559

沸腾的大通小轮码头　/564

远去的青通河客轮　/566

老车站　/568

走过泥泞的日子　/570

青通河大堤上的军号声　/573

渔圩笛声　/574

夜宿白浪湖　/576

消失的湿地　/580

㈤ 南有嘉鱼　/583

织罾网　/583

扳手罾　/585

拖爬网 /587

扳架罾 /589

摸 鱼 /591

抓螃蟹 /593

脆 鱼 /594

夺船记 /596

木镇河撑罾 /598

网 趣 /601

斯言河南咀 /603

后 记 /605

第一篇
鹊江河岸

鹊江：指大通、和悦洲、铁板洲及河南咀所处鹊江两岸
四地；

河岸：指青通河河口之南的千年古渔村——河南咀。

本书所写地理、史实和人文主要以鹊江之岸和河南咀渔
村为主要场景。

一　地域源流

金鸡啼鸣　适彼乐土
水陆渊源　相互交融

❯❯ 河南咀小渔村的由来

河南咀地理形成:《长江航道史》有述,第四纪以来,长江干支流大量泥沙堆积,形成深厚的沉积层,在地壳升降运动中多次轻度上升,又受到风成、水成、浪成的波痕作用,发育成了二、三级阶地。经流水长期侵蚀,如今这里(铜陵至贵池一带)的地貌特征是岗冲相间,湖泊、浅水带、夹江、沙洲交错而成。千百年来,长江奔流而下,常常携有大量的泥沙,因受到南岸的桐梓山、梅根山、竹墩山、神椅山、龙山、羊山等诸山阻碍而淤积,原南岸地势平坦,形成深厚的滩地,其中低洼为内湖。促成长江南岸逐步向北移动,流向变为南北。宋后尤其至明清,相继于滩地围垦建圩。

北宋起,青通河入长江口岸由老镇澜溪(竹墩山)变迁延至今天的大通长龙山南麓和河南咀一带。

青通河形成:青通河是铜陵、青阳、贵池三市县区的界河,古代称长河。唐代称童埠河,宋代后称双河口(新河口),即三县区交界处,上段称青阳河,下段为大通河,合称青通河至今。

青通河发源于九华山东麓岔泉岭，由五大涧水汇流成溪，即称芙蓉溪，长约10公里，呈树枝状分布，自南沿谷北流，穿越蓉城镇（县城），至元桥汇支流东河、东山河，续北流经童埠至双河口，与七星河相通，再北流弯曲经车桥湖（白浪湖）、老镇澜溪，至今大通镇入长江。干流全长53公里，其中贵池境内25.4公里，铜陵境段12.3公里。青通河下游上的七星河为最大支流，有南北二源，南源出自青阳、泾县交界的黄柏岭潭溪，与王狮等四溪汇流成南河；北源出自南陵县河湾水龙山老虎头，称水龙溪，至钱桥芭茅溪成北河。南河与北河至木镇处，汇流为七星河，经童埠、朱家渡弯曲东西流向，全长约20公里，河宽20~30米，至双河口入青通河。大通河到佘家咀，由两条河道汇集而成，一条源于南陵，一条源于九华山，被称为"佛水"。两水交汇流至大通谓青通河。

河南咀，原来是一片大湖，称南湖，跟大通密切相连。后来南湖的名称逐渐弃用，今称白浪湖，实际上叫白澜湖。大水期一片汪洋，水退下去，方可见溪，由南湖到澜溪，也即河。在河南咀河口入江处，每至秋季鱼汛，这里如同袋口，成为鱼类离河入江必经之域。那么，此地成为千年渔村也就顺理成章了。

关于"河南咀"地名的由来，有一些不同的说法，产生多种说法的原因在于，近百年来大通明明在青通河的东面，此地却在青通河的西面，为何称它为"河南咀"呢？地名文化是中国传统文化的重要组成部分，自古以来先人都十分重视对事物的命名，尤其重视人名和地名，形成了一套命名规则。南宋长沙人王国观在其著作《学林》中吸取了古代命名思想，总结出政区地名四大规则：由山名、因水名、因事迹而为之名、取美名。据史料介绍，流经大通的青通河，史称"大通江"。明代诗人李宗泗就曾写《大通江上》一诗，其实是指内河的"大通河上"。历史上的大通江在大通汇入长江时，是分两条河流与长江汇合的：一条顺着祠堂河经现在的澜溪后街到原大通粮站，在那里与长龙山下灯笼沟流来的水流汇合并入江；另一条是从青通河口也就是现在的河南咀庙嘴头处汇入鹊江。那么，从地理和方位上（尤其从北面的灯笼沟至长龙山的河流）看，河南咀的确处在青通河之南。对于（由原先存在的河流现已变成陆地）早已消失的那条北面的河流，今人当然不能理解河南咀的称谓。既已时过境迁、时移世易，岂能刻舟求剑、望文生义？

位于鹊江之滨，并与东边的澜溪老街一河之隔的河南咀，静静地泊于青通河南岸，呈三角形地带，宛如一张嘴巴伸向长江，向东北深入江中达数华里之远，"渚"者，三面环水也，故称河南咀。在大同圩未圈之前，河南咀西面为纵深广阔腹地。1923年因贵池筑堤建圩，把河南咀西边囊括圩内，故称大通（又称大同圩）圩。其实在100年前的很长一段时期里，河南咀也是有过繁华的。如果说武汉有汉阳、汉口和武昌三镇珠联璧合的话，那么大通、和悦洲和河南咀则相当于微型"小武汉"，河南咀则相当于最小的武昌。后经数百年江河冲洗，河南咀矗立在江水中的狭长嘴头渐渐消失。至今，这块面积仅70多亩的土地，是铜陵与池州唯一陆地相连的地方。虽弹丸之地，但其地理位置十分特殊，堪为四县相拱，即东与大通一河两岸连铜陵，西接大同圩与贵池结为一体。从空间距离看，河南咀南扼青通河口直抵青阳，北襟长江守望枞阳。打个形象的比喻：如果把河南咀比喻一个人，那么，他的身体在池州，灵魂在铜陵，智慧在鹊江，衣食在青通河。

史上澜溪八景，至少有两景专指河南咀。

一曰南湖胜览。有诗赞曰"南湖风光好，鸡头玉珠圆"。

南湖，原名河南湖。当年地势低洼，其边缘地带，邻近大通的湖面即现今的河南咀。湖中菱荇丛生，间有大面积鸡头米叶如华盖平铺水面。每值七八月间，鸡头米圆，菱角肉饱，岸畔笑声起伏，湖中歌声飘扬，青年男女，手持绑好镰刀、弯钩的长竿，割鸡头拉菱禾荐藕菜，满载而归。江南秋景，别具风韵。故郑板桥留下"最是江南秋八月，鸡头米赛玉珠圆"的佳句。

近年，也有研究者认为"南湖"实为"澜湖"，即老镇的南面今日的白浪湖。原意为古澜溪下面的"百澜湖"，古时百澜湖与河南咀南湖在夏季连为一体，皆称南湖。

二曰澜溪罾缴。

澜溪原是青通河的旁系支流，一泓溪水，因20世纪70年代圈圩养鱼早已不复存在，而澜溪这一古名仍流传至今。宋以来，大通水域盛产鱼蟹，长江内河以及湖泊沼泽地带，捕鱼工具如铲罾、撒网、放钩、放卡、鱼笼、蟹篮等真是不胜枚举。鱼类资源丰富，产量极高。南宋诗人杨万里舟过大通时，曾留下了"鱼罾最碍船""鱼蟹不论钱"的佳句。20世纪六七十年代，老镇至大士阁这段青通河水面上，每年深秋还是置拦河罾、手罾，捕捞出河入江的鱼蟹。

河南咀地处江河之汇之域，江河水四季流动，活水养活鱼。

聚居在河南咀的渔民世家，深谙鱼性。渔民们一年四季辛勤作业，每逢出鱼季节，则不分男女老幼，不梳洗，不涂抹，全力以赴，夜以继日，进行捕捞。尤其是露凝霜重季节，老镇以下的拦河罾，层层封锁，顺流而下的漏网之鱼蟹寥寥无几。仅大士阁上下水域，日产量可达万斤，呈现出一片动人的繁忙捕鱼景象。

历代文人经过长江、青通河和大通，咏船罾等诗句，实则从侧面印证了当时河南咀鱼市的盛况。

南宋杨万里《舟过大通镇》："淮上云垂岸，江中浪拍天。顺风那敢望，下水更劳牵。芦荻偏留缆，渔罾最碍船。何曾怨川后，鱼蟹不论钱。"河南咀地处铜陵、贵池、青阳和枞阳四县交界处，诗中所写舟过大通镇，但全诗着力点则是"渔罾最碍船"和"鱼蟹不论钱"，都是指河南咀及渔民。

明朝铜陵知县李士元曾写过一首七律《观竞渡》："龙舟神捷饰雄文，扬子江边午日温。鼍鼓弥天降怪物，兰桡击水出忠魂。追风鳞甲黄头合，照银锋芒白浪分。世俗不知孤意愤，绿荫深处列壶飧。"记述的正是河南咀赛龙舟夺锦的激烈场面。

至今在河南咀老渡口边岸上仍矗立着一堵水泥桥墩，俗称洋桥。它是当年日本侵略中国占领大通及周边后架设在青通河口之上的大通与河南咀之间一座木质结构的大桥，由此可见河南咀地理位置之重要。

萨缪尔森有句名言："任何伟大的王者都无法改变大海中的洋流。"河南咀的兴衰也正是如此。唐宋至明清时，由于没有筑堤圈圩，江河沿岸发大水，湖河吸纳了大量汛期水流，河南咀自渔民入驻以来，居家淹得并不深，这从徽派老屋地脚可知。后因围圩造田，发大水时拒江水入湖滩，江水抬升，江河沿岸居家只得不断挑土逐墩，以抵御洪水入侵，久而久之，河南咀就成了一个墩子。

尽管周围自然环境险象环生，但弹丸之地的河南咀历经江河巨大变迁，千百年安然无恙。

中国传统文化就有水北为阳、水南为阴之说。它包含两个意思：一是认为山南水北都是阳，山北水南都是阴；二是认为阳就是指见到太阳的一面，阴就是见不到太阳的一面，而古人称见到阳光的一面为南。山是高出地面的，其背面（即北面）见不到阳光，所以山的南面是阳，北面是阴。水指的是河。河是低于地面的，见到阳光的一面在北面，南面则照不到阳光，所以水的北面是阳，水的南面是阴。青通河介于大通与河南咀之间，由于长龙山北高南低，大通古镇老街由原来的老镇（竹墩山）逐步北移，经千年，澜溪老镇消亡，代之而起的是长龙山下的新街衢。又因地转偏向力的影响，青通河在流动到入江口时，会倾向于往南方向的河南咀流动，南岸较容易受到河水的侵蚀下淘，南岸相对高差大，地势低湿，岸下难以受到光照。导致河南咀因河水冲击、侵蚀，日积月累，形成了大通北岸长、河南咀南岸消的地理变迁。

地理在变，人世的变化更大。河南咀虽处"一隅之地"，自从渔人踏足，开拓创新，历经千年沧桑巨变，繁衍出生生不息的人间烟火，演绎出跌宕起伏的江洲传奇。

地理好比孕育历史的子宫，培养着历史，规范着历史。正是山川（长龙山、长江和青通河）、湖泊、滩涂等吸引着先民迁居于长江大通河口沿岸，造就了河南咀，同时也印证了河流是生命之源的学说。

一江春水向南流，一河秋水朝北斗

❯❯ 先民迁徙与开发

1000 多年前，河南咀与铜陵及周边的青阳、贵池并无地界划分，夏季湖泊相连，汪洋成海，秋冬和初春为湖滩，荒无人烟，芦荻蒿草丛生。一些来青通河打鱼的渔民，经常三三两两在大通岸边停泊避风。这些渔民当中，其中的高姓就是从贵池石门高迁徙到桐梓山一带的移民。若干年后，他们又选择了青通河入江口处的老镇，作为捕鱼和栖息居住处。到南宋中期，老镇的江河相交处，向北迁移到长龙山南，青通河自然向北延伸数华里，大通新镇开始兴起，老镇逐渐式微，因此，渔民由老镇迁移至大通新镇一带。不知从何时起，他们半夜三更时不时听到河对岸滩涂上（河南咀）有雄鸡啼鸣，天亮时却杳无踪迹，一连数日莫不如此。一位德高望重的高姓渔民对大家说："对岸好像有金鸡落巢，一定是祥瑞之地。"众人遂待来日一探究竟。

古人所谓的金鸡，乃传说中的一种神鸡。《神异经·东荒经》："盖扶桑山有玉鸡，玉鸡鸣则金鸡鸣，金鸡鸣则石鸡鸣，石鸡鸣则天下之鸡悉鸣，潮水应之矣。"后为报晓雄鸡的美称。唐韩愈《桃源图》诗："夜半金鸡啁哳鸣，火轮飞出客心惊。"《白雪遗音·九连环·五更》："金鸡报晓咿呀哟，五更暖。"古人所指的金鸡实为锦鸡。宋范成大《桂海虞衡志·志禽·锦鸡》："锦鸡，又名金鸡，形如小雉，湖南北亦有之。"宋陆游《老学庵笔记》卷四："（辰、沅、靖州蛮）男未娶者，以金鸡羽插髻，女未嫁者，以海螺为数珠挂颈上。"

是夜，大通河潺潺流淌，此外阒寂无声。待至三更，对岸果然传来一声鸡鸣，回荡在深夜弥漫的水汽、沙洲和流水间。"鸡啼惊夜眠"，渔民纷纷竖起双耳倾听，啼叫声声传来，清晰明亮，兴奋之余，也很纳闷：白天所见皆蒿草芦苇，荒无人烟，并无一点金鸡踪迹，但这鸡鸣明明在耳，声自何来？此后，每隔大约一个半小时鸡鸣一次，第三遍时熹微已现，东方欲晓。白天，大伙聚集，皆激动不已，异口同声道："是鸡叫，是鸡叫！"他们深信，有金鸡的地方一定是块风水宝地，况且此处扼守河口，通江达海。于是，他们决定定居河南咀。

选定良辰吉日那天，小渔船全部靠在河南咀岸边，男女老少兴高采烈，争先恐后登岸，插标为界，砍芦苇，打地基，搭茅棚，垦荒就食，架棚筑屋，可以想见，占地而栖，最初的原始房屋最好的也只是"观音合掌"草棚。凭借粗糙的双手和坚强的毅力，日复一日，年复一年，开垦出了被后人称作"河南咀"的这块土地，从此结束了终日栖身舟中漂泊捕鱼的生活。

河南咀的面积并不大，渔民选择这个地方定居，主要是看中此处扼守一条长约百里的青通河出河口，背后是一望无际的湖滩腹地，而一条长颈的嘴尖灵动地伸入长江中，临河濒江，一地交四县。这块沉寂了亿万年的古幽宝地，是上苍赐予先民的一块绝妙领地，渔歌唱晚，炊烟袅袅，呈现人间一幅渔乐图；泊舟行船，解缆登船，皆方便异常。适彼乐土，从此植入河南咀人的生命中。由此，渔家后人不得不佩服先民独到的眼光，真是一眼万年啊！

定居河南咀后，高姓结束了以船为家的生活模式，岸上搭屋建房，水上扳罾、撒网打鱼，日出而作，日落而息，结束了长期漂泊江河湖泊的历史。从此，无论寒来暑往，渔家不再栖身一叶扁舟，不用风里来雨里去，生活质量大大提高，出现了人丁兴旺的景象。据历代早年老人们传说，600多年前的河南咀如同半岛。其北边嘴巴头（即当地人说的庙嘴头）向东北伸展到长江中，有今日大通盐业码头那么远，此后高姓祖先祠堂就建造在这江中的半岛上。由于江河水的冲刷，在某个大年三十晚上，江岸崩塌，高家祖辈连夜搬家，高家称之为"三十晚上搬家，福禄寿三（伤）星（心）"。因古人忌讳过年言"伤心"，故改叫"福禄寿三星"。（1962年，高氏后人高宝殿在鹊江捕鱼打网，居然将几百年前高氏祠堂石磴打捞起来，如今保存在家。）后高氏公堂出钱在大通（今共和街居委会旧址）买了一块地，建了高氏祠堂。新中国成立后，祠堂被拆除。

新中国刚成立时的行政管理机构大通市，所辖包括河南咀在内的地区。1951年，上级派现役军人南下干部吴慧芝（华北人）组织领导实行大集体。1952年直接从事捕鱼的（包括湖北、江苏来此地的）渔民共有1000多人，每天共有296条渔船分别在长江、青通河及其附近的南湖、水桥湖、祠堂湖、新一湖上往来忙碌，开展捕捞作业。1953年开展民主改造，简称"民改"。此后，因国家开展合作化改造，一部分从业渔民组成大通鱼菜合作商店，一部分人则过渡到新成立的国营水产公司就业。当时的铜陵县政府为大力发展大通渔业，切实加强渔业捕捞管理工作，专门在大通渔民比较集中的河南咀成立了"大通渔民协会"。1956年，撤销大通渔民协会，成立"大通渔业生产合作社"；1958年建"渔业大队"，开始将散落在大通的湖北渔民、江苏渔民和河南咀渔民融为一体，下设6个生产队；1962年又建立"大通渔业公社"。大通渔业公社成立后，渔船、罾网等渔具由私有制转变为集体所有制，实行集体统一捕捞，按劳取酬，统一分红。1972年，大通渔业公社成立白浪湖养殖场，开始围湖养鱼，结合连家渔船改造，并让1、2、3队部分渔民在政府资助下，来到白浪湖畔的鸡冠山和吊罐山定居，变单纯捕鱼为养捕结合。1988年，渔业公社改为渔业村。白浪湖养殖场划归铜陵市菜篮子工程管理办公室管辖，并对外进行公开发包。

河南咀与大通古镇的联系一贯比和悦洲与大通镇更为密切，历代文人写大通的诗词歌赋中相当之多的部分是写河南咀的。如宋杨万里《船过大通》所写，正是河南咀渔民捕鱼及鱼市热闹场面。

最早朝拜九华的香客正是溯鹊江而上，船靠河南咀庙嘴头。香客们下船后到九华头天门——大士阁烧香拜佛，有的再步行到九华山参拜地藏菩萨真身，有的拜完后再原路返回；也有香客从河南咀徒步经茅坦上九华山往返。

2021—2022 年，河道疏浚施工队挖掘机从河南咀外江的庙嘴头一直挖到青通河的洋桥，深入地下 5 米多，发现大批古老房屋柱石磴和大量的青石板、青石条和麻石条。还有古代砖瓦、陶罐、古碗和铜钱，又现用作冶铁的弹丸，可知先民开发河南咀之早。虽弹指一挥间，足见其历史文明之厚重。

❯❯ 高姓溯源

河南咀居民以高姓为主，古称"河南高"或"高家阙"。开创初期高姓几乎占据河南咀人口 100%，从明至清时期占到 90% 以上。据河南咀高氏代代口耳相传和后人对家谱记载的回忆，河南咀高姓源自池州（贵池）棠溪的石门高。

河南咀高氏溯本求源，源远流长，始祖名高万灵，宋徽宗至宋高宗时期人。远祖可追溯到西汉初年大将高起（又名高邑、高色，总 18 世），高起七世孙高获，字敬公，与光武帝有旧，获师欧阳歙下狱当断，"获冠铁冠，带鈇锧，诣阙请歙。帝虽不赦，曰之'欲用子为吏，宜改常性'。获对曰：'臣受性于父母，不可改之于陛下。'出便辞去。遂远遁江南石城（今池州市贵池区），获十六世孙（总 40 世）高欢，北齐神武帝。欢长子澄（北齐文襄王）、四子高长恭（兰陵王），邙山之捷，威声太重，后主高玮（堂兄）见忌，嫌其称家事，更忌"。"武平四年（573 年），帝使之鸩"。长恭饮鸩得救。即天颜不留，易名高孝基。高孝基曾孙高吉甫，唐太宗都城长安府臣，公元 649 年，唐太宗驾崩。帝王更迭，前途未卜，高吉甫遂弃职藏迹，远遁石门。后世枝叶茂盛。高吉甫四世孙高春宝，字瑄之，号高霁，唐玄宗开元间丞相，在朝之时，与在唐都城长安留学的韩国王子金乔觉、诗仙李白结成忘年挚友，开元下叶，高霁弃职归梓。高霁后裔鼎隆众兴。传至北宋，祐口（今称朱家咀）以内 46 平方公里区域，号为石门高家山，简称石门山，有高氏村庄数十个，仅石门高氏兴源地高家村就有宅屋数百，人口数千，高氏人烟浩穰。然兴亡祸福，不可料知。至宋绍兴初，不意遭瘟疫肆虐。高万灵避疫，徙家浙江会稽杨陇里白鹤泉。遂以高万显为支一世祖。高万灵四世孙于宋端平（1234—1236）复回石门祖居。元至正十八年（1358年）陈友谅部将克池州，太平县守将刘友仁率兵赴援，交战于石门，石门数百栋房屋悉遭兵燹，荡然无存，八至九世逃离石门。传说：八至九世逃至贵池长寿乡（今池州江口街道），以捕鱼为业；十一世祖高元常随江而下，至居贵池梅埂桐梓山。今从《皖南高氏联谱》记载悉知，元常公随江而下居大通镇闻家，遇变，迁居梅埂桐梓山。十一世五公元齐"繇徽，复徙秋浦黄盆"，即今东至坦埠"五堂公"，于是又各支为宗。

世　次	讳名							
一　世	万灵							
十　世	失传		失传	失传	失传			
十一世	元贞	元贡	元賨	元龙	元齐	元常		
十二世	不详				东至坦埠	世奇		世文	世武
十三世						雲桂	雲霄	雲汉	雲衢
十四世						因老谱毁失，无法与十六世连接		

因河南咀《高氏家谱》全部毁于"文化大革命"，今从高万灵之弟高万显支谱悉知，从"万"辈始以五字联句为辈字，因老谱毁失，仅知十一至十三世辈字为"元、世、雲"，十四至十五世辈字失传。

从十六世开始字辈为：

世次	十六世	十七世	十八世	十九世	二十世	二十一世	二十二世	二十三世	二十四世	二十五世
辈字	继	允	昌	弘	祚	文	明	志	兴	宗

因不悉石门有两高，误下高谓之同宗，约二十四至二十五世纂谱，参照下高字辈：

世次	二十六世	二十七世	二十八世	二十九世	三十世	三十一世	三十二世	三十三世
辈字	家	传	克	绍	先	则	有	存

据河南咀老人高家振等人回忆，小时候读家谱为宣纸印刷开本，每套8本，长方形，长约一尺，宽七八寸，厚约一厘米。前面有高柴等始祖名人介绍及画像，描写河南咀风景风水如何之好，后面大部分篇幅都是记载各个年代各家繁衍情况。又有逢年过节（一般大年三十）在家里宝壁上挂祖宗雍图像，到正月

十五早上收起来的习俗。据种种因素推知，河南咀高姓开拓河南咀到大房最早"宗"字辈已是第二十五代，如以平均 25 年为一代计算，有 600 多年之久。十一世元常公劳作生活在大通至贵池桐梓山，死后坟墓葬在桐梓山，墓碑上刻字清晰可见。新中国成立前至新中国成立初数年，河南咀高姓后人每逢清明节或划船或徒步前往祭拜。

又知：河南咀的捕鱼人行船风里来雨里去，忌讳"翻船"二字，又因高姓史上有流传风水先生骂"高家缺德"的故事，因此将河南咀宗谱与贵池石门高谱牒对照，发现石门高高姓宗谱辈分"芳传"（芳传克绍，先德有成）做了修改，将"芳"改为"家"，将"德"改为"则"，将"成"改为"存"。

从河南咀世代相传知悉，十四世元常公四世孙（14 世）有高贤然、高惠然、高安然，还有四房公和其他房以及认祖归宗高姓的。

现将已知各房后裔列表如下：

十四世　贤然公分下

十六世	二十四世	二十五世	二十六世	二十七世	二十八世
继	兴	宗	家	传	克
失传	失传	高友达	嗣子　高根祖	高传华	1 子
其大房传：人称高友达祖宗的儿子					

十四世　慧然公分下

十六世	二十四世	二十五世	二十六世	二十七世	二十八世
继	兴	宗	家	传	克
失传	高长根	高宗玉	高国庆	姓名不详	有后
			高国胜	姓名不详	有后
			高国富	姓名不详	有后
		高景水	高国华	姓名不详	有后
			高四海	姓名不详	有后
		高景鱼	高国强	姓名不详	有后
			高国法	姓名不详	有后
	高兴年	高宗良	高家才	姓名不详	有后
			高家龙	姓名不详	有后

续表

十六世	二十四世	二十五世	二十六世	二十七世	二十八世
继	兴	宗	家	传	克
失传	高兴年	高宗良	高家虎	姓名不详	有后
			高家德	姓名不详	有后

十四世　安然公分下（大房）

十六世	二十四世	二十五世	二十六世	二十七世	二十八世
继	兴	宗	家	传	克
高继龙	失传	高鸿宾	高光祖	高旁脚	有后
				高清水	有后
				高金鹏	有后
				高银鹏	有后
			高韵祖	（养子）高小鹏	有后
				高鹏才	有后
			高根祖	高传华	1子
			高学武	高传树	有后
				高传迅	高　琪
		高宗义	高泽林	高志怀	高洁（女）
			高根林	高传道	克东、克西
				高集体	高　亮
			高家太	高大兆	有后
			高顺林	高传宝	高克松
				高传明	有后
				高文明	有后
				高明进	有后
		高鸿清（富生）	（女）高金凤	有后	有后
		高鸿发	高万林	高传虎	1子
				高犬鹰	有后
		高成章	高宜鼎	高传喜	有后
				高传宝	有后
			（继子）高暖毛	有子女	不详
				高冬宝	有子女	有后

十六世	二十四世	二十五世	二十六世	二十七世	二十八世
继	兴	宗	家	传	克
			高春宝	高川（姐弟俩）	有后
		高春山	高龙舟	高传发	有后
				高传伟	有后
				高传亮	有后
				（30多岁去世）高腊宝	
		高五宝	（女）高枝	有后	
			高满宝	高扬	有后
		高宗宜	高成俊	高睿	天佑
			高家荣	高华	生生、安安
			高寿昌	有女	有后
		高大安	高家祥	高传等	有后
			高家盛	4女	有后
			高家宝	2女	有后
			高家正	高为	有后
			高家宽	2女	有后

十四世　安然公分下（二房）

十六世	二十四世	二十五世	二十六世	二十七世
继	兴	宗	家	传
			高家本	高凯
				高翔
	高林德	高丙寅	高家松	有2女
			高家虎	高优
			高家满	
			高家平	
高继鹏	高林瑞	（女）高小香	有后	
		（女）高莲子	有后	
			高家道	1女
	高林书	高宗渊	高家寿	高竞
			高家福	高沁（女）
			高家禄	晨扬
		高宗贵	有2女	不详

十六世	二十四世	二十五世	二十六世	二十七世
继	兴	宗	家	传
高继鹏		高寿南	高余庆	1女
		高寿南	高立新	1女
			高青松	高长命
			高青松	高传馨（号竹甫）
			高青松	高满甫
			高年松	高瑞峰
			高年松	高瑞生
		高宗礼	高帮本	高和平
		高宗礼	高帮本	高传勇
		高仁山	高家隆	高传胜
		高仁山	高家隆	高传利
		高仁山	高家元	高传来
		高仁山	高家元	高传友
		高仁山	高家元	高传武
		高荣福	（女）高小莲	（外孙）高传宝

高仁山（小名二狗子），传 1938 年跑鬼子反，携大儿子、二儿子失散，下落不明；也有人说父子三人被日军飞机炸死了。20 世纪 80 年代，其后人高松元向日本索赔签名，后无果。

十四世　安然公分下（三房）

十六世	二十一世	二十二世	二十三世	二十四世	二十五世	二十六世
继	文	明	志	兴	宗	家
高继祥	高文佑	高明启	高志荣	高耀堂	高宗福	高家振
						高方青
					高宗祜	有 2 女
					高宗祺	高小虎
			高志富		高宗祜	
				高玉堂	（嗣子）高宗祜	高家助
						高家勤
						高家庆
					（女）高翠红	有后

续表

十六世	二十一世	二十二世	二十三世	二十四世	二十五世	二十六世
继	文	明	志	兴	宗	家
高继祥		高明光	高志贵		（女）高翠林	有后
				高鹤鸣	高宗奎	高家荣
					高宝书	高家先
				高延年	高宝根	高家劲
						高家文
						高家富
			高志壬，又名高南庭，号南亭，族人称"六老爹"。在河南咀极具威信，在抗战前担任过国民党党部委员。	高鹤年	高宝元	高家龙
						高家昌
					高宝殿	高家智
						高家善
						高增强
						高家新
					高宝安	高家利
						高家健
						高家亮
					高宝顺	高正平
						高正田
			高银波		高宝根	高家喜
						高景春
		高明远	高志华	高兴盛（又名海波）	（继子）高宝林	高家春
						高家东
						高洪亮
						高家甜
						高家满
			高志?（老五）	高延年（立过来）	高宝根（小羊子）	

　　高姓在河南咀辈分最高的是"文"字辈，这一房极有可能是继安然公之后第四房的后人，所谓小房出长辈。

	文	明	志	兴	宗	
		高明福	高华胜	有后		
	高翠云		高来胜	有后		
		高明远	高志胜	有后		
			高二顺			
			高志荣	不详		
			高志菀	不洋		
	高翠贤	高明发	高跃进	有后		
			高老虎	有后		
			高荣贵	有后		
			高满胜	有后		
	高翠勤	高明羊	高志顺	有后		
			高志贵	有后		
			高志正	有后		
		高财喜	高志慧	有后		
			高志富	有后		
	高翠候	（女）高珍珠	（外姓）杨公明	有后		
	高达五	（女）高根娣	（外姓）吴东升	有后		
	不详	不详	高志海	高松涛	高国勤	
					高建国	

高达五，人称五长辈，"文"辈中，年纪最小，享年最长，殁于20世纪70年代。
高松涛，未曾从事过捕鱼业，世居与工作于大通街，与河南咀高姓本家房头来往最密切。

与此一个房头比较相近的还有：

		失传	高志迁	（继子）高兴民	高五七	有后
	失传			高小毛	高洁（女）	有后
			高安发	高长生	高原（女）	有后

河南咀高姓"兴"字辈一个房头的有：

				高荣庭	高小润（女）	有后
		失传			高小啭（女）	有后
				高福庭	1女	有后
				高兴让	高民改	有后
					高民发	有后
				高荣坤	高宗文	家勤、家峰
					高宗德	2子
					高宗庆	高马
					高宗胜（早殁）	
					高宗年	有后
					高宗华	有后
				高松发	高宗来	有后

			高志厚	高栋梁	高来宝	不详
					高来喜	有后
					高来德	有后
					高宗来	有后
				高柳青	高来宾	有后
					高来胜	有后
					高来安	有后
					高来信	有后
				高长青	高来贵	有后
					高来平	有后
					高来富	有后
					高来发	有后
				高发青	高来友	有后
					高友奇	有后
				高小五	（养子）高宗明	有后

约大四房分下：

二十二世	二十三世	二十四世	二十五世	二十六世	二十七世
明	志	兴	宗	家	传
			高峻青	高新年	不详
				高庚年	有后
			高宗一	高家曦（高侃）	有后
				高家曙（高仰）	有后
			高平喜	高顺根	有后
				高家根	高尚
			高仁山	高家辉	高富强
					高玉强
					高信强
				高家延	高　勇
					高　峰
				高家盛	高　伟
				高家法	（女）高娟
					（女）高丹
			高德喜（自小给高氏祠堂先生为继子）	高家魁	不详
				高家平	有后
				高家才	有后
		高兆祥（认祖归宗而来）	高根宝	高家斌	有后
			高宗保	高家敏	有后

在河南咀的高姓居民中，安然公的后代占 70% 以上。

高姓来青通河捕鱼最早，贵池十八索之前为高家河，还有梅家、汪家和许家河道、地块、山场交织在一起，经常发生矛盾。曾因高家姑娘出嫁将河契偷给婆家许家，从此高许两姓发生矛盾，势不两立。

总之，在 20 世纪六七十年代，有统计的河南咀常住人口最多时 800 多人，其中高姓人口数占 70% 以上。

河南咀高姓祠堂原建在东北伸向长江的庙嘴头上，清朝时期江岸在一个大年三十晚上祠堂倒塌，后搬至大通街头重建。新中国成立后拆除，改为商店和居民住宅。

石门高祠堂

高氏宗祠石礅

❯❯ 张姓根源

中国人尊祖，无论是从中原远道而来，还是自江南迁徙，"千载之谱系，丝毫不紊"，先祖名号真切，支脉源流清晰。河南咀诸姓中唯有张姓家谱收藏保存完好。

根据张氏历代渊源世系图，按张氏出于黄帝第五子青阳，青阳生挥，为弓正，观弧星，始制弓矢，主祀弧星，因姓张氏。居尹城国，后改清河郡。由此可知，张姓的源头可追溯到曾经是重要武器弓的发明者挥，为黄帝的直接血脉传人。他们住在尹城国的青阳，亦即清阳。清阳在清河以北而得名（今河北清河县东），是为河北张氏。

清河郡受姓始祖挥公一百一十三世孙，太三公讳彻，生三子，长曰卢公，次曰休公，三曰敬公，卢敬二公分派未详，惟我休公生二子。长曰公厚，次曰公满。满公生七子：长子师护公，生九子，第五子延迪公，七世孙千四公，元时中宪大夫由姑苏迁铜之大通。凹生六子，长曰思温，次曰思良，三曰思恭，四曰思敬，五曰思让，六曰思得。惟思恭复卜居于蟠龙树，迄今子孙繁衍。

泾川子：金生公，孙珊保公，孙训和玄孙，兰庆公，生子舍三公，生三子，长曰子开，次曰子隆，三曰子进。隆公子孙，迁居大通山后。开公：生二子，长曰敬昌，次曰兴昌，兴公迁军领居数载，复迁居大通河南（咀）。进公生二子，长曰君满，次曰财昌。财公生子连山公，无传。君公生子，麒魁公，由库官升南康府都昌县知县。子尚文公，迁居大通河南（咀）迄今。

由此可知，张姓在元朝时从姑苏迁徙至铜陵大通。几代之后，其中思恭一支复卜居于蟠龙树，即后称为"张家汉"的地方。又有泾川一支迁居大通山后，居数载，复迁居大通河南咀迄今。根据各分支辈分推算，张氏来河南咀距今270～300年，即清雍正中期至乾隆中期。

有记载：西汉的张良，东汉的道教天师张道陵，三国时蜀国的张飞等继其后也。四十三族中，出宰相17人。迄今4000多年，散居列郡，其间亦有迁居铜邑者。唯我祖庭迪公派下，千四与千三两公，以宦游，居大通之河南（咀）、五松之蟠龙树，支庶日益繁衍于乾隆。自明至清统五松而修宗谱者已数次。乾隆年间合十三分同修，嗣后人丁繁衍，祠宇建多各分，分修千三、千四二公支下，亦于光绪癸未年独自纂修，至铜陵五松修谱后，中途约90年中断。

《张氏族谱》自始祖挥公相传至今，百有余世，旧谱各宗各祖源流昭然，而名次各别，因人繁居散，派行不一，俾各分有乖、尊卑失序。上次续修统谱为清康熙朝，择立二十字，联为四句，自一百三十四世。美字辈起嗣，后一世用一字，所以统一。倘有执异见而别立字义者，即紊乱。宗派众当议惩。其所取派行谨录于左，永垂定例。辈分为：

美承德开先 恩大生良贤 忠孝传家远 庆余有万年

河南咀的张氏祠堂就建在张家汊（现天门镇蟠龙村），老坟山在附近的来龙山。张家汊，古称蟠龙树，今称蟠龙，意即"盘龙"。有传说，古有一条龙自东南而来，盘在此地一棵大树上。道人喝曰："我看你这条烈龙要在此方发几家？"蟠龙把"几"听成了"齐"，结果让附近江北的"齐"姓发达兴旺了起来。而当地的张姓除张恩波迁转到河南咀一支繁衍比较兴旺外，一直逗留蟠龙至今的张姓并未繁盛。不过，蟠龙树的确为龙盘风水宝地，其土壤温厚细润，无沙石杂质，也为外地人常来此取土装运回家建房做屋之用。

河南咀张氏的老祠堂坐落在蟠龙村的张家汊，为四正大瓦屋，200多平方米。1962年张静山带其长孙张小龙做清明前往祭祀，所见该祠堂建筑宏大，墙体为黑砖砌成，白灰抹面，小瓦盖顶，从外表上看去造型就像一座庙宇。白墙上书四个大字"张氏祠堂"。后因无人管理和"文化大革命"破坏而彻底损毁，今已难觅张家祠堂一砖一瓦踪迹。张氏老坟山——来龙山，为一低矮山丘，山边近处一片良田，前面远处曾为一望无际的湖泊。山上生长茂盛树木，不乏名贵中药材植物。后因建沿江高速公路，老坟迁至西垅的大夫山。

张氏先辈亦农亦渔，有山场、水域为张氏私产。自清初起，"恩"字辈部分后人迁至大通河南咀，以捕鱼为生。有文字记载，其后代包括"恩大生良贤"

辈分，至 20 世纪末基本上世代都生活繁衍在河南咀。

现根据 2004 年修谱，河南咀张氏后人各家自报溯根求源，以辈字列举主要有：

承	恩	大	生	良	贤
承玉	恩成，同治辛未生	大寿，光绪己亥生	生枝，1939 年生	良辈有三子一女	
	生枝身体健壮，年轻时划头桨，船疾如飞，妻林金姑枞阳江北边人。				
承琏	恩佑，道光十七年（1837年）生	大林，咸丰年生	应生，光绪癸未年七月生	良福，又名安福，民国甲寅年二月生	贤能，又名远树
	良福在河南咀有一徽派大屋，二层楼，厅里有天井，后一半卖给本族张静山，两家合住。（其子贤能 1961 年装鱼花溺水而亡）良福有 5 女				
	恩甫，同治四年（1865年）生	大如，光绪十年（1884 年）生	生福，30 多岁逝妻女，成生产队五保户		
			福喜，1928 年生，1965 年病故	良辈有三子一女，生活十分困难	均有后
	恩隆同治十二年（1873年）生	大鹤，（鹤林）生于宣统元年（1909 年）	长春	有后	有后
			长富	有后	有后
			长发	有后	有后
		锡林	家昌	有后	有后
		炳南，生于 1921 年	有四子两女	有后	有后
	锡林年轻时会武术，身体灵活，一人能打多人，可惜 30 多岁英年早逝				

承	恩	大	生	良	贤
承璜	恩波，名时通，字国珍，生于光绪六年（1880年），娶左氏，生于光绪七年（1881年）十一月。仁、义、礼、智、信，公极敬师重教，五子均读私塾。公卒葬于鹤门山，左氏卒于1958年，迁葬蟠龙树来龙山	大仁，名庄林，字静山，生于光绪二十七年（1901年）十二月，娶妻吴氏。公卒于1965年农历六月。公特别之处，一人一船捕鱼。休闲时点香读《三国志》，为人厚道沉稳。乡人皆敬重其德	生德，名仲顺，妻高义枝	三子二女	均有后
			生源，名生顺，出桃大造公为嗣。妻高翠英	二子四女	均有后
			生辉，出桃大礼为嗣妻程佩英	一子三女	均有后
			生光，妻高翠根	一子二女	均有后
		大义，名有林，字印山，生于光绪三十年（1904年）九月初一，娶妻江氏，公卒于1941年	生道，妻夏小娥	三子二女	均有后
			生和，妻高玉梅	二子一女	均有后
			（女）银娣，嫁高安发	二女一子	均有后
			（女）顺娣，嫁吴邦富	二子一女	均有后
		大礼，名茂林，字东山，生于光绪戊申年十二月二十二日，双桃科深二公为嗣，娶江氏续鲁氏	江氏生连顺（少亡）		均有后
			鲁氏生女欢喜，生于1944年1月22日，适吴明扬	二子一女	均有后
			嗣子生辉，名庆顺，妻程佩英	一子三女	均有后
		大智，又名喜林，生于1917年，妻佘金花生于1920年	生瑞，妻孙爱娣	三子一女	均有后
			生树，妻刘芙蓉	一女	有后
			生惠，2岁时母病故，抱于高家，名高小鹏	一女	有后
			（女）小翠，适高松本	二子两女	均有后
			（女）来枝，适周福如	一子一女	均有后
		大信，生于1923年癸亥三月二十九日。大通渔业公社主任。妻徐冬娣，生于1925年11月	生斌（永顺），妻陶艺群	一子	一子一女
			黎明，妻陈荷兰	一子	有后
			生满，妻王萍	一子	有后
			（女）小发，嫁钱和立	一女	有后
			（女）小凤，嫁夏水财	一女	有后

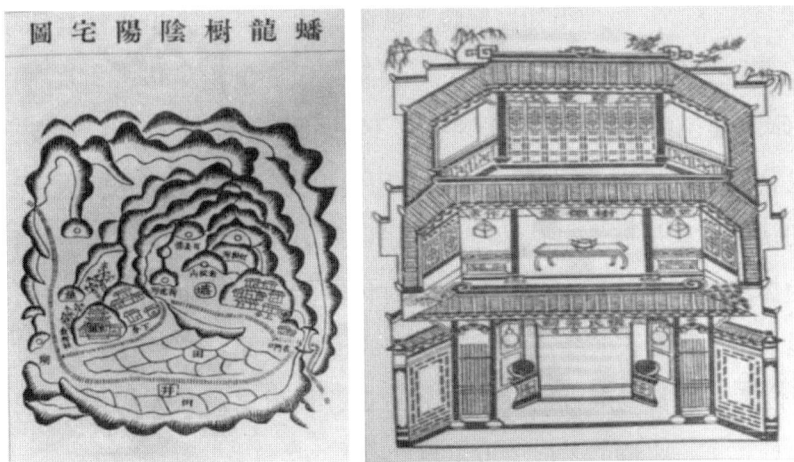

河南咀《张氏家谱》上绘制的祠堂图

另有河南咀的张荣源，自幼随其母从外地带来并定居此地，生三女一子。

》 吴姓本源

据《吴氏宗谱旧序一》（大元至正四年甲申仲秋）记载：吴本姬姓，发迹延陵，盛于休宁，迁于义安。由来远矣，恪夫公登黁仕归，居城西，乃吴之鼻祖也。厥孙祖复迁小阳，至福一公子孙又迁大栏梅冲，生齿繁衍，为铜之著族也。

《吴氏宗谱旧序二》（大明嘉靖乙卯岁大吕月）记载，主要内容：

吴自仲雍公始祖支分派别，难以枚举。按七十一代孙七公徙居休宁石田；后伟六公自石田而迁池之义安，历有相传。七十九代伯二公因乱避居浙江富阳县吴家村；孙蕤宾（八十一代）宋绍兴戊子科中式七名，任江都令保升知州，寓居江都仁里街；子恪夫公（八十二代孙）颖异博学，宋咸淳乙丑（1265年）进士，任南康路刺史；彼有湖口县令项伯钧者亦系铜人出，先世谱书，会叙义安故旧之情，遂与缔姻，宦罢同至五松西街与王俊邻居，厥孙祖一公（八十四代）值大元皇庆壬子（1312年）岁又迁居小阳；祖一子福一公裔国松公，仍守旧业。国臣公复居长大陇，福二公裔国珍公、国用公、国庆公、国器公复居大栏梅冲。创业垂统迄今数百年，子姓繁所称昌炽者多矣。

从《吴氏家谱》梳理得知，铜陵、枞阳等周边吴姓先祖为迁居休宁石田七公一脉，是休宁左台吴氏的一个分支。铜陵吴氏一世祖吴恪夫，是唐代吴少微的84世孙，谱上说是属于莲塘派翊公（七公，少微第71世孙）宗支，但从翊公到恪夫公（包括恪夫公）之间，有好几代祖先，按名讳在史书上无从查考，不能确切认定究竟是谁最早从休宁迁到了铜陵。虽其后又为若干分支，但河南咀吴姓为休宁七公一脉繁衍之后人。古时休宁吴氏有读书取士的传统，不论迁徙到哪里，本族都有人演绎"蟾宫折桂"的传奇故事。古代科举考试时，"新建福光"5位考生坐船到南直隶（南京）考试，最后揭榜5人均中举人，后人便在上下船处建了一座桥，名曰"五贵桥"。

河南咀吴姓人绝大多数源于现在的大通新建"吴氏"，祖上位于原新建乡供销社附近，由此向不远处辐射（主要往现在的大院方向，部分也辐射到了现在的董店垄上）。原新建乡的"吴氏"分为七支，支在当地俗称为"甲里"（一甲十户），即一甲里、二甲里（依次类推）……其中株木山为吴姓老坟山，山对面及里面的上水桥、下水桥水域都是吴氏河湖所有。河南咀的吴姓基本上是以新建乡一、二、四、七甲里后裔为主。

新建乡的"吴氏"人，怎么来到河南咀的？这是因为当时吴姓先辈居住的新建属狭小的丘陵地带，地势低平，人多地少。到了汛期，江水能从现在老镇的两河口往里涌入，沿河汊涨到五贵桥（原新建无名饭店后面），直至原新建供销社附近，这种自然条件必然要对当地"吴姓"人的生产和生活产生一定的影响。于是，吴氏临河的部分分支亦耕亦渔，并在青通河湖附近有了一定范围的捕鱼水域。随着人口的增长，有限的田地和水域无法承载众多人口，迁徙到更合适的地方成为越发迫切的生计大事。因此，大约在清末吴氏部分分支在不同时间有先有后离开"七甲里"。他们在水退之后，沿迹携家带口，外出谋生。经过多年摸索和磨合，弃农从渔，最终在河南咀落地生根，繁衍生息，逐渐成为后来河南咀的"吴姓人家"。来到河南咀后，"吴姓人"以勤劳、聪明、善良的良好禀赋，很快融入了当地人的生活，甚至成为河南咀仅次于高姓的第二人口"大户"，主要以捕鱼、养鱼、水上运输等为生。

在河南咀的"吴姓人"中，也有不是从新建"几甲里"过来而是从徽州休宁直接到大通河南咀的。据吴家和在世时说，河南咀《吴氏宗谱》保存在吴玉魁家。抗战时家谱随家具、房屋全部被日军烧毁。新中国成立后，在当地政府领导下，1951 年成立"大通渔民协会"，实行集体化，将河南咀渔民编入渔业生产第四、第五、第六 3 个队，后并入大通渔业公社。"吴姓人"在 3 个队都有，数量不等。河南咀"吴姓人"的辈分有：

大学道德新　邦家必永兴　定有贤良启　承先致玉成

"吴"姓是河南咀"高张吴"三大姓之一。目前尽所能了解的河南咀"吴"姓及后人情况，根据排行，整理如下：

新	邦	家	必
不详	吴邦福（迁出）	有后	有后
	吴邦贵（玉堂）（迁出）	吴家宝	吴必敏等
	吴邦满（吴满堂）	吴长生等	有后
	吴邦富	吴家荣	有后
		吴家祥（稼祥）	有后
		（女）吴桂枝	有后
不详	不详	吴贞福（大老板）	（嗣子）吴爱林
			（女）吴桑月
		吴贞寿二亨子	吴爱林嗣吴贞福
			吴小犬
		吴贞旺三亨子	无后人
		吴贞祥四亨子（早亡）	
		吴贞亮五亨子	吴大金
不详	不详	吴六亨	有一继子
	吴邦荣，又名吴少卿	（嗣子）吴小炳 15 岁立嗣	吴德宝
	吴少春（吴大话）	吴家顺	吴根苗
	吴玉魁	吴山阳	吴必胜
			吴必应
			吴必武
不详	吴荣魁	吴宗阳	有后
		吴宗开	有后
		吴宗庆	有后
		吴宗德	有后

新	邦	家	必
不详	吴荣魁	吴宗龙	有后
	吴邦群	吴家富	吴建华
			吴德华
			吴玉华
			吴四华
		吴家贵	吴小强
			吴炳祥
			吴文祥
		吴家和	吴静华
			吴克静
	吴政荣，号三一	吴家泰	吴炳胜
		吴家勤（迪丫）	有后
不详	吴春发	吴宣喜（女）	有后
		吴腊喜（女）	有后
		吴小来（早亡）	
不详	吴殿荣（早福）	吴道宏	吴涛
			吴汉
			吴凌
	吴邦能（迟福）	吴家赖	吴必涛
			吴必强
			吴忠
		吴大双	有三女
		吴四根	吴军宝
			吴军文
			（女）
		吴五根	吴继发
			吴继明
			有二女
		吴东海	吴雷

新	邦	家	必
	吴邦亚，号殿元	吴宁	有后
		有三女	有后
	吴邦琦	有五女	有后
必	永	兴	定
不详	吴汉章（遗腹子），其母改嫁河南咀高姓带来，采用河南咀吴姓辈字，与河南咀吴姓并非同宗	吴兴文	吴小安
			吴小发
			吴定亚
			吴立清

七甲里吴氏宗祠老墙砖

吴氏宗祠前老井

❯❯ 高、张、吴三姓鼎立及其他姓源流

自宋至明朝洪武年间，在青通河捕鱼的各自占河为王，起初高姓占绝对优势。后出现多姓共存，共有七大姓，分别是高、张、朱、吴、孙、史、叶等姓氏，他们在青通河各占一段。后由高、张、吴三大姓将河票买断，青阳县木镇河流域的七姓河遂改为七星河。之所以形成这种状态，主要有三种情况：一是呼亲引朋，多族迁入；二是一人立足后，举家迁入；三是联姻婚嫁，随缘而入。还有另外一种是萍踪浪迹，做生意来此定居的。

自古以来，居住在河南咀这块土地上的住户主要是高、张、吴三大姓，呈三足鼎立之势，其中高姓人口占绝对多数。

高姓源自贵池石门高，其鼻祖乃唐代处士高霁，据《石门高家谱》记载推测，河南咀高氏迁徙最早的动因可能在宋之初，石门高高家三代人连遭三次瘟疫之灾，能动弹的纷纷扶老携幼，奔走他乡，逃避瘟疫，其中高万灵后人的一支由桐梓山最终定居河南咀，世代以捕鱼为业。

张姓乃青阳挥公之后。祖上源自河北青河县，前后到铜陵已数百世。继后世住蟠龙，又名蟠龙树，遵循"一姓从来住一村"的习俗，取名"张家汊"，依山傍水，亦农亦渔。建有"张氏祠堂"。后一部分张姓定居河南咀从事捕鱼，少数人在蟠龙树仍有田地出租收取租金。

吴姓由古徽州腹地、新安江上游的休宁迁出，其因缘乃躲避战乱。铜陵、枞阳等周边吴姓先祖为休宁石田七公一脉。虽其后又为若干分支，但河南咀吴姓皆为休宁七公一脉繁衍之后人，迁居到铜陵原新建乡七甲里一带。因该处地少人多，除了种地外，亦时不时到澜溪河湖和附近山塘边捕鱼。他们迁入河南咀相对于高、张、朱等姓稍后。

现存的个别单家独户或多户来河南咀的佘、胡、李、姚、何、鲍、左、周等姓氏多为外地与高姓联姻，将娘家兄弟迁移带来扎根所致，如胡、李、何、鲍等姓随姐嫁入河南咀高氏人家。少数在大通街上做鱼生意的，干脆弃商从事渔业生产了，如姚、佘、左等姓。

历览河南咀前世今生，高、张、吴和其他少数姓氏，虽然来自四面八方，有着各具特色的家族胎记，但经过长时间的融合共生，已是水乳交融不可分割了。"死徙无出乡，乡田同井。"同舟共济，同甘共苦。"出入相友，守望相助，疾病相扶持，比邻亲睦。"又相互联姻，你中有我，我中有你，融为一体。

高、张、吴可谓是河南咀的"三个代表"。旧时大通周边朝野各界人士谈论到河南咀时，皆知"高张吴"三大姓。高姓无疑是河南咀的开山鼻祖，也是河南咀标志性的主体符号；自明清至解放初，高姓人才辈出，独占鳌头，一家独大，不可撼动。张姓在当代出了个张大信，一位德才兼备的人物，后来居上，发挥了中坚作用。尤其是解放后，每到一定历史时期，张姓总有出类拔萃人士玉树临风；吴姓则为后起之秀，人丁兴旺，尤其在丰富河南咀人文方面异军突起，一飞冲天。历史上在不同时代出现了类似"刘关张"一样的"高张吴"优秀代表。至 20 世纪 50 年代，被新中国和组织上起用的集体干部就有高光祖、张大信和吴春发三位标志性、代表性人物。如按年龄排序，则吴贞福（1902—1976）、高韵祖（1919—1980）、张大信（1923—2002）这三人又为划龙船"掌梢三杰"；解放初从河南咀走出去参加工作的有：张生辉、高家辉、吴家宝，三人分别担任局长、主任、解行分行行长；再有出生于 30 年代的高根宝、张生道和吴家和三人，不但能文能武，还能吹拉弹唱，可谓多才多艺的"高张吴"。又有河南咀上墩出生于 20 世纪 40 年代初的高余庆、张生枝、吴大金三个渔民发小的"高张吴"三个代表，其中高余庆力大，张生枝体魁，吴大金瘦弱但智商高。出生于 50 年代初的高集体、张小龙和吴小强三人，结拜"刘关张"异姓发小三兄弟，他们出生于一村，就读于一校，三人之间经常打打闹闹，斗而不破。出生于 60 年代初的高家德、张黎明和吴大进三人走得比较近，从小到 60 岁一直交往不断。这可能是河南咀最后一组"刘关张"式的"高张吴"拜把子兄弟。当然，800 多人口的小渔村，只要细心探究和统计，何止这几对"刘关张"式的"高张吴"？可见国人受《三国志》等中华传统文化浸润之深。这恐怕不是巧合，也算是小小渔村独有的文化现象吧！

其他姓氏如朱、孙、史、叶离开了河南咀，散落他处谋生。

早先河南咀七姓中除了高、张、吴三姓之外，还有朱、史、叶、孙四姓，后因时代变迁，更因各自原因，纷纷迁出河南咀，有去大通街的，有到大同圩的，也有去外地的。但留在河南咀的非高、张、吴三大姓的，多为姻亲而入，少数为生活辗转而入。

佘姓，先辈为大通佘氏世家，住通河两岸。有兄弟三人，代表人物佘万年，别名佘二和尚，亦渔亦商，为近代河南咀最大富翁，清末建有河南咀最大的徽派民居。有直系子嗣考上民国安徽大学法律系，新中国成立后在省高院工作。佘润年，排行老大，与佘二和尚（排行老二）为亲兄弟。后代人有佘贻家，三代佘世坤，四代佘守七等都居住在河南咀。佘文喜，原籍大通佘氏，孤老终生，寄居河南咀高龙舟家。

胡姓，代表人物为胡度文，生于 1909 年。祖籍贵池茅坦人。其父清末迁入河南咀弃农从渔，世住河南咀。其姐嫁河南咀高鸿宾，胡度文即河南咀高光祖、高韵祖、高根祖、高小四和高学武的舅舅。胡后在河南咀亦渔亦农。因来自贵池农村，善于种麻。曾花钱在大同圩买了8.4亩地专门种麻。每年夏季收割季节，全家老小纷纷剥麻、晒麻，晒干收拾好麻卖给渔民以织罾网线。此活一直到20世纪70年代大同圩收回土地才告结束。胡翁原配妻生两女后病亡，两女分别嫁给河南咀高、吴两姓。续妻为贵池梅村的梅喜荣，育两子五女，人丁兴旺。长子胡万财，有三子：光华、光明、光辉；次子胡宗顶招工到铜陵县搬运站，有三子：胡军、胡斌、胡胜祥，女名不详。

李姓，主要代表人物李祖福，其父无为杨家河人，木匠，入赘大屋高家四房，河南咀上门女婿。

李维开、李维能，无为杨家河人，其姐嫁给了高平喜，随姐来河南咀。李伯喜，其母河南咀人，嫁枞阳杨家河李姓，夫亡，携子回娘家。李双财，住河南咀顶上墩，无为人，中年夭亡，后代子女长大后皆招工在市县工作。

姚志强、姚大强、姚多生三兄弟。其祖父来河南咀打工，积累财富后在河南咀操场开姚氏木行。新中国成立后姚志强当会计，姚大强和姚多生为渔民。

黄山元先为渔民，后摆渡。长女黄秀锦，嫁于河南咀高帮本，二人育三子二女；养子黄瑞华（小黑），捕鱼，后到大通搬运站工作。妻周友姑，枞阳人，在四队当会计。有两女一子。新中国成立前黄家住在河南咀庙嘴头，后起火烧了房子。因黄山元妻是高荣庭姐姐，两家合伙在河南咀中墩买了屋，合住在一起。

江肇周，曾在河南咀江南木行当过会计，1951年搬迁大通街入住。其子江鸿庆，武汉大学生物系学习毕业。

何姓，代表人物何松林，大通街上人，年轻时好玩，外号小开。后到河南咀捕鱼，能说会道。晚年打火更，善于即兴编"莲花闹"。其子何祖德，生三子三女。长期担任四队生产队长。

鲍姓，代表人物鲍连松，又名阿劳，其子鲍德宝。获港人，其两姐一个嫁给高宝元，一个嫁给吴家贵，后随姐迁居河南咀。

左姓，代表人物左文友，其父辈在抗日战争时期由枞阳县横埠左岗迁居大通，左文友先在大通至和悦洲夹江摆渡，后贩鱼到徽州做鱼生意，最后移居河南咀。育有二子二女。

杨姓，代表人物杨德甫，枞阳人，年轻时勤勤恳恳，捕鱼摆渡炸炒米。入赘岳父高翠侯家，妻高珍珠，子杨公明。

余姓，代表人物余山，曾参加中国人民解放军海军。入赘河南咀高宏清做女婿，妻子高金凤。

周姓，代表人物周小凡，其母为高仁山续弦，随母带来的，也为高仁山继子。

唐姓，代表人物唐金生，荻港人，铁匠，手艺精湛，尤其擅长打船钉。中年时来河南咀再婚。口头禅："搞两个钱，吃三个钱。"喜好喝酒。

金姓，代表人物金幼良，乡人皆称金老三；金幼连，乡人称金老四。湖北人，兄弟俩资深木匠，土工程师，尤其擅长设计打造舟楫。

向姓，向天海，裁缝，手工裁剪缝纫。技艺绝伦，针线活名冠通河两岸。

龙姓，龙家林，又名龙毛子，幼儿时期由其母带入河南咀，成年后（1963年）随妻搬迁入贵池大同圩。

得益于鱼水情深，高、张、吴和其他杂姓从五湖四海的多姓种在渔村河南咀结缘成共同体。

结缘青通河

河流对人类文明的发展具有至关重要的作用，不仅在人类文明之初为人类提供了生活和生产所必需的水源，也是人类迁徙和交流的主要通道。与此同时，人类在河流面前也不是完全被动的，而是会与河流发生着不同形式、不同程度的互动。正是这种互动，使人类在不同的流域环境中形成了不同的文化，塑造了不同的文明形态。在探索河南咀产生和发展的历史源流时，绝对不能无视青通河和与之相通的长江的作用。毫无疑问，这种作用是决定性的，是无可替代的。

河南咀，顾名思义，河之南。因为这个地名，就表明了青通河与河南咀两者之间的关系和渊源，同时也可知河南咀地理和历史文明起源的原始密码。据史料记述，青通河是今铜陵、青阳、贵池三市县区的界河，古称长河。唐代称童埠河，宋代后依双河口（今新河口）即三县区交界区，以上称青阳河，以下称大通河，合称青通河至今。而河南咀正好扼守在青通河出江的三县交界之中心位置。多少年来，河南咀的衣食之母就是青通河，没有青通河，就没有河南咀。所以，称青通河为河南咀的母亲河恰如其分，一点不为过。

青通河系长江干线的主要内河支流之一。青通河流域跨安徽南陵、青阳、贵池、铜陵等县。东界铜陵大通镇，西邻九华河，南依九华山脉，北邻长江。发源于九华山东麓岔泉岭附近，自南向北流经青阳县柏家桥、朱备、蓉城镇，至元桥，纳东河、东山河，于童埠新河口东纳七星河。始称大通河主干，其支流七星河流经木镇、朱家渡、杨家潭，在新河口入青通河。自青阳县的童埠和贵池县的茅坦、梅龙等乡镇，至铜陵大通河南咀注入长江，全长68公里，流域面积1229平方公里。

蓉城以上属上游河段，河床多沙砾、石，水位暴涨暴落；蓉城至童埠为中游河段，河道弯曲；童埠至大通河口为下游河段，淤积严重。1951年设蓉城水文站，年平均流量0.5～1.5立方米/秒，洪水最大流量达450立方米/秒（1983年7月4日），最高水位19.24米（1970年7月13日），正常年径流量12.04亿立方米，最丰水年达19.05亿立方米，最枯水年仅6.15亿立方米。长江水在洪水季节可倒灌蓉城。干旱季节曾出现断流（1958年、1966年和1978年）。新中国成立前，青通河通航条件较好，百吨大船可驶达蓉城，后因河道年久失修，大量泥沙淤积河床，自河口至蓉城多处设坝，截流灌溉，至1958年基本断流。1971—1973年将青阳至童埠15公里河道，由原来的15米拓宽至40米，平均挖深2米，大水季节轮船已能直抵蓉城镇。青通河蕴藏黄沙量大，每年外销80万吨。青通河在贵池域内，古时主要是高家小河、梅家小河、佘家咀、下洲及茅坦界内。这里曾经发生过河南咀高家与小莲湖许家为争河契发生"高""许"两姓永不结亲的决绝故事。

澜溪是青通河下游最大的支流，因此青通河古时也称澜溪。清乾隆《〈铜陵县志〉卷一·山川》记载："澜溪，去大通镇五吕，其源自贵池、南陵、青阳来者为河水，自本邑大栏、合二者为溪水，左右交会于竹墩山下。"古时"大栏、合二"两者即今天门山、铜官山一带。从铜官山、天门山南坡流下来的两条溪水，汇合在"上水桥"一带，从竹墩山下注入青通河。

一条青通河（包括沿河湖泊），曾经物产丰富到取之不尽、用之不竭，除鱼类外，还有水禽和水生植物。

这里鱼类最为丰富，几乎所有的淡水鱼在青通河都能有迹可循。除了盛产各种淡水鱼外，还有白鳝、黄鳝、目鳞、螃蟹、淡水虾（青虾、白虾）、珠蚌、螺蛳、龟、鳖等。

水禽有野鸭、中华秋沙鸭、雁、白头鹤、鸳鸯、白鹭等。其中野鸭品种多，数量大，有绿头鸭（对鸭）、斑嘴鸭、尖尾鸭（三鸭）、花脸鸭、绿翅鸭（八鸭）。野鸭属候鸟，夏季生活在北方，冬季结群南迁。在历史上，青通河旁的十八索、缸窑湖均是野鸭栖息越冬处所。50 年代渔业社的三队捕野鸭数万只，猎捕方法，一是乘小船（鸭溜子）在水面用土铳捕猎，二是网捕。

水生植物有莲藕、芡实（鸡头米）、菱角、茭瓜、荸荠、芦苇、蒲草等。古时著名的澜溪八景其中之一就有"南湖胜览"，"南湖风光好，鸡头玉珠圆"就是描写古代大通的湖面即现今的河南咀。湖中菱荇丛生，间有大面积鸡头米叶如华盖平铺水面。

三十年河东，三十年河西，现在这里被贵池圈为十八索大湖，生态极为完整齐全。青通河的铜陵段，先后出现了白浪湖、缸窑湖等大小圩，多为人工养殖场。如今的青通河与古时候不可同日而语。

一条青通河的前世今生，与河南咀人的悲欢离合命运密不可分。春生、夏长、秋收、冬藏，四季轮回，展现出青通河不同的面目，岁替世移，青通河与河南咀早已物非人非，但正是这条平凡又极具魅力的河流哺育和滋养了近千年靠水吃水的河南咀人。青通河是世代河南咀人赖以生存的母亲河、生命河，没有青通河就没有河南咀，没有这条母亲河就没有世代相传的河南咀人。

河南咀的先人们一来到此地就以青通河为自己的主要衣食之源，祖祖辈辈都在从老鼠石到青通河口这段 10 多里长的河道上以捕鱼来维持生计，后来随着渔船的增大也开始涉猎长江（主要是鹊江），到清朝中期商贸经济开始涌现，水运输业兴起，河南咀渔民有小范围搞过运输，大户人家有过购置田地雇人种植庄稼。河南咀人尽管有过多种经营活动，有多种经济来源，但在青通河内捕鱼不管何时都是河南咀人主要的生活方式，是河南咀人主要的稳定收入来源。这段河流甚至被河南咀人视为上苍赐予自己赖以生存的根本所在，所以长期视为自己的捕鱼范围，不会让任何外地人进入自己的"领地"。新中国成立后渔业大队的形成以及后来渔业公社的建立，河南咀渔民开始分为第四、五、六3个生产队，四队以打蟹网为主，五、六两队以扳船罾为主，有史以来开始真正有组织地捕鱼生产。

春天扳山水罾捕捉逆流而上重斤把以上的鲤鱼、鲇鱼、鲶条子，捕获活蹦乱跳的黄姑鲴子；夏天打热水网的"十网九网空，一网就成功"十几斤重的大鱼和成群结队的鲴子鱼；冬季扳罾扒虾、起虾、扒网。这三季对于河南咀渔民来说只是小打小闹——游击战，只有到秋季鱼汛季节才是河南咀渔民捕鱼的重头戏——阵地战。

每年秋季青通河都有一次鱼汛，是河南咀渔民捕鱼最多的时候，也是收入最多最稳定的捕鱼季节。从大拐上的头段开始往下依次是二段、三段、小河口、五神堂、长安、老桥口、桥头埂（渡口旁）等8个蟹子网位置，同时也是8个扳船罾捕鱼位置。每组蟹子网由两条船（每条船2人）组成（共4人），首先抽勾来确定每组蟹子网的位置，有个不成文的规定，每天中午每组蟹子网都依次向上挪一个位置，如果蟹子网的组数多于位置数就要按顺序依次轮换。蟹子网是一种拦河网，高2米左右，上面是杉木浮子，底下是石头脚子，网抛下河后将两头用木戗在河的两岸固定好，两条船分别在东西两河岸边蟹子网略上一点的位置也用木戗固定好，就可以撒网捕鱼蟹了。由于每条船有2人，撒网和休息可以轮班。每个蟹子网的位置也是铲罾捕鱼的好位置，在每个蟹子网的下方都有3~5个船罾位置，如果是3个就一排左、中、右，如果是4个或5个，那就有两排，前排3个，后排1个或2个，每个船罾位置是用两根长毛竹倒插入水中，有时需要用棍子绑石头当斧头将毛竹打入河底。铲罾捕鱼也有个不成文的规定，这3个位置或5个位置每天中午依次轮换。

20世纪六七十年代是集体生产，劳动者按工分计算，不管你捕到多少鱼和蟹都得交公，不得带回家。鱼汛期，四队打蟹网，每组蟹网每天日夜一般能捕到三五百匹螃蟹，还有一二百斤鱼。高根林、高传道父子俩一条船和高明福、高明元弟兄俩一条船组成一组蟹子网，在头段一晚捕到1200多匹螃蟹，还有几百斤鱼。五、六两队扳铲罾，一般每条船每天都能扳到鲢鳙、鲤鱼、青混、鳡鱼、鳜鱼等多种鱼类好几百斤。有时出小鱼（鲴子、黄姑子），换成密网罾，出鱼时一罾能扳到好几担黄姑、鲴子。当时渔民每天捕到的鱼和蟹都统一归大通水厂公司收购，收购时给每条船开一张发票作为凭据，一季鱼汛下来，把所有的票据交给3个队的总会计高成俊，由他到银行兑钱，年终根据工分多少获得报酬。秋季鱼汛是河南咀渔家捕鱼最多也是最稳定最主要的经济来源。鱼汛过后，打散网，扳散罾，捕到的鱼由生产队统一抽勾平均分配，每家分到的鱼由自己支配，可吃可卖。到改革开放后实行单干，渔民捕到的鱼蟹不再由水产公司统一收购，而是自产自销，彻底打破按工分平均分配制度，大大促进渔民劳动积极性。80年代初期，青通河里的鱼还是不少的，鱼汛期渔民的收入还比较可观。但90年代后随着河道越来越窄，特别是河水污染越来越严重，后来到了无鱼可捕的地步。

自从河南咀的先人们来到此地一直到20世纪80年代初，一年四季在青通河上都有河南咀渔民忙碌的身影。即使是捕鱼淡季，在青通河上河南咀人在丰水期拉菱角菜，装黄沙，运石片（头）、石子，装运煤、柴禾、杂货（盐、油、稻谷）、窑货，为部队搭浮桥等。当然，青通河也给河南咀人带来了许多悲欢离合之事，渔民装运石片、黄沙和拉菱角菜等都是非常危险的，因为船小，为了多挣钱尽可能地多装货物，甚至船的连堂（船沿两边通行处，也起阻挡雨水作用）堂上都在晃水，以为自己掌船技艺高及侥幸心理，都认为自己的船不会有问题。殊不知一旦超过了渔船所承受的极限或者遇到风浪都会船沉人亡。任何事物都有其两面性，有利的一面，也有害的一面。青通河一方面是母亲河，施舍出母亲的乳汁给河南咀人，让河南咀人生存和延续，另一方面是恶魔河，吞噬了不少渔村人的生命。总之，河南咀人把青通河用到极致，一刻也不能离开。如果说河南咀人像鱼，那么青通河就是水；河南咀人像小草，那么青通河就是大地；河南咀人像鸟儿，青通河就是蓝天。离开青通河，河南咀无从谈起。但是，河南咀与青通河的关系是建立在青通河流域具体的地理地域之上而发生的。因此，就有了河南咀与青阳；河南咀与贵池；河南咀与铜陵；河南咀与长江；河南咀与枞阳（江北）等渊源。

悠悠青通河，曾经是百舸争流，鹰击长空，鱼翔浅底，万类霜天竞自由。在万里长江支流的内河，很少有青通河自古以来长年不断流、其广袤的腹地发大水时湖泊如同辽阔的大海，因此，美丽富饶的青通河才得以承载养育了世世代代渔民。幸哉！试想，若没有青通河，哪有河南咀？哪有世代繁衍生息的河南咀人？抑或没有这条几百里水路直通长江，怎么能造就河南咀、大通与和悦洲两岸三地的鱼、盐和水上交通商贸的繁荣？又怎么能将九华之佛光普照大千世界，芸芸众生呢？

静静的青通河

❱ 濒临鹊江南岸

八百里皖江分三段。一是安庆江段：安庆与江西湖口交界处至大通交界处称皖江，因安庆境内有一座皖山而得名；二是铜陵江段：从青通河口（河南咀庙嘴头）至与繁昌荻港交界处称鹊江，因铜陵境内有一座鹊头山而得名；三是芜湖江段，自荻港至与江苏交界处称鸠江，因芜湖境内有一座鸠兹山，芜湖古称鸠兹而得名。长江铜陵段，全长 83 公里，鹊头在原铜陵县城江边，即现在到老洲乡的渡口处，鹊尾在繁昌的三山镇，那里有个鹊尾镇，此名沿用至今。而大通与和悦洲之间的夹江是鹊江的一部分，但不是全部。历史上鹊江上的战争发生 25 起之多，都发生在主江上，而不在汊江里。但由于大通地区官方和民间古往今来一直把夹江称为鹊江，大通沿岸叫"鹊岸"。创刊于 1931 年 9 月的《鹊江日报》由此可知。

河南咀何其幸运，其地形乃是三面临水的长三角形半岛（《辞海》："渚"者，三面临水之地也）。它的西边、北边和东北边三角尖头均濒临长江（夹江），即通常所说的"鹊江"。河南咀不但东方拥有青通河河口绵长的河岸，而且北面又濒临长江的一段江岸，在方位上是名副其实的鹊江南岸。这个小渔村既滨河又临江，通江达海，不仅可以捕鱼，还可以航运，真是占尽了地利。

唐朝时期铁板洲、和悦洲在长江中是否显现，未有明确的文字记载，但唐至宋时洲上无人居住应该属实。河南咀的嘴头向北伸向鹊江，正因为如此，人们置身江北，向南望去，河之南边之地，正是河南咀。地因形而得名。至少自明清以来，河南咀渔民在秋季鱼汛之后，青通河水消退下去，基本上也无鱼可捕了。这样，以捕鱼为生的河南咀渔民无论是打网的或扳罾的就会转战长江（鹊江）。同时，也进入长江装运生意（从事航运业）。

那时的长江水域宽阔，有取之不竭的各种鱼类资源，每年的下半年至年底，长江也进入枯水期，在鹊江的夹江段，靠岸边的江水底下有礁石、深凼、窟窿等都是各种鱼类喜欢滞留的地方，还有在江水底下的沉船附近、固定码头趸船底下也是鱼经常光顾的地方。这些地方对撒网捕鱼经验丰富的老渔民而言是捕鱼的好位置，他们撒网可以让掉水下的障碍物，经常捕到硕大的鲤鱼、青鲩、鲇鱼、鲶鱼等，但对年轻人而言不会这么幸运，撒网经常被挂，一旦被礁石或沉船挂了，网就拉得稀巴烂，网脚子要损失一大堆。特别在趸船底下捕鱼（抹网）最讲究方法和智慧。两人抹网比较简单，首先将渔船停靠在趸船的外边，两人上趸船上游并将渔网脚子从外向内穿过固定趸船铁链的底部，两人牵开网的1/3，留下2/3并拖到水下，等流动的水冲开网后二人同时将网脚放下（一人拿住顶绳），迅速来到渔船，这时两人就像正常撒网后船划向开处收网；三人抹网要复杂一点，首先是把渔船停靠在趸船的下游，甚至把船头插进铁链里，固定好船后三人上趸船，和上面一样到趸船上游将渔网牵开，不一样的是用绳子系牢网脚的两头（由于网不够宽）穿过铁链，两人拽着绳子处在趸船的两边，第三人把已接好顶索的绳子（顶索不够长）穿过所有的缆绳和铁链（保证网不被绳和链阻挡并能罩住趸船底下的一片水域），来到停靠趸船下游的渔船上，这时叫前面二人同时放下绳子，就可以收网了，趸船下游的锚链纵横交错，这时必须在锚链的前面收网，不然网与锚链连在一起就危险了。如果首次在趸船底下抹网，那肯定是靠得住的，并且是渔获颇丰。在枯水期的江河里捕鱼，聪明的河南咀渔民还有一种非常传统的捕鱼方式——放鱼篮子，即用竹篾编织成像棉裤的裤脚篮子，里外有三道须：门须、大须和小须。它是一种比较原始且传统的捕鱼工具，捕鱼有自身的特点，不像罾网钩钓对鱼损伤大，对鱼的伤害最小，多为鲜活状。

河南咀渔民在长江捕鱼另一种方法是打撑篙网，撑篙网有稀密之分，那要看在什么季节有选择性地使用渔具。如冬季使用稀网，这种网的网眼较大，三四厘米，它只捕获半斤以上的大鱼，小鱼、小虾根本不会进入它的法眼。但这样的网张开的面积很大，它不像一般的渔网一个人就可以撒开，必须借助于船头行进和流水带动才能张开网口。渔民撒网时，一条渔船两个人，一个在后面划桨，一个在船头前板上，用一根长1丈多长的竹篙子穿进撑篙网底的一边，用篙子叉住网底的另外一边，将网撑开后，船从上游往下游划，水下的网逐渐撑开，快到鱼位置水域时，将篙子迅速一抽，铁网脚子落到水底正好是鱼出没的地方。有经验的渔民这种精准的掌控屡试不爽。但撑篙网极易受风向影响。如果起东北风，江水往上游吹，下水网顺势轻轻一拽，渔网就连网带鱼拎上船；如果遇上西南风，江流冲挤渔网，网起水时极易挂到礁石和水下障碍物，搞不好，会把网扯得稀巴烂，不要说捕鱼了，连网都没有了。此所谓风险与收益相辅相成。在长江打撑篙网最经常去的地方：一个是羊山矶大矶头和小矶头礁石处。这里水流湍急，水下地形复杂，一般渔民根本不敢在此捕鱼。正因为常人不来这里，所以这里水下屯留了许多鱼。特别是大鲤鱼、青混、华达子、鳡鱼，大的一条有十几斤甚至几十斤重。当然也有长江里名贵的江鲜回安，油端子鱼等。打撑篙网最厉害的是发生在1943年后，日军"华陆"军需舰满载大批军用物资航行在河南咀外江边，被美军飞虎队飞机击沉了。此后，河南咀渔民就在沉船处打撑篙网，这沉船里鱼特别多，打到一条鲤鱼竟然有八九十斤！他们还用渔网从沉船里拉起了许多日军军服、罐装食品、挎包、铁盒子等；1958年冬天，高玉堂和高宗祉在羊山矶大矶头打撑篙网捕获一条重120斤的大青混，当时上缴给河南咀食堂，厨师切成许多小块，每个村民都能吃到一块鲜美的鱼肉。

河南咀人与长江特别是鹊江打交道最多的是装鱼苗。1957年河南咀渔民开始了捕养并举的生产方式，即每年上半年的清明至端午节，渔民在长江沿江南岸边搭建鱼花棚，把鱼花插进江边水下，绑好鱼花绠，绠就像喇叭一样张开口，后面是一条直筒子，通向网箱。从洞庭湖、鄱阳湖上游顺江而下的各种鱼苗顺着江边激流被冲进张口以待的绠里，最后进入网箱里。装鱼花正值长江鲚刀鱼、鲥鱼长大的活跃期，有时绠里会装到鲚刀子和鲥鱼。长江边的鱼花棚上至贵池的郭港，往下有梅龙、河南咀操场外江边；大通江岸边有木材公司、红庙、羊山矶；到铜陵的横港、扫把沟；再到铜陵县的小轮码一线直至十里长山猫山的沙石场。每年装鱼花两个多月，吃、住、行，差不多都在近百里的真正的鹊江南岸。装鱼花持续了十几年时间，河南咀第四、第五、第六3个生产队，分段安排。后因鱼苗卖不掉，到20世纪70年代末，装鱼花才退出历史舞台。

河南咀渔民在长江捕鱼还有一种就是春天扳桃花鲴、打鲦刀子鱼和打鲥鱼；夏天扳热水罾，一小一大。有些年头，长江也出鱼。这时扳罾的会将渔船划进夹江，收获颇丰。

除了捕鱼外，淡季或大旱无水灾年无鱼可捕，河南咀人会用小板船在长江做生意。那些小本经营的商家为运输几吨货物不会雇大吨位船只，那肯定不划算。这样就会想到河南咀小船。有装运煤炭的，有装运牛到无为刘家渡的，有装稻包、水泥、咸盐、石油桶，等等，什么都运，麻雀虽小，五脏俱全。河南咀渔船还配备帆舵和睡觉的芦席棚，风雨无阻。遇到往长江上游送货，渔船会扯篷掌舵行驶。有的时候，连续数日，日夜兼程，夜宿船舱里。

渔民固有的生活方式，产生了他们独有的渔民文化。每年正月十五至二月二，入夜，河南咀人会划着一叶扁舟在长江中舞龙灯。届时，大通河两岸四乡

鹊江南岸

八镇百姓纷纷驻足观看。只见黑夜中一条火龙上下奔腾，生龙活虎，跃出江上，令人称奇。而每年端午节，也是河南咀人展现奋勇争先精神的一道亮丽风景线。伴随着鼓点和锣镲声，河南咀的乌龙船往往一马当先，所向披靡，总是拔得头筹。

总之，长江（包括鹊江）是河南咀人的衣食之源，为河南咀千年古渔村的生产、生活提供了诸多机会和广阔舞台。

》 一河两岸皆大通

毫无疑问，要说河南咀的地名从何而来，非大通莫属。为此，有必要溯源大通地理和史脉。

大通，古名澜溪。境地位于长江下游南岸，古时长江水势到此，受到竹墩山、神椅山和长龙山的阻拦，形成依山傍水、襟湖带江优越地理资源；地当要冲的竹墩山麓，直接濒临长江，由于水运交通便利，为天成的优良港口，是周边四方交会的要津。1600多年前，这里已形成经贸活动的集市中心，商贾云集，店铺林立，口岸繁华。东晋义熙年，邑人称此为澜溪镇，后称老镇。千百年来，因长江中下游水势东流，大量泥沙而下，受南岸诸山阻碍而淤积，形成深厚的滩地，其中低洼处为内湖。北宋起，青通河入长江口岸由老镇澜溪（竹墩山）变迁至今大通长龙山南麓和河南咀一带。

考察一个地方人与人之间的关系，不仅看居住环境之密切，更要看生产力和生产关系发展的依赖度。

起始，河南咀先民捕鱼范围主要集中在桐梓山至竹墩山之间的河湖，后转移至青通河口和长江边，休息时渔船停靠在青通河口的大通岸边。只因"鸡鸣传奇"，他们才结伙从青通河口北岸——从大通转移到河南咀。开拓荒滩，搭棚建房，扎根定居。从此，自老镇以下至河南咀河口的河段称为"大通河"，而此处的"一河两岸"即专指大通与河南咀。

早在宋朝，就有渔民和大通老镇上的居民生息在青通河与长江沿岸。坊间有"大通余，河南高"的称谓。南宋诗人杨万里《舟过大通镇》诗："淮上云垂岸，江中浪拍天。须风那敢望，下水更劳牵。芦荻偏留缆，渔罾最碍船。何曾怨川后，鱼蟹不论钱。"这是有文字记载的最早反映当时大通古镇渔罾图，描绘出大通河畔鱼市兴旺景象。虽然河南咀坐地贵池县内，但自古至新中国成立后初期，河南咀居民和行政管辖皆与一河之隔的大通连为一体，如同兄弟形影不离。根据1929年4月1日创办的《新大通报》社址在"大通市三民大街口"知晓，大通早在20世纪二三十年代设市。1949年8月以前一段时期，大通市（含河南咀）从铜陵县单列出来，属池州专区管辖；8月以后，改属铜陵县管辖。1950年7月，撤销大通市，归属铜陵县，改为铜陵县第一区。1952年更名为大通区，管辖大通镇（仍含河南咀）、和悦镇、西垄乡、永平乡、新建乡等5个乡镇。1953年成立大通港人民政府，大通派任干部在河南咀桥头墩设立办公室办公，即使是1962年成立的行政单位也叫"大通渔业公社"，长达几百年，河南咀此前一直未独立过。

万物有所生，而独知守其根。每一种文明都扎根于自己的生存土壤，凝聚着非凡智慧和精神追求。几千年时间的打磨，让古老的澜溪小镇沉淀出"大通"之名。若论长江和皖南徽文化的源远流长，大通才是名副其实的长江文化的集中体现与展示。这里大江奔涌，鸥鹭行行，帆影绰绰；龙山逶迤，耸青叠翠；青通河似银练蜿蜒旖旎，两岸如黛；南湖（白澜湖）浩渺无际，波光粼粼。鱼汛季，河湖中，渔网列列，罾声阵阵，呈现出一幅繁忙的渔家乐画图。

在一河两岸渐渐发展后，历史上的澜溪八景，其中就有两景为河南咀状景，即澜溪罾缴和南湖胜景，可见，大通与河南咀地理和人文上是不可分离的。清朝桐城人许恩奉（小说家和杂记作家）在《里乘》作品里就专门写了明初渔人江中勇救佘翁爱子等渡客的轶事。"铜陵大通镇，前滨大江，商贾云集。镇佘姓，巨族也。"又有大通江"岸权渔舟甚多",状写停靠在河南咀岸边的渔船之多。

据老人世代相传所言,早先高姓和佘姓都在大通河打鱼,后来,多数佘姓人改打鱼为卖鱼,街头居民多以经商为生存之道,大通街上出现了各种店铺,其中有相当多的渔行。渔民捕鱼量大,必须要交易。这种水产品的买卖鱼商关系一直延续几百年之久。至少自明清以来,大通街上的佘氏和其他商家就与河南咀的渔民建立了互惠互利的经济关系。如前所述,大通鱼市场上的鱼源,除了江北陈瑶湖、江南童埠湖之外,很大一部分系本地渔民在青通河所捕。每年鱼汛期间,大通街的商家就会划船到青通河向河南咀渔船收鱼,少量的过秤,特别多的时候,双方估堆作价,大差不差,由收购方写个鱼票为凭,年底兑现。也有散户渔民将捕获的鱼送到大通街上鱼行,到年底过年前,大通鱼行商家老板都要邀请河南咀渔民到大通街上吃个早点(早点极为丰富,有油条、酱油干子、麻酥糖、油炸圈子、肉包子、生姜、五香豆和好茶叶等)。吃好早点,算账。中饭时简单一点,之后,请河南咀的渔民到大通龙华池泡澡,澡堂里有人擦背、修脚,热毛巾把子一茬接一茬递上来。在更衣室,有花生米、各种各样的点心和泡好的茶供渔民浴客享受。到了晚上,商家老板备好酒席,宴请渔民,喝酒时猜拳行令,不亦乐乎。有人酒喝多时想到自己算账吃亏了,就戳戳骂骂,甚至掀翻桌子,但经商家好言相劝,待酒足饭饱后,各自回家,明年再来。这种交易行为,一直延续到新中国成立初期。

抗战时,1938年日军派出飞机和军舰进入鹊江,用炸弹轰炸和悦洲和大通,在占领大通后,便分别在大通、和悦洲、河南咀设立军事机关,其中在河南咀操场姚氏木行驻扎了一个中队。为打通铜陵至贵池的交通线,日军很快在青通河口修建了跨大通至河南咀的一座大木桥,又称洋桥。在整个兵凶战危的抗战时期,通河两岸地不分南北,人不分老幼,涌现了许多抗敌英雄事迹。

抗战胜利前后,大通街以查广和药店以南至牢桥口称为澜溪街,此为习惯延续;查广和药店向北到洋桥一段称共和街,纪念孙中山的共和口号;洋桥向北至运动场(木材公司)一段为胜利街,纪念抗日战争胜利得名。

1949年4月大通解放。行政名称先后分别设市、区、公社、镇,曾属皖南行署、安庆、池州专署、铜陵市的铜陵县。1951年时,河南咀居民户口列入大通澜溪街,河南咀与大通街房屋门牌号是按同一个序列编号的,至1966年河南咀渔民仍有 10 多家住在大通（澜溪）街。

由于双方关系之密切，大通佘家与河南咀高家曾有多家联姻。早在清朝时期，河南咀的高志荣就娶了大通街佘家女佘来枝为妻；高寿南的妻子也是佘氏；还有高家五长辈，娶的是大通毕家女，人称五长辈奶奶。大通街嫁女到河南咀甚多，而河南咀女嫁给大通郎，那就更多了。河南咀的高小四嫁给大通街的汪金友、张玉梅嫁与大通一佘姓、高正荣嫁陶根发、高彩霞嫁陈光辉等几十例。在通河两岸，最为出名的是大通的佘万年，绰号佘二和尚，他本来是大通佘家穷苦人出身，因看到河南咀渔民捕鱼挣钱太快，按捺不住自己，便到河南咀参与捕鱼行列。但他很有商业头脑，看到每年青通河水小时，大船停航，于是他购置了几条小木驳船，雇用一二十名帮工，专门从事从和悦洲装运食盐送到童埠、木镇、茅坦、青阳等地的生意。他的本家兄弟佘润年及儿子佘贻家、孙佘世坤一直在河南咀捕鱼。

在大通与河南咀两岸之间，也有多家人将房子建在大通街。早先有河南咀高氏宗祠建在庙嘴头，后因江河水冲刷，宅基地渐渐倒塌。他们将高氏祠堂搬迁到大通街（今大通历史文化展览馆处）。自民国至今，河南咀有高玉堂兄弟几家，高宗宜、高大安兄弟两家，吴满堂、吴邦富几位兄弟家，张丙南家等在大通街建房居住。还有在大通开金货店的崔达之，他是河南咀张大智妻子佘金花的姑父。20 世纪 50 年代初，江鸿兴家由河南咀搬到大通街开店并居住下来。这样穿梭往返通河两岸的情况不胜枚举。

1953 年实行民主改革，捕鱼凭捕鱼证，捕到的鱼要交集体，由大通的鱼贩子收鱼卖到江苏等外地。1954 年发大水，河南咀人和大通街上居民都来到长龙山上搭棚躲水。国家从四川调来大米，根据各家各户人口数，供应粮食。通河百姓没有饿肚子的情况发生。1956 年河南咀渔民实行初级社，办公室设在大通上街头一间房屋里，开始了计划经济，供应粮食、布、鞋、衣物等。至 1957 年上升为高级社。1958 年河南咀成为一个连，吴春发当连长。1958 年大炼钢铁，吃食堂，家家户户不烧锅，就把铁锅、火钳和各种铁器都交上去投进小高炉炼铁。由于积极争先，河南咀还得了锦旗。

1962 年，为了大力发展渔业生产，铜陵县成立"大通渔业公社"，是安徽省唯一的正区级单位，从此，河南咀行政管理上脱离了大通，由原来的城镇居民变成了农业户口。渔业公社办公楼房，建造在大通上街头临街西边，两层的办公室和后院占地面积近千平方米。

渔业公社与大通镇虽然各自处于独立单位，但是凡涉及国计民生的重要事项仍沿袭老办法，由大通负责。渔业公社社员户口本都由大通派出所代管，计划粮、油、棉、布票，豆制品票，包括到后来的肉票，火柴、糖、酒、烟票等全部由大通镇供应发放。这当中尤其仅靠新成立的渔业公社无法解决的大事，安排得非常好，主要有：

教育：河南咀学生在读完四年级初小后，从五年级起都到大通小学读五至六年级，读到小学毕业，继续在大通读初中和高中。

医疗：河南咀人生病全部在大通医院就医。20 世纪 60 年代，河南咀第四、第五、第六这 3 个生产队还在大通医院设立账户，无论大人小孩自报家门（生产队及男劳力姓名），就可以登记看病，无须交钱。平时如遇家人突发疾病，也会去大通医院请医生上门诊断医治。

文化：无论到文化馆看书，观看篮球比赛，还是看戏、看电影，河南咀居民与大通街居民完全同等待遇。河南咀人舞龙灯、划龙船也吸引大通无数人争相观看。

就业：即使是县劳动局招工，通河两岸居民也一视同仁，不受户口性质歧视。而其他地方的农业户口，一般情况下是不能招工的。

由于渔业公社办公楼坐落在大通街上街头，渔业公社和河南咀渔民召开的社员大会都安排在大通俱乐部。

没有鱼捕的时候，河南咀各生产队劳动力就会被组织起来到大通搬运站搞副业，如抬黄沙、抬煤、

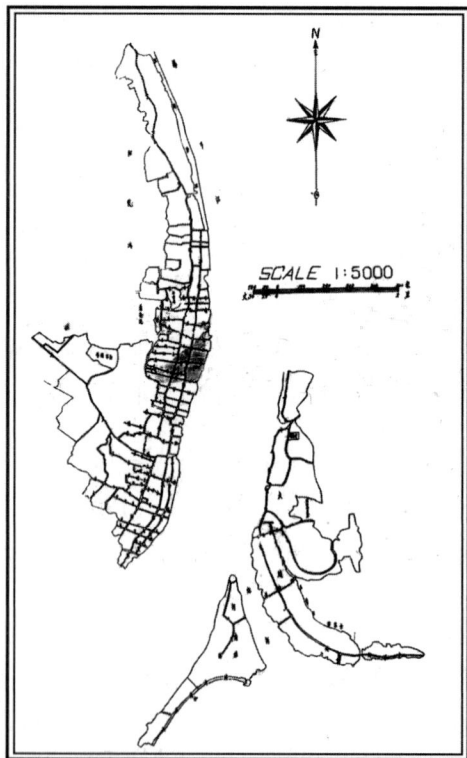

河南咀在民国时期行政隶属大通

扛木头、抬汽、柴油桶、背盐包、背稻包、背水泥等。

居民生活，更是须臾不可分开。河南咀人每天早上都要到大通街买菜，购买日用品，甚至有的渔民早晨喜好泡茶，时间来不及就过趟河去大通街打开水。洗澡、剃头、照相、修水笔、染衣、修钟表、代写书信等，无一不去大通街。

自古至20世纪80年代，外地人称河南咀一般不单称河南咀，而是叫"大通河南咀"，或者干脆将"河南咀"就叫"大通"。

20世纪末，河南咀恢复了原大通居民身份，大通渔业公社撤销后并入了大通镇。此后成立河南咀居委会直至河南咀社区，均隶属大通镇的直属机构。

➤ 隔江犹看江心洲

和悦洲与铁板洲乃长江泥沙沉积而形成江中孤岛式的沙洲，据推测，和悦洲北宋年间已露出水面，后来向北逐渐淤积扩大。至迟于明代中期已基本成形，出水面积约2平方公里。和悦洲、铁板洲宛如并蒂莲花，盛开在长江南侧的航道上。和悦洲洲尾与雄峙江东的羊山相对；铁板洲位于上游，是大通的天然屏障。和悦、铁板两洲一衣带水，鸡犬相闻，汛期水涨，有渡船往来，入冬水枯，往来行人涉足可达彼岸。直至19世纪50年代前，和悦洲还不过是"蕞尔荒洲"。有关当时和悦洲移民从何而来，《申报》曾有专门记述："荷叶洲……自咸丰末年发逆窜扰，沿江之大通、铜陵及内地之旌、泾、太、徽、宁等处皆罹红羊（洪杨）浩劫，惨无天日，居民仓皇奔走，犹时有风鹤之警，乃相与扶老携幼，月夜渡江至芦荻丛中偷安旦夕钜意，后来者担货携囊、趾踵相错于途，且有负贩之辈、唤卖食物者乃益视为武陵源，可避世外烽烟，因共诛茅结屋，束芦为扉。……乃益麇聚该州度地建屋。"由此可知，兵荒马乱的太平天国战争使周边逃亡的百姓以此为躲避之地。此后恰逢在国家制度变革的大背景下，厘卡的设立与盐务制度安排，强制与衍生的商贸使和悦洲仅在10余年间就从荒地演变为皖江第一市镇。直到20世纪30年代前夕，它也一直是安徽乃至长江流域非常重要的商埠之一。

相对于河南咀古渔村悠久的历史，和悦洲移民的麇聚、商埠的兴起和繁华则是近代时期。两地交往多发生在民国时期和新中国成立以后。这就决定了两地往来要因不外乎商贸、文化和联姻等。据有关文章记载，和悦洲的盐务专营，不仅供应周边食盐，还辐射到几十、几百公里的州县。每年枯水期和入冬，青通河水浅，皖南徽州所需的食盐都由小驳船贩运。此时河南咀的渔船利用船小灵活方便的优势承接了这个生意。其中执牛耳者是河南咀的佘万年，又叫佘二和尚，他既勤奋又有商业头脑，他用自家的小渔船从对江的大货船上，下载装运几百斤盐，来回倒腾，积攒了一笔财富后，他买了自己的大木船，从和悦洲购盐，过江停在大通河口，再由数十条小驳条子由青通河转运到童埠、青阳、木镇等徽州老山区。多年的贩盐生意使佘万年大发横财，从一介渔夫变成了百万富翁，在河南咀建造了威震通河两岸的佘家大屋。日占时期，商人跑反，和悦洲衰败，码头凋零，小轮改由和悦洲夹江码头转靠江南的河南咀外江边码头。由此，曾在清朝时期的操场附近的小街再度兴起，短时间迅速建起了万安饭店、鹊江旅馆、大通饭店等，河南咀的渔民纷纷在淡季做起了吃喝拉撒住的生意，小小河南咀一下子承接了来自和悦洲的人流（客流）、物流和信息流。小小的河南咀街梅开二度，异常繁华，真是应了"东家不倒，西家不发"这句老话。

另一个是"三大木行"经略大通。青阳商人曹友芝看中了和悦洲发展势头，他在河南咀外江岸边租下了百余亩空地，投入大量资金，开办了大通历史上第一家木材商行——和顺木行，不到一年成了大富豪。听说木材赚钱，逐利的徽州商人孙茂如又来到河南咀参将衙旁的江边（此时尚无大同圩），又开了"孙昌源木行"，向和悦洲销售木材，又多了一个富商；不久，四川商人童温瑜来到大通，在河南咀离"孙昌源木行"下游不远江滩上开办了一个"万顺源木行"，由于和悦洲对木材需求量大，童温瑜生意红火，很快就挤进了富商行列。他们做木材生意从清同治中期一直到抗战前。

一份回忆录显示，抗战初期及日占时期，和悦洲加剧没落，商店倒闭，民众纷纷离去。1938年初，散曲作家卢前途经和悦洲，感叹其衰败时写道："空洲人静，和悦于今枉得名。渔火星星，只一片荒寒景。"此时此处的江心洲边，从河南咀而来的渔船正呈现另一幅"江枫渔火对愁眠"的景象。

除了经济和商贸的缘由使河南咀与和悦洲关系密切外，另一个原因就是文化相通、人文相近使两地交往不断。一个是龙舟赛，自民国至新中国成立后，大通每年端午节几乎都举办龙舟赛，河南咀的乌龙（船）与和悦洲的黄龙（船）

都会同场竞赛，这两支龙船划手，都是常年在江河搏击，身手不凡，各有胜负，不分胜败。还有一个舞龙灯，更是历史渊源悠久。只不过河南咀的老龙为水上龙灯，亦水亦陆；而和悦洲的龙灯只在陆地上舞。20世纪30年代，河南咀一条水上龙灯船由河南咀庙嘴头划过夹江对岸上岸，从和悦洲青字巷舞起，进入头道街沿铺一路向洲尾街舞去，和悦洲几个喜欢搞恶作剧的泼皮鬼，赶在龙灯未到前，抬了个300斤左右的大石礅子放在龙灯必经的街中央，企图拦住龙灯，让河南咀人难堪，好看笑话。当河南咀龙灯经过见到街中间的巨石障碍物时，舞龙头的高志迁（河南咀人称大将军），放下舞棍，大喝一声，"哪个干的?"立马蹲下身子，一个人将近300斤的大石头抱起丢出街边坎子下，众人见之，无不啧啧称赞！

和悦洲在兴旺时有三街十三巷。河南咀渔民挣到钱后，也有一些浪荡渔家子弟会去那里寻欢作乐。

除了文化交流，两地人还积极参加政治活动，彼此合作。1927年北伐军经过大通。3月的一天，大通（和悦洲）商会通知八帮、各业工人以及学校师生到河南咀操场去欢迎北伐军。参加者有200多人，包括一河两岸（河南咀与大通）和一江三岸（河南咀、大通、和悦洲）的群众。在此时期，大通的佘文烈、和悦洲的高万宗和河南咀的高宗鉴等许多仁人志士，他们经常在河南咀召开会议，宣传发动群众，公开或秘密从事革命活动。新中国成立后，新政权将大通地区的渔民、港口、航运（船工）、驳渡等集中起来，在河咀成立了港政府。后来分家，和悦洲左文友到河南咀捕鱼，娶妻生子，一家人定居在河南咀。河南咀的高万林落户和悦洲，在驳渡社摆渡至终老，其子孙留在了河南咀捕鱼。同时，两地有结亲联姻10多对。河南咀的高泽林女儿高小莲嫁给和悦洲航运公司的涂发贵；高根林女儿高玉梅嫁给和悦洲小菜园一农民，等等。至于交朋结友则更多。河南咀的高韵祖与和悦洲的铁匠吴天赐成了莫逆之交；河南咀章大姐与航运公司埃姐（张国富母亲）互相拆借资金，一个支持对方打船，一个支持对方做屋，两家下一代也结为好友。

河南咀与铁板洲，主要是在新中国成立后两地的交往。铁板洲农民主要种棉花、蔬菜、瓜果（花生、蚕豆、芝麻）等。他们不种稻不下田，相对于插秧割稻的农民，其农活要干净些、轻松些。虽为菜农，政府供应一部分计划返销粮。在 20 世纪 60 年代，铁板洲的西瓜整船地送给河南咀 3 个生产队，采购的西瓜分发给社员各家。比起瓜农、棉农和菜农，河南咀的渔民相对富裕些。因此，从各个历史时期统计，铁板洲相当多的女青年嫁给了河南咀男青年。新中国成立初有吴少春（吴大话）儿子吴家顺娶荷花，60 年代初高学武娶孙桂枝、张生瑞（张小马）娶孙爱娣、70 年代胡宗顶娶周爱莲、高家才娶小玉子、高景水娶周满香等。60 年代，河南咀妇女去和悦洲水产站脆鱼，也有人到铁板洲捡萝卜缨子。同时铁板洲农民到河南咀买大粪，甚至有青少年来河南咀拾猪粪，与同龄男孩子结成好友。总之，居住相近，民风淳朴，文化相同，一江之隔，两岸四地（大通、河南咀、和悦洲与铁板洲）一衣带水，必然亲密接触，相互交融，你中有我，我中有你。对外而言：他们的共同名字都称"大通"。

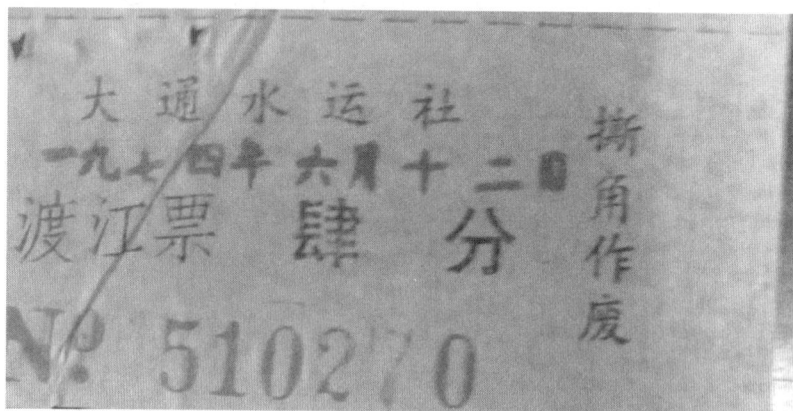

大通至和悦洲渡船票

❯❯ 隶属铜陵县及铜陵市的行政管辖

地处青通河口，与大通一河之隔的河南咀，在地理上从来都与池州的贵池连为一体。历史上自有行政区划起，从明清到 1949 年置池州专区，属皖南行署区。池州专区辖大通市及铜陵等县，大通包括河南咀，其行政隶属关系归池州管辖。1950 年撤销大通市。1951 年，撤销了原属池州的大通市归铜陵县。但是，由于河南咀与大通的密切联系融为一体，又因大通与铜陵的历史沿革，于是河南咀与铜陵自然而然有了隶属关系。

铜陵，古称定陵、义安，因铜得名。关于铜陵名字的由来，目前有两种说法：一、铜陵地区自古产铜，有大山曰"铜官山"。李贤注引《尔雅》："大阜曰陵。"所以取铜陵为名。二、"唐末分南陵县工山、安定、凤台、丰资、归化五乡置义安县。"因是南陵县的 5 个乡组成了一个县，所以取南陵县的一个"陵"字，称为铜陵县。明嘉靖《铜陵县志》载：历春秋铜地属吴，战国铜地属楚，秦铜地属鄣郡，汉铜地属丹阳郡，三国铜地属吴（临城、春谷），晋铜地属宣城郡南陵县，南朝铜地属宣城郡和南陵郡，隋铜地属宣州，唐铜地属宣州（宣城郡），后置义安县，五代铜地俱为宣城郡义安县，南唐铜地属升州铜陵县。铜陵地区的区域最早大体定下来的时间是在东晋时期，即义熙年间，由于北方战乱，大批山西流民进入此地，义熙九年（413 年）在此侨置定陵县。隋朝统一中国后，定陵县并入南陵县，从此定陵县消失。至唐朝后期（888 年），朝廷从南陵划出工山、安定、凤台、归化、丰资 5 个乡，设置义安县。不过义安县也只存在了 63 年。到了南唐保大九年（951 年），南唐中主李璟时期，则将义安县改为铜陵县。历经了 1064 年后，铜陵县于 2015 年 12 月 3 日被撤销，设立为铜陵市义安区。历史巧合的是，也就是说在 1127 年之后，铜陵县的县名"铜陵"又改回到唐朝时期的"义安"，只是县成了区。现在的"铜陵"只专属于铜陵市。而原来的铜陵县首镇——大通，则划归铜陵市的郊区。当然，早已划入大通镇的渔业公社（包括河南咀）自然而然纳入铜陵市郊区，脱离了原铜陵县。

的确，在新中国成立初很短暂的一段时间，河南咀作为一个渔业大队的编制归贵池梅埂乡管理，但由于河南咀在地理上与梅埂相距 20 多里，无论从陆地还是水上往来，都远不如到铜陵的大通镇便捷。因此，当梅埂乡要召开会议连通知都困难。更为重要的是，历史上经济文化传统表明，河南咀渔民与大通在经济文化生活上自古以来都相亲近，大通与河南咀两地从来没有分离过。在此情况下，河南咀渔民强烈要求归铜陵大通管辖。好在当时的领导也比较开明，充分尊重民意和照顾现实，1951 年起河南咀在行政上划归大通镇澜溪街管理，河南咀房屋与大通镇居民房屋一样，均有铁制门牌号。1951 年 5 月，搞大集体（高根林小儿子出世叫高集体），吴慧芝为负责人。此时新中国刚成立，百废待兴的铜官山矿正恢复扩建，急需大量工人。河南咀组织了 12 个人去铜官山矿工作，有高宗魁、高学武、高松备、张生顺等一班青年人。因迷恋家乡出鱼来钱快，这些人先后陆续回家捏桨捕鱼了，只有高宗魁坚持留下来成为铜陵市产业工人。1958年他将妻子林国菊的户口也迁往铜矿山，他全家包括子女都是城市户口，晚年高宗魁96岁身体仍还健康。当时林国才也留下了，不久后当了劳资科长。还有同时去扫把沟当码头工人的吴六亨也没有回家，与此同时，铜陵县政府刚建立不久，也急需管理人才，有点文化的青年也被选招走。河南咀的张生辉和高家辉先后被选招为国家公务员，后来张生辉由于表现优秀，工作努力，成绩显著，被推荐到上海水产学院进修，学成归来，先后当了铜陵县水产局局长和县商业局局长。那时还没有水产公司，河南咀成立了渔民产销社。在上级部门领导下，河南咀临时港政府应运而生。办公地在河南咀桥头埂搭建了个大草棚子，相当于行政机关。包括渔业、运输、驳渡业都归港政府管理。负责人王世太，通讯员张进生。港政府由于各方利益不尽相同，分散经营，后解散。1953年实行民主改革（高兴让大儿子出生叫高民改）。1955年，组建了渔业生产合作社。1958年吃食堂。渔民各家不烧锅，公共食堂办在高鹤年与高宗福家徽派民居大屋里，有6位工作人员，河南咀500多人口吃饭不要钱。与此同时，又掀起大炼钢铁运动，河南咀劳动力全部弃渔从工，由于不需烧饭，各家纷纷将自家的金属包括铁锅都交去炼铁，一夜变成了炼钢工人。一年多时间，烟火冲天，好多人被煤烟熏得喘不过气来，一年后偃旗息鼓。到1961年，许多人饿出了浮肿病，吃食堂已难以为继，渔民又恢复捕鱼生产。1961—1962年铜陵县政府根据本县渔业资源丰富的特点，成立了大通渔业公社。这是安徽省唯一的正区级行政级别政府。第一任公社书记唐英，搭档公社主任叫刘宏魁；第二任书记盛贻甫，此人讲话直率，"文化大革命"中被诬陷为叛徒。死的时候从骨灰里发现一粒子弹片，被平反。继任者邢云科，到1964年离任。接替书记是杨明高。他是本县金榔乡人，十几岁参加革命。他在渔业公社工作时间最长，至1977年才调入县城建局当局长，在渔业公社书记任上头尾差不多14年之久。1964年，河南咀高根宝和其他20多位河南咀人到铜陵特区俞家村建钢铁厂挖土方子。当时的确很艰苦，住草棚，睡大通铺。杨明高听说渔民外出做工，指示要注意保管好钱物，别让别人骗了。没想到，一语成谶，20多个人辛苦大半年，有1万块钱被人偷走了。杨明高在当书记时，在"文化大革命"中受到严重冲击和极不公正对待。但他是个不记仇的人，带领渔民学大寨。经过渔业公社呼吁，1973年铜陵县革命委员会下发156号文件，同意将白浪湖水域划归大通渔业公社，解决渔民生产、生活基地。白浪湖建圩，从此一劳永逸解决了渔业公社无生产基地问题。

　　1977年，孙运宽调入渔业公社任书记。此时，白浪湖渔圩种麦子获大丰收。他召开会议，喊出八个"一定要"，并且安排人在渔业公社大楼墙壁上张贴八大标语口号。孙运宽1977年调离，佘贻谋接任渔业公社书记。他深入调查研究，与行家反复讨论建设白浪湖开发方案，得到市委支持后白浪湖成立了养殖总场。1984—1985年，铜陵市委书记孙树兴经常到白浪湖考察调研，并将白浪湖列入市菜篮子工程。1978年，青阳河吸泥疏浚，渔业公社3队部分社员和河南咀高成俊、胡万财（6队队长）、高家根（5队队长）率领社员在青通河河口用铁链子绑定船只，阻拦吸泥船机械设备进入青通河。结果，青阳县上告省里，铜陵县检察院派人来调查，渔民群众受到批评，但最后责任推向渔业公社领导头上，对此行为抓得不力，公社主要领导受到上级追责。此后，唐世贵接任渔业公社书记。一年多后，唐世贵调任县林业局当局长。汤先友来渔业公社过渡，不久调任县委组织部当部长。此时，叶松成为渔业公社最后一任书记。他在渔业公社时，青通河两岸都圈圩造田围湖，渔业公社有名无实，年轻人纷纷招工买工出去了。渔业公社于1984年撤销。1985年铜陵市政府将渔业公社全部农业户口转为城镇户口，原渔业公社划归大通镇，改为渔业开发公司，后又改为河南咀居委会。2004年11月，当大通镇由铜陵县划归铜陵市郊区时，河南咀人遂又变成了铜陵市郊区大通镇居民。

　　从以上历史变革可知，河南咀从初心出发到最终归属，还是和大通、铜陵县及铜陵市联系在一起，这既是地理原因、文化原因，更是民心所向。

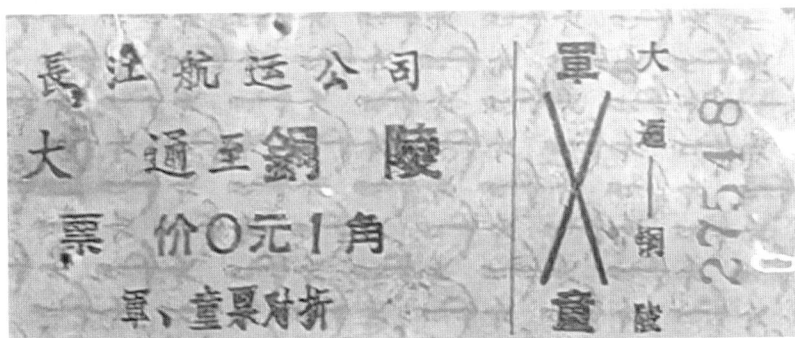

20世纪70年代大通至铜陵的小轮客票

» 一衣带水连青阳

所谓青通河，即取青阳的"青"与大通的"通"，合为"青通河"。所以，若论青通河，首当其冲离不开青阳县。《宋代日记丛编·泛舟游山录》记载乾道丁亥九月"同至县学，登经史阁，望九华紫翠千仞，造物融结奇巧，真尤物也。前青阳令右奉议郎杨元禀者极有吏才，学舍乃其所葺。朝立云：'舟泊大通镇，陆至青阳才五十里'。"事实上青通河及其流域绝大部分都属青阳县，其发源地和上游几乎全在青阳境内。青通河是河南咀人赖以生存的母亲河，注定了他们的生产和生活也离不开青阳县，他们与沿河流的青阳县山水、乡村、地理人情休戚相关。青通河上游有两支河流。一支发源于九华山东麓岔泉岭附近，流经青阳县的柏家桥、蓉城镇、紫竹窠、元桥、粽子店、童埠、汇入新河；另一支源自南陵老虎山、泾县，流经青阳县的木镇、丁桥、陀龙、骆家潭、插花山、朱家渡、杨家潭、鲍家窑、马山，进入新河。青阳县的两支河流集中于新河后形成青阳河主干与大通河汇合，向北在铜陵大通出口进入长江。在青阳县境内沿河岸边的村郭、河湾、山岗、古渡口、古码头等景点，在不同的季节，必然成为河南咀渔民捕鱼的驻足休息地、避风雨的港湾、交易（卖鱼）、上岸购买生活用品的市场，这些好山好水，给广大渔民留下极为深刻的印象，渔民和这里民风淳朴的山村人家结下了深厚的情谊。

河南咀人与青阳打交道最多的是青阳县的童埠和新河。童埠是青阳县古今青通河上最古老最大的码头，舟船进出青阳必然经过童埠。古时候，青通河一旦发大水，方圆几百平方公里一片汪洋，此处山头十里九弯，行人和行船南北东西要绕几十里路弯。为此，100多年前的清末民初，官方就在此处开了一条河，将青通河与贵池的佘家咀铲直，称"新河"。新河的开通，直接打通了童埠到青阳的一条笔直水道。此后，政府又修建了跃进圩，此圩在丰水期吸引各类水产资源，待下半年特别是腊月寒冬天，开始起圩。这时候，当地人就与河南咀的渔民合作，将河南咀渔船拖进圩里扳罾打网，几几分成，忙得不亦乐乎。这时候的收获，对河南咀渔民来说可不是一笔小收入，至少可以过个肥年。童埠的新河也有个渔业大队，渔民都是附近河边的农民转变而来，他们住的地方如同水泊梁山般的孤岛。其中一位老渔民高光祖是1956年从河南咀举家迁移过来的，他是青通河渔民标志性人物。不过，进入20世纪七八十年代后，新河渔业队已无鱼可捕了，该渔业队转为务农了。2000年起，高光祖的三儿子高金鹏当了新河村的书记。由于童埠的地理交通位置十分优越，青阳县加大了港口码头基础设施建设，随着移民拆迁，居住在孤岛山上且交通不便的农（渔）民全部转移到新河镇其他地方去了。童埠成了青通河内河最大的现代化码头。怪不得安徽省水利厅2019年批准立项又对青通河进行疏浚。不过，童埠和新河与河南咀人两地关系甚为密切，无论是捕鱼还是装运货物，该地都是中转站，古今如此。

青阳县一个极具地理标志的地方是青通河边的老鼠石山。它一山跨三县。东连青阳县的山水，南与马山遥相呼应，西与贵池余家咀隔河相望，北接铜陵县（现称义安区）的天门镇。此山又是一座具有丰富历史文化底蕴的山头。元末至正年间，在此处起伏山峦和开阔的湖滩，朱元璋与陈友谅摆开战场，双方几十万将士杀得昏天黑地。青阳及青通河也是经济文化发展的繁荣之地，20世纪六七十年代，青阳县疏浚河道，将青通河底深挖，淤泥堆积岸上，泥沙堆晒干后，在此挖土淘沙的河南咀人在沙土中捡到许多铜钱，宋、明、清各代皆有。很多渔民家里还珍藏着不少铜钱。

青通河每年到11月、12月，一直到阴历年前，河水退下去，滩涂才全部显露出来。青通河变成了一条细长的小河。鱼汛过后，仍然有大量的各种鱼类顺流而下游入长江。留在河里的鱼都是少量的沉水鱼，如鲤拐子、鲶条子、白鳝、老鳖之类。但这些鱼一是数量少，二是由于天冷，大多偎依在河底石头缝里、窟窿里，或者是不动的趸船底下。只有要钱不要命的摸大冷的（冬天到深水里摸鱼的人），不惧寒冻下水摸鱼。这是指青通河河口至大士阁这一段出现的摸鱼情况。

河南咀人与青阳渊源最深的算是每年下半年特别是寒冬腊月去新河、杨家潭、朱家渡、骆家潭、陀龙、丁桥、木镇沿河的捕鱼活动。

在马山附近的新河口是青通河两条支流在此交汇注入主河道的岔河口，中间有一"大凼"，此处及其附近是当地人"放虾爬"最佳捕鱼虾处。在较窄的河道上一般用一根较粗、较长的稻草缆子，固定在两岸，上面间隔2～3米系上长

2 米左右稍细的稻草绳子，绳子末端系上捆好的竹丝，一般每根缆子上有 20～30 个虾爬。每家放虾爬一般 5～6 根稻草缆子，最多 10 根左右。缆子之间要间隔 10～20 米。虾爬放下去后过一两天就可起，起虾爬时先要准备一个特大的抄网，在虾爬还没有拉出水面就要把抄网插入水里兜住虾爬，每个虾爬捕虾有 1 两、2 两、3 两甚至半斤、1 斤不等，抖下虾子后又扔到河里。大凼处水面较开阔，水亦深得多，是最聚鱼虾的地方，这地方专门由新河大队集体放虾爬，以捕鱼为主。这里放虾爬和起虾爬与单个的私人家不一样，放虾爬主要在中间的大凼部分，缆子的两头到不了岸上；在起虾爬前用网把虾爬围起来，再将所有的虾爬拉起来并放到岸边，再组织渔民在这里撒网、放丝网等方式来捕鱼。这时河南咀撒网渔民亦可帮助他们捕鱼，每次能捕到少则几百斤鱼，多则 1000 多斤鱼。从鲍家窑到木镇这条河上要比双河口处深得多，使得许多鱼在退水期不往外游，再者这段河流拐弯处较多。由于这些原因，当地人以利用"窖凼"的方式来捕鱼。所谓"窖凼"，是指在枯水期当地人在河流多处拐弯的凹岸处，挖出面积 20～30 平方米的深坑，水大时，砍伐树桩倒插进水底，并把竹丝捆绑好放进底洼凼里，待到冬天时，河水退去，这个时候，当地的人就会与河南咀渔民合作，先起虾爬再将树桩拔起，叫河南咀的渔民划着罾船在下游放下铲罾，上游有人划船并用竹篙子拍打水面，水下惊动的鱼就往下游罾里游去。通过"虾爬"和"窖凼"，河南咀渔民每年都和童埠当地人团结合作捕鱼虾，都能获得丰厚报酬。

藏鱼多的地方还有木镇、丁桥、陀龙、插花山和杨家潭等地，这里不但有鱼可捕，还是山水景色优美、湖光山色靓丽的好地方。骆家潭曾是大通自立军起义的领袖之一、河南咀人高彪逃避躲藏地。他将自己的脸用热油炸成了麻子，改头换面，让官军和老百姓认不得他，才逃过一劫。1961 年冬，河南咀人吴正福，外号叫大老板（也有称他孔明的），他与张生知、吴春发、张福喜 4 人共两条船在木镇一带扳罾，扳了几千斤鱼，不过当时鱼每斤只卖到 0.3 元，但他们还是发了大财，河南咀人传言他们家钱多的发了霉。河南咀人在此捕鱼，最有影响的是 1964 年，一次跃进圩破圩，河南咀扳罾扳到大胖头鱼一条达三四十斤。其中有一条大鳡鱼从水里冲上滩被逮到，重达 80 多斤。

青通河发大水时，从大通鹊江可以划船直达青阳。河南咀人不捕鱼时，可以搞运输。装运百货、竹木、柴炭之类。每逢下半年，青通河水小，大船不能航行，正是河南咀小渔船用人工拉纤逆水行舟的好时机。民国时期，河南咀的余万年（绰号佘二和尚）将和悦洲的食盐用小木驳船运往青阳，他发了大财。他家的大楼房在通和三岸地势最高，房屋面积最大。

新河口边的马山

历史上青阳县多次改造疏浚青通河

20世纪60年代，青通河开通了机帆船客轮。该航班从大通小轮码头出发开往青阳，水略小些达童埠。一般当天中午12点出发，到达青阳当日返回。这趟客轮大大方便了青、铜、贵3县人民群众的生产、生活。而沿途山清水秀，民风淳朴，风景如画，令人流连神往不已。

毗邻贵池

河南咀处在青通河流域的青阳、贵池和铜陵3个县中，真正与陆地土壤相连的只有贵池（现为池州市贵池区），两者是天然的毗邻关系。要梳理河南咀与池州及贵池的关系，必溯源其地理和行政区划纷繁的历史沿革。

池州市的地级行政建制源于唐武德四年（621年）置的池州，至今已有1400多年。池州在元朝改为池州路，明朝先后改为九华府、池州府，延续至今便为池州市。1949年置池州专区，属皖南行署区。池州专区辖大通市及贵池、至德、东流、青阳、太平、铜陵、石埭等县，专员公署驻贵池县（今池州市），1950年撤销大通市，这是池州历史上行政辖区最大的时期。之后池州的行政辖区越来越小，还时常不存在，直到如今辖4个县级行政机构。1952年池州专区先改属安徽省，随即撤销，专区辖县分别划归安庆、徽州、芜湖三专区。至1959年，东流、至德二县合置东至县，治尧渡镇。1965年恢复池州专区，同时新设石台县。1971 年池州专区改置池州地区，辖贵池、青阳、东至、铜陵、石台等县，行政公署驻贵池县。1974 年太平县划入，铜陵县划归铜陵市。1980 年池州地区又撤销，辖县分别划归安庆、徽州、宣城 3 地区。青阳县在 1983 年改属芜湖市。新中国成立初几十年，行政区划的变化可能让池州人有点懵。举个例子，一个 1949 年在青阳县出生的人，出生时为池州人。3 岁成安庆人，16 岁又成池州人，31 岁成宣城人，34 岁成芜湖人。其他各县的情况雷同。1988 年恢复池州地区，贵池撤县设市。随着 2000 年撤销池州地区设地级池州市，辖贵池区、东至县、青阳县、石台。逐渐成今日的行政区划。

《宋代日记丛编·奏事录》曾记载过乾道庚寅五月，有人"至池口市盐酪，复行八十里，末后至大通镇……"虽寥寥数笔，交代了池州到大通两地大概距离，他们登舟从水路顺江而下来大通，再游九华之旅程。今人略窥其中大通在历史上地理、佛教和人文价值。

早在宋元明时期，贵池石门高的高氏一部分族人陆续走出大山，他们在江河中以打鱼为生，以船为家，沿长江顺流而下，来到贵池的观前、祠堂包、墩上、老里圈、桐梓山一带，往南是茅坦、下洲和佘家咀等河岸水域，放小麻网。那时候，只要春夏发大水，连绵不绝的山脚下皆是一望无际的湖泊。而秋季，水退之后，青通河两岸滩涂便显露无遗，青通河成了一条弯弯曲曲粗细不均的河流，自南向北一直伸入长江。最初，河南咀的先民捕鱼经常以贵池的桐梓山为避风、休息的据点，长此以往，渔民把捕鱼附近的河称为高家小河；而将往西南的河段分别叫梅家小河、许家小河、小连湖等水域。当河南咀先民选中了青通河与长江交汇入口处的一块滩涂之地定居下来，即命名为河南咀。从此，便以青通河为生产、生活安身立命之地，在此世代相传，未曾离开一步。

据河南咀《高氏族谱》记载，围绕着高家小河，历史上发生了多桩诉讼案。古代时期的高家小河，陆地又叫高家墩，与梅、汪、许等姓相互交织，界限不是那么清晰，一度也叫梅家小河。其地理位置在贵池童梓山嘴往东，由此向北边相距几十米，到拼头塘下边，再延伸到竹子墩三四里，自然河道形成。由此可知，高家小河在外口（此处河湖现已圈进贵池十八索湖内）。据看过河南咀高姓家谱老人回忆，自宋明年间，高姓人就在此一带（靠近茅坦方向的下洲）居住、捕鱼。而梅家小河在里口，发大水时两河融会贯通，融为一体，但一旦入秋水退下去，9、10月湖滩出来后，当地人就扎拼。高姓与梅姓曾经为水域产生过矛盾，进而诉诸池州府。起初，由于没有地契河票，双方各执一词，很难判定。不得已之下，县丞出了个主意：用耕地的铁犁头当作一双铁鞋，烧红了，谁敢穿上这双"烧红的铁鞋"，河道、田地、山场就判给谁。本意是让双方都退却，最后归县衙所有。一日，双方对簿公堂。梅家见状不紧不慢开始脱鞋，再漫不经心地脱袜子，似乎在磨洋工，实际上并不打算冒着生命危险去争夺本不属于自己的东西。高家族长别无选择，为了世代安身立命的一席之地不能落于他人之手，只有舍命相搏。于是毅然决然上前穿上"红铁鞋"，瞬间黑烟滚滚，族长当场倒地，被家人抬回家即丧命。从此，高家小河归高姓所有。可是，好景不长，河流和土地事关人们的切身利益，到清代，高、梅两姓又打起了官司，原因是梅家要在这片水域圈圩，直接影响了高家小河的上下来水，双方再一次把官司打到池州。此时，池州县太爷姓高，叫高文德，"文"字辈，原是贵池石门高人，与河南咀高氏同祖同宗。在公堂上，双方陈述了各自状词。高姓代表高南庭慷慨陈词："梅家在此非法圈圩，断上下游来水去留，鱼无藏身之水，如同将树砍掉树枝，鸟雀无处栖身。再者，此行为又会阻隔水上交通运输。如果放任不管，将贻害社稷和地方，万万不可。"此话一出，令梅姓理屈词穷，张口结舌。县太爷高文德当即判令梅家不得在高家小河上下游圈圩，违者，没收梅家小河。

高姓虽然与梅家两次打官司保住了高家小河及其田亩、山地，但是因嫁女给许家而丢失了自三湾到双惠的大片河湖滩地。缘由是河南咀高家嫁女到贵池许家，高家女为嫁到许家有颜面和地位，出嫁时便将高家地契偷走给了婆家的许家。如打官司高家必输，官凭文书私凭约，高家拿不出地契和河票，痛失大片河湖田地。族人商量，鉴于女生外相，吃里爬外，遂决定，自此立下毒誓："高许不通婚"，并载入《高氏族谱》中。

河南咀与贵池的渊源更表现在水陆一体，安危与共。明洪武三年（1370年），这里已设有水泊所（水上派出所），管理水上治安，打击土匪江盗。据池州"大事记"记载，1953年1月，长江池州段水上土匪组织"中国人民自救军水上支队"，在铜陵大通段江面骚扰破坏。不久，即被贵池县公安保卫部门侦查破获。

河南咀是贵池搬不动的邻居。"咀者，三面临水也"，东边隔河与大通相望，北邻长江，西边与贵池的大同圩一道圩堤之隔。但在民国 12 年（1923 年）大同圩筑圩之前，河南咀实际上是贵池的域内之地。不过，河南咀的先祖落地居住时，远早于大同圩来自周边各地的移民。河南咀的操场在清朝时就是参将练兵场，清将士在此有军营和跑马、打靶的军训活动。20 世纪 60 年代，河南咀人雨后能在大同圩埂上捡到锡团子，这是清军打靶的子弹渣子。有人捡得多，集中起来用火烧熬制成网脚子。因为修建了大同圩堤，民国至新中国成立前，河南咀人在大同圩里买田置地，许多人家收租，在河南咀盖了十几幢徽派大屋。到1951 年，河南咀行政关系隶属贵池梅埂。因开会来去交通通信很不方便，河南咀的干部嫌麻烦，后来干脆不去开会了。为此，安庆地区就将河南咀划入大通市管理。如果打个比喻：河南咀人身子一直在贵池，搬不动也搬不走；可是，河南咀人的灵魂从未离开过大通。这也是河南咀身份认同的复杂性和独特性。

历史的机缘造就了河南咀：向东即大通的市民，向西即大同圩的农民。不城不乡，戛然而止才是河南咀。

河南咀的渔民主要捕鱼活动场所在大通与贵池交界的青通河。鱼汛期是南自贵池的山东寨（拼头），往北，即三县圩的头段、大拐往下的二段、鸡冠山与大同圩之间的三段、再往下向北有小河口、长安、五神堂、金家墩（老桥口）一直到青通河口的长江。一曲捕鱼的大戏，总是在此上演。以上是河南咀人世代捕鱼的位置。当然，还有一个重要的捕鱼地方就是每年 11 月秋冬后，河南咀人来到贵池青通河边的大湖大圩、干湖干圩捕鱼，当地人往往在大水时用竹子扎成拼，一排排拦鱼，待入冬，水退下去后起鱼。这时候，经常有拼破了的事发生，那么，只要河南咀渔船在此，绝对可以捕获很多鱼。甚至连零散捕鱼的少年，机会好的赶上破拼漏拼，扳小手罾都能发一笔小财。1971 年初冬，河南咀的学生高小鹏在梅家小河扳虾子，遇上破拼（栅栏破裂），他一晚上扳了 100多斤虾子。不过，这种机遇少见。

进入 20 世纪七八十年代后，贵池围湖养殖、围圩造田，青通河边的河湖塘汊也难觅了。最大的是建于 1998 年的十八索自然保护区，总面积 3652 公顷。相传很早以前，十八家为争夺地盘，最后用绳索按十八股进行丈量，而得此名。这里有一系列小型湖泊、滩涂、沼泽地及水稻、农田组成的湿地，涉及墩上、马街、梅龙（大同圩）等地。有丰富的水生动植物，鱼产量大，野生动物 187 种。过去，十八索与青通河一年四季相通，此处视野开阔，风吹草动，湖光山色。河南咀的渔民最常光顾之地，现在已成了遥远的回忆。

河南咀与贵池最为密切的联系是姻缘关系。由于土地相连，民风相近，河南咀人家娶媳妇，有一小半来自贵池区域内。自古至 20 世纪 90 年代长达几百年。在现今河南咀娶的媳妇中，上几辈有茅坦的、下洲的、墩上的、观前的、祠堂包的、梅埂的、郭港的和大同圩边的大同、同心、双惠、胜利等村子里的。这种姻缘结合，是基于河南咀的经济生活条件所决定的。毕竟河南咀的渔民比面朝黄土背朝天种田的农活要轻松和体面得多，不仅挣钱比种地收入要多得多，而且劳动也清闲得多。河南咀也靠近大通街，虽非城非农，但享有非农待遇，各种好处都可以沾上。

大同圩在河南咀上个墩的渡口，渡客往来于大同圩至大通街上街头

❯❯ 自从圈了大同圩

圩，指南方低洼地区周围防水护田的堤，以圩所围的田俗称圩里，圩内沟渠密布，村庄、田块镶嵌其中。从历史记载得知，圩可以追溯到几千年以前。赤乌五年（242 年），孙权御驾金钱圩，登圩堤上，俯瞰圩内，但见良田万顷，农庄错落，百姓安居，可见圩与江南农业生产及人民生活密切相关。据《贵池县志》记载，大同圩建于民国 12 年（1923 年）。所谓"大通圩"取名源自孙中山的"世界大同"之意，这是见之于文字之名，但大通一带包括大同圩的老百

姓都习惯叫"大通圩",古时这片水域是南湖,因为圈圩的地方靠近大通。老百姓只晓得这个圩旁边有条大通河,河对岸有个大通,所以称"大通圩",不知人文意义上的"大同"圩。不过,河南咀和大通街的老百姓一般都称大同圩为"圩里"或叫"圩里人"。

清末,有个叫胡萃九的贵池人,其弟名仲珊,兄弟俩都考中了秀才。科举废除后,他们俩都进了安徽高等学堂。仲珊毕业后,任过安徽省立七中校长,又被选为省议会副议长,是一位很有权势和影响力的人物。胡萃九由于乃弟的引荐,得到了好几次厘米(征收米粮进出口税的机构)的机会,发了大财。卸任回家后,看到同为池州的钱翰臣、丁梦松等人都因圈圩赚得盆满钵满而名利兼收。他也不甘人后,于民国 12 年(1923 年),胡萃九、王静甫选择自梅埂东至大通利用沿江湖滩,圈筑圩埂,名为大同圩,五埠沟以东为一圩,以西为二圩,设"贵池大同垦务股份有限公司",后改"大同一、二圩整理委员会"。建圩早期,圩堤身单薄,防洪能力极差,每至汛期,险象百出。从 1922—1949 年计 28 年中,有 6 年破圩。新中国成立后,通过联圩并圩,不断加固提高了圩堤的抗洪能力。新中国成立初期有 1324 户 6239 人,灌溉面积 3.7 万亩。

相传民国圈圩期间,大同圩圩总胡萃九,请北方人挑圩,北方人弄虚作假,白天睡大觉,晚上挑堤,乘夜深人静的时候,他们就地取材,将九华河西岸的芦苇砍倒塞进圩埂土里,尔后在上面挑土覆盖。一天早晨,一个起早上街卖菜的农民因抽烟无意中把火种扔在埂边暴露在外面的芦苇上,引起圩埂起火,这件事让胡萃九大为恼火,但他也没怎么太严厉地惩罚作弊者。

大同圩竣工后,招佃垦荒,每亩收押金银币 6 元。垦熟后,佃民有永佃权,每亩全年地租银币 3 元,午季缴纳 1 元,秋季缴纳 2 元,相当于全年土地收入 1/5。该圩东面的老业主许、鲍两家部分耕种权,其余官荒,也是按民生圩的老例办理。胡萃九圈筑大同圩是自己投资的,不像丁梦松奸诈,掠夺老业主土地,佃民的负担也较轻,所以大同圩的东、西佃间的矛盾不很突出。胡萃九有个族侄胡宪文,在大同圩建一别墅,名为小观园,后成为大同圩地下党组织的活动场所。抗战期间,黄先、马守一、吴文瑞等人开辟敌后抗日根据地,为掩护大同圩地下党活动起了重要作用。直到 1949 年大军渡江,这些地下党都起了策应作用。

世界上的事物是相互联系和发展变化的。这一圈圩不要紧，把河南咀西边陆地操场占用了，致使自宋朝到明朝就在大通河西岸拓荒定居的河南咀渔村其地理人为改变了。因当时的河南咀人口（几十户）并不多，为捕鱼方便，基本沿河逐水而居，清朝参将操场就成了荒地。对于渔村身后渐渐出现的圩堤，绝大多数渔民熟视无睹、无动于衷。一些较富裕的渔村大户人家也抓住机会，花钱在圩内买田置地，租给佃农种地，自己收租。其中高耀堂就在大同圩内购有一二十亩田地。但是，大同圩的出现，从此将河南咀的领地限制在一块不到200亩狭小的三角地块内，失去了广袤无垠的腹地，一条大埂也因此将河南咀堵在圩外，由原来的贵池变成了铜陵管辖。20世纪60年代，大同圩挑埂时，农民直接到圩埂外的河南咀挖地取土，遭到河南咀高春宝等一班年轻人的阻拦，双方大打出手。终因寡不敌众，连身材高大、力大无穷，担任首领的高春宝也被打伤，事后由贵池水委会给予医治。因江河的崩岸，河南咀陆地渐渐萎缩，最终让河南咀"因圩而独立也因圩而衰减"，落入"成也萧何败也萧何"的宿命。

河南咀由原来三面环水的"渚"，由于圈了大同圩，呈等腰三角形半岛状

❱❱ 枞阳，江北江南成一家

长江千浪，沙洲坦荡，江风萧瑟，薄雾茫茫。枞阳在长江北，大通河南咀江南一带人俗称枞阳人为江北佬。虽为江北，其实距离并不遥远，与大通河南

咀人的交往却十分密切。一是沿江渔民都从事捕鱼和装鱼花；二是经济交流热络紧密；三是两地婚姻联亲较多。

枞阳，据《枞阳县志》记载：夏、商朝属扬州之域；战国时期属楚；1914年起属安庆，自新中国成立后一直到2016年，枞阳划归铜陵市。江北（枞阳）沿江一带古时都是水乡泽国。自从在此建立圩垸水田农业工程之后，这里成了名副其实的"鱼米之乡"。由于地域周边环境的原因，枞阳带水的地方甚多，如菜子湖、白荡湖、枫沙湖、陈瑶湖等；而移民的大量迁入，江边又涌现出老洲、横埠、六百丈、汤沟、老湾、王家套、桂家坝、红杨树等濒水村镇。

对河南咀人而言，隔江相望的枞阳县老洲头至六百丈一带俗称江北。古时两地就有人员交往。在河南咀口耳相传一个真实的故事叫"十八桨划过江"。

在200多年前，江水退下去，枞阳六百丈沿江岸滩上长满了一望无际的芦苇。每到秋冬，那里正是打芦柴的好地方。坊间有"善管芦滩恶管套"的潜规则，也就是说看芦柴场的要松，捉一把放一把，否则，人家暗地里一把火把你芦柴场烧个精光；而看管鱼塘河套的，要狠，否则，天天来偷鱼，防不胜防。六百丈与河南咀一江之隔，上下相距不到10华里，河南咀人偶尔划船过江去砍芦柴。河南咀人高诸时（小名猪屎，高年书的祖上），当年只有20来岁，是一个血气方刚的小伙子，他一餐要吃一两斤米饭，在河南咀家门口他是公认的大力士。有一天，他一个人早早地划一条船，疾驶到江北六百丈芦柴窠里，挥起镰刀两三个小时就砍了几十捆芦柴装在船上。正待要拔桩开船时，看芦柴的农户夫妻俩突然赶到，将船链子一把攥住，非要砍芦柴的人下船。这对农户夫妇一看，这堆得满满芦柴的小船上只有一个小年轻人，于是两人就把船拖到芦柴滩上了，不无调侃地说："小鬼，你走吧。"不一会儿，农户夫妻俩就放心地走了。小伙子见看管芦柴的人走得老远，芦柴窠里有一间茅屋，进去一看，土锅灶上还有刚煮好的一锅饭，大喜，饥肠辘辘的他，一个人狼吞虎咽吃个精光。就在农户夫妻俩往回走时，小伙子从屋后使劲推船下水，驾起双桨，刚倒过船头，只见农户边跑边骂，冲到水边抓住船舷，说时迟那时快，小伙子使出浑身解数，猛力划起双桨，一下、两下、三下……一口气划了十八桨，气喘吁吁的农户眼见满载芦柴的小船由江北冲向江对岸。这真是：千斤芦柴一锅饭，高家小伙实在棒，荡起双桨十八下，一气跃过"六百丈"（六百丈，是地名）。

两地民风淳朴且相近，更由于历史上两地盛产渔业资源，捕鱼和鱼市，加上河南咀与大通街特殊的地理位置，两地百姓相互交流频繁，更由于河南咀娶媳妇多为江北姑娘，所以，河南咀与江北有一种亲近感。河南咀渔民捕鱼水域主要集中于青通河和附近的鹊江一带，而枞阳沿江及众多湖泊港汊鱼类资源也十分丰富。当地也有成百上千渔民在白荡湖、陈瑶湖、枫沙湖以打鱼为生。由于捕鱼产量大必须要找到销路，而附近的和悦洲和大通街就成了销售集散地。大通镇上40多家鱼行，其中枞阳人在大通开设鱼行占一小半。他们有专门船只运送鲜鱼，在大通都有固定的门店、加工场和熟练的雇工。所进的鱼鲜都分门别类，加冰包装，运往外地销售。那时，每天进入大通鱼市进行交易的鲜鱼达到上千石，其中枞阳供鱼量近半。凡在大通开的鱼行所收的鲜鱼，不论来自河南咀人所捕还是枞阳人所捕，一律以"铜陵大通江鲜"的名义和招牌对外销售。即河南咀当地鱼和江北鱼，你中有我，我中有你。除了捕鱼和鱼市两地交融，还有就是装鱼花。新中国成立后，河南咀人已组织起来搞集体化了，成立了渔业大队，但专门捕鱼极易受制于水情。大旱之年，河水干涸，无鱼可捕，于是提出"养捕并举"的方法。这一想法的提出跟江北人每年春至初夏在长江边装鱼苗，将鱼苗或养大或卖给收鱼花客商相关。抗战前的河南咀先辈已在长江中装过鱼苗，后来受制于养鱼塘偏小，养鱼时断时续。1956年河南咀干部张大信，召集部分渔民利用与江北亲友关系到江北学习捕捞鱼苗的技术和方法。从那以后，河南咀人不但学到装鱼花的真传，而且还后来居上，改进了捕捞工具。从鱼花缳、箱，到鱼花塘设置、喂养等都有一整套成熟规范的生产流程。最重要的是，装鱼花最好的位置是夹江（鹊江）南岸，江水的深浅和流速的激烈等关系极大。而且，河南咀人不但会养鱼，更有市场眼光，把鱼花苗卖到东北去了。河南咀人装鱼花成了远近闻名的专家，因江北几湖圈成了圩，装鱼花的江北人就销声匿迹了。

两地联姻过从甚密。河南咀人与江北（枞阳）人结亲最早不知始于何年，早在20世纪20年代起，就有枞阳女性嫁与河南咀。此后，差不多每代都有枞阳籍的媳妇，有的人家甚至婆媳都是江北人。30年代，老洲头黄家墩就有嫁女给河南咀的渔民高福亭，生有二女，长女高小愿、次女高小转皆生于40年代。经同乡的牵线，生于1925年3月的章大姐，也于新中国成立初嫁与河南咀的高韵祖。10多年后，章大姐又将其小妹章玉香介绍给河南咀的高小元。有一组数据可以为证：河南咀男性婚配枞阳籍女性的至少30多对，涉及高、张、吴三大姓。也有河南咀嫁女给枞阳江北农村的，但这种情况较少。

过去当地有"嫁女不嫁河南咀，一到冬天焐冷腿"的顺口溜。捕鱼的人，风霜雨雪，早出晚归，十分辛苦。虽然如此，一年当中，毕竟忙是在一定的时间段。会捕鱼的，家庭殷实。淡季时，也还清闲自在，远比面朝黄土背朝天的农村活儿轻松，且生活好得多。为什么远在一江之隔的江北有如此之多女性入嫁河南咀的渔民，而与河南咀一埂之隔近在咫尺的大同圩却鲜有嫁入女呢？自古以来，枞阳沿长江一带湖泊众多，鱼类资源极为丰富，最有名的陈瑶湖、王家套、桂家坝等处，又是"鱼米之乡"。在这片浩瀚的江河湖泊中，活跃着数代以捕鱼为生的数以百计的渔民。同为渔民，习性相通，江北和江南多有交集。耳濡目染，河南咀"鱼蟹不论钱"的美誉蜚声大江南北。但两地联姻，这里面起主导作用的还是河南咀的男性。尤其是近代以来，枞桐以其文统的源远流长，文论的博大精深，享有盛誉。枞阳（江北）出美女，且民风淳朴，乡风淳厚，勤劳致富。江北沿江农村人不但务农还擅长做小买卖，他们将自家农副产品贩运到大通出售。这种经商和交流，加深了彼此间的联系和了解。但农村若与集镇联姻，城乡差距阻隔，多数难以成全。而河南咀与大通街一河之隔，不农不城。因此，河南咀人舍近求远就顺理成章了。而事实证明了江北女性身上具有善良贤惠，聪明能干，勤俭持家，孝老爱亲，相夫教子的诸多美德。

据统计，从新中国成立前至20世纪八九十年代，河南咀年轻人娶媳妇70%是江北人。主要来自枞阳县沿江的老洲、王家套、红杨树、六百丈、桂家坝、姚岗、左岗等沿江一带。枞阳的女人尤其勤劳能干，善于持家，里里外外都是一把好手。嫁于河南咀以后，她们把家乡的生活方式、乡风习俗、语言文化等一并带入了河南咀。其中影响最大的是口语，这些语言深深嵌入了当地人的生产、生活，并且形成了恒久的烙印。这些口语极为丰富，如把给别人捧场、给他人面子，称为"架相"；背心叫"背褡子"、耳朵叫"耳叨"、膝盖叫"体脖子"；令人讨厌叫"得人嗔"、丢人现眼叫"绞了尾子"、上学叫"到学"、回家叫"嘎期"、绿色叫"陆色"、红色叫"浑色"、白色叫"别色"；发愤叫"发狠"；上面叫"高头"、下面叫"底个"、下午叫"哈昼"、上午叫"上昼"、清晨叫"清早八早"、今天叫"跟子"、明天叫"门子";谁叫"落歌"、没有叫"木有"、鞋称"孩"、硬币叫"格子"、铅笔叫"堪笔";假装和故意的叫"假码的"、双方闹矛盾或搞得不愉快叫"搞恼了";摔跤叫"况高";接吻叫"痛几";打架叫"打搞";玉米棒叫"六谷锤子"、蟾蜍叫"癞癞姑子"、蝙蝠叫"燕老鼠";爷爷叫"爹爹"、老婆叫"烧锅的"、老公叫"老板"、外婆叫"嘎婆"、外公叫"嘎公";睡觉叫"困告"、臭美叫"吊骚",厕所叫"蹲缸"等,这些乡村俚语一直传承至今,已经成河南咀的母语了。

最使人意料不到的是 2016 年 1 月枞阳县划归铜陵市管辖后,2018 年铜陵市又将枞阳县老洲、陈瑶湖和周潭 3 镇整建制划归市郊区管辖,自此,沿江江南、江北真正成了一家人。

》 迷雾重重的庙嘴头

弹丸之地的河南咀一目了然,简单、平常,它只是青通河西岸一块巴掌大的地方。本来它是与大同圩连在一起的滩涂,在民国 12 年(1923 年)时,大同圩圈圩,给从事捕鱼生产的一些渔民留下一块生存之地而已。但是在明清时期,这个沿江的滩涂之地,有一条狭长的陆地带,像人的嘴巴一样向北伸向鹊江之中,这块三面临水的江中半岛,是维系贵池、铜陵、青阳和枞阳四县人们的经济文化和交通的纽带,一度曾寄托着吴头楚尾长江中下游百姓的精神图腾。作为这块领地上的主人,当然深知其价值和意义。为此,河南咀人在上面建了住宅、高氏祠堂和水神庙。当大同圩圈圩之后,河南咀的地域瞬间变小,因为有个古庙坐落在嘴形的陆地上,人们就把此地叫庙嘴头了。河南咀的来历就是因为有了一个庙嘴头,又因地处青通河口南边,故叫作河南咀了。人们常形容的"长江在这里拐弯",所指的确切方位就是在青通河的出河口——河南咀的庙嘴头,即长江自西向东变为由南向北流去。这就应了因形而得名,庙嘴头是河南咀最具标志性的符号特征。也因为这个庙嘴头尖伸入江中的缘故,每遇阴雨天气,雾降江锁,这个尖头陆地带被笼罩在一片雾气之中,在这块神奇的土地上,上演了很多迷雾般的人文地理故事。

庙嘴头具有公认的地理标志意义。它是长江安庆到大通的皖江段,自庙嘴头起至荻港为鹊江界。庙嘴头又是长江与青通河的交汇处，也称为浑水与清水交界处。特别是在夏季，眼前的景观不免令人震撼：一边是江水的浑黄，一边是河水的碧清，两者深情相拥，也诉说着江与河的诗和远方。就因为浑水和清水泾渭分明，新中国成立前，在长江打鱼的湖北渔民不得进入清水的内河捕鱼。每年的正二月春涝发山水，长江不知有多少鱼在庙嘴头逆水而上进入青通河，阴历五六月在河湖产籽；阴历四五月，长江发洪水，浑水也进入内河，渔民称为涨潮；每年10月以后，没有降雨，长江水渐清。此时肥美的各种鱼随青通河水而下，通过庙嘴头河口进入长江。不论是在外江捕鱼还是行船趋桨装生意，也不管是白天还是黑夜，河南咀渔民在鹊江远远看到了庙嘴头就有一种到家了的归属感和安全感。

"天地偶然留砥柱，江山有此障狂澜。"曾经的河南咀，像一把利剑直插鹊江中，与长龙山脚遥遥相对。嘴头之上，有人居住的徽派大瓦屋。到了夜晚，在这里赏月，江风习习，波光粼粼。高大森严的祠堂，香火兴旺的水府庙。繁华的临水街道，停靠着来自上下游数省香客轮船的大轮码头，静泊着善男信女的大船。正月有龙灯、庙会，端午节划龙船，有祭拜的庙台，有百年的老渡口，20世纪30年代末，和悦洲遭到日军破坏，码头瘫痪，40年代小轮码头建在河南咀的庙嘴头外江沿岸，无数客货轮船停靠或从庙嘴头出发，带来了人、财、物的聚集，庙嘴头再次繁华。

新中国成立后，因这里三面临水，一度辟为劳改的劳动场所，几十个劳改人员在这天然的场所里挑黄沙，日夜干活，非常辛劳，因为紧邻长江，环水阻隔，在狱警的监督之下，劳改人员除了干活，绝不能逃脱，要想耍懒、逃跑，除非跳入长江，一旦跳入长江，立马就会被发现而抓捕，罪加一等。

不知何故，庙嘴头不是好的住处。渔民把房子建在庙嘴头，绝大多数人家人丁不兴，多数人家事业无成。连在庙嘴头捡碎砖破瓦用船装运回家灌墙斗、打地基做房子的，麻烦不断。

由于西北边长江的冲击，南面青通河的洗刷，庙嘴头终究抵挡不过长龙山。虽然长龙山经长江水的冲刷，其山脚也大大退缩，但是狭长的河南咀庙嘴头，则真如乾隆皇帝一语成谶："前崩后塌，渐渐消磨。"这正是一块充满悲剧色彩的土地。

时间最无情，仅 200 多年，庙嘴头荡然无存，仅剩下了被切割掉尾巴的狗尾子一样，任江河水舔吮，那些丰富多彩的人文景观，几乎全部随江河水沉入了历史的深渊。

20 世纪 80 年代，由于夹江到内河（青通河）航运的需要，水上交通部门在庙嘴头设立了航标，为往返各种船只点亮前行的路。

2022 年省水利厅实施青通河河口疏浚，把庙嘴头彻底挖掉。河南咀已无嘴了，这块小陆地成了斩头去尾光秃秃的江岸，河南咀的自然地理和人文历史随之被斩断。当河南咀没有了庙嘴头，它还能称"河南咀"吗？至少名不副实了。

20 世纪六七十年代每年的下半年，一个神奇的景观出现了：庙嘴头的江岸边，水落石出，江水时不时地亲吻着一望无际的砖石瓦砾，江浪时而与沙石撞出"哗哗哗"的水击声，寻找古铜钱的人们走在细沙碎石上，脚下发出"嚓嚓嚓"或是"喊喊喊"的声响，不论沿江岸行走多远，都踩不到泥巴，足见砖瓦碎石何其之深厚之多广！

唐时杜牧《江南春》诗云："千里莺啼绿映红，水村山郭酒旗风。南朝四百八十寺，多少楼台烟雨中。"这里，一度也很繁华，如今，不知道有多少楼台及关于楼台的故事随泥沙沉入了江底！

庙嘴头绝不是浪得虚名。2021 年，河道疏浚，当挖掘机挖到地下 5 米深时，才见到下面的青石板、麻石条墙脚和无数的青石礅子，还有散布在土层里密密麻麻的砖瓦、陶罐、碎碗和古铜钱币，无声地诉说着它曾经的繁华。

庙嘴头，无论是其独特的风光，还是那些流传千载的传说故事，都赋予了它神秘而迷人的魅力。

曾经的庙嘴头地形独特，三面环水，直插江心

❯❯ 历史上的小街

都知道大通地区有大通街与和悦街，可是很少有人知道与大通一河之隔、与和悦洲一江之隔的河南咀也曾有一条街。河南咀渔村历史非常悠久，有近千年的历史，在清朝中前期河南咀曾经兴盛过。大同圩未建之前，河南咀与贵池连为一体，河南咀扼守贵池、铜陵、青阳和枞阳四县交会战略要冲。清军参将一个营驻防把守此地，建有参将城墙，清军官兵一年四季弹射操练，战马嘶鸣。那时河南咀房屋林立，人口众多，当时小农经济与市场的联系日益密切，商业开始发展起来，水运是最主要的运输方式，河南咀渔民除了捕鱼，也会小范围地搞些运输，外江不仅有货船停靠的码头，码头附近渐成集市，鱼行、木行、商店、杂货铺子、早点摊，杂陈其间。特别是早市，来这里卖货的和购物的人较多，这就是河南咀早期的街道，规模不大。后来由于河南咀的衰败，这条街道逐渐沉寂在历史的烟云中。20世纪20年代起，大同圩圈圩，河南咀人不但捕鱼，还在大同圩内买田置地收租。富裕起来的河南咀大户又纷纷建造高楼大厦。一时间，狭小的河南咀小渔村矗立起高大的徽派民居，雄踞江河两岸三地。河南咀这条销声匿迹的老街道再次兴起，但持续的时间也不长。

大通位于安庆、芜湖之间，和悦洲犹如一颗绿宝石镶嵌江心，把滔滔长江自然分成内外二江。内江则成为天然良港，青通河经此注入长江，襟江带河，故又形成水上交通优势。自明初设大通河泊所以来，大通不仅发展成为以商品流通为主要职能的经济重镇，也是连接城乡的重要商港。大通民间的木板船航运，有1000多年的历史，而官办的航运史也有600多年，尤其大、小轮船一直是长江航道运输能力最强的一种交通工具，也是当时在大通航运交通中显示出

繁华热闹的河南咀街（陈怀碧创作）

来最强的实力，而与之相对应的各类码头应运而生，十分密集，并且非常繁忙。

大通交通航运业之所以能这样发展，除了大通地区具有得天独厚的地理位置以外，主要还有四个因素：

一是当时交通落后，华南地区进出货物完全要依靠水运，青阳、贵池、南陵、东流等地所需商品和五洋京广杂货都得由大通进口再运往各地。皖南山区的土特产品如棉花、黄豆、桐油、生漆、茶叶、蚕丝、苎麻、牛皮、猪鬃等也均由大通转运到外地。

二是大通地处交通要冲，清末曾成为安徽有名的盐市，盐业带来航运业兴起，庞大的官办盐务机构设在和悦洲，促进了交通行业的发展。

三是外来势力的进入，主要是英国和日本的势力。

四是九华山是全国四大佛教圣地之一。当时陆路运输落后，全国各地和东南亚各地的朝圣香客来去都得乘帆船。途经大通香客的帆船成群结队，络绎不绝。

以上的人流和物流带动了资金流、信息流。然而，风云莫测，世事沧桑。1937年七七卢沟桥事变发生，8月淞沪战争失利，南京、芜湖告急，大通呈现紧张状态。日军炮舰由长江开进了大通港，连连轰炸。此前，住在和悦洲的国民党川军秘密策划导演出和悦洲"焦土抗战"的惨剧，在内外夹攻下，一度繁荣的和悦洲变成了一片瓦砾。繁忙发达的交通航运业及其轮船、码头顿时陷于瘫痪。江南造船厂建造的大通招商局趸船也被炸沉于和悦洲夹江江底，日寇蹂躏之下的大通及和悦洲，大轮停航，小轮中断，民船凋零。日军设中华轮船公司大通办事处（总公司在上海），主要办理沪汉线客货运输，行驶芜湖、安庆线的小轮有华禄、旭东、华达和华林等4艘轮船，上下水均在大通过夜，由于和悦洲码头废弃，改为与鹊江一江之隔的对岸河南咀外江边设立新码头。

之前，英商"怡和洋行"是英国人所设的一个贸易商行，行驶沪汉线轮船有公和、隆和、明声、瑞和、德和悦、联和等7艘。曾在河南咀的西江边设立英国洋油站，其码头历史较长，有候车室、趸船等，颇具规模，货运量较大。直到1938年以后，随着日军侵占大通，"怡和洋行"被迫歇业。

由于小轮停靠河南咀，搭乘小轮的乘客改为在河南咀江边的码头上下，加上其他的货运码头也都在河南咀外江边码头上下，大量的人流和物流集中到狭小的地方。可以想象，弹丸之地的河南咀一下子承接了原来和悦洲庞大的人、财、物，有多么的猝不及防，多么的受宠若惊。一业旺而万人来，而百业兴，河南咀外江边及渔村内部迅速涌来了许多商家，旅馆、饭店及众多商业店铺纷纷落户，沉寂多年的老街道骤现繁华景象，仿佛做梦一般。

庙嘴头是河南咀的老渡口所在地，渡船往来于河南咀至大通之间，有几百年历史。日军侵占之后，在青通河距离河口二三百米的地方用混凝土墩和粗木架起了一座洋桥，之后这个渡口只能摆渡到和悦洲，到大通都必须过洋桥，过桥时要出示良民证。从庙嘴头到桥头埂自然就形成了一道街，这道街是面向青通河的单边街道。庙嘴头第一家就是高福亭的"三元饭店"，毗邻的是当时最出名的也是最红火的"鹊江饭店"，紧挨着是水府庙，这是高、张、吴三大家族历来祭祀之地。往上是一个江苏人开设的糖坊，生产干丝糖、糖巴和糖稀，生意兴旺。到桥头埂岔路口，是白仁杏（李祖福外婆）开的"九华饭店"。

当时河南咀街道最热闹、最繁华的要数从桥头埂到小轮码头的一段，由于是横穿渔村，所以这段是两边街道。店铺布满两边，有饺子摊和馄饨摊，有高根林（高传道父亲）的茶馆，茶馆门前，早晨还炸油条卖，如有剩余，就叫家人用篮子装上并盖上油纸，到附近及过洋桥到大通街去卖。有王麻子等好几家杂货店，有朱良珠的猪肉铺，张篾匠店，吴民生的礼帽店，靠北边街道中间的并排两家"万安饭店"和"交通旅社"。紧靠外江边的南边还有渔具店和农具店。

从小轮码头到洋油站又是一条单边街道，面向鹊江，这是街道的延伸，到洋油站是通往梅埂的一条路。洋油站是日本人检查上下水的船只并收费的关卡，往下紧挨着的是日本人的圈马场，当时日本人有一个中队100多号人驻扎在河南咀，日军营房办公室建造考究，地面均为水磨石铺就，光滑如镜，至今完好无损。还圈养着二三十匹战马，这地方是不允许当地人涉足的。往下是鸡冠庙，此庙据说高丈余，面积七八十平方米，日占以后，庙因江岸崩塌而倒，旁边是观戏台，节日时渔民还请戏班子在这里演戏，吸引周边农民、大通街的市民来此观看。紧接着是货物码头，码头是个繁忙地段，大通大部分民用物资都是由此进出；往下是3家木行毗邻相连，之前河南咀孙氏、曹氏和姚氏三大木行由于经营不善，生意大不如以前，孙氏为了拓宽生意，利用自己经营木材在旁边开了一个棺材店，曹氏和姚氏两家木行倒闭，曹氏在原地开设了皮草坊，而姚家的姚志祥（姚大兆父亲）

和何松林（何祖德父亲）合伙在农具店旁开了一家"大华饭店"。

从街道的走向来看，就像一个拉长的"Z"字形。其中穿过渔村的双边街道是最热闹的地方，东边是桥头埂，西边是小轮码头，流动人口特别多，在早晨吃早点、卖菜、买菜、卖农具和渔具的人都来此，人来人往，车水马龙。这里的饭店和旅社都管吃管住，一条龙服务。经常来饭店吃住的有上下小轮的乘客，有上下货物的装卸工，有走街串巷挑小货担子打拨浪鼓的卖货郎，有挑小猪、小鸡、小鸭到处吆喝叫卖的商贩，当时有一个不成文的规定，3毛钱管吃管喝管睡，如果碰到能吃的中年汉，那饭店就得亏本了。

香客多汇集于此。从上江来的江西人、湖南人和湖北人，从下江来的江苏人和浙江人（抗战期间，来自东南亚的香客很少），有的香客乘木帆船来此，由于洋桥的建立，不管是大水还是枯水期，木帆船都得停靠在河南咀的码头，有的香客乘小轮到河南咀，他们一般来得较早，首先住进旅馆后到九华山头天门——大士阁烧香拜佛，再回到旅馆休整一晚，第二天起早步行经过拼头、布林、五溪、庙前、柯村、二圣，到达九华山。但也有少数香客从另一条路线，经过老镇、下水桥、缸窑、老鼠石、童埠去青阳，最后到达九华山。香客们朝拜完毕，有的原路返回，有的从另外一条路返回到河南咀，又要住宿一夜。每年下半年枯水期，来河南咀住宿的香客、游客最多，每到傍晚，饭店、旅社里人声鼎沸，座无虚席。

抗战时，从和悦洲迁移到河南咀的外江码头和客轮

可以想见当时的繁华景象，江岸停靠着各种各样的客货轮船和木帆船，江面上千舟静泊，百舸争流，来来往往。在河南咀操场的货物堆积如山，整个景象是人潮涌动、机器轰鸣，一派繁忙景象。

1945年8月日军投降，河南咀这条街道的商家纷纷迁移至大通街。1948年4月的一天，一声春雷在大通上空响起，洋桥随之轰然倒塌，河南咀街道至此彻底消失在历史的长河中。

》老渡口

河南咀与大通街一河之隔，历史上互为依存，民风相近，一个捕鱼，一个收鱼；一个生产，一个销售。河南咀人最早落地在长龙山脚下，后来落巢在河南咀。河南咀和西南边的牢里圈、桐梓山，西北边的祠堂包、梅埂等地的贵池人要往返大通街，必须要渡船，河南咀庙嘴头的老渡口，就承担了这个使命。解放前，摆渡的都是各自独立的一人摆渡；解放后，3个生产队安排一天两人摆渡，轮换吃饭，一天不歇。

有关老渡口的故事太多，许多名流传奇已湮没在历史的陈迹之中。清朝时高平喜的太公高文公，摆渡时遇见了少林寺的老和尚，老和尚见他机灵，有习武禀赋，便收他为徒。高文公习武归来，武功却秘不示人，也不以武凌人，在河南咀传为佳话。北伐军过老渡口，由于人数多，仅靠一条渡船来摆太慢。河南咀渔民用渔船搭建浮桥，使北伐军顺利通过青通河；黄梅戏表演艺术家严凤英曾被国民党海军和陆军两位团长争夺，情急之下，她撕破衣裳蒙着头、用被单裹着身子，在河南咀姚氏木行大公子姚志祥的营救下，通过此渡口逃进了姚氏木行，然后乘轮船躲过一劫。

1938年日军占领大通时，在青通河口先后建造了两座大木桥。大桥的建立，便于来往人员的通过，但主要是日军交通线战略上的需要。大桥建立以后，老渡口给废弃了，直到日军投降大桥倒塌后，渡口又被重新启用，这时渡口就移到大桥的旧址桥头坝了。

如果长时间下雨，如梅雨季节，山洪暴发，河水猛涨，这个渡口就摆不了，就再次转到青通河口外的鹊江边，因为长江水要比内河水流缓和得多。

这个几百年的老渡口，自古以来至20世纪90年代，除青通河两岸人员来往外，最多的是贵池的人，包括大同、同心、双惠、梅埂和桐梓山的人，他们到大通必须要经过这个地方过河。

渡船的费用，从1分钱到2分钱，从几分钱到1角钱，从几角钱到1元，过河费的变化反映了时代的变迁。河南咀人乘船始终是不要钱的，外地人乘船才收钱。

古人云，隔山容易隔水难。这个渡口，夏天从5点就开始摆渡，晚上8～9点收渡，冬天6点开始摆渡7：30～8点收渡。20世纪六七十年代，河南咀人如果晚上在大通电影院看电影，或在钢铁厂、铁路看露天电影，散场超过收渡的时间就不能回家；要么自己划船，把船停在大通岸边，大家集体划船回家；要么不回家，就在大通过夜。有年冬天，村里的孩子们看完电影来到河边，摆渡人早就回家了，他们好不容易求爹爹拜奶奶，终于把摆渡人喊来了，渡船靠岸后大家上船非常拥挤，结果有好几个人给挤到水里去了，这是大冬天，既黑又冷，非常的危险，可见渡口多么重要。

河南咀渡口，它服务于第四、第五和第六3个生产队，渔村800多人都经过这个小渡口，河南咀渡口责任重大。这个渡口是河南咀人的生命线，在工作、生活中担当重要的使命。特别是河南咀人在大通街上下班的，如到搬运站、供销社上班的职工，还有学生——孩子们四年级后就到大通小学读书，初中在大通中学读书——他们每天上午、下午都要经过渡口，所以这个渡口非常繁忙，有的时候人多，很挤。

早晨，河南咀人打开水、买菜、打酱油，买咸盐、买香烟、打酒，都要经过这个渡船，摆渡人不厌其烦地来回划船，因为这是他们的工作。有时渡船准备开走，老远的有人说："带一个!"摆渡的人一看是关系好的，就再等候，有时哪怕是船身已掉过来了，都掉转船头去接他，或者把船直接倒划，用后艄接他；如果是关系一般的，船已经掉头，摆渡人就不予理睬，直接向对岸划去，迟到者只能等下一渡了。

渡口对河南咀人的意义非同一般，一天也不可以停摆，如果发山洪，除了改换渡口地点外，一般早晨摆渡要迟一点，下晚收渡要早一点，但不能停摆，停摆了老师就不得到校，学生就不能正常上学了，学校就要停课。为了安全起见，渡口确实也停摆过，但这样的次数不多。有时候河南咀的学生把大通街的同学带到河南咀玩，摆渡人不会收钱的。在渡口，河南咀人不需要打招呼，遇到外地人，摆渡人听讲话的口音就知道是哪里人，关系好的不收钱。

在渡船上，人少且不急着过河的时候，摆渡人与上船人见面总会唠唠家常，问得最多的是"你这个小娃子，是哪家的？"问"几岁了？"还扯到家里的人有亲戚关系的、辈分关系的都要说一说、谈一谈，一般是大人问小孩答的比较多。通常是过河人着急，摆河人从不着急。劳作的习惯，摆渡人就养成了慢悠悠的性格，在不知不觉中修身养性。其实，摆渡人渡了渡客，渡客也成就了摆渡人。

摆渡几百年，却从未发生过淹死人的安全事故，是归功于河南咀的庇佑，还是归功于艄公的技艺高超？自20世纪50—80年代，人们记得的河南咀摆渡人代表有黄山元、高福庭（老佛爷）、高达五（五长辈）、吴少春（吴大话）、高林书、张大智、吴山阳、高宗渊（大羊子）等十几位，均是3个生产队安排的。老摆渡人差不多都有一把老式紫砂壶，一天喝到晚，只要趟桨不歇，仿佛壶里的茶永远喝不完。摆渡船没有起点，也没有终点，只有来回往返。或者说起点就是终点，终点又是起点。

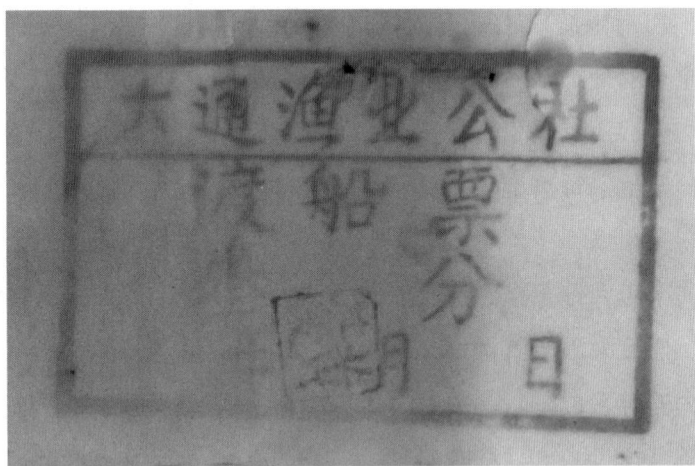

青通河口的河南咀到大通街的渡船票

❯❯ 操　场

河南咀住家村子西边有一块地，清朝时期为清军参将训练士兵的操场，久而久之，乡亲老少都称它为操场。这块地呈三角形，三四十亩，北边濒临夹江与铁板洲遥遥相对，西边与大同圩接壤，东边与河南咀住户相望，中间开了数十口鱼苗塘。

操场地域面积不大，但由于其地理位置十分重要，自古以来为兵家必争之地，充满神秘感和历史沧桑感。

参将，为明代镇守边区的统兵官，无定员，位次于总兵、副总兵，分守各路。明清漕运官设置参将，协同督催粮运。清代河道官的江南河标、河营都设置参将，掌管调遣河工、守汛防险等事务。清代京师巡捕五营，各设参将防守巡逻。清末河南咀驻守清军，操场建有高大的城墙，驻兵一个营。在操场的临江边，设置了南边关卡，叫"上卡"，与江对过的江北（枞阳）"北卡"遥遥相对；在和悦洲设置"下卡"，构成南北上下关卡。这些关卡都有清军把守，检查过往船只，掌管、处理相关事务。听老人们说，负责河南咀当时的参将 50 多岁了，因年纪较大，胡子都白了。他自己也感觉到太老了。但他不愿退下来，于是，一次上级来检查，他急中生智弄来了乌龟尿染黑了白胡子，显得年轻多了。躲过这一次，就想在参将的位置上多干几年。至民国前，这里一直有军队屯兵，参将军营号令声不时传出，有官兵训练的靶场，早先年纪大的老人一代代传说，小时候亲眼看见过清军在此骑马射箭，日常操练、持火枪打靶。据老人们传言，操场往西一望无边，滩涂湿地，荒烟蔓草，遮掩着曾经的英勇与荣耀。夕阳的余晖在断壁残垣上，照映出斑驳的影子，仿佛在诉说着昔日的辉煌与沉寂。

古时，在操场西北临江建有规模宏大的金鸡庙，每逢正月和民间节日，邀请艺人唱戏、比武等，一年四季举办活动不断，一度繁荣不亚于大通街。史上成为大通、和悦、河南咀三街矗立的景观。

民国时，北伐军追剿旧军阀，在操场召开宣传动员大会。原先，操场北边延伸鹊江半中心，小街临江而筑。操场曾是姚家曹家木行所在地，木行有专人常年在江西采购木材，春夏之交，放排水运，使操场上木材堆积如山，名冠通和两岸。这里还曾是美孚石油公司运销供给石油的港口。抗战时，操场又增加了河南咀街房，日占时，姚、曹老板纷纷跑反，姚家木行被日军霸占，驻扎一个中队日军，设置了日军的喂马场和澡堂。在操场，还有一口 2 米多深，近 20 平方米大的深水泥水池。这是 20 世纪 40 年代初，日本人建造的专门喂马的水池。这个池子要是装满，起码要挑 100 担水。还有日军修马路的大石碾子，碾子是一个大圆柱形，中间一根粗圆钢钎穿入中心，足有2吨重，至今下半年外江水退后仍然看到它躺在江边。20世纪60年代，操场上有一条条洼地壕沟，很早以前是军队挖的战壕。近现代以来，由于江浪冲洗，操场沿江岸边大量倒塌和崩溃，历史上老街建筑物的地基、青石板和麻石条不时暴露出来，人们就此可以一窥操场曾经的辉煌。

1951年，河南咀的小学（一到三年级）一开办就利用操场上的木行老屋。1954年发大水，木行房子倒了，后在原址上重建了三间大教室，当时的校舍虽然是草屋，但地面全是光滑平整的彩色水磨石铺就，做工之精致，实为罕见，原来这里曾经是日军中队部和军营。

1958年吃食堂，这里开辟为蔬菜基地。由各生产队抽来的（男女）劳力组成蔬菜组专门在操场种蔬菜，直至1961年解散。

在操场上，有河南咀（第四、五、六）3个生产队的三大间工具屋，每间屋里整整齐齐地码了鱼花戗。每到春季，3个生产队的劳力都会集中到操场上整理和维修鱼花戗，准备即将到来的春季装鱼花。每天早上，生产队会派人到大通街上买来几篮子油条、酱油干子、包子、点心等，劳力们吃一部分，会留下一部分等学校下课时给自家的孩子们吃。当时，生产队每到春季，就用这个日军池子浸榭皮、泡缏布，经过这些工序，缏布放在水里不容易腐烂。这里有菜园地、树木、高低的土坎，平时下课的孩子们经常到这里躲老猫。有时把逮到的青蛙、小水蛇扔进水池子里，这些小动物一旦被丢进水池内，急不可耐地不断向池壁上冲撞，但每次都是徒劳的，时间不长筋疲力尽，不久就死去，漂在池中。

操场，对当地的孩子们来说是可怕的地方，一个小孩根本不会去那里。由于人迹罕至，操场地面上野生植物特别茂盛，里面常有野兔和黄鼠狼出没。曾经在江里打捞上来的水上死尸都会被埋在这里。在夜晚，经常听到大人们在操场上喊吓："小黑日，回家来哟！"这叫喊魂，小孩听到这个都非常恐怖，立刻毛骨悚然，把被子包住头，不敢出声。

20世纪60年代后期，生产队把操场分给了河南咀各家住户做菜地，每户都在自家的园地周围栽上树，大人带着小孩锄地、担水、种菜。这块地方为河南咀渔家提供了丰富的四季菜蔬，既锻炼了孩子们动手能力又培养了爱劳动的情感。

小学广场上有一个篮球场，供学校上体育课使用。每到节假日，一些在市县工作的青年回家时，他们穿着新的工作服，来到学校操场，自发地组成两个篮球队，进行比赛。这个时期，放假的学生、住校的老师和附近的乡邻都来观战，球场四周人围得水泄不通，十分热闹。

操场与河南咀居家屋基之间有几十口修得方方正正的鱼塘。每年发大水时，全河南咀的3个生产队劳力都要防汛，如果水太大了也无能为力。上墩与大同圩接壤的小圩埂和靠外江边的马路（稍大圩埂）经常被洪水冲毁，操场和鱼花塘成为一片汪洋。1969年，江水从外江的小圩侵入，渔业公社领导张大信指挥防汛被洪水冲入水中，被激流冲得老远，第六生产队的高家振奋不顾身跳进水中把他带入岸边，众人拉上岸。

如今，只见操场上一排排耸入云霄的意杨树，因为人迹罕至，它仍多了些野趣。操场，由于其地理位置特殊和重要，自古至今在政治、军事、交通、经济和社会人文诸方面，都是一个绕不开的话题。相信总有一天，这里会开发开放，兴旺发达，重新崛起。

河南咀的古操场

❱❱ 木 行

在清同治中期，政局稳定，老百姓的生活比较安定，大通的商贸经济呈现一派繁荣景象，全国各地商人相继纷纷到大通落户。而河南咀由于地理位置特殊，四县交会，自然深受商人青睐，尤以皮坊、酿酒的槽坊和木行等行业老板为最。

枞阳会宫人姚明胜原是一个木匠，做手艺积累了一些钱，想找人开木行。青阳商人曹友芝是一个有一定经商头脑的人。他看到大通和悦洲依山傍水，水路、陆路交通都比较方便，又是个天然良港，大通是个具有一定规模的市镇，他料定大通还会有更大的发展。必然会建造许多房子，建造房子，必须要用大量木材。于是，曹友芝抢先抓住商机，捷足先登，通过深谈，曹、姚一拍即合，双方在河南咀外江边租下了一块十几亩的空地，投入大量资金，办了大通历史上第一家木材商行——和顺木行。他们给木行取这个名字，就是想今后的生意能够和和顺顺，兴旺发达。

清末河南咀木行印章

那时，河南咀操场的临江陆岸伸向长江江心老远，静水流深，是长江上下游中转站，这种地理位置正是建木排码头的天然良港。姚曹木行坐落在河南咀外江边，为四合大院，正屋两进两出，雇请帮工几十人。每次从江西发木排几千立方，木排上有一个连的部队押运守护。

果然不出所料，他们抓住了一个千载难逢的好机会，和顺木行一开张，就受到了大通百姓的欢迎，购木材者每天都是络绎不绝，他们获得丰厚的利润。不到一年的时间，他俩就成了腰缠万贯的大富豪。

由于姚、曹开创了大通木材市场，获利不菲，很快就又迎来了徽州商人孙茂如在大通开办另一家木材行。孙茂如在徽州就是做木材生意的，对做木材生意，轻车熟路。他的木行就开在河南咀操场参将衙旁的江边，取名为"孙昌源木行"。寓意是，孙家的木行今后财源昌盛，兴旺发达。后来孙昌源木行财源滚滚，孙茂如成了大通又一富商。

不久，四川商人童温瑜千里迢迢从四川来到大通，在离孙昌源木行的下游不远的江滩上开办了一个"万顺源木行"，这个木行名字的寓意是万事都顺利，财源滚滚来。童温瑜的木材生意越做越红火，很快就挤进了富商行列。

这 3 家木行，一年到头，江边运木材的船只来往不绝，从上江放漂过来的木排一个接着一个，前筏没走，后筏又跟了过来，源源不断，就像他们木材行的名字一样，财源昌盛，滚滚而来。来往不断的船只和木排，最多的时候挤得连过往船只都无法通行，不得不惊动大通警察局来疏通水道。

姚明胜虽然有财运，但他香火不旺。儿子 8 岁夭折，女儿 12 岁病死，为此他把老家侄子过继过来。民国后期，他年老体衰，由继子姚正熙接班。姚家非常有钱，两个女儿出家到大通寺庙当尼姑，一人陪 16000 元新大洋。

抗战时，日军在梅龙的军舰向姚曹木行院子开炮，导致院墙一方拐角坍塌。姚、曹两家纷纷跑反。姚家由长子姚志祥（生于 1926 年）带领全家到达贵池墩上安顿下来，买了田地，靠收租过日子（日本投降后，姚氏将所购土地无偿给了租户，全家返回河南咀木行）。日军占领大通在河南咀操场进驻一个中队，司令部就设在姚曹木行四合院。日占后，大通小轮码头停靠河南咀外江边，姚曹木行改为大华饭店。抗战胜利日本投降后，大通包括河南咀当初逃难的商户纷纷返回，重建商铺和居所。因战争的摧残导致经济元气大伤，一直到 1947 年仍是一派萧条。当时，镇上驻扎有一支国民党部队，江面上有几艘巡逻封锁长江的小汽艇，由国民政府运营的三北轮船公司的"渝丰"号、"蜀富"号小火轮也很少来大通搭客运货。在这种严峻的形势下，镇上众多商家联名上报，请求邀请严凤英来大通演出。当时，严凤英正值 18 岁年华，长相俊，唱腔美，加上演出时名伶荟萃，一下子就把大通的黄梅戏热推向了高潮。自演出以来，每天都有一个国民党军官"大胡子"场场坐在同一位置上看戏。他早已对严凤英垂涎三尺，想让严凤英做他的三姨太太，只是人多下不了手。一日散戏后，他紧盯严凤英，强行命令手下人欲对严凤英施暴。在这紧急关头，是大通的中共地下党组织及时出面，联络大通商会在一个雾蒙蒙的夜间来到大通渡口，由姚氏木行身材高大的大公子姚志祥用一只小船将衣不遮体的严凤英接到河南咀操场自己家中，给她穿了衣裳，然后送到小轮上（抗战时，小轮码头在河南咀外江边），逃离大通到芜湖去了，让严凤英避免了一场劫难。新中国成立后，曹氏三个儿子因在国民党任伪县长，被人民政府镇压。而姚正熙的三个儿子都留在河南咀。长子姚志祥，因少年时上过私塾，会打算盘，后在渔业公社当会计，为人忠厚善良，父慈子孝，在河南咀也是男性中不多的长寿者之一（卒于2017年，享年92岁）；老二姚大祥和老小姚独胜均在渔业公社三队捕鱼。

》 洋 桥

之所以叫"洋桥"，因为是日本人建造的，也有写阳桥的。

1938年大通保卫战，川军坚壁清野，火烧和悦洲，实行"焦土抗战"，最终还是敌不过使用毒气弹的日军。日本人占领大通后，为了延伸扩大侵略，沿长江南岸向武汉推进，出于运兵和物资需要，以及为长沙会战准备，必须解决沿线交通问题。占据大通的日军向贵池推进，因大通与贵池有青通河阻隔，所以必须要在青通河入鹊江的河口架设桥梁。

1938年底，日军开始修建桥梁，由于当时是枯水季节，水位较低，在距离河口二三百米处修建了第一座洋桥。日军架桥所取物资材料均取自大通周边。那时，新建老山里是连绵不绝的原始森林，里面老虎、狮子、金钱豹等多种野兽经常出没，山上松树好几丈高，又粗又直，是造桥的良材。这座桥梁是日军在应急情况下修建的，不高不长但较宽，长近40米，宽近8米（现存下来的挡土墙为证），在河两岸邻近水边（枯水期）分别有座石礅，其实就是凿成方方一尺的一面平整的石料砌成的挡土墙，两石礅间隔30多米。日军将松木一头削尖，然后用石盘把松树桩打入河底，在河中间建造两个木桥墩，每个木桥墩由8根打入水底的松木排成一排组成。使墩与墩之间距离相等，在墩上架设横梁和纵梁形成桥面，再用加工后的方木平整桥面，第二年初建成东洋桥（大通老桥），当时满足了日军应急之需。

为了战略需要，急需修建一座更高更大更结实的桥梁。于是在1940年底，日军在第一座桥梁下游旁边，开始着手修建第二座桥梁，在河岸两边最高处分别用钢筋混凝土浇筑成四方体凹槽形桥墩。石材主要从羊山矶上"滩子口"取的，以鹅卵石为主。水泥还是从日本运来的。两墩之间间隔80米左右，要建造多个木桩桥墩，需要大量的粗大木材，日军不仅从佘家大院运来木材，还在更远的青阳砍伐更大的木材用汽车运往大通。日军用同样的方法将粗木桩削尖用石盘打入水底，建成多个木头桥墩，每个木桥墩由5根打入水底的松木排成一排组成。每个木桥墩距离相等，河中间的两墩有10米，是最大的桥孔，并且这个桥孔两边木桩最粗，一个人都抱不过来。由于本座桥较高较长，为了使桥梁更加牢固，日本人在每个木桥墩上架设多道横梁，各墩的上下横梁之间距离2~3米；墩和墩之间用粗短的木料纵横交错、交叉连接，使桩和桩之间、墩和墩之间相互挤撑，使桥的结构更如牢固。用粗大的纵梁连接所有桥墩的顶端，这样有五道平行纵梁组成一个平面，在平面上铺设宽厚的木板作为桥面。桥面有4~5米宽，桥面上还有半人高的木头护栏。1942年，在河南咀河口上一点的青通河上架起了一座大木桥，主要用于日军军事交通。桥长约1000米，宽2米多。松木结构，用金属大螺丝镶嵌拧紧起来组装的，两面有护栏。起初桥上设岗，由日军站岗，查看来往行人的良民证。

日军建造洋桥主要是打通从铜陵到贵池输送兵力及战略物资的通道，并为侵占大通的日军驻防提供了交通便利。当时日军建造第一座桥纯粹是军需桥梁，当地老百姓都不能靠近。第二座桥梁开始也只是军用，到1942年下半年日军控制江南地区逐渐稳定下来，这时已进入抗战的相持阶段，日军才开始将洋桥向老百姓开放，但必须持良民证才可过桥。当时桥西边（河南咀这边）检查良民证的哨岗在张荣源家位置。有一次，站岗的日军向正在桥下大通河捕鱼的吴邦富晋船大舱里投了一颗手榴弹，年轻的吴邦富急中生智，迅速捡起手榴弹甩向河中，在水面爆炸。日军竖起大拇指对桥下渔船上的吴邦富说："你的马虎马虎（新四军）的！"

洋桥的建造也为河南咀这条沉寂多年的古老街道再次繁荣提供了重要条件。当时大通"焦土抗战"，以及日军的狂轰滥炸，和悦洲三街三十巷成为一片焦土，许多商家都跑反了。由于洋桥的建立，特别是洋桥对老百姓开放后，一些大胆的商家纷纷落户河南咀开设许多饭馆、旅店，如当时比较有名气的鹊江饭店、交通旅社、万安饭店等，本地人也不甘示弱，高福亭建了三元饭店、白仁杏开了九华饭店，姚志祥与何松林共同开了大华饭店，朱良珠开了猪肉铺，张篾匠也开了店，吴民生的礼帽店也开张了，多家杂货铺店如雨后春笋，这段时间河南咀街恢复了生机。

洋桥方便了地方人的出行，但它最大的功能却是日军重要的军事运输线。为了破坏日军交通线，当时河南咀人高光祖、高荣福和张锡林参加了国民党地方抗日武装李小拉的队伍，有一天夜晚偷袭并用炸药炸毁洋桥，由于准备不充分，没有给洋桥造成大的损坏。为了逃避日本人的追捕，3人逃往了青阳大山里。

1945年8月日军投降后，大通由川军第五军接管。河南咀街来往的人更多了，特别是在河南咀西江边建立小轮码头，从外地来大通做生意的都得来到河南咀街，还有乘小轮或乘帆船来大通大士阁烧香拜佛的人络绎不绝。从江苏和浙江来的香客对大愿地藏菩萨非常虔诚，他们一下船就走一步一拜一叩首，一直到过洋桥才步行至九华山头天门——大士阁。

洋桥的建立确实为陆上交通提供了便利，同时却严重阻碍了青通河上的水上交通。在日军侵占期间桥底是禁止船舶通行的，日军投降后，地方渔船、商船都可通行了。不管什么季节大船是通不过的，河南咀渔船较小可以自由出入。每年年初青通河都要发一次山洪，水流速较快。经常有从童埠下来的木炭商船（比河南咀渔船稍大）不敢过桥墩，还得请河南咀渔民帮忙，本地渔民凭着对地形的熟悉、划船的丰富经验以及对水性的掌控，装满木炭的商船顺利划过桥孔。

川军第五军接管后，对洋桥不闻不问，更谈不上维修了，洋桥损坏越来越严重。1948年4月初春雨绵绵，突然一声春雷在大通上空响起，靠洋桥的西边一段桥面随之坍塌，此时正走在这段桥面的大同圩小冬瓜的老婆随同木料和混凝土一同掉落，幸好只是压断了一条腿，无生命大碍。由于无人管理，洋桥很快就彻底毁坏，木料由川军拆卸用于军用。

那座较矮的桥，一到涨水季节就被淹，遇到洪水容易冲垮，再加上靠西岸土质较软，挡土墙不负重荷，经过两次大水就坍塌了。1954年木桥被大水冲毁，彻底消失了，但靠东边由于土质较硬，挡土墙现还在。

新中国成立后两岸的混凝土桥墩仍然还在，上面已都建造了房屋，东边桥头墩是吴老三和张小芽子家住房，西边桥头墩上是第四生产队队屋。由于桥墩大部分都长期埋入土里，解放后出生的人都不清楚桥墩子内部是什么构造。2021年因大通青通河畔建设防水墙，挖掘机将东边桥墩捣毁。2022年5月2日，因青通河疏浚河口拓宽，挖土机将西边桥墩周围土扒开，最终露出桥墩的真面目，原来是一个四方体凹槽的形状。第二天，挖土机将其捣毁。至此，在河南咀存在81年的桥头墩随着青通河的疏浚、河口拓宽彻底消亡了。

两边洋桥水泥桥墩

❯❯ 发大水的季节

凡在大江大河边缘水而居的居民，自古以来都有个痛点，即频繁遭遇洪水灾害。河南咀小渔村对此却相反，不发大水反而发愁了，水大才有鱼捕。

每年的阴历五月中旬，入梅雨季节后，就是多雨的日子。此时天气开始炎热起来，也是气压低雨水积聚膨胀期。空气中弥漫着湿漉漉的水汽，天空常常乌云密布，电闪雷鸣，接着就是瓢泼大雨倾倒在大地上，倾泻到江河湖塘里，低洼地方有时立马形成小水塘，沟渠流水湍急，哗哗有声。江河水不断上涨。一般梅雨季节到八月立秋都是涨水的季节。在三峡大坝未建之前，发大水是很频繁的。1954 年大水，洪水已达到 16.6 米以上，长江边的圩埂无一幸免，大同圩埂淹没于水下好几尺深。

1954 年夏长江发大水，大通地区一片泽国。

1962 年，铜陵县淹掉半个县城。1966 年、1973 年、1983 年、1990 年、1995年、1996 年、1998 年、1999 年、2020 年，只要大水升高到 12.5 米时，大通街就会全部上水，河南咀则有齐腰深的水。此时，谁有舟楫谁就可以大显神通。于是，各种小船穿梭于大街小巷。高处的人家在家里搭水跳（水跳：木板扎起来的架子），把家具吊起来架好，把干柴禾搬到水跳板上。低洼地和房子破旧的草屋的人家把贵重的物品搬到长龙山头搭简易帆布棚子躲水（20 世纪七八十年代后也有人搬到大同圩埂头上居住）。

渔民有"一年大水，三年取鱼"的说法。发大水，对河南咀人来说，利大于弊。过去由于传统的捕鱼方法，每年捕获的鱼占江水实际生长鱼的 1/10 左右，这些剩下的鱼年底蛰伏在江河水下，来年继续繁衍生息。而后来，随着尼龙丝网和迷魂阵的推广使用，几乎将当年江河水里的鱼斩尽杀绝。发大水时，因为渔船不大不小，河南咀人划着小船可以接很多生意。送菜、送货、送客，这种由大水带来的商机让渔民忙得不亦乐乎。同时，发大水，正是江河水暴涨时刻，孵化成的小鱼成群结队，河南咀的渔家扳手罾，每天都能扳到几斤甚至十几斤小鲤鱼秧子，甚至一罾扳到好几斤乌鱼秧子。

发大水时，河南咀人在夏夜的晚上，划着小渔船，泛舟于青通河上，年轻男女挤在一船，坐在船舱横梁上。男青年拉胡琴、吹笛子，男女唱黄梅戏，唱流行歌曲，悠扬的音乐歌曲，引得通河两岸的居民啧啧称赞。也有风清月朗之时，渔民划着船靠在水上的柳树林下，听说书，享受着自然界的凉快和精神上的愉悦，这是别处所无法体验到的快乐。

等到快近立秋时，汛期洪水已定，大水让船成为低成本水上运输的交通工具。河南咀人会用渔船为商家、客户装石片，运各种各样的物品，如煤、粮食、盐、糖、沙石和水泥等。好不容易待水退之后，人们返回家中，撤跳板，整地坪，清洗墙壁，晾晒衣物等。根据历史规律和经验，发大水的当年，一定是一个出鱼的丰收年。为此，退水之后，渔民开始把渔船拖上岸，晒船，修补船，给船里里外外、拐拐旮旯上桐油。整理渔具，做好各种准备，以迎接秋季鱼汛的到来。说来凑巧，每年秋季9月1日开学之日，正好是鱼汛开启之时。河南咀的罾船、网船经过一个夏天的整修，各种渔具或添新或修补，以崭新的面貌和姿态跃入青通河，投入一年一度的捕鱼大仗中。这就是发大水带来的丰收果实，要明白：世界上的事，特别是自然现象，只是相对的，不能绝对化。对人类而言，没有什么绝对的坏年景。对一部分人是灾年，对另一部分人则是丰年；反之亦然。

从大通街楼上窗户看发大水时的河南咀嘴头

◎ 崩　岸

自然界无时无刻不在变化。自然界有地震、火山喷发、洪水泛滥等现象发生，相对于人类而言，地理的变化绝大多数是破坏性的灾难。不同地区的自然环境塑造不同特征的河流，同时，河流的活动也不断改变与河流有关的自然环境。

现在河南咀的陆地面积只有70多亩，其实明清时河南咀是南湖的滩地，自然是一望无际。即使是民国12年（1923年）大同圩圈圩后，河南咀临江濒河其面积也有100多亩。可以这样说，江河在冲刷切割地表的时候总是"欺软怕硬"。

以大通地区的夹江南岸为例，长江奔流到大通地段遇长龙山一带坚硬地质，江流变得湍急，流沙淤积，形成了和悦洲、铁板洲。而由西向东一路而下的江流因铁板洲洲头的异军突起，江流被指向南岸，首当其冲的是濒江的河南咀。于是，多少年来同样是沙滩淤积的操场江岸，怎经得起这日复一日、年复一年的冲刷、侵蚀？不同时期在重力和外力的作用下，江岸土石失去稳定的根基，外江沿岸纷纷坍塌。明朝时，河南咀庙嘴头建有高家祠堂和多幢其他宅院，至清朝末期，这些建筑和住宅都随同伸入长江的河南咀陆地边缘沉入江底。清朝起沿江而筑的河南咀小街房屋，一度店铺鳞次栉比，热闹繁华。至民国时，沿江地段呈条形倒塌，大部分建筑已沉入江底；又因该地段整片弧形坍崩，清朝至民国临江最大的金鸡庙也无影无踪；清代末年，民间商人郑春台在河南咀操场西江边首建洋油栈，经销美国的美孚牌煤油（国人称"洋油"）。由美国油船从江上直运至栈地，再用油管输送到栈内贮油池内。此工序那时已几乎不用人工，可见这里已成大通地区最佳油运码头。可是，由于无人打理，江岸塌方，长江赫赫有名的"美孚"洋油栈码头及岸上的设施渐渐消失。直到日占时，外江岸也仍修建了沿江马路，姚氏木行房屋仍矗立江岸，外江边还有七八家住房。可是，到了20世纪50年代，因百年不遇的1954年大水，外江边马路一半宽倒掉，日军修路的大石碾滚到江岸坡底；姚氏木行只见屋基的长麻石条悬空立着；那些住在江边的人家纷纷将房屋拆了，搬到河南咀上中墩重做屋。大自然最诚实，时至今日，下半年长江枯水季节，从西江边的洋油栈到东头的庙嘴尖，只要是外江边就会看见遍地厚厚一层古老砖瓦碎石，还有更多的浸泡在江水中。见证了这里曾是人类活动的场所。

除了西北外江崩塌得十分厉害外，河南咀向东邻内河的河岸，因20世纪60年代大通镇在祠堂湖邻西河边抛石固岸，东南上游来水直接向大同圩外滩和河南咀河岸涌来。但万亩大同圩是国家大堤，有专款兴修水利，一度从牌坊头买来几万吨石头，抛入堤外大同圩拐弯河滩，因此，即使是春季山洪，遇到坚固的石头阵也会一滑而过，大同圩外堤岸不但不削减，反而沉积了大量泥土而长高增厚。但是"专捏软柿子"的河水，对准河南咀柔软的河岸，日积月累地冲洗，使得"只有招架之功，并无还手之力"的河南咀400多米的河岸线渐次分崩离析。进入60年代后，形成大通河口两岸河东边（大通）渐长，河西边（河南咀）渐渐坍塌的现象。于是，河南咀原先比河而居的房屋因地基塌陷和倒塌，不得不搬迁到村庄里口，有的门前广场不断缩小，直至倒塌。搬家的高上墩子有高长青家、吴小犬家；中间墩子有高栋梁家、高大安家，高龙舟邻河的广场没有了；庙嘴头的房子基本拆掉了。此后历经洪水冲击，河南咀的陆地面积迅速缩小。就因江河水和陆地的缠斗，"三十年河东，变成了三十年河西"，40年代初日军在河南咀建造的老桥墩竟然在河中间了，以至于从河南咀出去工作几年的人回家的时候，看到家乡颓废的河岸早已面目全非，渔村变得越来越小，不免愕然。一切过往，皆为序章。凡是有河流的地方，就有此起彼伏或此消彼长的变化。

分崩离析的河南咀河岸

❱❱ 竹墩山

竹墩山，又称吊缶山。它是一个极其重要的地理和人文标杆性地点。要写青通河、长江和大通等，这是一个绕不开的话题。千百年来，长江中下游水势东流，常有大量泥沙俱下，因受到南岸的桐梓山（梅根山）、竹墩山、神椅山、龙山、羊山等盘石作用的阻挡而淤积，原南岸地势平坦，形成深厚广袤无垠的滩地，其中低洼为内湖。促成长江南岸逐步向北移动，流向变为南北。宋后尤其是明清，相继于滩涂围垦建圩。北宋起青通河入长江口岸由老镇澜溪即竹墩山变迁延至今大通长龙山南麓和河南咀处。古澜溪史料记述，战国时，楚怀王六年（前323年），长江直抵大通的老镇（那时还没有现在的大通镇及街道），老镇即鄂君启商船队沿江东行的终点港。此港所在地即今铜陵、青阳、贵池和枞阳四地交界地要冲的竹墩山麓，也是青通河与澜溪河汇入长江的天然口岸。

方志和相关史料记述，金乔觉来中国到过江南一些名山寺庙，由普陀山向西行。曾途经金陵、当涂、宣城、芜湖、南陵等地，沿江上行，到老镇竹墩山，乘舟于青通河上行，达九华山，卓锡学佛。为钻研佛经，便下山经由澜溪，到不远的南陵，请俞荡等人抄经四部，携经文回山。唐宝历三年（827年），邑人思念金地藏行踪，于澜溪镇南端、环抱青通河与澜溪（河），秀丽清幽的竹墩山，朝向九华山，兴建相水寺，又称瑞相寺，后称普济寺。造化钟情山清水秀的澜溪，此寺香火旺盛，长江下游各路香客络绎不绝，尤其每年正月和十月，都会在老镇下船，拜谒普济寺。

据明嘉靖四十二年（1563年）编《铜陵县志》："大通镇在县南四十里，古名澜溪。"清乾隆二十二年（1757年）编《铜陵县志》记载："澜溪去大通镇五里。""去镇五里许有旧镇（今称老镇），名澜溪。"老镇澜溪的街道建设，选址布局十分注重与自然环境融为一体，因地制宜地巧用地理位置，依山傍水，南北走向建镇。南起竹墩山麓江口，向东沿澜溪弯曲的北边为低山丘，称王家山。

历史沧桑变迁，到北宋元丰年间，竹墩山江口、澜溪商贸港口，向北迁移到长龙山南，仍面临大江，畅通四海。

老镇澜溪，自置定陵县为辖地，皖南诸县的物资交流，经青通河、七星河通往长江，兴为口岸。持续性社会经济发展，南朝后成为商贸繁埠。唐代设驿站。竹墩山与澜溪镇相通，唐代建杉木桥，屡损屡修，明改建石桥又毁，今有遗迹。独特的地理位置，形成水陆交通枢纽中心。水运，可乘船向上到古定陵县治地，又可到童埠或蓉城，可渡河到梅根冶。陆路，古驿道分上下路线。

下路：自澜溪街南端（竹墩山）普济寺，经下水桥、合门、缸窑、渡长河、老鼠石，过双河口渡口，抵经贵池里庵，到五溪前往九华山。相水寺到五溪的路面，依地貌铺就三尺宽青石板。

上路：自澜溪街北边即寺庙后的驴子岭，经上水桥，到牌坊头分岔，向东北经董店，可达右镇顺安。向南经塔山、蟠龙、渡长河，途经西垄、店门口，到古定陵县治地（唐后定陵乡，今为丁桥镇）、木镇等。此为通往泾县、南陵、太平等县的古道。

说竹墩山名气之大，有诗为证的当推北宋著名书法家、诗人黄庭坚，他于元丰三年（1080 年）初夏赴任江西太和县，乘船由芜湖途经铜陵时，遇狂风暴雨，长江风高浪激，船泊南岸江口，作诗《阻水泊舟竹山下》：

> 竹山虫鸟朋友语，
> 讨论阴晴怕风雨。
> 丁宁相教防祸机，
> 草动尘惊忽飞去。
> 提壶归去意甚真，
> 柳暗花浓亦半春。
> 北风几日铜官县，
> 欲过五松无主人。

竹山，即澜溪镇竹墩山，见《山谷诗·外集卷第八》。据乾隆《铜陵县志》记载：竹墩山在大通"老镇遗址"澜溪之西，即今青通河铜贵大桥上游白浪湖边。此山可谓山林如海，林涛如怒，楠、松、杉、竹等，翠绿掩映，众鸟喧腾，蝶舞蜂唱，繁花似锦，街衢与山林互衬，市声与梵音相闻，自然风光妖娆绮丽，让人恍惚天上人间。

而与此遥相呼应的即鸡冠山和吊罐山。河南咀渔民打鱼的常住地是竹墩山至大通河入江口这一地段，其中，竹墩山下的小河口是河南咀人打鱼捕蟹创造无数个奇迹的场所。以竹墩山为中心，向北至铜陵（今新建）为河南咀吴姓地域；向东南（今董店蟠龙村张家汉）

竹墩山

为河南咀张姓田地、河湖私产；向西至贵池为河南咀高姓河道领域。

鸡冠山与吊罐山

从鹊江与青通河交汇处的河口沿河向南八九里的东岸，是一道连绵千余米草木葱茏的山冈，而朝河的一面几乎等距离地伸出七条"臂膀"，站在西岸看河中倒影，宛如一条巨大的蜈蚣在水中蠕动，故名蜈蚣山。蜈蚣山前面有一座东边紧贴小河边，北边濒临青通河，平地里突兀而起的一座小山头，隔一道小河与东向的老镇及山头遥遥相对，形如鸡冠，故称鸡冠山。与鸡冠山向西南并立的另一座稍大的山，形如吊罐状，人们称之为吊罐山。两山虽小，却是在湖滩平地上突然冒出升起的山头，那么不经意，又那么神奇精妙。真是山不在高，有仙则名。不过，河南咀及大通当地人习惯把这两座小山统称为鸡公山（实为鸡冠），一般情况下，没有人具体分开叫鸡公（冠）山和吊罐山。

水大时，两山各自立于水中，俨然两座孤岛。山上草木葱葱，间或掩映着几多房舍，宛如水浒中的水泊梁山。若到下半年，水退至青通河河道，两山中间是草滩，这才见两山互不相连。听当地老人们说，鸡冠山颇有些来头，几百年来一直流传着它的传奇。乾隆《铜陵县志·春一山川》云："澜溪，在大通镇五里，其源自贵地、南陵、青阳。来者为河水，自本邑大栏、合二者为溪水，左右交会于竹墩山下。"这竹墩山就是今人们叫老镇的一个小山峦。不过，它早已被叫蜈蚣山了。就在50多年前，夏天发大水时，在老镇与鸡冠山、吊罐山之间，这里还是汪洋一片的湖泊，到每年冬季，湖水退尽，由天门山南坡流下的溪水在上水桥会合，形成一条小河，然后南流，在鸡冠山和蜈蚣山之间汇入青通河，此处称为小河口。

小河口是一个打蟹子网的好位子，东边是老镇，即蜈蚣山，至今在老镇仍见到过去的残垣断壁，河边尽是一片瓦砾；西边是吊罐山与鸡冠山，这两座小山是渔业公社第三队（盐城、泰兴和兴化籍）人居住的地方，吊罐山、鸡冠山的山脚下叫"三段"，三队人扳绞罾。再向西即鸡冠山，这里有白浪湖渔圩养殖场总部，还有少量住家。鸡冠山山下往西叫"二段"。每年进入鱼汛，鸡冠山、吊罐山所在的青通河一段，日夜喧闹不已，捕鱼的人，捕鱼的船，捕鱼的罾网、钩、绞罾（拦河罾）、架罾、铲罾满满一河，水泄不通。鸡冠山到老镇，注定是不寻常的风水宝地。20 世纪 70 年代，在三队人集中居住的吊罐山，利用队屋办了一间简陋的小学，后来迁往鸡冠山，是比较正规的一所小学，第一任老师叫高小鹏，从河南咀学校派来的，教当地渔民孩子读书。吊罐山和鸡冠山的三队有个满腹经纶的渔民老夫子叫洪源松，人们习惯叫他"老洪"，他当三队会计，老伴扳架罾。

听他讲，这老镇后面有一座山叫蜈蚣山，山上有个蜈蚣精，经常侵袭路人。百姓深受其害，天神知道后就在蜈蚣山旁边设置了一座鸡冠山，镇住蜈蚣精以消除对当地百姓的危害。

鸡专吃蜈蚣，一物降一物，蜈蚣虽不敢出来干坏事，但它说："我正常的活动也受到鸡的侵蚀，呼请上天对滥用权力的鸡也要管束。"于是，老天又在蜈蚣山与鸡冠山旁边加了座吊罐山。如果鸡要是乱啄蜈蚣，吊罐就把鸡炖了。从此，青通河边老镇的蜈蚣山、鸡冠山、吊罐山相安无事，和睦相处。

可是，世事易变。若干年后，老镇移到靠近长江边的大通，失去了昔日的繁华，蜈蚣山名不见经传，成为一个不为人知的小山村。鸡冠山在"大跃进"时，渔民在此植树造林，曾一度绿树成荫，后来渔船改造，鸡冠山、吊罐山让常年在江河船上居住的渔民洗脚上岸，这里在 20 世纪 70 年代被挖山造地，盖起了一幢幢民宅。吊罐山南部还是渔业公社白浪湖围湖造圩的一部分，不少回乡的知青都被安排在鱼圩指挥部。著名学者吴稼祥曾在这里从事土方测绘测量工作，他利用工休时间夜以继日高考复习，终于以高分被北大录取。

如今，合铜黄高速穿山而过，鸡冠山变成小土丘，住户已经迁徙一净。吊罐山被削掉一大半，被掀翻的植被裸露出红土壤白沙，仿佛尚未愈合的伤口。原先山上盛产的名贵中草药，如百合、射干、山虎、茯苓等，今已难觅踪影。野兔、野鸡和野鸟更是不知去向。不过，鸡冠山对面的半边月山仍岿然不动，吊罐山的西头山尖"江猪摆浪"圣景不减。

❱❱ 白浪湖渔圩

白浪湖地处铜陵、青阳、贵池三县交界处。新中国成立后主要属铜陵管辖。

所谓白浪湖，同名者甚多，但此处所称的白浪湖初名应为百澜湖，古时候称澜湖。澜湖因澜溪而得名，澜溪也因澜湖而成名。水涨起来就看不到溪，水退下去现出了古人架设在澜溪上的上水桥和下水桥。它是东边一系列山麓山水山溪自上而下，包括古大通澜溪河和青通河汇聚而形成。当然，来水多自春雨夏汛，届时白浪湖白浪滔天，直抵东北边的王家山、竹墩山、鸡冠山和吊罐山等。东边自南与天目湖相连，至南达合门山，西边与贵池十八索大湖连成一片，此时青通河道已不复见。汛期水波浩渺，湖水清澈平阔；枯水季节变成为无垠的滩涂沼泽。白浪湖曾经水草丰茂，水下饵料资源丰富，水质优良，是鱼类生长繁衍的天然场所。各种水鸟尤其是白鹭数不胜数。建圩前，东北边早先是吴姓（后一部分入河南咀渔民），属于铜陵县的新建公社，往东边里去属铜陵县的董店公社界地为张姓（张家汉，一部分后迁移到河南咀，即河南咀的张姓）。而白浪湖沿青通河西边，即河南咀高姓所属地。20世纪六七十年代，大水时，河南咀人划着小板船到董店牌坊头乌龟桥山头装石头，船只来往均需通过乌龟桥洞，这种运输因受桥洞的限制，只有河南咀人的小渔船可以装运2~3吨石片才能通过。风平浪静时，装石头的船敢操直划船，如遇大风大浪，则只能沿着靠山边的湖划行，多绕数十里水路。夏天，正是出油鲴鱼季，河南咀的渔民就会在白浪湖装丝网捕鱼。网下水之后，船停在湖心中央，天空万里无云，湖面波光粼粼，凉风习习。白天稳坐小渔船，一边听收音机播放的各种戏曲、相声和其他新闻；一边织丝网，好不惬意！入夜，万籁俱寂，不时有飞鸟鸣叫，湖中鱼儿欢跳，微风小浪轻拍渔船，渔民可以在船头酣然入睡。次日早晨起网，可收获几十斤白生生、新鲜贼亮的胖鲴子鱼。当然，白浪湖风高浪疾时，也淹死过不少人。每年10月，白浪湖滩露出来后，人们经常在沿河滩边捉螃蟹。青通河的螃蟹肥大味美。到春天，草长莺飞，白浪湖滩如同绿色地毯，一望无际。置身于此，空气新鲜，沁人心脾。自古以来，沿江枞阳江北农民会来白浪湖包湖场，打秧草。常有为争夺秧草而争斗的，江北周家与张家甚至为此发生过命案。四五月时，江潮涌入青通河，河水上涨，漫上湖滩，各类鱼群游入湖草丛中打籽，渔民会在夜晚沿湖滩逮鱼，甚至鸡罩鱼叉都可以捕到很多大鱼。

明清时期，由于人口繁衍，人多地少。童埠圩建造，湖面收缩。新中国成立后，青通河多处围圩造田或筑堤养鱼，鱼类栖息地渐小。世代捕鱼的渔民越来越难捕到鱼。渔业公社的渔民既无水域养鱼，又无土地耕种，2000多渔民人口面临失业挨饿的局面。大通渔业公社领导在社员的反映和呼吁下，向铜陵县委申请，要求将白浪湖围圩，给渔民一处生产之地。但此消息一出，马上遭到原新建和董店两个公社农民反对，他们认为白浪湖是他们的界地。证据和理由是：每年春上都是当地农民打秧草、放牛，下半年耕种农作物所在地。但渔业公社的社员特别是河南咀人认为：白浪湖自古以来就是河南咀高、张、吴姓捕鱼主要水域，祖上曾在此周边买田买地，且历史上白浪湖就与大通老镇（澜溪）大通河连为一体。而一年中大水时，附近的农民与白浪湖几乎没有联系。经过不懈努力，1973 年 10 月 17 日铜陵县革命委员会下发文件［革生字（铜 156号）］《关于将白浪湖划给大通渔业公社长期使用的决定》，此后，白浪湖成了大通渔业公社的养殖场。1971 年 11 月，渔业公社发动 6 个生产队开始了在白浪湖建圩。开始是集体挑圩，各个生产队对劳力评工分，体力好的 10 工分，次之9.5 工分、8 工分，身体差的老人，如高福庭孤老一人，他拿一把叉扬，站在埂头，可怜被风一吹，眼泪汪汪，他扎土拨拨，只能评 5 工分。1972 年后，分散到各人自找搭档，也有家庭一起上，各人承包挑圩，一方土 0.6 元，好劳动力一天能挑 2 方土，一天能挣 1.2 元，还有补一斤到几斤粮票的奖励。

白浪湖挑圩自 1971 年至 1973 年。北起吊罐山，东边在桥管河小坝埂头基础上向南延伸到合门，南至西挑圩埂到小鳖山与小色山相连，外河西埂向北连接吊罐山西山嘴头，面积 4313 亩。1974 年大水，白浪湖圩漫圩，动员河南咀渔民把渔网拿出来拦鱼，他们就有了收入，后来就请江北无为的农民工来挑圩了。其间，白浪湖渔圩内高地还种麦子，因地力肥沃，麦子大丰收，渔民家家分得几十到几百担麦子。当白浪湖圩达到一定规模后，白浪湖渔圩就正式成了大通渔业公社的养殖场。这也是渔业公社唯一一个独立基地，渔业公社此前没有任何生产基地。

有了白浪湖渔圩养殖场，渔业公社领导开会、政治运动、连家渔船改造（渔民上岸）都离不开白浪湖吊罐山。由于第一、第二、第三生产队都生活在船上，一年四季水上漂。为此，渔业公社又向市县申请到连家渔船改造，有了拨款，分别在吊罐山和鸡冠山建了几十幢瓦房，在吊罐山建了小学，结束了几百年来渔家子女不能读书的难题。白浪湖的主要管理干部都是河南咀的人。一是张大信，二是高根宝。20 世纪 80 年代推行承包制，1988—1993 年高根宝竞争中标，以 13 万元一年承包费私人承包了白浪湖渔圩。由于善于经营管理，他连续5 年，获得丰硕利润，后又追加承包期，成为先富起来的人。承包到期，渔业公社撤销划归大通镇。1998 年，大通镇政府将白浪湖渔圩推向社会招标，本市的胥坝乡个体户郑老八、郑老七兄弟以每年 40 万元承包，后由于遭遇发大水破圩，要求镇政府担保贷款，政府被套进去，不但没收到承包费，还要代偿还银行贷款。1999 年，改由贵池茅坦姓唐的老板承包，且承包期为 30 年，年承包金 24万元，镇里四大班子开会确认。2012 年长江禁捕，渔民上访到安徽省政府，要求将白浪湖渔圩要回，但因有四大班子依法订立的合同，不得中断，唐姓老板继续承包到 2029 年（其间，唐老板以 80 万元一年转包给他人了）。

从河南咀招工来的渔圩管理人员，如高宗文、高民改、吴宗德、高来喜、高小苹、高传英和军队派往渔圩开拖拉机的王光培（后来退伍与高小苹结为夫妇），他们工作直到退休。

渔圩上创建的学校，招收的都是渔业公社第一、第二、第三生产队渔民子女，先后来的老师全部是河南咀人。不过，白浪湖与河南咀人的确过从甚密。从白浪湖存在到围圩养殖，河南咀 3 个生产队社员全部投入挑圩埂，到养殖场投入使用，特别是白浪湖转给私人承包后，几乎与河南咀社员没有什么关系了。对此，群众是有怨言的。2019 年，高成俊、金山和夏玉华等人复印了大通镇政府将白浪湖给私人承包的合同，要求收回所有权和将 30 年承包费惠及原渔业社渔民百姓。

未圈圩前的白浪湖，两山为合门山，又称鹤门山

从河南咀渔民的感情上来讲，自古以来，这片湖泊就是先民和历代渔民捕鱼的主要水域，现在圈圩以后，白浪湖与河南咀反倒是渐行渐远。个中有说不出也说不清的一肚子话。

❯❯ 墩 子

河南咀小渔村最早是建在长江岸边和青通河边的滩涂上。原先这里相对于周边地势略高些。春、夏、秋三季四面环水，相当于小岛。只不过这里高地的形成是由河水冲刷，形成了大片淤泥地。高一点的台地，在夏、秋两季既临水又高爽，非常适合人群居住。这就是长年漂泊在水上的渔民最早选中此处的原因。司马迁《史记·货殖列传》里曾写道："楚越之地，地广人稀，饭稻羹鱼，或火耕而水耨……"同样，处在楚尾吴头的鹊江边的河南咀，水系发达，土地肥沃，盛产稻米与水产品，为人们提供了赖以生存的物质基础。

由于居住地临水而筑，一年四季，但凡夏季发大水的时候，滩涂必然被淹没。因此，人们也会不断地加高居住地，所谓"水来土掩"。1923年，大同圩开始修建。成百上千人靠肩挑人扛筑圩埂，将洪水挡于埂外，形成了几万亩大圩田。而圩外的河南咀渔村，生存空间骤然变小，加上江河水流的冲刷，沿水岸边也渐渐崩塌，他们的居住地被一点点地吞噬。为此，每年冬季，同时也是渔家淡季，渔民就会挑土筑墩子。从附近低洼地或者是干涸的小塘里挖土取土，挑到自家屋子边。如果准备做新屋，一般都会在几年前就开始挑墩子，少则一两年，多则3~5年。新挑起来的土墩子地势要高于周边1~2尺，有的高达1米以上。条件好的人家越是准备做大房子的挑的屋基面积就越大，有的大到一两百平方米。不但预留了屋基，还预留了房前屋后的空场子。挑墩子是要花劳力和财力的。有钱人家雇人挑土，没钱或有劳力的人家自己挑土。20世纪60年代初，不少江苏人即苏北人逃荒来到河南咀，他们除了讨饭就卖体力干活。也有来自江北的枞阳佬和无为佬来此地讨饭或卖劳力。他们干几个小时，休息一下，喝点水，边干事边哼着小调，打发时间，静等午饭和晚饭。有时他们带老婆孩子一起来，让老婆去大通街讨饭带回来给孩子吃。在那个困难时期，真正挑大土的也有给钱的，但一天挑下来也只有几角钱，也有不给钱只给吃饭和衣物用品的。请人挑土有集中五六天的，也有不慌不忙的自家挑土或请亲戚朋友挑土，烧几个菜给挑土帮忙的人吃一顿。

弹丸之地的河南咀本已地域狭小，寸土寸金，所以邻里之间为挑屋基或取土吵嘴打架是常有的事情。

挑土必须要有取土之地，不能挖人家的菜地和已被人家占有了的地方。一是到离村子较远的空旷荒地取土，二是到村子后面废弃干涸的鱼花塘里取土。这样势必挑一担土要跑好长一段路，费时费力。正因为如此，挑墩子也是一件大事。虽然青通河岸离屋基近，但大家已达成共识，不能挖河岸土来建屋基。因为青通河流水冲洗，河南咀沿岸每年都在崩岸，危在旦夕，这就是河南咀的宿命。

挑墩子单靠人工劳作，经过几百年的演变累积，河南咀的滩涂无形当中不知不觉地抬升了起来。当大家都在挑屋基时，谁家不挑呢？你不挑墩子你就准备被水淹，甚至下大雨时你家就要"水漫金山寺"。所以，河南咀就是一个被挑起来的大土墩子。高的地方连1954年大水都没淹到，比如建于20世纪初的佘二和尚大屋，筑土为坛，是河南咀最高的土台。六七十年代第六生产队做队屋，把佘家大屋挖地三尺，挖出的青麻石条无数，竟然都挖不到底。可见百年前那时就开始挑墩子了。故不到百亩地的小渔村靠顶南头的叫上个墩，俗称"高上"，靠鹊江边最北的叫下个墩，俗称"独底"。

中国自古有筑土为城的历史，也是人与自然的相处方式。从河南咀建渔村定居至20世纪80年代，是一部河南咀小渔村的历史，实际上就是墩子的形成及墩子文化史。在河南咀大墩子旁边，一些后来的外来户也选择临河的高地挑墩子定居。主要有：

李家（gā）墩：李家墩居住了4家李姓人家。其中出名的主人叫李双财，是新中国成立前来大通讨荒的农民。李双财的父亲因为是外来户无法在河南咀落地，就凭着农村人的勤劳在河南咀的上墩子距离100多米远的上方且靠青通河边找了一块高地，硬是靠一担担挑土，挑起了一块二三百平方米的土墩子，与河南咀隔空相望。河南咀人叫它李家墩。新中国成立后成立渔业社，李双财因捕鱼被划入了渔民并划入第五生产队社员。他是剃头的，一双水汪汪的眼睛，终年就像害了眼一样，怪怕人的。可惜他早年生病，三十几岁就死了，留下跛子妻子和四个小孩（三男一女）。李双财的妻子为人凶狠，争强好斗，后来她在大同圩招亲找了一个孬子叫小来子的结为夫妻。由于是渔业社户口，李双财大儿子成年后招工进入了铜陵县，其次子李小牛在家跟继父放牛，成年后被招工进入铜陵市铜矿山当矿工。李小牛小时候会唱歌，什么《打猪草》，什么《孟姜女哭长城》等，他都会唱。

李老二，其子李禹生参军学医，退伍后在大通医院当医生。李老三死得早，其老婆带儿女直到成家立业。

李家墩还居住了另一家姓李的，也是男主人早亡，其遗孀是个瘌痢婆，其貌不扬，有个儿子李四一和女儿李凤英，后来全家搬到大同圩去了，成了贵池大同大队社员。李家墩也曾落户了一些个别外地人。有一个卖糖巴换鸡毛鸭毛的老头，每天挑个担子到周边换东西。整个李家墩共有三四户人家，几间茅草棚。发大水时，这里就成了孤岛。有一年冬天李家墩起火，烧掉了几间草房子。后来老的死的死，小的走的走，李家墩变成了一块光秃秃的高台地。不过，曾经这里也是大同圩到大通街摆渡口，出鱼的时候，是四队打蟹子网的一个位置。

吴家墩：吴家墩在河南咀上墩尖子西南面的大同圩埂外，为吴姓农民两兄弟所住。因为他俩个头不高，矮矮胖胖的，周边的人都称他兄弟俩为大冬瓜和小冬瓜。两人都是农民，他们的行政区划为贵池大同大队。大冬瓜和小冬瓜儿子们在家里还开了间铁匠铺，主要是打农具铁件，后来"文化大革命"中割资本主义尾巴，铁匠铺也就停歇了。他们从此一门心思当农民，做田打耙。大冬瓜的孙子叫吴成友，"文化大革命"期间被推荐上了贵池医校。"文化大革命"还没有结束，为了大同圩大堤的安全和防汛的需要，吴家墩人家全部拆迁进了大同圩里。从此，吴家墩渐渐淡出了人们的视线。

金家墩：金家墩矗立在青通河边，位于大同圩堤旁，与大通街老桥口隔河相望。早先由湖北鄂城人金氏来此地，以木工造船修船为业。刚来时无立足之地，于是就在沿青通河边选了一块较高的滩地，请同来的湖北渔民老乡帮忙挑土，经过数年持续努力，终于形成了一个土墩子。整个面积五六百平方米，起初是草房子，到20世纪60年代，做起了瓦房。金家墩四周栽种了许多柳树，粗壮茂盛，远远看去，绿树村边合，简直像是一个小村庄，真有"庭院深深深几许"的韵味。金家墩的主人是金老三，叫金幼良；金老四，叫金幼连。金老三生三女一子。三女分别叫大娥、二娥和小娥，幼子叫金明几岁时暴病身亡。金老四身材瘦小，终日不语，看上去比其哥老得多。他娶了一个带孩子的妇女，却身材高大。带来的继子叫大孬子，招工进铜陵县招待所，没几年便染病暴亡。婚生子金小友和金星，继承父辈木工手艺，技术颇精。金氏兄弟俩由于祖传木工手艺，特别是金幼良技术精湛，无论是打造、设计和修补木船在通和两岸三地无人不知、无人不晓。

在金家墩往北附近原有个墩子，叫向家墩，上面只住了一个叫向天海的裁缝，与金氏兄弟是舅表亲关系，后因年岁渐大，就搬到金家墩去住了。这样，向家墩慢慢就消失了。

因金家墩地处狭窄的河道旁，此墩也是捕鱼的好地方。鱼汛时期，河南咀第四生产队也在此地下蟹子网，第一生产队也在这里下钩捕鱼，第二生产队在这里打篙子网，金老四的妻儿在家门口扳架罾，蟹子网的上游两岸有无数把手罾起起落落，人声鼎沸。金家墩在鱼汛期非常热闹。

青通河无鱼可捕后，金氏两兄弟被大通航运公司邀请去造机动船了。20世纪80年代，大通移民建镇，金家墩无人居住，墩子渐小，远处看只有几棵老柳树低头弯腰，那墩子只剩下一小块平台土堆了。

大通街河边对面就是河南咀墩子

❱❱ 前世今生的小埂

本来在自然地理上没有大同圩与河南咀之分。1923年圈圩，人为构筑的一条大堤将河南咀排除在圩外，从此改写了河南咀的历史。

20世纪50年代，大同圩改名为梅龙公社，下设大同、同心、双惠等大队。大同大队圩外边对应的就是河南咀，河南咀的西边与大同圩接壤，分别有两条小埂，一条在北边，沿江边东西向，自洋桥（渡口）往西延伸至大同圩，三四百米长。一条在南边，也是东西向，自胡度文门前广场至大同圩，100米长，是名副其实的小埂。这两条小埂担负了交通和防洪的重任，因为这两条埂的东边尽头，分别在大通河对应着渡口，也是河南咀对外交往的两条通道。自南边的小埂到东边的河南咀居家高地，挡住了来自青通河的洪水，北边是老马路埂挡住江水，西边是守护万亩良田的大同圩大堤。中间是操场和低洼处的鱼花塘，只要不发生特大洪水，都安然无恙。两条埂，历史经纬不同，各司其职。

北面的小埂，在江岸未崩塌前，原为一条宽阔的古人行道。这条路历史悠久，大同圩还没有圈圩时，这条路就有了。民国时期，北伐军经过贵池挥师而下，在河南咀操场召开会议，大通包括和悦洲来河南咀从事秘密活动，都经过渡口上岸，必经此路。日本占领大通时，修建了大通到河南咀的大木桥，然后又从洋桥沿江修一条马路连通大同圩，车马军需可以到达贵池。新中国成立后，通河洋桥倒塌，但渡口尚存，这条路又成了大同圩同心、梅龙和梅埂、贵池两地往返大通的行人必经之地。河南咀渔民在长江边装鱼苗、养鱼苗。于是，在河南咀墩子的西面、操场的东面一片空地上，开挖出20多口方形鱼花塘养鱼花。由于长江经常发大水，外江的洪水就会涌入地势较低的鱼花塘，淹没鱼塘，使鱼塘里的鱼苗和其他家鱼跑掉，导致前功尽弃。水来土掩，古老的筑堤便是唯一的办法。自1951年起，河南咀渔民陆陆续续在沿江马路上挑起了一道小埂，用以阻挡汛期水患。1964年，杨明高任渔业公社书记，他领导河南咀渔民在原小埂的基础上，把这条小埂加宽加高。起初是准备将这条埂自桥头埂挑至大同圩西外江边张木匠门口，连接大同圩埂。但这一行动涉及范围较大，遭到大同大队阻挠，只得缩短路线，向左拐弯，就近连接大同圩外埂。这条埂就起到了防汛作用，但若是遇特大洪水，这个只有 1 米多高的小埂便形同虚设了。1967 年长江发大水，北边的这条小埂很快被冲破。江水像脱缰的野马，呼啸而入，所到之处，操场上的树木、菜地、村后塘边人家门口的杂物瞬间被卷走，水面呈现巨大漩涡，树枝、白泡沫和垃圾漂浮在水面上。此时，在防汛现场领导救圩的公社干部张大信被洪水冲进鱼花塘，青年高家振奋不顾身跳入洪流中，在众人的合力帮助下将张大信救起。北埂路线较长，防汛压力大，几次破埂都是江水冲毁的。

北边的这条埂，差不多将不大的河南咀包围了一大半，埂内有渔民各家栽的柳树、小块菜地。而河南咀小学就坐落在江边操场，学生上学、放学都要经过这条埂，加上行人，这条埂平日里人气一直较旺。

与此对应的，在河南咀上个墩南头，也有一条小埂，从东到西，也有笔直的一条埂与大同圩大堤垂直相交。这条小埂硬是由河南咀人从平地上挑起来的。长约 100 来，高约 2 米，埂头宽约 1 米。1964 年夏发大水时，渔业公社干部张大信率领生产队劳力挑埂救鱼花塘，命令抢险人员直接在胡度文家门前菜地挖土，胡度文妻子阻拦不住，索性在地上躺倒，然而抢险大于天，半天不到把菜园连土带菜挖了好几尺深。

这条小埂连接着大同圩和大通街。河南咀上墩也有一条大同圩大同大队的渡船，是为他们自己往返大通街而设立的。这个渡船 20 世纪 50 年代就有了。他们对本队人不收费，不认识的一律收费。1965 年起，南京军区 6408 部队进驻贵池"三县圩"、童梓山建设军垦农场后，这条渡船也担负了部队和来农场锻炼的大学生过渡任务。河南咀上个墩的小埂就成为必经之路，若下雨，小埂一片泥泞，那些女大学生行走在这"渔村的小路"上，常常"跌跌不休"。不过，春天发山洪时，出于安全考虑，这个渡船是不开的。

南埂头靠大同圩堤边曾有河南咀上门女婿、大同圩的农民李小狗做的一间穿枋小瓦屋，并且开了个小店。李小狗把他岳父张安福接去住，带看店。小埂的春天，堤内杨柳依依，夏天植物茂盛，夜里各种昆虫鸣啭不停。夕阳西下时，晚霞绚烂，常见大圩埂上放牛娃骑在牛背上慢吞吞地往家去。

小埂，也曾是上个墩少年儿童抓萤火虫、捉蟋蟀、玩耍打闹、嬉水的地方。

1978 年以后，河南咀不装鱼花，也不养鱼了，各个生产队也不整修小埂了。

小埂和废弃的鱼花塘

进入 21 世纪后，物是人非，随着移民建镇工程的推进，渔村人渐渐离开了故土，直至河南咀变成荒村。小埂的命运也是一样，只剩下遗址，根本不像昔日那条繁华的"渔村之路"模样了。

❱❱ 日趋式微的废渔村

历史上的河南咀本来是一片南湖，退水之后因为便于渔业生产选择在江河边建房，直至形成了一个远近闻名的渔村。它的背后则是幅员辽阔的腹地，由于 1923 年大同圩圈圩，河南咀置于圩外，成了偏居一隅的孤村。坊间传说河南咀高姓曾将运送皇粮的船桩拔掉，得罪了运粮官，奏本皇帝，本应下诏剿灭，因大臣劝谏，皇帝怒道："小小渔村，前倒后崩，渐渐消磨。"不料一语成谶。在此之前不计，河南咀自明朝起至 20 世纪 80 年代，因不断围湖造田，围湖养殖，又由于环境污染等原因，在长期竭泽而渔、掠夺式生产方式的模式下，河南咀渔民已无鱼可捕，渔业生产基本中断。生活在这块土地上几百年的河南咀人不得不弃渔搞副业，跑运输，在大通镇码头抬煤、抬沙、抬木头、抬咸盐、抬稻包、抬水泥等。与此同时，这块三面临水的土地，东南面经青通河春季山洪和经年累月的侵蚀，河岸不断崩塌，渔村宅基命悬一线。而地处西北面外江沿岸，因江水惊涛拍岸，大片土地渐渐倒入长江。特别是河南咀伸向长江的三角咀尖头则受江水波浪冲刷，前面几百米长的咀头大部分已沉入江底无影无踪。即便如此，进入20世纪八九十年代末期，尽管青壮年已招工离开家乡，但河南咀还不至于销声匿迹，渔村仍充满人间烟火气，只是远没有六七十年代的人气旺盛。

2017年政府实施"渔民上岸工程"，对居住在河南咀的各户实行优惠政策：一是在河南咀有住房、外地无房户，集资买房，每平方米1450元。具体是每户2人的65平方米，每户3人的75平方米，每户4人（含4人）以上的86.5平方米购买。政府给集资房每户补助4万元；二是对在河南咀有房，外地也有房的，享受集资房政策（1450元/平方米），同时一次性给外地房子每户19500元维修费。经此易地搬迁，人去楼空，没有人居住的村庄毫无生气，破败不堪，遍地狼藉。无人打理的房屋，渐渐断垣残壁，唯有植物拼命疯长，攀缘墙头，撑破墙体，有的树木从屋里冲向云天，整个渔村，高大的树木遮天蔽日，各种野生绿色植物铺满路边。偌大的村子，只剩几户人家，冷清萧疏。

特别是2018年安徽省水利厅对青通河入江口的改造，是压垮河南咀这头骆驼并让其彻底消失的最后一根稻草。

由于青通河改造，河南咀被征用。河南咀沿青通河住宅土地约29.7亩，加上沿外江的43亩多土地，一共72亩多老祖宗留下的根据地，从此不归河南咀人了。2020年拆迁工程实施，沿青通河地面上遗留的房屋丈量，作为集体土地，根据房屋不同质量分为几个等级，补助有500元/平方米和600元/平方米。对于无钱集资买房户又不愿搬走的，享受集体土地政策，按照所在户家庭人口每人30平方米安置。对不按人口而拆迁房屋住房，集体土地600～800元/平方米，楼房1000元/平方米。

操场部分土地，河南咀第四、第五和第六3个生产队代表开会，一致同意，凡户口仍在家里未迁出的河南咀人，包括在外有工作和已退休人员，只要户口在河南咀每人补助7000元，外孙户口在河南咀的每人3500元，形成会议纪要，上报镇政府，张榜公布，政府审批后将钱款打入各人账户。

21世纪20年代以来，由于青通河改造，河南咀地面上的遗存全部拆迁搬走，一片狼藉。最具代表性的庙嘴头被挖掘机和水下吸泥机削去了，在挖掘现场，贵池等外地人开着好几辆货车来装运地下打挖出来的古代碗、砖瓦、坛罐、古钱币等还有1人发现了一罐银圆。庙嘴头数幢徽派大屋地基下三四米，挖出了大量的青石条、青石板。洋桥墩下竟然是∩形槽子结构，挖掘如同考古，还原了历史的真实面目。那个曾经的嘴巴头昨日是繁华的。河南咀没有嘴，它就不是原先的那个地方了。

依青通河，濒长江，四县两岸三地交会，河南咀曾经占尽了江河之利。如今繁华落尽，物是人非。河南咀人故土重游，只能见到挖掘机掘出的累累伤痕，曾经炊烟袅袅，鱼香飘飘，学生吹奏出来的悠扬笛子声，孩子们欢天喜地地玩耍，母亲呼唤孩子回家吃饭的声音，都在江潮的寂寥声中反刍，都被疯长的绿色覆盖了。故物且不存，乡愁复何寄？

落寞的小渔村

❯❯ 本土的归依

历史总是惊人的相似。这句话用在河南咀的命运上颇为贴切。在明清后，河南咀伸入长江的嘴头逐渐坍塌，高家祠堂就曾在年三十晚上搬迁。进入19、20世纪，由于青通河流动的河水特别是每年春上山洪的冲刷，青通河大通河段的两岸多处崩塌，通河两岸的大通街和贵池的大同圩纷纷装运石片抛向河边固岸。财力不足的河南咀人各家各户不可能都去买石头来巩固河南咀河岸，很多建在河南咀河岸边的民宅便危如累卵，不得不将自家房子拆除往后退缩建房。再者，长江所处位置决定江水向右偏，侵蚀南岸，加上河南咀处在鹊江拐弯的凹岸处，江水长年的冲刷使河南咀外江边冲击严重，不断坍塌，以至于操场外江沿岸古小街建筑随大片土地沉入江中。正是因为河南咀内河边、外江边腹背前崩后塌，面积逐渐缩小。

屋漏偏逢连夜雨，船迟更遭打头风。进入20世纪70年代初，上游的青阳县为进一步疏通青通河，便于水上运输，就对青通河童埠至大通河一段清淤深挖，这是一次对青通河渔业资源环境的严重破坏。为此，渔业公社的渔民特别是河南咀的一些年轻人坚决反对，并组织一些骨干分子在呼吁得不到同情的情况下，在青通河入江口前设浮桥拦截开进来的挖泥船。在那个时代，群众自发的行动肯定得不到支持。从此，河道疏浚就成了河南咀人心里的一道伤痛。没有叫停的河道疏浚，机械日夜轰鸣，火力全开，几百米长的挖泥船及管道搅得青通河一片污泥浊水，并且各种鱼类无处藏身，渔业生产顿时陷入困境。

进入20世纪80年代，由于乡镇企业的迅速崛起，特别是矿产品的运输，各种码头堆放矿物质，经雨水冲刷，多流入青通河，更有沿岸的化工厂，各种废渣废水统统流进青通河，仅几年时间，青通河就变成了黑臭河，不要说鱼虾，连螺蛳都难寻觅。因此，当地流行这样的顺口溜："50、60年代淘米洗菜，70、80年代水质变坏，90年代河水发黑，2000年后鱼虾已不存在。"流经千万年青通河变成污染严重的病河，加上两岸淤泥向河心拥积，一眨眼工夫，曾经百舸争流、千帆竞发的水运航道成了狭窄的小河沟。特别是到年底，河水退去，最浅的河心，人们穿深靴子都能蹚水走向对岸。对于见过青通河悠长丰沛模样的河南咀人来说，这是难以接受的。

正因为青通河失去了往日的风姿，青通河上游的青阳县为发展水上交通运输，以便将矿产资源外运出去，再次疏浚青通河成为迫在眉睫的举措。

2007年2月12日，安徽省发改委给省交通厅《关于青通河航道整治工程问题的复函》，其中有如下内容：一、整治青通河航道，对增强防洪排涝能力，发挥水路运输优势，促进沿线地区矿产资源开发，加快经济发展具有重要作用。鉴此，同意青通河航道整治工程。二、本项目范围包括青通河童埠至大通段14.3公里及支流七星河新河口至铜九铁路桥段2公里。下阶段工作中，应结合航线自然条件，沿线产业布局，对航道建设标准和工程建设作充分论证，优化工程投资，落实建设资金资源。三、请据此编制可行性研究报告。

此次工程实施后，进入 2017 年又开始了对青通河航道的整治。青通河航道整治工程起点位于青阳县童埠港，终点为池州与铜陵交界的大通镇河南咀（入江口）。可见，青通河河道疏浚非一地一区一县所为，乃是国家经济建设规划中的应有之义。鉴此，作为身处青通河入江口的西岸河南咀，虽为铜陵的飞地，历史上一直与贵池大同圩连为一体。早在北宋时期已属池州管辖，在此后的历史长河中绝大部分时期行政划分都隶属池州，元朝属池州路，明清属池州府，到民国属于铜陵县，有过 20 多年脱离池州管辖，但到新中国成立后铜陵县再次隶属池州专区管辖。1952 年池州专区撤销，改属安庆专区［在 1949 年，铜陵县大通镇曾升为大通市（县级），不过 1950 年便撤销］。1956 年铜陵市建市，至 1958 年市、县合并；1960 年又市、县分设。历史上的铜陵县，和池州行政区划关系较为紧密，长期属于池州市的前身管辖。1974 年铜陵县由池州地区划给铜陵市为市辖县，至此铜陵县的大通渔业公社（含河南咀）再次脱离池州。

2018 年，安徽省水利厅整治青通河将河南咀居民区 23.999 亩地和江边操场 48.71 亩地全部作为青通河整治对象并全部征用。河南咀 70 多亩地块最终归池州处置。当历史的脚步跨入 21 世纪 20 年代，终于应了那句老话，从哪里来，又回到哪里去了！河南咀成了铜陵的大通镇——河南咀社区。原河南咀世代居住的居民一部分买房居住在大通老街；绝大多数渔民上岸被安置在大通民福家园小区，一部分在大通新区。从此，千年渔村河南咀彻底消失，而蝶化成另一种存在形式。这就是历史的归依。没有什么惊诧，一切都是那样的平常，好像从出发点又回到了原点。

身份归属不断变化的小渔村

二　历史变迁

披风沥雨　　水里求财
家国同运　　沧海桑田

》 鱼鳞册

河南咀最早的高姓先民自宋、明朝起，便陆续从贵池石门高村迁移而出，落地于贵池桐梓山至大通河两岸一带。当时由于地广人稀，每年下半年青通河水退去以后（特别是不发大水的干旱年景），青通河遂成为一条小河沟，而沿河两岸则是一望无际的滩涂，靠近山脚的高地实际上是大片良田。渔耕其中的人，则成了土地的占有者。既是田地，那就需按照朝廷要求缴纳赋税，就要持土地簿，从而又引出了河南咀的鱼鳞册。

鱼鳞册，又称鱼鳞图册、鱼鳞图、鱼鳞图籍、鱼鳞簿、丈量册，是中国古代官府为征收赋税而编造的一种土地登记簿册，将房屋、山林、池塘、田地和河道湖泊等按照次序排列连接地绘制，标明相应的名称，是民间田地之总册。由此可知，明代赋税制度的依据——鱼鳞图册，它不仅运用传统的表达方法"文字"，而且使用了"地图"，让人一目了然，田亩的四至、地形、土质（平原、山地、水边、下洼、开地、沃壤、瘠贫、沙荒）等级和它的"邻居"。按照《千字文》顺序编号，详细登记每户土地亩数和方圆四至，并绘有田产地形图以及所在乡村位置。

在明朝时，河南咀渔民亦渔亦农。南起青通河的桐梓山及高家小河、梅家小河（今贵池十八索湖境内），北到大通河河口入鹊江，有七姓在此捕鱼，分别为高、张、吴、朱、孙、史、叶。历史上他们捕鱼主要河段为白浪湖至大通河口，所以这一段又叫"七姓河"（七星河）。高姓人当中高德广占有水面最广、势力最大、名气最响，人称"高通海"。他把从桐梓山至白浪湖一片山场河道全部买断，持有官方颁发的山林、土地、河道、湖塘等登记的簿册，它证明了持有者财产的合法性。

据见过鱼鳞册的老人们说，河南咀渔民持有的鱼鳞册相较于其他农村农民的鱼鳞册不同之处在于：所列主要为（水域）河道，土地次之。这在当时皖南的"鱼鳞册"中，具有独特性，也可能在明朝是唯一的，由此可见河南咀捕鱼历史之悠久。

河南咀除最早的高姓外，后来又入住了铜陵蟠龙树（张家汉）的张姓渔民，到清朝中后期加入了今日称为新建乡的一甲里至七甲里的吴姓渔民。所谓河南咀"高、张、吴"三大姓，朱、孙、史、叶则卖掉自己的田地河契和鱼鳞册，离开了河南咀。

1956年，河南咀渔民高家林与高栋梁将存放在大通河管委会的"鱼鳞册"上交大通镇政府，作为文物存入安徽省博物馆。还有更多河南咀的历朝历代典章户籍堆放在第四、第五、第六3个生产队总会计室（高鹤年大屋）内的地板上，因无人管护遭损毁，直至1966年后全部损毁殆尽。

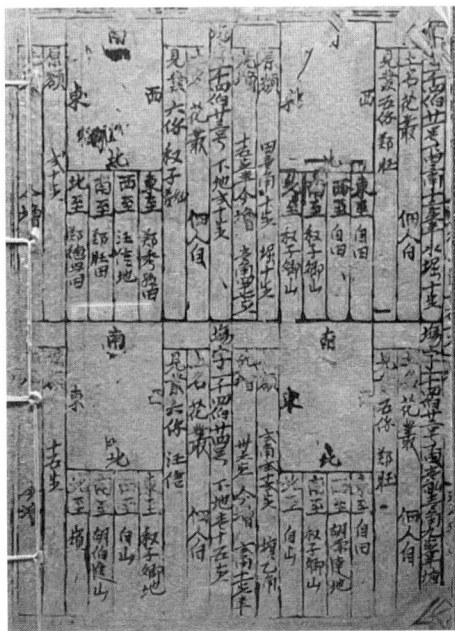

鱼鳞册

➤➤ 太平军在大通

19世纪五六十年代，中国爆发了一场轰轰烈烈的太平天国（农民革命）运动，自清朝咸丰元年到同治三年（1851—1864），历时14年，斗争的矛头直指腐朽的清政府，清朝必欲除之。太平军被称为"长毛"，因为清代是满人统治，要求剃掉前面的头发，后面头发蓄成长辫，而太平军蓄满长发，清政府蔑称之为长毛。

太平天国起义期间，太平军和清军在长江下游的拉锯、对峙，这也是大通镇快速发展和繁荣的契机。曾国藩于咸丰五年奏称，"大通镇、殷家汇水陆交冲，南窥徽、严，东障芜湖"，是太平军必争之地。据了解和查阅相关资料，太平军占据大通与河南咀等地达8年之久。如今，河南咀八九十岁的老年人，时常还念叨从祖上口口相传的"长毛"故事。

查阅贵池区棠溪镇石门村高氏家谱记载，清咸丰五年（1855年）9月使者来池州贵池"颁递训谕"，（竟）被石门村高氏团练（注：即民兵）扣留了二人。哪知此举惹下了大祸！石达开派军师吴采蘋，带兵攻打石门高。石门高地势险要，凭借水口天堑，易守难攻。太平军强攻三天三夜，攻不下来。后取道凤楼坑、大冲，翻越入村，绕过水口，奇袭石门，攻破山庄，大肆烧杀，顿时，大火冲天，血流成河。昔日繁荣的石门高，顷刻夷为一片焦土。（石门）其余生者，竞相外逃。的确，太平军所到徽州山区，势如破竹，若遇抵抗者，格杀勿论。因此，不论官民，纷纷闻风而逃。

清政府对于太平军采取污名化宣传，太平天国攻城略地也确实殃及无辜百姓，民间往往在太平军未到当地时，就躲避战乱跑（长毛的）反了。有关当时和悦洲移民的问题，1872年创办的《申报》后来曾有专门记述："和悦洲……自咸丰末年发逆窜扰，沿江之大通、铜陵及内地之旌、泾、太、徽、宁等处皆罹红羊（即洪杨，太平军首领洪秀全、杨秀清）浩劫，惨无天日，居民仓皇奔走，犹时有风鹤之警，乃相与扶老携幼，月夜渡江至芦荻丛中偷安旦夕钜意，后来者担担□携囊、趾蹞相错于途，且有负贩之辈、唤卖食物者，乃益视为武陵源，可避世外烽烟，因共诛茅结屋，束芦为扉。……乃益麇聚该州，度地建屋。"类似的记载在周边族谱、方志中亦俯拾皆是。河南咀高耀堂妻汪氏一家，就是因太平军攻入皖南泾县而逃来大通的。

枞阳周潭东乡地处大通江段对面，因武术闻名，太平军攻下安庆后，"桐城（枞阳）县丞莫知所措，民心惊怖"。桐城陷落后，翼王石达开晓谕居民投册进贡。东乡人正统思想浓厚，认为太平军反对朝廷就是国贼。不但坚决拒绝纳粮，并且奋起反抗。东乡地势易守难攻，南有长江扼险，北有三公山屏障，东西分别有杨都湖（今枫沙湖、陈瑶湖和普济圩农场）、白荡湖阻断。东乡人不仅富裕，而且普遍习武，"皖桐之东乡，长于技勇，踢脚飞拳而外，若齐眉棍狼牙筅白条刀之类，不必悉经师授，而连村比户往往能之，盖其习俗然也。"形成了以鹞石周氏和山边章氏两大流派为主的攻守凌厉的东乡武术。自咸丰三年（1853年）十月桐城陷落至咸丰八年（1858年）秋冬，东乡练勇持续与太平军对阵，保全了家乡。对此，桐城派后期大师吴汝纶有生动记述："咸丰癸丑，粤贼陷吾桐，桐民惧受贼害。东乡负其意气，贼至，辄群毙之，匿不以闻。久之，贼微觉，相戒勿过东乡境，迁道行。以故五六年独不被贼，贼亦以是怨东乡未发。"

史载，太平军第一次过大通时，没有发生什么战事，时任铜陵知县孙润投降了。清代桐城人方江《家园记》载："贼（太平军）过大通，联三船，张锦帆，女乐侍酒，童子傅粉，被锦执旌旗，微飔荡漾，箫管细奏，缓歌而下。"当时大通这里是没有什么抵抗的，当然那时也没有清朝的绿营水师。据佘飚老人说，他家祖上说，太平军军纪严明，秋毫无犯。据守在大通的太平军甚至在大士阁后山小岭开荒种地，以解决吃菜之需，他们不抢老百姓钱粮，太平军与老百姓相安无事。

自清咸丰三年（1853年）正月太平军首克铜陵，至咸丰十一年（1861年）八月清军攻陷铜陵，在长达8年的时间里，尽管双方屡有争战，但铜陵基本处于太平军的控制之下。（并组建有铜陵县太平天国基层政权。）太平军占领下的铜陵包括大通，社会秩序井然（"亲朋故友皆在"）。

太平天国早期制定了《待百姓条例》及《天朝田亩制度》，以及改"贡献制"为"照旧交粮纳税"，改禁止工商私营为鼓励工商私营，改普征兵制为招募入伍等政策，在铜陵地区并未施行。在地方政权建设上，天朝组建了省、郡（府）、县三级地方政权，铜陵地区为天朝安徽省池州郡铜陵县，县下设有各级乡官。

太平军占领铜陵期间，清朝县府官员逃离（铜陵县被太平军占领后，清官方机构均远离了）县城，成为"流亡政府"。

咸丰三年秋，太平军在铜陵发布安民告示，通过乡官招抚流亡、清查户口、维持治安等。铜陵百姓的拥护与支持，太平天国（军）的地方政权建设十分顺利。

咸丰四年八月初一，太平天国铜陵乡官在县境开始征收钱米。这种税赋征收方式，与清朝并无多大的不同。唯一的差别，是太平天国直接向土地使用者征收，而不是面向土地所有者，天朝以此切断佃户与地主之间的联系。除极个别缙绅因顾忌而反对外，绝大多数平民都积极配合。

太平天国统治的八年里，铜陵特别是大通地区，工商业开放，百姓安居乐业，地方鲜见战事发生。见诸《安徽通志稿》的战事，仅有两次："咸丰五年八月壬辰日，清军收复铜陵"；"咸丰六年正月戊辰，清军再收复铜陵"。这两次战争，规模较小，对平民影响不大，且时间很短，最短的一次清军只占领铜陵6天。

这一期间铜陵地区的社会状态，也见诸英国人呤唎的著述中。1860年仲夏，呤唎自上海前往武汉，途经大通时逗留了三天。在这三天里，呤唎上岸旅游、射猎，在大通附近与平民交谈，还让水手带回山上的泉水。他对大通的自然风光与社会景象，留下了美好印象，多年之后，他仍回忆说："我经常怀念着那冰凉的山泉，那罗曼蒂克的溪谷。"太平天国治下的铜陵，呤唎在《天平天国革命亲历记》中写道："大通附近的村庄似乎很穷苦，太平军或清军时来此地，这对于村民来说自然是不幸的。我们虽然知道有纪律的饥饿的军队在敌人国内是什么情况，但是却很少认识到无纪律的中国官军的光景。这里的房屋并未遭到破坏，唯一被太平军毁坏的只有一座大佛寺，照例每块砖头都被砸得粉碎，留下一堆瓦砾。人们谈到清军来此的情况，都是咬牙切齿。太平天国失败后，清军对百姓进行了残酷的镇压和掠夺，导致百姓遭遇血腥屠杀，人口大幅下降。

❯❯ 欢迎北伐军

革命军北伐的主要对象是直系军阀吴佩孚、孙传芳，奉系军阀张作霖。从

1926 年 7 月开始，不到半年就占领了湖南、湖北、福建、江西、浙江、安徽、江苏的全部或一部分，消灭了吴佩孚的军队，打垮了孙传芳的主力，把革命的红旗插到长江流域。在江西方面，这一战场的北伐军主力为第二、第六军。在第六军中以政治部为主的大批共产党和共青团，战斗力较强。

1927 年 3 月，北伐军第六军部队途经大通和河南咀时，军阀孙传芳的余部听到消息，早已逃之夭夭。北伐军在河南咀稍事停留并在河南咀操场召开了重要的军事会议。

其间，大通商会通知八帮工人以及学校师生 200 多人到河南咀欢迎北伐军。参加欢迎的群众兴高采烈，燃放了鞭炮，紧接着又将北伐队伍迎接到佘家祠堂，由名流高万宗和大通人佘文烈主持召开了欢迎会。没几天，在和悦洲又召开一次军民大会，大会由北伐军政治部的一位负责人主持。会场上悬挂着孙中山画像，两侧挂有党旗，场内有大幅标语："革命尚未成功，同志仍须努力"，横列"天下为公"四个大字。政治部的同志在报告中指出，当前最重要的是实行"三民主义"（民族、民权、民生），废除苛捐杂税，打倒土豪劣绅。接着高宝宗、佘文烈在会上发言。散会后，部分进步工人、店员以及教师留下来，以晚上要会餐的名义组织成立了国民党（左派）大通党部和区分部。其中推举党部负责人兼组织部长管云程，宣传部长王应生，党部成员还有章鸿兵、高宝宗、佘文烈、周鲁生、高万宗、高实中、章蔚文等人，会上还议定了活动步骤及人员分工等情况。

一日，正在召开群众大会时，突然接到第六军（程潜部队）召开军民联欢大会的通知，军民立即集合到了河南咀操场上，在大会上，由政治部向民众开展"三民主义"教育。

不久，又有一支北伐军部队经过大通，也是在河南咀操场上召开了一个有各行各业工人、店员、渔民、农民及学生近千人参加的欢迎会。会后，北伐军从河南咀操场沿贵池刚圈起的大同圩埂向西进军。沿路地方都纷纷举行了群众性的游行活动，并高呼"废除苛捐杂税、打倒土豪劣绅、实行三民主义！"等口号。

≫ 抗战时期的河南咀

1938 年春，日军飞机首先轰炸了大通和悦洲，紧接着日军两艘军舰又进犯大通江面，对南岸狂轰滥炸，击毁江中渔船多艘，6 架中国空军飞机赶到后向敌舰投弹，迫使敌舰向长江下游逃窜。3 月 27 日，6 艘日本军舰在 10 余架飞机掩护下，驶进大通江面，向岸边炮击，持续半小时后，数艘满载日本士兵的汽艇企图登岸，中国守军待敌靠近江岸后用机枪猛烈扫射，击毙日军 20 余名，日军仓皇退却。自 5 月至 10 月，日军相继出动 3000 余人，在舰炮、飞机掩护下，在羊山矶、红庙等处强行登陆，中国守军依托防御工事拼死抵抗，终因守军伤亡惨重，被迫后撤。日军先后占领了羊山矶、大通天主教堂及大通镇等地，大通古镇、和悦洲、河南咀遂告沦陷。

在日军攻占大通前，国民党军队把和悦洲外江的趸船拖进中夹江凿个大洞，沉下水底。从此后长江小火轮从桂家坝下来，就停靠在河南咀沿鹊江岸边。1939 年，侵华日军在炸毁了和悦洲建筑后，占领了大通地区。沿街房屋大多烧毁，和悦洲码头炸毁，大通地区及河南咀人纷纷跑反。所谓"跑反"，就是为了躲避日军的"扫荡"，跑到另外一个地方躲避起来，然后等日军走了，再返回家里。高宗一携妻子郑佩兰跑到江西赣州，直至 1945 年日本投降抗战胜利才返回河南咀，1946 年正月初九大儿子高侃出世。河南咀的高二狗子（高家隆父亲）在跑反时被日机炸死了；吴贞亮（五亨子，吴大金父亲）跑到贵池茅坦被日军射杀而亡；大富豪佘万年（二和尚）携全家躲到青阳，此后再也没有回老家。从此，家道中落。日军侵华，使中国无数家庭流离失所，家破人亡。

日占时期，原客货轮船不得不迁至河南咀操场外江边。日军在河南咀老操场进驻了一个中队部队，总部设在姚氏木行楼房里。修建了洗澡池、马厩等。不久就修筑了一条从河南咀到梅埂的马路，用于汽车运送军人和物资。与此同时，从洋油站到庙嘴头向南拐弯，进入河南咀下个墩，恢复和建起了一条小街。客货轮云集河南咀，上下水旅客人头攒动，外江边吃住行服务的行业一下子生意兴隆起来，带动了河南咀小街的再次热闹繁华。

为了打通铜陵至贵池的运输线，日军在大通和河南咀之间架起了青通河上的第一座大木桥。桥上设立岗哨，河南咀往返大通街居民经过大桥必须出示良民证。

日军在中国土地上为非作歹，无恶不作。为此，中国抗日积极分子根据上级指示，要炸毁这座桥，切断敌军交通线。于是河南咀的年轻人高光祖、张锡林、高荣福在国民党地方武装组织的队长罗矮子领导下，密谋策划，一日将日军架在青通河上的洋桥炸损。由于炸药威力不够，只将大桥炸开一个洞。

张少华曾在国民党军队服役，由于抗日胜利后，老蒋养不起那么多军队，把不少人从军队中裁掉，张少华就是其中之一。后来张少华投奔了共产党，被新四军吸收，他带领一支游击队负责给新四军秘密征粮运粮，主要活动在铜陵的董店至青阳一带。他来河南咀找到吴家富、吴家贵弟兄俩运粮，因为他俩是孤儿，给吴正荣（三一）家打工，吴家富由于经商跑腿，经常和日军打交道，能说一口熟练日语，张少华本想发展他俩成为游击队成员，但吴家贵偷偷运过几次粮后，怕牵涉到家人，最后二人就放弃了参加新四军的机会。张少华经常在河南咀从事抗日秘密活动，终于有一次被日军发现，追到河南咀高青松家。情急之下，他把手枪交给了正在闺房里做针线活的高青松妹妹高淑贞，高淑贞迅速将手枪丢进马桶里，顺势坐在马桶上装着解手的样子。日军没有找到证据，把张少华放了。离开河南咀，张少华成了皖南新四军七支队干部，是朱龙的副手，为抗日战争和解放战争作出过贡献。新中国成立后，张少华与高淑贞结为伉俪，白头到老。新中国成立后，张少华担任过安徽商业厅副厅长。

日占时期，河南咀高长根只有20来岁，他身材瘦小，但头脑灵活，生性幽默风趣，他对日军深恶痛绝。有一次，一个日军指着一条狗，问他："这个的（狗），中国话怎么说？"高长根不假思索地说："舅舅。"后来，日军知道了这是骂他的话，将高长根捉去一顿毒打。

1944年，日军军舰"华达"运送一船军需物资在河南咀庙嘴头被美国轰炸机击中，军舰起火，燃烧了几天，最后沉没了。

1945年日军投降后，枪械全部上缴，日夜龟缩在操场军营里的日军，没有吃的，饿得腰都直不起来，根本不敢出来，见到中国老百姓，他们点头哈腰、唯唯诺诺，想讨点吃的。河南咀的高松备（高家隆）曾给操场上的鬼子送过饭。乡邻知道后，指责他不报杀父之仇，还给仇人送饭。十几岁的高松备说这是两码事，可见中国老百姓多么的善良大度。

据出生于 1941 年的鲍恩祖老人说，1945 年 8 月日本投降，成千上万的日军从贵池、梅埂沿着大同圩一路走到河南咀，然后过洋桥到大通街接受国民党军队受降。那些投降的日本官兵就像叫花子一样，衣衫不整，疲惫不堪，垂头丧气。有一天，其中一支队伍有 10 多人，走到大同圩双惠村时借鲍家锅灶煮饭，饿极了，不知什么时候偷走了主人家的一袋蚕豆。嗣后，鲍母赌咒道："这些鬼子临死前还不做好事，不得好死。"得道者多助，失道者寡助，这就是作恶多端的侵略者的下场。

日军占领大通

》 大军渡江解放大通

1949 年 1 月，面对着解放军的强大攻势，盘踞在贵池至大通长江南岸的国民党五十五军的一部分军队，早已失去抵抗的信心，但在上头的督战下，他们整日挖战壕，困兽犹斗，企图凭借长江天险阻挡解放军渡江。当时，大通、河南咀和大同圩许多老百姓家里都住下了国民党官兵，佘二和尚和高宗福家都是河南咀数一数二的大楼房，他们大屋的堂心各进驻了一二十个军人，墙拐还拴了几匹军马。操场的木行、洋油站码头沿江边驻扎着一个营的兵力，他们与江北老洲头沿江的解放军形成对峙。这些国民党官兵，缺衣少食，十分狼狈。有一次，洋桥大通一户居民家挂的一块咸肉被国民党士兵抢走了。由于没有草料，驻在大同圩的一位军官携太太骑着一匹骡子，骡子饿狠了，行走时突然一滑，军官和太太摔下来，骡子从圩埂头一直滚到圩埂脚，骡子上气不接下气，半天爬不起来。在梅埂至大通的江段，国民党军舰起初还来回巡逻，有一次，一只小艇在江心遭到江北解放军的炮击，小艇顿时翻了，3名水手受伤落水，他们在江水的冲击下，拼命往南岸游去，终于上得河南咀庙嘴头岸上，身上血糊糊的。随着战事越来越吃紧，巡逻军舰后来逃得不知去向。那时，江两岸双方经常相互打炮，空中不时有国民党飞机盘旋，扔炸弹。一听到飞机轰鸣声，老百姓本能地躲进大桌子底下。1949年3月，据守在大通沿江一带的国民党军队早已失去了斗志，军心涣散，逃兵时有发生。一次，一名下级士官逃跑被发现，结果遭到军官的枪击，顿时背心处鲜血直流，身负重伤。

在解放大军即将渡江作战前夕，大通一带地下党早已秘密紧张开展活动。大同圩上经常看到一位蒙着头巾、穿长袍子的人在圩埂头靠在稻草堆上睡觉，实则密切监视洋油站江边码头的国民党守军（后来人们认出来了，大军过江后，他在前面带路）。大通街上的瓷货店老板陈华信家，每隔一两天都有三五个人聚会，其实这里是中共地下党秘密情报站。他们接头讲话交流用暗语，什么"黑人牙膏"多少支，代表着国民党军队人数。"那个要倒了！"指国民党反动政权要垮台了。他们说话时一般都关着大门，外人不让进入，说话表情严肃，不承想被一个隔壁来玩的9岁小孩佘守富听到。

1949年春，为接应百万雄师横渡长江，包括大通船民在内能动员到的所有沿江民船集中到项镇埠受训。1949年4月，人民解放军发动渡江战役时，分东、西、中三线作战，其中线的渡江范围是东起无为县，南至安庆鸭儿沟，中线指挥部即设在枞阳镇陈氏宗祠内。当时长江北岸今枞阳县境内集结的渡江部队、民兵、船工及支前运输队达20余万人。下午5时，渡江战役开始。全线强大炮火同时射击，各个渡江点万船齐发，直逼南岸。早在3月初，驻守在贵池至大通沿江一带的五十五军，每当听到江北打来的炮弹声响，都胆战心惊，惶惶不可终日，他们知道在强大的解放军面前，再不逃跑必将非死即俘。于是一场全面大溃退开始了。洋桥上，来来往往的国民党军队慌乱奔走；不仅如此，他们还强迫河南咀小渔船和各种船只集中在大通河口一带，扎成浮桥，一河两岸居民门板被强撤下来，铺在浮桥船上，供逃兵通过。

这是洋桥头埂陆爱枝老人家的大门板，曾被国民党军队拆下来搭浮桥。江南解放后，当时只有18岁的陆爱枝和乡亲们欢迎解放军

与此同时，逃跑的国民党军队沿途一路拉夫子。河南咀住在大通街上的高耀堂老渔民，当时已50多岁，他被抓去挑物资一直挑到桐梓山王家宕。一天晚上，在一片兵荒马乱中，趁人不注意，高耀堂跑回了家。还有一个大通街开饭店的李小宝姐夫，叫江龙明，那时18岁，也被拉去做夫差，他后来随国民党军队起义，当了解放军的海军。

1949年4月21日傍晚，日头下山，突然炮声震响，江北渡江大军万炮齐发，轰击南岸据点。晚上9点，三野七兵团二十一军、二十二军、二十四军一部在枞阳镇以下汤沟、桂家坝和老洲头等地渡江部队驾着各种船只强渡成功。登上大同圩、河南咀和大通的部队，打着灯笼、火把，号兵吹着激越的军号，各路大军集结会师，江南解放。

4月22日，为欢迎渡江大军，庆祝大通解放，当地党组织在河南咀操场组织召开了军民联欢大会，并邀请戏班子连唱三天大戏，观众老少咸集，盛况空前。

解放军纪律严明。最令人难忘的是一位解放军战士，从大通渡江到和悦洲买菜，引起群众的欢呼，附近居民鞭炮齐鸣，"未见其人，全街鸣爆欢迎"。

大通港政府

20 世纪 50 年代初，大通区还有一个港政府，其办公室设在河南咀的桥头埂，它是集水上运输、港口、驳渡和渔业等行业在一起的基层组织，存续的时间为 1951—1954 年。第一任主要负责人是杨志泰，通讯员叫张金生。他原是大船帮上的，水性相当不错，他兼带教在水上从事生产劳动的人学游泳。这是新中国成立的新政府组织让人民群众学会游泳，消除不会水而导致的落水事故。说明政府把关心人民群众生命安全作为施政的第一要务。

"铜陵县大通区工农缝纫生产合作社"公章

港政府办公室坐落在河南咀渡口岸上的桥头埂，为两间大草房子。上班时间不定，有事时上班特别早，下班时间晚上八九点钟也有。没事时上班迟点。工作人员除了杨、张外，后来还加入了胡银汉。1953 年，张荣圆、李维能二人从部队复员后也分在港政府工作，两间房间两个人，一人一间。他俩在成家之前均在此处工作住家，后成家才搬走另住他处。

港政府工作事无巨细，有生产经营方面的，有处理民事纠纷的，包括吵嘴打架的调解。1954 年大水之后，河南咀人纷纷重修房屋。高宝殿与高宝书（堂兄弟）家为争屋基，高宝殿年轻气盛，把高宝书的嫂嫂林小菊按到地上打了一顿，林小菊痛哭流涕跑到港政府投诉，杨志泰非常愤怒，命人把高宝殿抓进港政府，一顿训斥，从下午三四点一直关到晚上 9 点多才放回家。那时，港政府是基层一级政府，具有绝对的权威。随着形势的不断发展，港政府人手不够，也不能包揽一切，于是在 1955 年就撤销了。搞大船的单独成立了航运公司，摆渡的成立了驳渡社，河南咀的渔民由初级社发展到高级社直至 1962 年成立大通渔业公社。

历史的发展是持续性的，时事既不是天上掉下来的，也不是跳跃式的，既不能抹去，也不能顾此失彼，避重就轻。而其存在的意义都有其当时的合理性和必然性。在河南咀 20 世纪 20—40 年代出生的人，对港政府都有深刻印象，因为，那是新中国刚成立人们对新生的人民政府最初最美好的印象。港政府，一个抹不去的记忆符号，它的出现结束了历代无政府的历史，标志着新生的人民政府的诞生。

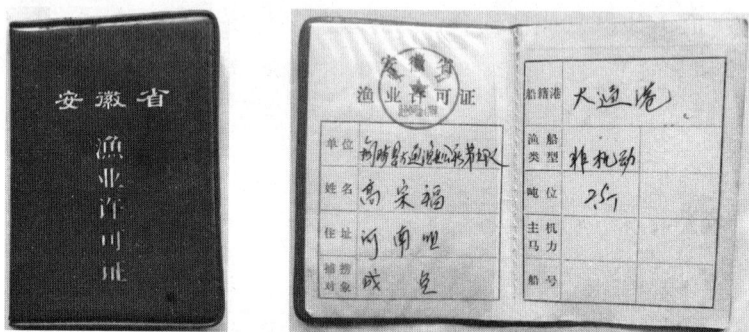

铜陵县大通港政府发放的渔业许可证，持有者为河南咀的渔民高宗福

❱❱ 集体所有制的兴起

自明朝至 1949 年，由于历史的原因，经略青通河 600 多年的河南咀渔民占据了大多数捕鱼水域。河南咀地处四县中枢，又扼守大通河入江口，自古以来军事、经济和交通位置十分重要。而在清末民初来自湖北鄂城的夏、吴、周等大姓挂钩的渔民以及来自湖北黄冈打篙网的渔民被限定在沿江大通夹江一带捕鱼。另一部分江苏苏北人也不能在大通河捕鱼，但可以进入青通河打野鸭、装虾笼、装黄鳝笼子和捕黄鼠狼等，因为这些天上飞的、地下钻的野味，河南咀人根本捕获不了。这一不成文的规定形同王法，不得违抗。直至 1949 年 5 月大通解放。1951—1956 年底，中国共产党在全国范围内组织了对于农业、资本主义工商业和手工业的社会主义改造，生产资料私有制转变为公有制，变资本主义性质的经济成分为社会主义性质。这一阶段属于由新民主主义社会向社会主

义社会过渡的时期。这时，新的生产关系刚刚建立。公有制尚处在摸索阶段。

1951 年，全国大部分农村地区还基本是私有制。但是，在大通地区面对从事渔业生产的渔民，特别是这种几千年的私有制和运行几百年的先入为主、占河为王"渔霸式"收河租的规定和各自为生散乱的捕鱼方式，在新中国党和政府的领导下第一次被改变。自古散漫惯了的渔民特别是世代全家住在一条船上水上漂泊的渔民，不同于居住在土地上的农民，怎么把他们组织起来颇费思量。但有一点是肯定的，不能再让江河成为某一特定人群的专属捕鱼区了，也不能让买卖渔行的商人从中盘剥了。于是破天荒地改私有制为大集体新的生产关系应运而生。1951 年 12 月成立了"铜陵县大通渔民协会"，由于取消了几百年的大通渔行店家，新成立的渔民协会又随即组建了"渔民产销社"。渔民所捕的鱼一律交给产销社，由产销社处理和结算。

1951 年下半年起，活动在青通河和大通长江一带的渔民开始被组织起来，成立了一个渔业大队。河南咀高泽林的小儿子当年出生，起名叫高集体。大集体的负责人是华北人，叫吴慧芝，他是部队的南下干部，主任、副主任分别是河南咀的渔民高光祖和吴春发。由于说不清收河租的款子问题，发现高光祖还涉及占用了收河租的款子。为了正风肃纪，杀一儆百，高光祖坐了牢。

由于渔业大队人口数不足 2000，但为了学习苏联模式搞集体农庄，将那些扳罾的、打网的一律按人头数参加集体。由于高宝书父亲早逝，家里没有主要劳力，其母扳架罾的，也要把鱼交到产销社。当年阴历九月，胡度文和他的一个外甥高韵祖扳船罾，一天把船扳满了，扳了三四千斤黄姑鲳子鱼，由于鱼太多，产销社动员各家男女老少齐上阵，夜里点汽油灯腌鱼。由集体打木桶，买来大缸腌制鱼；或者买来冰，把鱼冻起来，卖到上海、南京等大城市。下半年后，按人头数，也不评工分，集体算账分红。每家分了 1008000 元，1951 年用的是苏联版中国人民银行票子，最大面值 1 万元一张，有 2000 元一张，100 元一张，最小 50 元一张相当于半分钱。那时 1 万元相当于后来的 1 块钱人民币，也就是说各家当年分红分了 108 块钱。那时钱特别值钱，有这个数字也不算少了。

吴慧芝干了一年不到就调走了。此后，渔业大队重新提拔了两位当地渔民，一位是河南咀的渔民张大信任主任，另一位是湖北鄂城老渔民夏光辉的孙子夏紫庭任渔业大队副主任。二人各有分工，一个负责河南咀陆地上的渔民，一个

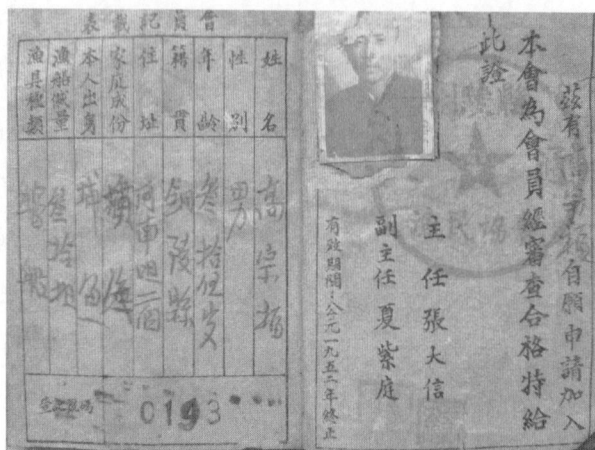

负责居住在渔船上从事水上作业的湖北和江苏渔民。1959 年，夏紫庭大女儿夏小娥嫁给了张大信的侄儿张生道，两个主任成了儿女亲家。

1952—1953 年，广大农村普遍实行互助组。1953 年，在河南咀实行了民主改造。高兴让的大儿子那年出世，起名叫高民改。所谓民主改造，就是把各家的渔具包括大船、小船，各种罾、网交公，做个价，比如一条大船评为 400 元，一条小船评为 200 元，然后得出一个平均分。超出的，由不足户分三年返还。全部还掉后，这些财产等于集体赎买了。

1954—1955 年实行初级合作社，1956—1957 年实行高级合作社。1958 年成立人民公社，同时办公共大食堂、大炼钢铁等运动。这期间，大通街上所有经营水产品的渔行全部关门歇业。

1956 年 4 月大通镇工商界自我改造促进会成立。图为促进会在街头开展宣传活动

这次"民改"具有历史意义。过去，河南咀渔民既可扳船罾，同时也可以划船打网。自从实行改革后规定，抽到大渔船的只能扳船罾，不得打网；抽到小渔船的只能打网，不可以扳船罾。这一规定造成了河南咀的第四生产队一直是打网的；第五、第六生产队只扳船罾而不准打网。

1953年，河南咀由于高家历史上占据了大通河，外来渔民放虾篮和其他捕鱼工具都会被高姓毁坏掉。新中国成立后，人们就敢于揭发这种渔霸蛮横行为，纷纷写纸条子给工作队，工作队召开斗争会，批斗河南咀的渔民高耀堂，工作队问他这事可是他干的，他全部承认都是他干的。这一承认不要紧，按照政策和法律规定，将高耀堂逮捕送到安庆监狱坐牢。在狱中，经过下派人员调查，高耀堂并没有毁坏过任何人的渔具。于是，关了3个月放回家，接受群众监督。不过，高耀堂刚放回家，他的堂弟高玉堂又被押送到安庆监狱，因莫须有的罪名，他被关了1个月即被放回家。

1958年，刚刚成立的集体组织白手起家，要发展经济，没有原始积累，巧妇难为无米之炊。在此情况下，唯一的办法就是向人民群众募集股本金。于是政府号召广大渔民积极投资，成为股民。刚刚解放的渔民，热情高涨，纷纷拿出自己家里的财物交给当时的渔民协会。他们憧憬着新生的人民政府带领广大渔民迈入一个全新的未来，他们很快将告别世代以来那种颠沛流离、朝不保夕的捕鱼生产方式和生活状况。在这样一个指导思想支配下，也由于宣传发动工作做得好，渔民们都争先恐后倾其所有，积极踊跃投资。

高韵祖把家里的金戒指、银项圈，甚至木雕茶几都投进去了。张大智将自己费了九牛二虎之力刚刚打好的新渔船也投资了。不少人把罾、船、渔网都按照成色新旧和质量高低折价投资作为股份，没有船和特别值钱物品的渔民，以自己生产劳动的工分抵股份。较为普遍的是各家把祖传的、自己手中积攒的金银首饰作为投资股本金。担任第六生产队队长的张仲顺将长子张小龙脖子上的银挂件和银脚链子、祖传的一对蜡烛台也交上去了。更有甚者，有人确实没有钱物，只好将家里老家具都投资了，个别人把给老人打的棺材算作投资，居然也作价处理了。颇为搞笑的是，胡度文把家里的一担（两只新木头）粪桶和剥麻的骑木凳也投资了。

为了加大投资宣传的力度，动员发动起来的广大渔民群众高涨热情，当时的领导在大通街上的上街头菜市场（现在的大通老街房管所楼），举办投资展览，展示的物品应有尽有。

投资潮轰轰烈烈掀开高潮，到后来并没有严格按照投入产出给予回报。那些倾其所有的"股民"，到后来并没有成为股东，也没有收益。更为讽刺的是，当年投资的物品在70多年后，有的在那些没有投资的人后代家里出现了，成了别人的财产。而一些一开始投资很少甚至从头到尾没有投资的人，也没有什么损失。

为了让集体社员各家从繁重的烧锅做饭事务中解放出来，提高集体化的劳动生产率，同时也为节约粮食，消灭贫富差别，实现人人平等，1958—1961年河南咀办起了公共食堂。

起初，大家都在公共食堂里吃大锅饭，因为这是一件千年不遇的新鲜事物，几乎每个人都喜笑颜开，还有人编了顺口溜来赞美这件事，"吃饭不要钱，天天像过年"。河南咀3个生产队80多户，500多人，在此之前，各户有粮折子，男劳力每人每月口粮37斤，家庭主妇每人每月口粮25斤，未成年人14~20斤不等，小孩（婴儿）9斤。公共食堂开办后，各生产队把粮本统统收回，由食堂到大通粮站购粮油回来做饭。从各生产队抽人组成了蔬菜队、洗衣队、洗碗队、做饭炒菜队。在大通街崔木匠那里车了一两、二两、半斤和一斤的木端子，用来舀稀饭，印制了一两、二两、半斤和一斤的纸质饭票。先是全部在高鹤联和高宗福的高家大屋里吃大食堂，接着又在相邻的高青松大瓦屋加一大间屋做食堂。蒸饭是大锅烧开水用几层大箥闷子蒸笼围起来，煮粥用4~5口大锅。分配人砍柴砍草，烧柴不够，改为烧煤。打制长柄铁耙子掏煤灰，用扒箩把煤灰抬出去。河南咀食堂负责人是吴春发，也叫吴连长；工作人员有总管理员张生道，工作人员周桂芳（女，枞阳人，张远树之妻）、高明福妻子等6人。打饭时，各家提着带盖木桶，端着脸盆到食堂排队打饭。公共食堂开头还可以一日三餐，稍后早上没有吃的了。由于人太多，自从实行吃饭不要钱，食堂忙不过来，到后来又改为一个生产队一个小食堂。这期间，特别是刚出生的婴儿和少年儿童急需营养，长身体的时候，又恰逢连年饥荒，根本吃不饱。随着公共食堂继续往下办，伙食越吃越差，干饭变成稀粥，稀粥里掺山芋叶子、莴笋皮、菱角菜叶子和柳树叶子等，说是稀饭，几乎看不到米粒。

　　由于粮食紧缺，改打饭为用秤称饭。有一次，高林书把从食堂里打回家的饭放到桌上，家人又用秤核实少了秤，于是全家人吵着要到食堂核秤，补饭。正当家人吵骂时，高林书急了，说："别吵了，别吵了，是我吃了两个饭团子。"

　　提起食堂，人们记忆中的烙印太深。吃食堂时，各家都不开火，人们从早上期待中饭，由于吃不饱，又从下午3点多急切地等待打晚饭。至今仍流传小孩子们口中念叨着的一句口头禅："3点半了，要打饭了!"饿了一天的老的、小的，闻着那种带木桶的饭香热气，能吃上一顿饭是多么大的向往和诱惑?

　　到1960年时，一个人一个月计划口粮只有9斤米，一天只吃两顿，都是稀粥加菜叶子之类，晚上一碗稀饭，一泡尿撒了，肚子就空了，饿得咕咕叫。由于吃食堂只供应寡粥饭，没有菜，领导组织社员和妇女在空地操场种蔬菜，以解决食堂吃菜难问题。有个叫高大羊的青年渔民，实在饿狠了，有一天在操场菜地里偷偷拔了一根萝卜，被逮到，连长吴春发将他罚站了整整半天。有一次，章大姐不知在哪里弄了一根萝卜，带回家给儿子高小鹏一口气吃了下去，胃受了凉，晚上大吐，吃的萝卜和其他食物全吐掉了。章大姐不断地给他捶背，一家人一夜都不能睡觉。还有一天，高小鹏吃了不知从哪里弄来的许多烧熟的野窖瓜，由于肠道里没有一点油水，到解大便时，大便结块，肛门脱落肛肠，任他怎么使劲也解不出，哭得死去活来。幸亏门前河边船上的夏紫庭妻子听到哭喊声，看他痛苦不堪，亲手把他肛门里的大便抠出来。那个年头，吃食堂出了许多问题，上面也有所耳闻。一次，大队派检查团干部来食堂检查。晚上，食堂招待检查团干部，他们在食堂大吃大喝时，把鱼刺和骨头丢在桌下面，渔村里有个叫毛伢的小孩子钻进桌子底下，捡骨头啃。

　　那个年代，几代人都得一种病：营养缺乏症。由于吃不饱，渔民面临饿死人的危险，渔业大队组织各渔民在操场种蔬菜、南瓜和山芋。用这些瓜果、蔬菜掺进稀粥里和一和，用以充饥。1961年，公共食堂柴、米、油奇缺，实在无法办下去了，河南咀食堂撤销，人们又恢复到一家一户烧锅做饭。1961—1962年实行"三自一包，四大自由"。此后，因年景丰收，生活渐渐好转，到1962年迎来了人口生育高峰。

　　1958年，在全国掀起了"大炼钢铁运动"，渔业大队积极响应上面的号召，贯彻执行雷厉风行。9月，渔业大队发动组织了全河南咀第四、第五和第六3个生产队所有劳动力投入"钢铁生产"。在无设备、无技术的情况下，大搞群众运动，土法炼钢。

起初用各家搜集来的坛坛罐罐烧铁，这种异想天开的做法实在不行，接着做泥巴罐子，还是炼不了铁。最后用砖头砌小炉子，家家户户赶制坩锅。没有砖，领导瞄准了高大安家的瓦屋，一声令下，将他家老瓦屋上的砖墙拆了（改用芦席壁子），所有的砖拿去砌小高炉子。没有燃料，就砍树木，把操场上栽的大柳树全部砍倒，送去炼铁。木柴根本不经烧，也炼不了铁，此后四处挖煤、挖矿。至9月底，先是在第四、第五和第六3个生产队分派任务，紧接着每户都要制作一个炉子，有四方形的，也有长方形的，有一种砌起来的叫"花炉子"。由于没有抽烟设备，遇上气压低的天气，带着硫磺、二氧化碳等毒气的浓烟呛得人们窒息难耐，有人昏倒，被抬回家。至10月，河南咀共建成大小炼铁炉80多座。为了交任务，正好吃食堂，不需要自家烧锅，每家只留一口铁锅，其余任何铁器都拿出来炼钢铁。矿石是用小渔船从扫把沟装运回来的，煤炭是生产队组织劳力在20多公里外的新建十里牌挑回来的。没有引火种，有的积极分子把家里祖传的桌椅老家具砸碎，做点火柴。一时间，在河南咀小渔村从河口嘴头到上个墩头，沿河岸一线全都是小高炉，炼铁时烟雾腾腾，遮天蔽日，昔日灵秀的小渔村一时笼罩在一片乌烟瘴气中。

实行集体化后，渔民被组织起来从事渔业生产

由于不尊重科学，千辛万苦炼出来的钢铁，其实就是矿渣、煤渣的结合物，全是废品。送到大通小轮码头再转运到铜陵县，最后都倒掉了。1961年，河南咀渔民炼钢铁不到一年遂告结束。

➤ 扫除文盲

世代捕鱼的河南咀渔民脑海里有着根深蒂固的"渔樵耕读"观念，又受孔孟传统思想影响，向来崇尚读书向学。到 1950 年，河南咀 300 多人中，读过私塾识字的有 60 多人，约占总人数的 1/5，远比农村识字人口为多。当时的老一辈如张静山、张印山、张东山、张大智和张大信兄弟 5 人，少年时全上过私塾，张静山和张大智熟读《三国志》。高青松和高年松兄弟俩的祖父高兴国曾是清朝三考三中的秀才，他家曾办过学堂。开明绅士高耀堂和堂兄弟高鹤年、高银波、高玉堂等都在清末或民国上了私塾，他们的子孙达到入学破蒙年龄时，如果没有特殊情况，基本上都送入学堂念书。高耀堂的长子高宗福生于 1918 年，从 9 岁念到 14 岁，读私塾时开头是老师教学生背《三字经》《百家姓》，然后开讲毛边纸印刷的《左传》《资治通鉴》等。中墩子的高福庭、吴殿荣、吴邦能、吴春发和吴家泰等这些辈分不同、年龄不同的老乡，都先后读过书。在河南咀开木行的姚志祥、姚大强和姚独生三兄弟自小都受过良好的教育，姚志祥终身当会计。出生于 1931 年的高宗渊，又名高大羊，曾读过 10 年私塾。新中国成立时，他已是腹有诗书的大小伙子了。上个墩的高根祖、高学武在大通街读过书，他们与大通街上绅士胡觉初的儿子胡作西还是同学。高余庆、张贤能（张远树）、吴大金等都念了小学。此外，吴满堂（老三）和吴邦富（老四）也读过几年私塾。总之，这是一个尊师重教并且充满书香气的小村落。但是，除了这些仅仅是认得一些字并无多少学养的佼佼者外，不识字的人仍占绝大多数。这些文盲渔民连自己的姓名都不认得，更不会写，不认得常用渔具名称，不会日常记事，听不懂上面政策。为此，在国家推行扫除文盲运动中，1951 年刚刚成立的"大通渔民协会"雷厉风行，选派有文化的人担任识字教员。1951 年起，河南咀选派能写会算的高宗福到铜陵县教师培训班学习了一个月，回来后由"大通镇人民政府民办学校"颁发聘书，聘书上盖有校长查前富、教导主任佘延庆两人的印章。首期扫盲班从 1951 年下半年起开班，这在全国也是遥遥领先的。因为参加识字的人白天都要做事，一律利用晚上休息时间，故称为夜校。上课一般从每天吃过晚饭后的 6—7 点上到 9 点，两三个小时。地点开头在大屋的居民家里，点汽油灯，后来主要在河南咀小学。参加扫盲的多为出生于 20 世纪三四十年代的年轻人，像高长青、高传道、高帮本、高明福、高明元、高财喜、高宗文等 30 多人。扫盲班冬天时间短些，大热天太热也休息，去不去由学员自愿，不强求。根据不同的年龄，扫盲班在 1958—1959 年继续办，地点在河南咀小学，上课时间仍然为夜校，只不过老师改为公办教师，如郎国和、许建荣（外号许大巴）等。此外，60 年代初，又动员 50 年代初出生的文盲上夜校，虽然时间不长，但使不少从未上过学的女子识得了字，掌握了基本的常用字。总之，文盲人口的减少不仅提高了渔民及其子女的文化素养和认知能力，还为参加生产劳动和后来的招工进城提供了宝贵的人才储备。

》 妇产院

1959—1960 年间，为了关爱妇女儿童身体健康，在上级的统一要求下，河南咀积极响应，立马行动，创建了一个妇产医院。说是妇产院，并不是政府拨款专门建造，而是"一平二调"，其实就是把渔民吴邦富、张顺娣夫妇倾其所有建造的三间瓦房作为妇产院，此屋约 60 平方米，简约的徽派建筑风格，白墙黑瓦，屋顶四角有防火墙翘檐。当时，吴邦富全家不得不无条件服从决定，把一些必需的家具搬到本渔村三四百米外与一户孤女寡母（孬子小莲子家）合住（后又将小莲和其母迁到操场一间临时搭建的茅草棚子里）。吴邦富一家住在正房里，5 口人睡一张床。吴邦富当时 39 岁，张顺娣 31 岁，长子吴家荣 12 岁，女儿吴桂枝 8 岁，幼子毛伢子（吴家祥）4 岁，当地干部把吴家三间瓦屋进行清扫整理，堂心和两边隔墙上挂满了接生的宣传画。两边房间做接生室。动员妇女到妇产院接受教育后，再到那里生小孩。那时，大通街上有正规的医院，河南咀离大通街毕竟有一河之隔，如果生小孩遇到发山洪和天气状况差时往返非常不便，于是从大通街请来了白奶奶指导高大羊（高宗渊）的妻子汪义英（江北老洲头人）接生。汪义英学会了接生后，白奶奶就基本上不再来河南咀接生了。

说是妇产院，其实平时没有人在那里办公，前后门只虚掩着，也不上锁。附近的大人小孩只要想进去看看宣传画，随时可以进出。有时候，年龄稍大的少年跑进去，看见那些产妇生小孩的图片，自然产生一种害羞感，会立即退出来。

1960 年，由于经济状况差，老百姓营养不良，出生的人口相对较少。据统计，当时在河南咀 500 多人中，由于饥饿造成了出生率锐减，当年（鼠年）整个 500 多人的河南咀渔村，相当于农村的一个大队，出生人数不到 5 人。（实际上自 1949 年以来，中国先后经历了 1950—1958 年、1962—1975 年和 1981—1997 年三次"婴儿潮"。其中最大的一次是 1962 年开始的波峰。）

那时，在命令风盛行时期，吴邦富敢怒不敢言，妻子张顺娣（也是河南咀人）无论如何也不能接受这个现实。她为筹建这个瓦房"八年没有添一件新衣，没吃过一顿好饭"，1957 年开始做屋时，她和丈夫吴邦富划船到河南咀庙嘴头装瓦片子和碎石头，用于砖墙装斗，双手指都抓烂了，一共装了 30 船。终于做起了一幢三间的大瓦屋。她本来就患病，身体差，又没吃的，一怄气便一病不起，送到铜陵县人民医院医治，却终于无力回天，终年 33 岁。长子吴家荣在身边送终，吴家祥年幼，长大后都不记得其母面容。据老人们说，吴邦富对妻子感情十分深厚，妻子出殡那天，吴邦富悲不能抑，靠着长子吴家荣搀扶才完成了葬礼。从此，吴邦富拖儿带女，这一拖就是一生，带着对亡妻深切的爱，此后再也未娶。

妇产院存续时间不到两年，真正去那里接受接生的妇女很少，多数产妇还是愿意请接生婆上门接生。

❯❯ 防治血吸虫病

新中国成立初，河南咀有个吴贞寿（又名二亨子）的渔民，他在 30 多岁时就得了一种叫水鼓胀的大肚子病，非常痛苦，死时才 40 多岁，丢下年轻的妻子和一女两儿。当时，由于医疗和科学落后，人们不知道这个是血吸虫病，得上这个病的人，怪命不好，自认倒霉。其实，血吸虫病在中国流行了 2000 多年，曾遍布我国长江流域及其以南的十几个省、区、市，受威胁人口达 1 亿以上。一旦感染，大多数患者被折磨得骨瘦如柴，严重的更是丧失劳动能力；晚期腹大如鼓，不治身亡。河南咀地处长江、皖江流域，青通河通长江，沿河湖一带都是血吸虫的宿主钉螺滋生和繁殖的重地，因而也是血吸虫病的重灾区。为了打赢消灭血吸虫的人民战争，政府广泛发动，人人参与，除成人外，大通小学高年级的学生都被组织起来，去大通小学附近的木材公司后边的水塘滩涂上捡钉螺。每个学生用一根剖开1/4的竹筷，中间夹一块竹片，将尖部张开，类似一把钳夹子，用于夹钉螺。

每年清明后乡镇群众都要到大通老镇以上湖滩灭螺。特别是在牛脚印的水凼里，往往一窝有十几颗钉螺，都是血吸虫产卵繁殖的温床。而大规模的灭螺作战，就是用"五六酚钠"化学药粉铺天盖地地撒向疫区湖滩、水塘里。药力发作，滩涂和水下很快漂起各种鱼类、乌龟、老鳖、黄鳝，还有许多死亡的螺蛳、河蚌等水产品。纵观灭螺工作，自20世纪50—70年代末，不同规模的活动一直未停顿过。

1959年，大通血防机构通过筛查，河南咀有许多人查出得了血吸虫病。那时和悦洲有许多房子，政府将一幢二层楼改为血吸虫医院，内设若干病房。通河两岸的血吸虫患者都在那里接受医治和住院。河南咀一位叫方官印（高宝书的母亲）的妇女，就是在那里治疗血吸虫病的。当时治疗手段是打针剂，一般住两周左右。20世纪60年代后，大通专门设立了大通血防站，国家从山东派来了医疗队，医生有于春圃、许维加、张生龙和丁秀芬夫妇等。他们都是抗日战争和解放战争中的军医，在血防战线上"献了青春献终身"，有的人甚至"献了终身献子孙"。他们堪称是"最可爱的人"。此后又从上海和其他大城市医院调来一些血防医生到大通血防站，其中上海的女医生尤医生从年轻时就分配在大通血防站，一直工作到退休，并定居铜陵。

治疗血吸虫病，起初是让患者吃麻油掺的药剂。1964年高家振得了血吸虫病，他去大通血防站一次喝13毫升药，但副作用也大。20世纪60年代中期，在大通血防站接受治疗的有好几批河南咀老中青少年，最有名的是上个墩的高宝根，属羊，小名叫小羊子，他当时二十三四岁，且已成家立业，但因血吸虫病中晚期，不得不去铜陵县医院开刀切除脾块。他治病不但全由国家报销，他家的生活费也全由他所在的第五生产队负担。正因为"医食无忧"，大热天，他一边安心疗养，一边还和门口的青少年下军旗，忙得不亦乐乎。还有中墩子的高家胜，外号叫老鸦（wā）子，1951年生人，他也是血吸虫病晚期，人瘦得皮包骨，但却挺个大肚子，乡人称他"水鼓胀"。他也是拿掉了脾块，经过治疗，身体恢复。1971年娶了江北六百丈的方稻香为妻，婚后一连生了四个女儿。

到了20世纪70年代初，河南咀有一大批十几和二十几岁的青少年都在"便检"中发现得了血吸虫病。高家道、高传喜、高小鹏、高传树、张龙珠、吴小强等几十人分期分批在大通血防站住院治疗。他们不准回家，特别是夜里必须睡在病床上，因为夜间要量体温、吃药。当时吃的药叫吡喹酮药片，效果好，但人吃过药后，不能剧烈运动，有传说：有个大学生吃药走路一脚踩到西瓜皮上跌倒了，就不治身亡。那时吃的药，先是从德国进口的，后来我们国家也能生产，所以均为国产的了。据说此药对肝脏也有伤害，血防站医生严格要求病号日夜住院，外出或回家要由医生批准。而负责每个病员的医生都反复叮嘱告诫患者要注意生活饮食方面的调养，注意清淡饮食，避免吃生冷、油腻、辛辣刺激的食品，绝对不能喝酒，加强营养并多休息。70年代，有个从南京军医支援大通血防工作的青年女医生张洁，她工作兢兢业业，一丝不苟，对患者既热情又严厉。河南咀所有（估计上百人）得过血吸虫病的人，全部都由国家免费治疗，其中有的人得了治，治了得，接二连三治。仅渔业公社6个生产队1800多人，其中主要在内河从事捕鱼的第三生产队90%以上的人都得了血吸虫病，甫三石最终因血吸虫病晚期不治身亡。尽管得过血吸虫病的患者都受过全程治疗，但绝大多数其后遗症肝肿大却是终身的。所以，对付血吸虫这个怪物，最好的办法是防治。

防治血吸虫病，如果不是在党的领导下的社会主义制度的优越性，那后果将不堪设想。六七十年代，由于大通长江及青通河流域都是血吸虫疫区，得血吸虫病的人太多，大通中心血防站收治不了许多患者，为此，国家又在董店的西垅设立了血防分医院，由得力能干的许维加担任负责人，又从上面调来一些医生，解决了医疗力量不足的问题。

治疗血吸虫病，从来都是免费的，这是社会主义制度优越性的极大彰显。党和政府为防治血吸虫投入了大量的人力、物力、财力，取得的成就无疑是巨大的，举世公认的。但从科学的角度看，血吸虫是消灭不了的。即使得过血吸虫病的人接受过治疗，如不注意防护，得第二次、第三次及反复得多次的大有人在。因此，防治血吸虫病，重点在"防"字。这就要求在疫区开展消灭钉螺，并强化个人防范意识，加强有效防护措施，远离血吸虫这个"瘟神"。

大通血防站

» 大通渔业公社及河南咀鼎盛期

河南咀地处青通河与鹊江交汇处，咀上的渔民世代以捕鱼为生。大通这片水域是天然捕鱼的好地方，游散在江河上的湖北渔民和江苏渔民也纷纷来此捕鱼讨生话，直到新中国成立，他们只能捕浑水鱼，不得捕清水鱼，即只能在长江捕鱼，内河不准过洋桥，刚解放单干期间仍是如此。

1951 年，河南咀渔民被组织起来搞大集体，成立了临时组织港政府和"铜陵县大通渔民协会"。根据渔业资源和渔民专长，对生产方式进行划分，编成 6 个生产队。当时的顺口溜"一队钩，二队网，三队打枪（野禽）黄鳝篮（笼），四队专打蟹子网，五队、六队扳罾船"。

1953 年，河南咀渔民实行互助组形式的合作化运动，建立初级形式的渔业合作社，这时仍然是自产自销；1956 年由高级社取代了初级社。这个时期，由于合作化运动不断升级，全国纷纷建立人民公社代替了合作化。1958 年大通渔业大队成立，渔业大队由个体经济转变到了集体所有制经济，主任是河南咀的张大信，副主任是落户而来的湖北鄂城渔民夏紫庭，后期还有书记李大海。这个时候，河南咀渔民和湖北渔民、江苏渔民才结成一个统一的渔业生产集体。大队有 6 个生产队，湖北渔民较多，分为一队和二队，捕鱼方式主要以挂钩和撑篙网为主，江苏渔民较少，为一个队，命名为三队，捕鱼方式以放丝网和扳绞罾为主。第一、第二、第三生产队为水上连家渔船。居住在陆地上的河南咀本地渔民最多，分为3个生产队，四队以手撒网和打蟹网为主，五、六两队以扳船罾（铲罾）为主。又经过几年的发展，全国各地农村已普遍建立人民公社，由于专门捕鱼的渔民较少，又比较分散，很难形成公社这样规模庞大的集体。为了发展渔业生产，从1961年起筹备到1962年，在铜陵县委、县政府的支持和关心下，大通渔业公社正式成立，考虑到渔民的特点，下设仍然是6个生产队，没有大队，即有别于其他人民公社的"三级所有，队为基础"，这无疑是一个创举。大通渔业公社虽然集体规模不大，但级别等同于其他人民公社，并且是安徽省唯一一个专门以捕鱼作为生产的行政组织——铜陵县大通渔业人民公社。大通街上街头，办公地址及办公楼是解放前无主的原染坊两层楼里，面积200多平方米，后面院子内还有干部居家、公用厕所等建筑。（此楼在20世纪80年代拆了重建）

大通渔业公社第一任书记唐英（同时一道带来阮德斌、廖红喜和佘姓工作人员）；继任书记盛贻甫，之后有多任书记，他们分别是邢云科、刘宏魁、杨明高（主任章玉卿、霍道根）、孙运宽（主任李斌）、唐司贵、佘贻谋、叶松和汤先友等先后十任书记，其中杨明高还任了两届书记（调离后又调回）。

在20多年的大通渔业公社存续期间，渔民所生产出来的水产资源的产值达到了有史以来的最好成绩，渔民的生活水平大幅度提高。

20世纪六七十年代，只要是发大水的年份，河南咀渔业生产的产值还是比较可观的，渔民收入创造了历史最高值，达到了河南咀有史以来的最好时期。

因大同圩的出现，新中国成立以后，河南咀缩小至不到百亩面积，这块弹丸之地除了较大的操场和鱼花塘，仅仅在靠青通河岸边的一条狭长地带居住着近200户人家，1958年河南咀人口只有500多人，但到60年代中后期至70年代初，我国出现第二次人口出生高峰期，人口大幅度增长，这期间河南咀人口迅速增长，小小的渔村人口最多时达806人。原本操场很少有人居住，由于人口增多，张生道、高财喜两家捷足先登，在操场选择靠近河南咀小学边建房落户。后有张生树、高传树、高跃进、高国庆等纷纷来到操场盖房居住。人口增加，相应地捕鱼最主要的工具渔船也随之增加，3个生产队拥有的船只最多时达76条。

这期间养鱼、捕鱼很兴旺。每年上半年5、6月在长江装鱼花，早期一季鱼花下来，拥有最高工分的社员能获得800多元的收入。当时有单位在渔业公社招工，招工人数摊派到每个生产队，很少有人愿意去，因为单位工资低，不能养家糊口，还不如在家从事渔业生产。像高松茂（高家隆）、高顺林、高学武等被招工去开挖铜陵市黑沙河，干了两个月都跑回家。特别是每年下半年9—11月的青通河内鱼汛，是河南咀渔民最期盼的捕鱼旺季，也是渔民一年中最主要的经济来源。四队打蟹网，五、六两队扳铲罾，当时渔民每天捕到的鱼和蟹都统一归大通水厂公司收购，每次收购时给每条船开一张发票作为凭据，一季鱼汛下来，把所有的票据交给3个队的总会计高成俊，由他到银行兑钱，年终根据工分多少获得报酬。鱼汛过后，打散网、扳散罾，捕到的鱼由生产队统一抽勾平均分配，每家分到的鱼由自己支配。

由于渔民收入丰厚，河南咀第四、第五、第六3个生产队社员及其家庭成员在医院看病不要钱，记个账，实报实销。

每年夏季，铁板洲瓜农用船装满一船船香瓜、西瓜和菜瓜卖给河南咀3个生产队。生产队分发给各家各户。

除了养鱼和捕鱼，当时河南咀渔民还有一项收入，在淡季很闲的时候，每个生产队以队为单位外出找副业，由队长联系业务，全队劳力集体出动。如第四生产队在队长高帮本带领下到铜陵县搬运站和大通搬运站码头卸石子和盐包；第五生产队在队长张生道带领下到铜陵市磷肥厂去做工；第六生产队全体社员在高玉庆带领下，到青阳童埠黄沙站装卸黄沙，去西湖乡帮助当地农民在鱼塘中起鱼。3个生产队出门挖土方是常有的事，有一次第四队在鸡冠山挖土方，社员吴山羊被一块土方压倒，幸好没有性命之忧，但大腿给压折了，大腿上了钢筋，后来被分配专门摆渡，每天摆渡的钱交给生产队，他本人仍然享有一个劳动力最高工分10分的待遇。

河南咀每个社员的收入都在年终结算，平时生产队都预发工资，保证每户的正常生活和开销，年终结算时，除去预发的工资和生产队平时应有的开支及提成，每户都还能获得一笔非常可观的收入。

根据 1982 年大通渔业公社统计，总计 349 户，1597 人，其中男 778 人，女 819 人；高中 37 人，初中 229 人，小学 459 人。

第一生产队：72 户，320 人，男 168 人，女 152 人；（钩船）

第二生产队：64 户，354 人，男 181 人，女 173 人；（网船）

第三生产队：27 户，143 人，男 71 人，女 72 人；（枪船缴罾）

以上第一、第二、第三生产队为连家渔船，基本上常年漂泊江河水上。

第四生产队：58 户，248 人，男 114 人，女 134 人；（蟹子网、装鱼花）

第五生产队：61 户，257 人，男 114 人，女 143 人；（罾船、装鱼花）

第六生产队：57 户，255 人，男 118 人，女 137 人；（罾船、装鱼花）

第四、第五、第六 3 个生产队为河南咀渔民，定居陆地，捕鱼时上船。

此外，尚有渔业居民户 10 户，20 人，男 12 人，女 8 人。

上述人口统计，不含此前招工、招干、招生、转出户口社员，而这些历年走出去的青年，正是各生产队精英部分，他们身体好，文化程度高。

查阅市民政局调查汇报可知，虽然此时的"渔业公社办事机构在大通镇上街头，人口 354 户、1847 人，一是两个生产联队，分 4 个生产队；二是水上联队，分 5 个生产队。现有水面 4130 亩，3 个社直单位（学校、渔机厂、养殖场）"。但已显现诸多矛盾，生产无着落，经济凋敝，社员生活贫穷。一切都是最好的安排，这一历史性改变发生在 1984 年 7 月 16 日，铜陵市人民政府给铜陵县人民政府下文《关于撤销大通渔业公社建制的批复》。"根据中央和国务院的有关规定，会议研究同意，撤销大通渔业公社建制，并入大通镇。"从此，大通渔业公社自 1962 年成立，历时 22 年结束。纵观河南咀的发展史，虽然曾经有过辉煌，但在人民公社期间，仅河南咀就有 800 多人口和 70 多条渔船，在这弹丸之地有如此多的人数和船只已是历史的一个奇迹。

由于历史的原因，河南咀人没有土地、山场，也没有专属自己的湖泊，有的是未知有多少鱼的江河水域捕鱼权益。20 世纪 60 年代中后期到 70 年代初，捕鱼是渔民的主要生产方式，鱼汛期间不分昼夜地劳作，获得一年中家庭的主要收入。养鱼是新中国成立后出现的一种新型规模的生产方式，不仅大大增加了渔民劳动收入，还增强了渔民收入的稳定性。淡季空闲时期集体外出找副业——多重劳动方式不仅表现出河南咀人的灵活圆通，还表现了河南咀人不怕苦、不怕累、勤劳、勇敢、坚强的一面，它们带给河南咀人较高的收入，远远高于附近大同圩的农民，甚至在相当长一段时期超过大通街道的居民，还出现过看病不要钱、上学不要钱的辉煌，这些都成为河南咀的骄傲。

原大通渔业公社办公楼

陆地上的3个渔业生产队

河南咀小渔村，整个墩子土地面积不过70多亩。六七十年代鼎盛时人口统计有862人，135户，自北（底下）向南（高上）居住，大致为第四、第五、第六3个生产队，其间也有少量混居其中的其他生产队住户。从事捕鱼的渔民分为3个作业单位。与全国当时所实行的人民公社"三级所有，队为基础"体制所不同的是，大通渔业公社下辖1~6个生产队，中间没有大队。第一、第二、第三3个生产队均是连家渔船，他们分别来自湖北和江苏，只有河南咀第四、第五、第六3个生产队的渔民既有岸上住宅，又有水上渔船，且世代居住在鹊江南岸和青通河口西岸。60年代，包括前期的炼钢铁和吃食堂，这3个生产队办公都集中在一间大草屋里，1962年以后才分开。在生产方式上，除了装鱼花和养鱼苗是相同的外，渔业公社成立后，这 3 个生产队捕鱼方式为打网扳罾。以下仅以 20 世纪七八十年代初的历史阶段，统计并反映当时渔业生产及劳动力状况。

第四生产队共有 40 多户，其劳力专门从事打网，包括打蟹子网，捕捞活动水域主要是青通河，有时去外江。蟹子网的位置，自北向南分别是桥口埂、金家墩（老桥口）、大士阁、长安（百面佛）、五神堂、小河口、三段（鸡冠山）、二段（吊罐山）、头段（三县圩）、三湾、上中寨等。鱼汛季节，四队渔民抽签定位置，抽到什么地段，就在那里抛蟹子网，在河东西两岸分别固定渔船，上水下来的鱼见到蟹子网阻挡就会往两岸边游去，渔民在此以逸待劳，守网待鱼。当然，由于各个位置鱼的多少差距太大，抽到的位置一天换一次，每组蟹子网船依次向上挪一个位置，尽可能平衡一些，做到利益均沾。四队住家和主要劳力从洋桥往上墩数，分别有李祖福、李祖兵（小鸭）（招工县搬运公司）；高财喜；高明福、高明元；高长根与其子高宗玉、高景水（后到大通搬运站）、高景余（后到大通搬运站）；吴家贵与其子吴小强（后招工进池钢厂）；高兴让与其子高民改（后招工到笪箕涝铁矿）；高帮本、高松本（后到大通搬运站）；李维开与其子李宗信（当木匠）；何松林与其子何祖德；张荣源（后转为国家干部）；周小凡（后到大通搬运站）；高根林与其子高传道、高集体（后到铜陵县笪箕涝铁矿）；鲍阿老；高小万；张大智与其子张生瑞（后到大通搬运站）、张生树（后到铜陵县笪箕涝铁矿）；吴进义；高宜鼎与其子高传喜（后招工到铜陵县笪箕涝铁矿）；高冬宝（1951 年参军退伍到海南岛后招工到县轧花厂）、高春宝（1965 年招工县车队当驾驶员）；高松远；高春山与其子高舟龙、高腊宝、高五宝；余文喜（五保户）；吴新文与其子吴小安（后到笪箕涝矿工作）、吴小发（后到大通搬运站）；高家隆（后到池州钢铁厂当厨师）；黄山元与其子黄日华，小名小黑（后到大通搬运站）；吴家富及其子；吴建华（后招工到县轧花厂）；高荣福；吴荣奎与其子吴宗阳、吴宗开、吴宗庆、吴宗德（后招工到笪箕涝铁矿又返乡）、吴宗龙（后招工进县轻机厂）；吴玉奎及其子吴山羊；高宗良及其子高家财（后到池钢厂）、高家龙（又叫小家龙，后到五七干校）；等等。

其中李维开、高兴让、高帮本、李祖福、何祖德、高传道担任过生产队队长，他们个个都是基层厉害的人物。其中李祖福"文化大革命"中还被吸收到公社革委会领导班子中。渔民高根林经常活跃在生产队做鱼花缏的裁量接补的场合，他还擅长竹艺，一棵棵粗大的毛竹经过篾刀劈削变成一根根细小的竹篾，竹篾在手里上下翻飞，变成了一幅幅图案和一只只造型优美的竹编艺术品，令人赞叹不已。河南咀的不少渔民都长于竹艺，主要以毛竹、水竹等为原料，编织讲究、织工细腻、具有色泽光亮等特点。高泽林（五队）和高根林还是渔村龙灯技艺传承人，他们是扎制龙灯的高人，高泽林擅长扎龙头，高根林擅长扎龙尾，高泽林还是龙灯锣鼓技艺传承人，后来将龙灯扎制技艺和锣鼓技艺都传给高传道。更重要的是高传道继承前辈的衣钵，丰富和发展了渔村龙文化，他是河南咀最后几十年的龙舟掌艄人、龙灯技艺传承人，还是锣鼓技艺最后一代传人。民间说书艺人张大智，虽为渔民，但好读书，博文强记，过目不忘，记忆力超群，精通古典小说，几十年为乡亲们说书，不求任何回报。吴玉奎，旧社会帮人打过官司，能说会道，一手毛笔字功力颇深，经常给村里人家孩子出生取名字。高宗良，身材高大，嘴一张，手一把，能说能干，吃苦耐劳。在20世纪60年代，凭借自己的本事，捕鱼挣钱，硬是做了三间大瓦屋。河南咀人吴少庭有顺口溜评价："宗良本事高，不及平喜一桨敲。"说明在小渔村，强中自有强中手。佘文喜，孑然一身，瘦小干瘪，长年身体不好，不与人打交道，平时节俭、放贷，乡人斥为"吝啬鬼"。张荣源，外乡人，20来岁参军，退伍后被公社招干，后升为渔业公社武装部部长，又调动到县砂石厂当领导。其妻早年病故，他续弦小姨子。得益于当兵，其人爱干净、爱锻炼身体，晚年健康，寿高至90多岁。当时四队不少年轻人，先是在河南咀捕鱼，后来纷纷被工矿商贸企业招工，彻底离开了小渔村。

第五生产队以扳船罾为主，从河南咀居住由北往南数，分别是高家林与其子高新明（后招工到池州钢铁厂）；高平喜与其子高顺根（招工到池州钢铁厂）、高家根（后招工进筲箕涝铁矿又回家）；高荣坤与其子高宗文、高宗庆（裁缝）、高宗胜（后到筲箕涝矿工作，早逝）、高宗年（后招工进县轧花厂）；高松发；吴满堂与其子吴长生（后到大通搬运站）；高达五（五长辈）；高宝发；杨德甫（摆河、炸米为主）；高德喜与其子高家魁（后招工进县五交化）；高泽林与其子高志怀（后招工进大通船队）；高家泰与其子高大兆（后招工进长航）；高顺林与其子高传宝（后招工进县搬运公司）；张大信（公社主任）与其子张生斌（招工池州车队后提干）；高宝林与其子高家春（后招工进长航）；吴殿荣与其子吴道宏（后招工到县供销社）；吴邦能与其子吴家赖（队会计）、吴四根（后招工进长江航运公司）、吴五根（后招工到县房产公司）；吴东海（后招工进淮北煤矿）；高友达；高福庭；高宗宜（住在大通街）与其子高成俊（队会计、公社茶林厂厂长、渔业机械厂厂长，后调入大通钢铁厂工作）、高家荣（后招工进县交通局）；高大安与其子高家祥（后招工到县轧花厂）、高家盛、高家保（后招工到池钢厂）、高家正；吴政荣（三一）与其子吴家泰（理发）、吴家勤（后招工到县供销社）；高青松与其子高长命（招工至铜官山矿，因病回家）、高菊甫（后招工到县供销社）、高满甫；高年松；高玉堂；高宝元（队专职会计）与其子高家龙（大家龙）；高宗魁（招工至铜矿山）、高宝书；高兆祥与其子高根宝、高宗宝（后招工到大通搬运站）；张生道（后到大通钢铁厂，工作到退休）、张生和（后招工到铜陵县搬运站）；高玉堂；高柳青；高维发及其子高小羊；高国玉（后招工进县五七干校）等。缪红喜原为 3 个队会计，1964 年入伍，后退伍为国家干部。

五队 45 户，300 多人。五队资历最深的是张大信。20 世纪 50 年代初，20 多岁的张大信就因为头脑灵活、办事稳妥被组织选中，担任渔业大队主任，威信高、能力强。后一直担任高级社直至渔业公社主任，直到渔业公社撤销并入大通镇退休，他是真正的渔民干部。他一生的历史，折射出新中国成立前后河南咀包括渔业公社的历史。

在五队担任过队长的有高家林、高明羊、高德喜、高松发、高根宝和高宗文等。

五队也是人才济济。最大的渔船是吴家泰（吴理发）家的，船载 3 吨（一般的渔船只有 2 吨左右载重量）。最有力气的是高平喜，他长相酷似小人画片中的关公，常年脸色红润，气度不凡，年轻时身强体壮，力气过人。高荣坤家建在庙嘴头，是一座典型的徽派民居，60 年代曾短暂安排给庙嘴头挑沙的劳改犯居住。他家人丁兴旺，孩子多，最后基本上都招工进城了。吴满堂，忠厚老实，内向胆小，从不多事。高泽林，兄弟四人，他是老大，性格厚重沉稳，话不多，据说会武功，尤其是板凳武术，但不轻易表现。他还擅长竹艺和打鱼篮子捕鱼。高泽林二弟高根林住在四队。老三高家泰专注于家庭生计，胆小。老四高顺林，相貌堂堂，膀阔腰圆，性格直率，脾气特别大，生气时九头牛也无法令其转弯，其妻却贤淑沉静，知书达理，长相端庄秀丽。子女不但长相姣好，而且多成才。高宝林是六队高鹤年的次子，过继给本村弟兄家。他长相修长，待人谦卑，是河南咀最会捕鱼的人，绰号"鱼老哇子"。他有一双鹰一般的眼睛，扫一眼，便知道此处有没有鱼。别人捕到鱼，他一定捕得更多；别人捕不到鱼，他也能捕到鱼。他往往是满载而归，从未空手而返。吴家赖，一个命运多舛的人。原给生产队当会计，为人谨慎小心，对人诚恳，但因年轻时不会识人，受连累而入狱，给自己和家庭带来了巨大灾祸。高青松，清瘦单薄，晚清举人高兴国的穷孙子。虽为渔民，但他文绉绉的，从来不急不躁，仿佛天塌下来都与他无关。其祖父高兴国三次考中秀才，三次辞归渔乡，做他的一介书生和乡野隐士。高青松长子叫高长命，招工在铜矿山，后因工作场所噪声导致他精神失常而返家，妻子离他而去。长命精神病发作时，常谩骂村中发小同伴，捏着粉笔头在地上和墙壁上写"马无野草不发，人无横财不富"之类的句子。老父母去世后，两个弟弟供养他，长命虽贫困，但却活到80多岁，倒是印证了其姓名的寓意。二子高菊甫后招工到县供销社，三子高满甫在渔业公社机轮上当驾驶员。高年松，乃高青松同胞之弟，与人为善，与世无争。高宝元（高鹤年的长子。）他虽是渔家出身，但读了几年书，有文化，长期担任3个生产队的会计。他还会绘画，曾在高家大屋的墙上画画，题签"养捕并举"。巨幅画面上，渔民在拿着捞兜舀鱼苗，十分传神。其长子高家龙破蒙很迟，读书不上心，老是留级。乡人不免笑道："大家龙读书，一年级万万岁！"高兆祥，五短身材，敦实厚重，为人刚烈，年轻时力大无比。乡人传言他喜好喝活黄鳝血，身体强壮，长力气。其长子高根宝，身材不高，但聪明过人，文学、数学、口才和写作在乡间都出类拔萃。高根宝与张生道及六队吴家和被并称为河南咀的"刘关张"。高根宝中年后被公社抽调到白浪湖渔圩工作，50多岁时承包白浪湖鱼圩，管理有方，80年代即成为"万元户"。高宝书，虽为渔民而颇有文化，妻早逝，续弦，后家道中落。高柳青，兄弟五人，排行老二，身材高大魁梧，中年因划船装石头船沉妻亡。其一孙乃清华大学高才生毕业。高维发，早生白发，乡人称"老白毛"，住河南咀上个墩。据说年轻时尚武，身手灵活敏捷，一人能打几个人。平日里喜好喝点酒，与继子高保根（高小羊）共同搞一条渔船。次子高国玉，后招工到县五七干校工作。高维发在"文化大革命"时期有人揭发他当过土匪被批斗，其实无中生有,后虽平反但身心遭受巨大打击。

第六生产队也是以扳船罾为主,为河南咀 3 个渔业生产队中人口和户数最多的一个生产队。人口将近 400 人,户数 70 多户。六队居住比较集中,以高家大屋(大食堂)往上个墩到头一带主要有吴春发;吴家和;高宗福与其子高家振、高方青(后招工到县五七干校);高宗祖及其子高家助(后招工到县五七干校);高家虎(后招工离乡);高鹤年与其子高宝殿、高宝安、高宝顺(后招工到县供销社);高银波与其子高宝根;李伯喜;余贻家与其子余世坤(后到大通搬运站);张静山与其长子张仲顺子及孙张恒(又名张小龙,后招工到县筲箕涝铁矿和安徽劳动大学,毕业后任教师、干部等)、次子张生顺及孙张轩(又名张老虎,后招工到县五七干校)、三子张生辉(1951 年选招到铜陵县政府工作,曾任县水产局局长、县商业局局长)、四子张生光(后招工铜陵县供销社工作,后任县人大常委会副主任);张安福与其子张远树(年轻时装鱼花溺水身亡);高栋梁与其子高来宝;高长青;高发青;高小五;高林书与其长子高大羊及其子高家道(后招工到县五七干校)及次子高宗贵(后招工到县搬运站);张福喜(外号小鸭,60 年代初死于暴病)与其长子张旺发;高炳寅与其长子高家本(后招工到县供销社);张生知(后招工到县搬运站);吴小炳与其子吴德宝(招工到县五七干校后又返乡);吴少春(吴大话,以摆河为主);吴贞福与继子吴爱林;吴大金;吴小犬(后招工进入池钢厂);唐金生(铁匠);张炳南;张长富;高志迁(大将军)与继子高新民(后招工大通搬运站和船队)、次子高小毛(招工到大通搬运站继参军返回搬运站);高安发(二将军);高余庆;高元庆;胡度文与其子胡万财(招工到筲箕涝矿又返乡)、胡宗顶(招工到县搬运站);高韵祖及其养子高小鹏(六队参加生产一个月后当民办教师,后当教师、干部);高根祖与其子高传华(招工到市三建公司);高学武与其子高传树(招工到五七干校后又到大通搬运站);吴邦富与其子吴家荣(招工到大通搬运站)、吴家祥(六队参加生产一个月后当中学代课教师、公社白浪湖养殖厂测量员,1977 年考入北大,著名学者);还有摆河的高福庭(老佛爷)、裁缝涂三姑等。

六队担任过队长的有吴春发、张仲顺、李伯喜、高余庆、高长青、吴大金等。

吴春发早期担任过渔业生产合作社连长、生产队长,老党员。人们不喊他姓名，初称吴连长，后长期称他吴队长，他皮肤黑，人称"黑头鬼子"。平时不苟言笑，办事大公无私，具有一定的政策水平，尤其对上面的政策和运动积极推行，只是常常力度过猛。晚年被公社安排在白浪湖渔圩拿工资，也算是享受集体干部待遇。

坐落河南咀最大楼房的是高鹤年家和高耀堂及其子高宗福、高宗祉兄弟分住一半的徽派古民居大屋。20 世纪 60 年代初，这里变成了 3 个生产队的大食堂。几百人在这里吃中晚饭，其面积之大可见一斑。高宗福，虽为渔民，但有文化，会记账，属马，人称马会计。为人厚道，诚实，乐观通达，甚至逆来顺受，从不发脾气。其长子高家振考取县一中，品学兼优，但无法继续读书，返乡参加生产。如果不是家庭成分原因，他应该是个前程似锦的年轻人。高宗祉，生得瘦小，其妻包银芝懂中医方术，能去除人身上的毒疮。其幼子高家庆从市一中考取武汉测绘学院，后赴美求学工作，移民新西兰，为高校教授。高鹤年，长相穿着如古代员外，少言寡语，仁者寿。生有五个儿子，每个儿子都有专长，可谓五子登科。长子宝元，算账、画画；二子宝林（过继给本村蔡氏）擅捕鱼；三子宝殿八面玲珑，搞生产的一把好手，80 多岁仍能操持家务事；四子宝安无师自通，会木工；五子宝顺，活泼开朗，长相英俊，招工进城，家庭幸福。高银波，鹤年之弟，身材瘦长，好说俏皮话。子高宝根，勤劳憨厚老实，可惜 80 年代一个夏日，宝根与妻划船装石头途经青通河佘家咀河段，突遇狂风，浪头将船打翻，夫妻俩抱在一起溺水而亡。吴家和，自幼丧父，家境贫寒，但颇有能耐，头脑灵活，干事有板有眼，善于讲大道理。好与人沟通交流，爱好喝点小酒，交际广泛，晚年在大通街开设竹木柴炭铺子。佘贻家，由大通街迁来，早年丧妻，后续弦"江北佬"。前妻生有一对儿女，儿子佘世坤，成人起先在生产队捕鱼，还担任过队委，后招工到大通搬运站。六队住在另一个徽派大屋的是张静山，一位极受乡人敬重的乡贤。虽为渔民，但涵养极佳，不疾不徐，尔雅温文，常见他闲时点香读《三国》。人家罾船捕鱼两个人，他驾一条小渔船，一人即可，扳罾、取鱼均一人所为，来去自如，潇洒自在。他还擅长编竹篮子，放在江河里装鱼，所捕获的都是沉水上色鱼、安丁鱼、鲤鱼、鲫鱼和鲇条子鱼等。他还划船出没于青通河拖爬网，一次居然在河里拖到一块古砚台，上有篆书"阿房宫东王阁"之类文字。张静山生有四子：长子仲顺，为人敦厚，绰号

"铁墩子"，性格温和，曾担过六队队长。次子生顺，外号锥子，头脑灵活，极有商人头脑，曾招工到铜冠山矿，后见家乡出鱼来钱快便返乡了，中年时跑运输，开店做生意，家底较殷实。三子生辉，乳名小庆，因有文化，18 岁即被选招到铜陵县政府参加工作，因德才兼备，表现优秀，作风踏实，廉洁自律，先后两次在上海水产院校学习进修，担任过铜陵县水产局局长和商业局局长。四子生光，乳名小拍，有过短暂的捕鱼史，20 多岁招工到县供销社，因工作能力强，出类拔萃，情商、智商均高，后被组织上选拔担任党政领导，退休于铜陵县人大常委会副主任职位。同在张家大屋的叫张安福，为人平和，与世无争，可惜老年丧子，长子张远树在装鱼花时，遇风浪落水而亡，时年不到 30 岁。遭此打击后，张安福常常沉默不语。高栋梁，虽为一介渔民，但一生想出人头地，尤其是在历次运动中表现异常活跃。其二弟高柳青在五队，三弟高长青，捕鱼和搞副业均是一把好手，"文化大革命"时期曾被选为"贫协会"先进代表参加池州地区"先代会"。四弟高发青，身材矮小，其妻不幸患精神疾病，家庭艰难。老五高小伍，为人内向却聪明，其妻包爱玉贵池茅坦乡人，为人贤淑，知书达理，人际关系好，可惜在某一夏日结伴拉菱角菜，路过青通河时，被机帆船拖翻淹死。高林书，平时一脸慈祥，和蔼可亲，轻言细语，据说年轻时与人玩耍不慎致人伤亡，赔了钱财，吸取教训，此后与人发生矛盾便双手作揖，好好先生一个。其长子高宗渊，又叫大羊子，身材魁梧，力大无比，曾在牌坊头山上抬石头，与他人将 700 斤重的一块大石头从山脚抬到船上。大羊子与人相处，也是受其父影响，从不生气，活到 92 岁。张福喜，乡人叫"小鸭"，身材瘦小虚弱，中年时即病秧子，但为人善良，不坏别人事。1965 年生产队搞副业抬煤炭，不堪重负，得了肺病，终在一个早上吐血而亡。高炳寅，身材高大，一表人才，犹如画片上关公，方面大耳，性格刚直。平时言语不多，说话时声如洪钟，爱听说书，爱看球赛。外号"老八分"，这是生产队较高的工分，说明他很能干活，一般人不敢与他较劲。吴小炳，有眼疾，外号"小瞎子"，埋头干事，不怕吃苦，不多话，不多事，与世无争。吴少春，外号"吴大话"，主活是摆河，整日哼哼唧唧，脸上肉痣缀满，老脸皮厚。其后娶的老伴是个跛子，老夫妇俩住在一间石头垒起来的小石屋里。平时没人到他家里去。他擅长中医偏方，会治妇科病。张生知，又叫大丫头，长得五短身材，腰圆膀阔，一身的劲。

原在家捕鱼，30多岁后招工到县搬运站。吴贞福，外号"大老板""小孔明"，身材高大，声如洪钟。在渔村颇受人尊敬，曾经因偷偷组织数条船外出捕鱼而救活很多乡人，乡人深感其德。吴大金，外号大耳朵，身材瘦长，自幼其父被日寇杀害，其母忍辱负重将其养大，不免溺爱娇惯。成家后，家里人喝稀粥，其母仍捞米炒饭给他吃。他虽读书不多，文化不高，但一元二次方程均能通过心算解出答案。高余庆、张生知和吴大金号称河南咀的"刘关张"，3人中吴大金虽然身体瘦弱，他年龄最大，却最长寿，80多岁仍身体健康、思路清晰。

高志迁，外号"大将军"，年轻时魁梧英气，力气过人，乡人佩服有加，可惜老来患肺结核，丧失了劳动能力，50多岁就病逝了。高安发，绰号"二将军"，身板结实，力气过人，无论是捕鱼还是搞副业干体力活均是一把好手，他不欺负人，当然也无人敢招惹他。他身体好，冬天常在家以冷水洗澡，绝少生病，晚年罹患脑梗，身体偏瘫，病痛折磨10多年。胡度文，身材不高，河南咀勤劳致富的先行者。他本来是贵池茅坦人，因其姐嫁给河南咀高鸿宾，后就弃农从渔。他是在解放后至六七十年代唯一在大同圩有田地的河南咀人。他不但捕鱼，还在大同圩种了好几亩苎麻。他家的大瓦屋建得比较早，墙脚处埋有一块麻石，上面有阴字描上红漆，是国家长江中下游水文站的测量点，每年夏季都有水文工作者来此测量。由于是瓦屋，他家住过退伍军人张荣源一家，60年代又有6377部队的排长和几个战士住在他家，"文化大革命"时期还有宣队干部入住。其长子胡万财，天生会唱戏，扮女角不要化妆的，次子胡宗顶后招工到县搬运公司，媳妇周爱莲乃铁板洲大户人家千金，因家庭地主成分而屈嫁河南咀胡家。高韵祖，他在兄弟中排行老二，身材瘦弱，锥子脸，面相英俊，天庭饱满，天资聪明，擅长各种渔具制作，会木工，亦善于计算罾网拼接，丝毫不差，天衣无缝。他还擅长驾船掌舵，河南咀划龙船，他虽然身材瘦弱，但每遇重大龙舟赛时，相关人员便会邀请他与大老板吴正福等几人轮换掌艄。正是他们识水性和高超的技艺，龙舟比赛中，河南咀基本上都能取得好成绩。他还经常在家里设计煤灶烟囱，煤炉不用拎到外面去烧，由于有烟囱，可以风雨无阻在家里烧煤炉。他给孩子念书制作了木头铅笔盒，特别精致，也别具一格。他的胆量特别大，常给死者入殓，曾独自在三县圩鱼塘看屋。他性格直率，常为乡里不平事发声。老大叫高光祖，年轻时炸过日军的洋桥，新中国成立后离开河南咀去青阳县童埠新河捕鱼，并落户新河。老三高根祖，身体好，力气大，打撑篙网一把好手。聪明，擅长渔具维修，善烹饪，但性格暴躁。老五高学武，身材高挑，体质好，读过书，曾在铜矿山工作过，后辞职回家捕鱼，对中医养生有兴趣，结识多位江湖郎中，身体好，享年85岁，在几个兄弟中最长寿。吴邦富，家住河南咀最高上顶南端，一个颇为传奇的渔民。年轻时将日军从桥上甩到渔船上的手榴弹捡起来，丢进青通河，其勇敢令日军竖大拇指。他命运多舛，自家瓦房被征用作为妇产院，搬到别人家草棚子与人家合住，中年丧妻，后未娶。"文化大革命"中被定为富农，据理力争，连夜到大同圩把农民大冬瓜、小冬瓜兄弟俩拽到生产队会场，证明他达不到富农杠子，最后定为中农。可见他个性坚强而又有韧性。

1978年，渔业公社第二生产队由于人口、劳力和渔船数最多，在之前一分为三，即将原二队分成第二、第七和第八3个生产队，所以老六队也一分为二为第六和第九生产队，办公还是共用原来的老队屋，只是多出了一个队长和几个队委。自此以后，渔业公社就有9个生产队了，其中河南咀有4个生产队。

河南咀亦港亦村，不城不乡，非工亦非农，亦渔亦务工，真是个奇妙的地方。自从明朝迁来此处，河南咀人世代捕鱼，且一直未离开过这里，是真正的土著。从上个墩数起，到下个墩的墩底，河南咀不足100亩的土地上鼎盛时期有800多口，自20世纪初至50年代出生的每一个成年男性劳力中，随意挑选一个，哪一个都是有故事的人，都有不同凡响的经历和闪光点，都是个人物，没有一个平庸之辈，或许是近水者智吧。

时过境迁，失去赖以生存的环境，新的生存环境又未能形成之前，河南咀辉煌不再，更多的是苦难和不幸。仅在20世纪六七十年代，在渔业式微情况下，为了生存，乡亲们特别是妇女上山砍柴、下河拉菱角菜、装运石头等挣外快，在青通河溺水而亡的30多岁的妇女就达七八人，甚至还有夫妻俩同时葬身青通河底的。据不完全统计，新中国成立后，河南咀的青年男女结婚后，丧妻的在整个河南咀户数占比达1/5以上，留下很多未成年人。终于，这个仍处于农耕时代的小渔村，这个只有70多亩的弹丸之地，以4000万元售罄。所有的遗存都会被消除，那些鲜活的疼痛和幸福，都将归于寂灭。

左为青通河，中间为河南咀半岛，右为长江（鹊江）

》连家渔船的一、二、三队

几百年前，大同圩、十八索、缸窑湖和童埠圩没有圈圩，青通河在大水时"一片汪洋都不见"，各类水产资源在水底自由生长。每当下半年水退时，青通河上游的鱼类纷纷沿河而下进入长江。这样的一条宝藏之河焉能不广为人知？沿江湖北鄂城、黄冈，江苏盐城、兴化，江西、安徽等四省渔民正如过江之鲫，纷纷赶到长江（鹊江）和青通河河口的夹江一带捕鱼。由于河南咀在青通河和鹊江世代捕鱼，先占为王，当时有个不成文的约定：这些外来的渔民只能捕浑水鱼，不能捕清水鱼，即只能在青通河外的长江（浑水区）捕鱼，抗战时期内河不能过洋桥，但江苏（盐城、兴化、泰兴）来的打枪和装黄鳝的可以到青通河里捕捉。新中国成立后到1958年，政府组织渔民搞大集体，将活跃在青通河和鹊江一带的渔民全部统一起来，成立了渔业大队，归大通镇管理。河南咀打网的为第四生产队；扳罾的为第五、第六生产队。将居住和生产均在渔船上的连家渔民全部编入渔民协会。湖北黄冈、鄂城在此挂钩的渔民（渔船）划为第一生产队；湖北黄冈打撑篙网的渔民（渔船）划为第二生产队；将江苏盐城、兴化在此打野禽和装黄鳝的渔民（渔船）划为第三生产队。从此，河南咀独占青通河的特权取消了。

1958年"大炼钢铁"，第一、第二、第三生产队也分别被安排到大通和河南咀烧小高炉，由于分散在江河水上，连家渔船的渔民上岸炼钢铁既没有物质资料，时间上又不能保证，开头象征性搞了几天，后来就散了。也因连家渔船水上漂，他们也没有吃食堂。到1962年，铜陵县将渔业大队从大通镇划出，单独成立了大通渔业人民公社，渔业生产范围加以重新调整和界定。

一队钩船为挂钩的，捕鱼地点为从大通老桥口往上至贵池的三县圩马蹄湾（大拐）一线。挂钩类型有：

滚钩：横拉在江湖之上，一根主线下面挂满了用14号钢丝做成的钩子。钩子长约8厘米，每个钩子之间间隔几厘米，上下深度不等，密布水层，凡鱼及水生动物经过，几乎没有不被滚钩钩住的。

挂钩：一根竹竿上绑有三五个大铁钩子，可捕捉活动的大鱼。

钓钩：一人一杆一钩，在岸边或船上，穿上鱼饵，待鱼咬钩浮动，起钩。

崩钩：相对钓钩，崩钩的钩头上约有七八十度的弯度，鱼儿一旦吃钩便不易脱钩。有一根主线上拴多个钓钩，也有一根竹竿上放一个或多个钓钩插在岸边，静等鱼儿咬钩，钓者不用在崩钩边等候。

卡子：一般用缝衣针或细竹篾制作，专门钓老鳖或黄鳝、白鳝。卡子一般长两三寸，用猪肝、虾子等做饵料。一般卡子线长10~30米，一头拴于岸边一头甩入水中。

挂钩作业方式是：一根细长的绳索，上面间隔装上锋利的铁钩子，两岸各用一根竹竿固定排钩，排钩绳索上配上浮标，掌握水下动态，鱼一撞上钩，浮标抖动不停，渔民就知道在什么地方起钩了。起钩时，有时要使用一种叫斩机钩的辅助工具来帮助，斩机钩的前端设有倒须齿，大鱼起水的一刹那，用斩机钩对准鱼身用力一击，这样鱼就被轻而易举地扔进舱内。挂钩有固定和机动两种方式，后一种需要两只船互相合作，沿河道两边用力划动排钩，这种方式也时有斩获。根据情况，挂钩有浮钩、中层钩、底层钩，这样各种鱼都有所获得。利用浮标可以掌控下钩的深浅和水下位置。

一队鼎盛时，人口近300人，100多条渔船。所以，从上到下，河里全部是鱼钩绳子，河南咀的渔罾网经常被钩子钩住，要划小船去摘，非常麻烦。除了渔民自己做鱼钩外，那时大通街上还有五金店专门做鱼钩的。

二队为网船，打篙子网和围网。打篙子网主要是捕半斤以上的鱼。用2.6米的竹竿横在船头上，打网时，用竹篙撑开下水。出鱼的时候，这种捕鱼方式捕获量大，一网能打几百斤鱼。

另一种是围网。也是一种较大型的捕鱼工具，网的底部安上铁脚子（一种坠物），使围网能下沉到河床，网的上部用很多木板块作浮标牵引，形状像硕长的大口袋。从此岸下网到彼岸收网。网袋合拢后，清理掉泥沙等垃圾，把网拖上船，这样的重体力活，只有身体好、力量大的青壮年才能胜任。围网捕捞的鱼类常有黄鲢、白鲢、鳊鱼、黄姑鲴、小河豚、虾等。

打鲚刀子鱼和打蟹子网成了二队后来的主业，收入一度颇丰厚。二队捕鱼地点为金家墩往青通河河口。下半年主要在长江浑水区。二队渔船相比较大一些，一般 3~4 吨。人口最多时达 400 人。

三队被称为枪船，以打野鸟、装黄鳝笼子、装虾笼和绞罾为主。三队标配是小鸭溜子船。仅能容纳 1~2 人的小鸭溜子船，猫着腰，匍匐前进，到野外打孔（放炮），捕得多时，一孔有几百只野鸭，有时还有大雁、天鹅等珍贵禽鸟。后来装黄鳝少了，他们又开始扳绞罾，即拦河罾，由多数网片织连在一起，组成一张硕大无比覆盖河道两岸的大罾。沉入水下后，静待鱼群入网。需要起罾时，用绞关徐徐升起，鱼就慢慢露出并挣扎跳跃，激起水花，甚是壮观。这种大型捕鱼工具，因面积大，比其他工具更具优势，凡进入罾内的鱼类被一罾锁定，无法逃离。捕获的鱼类通常有胖头、鲢子、青鲩、白鲩、翘嘴白、白鲳、鲤鱼、黄姑子和其他小杂鱼等，产量少有上百斤，多则上千斤，用小划子船打捞上岸，后来装虾笼。三队主要以内河为活动范围，他们经常把船靠在鸡冠山下。鸡冠山原是河南咀所有，1966 年三队队长带几个人来到河南咀六队，请求把鸡冠山和吊罐山给三队渔民居住。吴春发队长慨然应允，从此以后，三队陆上居住基本上都是在鸡冠山。三队人数最少，总共 100 多人。

一、二、三队，由于水上漂流，小孩读书十分不便。20 世纪后，他们的子女有极少数在附近的老镇念几年书。1976 年，渔业公社在鸡冠山办了一所小学，由河南咀小学委派高小鹏开办鸡冠山小学。此后陆续有张帆、高家勤、吴文祥、张小凤和吴大秀等在此教过书。

进入 80 年代，渔业生产难以为继，随着改革的深入，1984 年 6 月 25 日，铜陵市人民政府发布文件铜政〔1984〕120 号《关于撤销大通渔业公社建制的批复》，渔业公社随即撤销，第一、第二、第三生产队同河南咀第四、第五、第六

新中国成立前湖北籍渔船只能在鹊江与青通河口浑水区捕鱼，不得进入青通河清水区捕鱼。大集体后，湖北渔民一队为挂钩，二队为打篙网，均可在江河捕鱼

三队连家渔船，小船叫"鸭溜子"

三队的绞罾

生产队并入了大通镇。先是大通镇渔业公司，后归入大通镇河南咀社区，完成了由渔夫到渔民，再由渔民变成了居民的蜕变过程。

》 搓麻与纺线

捕鱼需要渔具，渔具离不开罾网。罾网是麻线织出来的，这就决定了河南咀的女人们必须擅长纺线与织麻。要说织麻，住在上家墩且被所有河南咀人喊做老家婆的章钱氏（即章大姐的母亲、高韵祖的岳母），是非常出名的搓麻专家。她搓的麻粗细适中，非常好用。她一旦接了你的活，你就可以绝对放心，绝不敷衍了事。一般搓好几斤麻线，需要十几天时间，搓成麻线后能收个1~2

块钱。

河南咀只有胡度文一家种麻。他祖籍是贵池茅坦农村，虽弃农来到河南咀捕鱼，但他在大同圩又买了8.4亩地。直至20世纪70年代的每年夏季，他们全家老少齐上阵，砍麻、捆麻背回，放在河边或水塘浸泡，泡软，剥掉麻皮后晾晒。一到夏天，他家门外架子上、竹竿子上挂着的是一排排麻。待麻晒干以后，捆扎出售，这些生麻卖给渔民，也有外地人来他家上门购买。

河南咀妇女多在家搓麻。先用水泡软，再将麻撕细，用纺线手摇小车，一手捻线，一手摇纺，按照罾网稀密之分纺线。纺线有模子挽线，达到一定匝数，取下模子，放在太阳下晒干。受渔家影响，高韵祖的妻子张大姐也特别会纺线，每天早饭后就开始纺线，一直到中午，简单吃罢中餐，又开始接着摇车绩麻，经常直到深夜，河南咀居民还能听到她家响着的纺车声。

纺线的规格并非一成不变。做密罾网，要求纺线越细越好，因为这种密罾网要捕获小鱼小虾，罾眼网眼很小很细，小到小拇指都穿不过，这个工作量就非常大。网眼的大小跟目标鱼群的大小有关，欲捕大鱼，则网眼大，线就粗，这个线就好纺。反之，越细越难纺，花工夫。纺线拔下来后，放在太阳下晒干，大人们用胳膊肘绕，一把一把地绕成整齐划一的线，既可以放在家里，也可以卖给需要线的渔民。

在河南咀，纺车与纺线伴随着渔家孩子的童年，少年十几年的时光，只要听到纺车声，小孩就会慢慢地滑进梦乡里。若在冬日，孩子一觉醒来，朦胧恍惚中，隐约可闻母亲吱吱呀呀的纺线声，犹如江潮，悠长得不见起止。每个河南咀的渔民，他们的梦里，一定还会响起那遥远温柔的纺车声。

想想，一张大铲罾，差不多40平方米，不知要用多么长的线，才能做出这样的大罾，那些渔家妇女要花多长的日月，摇落多少星辰，才能织出这一张张网。范仲淹怜悯渔民，"君看一叶舟，出没风波里"，他没有看到，沉没在水底的渔网，同样织着渔娘们的辛劳。

20世纪50年代初，河南咀的港政府，曾经是纺车纺线集中的地方，有几十位妇女在那里纺麻线。紧张繁忙之余，妇女们交流纺织的技艺，也接受政府工作人员的宣传教育。

数不胜数的鱼种

长江和青通河水产资源丰富，主要有鱼、虾、蟹、龟、鳖、鳝、鳅、河蚌、白鳍豚、江豚等。鱼类资源有 8 目 15 科 44 种，主要有鲤、鲢、鳙、鲭、鲩、鳜、乌鱼、鳊、鲋、鲫、鲚、鲶、黄花鱼等。

其中许多鱼还有系列划分，一般人只知其一，不知其二，就会发生误会，其味道和价格相差极大。比如鳜鱼就有 4 种：花鳜，身上有黑色花斑；色鳜，黑白纹状；老鼠鳜，长相酷似老鼠，长不大；大眼鳜，头上两边各有一大鱼眼睛，也长不太大。一般野生的三四两至半斤的金鳜质优价高。

鲩子鱼（河南咀及大通周边均把鲩子鱼叫为"混子鱼"）有草鲩、白鲩，大的长到十几斤至几十斤重，草鲩又有吃草和吃螺蛳之分，吃螺蛳的又称为青鲩；还有红眼睛鲩，长不大，几两到一两斤，味道一般。

鳡鱼是长江内河水下一种最凶猛的鱼，形状如海鲸，细长健硕，长到三五年大的有八九十斤，专以其他鱼为食物。有鳡丝鱼，几两重，斤把重后长不大了。

还有吊丝子鱼和熟吊丝子鱼，这种鱼一般半斤重，质优味美。鱼汛时群体出现可捕到，平时很难看到。

胖头鲢子又叫鳙鱼，俗称胖头鱼，头大身小，味道最好的是头部。它与鲢鱼长相相似，除了头部二者身体几乎一模一样，都是白色，且都是水中浮鱼，产量高，便于家养。而鲢鱼则头部与身体相对匀称。

鳊鱼有三角鳊、柳叶鳊、团头鲂，它们形状和味道亦各有不同。

鲳鱼有白鲳，大白鲳能长到几斤甚至十几斤；翘嘴白，与大白鲳相似，只是嘴巴翘起来；朱红子，身体与白鲳差不多，但大的只有斤把多重，嘴巴、头和尾巴是红色的；油鲳，油煎味道鲜美，长不大，一般一条不到一两。牛屎鲳，大的一二两左右，味道较差。黄姑鲳子，长相和油鲳差不多，好群游，味美价高。

鲶鱼通常叫鲶条子，沉水鱼，不长鳞，味道鲜美。鲶虎子，长不大，通常一斤左右，味道一般。华达子，一种非常凶残且块头最大的沉水鱼，不长鳞，头大尾细，嘴张口阔，腮大色红。渔民在青通河捕获最大的有100多斤重，它不知吃过多少鱼？

罗钩子鱼，个头小，一身肉，长不大，冬天依偎在一起，味道鲜嫩。

屎光皮，个头极小，扁平状，两侧身上有彩色发亮的小鱼，一般生活在浅水滩边。河南咀渔民歇后语："屎光皮还想上大流？"此鱼最不值钱。鸡腿子鱼，喜爱生长在长江急流漩涡深处，类似蛔安和昂丁鱼，但能长到一二斤重，身上丰腴的肉，腹肉油脂丰厚，味道鲜。

吹火筒是一种生活在大江大河中的类似赶鱼的大鱼，只不过它的嘴长得就像吹火筒一样，伸出老长，20世纪60年代仍见到，70年代后几乎绝迹。

鲟鱼，大江大河生长，现极少见。

草鞋底，类似海洋中的比目鱼，长相如同草鞋底，但生长在江河流动的活水中，一般几两到一斤，肉鲜嫩，无刺。

胭脂鱼，又称火烧鳊鱼、红鱼，头短，吻钝圆，口小，背鳍无硬刺，末端接近尾鳍，尾鳍叉形。

蓑衣鱼，类似金鱼，全身彩色，尤其鳞鳍和尾部较宽大，性恬静，小孩扳罾捕到养在玻璃瓶中，好看不好吃，70年代后只能偶遇。

白鳝，生长在江河水底泥下，背黝黑，肚白，状似长蛇，大的有好几斤，多脂肪，高蛋白，营养丰富。与白鳝长相差不多，目鳞与白鳝长相差不多，只是个头小且长不大，一般一二两多，最大的半斤左右。黄鳝生活在河塘泥土洞穴中，背黝黑，肚黄。野生的端午节起上市，用蒜头、蒜苗炒之，味道好。

乌鱼亦称柴鱼、孝鱼，生长在江河湖塘中水底。有时水干涸，它可以钻进泥土里照样存活。刚出生的乌鱼秧子一窝一群活动，渔民一扳罾十几斤至几十斤。

乌龟，青通河有香乌龟而没有臭乌龟。鳖，鱼汛时常有罾网捕到金钱鳖和马蹄鳖，虽极为珍贵，但河南咀人不爱吃乌龟、老鳖，捕到往往将其放生。螃蟹，青通河极为丰富，河南咀第四生产队专门打蟹子网。高传道和高明福分在一组蟹网，一夜打了1200匹螃蟹。河豚，夏天扳铲罾扳的是小河豚棒子，油煎红烧，河豚油特别香，味道十分鲜美。河里成熟的大河豚一二两一条，半斤以上河豚只在长江生长，70年代后青通河已见不到河豚。

长江三鲜包括鲥鱼、鮆刀鱼和河豚，都是大海里的洄游鱼，它们在海里生长，每年洄游到长江，寻找理想的河滩湖泊产卵。

河南咀水产捕捞历史悠久。南宋诗人杨万里曾有"鱼蟹不论钱"的诗句。民国8年（1919 年），自然捕捞鲤鱼 17280 公斤，鲢鱼 14040 公斤，鲭鱼 17280 公斤，鳜鱼 12420 公斤，鱼 14580 公斤，鳊鱼 15660 公斤，乌鱼 1620 公斤，黄花鱼 10800 公斤，鳝鱼 810 公斤，螃蟹 10800 公斤，鳖 5400 公斤，虾 3240 公斤。1952 年，捕捞各类鲜鱼 1012 吨。1955 年，组建渔

渔民放归在鹊江捕获的中华鲟

业生产合作社。同年，鲜鱼捕捞量为新中国成立后最高的一年，共捕捞各类鲜鱼 3000 吨。此后，由于工业污染影响及捕捞多、养殖少，鱼类资源遭到破坏，鲜鱼产量逐年减少。

❱❱ 渔　船

舟船为水上交通工具，不仅如此，船对河南咀渔民而言，乃安身立命之根本。如果没有船，捕鱼无从谈起，有的人倾其所有，一生只为打一条船而辛劳。从先民的小菱角盆到小舢板划子，从小板船，到 20 世纪六七十年代载物量达二三吨重的渔船，其间经历了几百年的历史沧桑。这当中除了木匠们匠心独具的智慧，更是河南咀渔民根据渔业生产的需要及适应大通这片水域应运而生具有地方特色的渔船。1953 年水上民主改革，对河南咀的渔船按大小进行编号，其中高青松的渔船最大 3 吨，评 1 号；依次是吴满堂 2 号；余贻家 3 号；高鹤年 4 号；高宝林 5 号；高韵祖 6 号……

河南咀的渔船以杉木为主体，打造船体时船两侧上方两条大口为实木椿树或插木，木头根部朝前，苗梢部在后。船底板和前后搪浪板因承受船身较大的

压力及接触岸边常有磨损，为此所用的材料选择结实的木料，常见的为株树和插木等。河南咀渔船一般是长 2 丈 6 尺（8.66 米），宽（分前、中、后）前 4 尺（1.32 米）、中 6 尺（6.33）、后 5 尺（1.65 米），吨位大致 2～4 吨之间不等，罾船要大于网船，但结构一样。渔船共有七个舱，分别是船头舱（也称闷头舱）、鱼舱、桅舱、夹捡舱、大舱、伙舱和稍舱（即尾舱）。

头舱（闷头舱）在两边大口靠前端上方各有一个弧形的凹槽，是罾船放三角形扑水用的，以便扑水下方的圆木滚动，船口内侧各有一根舌条档，上面铺设盖板（闷头板），网船和罾船用法不一样，网船盖板必须铺满作为撒网的平台，底下是打蟹网时用来装螃蟹的专用舱，为方便放螃蟹，在第一块闷头板上还特意留下比一个手指大的凹槽，随时可以用手指抠开船板；罾船盖板不需要铺满，往往前面掀开两块盖板，以便随时放鱼进去（所以对罾船而言也叫鱼舱）。盖板能活动，取鱼和螃蟹后，掀开后依次按顺序叠放，可冲水清洗、晾晒；

紧挨着是鱼舱，而网船主要被作为养鱼舱使用。

闷头舱和鱼舱的隔梁底部有一个小洞，网船在撒网时渗下的水到闷头舱，再通过这个小孔流入鱼舱，可以养鱼；桅舱，顾名思义，这个舱可以竖桅杆扯篷跑风，也是划头桨舱，在与夹捡舱交界的上方有一块桅舱板；

夹捡舱，用"乀"型板与大舱隔离，比鱼舱更窄，存放一些渔具及补网用的工具等其他杂物，船壁上有隔板，可放一些瓶瓶罐罐吃的东西；

大舱，一般有 5 尺长，是船的主舱，是由拐子梁隔成的两块，范围较大，这是整个船体的中心，也是船的主体部分，它的功能可多了：可以在大舱两边船沿上用竹木、芦席和塑料布搭建成船篷，里面可以搭铺睡觉，也可将舱内搬空载运货物；伙舱，烧锅的地方，摆放缸灶、少量柴禾和米、油、盐、酱、醋等，也是划腰桨的舱；尾舱，主要是划尾桨或是掌艄的地方，后舱也是扳罾时可以休息或小睡一会儿的地方。每个船舱都有其功能，渔民出外打鱼都是必不可少的。

在闷头舱的前面，也是整条船的前端，主要由一块较宽的板组成，两端相交敞口，前边连接前搪浪板，此板叫烧香板（渔民祭拜水神的地方），在烧香板的中间装有湾船的铁链和铁桩；在捕鱼淡季渔民用渔船装货送人，所以在桅舱和夹捡舱之间的隔梁上方有一块较宽较厚的板叫桅舱板，中间有个圆孔，在圆孔垂直的下方直到船底有个金钢脚（桅舱内），是个四方的凹槽，这是用以竖桅杆挂帆跑风；在火舱与后舱毗连的梁上有一块较宽的长条板，相当船上的餐桌，此板也叫餐桌板，烧几个菜放在上面可以用餐，在餐桌板下面有较长的隔板，隔板上可放餐具；在船的最后一道船梁（船艄梁）上面也有一块板，叫封艄板，两头搭在两边敞口的末端，中间也有个圆孔，这个圆孔是用来安装舵柱的，底下还有护艄木固定舵柱。

在头桨舱（桅舱）、腰桨舱（伙舱）和艄桨舱（尾舱）靠船沿的两边都有插桨桩的桨印子。桅舱桨印子是用一根和桅舱一样长的圆木分成两半，做成一头宽一头窄且圆，中间凿有两个桨桩孔（也有凿一孔），宽的连接桅舱板，窄的靠近鱼舱边缘；腰桨舱桨印子直接在船沿堂上凿一个桨桩洞孔，下面也凿有大小洞的木块（龟壳），能起固定作用；尾舱桨印子和前两者都不一样，两边都是用一根和尾舱一样长的方正的木料安在大口内侧，上端与大口平齐，一头连接连堂板，另一头和尾艄梁连接并和大口末端齐平，上面都有两个桨桩孔，即为艄桨印子。所有的桨印子下面都有一个下桨印子，起固定作用。

船的底板较宽，有两条侧龙骨，从底板的两侧朝上分别是舭（舭，是指船壳上连接船底和船侧间的弯曲部分，也叫舭部）板、身板，上端是大口。大口上面是连堂板，板上间隔安几个铁环以备搭建船篷用的，连堂稍窄，但人可以扶着船篷从连堂走过。在连堂的内侧设有船沿，船沿的设置使船具有一定的完整性，比较美观，再者还可防止雨水进入夹捡舱、大舱和伙舱。

从船的侧面看船身，船头和船尾略向上翘起，船尾翘得多些，但不像海边渔船翘得厉害；船头有前搪浪板，从鱼舱底板斜上，斜度较大，连接船两边的舭板、身板和大口；船尾有后搪浪板，它是从伙舱底板开始斜上，斜度较小，两头连接两边的舭板和身板，最上面的搪浪板连接船艄梁。

河南咀的渔船经过几百年的不断改进和创新，逐步形成造型隽秀、身姿矫健、线条流畅的特点。从总体上看，整个船的设计比较科学、合理。由于渔船主要行驶在夹江和内河，没有太大的风浪，它的头尾就没有像海边渔船翘得高，船体吃水又不深。虽然船沿离水面不太高，但船底相对而言较宽，这样渔民站在上面撒网及在船上放置笨重的罾架子，不至于摇晃得厉害，增加了船身的稳定性。再者，船身两头窄、中间略向外鼓出；除了和大舱相邻的夹捡梁与伙舱梁上面没有横档外，其他梁上面都有横档，并且头舱梁、桅舱梁、尾舱梁上面都有较宽的木板；还有大舱两边船沿的设置的连堂板，使得整条船的结构更加紧凑，所有这些和船身形成了一个整体，不仅使整个船只更加结实牢固，而且使整个渔船的外观更加美观。正因为这种船快于同类型的其他船只，所以，在过去的历次划龙舟比赛时，在原渔船基础上改造设计的龙舟总比别的地方参赛的龙舟划得要快。这就是河南咀船文化软实力的魅力。

河南咀渔民与渔船世代相伴，与它产生深厚的感情，渔民们非常爱惜自己的渔船，几乎每隔一两年都要维修一次，并且在发白的船身上油上桐油。渔民对船爱护有加，就像爱自己的身体一样。渔民对船的使用更是运用自如、得心应手，对船桨施加的力大于水对船体的阻力时，船就会动，向前向后向左向右。但要使整个船身平行横向移动，不仅需要划桨人了解水性及船体结构，还需要划桨人驾轻就熟、游刃有余的控船技术，从而达到人船合一。

河南咀的渔船，具有捕鱼为主、运输为辅的功能，在沿江中游上下六省没有与之相同或相似的船型，正因为它具有独特的身姿，无论出现在哪里，河南咀人一眼就能辨认出来。曾经有渔船夜间弯在大通河边，被外地人偷走，河南咀人硬是在铜陵扫把沟江汉里找到被盗船只。

河南咀船不仅是渔民生产劳动的载体，也是渔业和船文化美的展现。

万里长江中独有的河南咀渔船。图为由渔船改造后的渡船

▶ 船上渔罾

河南咀第五队和第六队专用船罾捕鱼，每条船上两人。这种船上架设的罾是河南咀老祖宗一代代传下来的，叫铲罾，它不同于羊角罾和龙须罾（江北枞阳渔民船小，两根毛竹较细短，叫羊角罾。从湖北仿制来的船罾叫龙须罾）。

河南咀的船上渔罾为麻线织成，通常罾口为 2.2 丈 × 2.2 丈，面积约为 4.84 平方丈。罾口为正四方形钢绳，下面是如同锅底似的四五尺深的兜。对应扳不同的鱼，罾眼分大小疏密不同规格。一般而言，有 3 指（每指约 1 厘米）罾、2 指罾、密罾（约 1 厘米）和虎罾（又叫 5 指罾）。罾眼越大，扳罾阻力越小，起罾越快，扳的鱼越大。反之，罾眼越稀，扳的鱼越小。密罾专扳小鱼小虾。最常用的是 3 指罾，最少用的是虎罾。

织一把 3 指罾要 5 ~ 6 斤麻线，织一把密罾则要 7 ~ 8 斤细麻线，而且费时费眼睛，一个熟练老手起码要大半年才能织成。虎罾用粗麻线，罾眼大，织得快。

捆罾，用杉木制作扑水，两根长约 3.5 米，圆柱直径 20 多厘米粗的圆木头，底部一根圆木长约 3 米多，呈等腰三角形，将两根各长约 12 米的茅竹根部与扑水尖部捆绑起来，两根罾爪上面叫挑爪，下边压的叫插爪，挑爪在左，插爪在右。两根罾爪可以一样长（通常每根 50 多斤，两根 100 多斤重），但挑爪可以长于插爪，而插爪只能略短于挑爪。此外，扑水脑子里左右还分别插有后爪，后爪用小茅竹，长 5 ~ 6 米，后爪用衬子顶住张开，系罾时，四根爪子绷紧成正方形。罾爪不系罾时，两根张开的长罾爪，远远看去就像牯牛两只大角一样，张牙舞爪。扑水底部的滚筒圆木，将剖开一半的半圆粗茅竹用火烤弯，两根爬子包住扑水底部圆柱。杆木，制作两根各长约 6.6 米杉木杆木，前头分别穿进扑水底部圆木两头，杆木与扑水呈 80°角。后面即船后舱座板处尾巴合拢，呈一等腰三角形，上面捆绑一捆石，扳罾时，利用杠杆原理，力量平衡，捆好的罾，有一根用棕编织的千斤缆绳，一头系住扑水盘头，一头连接杆木尖头部，扑水滚筒圆木是底部，杆木是腰部，千斤缆子也是腰部，也成了一个斜三角形。千斤缆即三角形的斜边。扳罾时，系上罾开船即可扳鱼，如果不扳罾时，扑水、杆木、罾爪可以随时搬下船放到岸边。扳罾最怕在有的地段遇上东风或偏西风，那么大的罾经风一吹，马上就把船吹歪了，或者吹到其他地方去了，有时又遇上顶头风和流（疾）水，两把桨根本不能左右船，有时把罾爪吹断了。

船罾是河南咀第五、第六生产队渔民的最主要捕鱼工具。由四根罾爪、两根杆木与扑水组成的罾架子，两根长杆木一头连接，另一头叉开分别插入扑水滚木的两端，再用一根粗麻绳分别连接铲罾上的盘脑和杆杠木角顶，在上空形成又一个伸缩自如的三角形，扑水上的滚木架在船头的前端，最后在四根罾爪上系上罾网。船罾一般两人协同作业，利用杠杆原理，放罾下水，扳起罾。船罾有固定和机动两种捕鱼方式，固定式用木戗在水里插牢，用绳索把船和戗绑紧，这样就可以在原地不动，以逸待劳了。机动式就是判断哪里鱼多就往哪里赶，完全是重体力活，需要不断引罾，前后舱渔民都要用劲划船，缓缓向前移动，至于用哪种方式，视具体情况而定。

扳罾的位置也是抽签，按照青通河九段鱼位置，船罾在蟹子网后，也有在蟹子网前的，不管抽到什么签，都是一锤子买卖，段位不调换，全靠运气，但东边和西边一天一换。有的船没抽到好位置，就自己到拼头或铃子沟这些水域捕，运气好遇到破拼，也有扳到几百斤甚至上千斤鱼的。扳船罾时，罾里的大鱼太多，就不用捞兜了，而是捋罾，把鱼抖到罾底集中到一起，用手扎紧"一袋鱼"拖入船头鱼舱内，少则几十斤，多则上百斤。

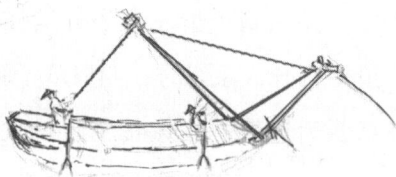 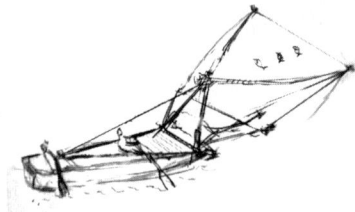

放罾　　　　　　　　　　　起罾

❯❯ 架　罾

架罾是青通河比较常见的捕鱼工具。它出现的历史有上千年。所谓架罾就是按照渔具的功能把两根木戗插在陆地岸边，另两根木戗插在水里，用铁丝和绳索将横档与木戗交接处扎紧，将捆绑好的架罾架在水中木戗横档上，4根木戗用杠木或竹竿绑定成"井"字形固定起来,将4根茅竹根部捆在三角形架子上部,构成4根罾爪,系上正方形麻线罾,利用杠杆原理,就可以扳罾(起罾、放罾)了。

从岸上到水中架罾的一段距离,搭建起了随时可以升降的跳板,便于渔家起罾时取鱼。架罾是固定在岸上的,但是随着江河水的涨落,架罾也会做相应的升降。

架罾架设好后,罾系在4根长竹爪苗尖上,运用三角形的稳定性和杠杆原理,扳罾、起罾、放罾。架罾搭在架子上,伸向水中。水跳板上面两排设有扶手。扳到鱼后,人从水跳板上走到架罾边,用长捞兜掳鱼。也有懒汉架罾,即在罾底挂一个长竹篾笼袋子,上有倒须,鱼只能进,不能出,扳罾后不用人去取鱼,只要拉动系绳上下收放几次,鱼就会在罾底自动进入鱼袋子里。这种取鱼的方式,特别适合夜间扳架罾。

架罾的特点是固定的位置,不可随时随地移动,好处是选到好鱼位置,以逸待劳,守株待兔。出鱼的时候,架罾捕鱼并不亚于罾船捕鱼的效果。50—70年代,河南咀青通河沿岸布满了架罾。可以说是三步一岗,五步一哨,扳到的鱼都是大鱼。直至七八十年代,在青通河和鹊江南岸上,架罾依然作为常用的捕鱼工具。

不过,整劳力渔民不会扳架罾,不是扳船罾就是打蟹子网,绝大部分扳架罾的都是妇女和青少年,因为架罾一般都搭建在渔家家门口。河南咀至少有1/3人家曾经扳过架罾。说架罾是固定的,也是相对的。如果水退下去了,架罾也要与水俱退的,用船顶着架子把罾架一点点往前移。如果河水太流动,会把架罾冲歪,严重的会把架罾冲垮掉,于是扳架罾的人会在罾爪脚系绳牵住,在上游下桩,这样水无论怎么流动,架罾都不受影响而保持平稳。

也有人特别是外来户把架罾搭建在水中央,哪里有鱼,就拆掉架在不好位置的架罾,用船装上架罾,前往好位置再搭建架罾。除了出鱼时扳架罾的很多,如果在淡季,在长江(鹊江)边有好几处架罾长年累月在那里罾起罾落,有时干脆把架罾扳起来,放在那里晾着,成为江边古老的一道景观。

架罾也有稀密之分,出鱼时扳稀罾,捕大鱼;水小时扳密罾,多为小鱼。

《扳架罾》，叶葆菁 1962 年作

❯❯ 手 罾

手罾就是面积大小不一的罾片，用麻线织成正方形罾口、篾像锅状的网袋子，用四根比大拇指粗的一丈长的毛竹竿，用绳子将竹竿根部连接捆绑起来，由一根拳头粗、长一丈三四寸的茅竹或贵竹竿放在手罾顶部，扎紧，系手罾时，把竹苗子套进手罾四角的绳耳环，四根罾爪受力绷紧，手罾四平八稳张开。手罾的着力点全在一根粗竹竿上，粗竹竿苗子连接手罾顶部，其根部搭在岸上，下罾和起罾，有一根缆绳收放自如。会捆手罾的渔家人，捆的罾放在什么环境的地形（平地和陡坎）上，都四爪落地。而不会捆手罾的，即使是平地，四根罾脚总有一根翘起来，罾不能平摊在地上，这样的手罾在水下难以扳到鱼。手罾相比 2 米 ×2 米船罾和架罾，其面积小得多。大点的手罾口径 3 米 ×3 米的较多，也有小点的 2 米 ×2 米的相对较少。罾口钢绷紧为正方形，钢下目连成篾。手罾爪的长短取决于罾的面积大小。手罾有密罾和稀罾之分，密罾即一指罾，罾眼约 1 厘米。通常做一把密罾要半斤左右细麻线，而且即使非常熟练的渔民一人花时也要前后十几天。密罾一般起水慢，捕小鱼小虾用密罾；稀罾是用较粗一点的麻线织的罾，罾眼 3 厘米左右，也叫 3 指罾，一把稀罾用麻线 3~4 两线。稀罾起水快，捕的鱼主要有鳊鱼、鲤鱼、鲶条子鱼等大鱼。手罾成本低，制作简单，使用方便，不论男女老少，都会扳手罾。鱼汛时，哪里出鱼，背起手罾，就奔向哪里，极为方便快捷。手罾携带方便，不用时把罾解下，罾爪一收拢，用手罾扳绳一捆，扛在肩上到哪里都轻便。如果年底收藏，往屋外门口屋檐下一放即可，不占地方。

手罾由于材料易得，制作简单，在大通地区无处不在，随时可见。出鱼时，大人小孩驮着手罾，哪里鱼多，手罾就出现在哪里，为鱼汛增添了热闹的气氛。

在河南咀，几乎家家户户都有两到三把手罾。扳手罾几乎一年到头都很少歇着。每年二三月，发山水时节，长江里的鱼纷纷迎着青通河的山洪逆流而上。此时，罾船和架罾都不见踪影，唯有渔家人扛起手罾专选择青通河口一带河段水缓或回流的位置扳手罾。也有人专选深水激流扳手罾，为防止手罾被洪水冲跑，他们用麻绳拴住上游两根罾爪，牵绳系到两丈远的岸上木桩上。有人此季节收获极大，有扳到一条十几斤大鲤鱼的，有一个晚上扳几十斤鲇鱼的。此后进入三四月，桃花盛开，正是出桃花鳜子的鱼汛期。虽为短暂，正好是手罾扳桃花鳜子大显身手的时期。阴历七月河里的七进八出，有进有出。十五以后，江河不禁捕了，此后手罾一直可以扳到腊月。出鱼的时候，河南咀的妇女少儿背起手罾，跟着鱼汛跑，哪里出鱼，哪里就是手罾聚集的地方，出现一排排手罾，此起彼落，罾罾不空，人声鼎沸，真是一幅活灵活现的鱼乐图。下半年，河里剩下小鱼小虾，正是扳密手罾的日子。有时候，找到好位置，小小的手罾扳到的鱼虾不一定比船罾、架罾少。手罾的奥妙在于灵活机动，见缝插针。这是其他（船罾、撒网）大型捕鱼工具所不具备的优势。

出鱼的时候，少年选择鱼多的地方站在水中扳手罾

河南咀一年到头扳手罾的有吴玉奎的老母，她常年在江河里扳手罾，80 多岁都不歇，活了 90 岁。另一个是家住在庙嘴头的吴满堂的老伴，她一把手罾扳了一生，一年四季，雷打不动。还有高宝林的母亲，人称家春奶奶，她也是从年轻扳手罾到 70 多岁，乐此不疲。后期扳手罾从 60 年代扳到 80 年代的是患有神经疾病的高长命，他专在操场靠近大同圩外江边扳手罾。他扳手罾专心致志，如同佛徒禅定打坐，达到忘我的境界。

➡️ 船头撒网

河南咀渔民只在渔船上打鱼网，叫旋网，当地人叫打网。由纲索、网衣、网兜和网脚子（锡脚子）组成，一般近两丈长，网撒开绷紧最大圆直径有一丈五尺。但网有大有小有稀有密。纲索长度不定，可长可短，随时更换。在内河小水时稀密钢索要短些，但在大水时特别在外江捕鱼纲索一定要长；网衣是网的主体部分，稀、密网主要是看网衣孔眼大小来区别的，一指网称为密网用来捕小鱼，二指网、三指网、网眼更大的四指网等大小不同的稀网用来捕大鱼；网兜在网体的下端，从内侧吊起，深度不等，密网有 40 厘米，稀网有 50 厘米，网兜是留鱼的地方，也是最容易损坏、最需要修补的地方，有的渔民特意用比网衣大一号的线做网兜；网脚子在网体的最下边，它连同网兜从内侧吊起，网脚子一般由渔民自己制作：把锡熔化，用小铁瓢舀起来，倒入模子里（模子有大有小），定型后拆开模子把做好的锡脚子放到水里冷却，再用剪刀剪去多余的部分。因锡有柔软性，网脚开口处衔住网钢绳，用牙一咬紧即固定。一副网脚子可以拆卸下来用于其他网上。

撒网的技巧是一门艺术一点不夸张。撒网高手满开炸顶，即网口落地最大直径圆圈，其姿势优雅。初学者，不但不会理网，身体站立不稳，手忙脚乱，撒出去的网，不是裹挟在一起就是比鸡罩大不了一点。

河南咀渔民打网通常有三种手法。

一曰野猫拖鸡。即一把网分三部分，一手捏一匹网，另一手拽一匹网，还有脚边留一匹网，呈三角形。撒网时，右手先出，左手放下，脚边往下一丢。这种方式主要是外地人打网，不是正规军。

二曰双手捧印。两手伸直，往前一端，身体略往后一悠，借势顺手一摞，后面找后牵网衣轻轻一放，网满开炸顶，呈一圆圈几何图形入水。这是河南咀人的撒网方法，动作最规范，姿势最优美。熟能生巧，巧借力，即使是老弱病残也能把网打得很好。河南咀有个体弱瘦小的高春山，他打网不一定网网都打得那么大，但他想打什么形状的网就成什么形状。长方形、不规则三角形，专找鱼路子，哪里有鱼就在哪里下网。这个还真是本事，别人学都学不到。

三曰雪花开顶。网搁手上转一下甩出去，简单，随便。这种方法主要是无为人的打网法，河南咀初学者也尝试过。

撒网不仅是一门技术活，而且还有一些讲究。撒网时，先要将网梳理好，大部分网握在右手，小部分网握在左手，高高举网，一扭腰身，当握网右手刚到鱼舱角之际，右手就必须用力一挥，抛出渔网。掌握要领，网就能撒得又大又圆，如果两只手都出劲抛出，那是丢网，结果一团糟。左手握的那一小部分网，是由右手挥动借势带出去的。四队渔民高兴让，他网撒得又大又圆，收网时，凭兜内鱼碰网的劲道，他能判断出鱼的品种，大小轻重，大差不离。

在不同的地方、不同的风向有不同的技法，水浅和水深、上风头和下风头撒法不同。逆风网和顺风网也有一定的讲究。不管逆风还是顺风，网都不能撒

河南咀的三指网

163

得太高，以免被风吹后变形。

逆风网在所有的技法当中是最难的，首先网不能撒高，再者要求撒网人不仅要有力量、技巧，在撒出的一刹那要有更强的爆发力，尽量使网从胸前平行水面抛出，有时还需要撒网人半蹲式将网送出。水浅的地方由于鱼凫水离水面较近，撒网时最好网脚同时落水，这样能尽量减少对水下鱼的侵扰，就能打到更多的鱼。如果网脚不同时落水，有先有后，势必惊动水下鱼，那就很难捕到鱼了。有关打网的民间俗语，在河南咀流行不少。主要有"十网九网空，一网打成功"。指只要找到好位置，打到鱼就很多；又如"三天打鱼，两天晒网"，指那些没有恒心的人。

蟹子网

河南咀第四生产队打网不但捕鱼，还专门打蟹子网。早期的蟹子网是用麻线织成的，高 2.4 米（深）、长 100 多米，网眼 4 指大小。后来到 20 世纪 70 年代改用耐晒、耐腐、抗老化的尼龙绳。网的上边是中间略鼓的杉木窄板（长 30 厘米、宽 5 厘米、厚 1.5 厘米）作为浮子，并用浮纲串联起来，浮子间隔 40 厘米，在浮子两头宽面的两边做出稍浅的凹槽，便于将浮子放到浮纲两绳之内用缠满细线的梭子系牢，制作好后打上桐油晾干。网的底部网脚子是用半段灰砖制作的，每块整砖一破为二并做成哑铃状，在脚子的边缘也要做出稍浅的凹槽，用脚纲串联起来，将一个个网脚子放到脚纲的两绳之间并由细绳系牢，浮纲和脚纲长度一致，脚子间隔 30 厘米。浮子和脚子各自的总长度都和网一致，最后将网的上面绑好浮纲，下面绑上脚纲，这样一副蟹子网就大功告成。抛蟹网时，每组蟹网还要系上两个口石（一般用麻石，50 斤左右），并由比较粗的绳子系牢，绳子的另一端系在蟹网脚网中间部位，两个间隔 20 米左右，有时水流急的时候，浮纲上面还要系上两个口石，防止蟹网被水冲后变形或被水冲走。在船头闷头板上把蟹网码起来从河岸的一边下网，后面两人用力划船，前面两人不断抛网，一直抛到河对岸，有时渔民对自己抛下的蟹网不满意还会拉起来重抛，两岸都用木戗固定好蟹网。蟹网抛下后，河两边各一条船，在蟹网的上游靠边用两根木戗固定好渔船，便可撒手网捕鱼蟹了。网立在水下，自上而下的鱼看到横在河心里的渔网就会向岸边游去，螃蟹向两边爬去，正好被守在岸边的打网人捕获。由于水面宽、河道深，大量的鱼和蟹还是跑到下游去了，下游的渔民用同样的方法捕蟹。打蟹子网打的鱼都是沉水鱼，多为鲤鱼、鲶条子鱼、草混、鳜鱼，还有鲫鱼、乌鱼等沉水鱼，最多的是螃蟹。沉水鱼又称杂色鱼，远比浮鱼价钱贵。

打蟹子网共有十一段位置。主要有：头段，在三县圩马蹄弯（大拐）上边，这里是个好位置；二段，（吊罐山下）在马蹄弯下边；三段，在鸡冠山吊罐山下边；四段（小河口），在老镇双河交汇处；五段（五神堂），在老镇下一点；六段（长安），也叫百面佛，这里坎子陡，也算是好位置；七段（大士阁）；八段（新交口），在祠堂河和光荣圩交界处；九段（老桥口），金家墩上一点；十段（沟口），大同圩渡口上；十一段（河南咀渡口旁）。其中八段新交口和十段沟口在20世纪80年代初是由于社员增多而添加的两个段位。段位之间距离有长有短，所处环境不尽相同，所以每个段位有好有孬。一般大水时小河口、长安、大士阁和老桥口较好，因为这些地方河面较窄，比较聚鱼。水小的时候头段、二段和小河口较好，因为这些地方河道两边的滩涂已完全退出，鱼都在河道中，朝前的段位就容易捕到较多的鱼蟹。不管是大水或是小水，小河口是历来被公认的好位置，因为这里不仅河面较窄，而且是双河交汇处，还能捕到从上水桥、下水桥露滩后向外游出的鱼和蟹。小水时特别是起风暴后（俗称风暴尾子），如果摊到哪组蟹网到了小河口或是头段那就赚大发了，风暴尾子一两天鱼蟹特别多。20世纪70年代初，高传道和其父高根林一条船与高明福、高明元兄弟俩一条船组成一组蟹网在风暴尾子正好摊到小河口，一晚捕到1200多匹螃蟹，外加几百斤鱼。

每组蟹子网怎样获得网位置呢？首先抽签来确定。有个不成文的规定，每天中午每组蟹子网都依次向上挪一个位置，头段挪到十一段。如果蟹子网的组数多于位置数就要按顺序依次轮换。

打蟹子网虽然有时收获颇丰，但在每年农历九、十月出鱼时，两个人换班打蟹子网的渔民日夜不歇，特别是刮风下雨天，要穿戴壳日帽、蓑衣、满裆裤和胶鞋，一刻不停捡网、撒网和收网，一个人一夜要打六七十次网甚至更多，劳动强度极大，身体差的人实在难以胜任，水里求财绝非易事。

四队渔民在青通河打蟹子网

❯❯ 其他渔具

在过去渔民用麻线织罾网的时候，河南咀渔民也就地取材利用竹子编织较大型的裤脚篮子作工具来捕鱼。这种渔具市场上买不到，这就得渔民自己编，需要渔民是一个技术娴熟的篾匠。他们买回新鲜毛竹，破竹、劈片、剖篾、撕篾和刮篾等多种程序后编织成裤脚篮子，顾名思义其形状就像一条宽大的棉裤，鼓鼓的，两裤脚略向外叉开，把它竖起来有成人高。裤脚篮子是用三匹篾交叉成六角六边的方法编织而成，它不像菜篮子那样密，孔眼较大，大概3个手指能穿过，在裤脚的两边用一条较厚的主篾贯穿上下，并在鱼篮子的顶部弯曲连成一体，裤身到兜盖由粗到细。在鱼篮子的裤裆部有个圆形大洞，大洞的内侧设有比较短的倒须（此为门须），鱼由此进入鱼篮内；在两边裤身与裤脚连接处各有一个倒须（此为大须），倒须口朝裤身且是漏斗状，只要鱼穿过倒须底端口，鱼很难找到出口；鱼穿过大须过后，大部分鱼又会进入下一关口，即在鱼篮子两个裤脚的中间部还设有小须口，穿过小须口便是鱼最后停留的地方。裤脚篮子内设三道倒须，第一道洞口最大，洞口编成圆形倒须，倒须最短；第二道洞口略小，倒须稍长；待进入第三道洞口时，倒须最长，几乎每根倒须都交叉接触，进入的鱼即使不怕倒须戳，也弄得搞不清方向，像进入迷魂阵一样很难能游出裤脚篮子。渔民起篮子打开裤脚端的兜盖，便可获取渔了。

放鱼篮子分季节。上半年每年阴历二三月，发山洪，鱼逆水往上游，捕由长江进河产卵的鱼，多为鲤鱼、鲫鱼、鲶条鱼等。下半年阴历六七月里，水开始退了，捕出河鱼。一般把渔篮子投放在青通河河口和外江（鹊江）。

河南咀渔民用鱼篮子捕鱼历史悠久，到20世纪中叶（新中国成立前后），仍有多户人家用此法捕鱼，高家有高泽林、高荣福、高家林和高福亭4户，张家有张静山1户，吴家有吴殿荣、吴邦能、吴少庭3户。他们放鱼篮子都是在春、秋、冬三季，地点在内河和外江。内河一般在李家墩到河口，这段内河就在家门口，放到河里的鱼篮子也比较放心。放鱼篮子必须有一根竹缆子把一个个鱼篮子串连起来，他们用青篾和黄篾混合绞成竹索（称为竹缆绳子），缆绳粗到大人一手握不过来，用2米多长的稻草绳子一头打结，另一头穿过鱼篮顶部预留的小孔并在竹缆上系牢，鱼篮子之间隔2~3米。在河内都是横缆子放鱼篮子，水面大时竹缆子要长些，要放15个左右，小水可放10个左右。放鱼篮子时最少需要2人（最好3人），竹缆子一端用木戗固定在岸边，然后把鱼篮子连同竹缆子放到船上整理好，船垂直向对岸划去，边划边放，放到最后将末端绑上大石头的竹缆抛向河中。一般河内要放多条缆子，缆子之间一般间隔40~50米，不会靠得太近。放到水里的鱼篮子平躺水底，两裤脚叉开，在河底的河水中会产生流动的漩涡，吸引鱼来到鱼篮子的裤裆部便进入篮中，一旦鱼穿过"门须"就进入了迷魂阵，只得朝两边裤脚游去，便立刻穿过"大须"、钻进"小须"，进入鱼篮子常见的底层鱼有鲤鱼、安丁鱼、鲶条鱼、鳜鱼，还有河豚和草鞋底鱼等都是味道鲜美的上色鱼，最终成为渔民的"猎物"。一户一般2~3道缆子，一晚上能起几十斤鱼，在秋季鱼汛时能起一二百斤鱼。

在外江放鱼篮子有好几处地方，一是庙嘴头，是直缆放鱼篮子，一头用木桩固定在岸边，另一头则是顺江而下，绑上大石头抛入江中。一根直缆子一般放的鱼篮子要多于横缆子放的篮子数，江的水面较开阔，竹缆子可以拉得更长，一般能放20多个鱼篮子。在操场的外江边和灯笼沟到红庙这两处也是渔民放鱼篮子捕鱼的好地方，这两处和内河一样都是横缆放鱼篮子，河南咀渔民在江边放鱼篮子收获比较多，除河内的那些鱼都能捕到外，还有河内捕不到的鱼种，如鮰鱼和白鳝等，特别是鮰鱼膘肥厚，含脂量高，肉质细嫩，肉味鲜美。但灯笼沟到红庙处离家较远，当心别人随意起自己的鱼篮子，也当心流动的江水会冲走鱼篮子，他们在岸边比较隐蔽的地方打入木桩，系牢竹缆子的一头，另一头系牢一根顶端做成"十"字架的木桩，用较长较粗的贵竹一头套紧铁圈（防止竹子裂开）制作打桩工具，把有铁圈的一头套上十字架的木桩，十字架的横档足以挡住打桩工具即可，并用足够长的绳子打成活结固定好，竖立起来顺势插入水下，再用锤子捶打打桩工具的上端，将十字架木桩打入江底，最后取下绳子和打桩工具。当起鱼篮子时，用四爪锚从上游往下游拖，钩上竹缆子便可起鱼了。裤脚篮子捕鱼只有在鱼多时期才可布设，如今无鱼可捕，它早已失传了。

除了河南咀渔民使用罾网和裤脚篮子捕鱼外，大通地区的渔具共有三大类，分别是网、罾、钩叉之类。每一类，又各有不同小类。比如网，就有围网、拦网、旋网、撒网、丝网以及鱼笼子、黄鳝笼子、虾笼子等；罾，又分拦河罾、铲罾、架子罾、手罾等；钩叉类，则有滚钩、挂钩、崩钩、钓钩、卡子、排叉、灯笼叉等。每一种渔具的样式和捕鱼方法不一样。

撑篙网。撑篙网是河南咀渔民春、夏、冬三季在船上捕鱼的主要渔具，它是一种专门在长江里从事捕鱼的工具。它和手撒网一样由纲索、网衣、网兜和网脚子（铁脚子）组成，也有稀密、大小之分。不同的是撑篙网要比手撒网大得多，有近三丈长，宽绷紧后直径有二丈七八尺，不过这种网在捕鱼时是绷不紧的，因为这种网只靠人力是撒不开的，由于网太大、脚子太重，撒开这种网必须要靠一根两丈多长的竹篙才能撑开；撑篙网网顶部还设置倒帽子，相当于在网顶部又安放了网兜，是专门捕获浮鱼用的，使浮鱼能够及早入网以免跑掉；再者撑篙网脚子比手撒网脚子要大并且是铁做的，渔民自己做不了，要到铁匠铺去定制。

丝网：一般两三米深，网纲浮于水面，网眼细密，由人直接在岸边或船上将网放到捕鱼的水域，鱼儿一撞上网眼，便会卡住鱼翅、鱼身，且会随着鱼儿挣扎丝网会卡得越紧。丝网自20世纪80年代开始流行，其聚乙烯材料的网线轻盈坚韧、易干不易烂，既能捕到水面上的浮头小鱼，也能捕到水下的大鱼。

围网：很长，起码有一两百米以上，宽度有几米至10多米，一般用于河、塘、水库、湖泊围捕各种鱼类。20世纪六七十年代至改革开放前，一些村庄每年都会在春节前用围网带水作业，围捕集体鱼塘中的各种鱼，为社员们春节改善生活。在 20 世纪 70 年代前，围网大都是用麻绳和棕绳织成网目，网脚用锡铁制成；及至 80 年代后，聚乙烯尼龙丝替代了麻绳、棕丝织成网目，网脚也改用生铁铸造。围网带水作业时，一般人数由多人甚至几十人组成，分成两队，人们在水中、岸上协同合作进行拖拉，最后围网合拢收网。如果是大水面的精养鱼塘、湖泊，围网捕鱼一网捕个上万斤甚至十万斤都不鲜见。

拦网：一般长 50～100 米，两头有两个网袋，大的长 25 米，围度 6 米，内直径 1～2 米。时常配合围网捕鱼。

迷魂阵：是一种相对固定安放江河湖泊浅水区域的小型围网，在水面到水底由一方一方的网格曲里拐弯地布置好，鱼一旦进入便会迷失方向，困于网格之中，捕鱼人因此便可手到擒来。由于迷魂阵大小鱼一个不留，后被取缔。

鱼笼子：大多是用竹篾编织而成的，也有用铁丝、聚乙烯编织带、麻绳等制作的。捕鱼时可单笼也可多笼连排使用，因其笼尾的小笼前编有倒刺，鱼儿一旦进入就很难再跑了。还有专捕虾的竹篾笼子，一般在 7～9 月放入河中。

排叉：长约 10 米的长竹竿顶端绑上三齿、五齿或七齿尖锐的铁制尖齿，一般齿长 3～5 寸，主要是针对江河中活动的大鱼下叉。

灯笼叉：中间一根主齿，四周围有七齿、九齿构成灯笼状的捕鱼利器。一般齿长 5～9 寸，也是针对江河湖泊中游动的大鱼。

正规渔民不用上述叉鱼工具，只有附近农民使用。

❯❯ 桨·篷·锚链·芦席棚

河南咀的渔船分为罾船和网船。罾船上安装大铲罾，又叫敞罾，载重 2～3 吨；而打网的渔船，通常 1 吨半到 2 吨载重量，明显要小些。不论罾船还是网船，渔民捕鱼行走在江河中，不可能天天风和日丽，而是常年风里来雨里去，有的时候还夜以继日地劳作在渔船上，所以坊间有嫁人不嫁打鱼人的告诫。不过，千百年来，捕鱼人在生产劳动中也制造和发明了一系列除船外的辅助工具，甚至利用大自然地理风水和天体气象为我所用，达到事半功倍的效果。

桨有几千年的历史了。桨由桨拔子、桨滴子、桨叶子组成。榫卯桨拔子约 5 尺长，用质地坚硬且韧劲强的柏枝木做的，桨滴子也是结实的杂木做的，桨拔子的一头做成榫，桨滴子中间打孔做成卯，两者组成榫卯结构，桨叶子用杉木制成，桨叶子与桨拔子接头处要窄且厚些，接头处用铁匠打的凸形铁圈包紧。桨的大小，以船的大小而定，一般长5尺，宽5~6寸。

桨离不开桨桩。桨桩用檀树木制作，经久耐用，桨桩的上端留有一个小孔，用切割成细条行的牛皮条经过小孔绕适中的四道圈，两头打成死结，用香油淋润牛皮条，起润滑作用。划船时把桨桩插进渔船的桨印中，并将桨拔子穿过桨桩上的牛皮条到合适的位置，用力于桨上，桨叶向后推动水，船即向前行进（或倒桨，船向后退）。

河南咀渔船的桨分为头桨、腰桨和艄桨。头桨一般只有一把插在桡舱右船沿桨印中，好比机动船的发动机；少数渔船在伙舱配腰桨，装货时有人划，捕鱼时基本上不用；艄桨安装在船艄后舱左右两边桨印中，经常用左桨。无论捕鱼还是装货，艄桨相当于舵的把航定向作用，有时也配合作动力。

渔民撒网时，前面人主要是负责打网，后面人划桨，前面的撒网人在收网前有时划一下头桨。扳铲罾时要引罾，要使船不断向前推进，就需要划头桨的和划尾桨的同时发力，划桨人脚要垫得老高，甚至头桨人一脚站到鱼舱梁上一脚站在桡舱板上，桨不出水，用力向前摇动使船缓慢推进。如果是一个人划船，则在后船艄划双桨，特别是平日里摆渡船，都是一人划一双桨。河南咀历史上曾有一人十八桨划过江的传奇佳话。

篷，又称"帆"，但河南咀人从不称帆。因"帆"同"翻"谐音，是忌讳的词语。有了船的记载同时就有了篷的记载。诗云"水国无边际，舟行共使风"。在长期的行船驶帆航行中，人们逐渐地摸索出"八面驶风"的本领。篷用大布做成，河南咀渔船的篷有3米高，宽2米左右。篷布中间有绳索连接，有篷必有桅杆和舵。河南咀人多为跑长途装生意使用篷帆。特别是去长江各地码头装运货物，若是逆水行舟，不进则退。仅靠人工划船，必定非常吃力，一旦长距离水路来回，遇逆流很难按时顺利到达目的地。长江风大，"好风凭借力，扬帆正当时"。借风行船，是古人利用大自然风能的智慧体现。河南咀的老渔民具有非常高超的行船技术，只要有风，即使是偏风，也能像诸葛亮一样巧借"东风"。扬帆跑风时船底侧翻也能劈波斩浪，勇往直前，逆势上扬，即使路途遥远，也能朝发夕至。

锚链，锚和船几乎是同时出现的。船和桨要解决的是"行"的问题，锚及锚链要解决的是"停"的问题。在很久之前，河南咀渔船靠岸停泊，用绳索拴在树木上或石块上。但经常遇到船停之处没有树木和石块怎么办？随着捕鱼收获的增多，经济条件提高，渔民就找铁匠打锚或打铁链子。船上用锚多为外出装货跑运输生意，捕鱼时锚放在船头板上不方便，有时渔船夜间停在河湖中央，会把放在船舱的锚拿出来抛下水使用，一般不用锚。所以渔船上广泛使用2米左右长的铁链子，铁链子一头连在船上固定的铁环上，另一头铁链子头根系着一根铁插鞘键，船停靠岸边，人抓住铁鞘键跨上岸，将铁鞘键插入地下，用脚踩下去，船就跑不掉了。铁链子经济适用，取材容易，制作方便，效果良好。但如果水流速过快或发山洪，铁鞘键管不住船，往往换上铁锚，再在船艄后两边船沿插一到两根木戗，船就稳当当地固定了。

芦席棚，河南咀渔民的捕鱼期一年有三四个月，特别是到每年下半年，渔民捕鱼和吃住都在渔船上，常年日晒雨淋，风霜雨雪，必须要有遮风挡雨和休息睡觉的场所。于是渔民在渔船上搭建了能伸能降（拱起、放平）的芦席棚。捕鱼时，罾船把撑芦席的顶棍放倒，芦席棚子也就平铺在大舱口上，扳罾、起罾均不受任何影响。若是不捕鱼时，把罾船靠在岸边，撑起芦席棚，可以在大舱休息，晚上睡觉安然无恙。芦席棚最大的特点是防雨。当大雨滂沱，或风雨大作时，渔民会提前弯好船，撑起芦席棚，两头用芦席遮住，有绳索扣紧，不论来自何方风雨都打不进舱内。曾经，多少渔家男孩向往睡在搭有芦席棚子的船舱里，吃着咸鱼和其他零食，枕着船底板枕木，聆听青通河潺潺流水声、波浪拍打着渔船底板声不知不觉进入梦乡。

》》 木 戗

捕鱼需要各种渔具，除了船、网、罾、桨、帆、绠、箱等渔具外，还有一个需求量大的物件就是戗。所谓戗，就是根据船的大小（长短）买来两三丈长的杉木进行制作。一般而言，大船所需7~8米，小船为3~4米。

刨去树皮，削尖头部，插入水下的泥中，起固定作用。无论扳罾还是打蟹子网，渔船上都需要戗，在流动的河水中，将船固定下来。在捕鱼之后，一定要晒罾晒网，必须在岸上栽一根较长的木戗，将罾网用葫芦扯上去，张开晾晒干。

从大通河口到头段，一共投 10 个蟹子网位置，根据抽签来确定渔民打蟹子网的顺序，每个位置有两条船。抛下蟹子网并用戗将网的两头固定在河的两岸，拦截从上游下来的鱼蟹，然后每条船在蟹子网的上方用两根木戗固定在河的岸边。每一段蟹子网后面都跟着好几条敞罾，大水时四五条，小水时二三条，也是用戗固定罾船。所以，插戗是渔民必须具备的技术，不但要一把力气，还要有技巧，渔人有"疾水难下戗"之谚语。如果遇到大风，木戗常会被冲掉或折断，所以，每年都要增加新戗。扳铲罾和打蟹子网的渔民日夜以逸待劳，守株待兔，正是利用木戗的固守，从而有了根据地。

除了捕鱼需要木戗外，每年清明到端午，河南咀渔民都要到长江边装鱼苗（装鱼花）。装鱼花时在江岸上搭建房子，叫作鱼花棚，这就需要木戗、芦席、帆布、油毛毡之类的材料。每个鱼花棚都有好几个张捕鱼花的位置，每个位置要有很多根木戗插入江水中，把绠、箱架固定好，绠像一个大喇叭裤子一样的三角形，口大尾小，尾部是绠管，绠管的边缘有一个小口套进鱼箱里，鱼苗游进绠里并通过绠管进入箱里。渔民每夜起几次鱼苗，把箱里的鱼苗用瓢舀起来，放到大箱里，而这一系列的操作都离不开木戗。每个鱼花棚里都有十几根至几十根鱼花戗，用于固定装鱼苗的横档哈巴竹，哈巴竹上挂一条条张捕鱼苗的绠网。有了一排排插入江中的鱼花戗，任凭风浪起，鱼花绠正常张捕鱼花。

通常一个鱼花棚大棚 6 人，鱼花绠有 6 排，一排 13 根木戗，平均约 48 根的鱼花戗，长的两丈多，短的一丈多。河南咀 3 个生产队仅鱼花戗需 500 多根（下半年渔船捕鱼时，这些木戗继续派上用场），可见木戗的需求量之大。插戗不但要有一把劲，还要有技巧，利用流水和风向下戗。有时戗插得太深拔不出来，就将船链子绑住戗，来回划船，用船的惯性摇动戗头，从而拔出。也有把木戗拔断了的，大戗改成小戗。

装鱼花结束后，渔民将鱼花戗放到一空旷的地方竖立起来搭成几十个三角形状，形状像欧洲的城堡一样，木戗苗子朝天，甚为壮观。晒一段时间后，就运到操场的工具屋里。河南咀的工具屋建在河南咀小学的正西对面，自东向西分别是第五、第六和第四生产队的工具屋。工具屋的门开在南北方上，门很大，便于鱼花戗直进直出。每个工具屋大约200平方米，地面上用石头砌成几道坚固的横档，把工具架在上面，透风，不让工具潮湿。各队鱼花棚里的渔具都会整齐码放在工具屋内，各生产队都会安排年龄较大的老渔民看管工具屋。每年正二月，渔民从工具屋里把木戗运出来修理，不够的要新增，还有其他的箱架子、鱼筛子等，都放在河南咀小学的篮球场上，各队派人来清点维修。

❯❯ 血网·漆罾·槲缏

在长期的捕鱼活动中，生产资料和劳动工具都会有磨损、损坏和变质，特别是麻线织成的罾网，吸水后难以迅速干燥，容易腐烂，罾、网、鱼花缏也是如此，必须跟进相应的养护和保护措施。河南咀渔民根据物品的性质，针对性地发明了一系列的保护方法。人们发现使用猪血（浸泡）渔网，用柿子汁漆罾，用槲皮汁槲鱼花缏和鱼花箱，可使其经久耐用。

血网：渔网经受长时间的拣网、理网、撒网，网在水下泥土上挪动，贴着渔船帮子摩擦，容易磨损。特别是出鱼的季节，渔民撒网夜以继日，麻线网在水的浸泡下，网线发白，摩擦起毛，变软，如果不处理，网就会烂掉。河南咀人买来猪血（一般一口猪的猪血3~4斤），约半脸盆血块，捣碎，加水，把渔网一截一截放到猪血盆里，让网眼全都沾上猪血，晾干，然后将网放进竹木圆桶的蒸笼里，放到盛半截水的大锅里，烧大火蒸透（烧蒸笼得小心，烧得不好，把蒸笼烧焦了，网也烧坏了），蒸好网取出，扯上桅杆晾晒。经过这一过程，渔网硬如钢丝。经过血网，网线又恢复到红黑色，质量如初，也好理网、撒网。

漆罾：河南咀的铲罾均是架在渔船上的。一把密罾所用麻线十几斤，织起来要好几年，如不注意保管保养，用不了多长时间就会毁坏。三指罾、六指罾、虎罾长期在河水里浸泡后变成了白麻精，极易腐烂，必须加以保养。河南咀人掌握了漆罾的方法，把柿子压榨放入大缸里，让其发酵，出汁，把渣子捞出来，用开水冲开柿子汁，把罾放进汁液里浸泡，若干时间取出，用蒸笼蒸干，扯上桅杆晾晒。罾经过漆后，由软变硬，由白变黑褐色。有时，也有先用槲水过一次罾的。漆过的罾，等于加了一层保护层。使用时，罾离水即干，寿命得以大大延长。

椭缏：在长江边装鱼苗用的是夏布麻线做成的缏和箱。一季装鱼苗缏、箱要在江水里浸泡几个月，如不保养，缏布极易腐烂变质。为此，河南咀渔民用锤子捶烂椭树根皮，放进大铁锅熬出红汁水，把缏和箱放进椭水里浸泡，取出晾晒。缏布变成红褐色，又硬又不易吸水，椭过的缏、箱变硬，张力变强，装鱼花时不易变形。椭过的缏、箱经用多了。

改革开放后，由于聚乙烯塑料制作的渔网不易腐烂，其保养方法简单，使用过后直接晾干即可。

❱❱ 捕养并举

整个河南咀人的捕鱼历史，也是一段不断改进不断完善不断发展的历史。河南咀的祖先最早从原始落后的小腰盆捕鱼，到织麻纺线放麻网，进而织旋网做罾，由岸边的扳手罾、扳架罾，直到制作渔船行驶在江河上撒网扳罾，不断发现和开拓新的捕鱼水域。可以讲，渔业生产的发现发明、创造创新从未停止过。

河南咀人捕鱼可以分为三个阶段。早期自唐宋元时期，为原始捕鱼的第一阶段。这时期，虽然鱼类资源十分丰富，但捕鱼手段简单，工具落后，方式单一，作息受自然限制，渔民生活艰苦贫困。第二阶段，自明清到新中国成立前，鱼类资源仍然丰富，渔民捕鱼的工具更新换代极快，有了质的飞跃。渔船渐大，获取鱼类增多，渔民财富增加。富起来的渔民买房打船，罾网更大，船罾规模日益扩大。活动半径也随着渔船的载重量加大，航行于江河湖泊鱼类更加丰富的地方。良性循环形成，更有时间和条件来改善捕鱼工具，新的捕鱼工具、方式不断推陈出新，进而逐渐定型。河南咀的一指、二指、三指的铲罾，一指、二指、三指网，专门的蟹子网，都有了定义的范式。第三个阶段是新中国成立后至70年代，此阶段有辉煌也有落寞。辉煌时，有人一晚上扳了3000斤鱼，一罾扳起108条大胖头鲢子，一夜打到1000多匹螃蟹。60年代，河南咀渔民发明用化学尼龙丝做罾，青年渔民高宝根一天织1万个罾眼，大大提高了织罾网效率，也为捕鱼提供了物质基础。捕鱼虽然令人羡慕，但这样丰收的年景除了发大水外，其他干旱少雨、小水年份就是歉年，深受大自然的制约。为此，河南咀从1957年起，在前人装鱼苗的基础上又开始了在长江张捕鱼苗进行人工养殖，亦捕亦养，渊源久远的鱼花（鱼苗）塘再现生机。

贵池至铜陵长江水域历史上盛产鱼苗。河南咀渔民张缏（张捕鱼苗的工具），上至梅埂下至铜陵县的猫山均有鱼花棚和缏埠分布。

一般人只知河南咀渔民捕鱼蜚声长江，殊不知河南咀装鱼花（苗）、养鱼花（鱼）更是历史久远，早期养鱼在七七事变之前，渔民把在从长江里装来的鱼苗放进河南咀墩子后面低洼的王家塘里，然后卖给浙江金华南溪来的鱼花客。那时杭州闸还未建造，这些鱼花客挑着鱼花桶空担子，从新安江徽州太平、泾县古道来到大通，把买到的乌子鱼苗原路挑回去。通常他们会选择有水塘的地方休歇，给鱼花桶换水、加水，回程数百里，往往要十几天才能挑回家。这期间，不但要给鱼花换干净的水，还要给鱼花喂鸡蛋黄。因此，仅十几天时间，鱼花从小乌子要长大很多。（2022年河道疏浚，挖掘机从河南咀老屋基下挖出了磨豆浆的磨子、碓臼等鱼花工具，可见当初养鱼花之况。）

1951年政府组织渔民搞集体，为了扩大收益，除了捕鱼外，停歇了几十年的养鱼活动再次被提及。经过数年准备，1957年河南咀人又开始在长江装鱼苗，在鱼苗塘里养殖，待鱼苗长到不同大的时候，对外出售。这一产业链涉及制作装鱼苗的一系列的工具、养鱼苗的生产资料和与此相关的人财物等。于是"箱布""缏""网箱""鱼花戗""鱼花棚""鱼花塘""喂浆""乌子""河片""冬片""家鱼""野鱼""鱼花桶""鱼花筛子"和"鱼花客"等几十个相关名词应运而生，名目繁多，不胜枚举。

装鱼花首先要解决养鱼花的池塘。1954年发生了百年不遇的大水，河南咀的老房子倒掉不少，之后不少人家在河南咀墩子与操场之间的低洼地做了好几间草房子，但由于地势低洼，遇大雨和发稍大点水就受淹了，住户苦不堪言。在上级号召修鱼花塘之际，正好利用了这片洼地，挖鱼苗塘，把土挑到指定地点，地势变高后，就开始做房子。开头挖鱼花塘时一担土2分钱，先在靠近河南咀南头低势较低的地方修了几口塘，并在河南咀上墩与大同圩之间挑了一条小埂，埂底放置陶瓷涵管，平时关闸，内塘水多可将闸门提起放水。在外江边还修了一条圩堤（当地人叫马路），其实也就比小埂略高略宽些。

挖鱼花塘一般从正月初八就开始，修建塘口，把塘底淤泥清掉，把损坏的塘埂修补完整，用过的塘要消毒，还要把鱼塘里专吃家鱼的凶猛的野鱼清除掉。

六七十年代买来消灭血吸虫钉螺的五六酚钠，此药一下，塘里的野鱼、黄鳝、泥鳅、青蛙全漂起来死了，清除得干干净净。

鱼塘养鱼看似简单，其实不然。一口鱼塘一般3尺深，面积1亩左右。都说"水深好养鱼"，水大，鱼苗跑了，水小，鱼苗干死了。有时候，鱼塘里野草疯长，鱼苗活动空间被挤压，养鱼人必须下水拔掉野生水植物，这是一件非常麻烦的事，拔了又长，除不了根。在一口池塘养鱼苗不能过于密集，多了鱼长不大，水质差，鱼苗易死，必须要有富有经验的专人精心饲养。小埂只能挡住一般的汛期之水，一旦水量过大漫过埂头，鱼花塘鱼就游到长江里去了。

农有农时，渔有鱼时。过了三七搓麻绳，4月槲缏、做缏、补缏，制作哈八竹，整理木戗等，出棚。出棚就是把装鱼花的工具装到船上，运到沿江各个划定位置搭建的简易棚子里，渔民开始值班看守。开始插戗、挂缏和箱，连续装一个多月的鱼苗，鱼苗边装边卖，也不断运送到鱼苗养殖基地。在喂养鱼苗过程中有乌子、河片和冬片之分。这些长大的鱼苗销售的地方更广更远，淮南淮北，甚至东北。可是，装鱼苗也因市场需求的不确定性，加上长江鱼苗逐年减少，人工养鱼又受场地等限制，装鱼花、卖鱼花渐渐式微。

1973年，河南咀队干部与贵池大同大队支书吴福久商议，将渔业公社分配的计划木材给大同大队，大同大队把在三县圩的约10亩荒湖租借给河南咀开发做养鱼塘，鱼塘养的鱼苗卖给白浪湖养殖场或其他地方，此事双赢，暂缓了河南咀渔民捕量减少的困境，但两年后因人事矛盾等原因，这些养鱼塘荒废了。没有自己的养鱼基地，所以养鱼最终没有形成气候，未能成为河南咀人安身立命的产业。

当青通河鱼类匮乏的时候，有识之士认识到捕鱼不是长久之事，经过多方呼吁，得到铜陵县革委会同意，将白浪湖划拨给渔业公社作为市菜篮子工程基地。从此渔业公社包括河南咀全体渔民全家老小齐上阵，挑埂筑圩，既解决了渔民生活、生存的燃眉之急，又开辟了未来的养鱼场。

但是，只会从长江捕鱼苗也不是长久之策，出路是自己养鱼种繁殖，但因没有合适的场地，河南咀鱼苗养殖成了一句空话。

回顾历史，就渔业生产而言，一味靠天吃饭，一味从大自然索取，不做根本性的改革创新，都跳不出最终衰亡的周期律。

» 装鱼花和养鱼花

装鱼花，又叫装鱼苗。装鱼花卖鱼片是河南咀渔民每年一项不菲的收入，特别是新中国成立后鱼苗销往全国各地，甚至远销至东北吉林和辽宁。虽然卖鱼片收入较高，但装鱼花是一项非常艰苦的过程。早在抗日之前，河南咀人就开始了装鱼花。那时候没有天气预报，掌握天时以避免灾难，全靠经验丰富的老渔民，但难免有失误的时候。经常有妇女站在河南咀庙嘴头遥望江面，期盼家里男人平安归来。民间有"三个无路鬼，共饮一瓢水"的谚语，昔日鱼花子与叫花子、戏花子合称"三花子"。可见装鱼花的人，也是社会底层之人。1938年后，日军侵占大通，长江封锁，装鱼花停止了。新中国成立后，1957年将近20年后河南咀人又恢复了装鱼花，但前辈大多不在了，如何做绠已失传。1956年，河南咀渔业大队主任张大信请高玉堂去江北（枞阳）学习装鱼花包括如何做绠的技术。此后，河南咀做绠师傅有高玉堂、高韵祖、高泽林、高根林等人，他们制作鱼花各种工具的技术精湛高超，可谓青出于蓝胜于蓝。

每年农历立夏是装鱼花的开始，当地有一句谚语"立夏到码头"，意思是江水温度回升，在上游的洞庭湖、鄱阳湖等沿江湖泊里的鱼苗顺江而下，得赶快抓紧时间装鱼苗，不要错过好时机。

装鱼花分早水、中水和晚水三个阶段，早水大致从立夏到小满，捕捞的青、草、鲢、鳙四大鱼质量最好。此时在胖头鲢子肚子里可见3个鱼鳔；中水从小满到芒种，鱼花质量次之，鱼肚里只有一到两个鱼鳔；晚水从芒种到夏至，鱼花质量最差，鱼肚里只看见一条线，基本看不到鱼鳔了。

下鱼花绠的多少取决于水势的缓急。水流湍急处一般插4排饻挂绠，水势平稳的江滩要下十几排饻挂绠。装鱼花十分辛苦，根本没有觉睡。这个季节渔民要分两部分，少数人在家养鱼苗，大部分渔民出外装鱼苗（也称装鱼花），一直到芒种前后，持续40天左右。装鱼花有十六七个地点，从上往下分别是郭港、洋油站（河南咀后面）、大通食品站、灯笼沟、红庙、大汪家冲、小汪家冲、横港（3个点）、扫把沟（3个点）、铜陵县（3个点，其中毛山口和养殖厂是最后两个点）。先是3个生产队抽勾决定各个生产队的位置，后由每个生产队自由组合，一般是老少搭配、经验丰富和少经验的搭配，搭配不均的由队长协调，最后还是抽勾决定每组装鱼花的位置。

　　装鱼花的工具种类多、数量大，除了船外还有鱼花筏、缏、箱（大、小）、哈八竹、筛子、鱼篓子、鱼花桶、水缸等。装鱼花前，各生产队队员及其家属齐动手要将以上工具准备好。鱼花筏就是固定鱼船用的木；缏是装鱼花的专门工具，是有专门技术的师傅用缏布（麻布）制成的，由半漏斗形缏身和缏袖两部分组成，缏身边缘安上耳环，缏袖由粗逐渐变细，袖的尾端还有竹圈被缏布包起来，长有一丈三尺左右，做好后还要经过"槲缏"程序，使缏变得更加结实且具有韧性；哈八竹也是装鱼花的专门工具，在长一丈两尺、粗直径 2 寸的竹子上用手拉钻，朝一个方向隔 5 寸距离钻出许多小孔，并用竹子做筷子粗细 2 寸长的竹钉子，钉在竹子的小孔里并留有半寸在外；箱有大箱和小箱两种，是在水面上养鱼花的一种工具，是由缏布（床布）做成。大箱 1.5 米 × 1 米 × 0.6 米，小箱 0.3 米 × 0.45 米 × 0.2 米，在箱的外围有大一圈的木框，木框四角都有小孔，每个孔插入用竹子做的上粗下细的箱柱子，箱柱的两头系上绳子，绳子的另一端系牢箱的八个角，绷紧网箱开口朝上放在水面上就可以养鱼了；鱼篓子是用篾编的外框，框内铺好雨布盛满八成水，这是长途运输鱼苗的工具；鱼花桶像家用水桶，不同的是口小底大非常明显；鱼筛子用竹篾织成半圆形，一面开口，口径约 40 厘米，深度约 20 厘米，孔眼有大有小。所有旧工具都得修补，数量不够必须新增。

　　每组 4~6 人，搭建一个鱼花棚子，有两条船、80~90 根鱼花、30~40 条缏、70~80 根哈八竹、筛子好几个、30~40 个小箱及 3~4 个大箱，筛子、鱼篓子、鱼花桶和水缸分别只需几个即可。每个鱼花棚在靠岸的江面上要插 5~6 排筏，根据地点的水面及水流速决定用多少条缏，一般 6~7 条缏，水流速急的地方 4~5 条缏，水缓的地方达 10 多条缏。每排木筏在插筏的安排上还很讲究，特别是门筏要求间隔（5 尺左右）均匀且整齐垂直于岸边，这不仅要体力更要技巧，四队的高传道、何祖德，六队的高余庆，他们插的鱼花筏令人信赖，有人把他们插的鱼花筏称为"标准筏"，无可挑剔。一般靠最外面的两根需要插三丈开外的长筏。如果是 4 条缏，门筏 5 根、吊尾筏 4 根，如果是 5 条缏，门筏 6 根、吊尾筏 5 根，依次类推。每根吊尾筏插在两根门筏之间后一条缏（除缏尾）

的距离丈许，每根吊尾用戗绳子绑牢两根带竹丁子的哈把竹，前端叉开，分别绑在前面的门戗上，这样就形成许多倒八字，正好把半漏斗形绠的边缘套在倒八字形的哈把竹的竹丁上，绠的开口朝前，用穿杆穿走前端边缘的耳环，并用竹竿将穿杆按入水下离水面1米左右，两端用绳子固定在门戗上，这样形成一个大喇叭口，绠尾朝下游伸开且尾口被套进到后面的小箱里，这样就给鱼苗布下了一个程式，鱼苗顺流而下，一旦进入绠的喇叭口，随即进入绠后面的小箱。在绠的后面安上吊尾签，一头固定在哈八竹与吊尾戗接头处，另一头翘起并吊住小箱，使小箱能稳定，不至于摆动得厉害。排戗之间隔80米左右。为了使插入水下的每排戗更稳固，每排靠最外面的戗要在江岸的上方带一道铁丝缆子。上午很少下绠，一般到下午4点开始下绠到第二天天亮起绠，要持续10多个小时，下绠以后要不断地用木制的水瓢把鱼苗从小箱里舀起来，放到口小底大的鱼花桶里，再通过稀筛子过滤，筛掉和鱼花一起舀进来的垃圾，然后把筛过后的鱼花汇集到大箱内。像这样的操作过程一晚上要经过6~7次，一次需要1个多小时，大家分组轮班来，非常辛苦。风平浪静时装鱼花好些，如遇风浪大，垃圾塞满绠尾袖子里，鱼花也少得多。如遭暴风雨袭击，木戗被冲走、绠被冲垮，社员会奋力抢救，有时会冒着生命危险跳入水中捞回被冲到江中心的鱼花戗等财物，使集体财产损失减到最低程度。

各鱼花棚大箱里的鱼花积累比较多了，就把鱼花放到大水缸里或鱼篓里，划船将鱼花送回养鱼苗基地——河南咀鱼花塘。当鱼花塘鱼苗存放足够多了，鱼花棚大箱里的鱼花可以对外出售，这段时间到江边鱼花棚购买"夏花"的有上游江西、湖北、湖南的鱼花客，有下游江苏、浙江的鱼花客，还有来自北方本省内的阜阳、蚌埠等地的鱼花客。

从长江捕捞来的鱼花运到河南咀的鱼塘后，经过有经验的渔民用筛子筛选，根据大小、形体、花色区分黄白鲢鳙青草鲩鲤鲫鱼，分别投放到各鱼塘喂养。而将那些蒙籽（长大后专吃家鱼的杂鱼），一律清除出来就地灭杀，毫不留情。喂养的饲料主要是将黄豆磨成豆浆，还有鸡蛋黄。用桶装好，抬到各鱼苗塘口，由经验丰富的师傅舀起庠洒到水面上。喂食是定时的。每天傍晚，当晚霞将西边的天空染红时，池塘里黑压压的一大片小鱼群摇头晃脑浮出水面等待喂食，十分逗人。鱼食挑到哪条塘埂上时，那口塘里的鱼群就会早早昂首迎接它，当一瓢瓢豆浆屑向塘里时，鱼儿为争抢食物，不断发出哗啦啦的水响声，场面颇为壮观。有时，鱼花塘里的小鱼苗浮在水面上，常把路过的小学生当作喂食的人，纷纷向孩子们游来，实在逗人。

》东北卖鱼苗

河南咀在长江里捕捞鱼苗始于1956年。刚开始鱼苗卖给周边和本省阜阳等地客商，行情价格也较好。后来销路不广，价格也很低。1971—1972年，当涂县的鱼花客向河南咀人介绍了东北需要鱼苗的销路。于是，河南咀第四、第五和第六3个生产队每年3—5月从长江装的野生鱼苗就养在家门口的鱼塘里。从5月起，将鳙鱼、白鲢、少量的草鲩鱼苗用网箱养好，长成约1寸大小，变成火片鱼苗。待与东北客商联系好后，渔民将这些鱼苗放入4尺见方的鱼花篓子里。开头鱼花篓子里面是用桐油浸泡的白布，后来就直接买帆布放在竹篓子里，大约每个鱼篓子里盛满1吨水，每个鱼花篓子装几万尾鱼苗。鱼篓子用汽车拉到铜陵市火车站，将鱼苗用网箱装好放入火车站边的水塘中等待慢车编组。一旦上车，将鱼篓子摆放在货车厢里，用水泵打水灌满鱼篓子，再带水将鱼苗舀起，放入鱼花篓子里。到后来送鱼苗上火车，渔民就直接在车厢里钉木板，钉起正方形帆布，往帆布里打水，半个车厢能装20多吨水养几十万尾火片鱼苗。从铜陵到东北慢车跑一趟要七八天时间，那时火车上不卖快餐，乡亲们就自带煤炉自己烧饭，有时吃点干粮。经常到一个车站就停车，在途中等待再编组，快的话要1个多小时，慢的话要十几个小时，等得人发慌。这还不算什么，最吃苦的活儿是押运鱼苗，根本没觉睡。鱼苗不能缺氧，要不断搅拌水。因为那时候没有增氧机，渔民只好跳进鱼花篓子搅水，人工增氧。于是，几个人轮流换岗，到时间就跳进水里搅动。鱼苗虽然是活跃了，可是半夜三更人在水里又冷又累，那是一种什么滋味？渔民们为了让鱼苗卖个好价钱，自己吃苦受累又算得了什么呢？这些经过千里迢迢千辛万苦运送来的鱼苗，大多送抵东北的盘锦、大虎山、赤峰等地。每次跑一趟东北，货车费大约几千元，但由于鱼苗价格尚好，每跑一趟能赚个几万块钱。回家乘快车，只要一两天，每个人火车票只要100块钱左右，很便宜。

当将鱼苗卖掉后，这些世代未出过远门的渔民，欣喜若狂。他们去沈阳故宫参观，去大街上逛街。他们在东北买回家乡难以买到的日用品和服装鞋帽，特别是冬天穿的羊毛衫、羊毛皮衣背心、毛皮帽子和羊毛裤。他们为子女和家人买得最多的是民用黄军背包，深帮子解放鞋。以至于那个年代，河南咀十几岁的学生，背的书包都是黄军包，脚上穿的都是黄色深帮子解放鞋。大通街同班同学还以为是军队统一发给的，十分好奇。

东北卖鱼花，是河南咀渔民在"文化大革命"时期第一次走出家门，走向市场。将长江捕捞的鱼苗和自家生产队精养的鱼苗卖到几千里之外的地方，获得了丰厚的利润和收益，同时又开阔了眼界，增长了见识，其意义非常之大。河南咀3个生产队在一年期间总计跑东北4趟。可惜后来由于受到人工繁殖鱼苗价格战的影响，野生鱼苗质优价高不好卖，再加上1972年以后长江鱼苗渐少，直至捕不到鱼苗，为期两年多的东北卖鱼苗骤停了，没有开辟和扩大新的市场，不能不说是一个遗憾。

❯❯ 老队屋

在新中国成立后的农牧副渔大集体时代，每个生产小队都有自己固定开会地点——队屋。本队的村民们在这个空间中对生产队的大事小事事无巨细都要管上一管。新中国刚成立时，由于物质资料和经济条件受限，多年来有组织的公共活动都是在私人家大屋里进行的。

第六生产队当时人口最多，开会学习老是用张家大屋也不方便，到1968年后，生产队有了一点积蓄，有钱就想花。于是有人就建议在原佘二和尚的老屋基上重新再做一间队屋。佘二和尚在日军占领大通后跑反，家道中落了，直到1954年佘家大屋被大水冲垮，但那块地基是全河南咀最高的地方，汛期能淹到佘二和尚老屋基的年份并不多。挖开佘二和尚的老地基后，露出了一排排一层层的青石板，不到一周，抬出来的青石块堆成城墙一样老高老高的。就地取材，将操场集体栽种的杨柳树砍来，请打船的金老三木匠设计屋架，买了小瓦，前后大约一个月多点时间，就建好了一间100多平方米的石头瓦屋。这间队屋一是用来开会、学习，传达上级文件。二是堆放一些小件的生产队工具，如缒布、木桶等杂物。拥有队屋钥匙的人只有生产队队长，还有在运动中涌现出来的造反派骨干以及贫协会积极分子等人。

那时的房子一般都有前后门，前面的叫大门，后面的要小些，为后门。第六生产队的队屋坐西朝东，为了安全，没有后门和小门，只有一扇正对清通河和大通街的大门，大门前留有一小块广场，地面全是青石板覆盖铺平的。

这老队屋，从落成之日，就是生产队的中心。开会、评工分、议事、队长和队委们开领导班子会议，批判批斗、传达上级文件和政治学习，解决社员家庭及社员之间的矛盾等，都离不开这个队部。它是名副其实的第六渔业生产队政治、经济、文化和是非曲直处理调解中心。

大门正对青通河的第六生产队队屋

队屋，虽然不像行政机关办公重地那样重要，但拥有队屋门锁钥匙的人，必须是队委班子成员，不要"把队长不当干部"，实际上他们就是干部，反正本队社员和队委自己都认为他们是干部。为了争当队长，曾经将第六生产队划分了两个生产队，即原老六队和新第九生产队，社员总数还是那么多，无形中多出了一倍的生产队干部，这不一定是因为当队长有什么物质待遇和金钱上的好处，名大于利，起码被人称为"高队长""张队长""吴队长"，受人尊重，而且队屋不是其他人随时想进就能进去的。

老队屋，是那个时代生产队队长和社员造访最多的一块领地，它既是公共场所，也是一个小社会，还是人们挥之不去的精神家园。

❯❯ 打船钉的铁匠铺子

古语有"好儿不当兵，好铁不打钉"之说，意思是所用皆是细碎边角料的废铁。渔民打船和修船用的船钉颇有特点，即多为前尖后方的棱形钉，包括尾部有帽和无帽的船钉，也有两头尖的长钉，带钩子的扒钉等，船钉样式不一，功能各异，打一条渔船，根据大小不等，通常要几十斤至上百斤的船钉。20 世纪 60 年代有两个专打船钉的铁匠铺子，一个是在大通街上街头靠河边的丁安富，其人长得精瘦，常年火烤，脸色苍白，说话慢条斯理。丁安富的铁匠铺子和住家房子连在一块，因为靠近河边，渔民来这里买船钉非常方便。夏天那些拖上河岸需要维修的渔船，都会到此处购买船钉。他收徒学艺，徒弟当中有一个年轻人是河南咀吴正荣的三儿子吴宗庆，后来人称"小铁匠"。他聪明好学，技术精湛，出师后就在渔业公社船厂开办了一间铁匠铺子单干了。他一生都在打铁，没有离开过家乡。吴宗庆长得壮实，长期经炉火熏烤，皮肤发白没有血色。因为有手艺，他娶了河南咀的高翠宝为妻。另一个打铁的是河南咀吴小犬的继父唐金生，繁昌获港人，无酒不餐，嗜酒成性，他的口头禅是"搞两个钱吃三个钱"。起初，他在河南咀上个墩简陋的小屋里打铁，因火烛和吵闹声被左邻右舍反对，不得不选择在操场上搭建个铁匠铺。尽管老唐有一身好手艺，但仅他一人是打不了铁的，于是他招来了小学辍学的吴正荣的五子吴宗龙当学徒。

操场在小渔村后西边，长期荒芜着。每逢盛夏，靠北边外江岸上，有不少渔船需要维修。自从老唐的铁匠铺在这里开张后，荒芜的操场很快就热闹起来。有时候，订购船钉的客户好几个都在门外大树下等货，老唐师徒常常忙不过来，只要进铁匠铺，就忙得不可开交。师徒二人拿起一块已经发黑的帆布大围腰，挂在脖子上，再在腰间系一道，就投入紧张的劳作中。吴宗龙引燃了铁匠炉，老唐用钳子夹起铁块塞进炭火里，用一块坩石块盖在上面。此时就见小徒弟两只脚一前一后站着，双手握住风箱把，前腿直、后腿弓，身子微微后仰，待风箱竿拉到底时，小肚子一拢，两腿马上换成前腿弓、后腿直，就这样反复来去。两条胳膊一拉一送，身子随着一仰一合，风箱便"呼呼、呼呼"有节奏地响着。炉中蓝色的火苗随节奏向上纵起，在劲风的吹奏中升腾……老唐隔一会翻动一下铁块，铁块渐渐烧至橘红，继而发黄、发亮、发白。说时迟那时快，老唐双手握着大钳猛地将"噼噼啪啪"爆着火星的铁块拖出放在铁砧上，小徒弟吴宗龙早已手持大锤立于一侧严阵以待。师傅腾出右手，拿起铁砧上的小锤，在铁砧上"当、当"掂两下，然后高高举起手锤狠狠地砸在铁块中央。徒弟抢起大锤划着弧带着风，紧跟着砸在师傅砸过的地方。一时间大小锤上下起落，铁花四溅，凌空飞舞。俗话说："铁打千层皮，带落千层灰"，看热闹的赶忙撤身后退，生怕被飞溅的铁屑烫着。

刚拖出的铁块是软的，像块橡皮泥，大小锤砸上去，声音"扑扑"发闷响，一锤一个样子，你上我下，紧锤快砸。二三十锤过后，铁块颜色变红，不再那么软，锤声随之变成"嘭咚、嘭咚"。铁块逐渐暗红，硬度越来越大，锤子的声音随即透出铁质的音响清脆起来，"当、叮叮当；当、叮叮当……"徒弟看着师傅的小锤点到哪里，他就锤到哪里，轻重缓急全凭师傅小锤指挥。老话说："铁匠没样，边打边像"，又云："长木匠，短铁匠。"铁匠活，看似简单，实则不然。铁匠跟木匠、篾匠、砖瓦匠、裁缝不同，铁器的形成无尺寸可依，也不可量。形状、大小全存在脑中。铁匠师傅的厉害之处在眼睛，须看清火色，把握住火候。每当铁块在火中烧至发白灼亮时，师傅在最适当的时机把铁块拖到铁砧上，用小锤引导徒弟的大锤，将铁块打成他心中设计好的模样。一件器物包括一根船钉要经过三五次烧红捶打，才能把铁里的杂质打出来，使铁的密度更高、更有韧性和硬度，再经过淬火就变成了需要的铁器。

毫不夸张地说，铁匠是百匠之首。木匠的斧头、锯子、刨，砖瓦匠的砌刀，篾匠的篾刀，剃头匠的剪子、剃刀，哪种工匠的工具不是出自铁匠的手？特别是在农耕社会，假如没有铁匠，其他的工匠都难成其匠。但是，河南咀的本土铁匠依附于渔民的渔船，他们只是单一的打船钉，而船钉的需求一是存在着季节性，淡季闲，旺季忙；二是需求总量有限，平时不能有大量的库存。这就决定了这一行业的手艺人挣不到多少钱，只能勉强维持生活。所以，老唐60岁不到穷困老死了，小徒弟吴宗龙后来招工到铜陵县轻机厂去了。

时代进步，铁匠工艺日渐式微在所难免，如今无论在城市或农村，已鲜见铁匠和铁匠铺，更找不到专门打船钉的铁匠铺子。不过，昔日那叮叮当当、铁花四溅、紫烟升腾的景象，却永远留在人们的记忆深处，它佐证并记录了渔家渔船那个年代一段丰厚的历史。

➤➤ 打船木匠

船木匠属于大木，因为用的材料都是大木材。户口在渔业公社，居住在青通河岸大同圩外边金家墩的金幼良，世人皆称金老三，和他的弟弟金幼连（金老四）兄弟俩，是通和两岸三地木匠中的一块金字招牌。他设计的船非常漂亮，阻力小，跑得快，设计的图纸也画得很好看，当然那图纸别人不一定能看懂。金氏兄弟俩祖籍湖北鄂城人，自小拜师学的就是打船和修补渔船的手艺。由于悟性好，出师后不但会修补渔船，还会打造各种渔船。渔业公社6个生产队大小几百条渔船，每年夏天都要上岸打油或修补。有的渔船太破旧，修不起来就要打新船。可是能修船的木匠师傅好找，要请一个高明的打船木匠师傅就不那么容易了，而要选择一个百里挑一的打船高手，那更是难上加难。正因为金氏兄弟俩手艺好，名气大，他俩一年到头基本上不接修补船的活儿，全年光是打造渔船都忙不过来。

金老三个头不高，白白的皮肤，平时上工、收工的路上默不作声，像是在若有所思，见到熟悉的人一笑两个深酒窝，不善言谈，没有多话。他聪明绝顶，善于思考，设计缜密，每打一条船都苦思冥想，有时废寝忘食。经他亲手打造的船，节省大量的木材，船体下水后造型优美，载重吃水平稳。从建造各种二三吨渔船到能造出一二十吨机动运输船，直至发展到为大通航运公司建造载重量50多吨的机动客运船，无不展示出金氏精妙绝伦的木工手艺和技术。

由于其木工技术精湛，在20世纪60年代渔业公社搞大集体时，公社选出3名年轻人让学木匠。第一个是河南咀四队的李祖兵，小名叫小鸭，祖籍无为，父母早年定居河南咀，其父也曾是打船的木匠。第二个学徒是李宗庆，祖籍也是无为，其父李维开担任过四队的队长。李维开少时跟随出嫁的姐姐来到河南咀，留下来讨生活。第三个学徒是四队吴正荣的二儿子吴宗开。吴正荣生育5男二女，他抱着"荒年饿不死手艺人"的古训，除老大吴宗扬捕鱼外，五个儿子有四个学手艺，后来老四、老五招工走出了小渔村。这三个学木匠的年轻人，应了那句"名师出高徒"的名言，总体而言，技术都不错。如果非要优中选优的话，比较起来，李祖兵技术更胜一筹，这与他父亲曾为木匠不无关系。不过，虽说学得了木工手艺，但业务并不多，只在夏天有人请去修船，要想混一碗饭吃还很困难。计划不如变化，60年代末，铜陵县搬运站招装卸工，需要几个会木工手艺的人维修打制板车，因为这一点，3位本来学得一身好本领的木匠变成了干苦力的码头工人了。

80年代初，渔业公社成立了集体所有制的"大通渔业公社船厂"。这期间又由金氏兄弟俩带徒传艺。此次招了金幼连（金老四）的儿子金小友、金星，六队的高鹏才，五队的张黎明，四队的李华、高家德等。这些出生于60年代的年轻人在80年代招工潮中纷纷毫不犹豫地放弃学木工，转而到铜陵市、县进入厂矿工作了。其中高鹏才因为有木工和机修专长，不久在铜陵县水泥厂担任了车间主任，后升为厂长助理。

金氏兄弟最得意的是70年代末期，为大通航运公司设计建造的50吨客运轮船，历时二年，试想，一位民间文盲木匠，居然能打造机械船舶，必须考虑到力学、浮力、物理平衡和动力、舵机等各种纷繁复杂的问题，他们不但解决了这些问题，而且造出了在同类船舶中出类拔萃的精品。这不能不说是个传奇。他设计出在八百里皖江中唯一的一条木机械客运轮船，惊动了长航武汉到芜湖的各路专家前来观看。船下水的那天，鹊江江面上一艘柴油机动力的大木船，酷似一条战舰，潇洒矫健，在鹊江江面上划出两排"八"字形的一道道雪白的浪花；又仿佛一只海鸥，敏捷如飞，在水天间展翅翱翔。据专家检测评价，这条轮船创造了同类客轮中"造型美观""船体平稳""设计科学""结构合理"等多个第一，连许多科班出身的土木工程师和一些知名的专家教授都敬佩不已，因此，实至名归地荣获了长江船舶公司颁发的奖状。

当然，20世纪70年代渔业公社船厂由金幼良亲自设计建造的"皖铜1号"和"皖渔8号"轮，更是展现了民间土木工程师高超的造船技艺。设想一下，如果金氏兄弟生于好时代，受过专门的教育和深造，其成就不可限量。除了金氏兄弟打船技压群芳外，河南咀渔民中的高韵祖、高宝安和高家振等无师自通，对制作渔具和修补渔船很精通在行，一般的小修小补或者给木匠当下手，那是呱呱叫的帮手，真是"高手在民间"啊。

》 渔村裁缝

这里讲的裁缝是用手工一针一线专门做针线活的小渔村裁缝。河南咀早期有三大裁缝：涂三姑、何玉卿和向天海。做针线活最早的是涂三姑，年事已高身体变差后，她就不做了。以此为生的叫何玉卿，她住在河南咀下个墩，是高帮本母亲的妹妹，所以一般的河南咀小字辈都跟着喊"姨奶奶"。她身材高挑，长相清秀，衣着干净，说话轻言细语。她20多岁嫁与和悦洲一个姓张的男人，结婚后一年，丈夫因病死亡，她终生守寡。她做衣不用什么缝纫机，而是凭借一把木尺、一把剪刀、一个熨斗、一个线团和粉笔及各种针线，上门做衣一天大约1块钱，如果送布料去她家，按衣单独算，大约几角钱一件。不论是上门出工还是做计件，她都专心致志，精工细作，做出来的衣服妥妥帖帖，十分得体。河南咀人自19世纪末至20世纪中叶出生的人，差不多都穿过何裁缝做的衣服。

另一位名气更大的老师傅叫向天海，家住在青通河边大同圩外单独一个小墩子上，后来又搬到往南边附近的金家墩。一河两岸都知道，他是一个鳏寡老人，终身未娶。平时穿戴整洁，说话表情和动作举止就像个老妇人一样。他上门做衣时，一边做针线活，一边讲张家长李家短的那些陈芝麻烂谷子的故事。可他做出来的每一款衣裳，都堪称艺术品。他的目测功夫了得，不用测量，一看就知道你的身高、肩宽、袖长、腰围等大小和长度。他下剪子稳准狠，式样既精巧又大方，针线紧凑，直是一条线，弯像一圆弧。经他亲手做的一件衣裳，往往穿几年甚至十几年，针线仍牢牢的，接头处都不脱落。他上门做衣从不懈息，除了三餐和几次小解，整整一天，没有一下休息。老向特别认真仔细，一天只能做一到两件衣服。他做的每件衣服，不但做工考究，而且还善于创新。他曾最早发明暗扣这种衣服，不但美观，还隔风保暖。就是这样，每年下半年，他的活根本做不完，不是每家想请就请到的。不过，没有亲生孩子，老向晚年贫病交加，死时由亲戚金幼良、金幼连两兄弟帮忙料理后事。

乡村衣食住行的事，虽然没有政府的安排，但总有人应运而生。两位老裁缝年老体衰后，年轻的适时就顶上了。河南咀专门投师学徒裁缝的是高宗信。他是河南咀下个墩庙嘴头边高荣坤的三儿子，小时得了小儿麻痹症，无法从事体力劳动，家人就让他跟老向学手艺，也能搞碗饭吃。由于高宗信师从名师向天海，又加上他勤学苦练，更为重要的是购置了机械缝纫机，其制作衣服的效率大大提高。在老裁缝退出历史舞台后，高宗信一家独大，基本包揽了河南咀全部的业务，养家糊口早已不成问题。他一个残疾人超过了大部分河南咀劳力的平均收入。

20 世纪 70 年代，河南咀上个墩吴桂枝也投师苏北来大同圩的裁缝师傅，其技艺精湛，深受大同圩和河南咀人欢迎。吴桂枝极为聪明，只上过小学二年级，但她让其弟吴家祥教她数学，计算几分之几的分式运算，用于剪裁布料子。

不少河南咀的妇女也会自家裁剪衣服，特别是夏天的娃娃衫基本自己做。

◎ 做　屋

衣食住行，最大的支出历来都是住。"住之安"，即有了房子才能谈得上安。无房屋即无家可归。几百年前，过去长期漂泊于江河水上的渔民落户于陆地后，拥有住房或改善居住环境对于历代河南咀人来说都是人生中的大事情。不论是陡发万金闷声发大财的暴发户，还是长期节衣缩食细水长流积攒钱款的人家，心之念之，就是建房做屋。

河南咀渔民衡量一个家的贫富就看这家是住草屋还是住瓦屋。

纵览河南咀盖瓦房的历史，大致分为三个阶段。

第一阶段：自明清至民国期间，一直到新中国成立前，除了从操场到庙嘴头一带有一条小街和其中的八九幢徽派大楼房外，大多数渔民家庭都建了砖墙小瓦房。从上个墩依次往下个墩数：有胡度文小四正瓦屋，高志迁、高安发瓦屋；吴正福、吴大金各为两间的瓦屋。吴少春的小两间瓦屋，曹姓在此吊酒的槽坊大屋及旁边的吴荣坤和吴玉奎的小四正砖墙瓦屋；高林书瓦屋；张静山与张安福带天井的四正大楼；佘二和尚带回廊和走马楼的大四正大楼，佘贻家靠近佘二和尚边的瓦屋；安然公小公堂四正楼房；高鹤年与高宝书、高宗福族房带天井、阁楼的大屋；高青松、高年松家小四正大瓦屋；高大安瓦屋，高永庭合六瓦屋，吴政荣瓦屋，吴殿荣和吴邦能两屋相连的一"小四正"和"一条龙"带阁楼的瓦屋，高春山瓦屋，高宜顶瓦屋，高泽林等四兄弟大四正瓦屋（新中国成立前已倒塌）。桥头埂一带几乎都建有瓦屋。一直到庙嘴头有吴满堂、李祖福、高荣坤与高小发兄弟大合六间带阁楼的大楼房，还有操场上姚志祥木行大三间瓦屋等。据不完全统计，河南咀小渔村至新中国成立初期，砖瓦屋占70%～80%，剩下的是草屋，主要集中在庙嘴头尖子前江边一带，后由于咀头岸逐渐倒塌，草房搬迁走了。

这些瓦房大多是砖木结构，分为穿枋和架子两类。"穿枋"除梁、柱为全木外，其枋材是用木板串连的。而"架子"则整体采用全木，用榫卯辖起来的。瓦房以三间型为基本房型。有大三间和小三间之分。大三间是一列七柱落地或九柱落地，小三间是五柱落地。小三间是最常见的，进深达到一丈五尺。在布局上，如果前后两个三间并列，则后三间是"正屋"。两边还可以建横屋，这在结构上又叫"合六间"。还有一种"四正"结构，分"真四正"和"假四正"。真四正前三间是房屋，中间开大门。假四正前面并不是房屋，而是一方形同房屋高的院墙。四正结构进门常会设一个照壁。一般像公堂，有"两进"的也有"三进"的，两进的前进为"穿枋"，后进为"架"，中间为天井。三进的一般前后进为穿枋，中间一进为框架结构。据说，佘二和尚大楼就是建有回廊式走马楼。河南咀的瓦房都有风火墙。总体而言，河南咀的瓦房还是比较简朴的，很少有徽州建筑那样四水归一、雕镂精细的豪华巨厦。包括室内摆设也相对简单，堂屋的正壁是用木板嵌入的"宝壁"，其上挂"松鹤延年""红日东升"等图画，称为"中堂"或"堂心"。宝壁下一长条桌，上边摆着鸣钟、花筒等。条桌下被骑着的是八仙桌，两边分摆雕刻镂花的实木椅。卧室最常见是脚柜、桌橱、架子床。

第二阶段：1954—1959年，这段时期主要是遭遇百年不遇的洪灾，绝大多数瓦房都受到毁损，严重的直接倒塌，如佘二和尚大屋因无主人管理，彻底倒掉了，留下一片残垣断壁，小公堂屋仅剩下了老地基。灾后，没有倒的大屋略加清洗整修继续居住，如清末建造的三幢高家大屋和一幢张家大屋。那些被水毁的房屋，则亟待大修和重建。于是出现了"八仙过海各显神通"的局面。胡度文瓦房受损较大，他凭借祖籍地茅坦白桥胡家的人脉关系，买了老油坊老屋，拆除了穿枋和架子及灰砖和小瓦，数次用船装运到河南咀，于1954年下半年在原屋基础上重新建了合六间，堂心有宝壁屏封，房间带阁楼。正因为他的瓦房比较大，五六十年代先后安排了退伍军人张荣源全家居住，部队驻军一个排长带家属也住过他家。同一时期在原有屋基上重建的有不少人家。上墩的吴正福在青阳木镇买了些旧屋，将穿枋架子运回，重做了瓦屋。吴荣坤、吴玉奎两家在倒掉的原槽坊的大屋基础上分别重建了合六间的和两间的瓦房。张福喜在原小瓦屋基础上整修了两小间瓦屋。高玉堂将原来住在上个墩的草屋拆走到堂兄大屋地基一块做了较小一点的两间砖瓦屋。高青松、高年松兄弟俩在祖上老屋倒掉后，兄弟各做了屋，高青松做了小四正瓦屋，高年松只做带砖墙的草屋。高宗宜把河南咀的老屋重修了。吴喜福修缮了朝南倒掉的大上砖墙，因财力不够，南边大上墙只砌了一大半，剩下到檐口的用芦席笯上顶。高春山利用旧屋材料搭起了砖墙草房；李祖福其父是木匠，他家自己建了瓦房。吴满堂除了新中国成立前在大通街上有私房外，还利用积蓄在河南咀做了一大间坐西朝东的瓦屋。另一个做略小一点合六间的是吴邦富。他在新中国成立前与其兄在大通街有门面房，政府合作化后，此房不好租，最后交由政府统一使用了。于是，吴邦富选择在捕鱼比较方便的河南咀上个墩顶头做房。他家为做屋据说制订了"八年计划"。先是挑屋基，妻张顺娣为做瓦屋"八年不曾吃过好饭，没穿过一件新衣"，他们夫妻俩划船在河南咀庙嘴头江边捡碎瓦片和碎石子，手指都抓烂了，前后装运了8船用于砖墙装斗。之所以有如此多且集中的砖瓦房，源于两个原因，一是捕鱼人的收入较之农民甚至一般市民要高；二是河南咀濒临江河水边，极易遭受洪水灾害，草房泥巴壁、芦席壁子经水一淹，风吹浪打，很快就破损，造成房倒屋塌。所以，渔民发愤立志要做穿枋的砖墙瓦屋。新中国成立初期，随着集体化运动的开展，生产方式的改变，消除了收入差距的鸿沟，经历大家族的分家和历次大水特别是1954年百年不遇的大水淹过后，瓦房或倒塌或损毁，灾后生活困难重重，条件有限，吃穿都成问题，哪有钱来改善居住条件呢？所以，直到20世纪50年代初至60年代，河南咀除了仅存的几幢徽派大瓦房外和一部分瓦屋恢复重修后，相当多的人家只能搭建草房子，住草屋了。一般是三间正屋，在正屋前或正屋后旁搭一个灶屋，叫"三间一搭"。较好的草房以杉木打成穿枋架子，靠穿枋外砌砖墙到屋檐。也有砌一大半高的砖墙，上面用竹棍子绕稻草扎成壁子，将泥巴搅拌熟了有黏性，然后在竹棍子草绕子外面糊一层，要糊到半厘米厚而且均匀。泥巴壁子干了后，隔风。发大水只能淹到屋子1米以下，而下面是砖石砌筑的，上面泥巴壁子不受影响。当然，也还有芦席壁子的草屋，经不住水淹，易损毁，通个洞，冬天根本不隔风。如吴家富、吴家贵、吴家和兄弟仨都住的是芦席壁子的草屋，其中吴家富由于身体差，在有生之年一直住草屋。住这样草屋的其贫穷自不待言，更有少数没有主要劳力的人家，用竹子搭个人字架子，两边披草，人们还给它取一个好听的名字叫"观音合掌"。小孩子们不知道还以为是什么菩萨，但到那家人家一看，简陋到不能再简陋了，无所谓房间堂心之分。高荣福坐牢后，妻子王玉凤和智障女儿小莲子就长期在操场上住"观音合掌"屋。住草屋的人家，面临两个最大的忧虑：一是下半年天气干燥草屋棚子易起火，而且一旦烧起来，将连累左邻右舍；二是怕夏天起狂风，多数小草屋经不住大风吹，掀起茅草是常有的事，不少妇女害怕，用秤挂在大门栓子上，据说有镇住房屋的作用，但总有一些草屋在刮台风时被吹倒了。正因为这个缘故，促使河南咀不少家庭发愤拼命积攒资金做（砖墙）瓦屋。

第三阶段：进入20世纪六七十年代，河南咀人有的捕鱼连续几年生意好，加上养猪的、搞副业的，手头上积攒了一些钱，就有意识地准备几年攒钱甚至做长远打算开始做瓦屋。实现渔民平民百姓人生中最重要的两件事：一是打船，二是做屋。古语说："打船做屋，等于拆骨。"做屋虽不比打船更迫切，但其支出远超打船几倍。所以，除了少数条件好的人家有足够的资金一次性建好房屋外，绝大多数人家都需为做屋准备数年，这当中要挑屋基，准备建材，买砖瓦、买石片、买木材，有不少人家在老山里买拆的老屋。有的建建停停，停停建建。1962年发大水，河南咀人都跑到大通高地躲水去了。吴春发和高根宝两家躲到大通红庙窑厂避水。水退下之后，当年渔业收成好，他们就把停产了的红庙窑厂的红砖以半买半送的价格装了很多船，回来做砖墙瓦屋。有的是先盖瓦的泥巴壁子，如高余庆家；有的是半截砖墙壁的瓦屋，如高宗良家；有的砌砖墙屋顶盖草，如吴小犬家；有的干脆一次性在大通街买现成的门面房，如高宗宜、张炳南等人，不一而足。有的靠多年养猪积攒了钱，再借点债，自己家做砖瓦屋，如高韵祖与章大姐夫妇家。他们从贵池登上、桐梓山老山里买来便宜的老屋穿枋架子、半段灰砖和小瓦，用船装运到河南咀，在牌坊头乌龟桥山头买2元钱一船的狗头石打地基和墙脚，从蟠龙张家汊挖黏性极强的黄泥土用水搅拌，砌墙，买点水泥自己勾缝，七凑八凑，最后依靠勤劳节俭做了一幢三间砖瓦房。60年代中期以后，除了捕鱼主业之外，由于想方设法搞副业、搞运输、装黄沙，有的人家有劳力招工带回来钱物，河南咀掀起了一阵建新房做瓦屋的热潮。如果说坐落的瓦房都是小瓦的话，那么进入60年代末至70年代后，瓦房则盖的都是大瓦。小瓦虽然价格便宜，当时一分五一块，但需要木料做瓦椽子，非常耗物料和工时；而大瓦则不需要那么多的屋椽子，大瓦刚开始被俗称"洋瓦"，宽约7寸，长约9寸，面积比小瓦大得多。只要铺软毛毡打底，用竹片做横档子，盖瓦也很快。所以，至80年代，除少数老屋外，瓦房基本上都是大瓦。这种房型做的规格最大的是高平喜与高家根父子在庙嘴头建的两层楼房。他家在青阳黄沙站有个亲戚，照顾他装黄沙、挖黄沙，很快积攒了可观的钱财，才得以在短期内完成了别人花几年、十几年才能建造的房屋。

经过这大致三个时期的拆建，到80年代末，河南咀基本没有草房子了，代之而起的多是平房瓦屋结构的住宅。

河南咀做屋有一个可圈可点的人性亮点，就是互帮互助。不论谁家何人建房做屋，只要需要帮忙，亲亲友友，隔壁邻居，随喊随到，义不容辞。历年来已成为一种亘古不变的乡风习俗。

在历次做屋的过程中，有一个身影贯穿始终，是一个最不可或缺的因素，那就是女性，即家庭主妇。纵览河南咀做瓦屋的所有成功范例，没有一家能少了夫妻的另一半。有的人家之所以能够做大瓦屋，可能主要力量和贡献来自这个家庭的主妇，因为她具备勤劳、能干、节俭和坚韧等优秀品质。

做屋，还有一个不争的事实，即观察了解一个家庭一个地方的贫富，一个最直接的方式就是看它的房舍优劣。古今中外，概莫能外。但是，在几千年的农耕社会里，绝大多数人建房毕竟依靠勤劳致富的手段而不是一夜暴富，仅靠财富的积累做屋还受很多不确定的因素影响，这就要求有志于建房做屋的人和家庭还要有一种锲而不舍、不达目的誓不罢休的精神，一种前人栽树后人乘凉的自我奉献品质，一种超越生命周期的一代又一代人接续奋斗的初心和使命。做屋，蕴含着中华民族根深蒂固"安居乐业"的文化基因。

河南咀人每一个房屋的建成，或者说每一个家庭的做屋史，都经历了辛劳、节俭、操劳、谋划、煎熬、坚忍的炼狱过程。折射出这个家庭生存生活发展变化的侧影；什么样的人建什么样的房子，或者说什么样的房子也观照出什么样的家庭。房屋虽不能反映房主的人品，但绝对可以透视房主奋斗的成败得失，凸显了不同历史时期各个家庭盛衰的痕迹和社会发展的状况。难怪房子又称作"家"哦。

》烧不尽锅窿的烧锅柴

开门七件事：柴米油盐酱醋茶，柴，位居榜首。有人专以打柴为生，叫樵夫，可见柴禾的重要。20世纪60年代至70年代初，由于城镇煤炭还没有实行计划供应，城镇居民烧锅用柴全靠自己解决，要么去买，要么去上山砍柴。当时农村里多少还有山场，或者庄稼地里的农作物秸秆、稻草之类的，基本上再补一点柴火就可以了。而靠水吃饭的渔民既没有山头，也没有庄稼土地，要解决烧柴的问题，唯有靠买柴火烧锅。山里人砍的柴到街上卖比较贵，一担柴要一两块钱，好柴一担要两三块钱，河南咀大多人家都不舍得买，经常买也买不起，所以只有去大通的山头，甚至到离家几十里的山头上去砍柴。

河南咀人一般在夏天大水的时候划船到野山脚下砍青蓬棵草，回来晒干后用稻草绕的草绳捆好，堆在干燥的地方，随时取用。最缺柴的是下半年，山头都是集体生产队的，非法砍柴被发现，那砍刀、绳子和扁担都要被没收，甚至人都要被逮起来。所以，好多人砍的柴既不是山头树木，也不是一般的烧锅柴，而是无人需要的刺，人家不要刺，山头上刺都可以砍。于是乎乡亲们发明了专门砍刺柴的一种工具，就是将几个老厚的皮手套缝在一起而制成的一种笨重的手套，一手戴着这种手套压住刺窠树，一手操刀砍。往往在坟墓地旁边就有刺窠，一般一个刺窠只有一根刺窠树。砍了一棵，就是一大块，砍倒的刺差不多有一捆，把刺柴挑回家后稍微晒一下太阳，用刀斩断，就可以当烧锅柴了。这个刺窠树本身含油料，烧时特别发火，火苗大，很好烧锅，只要几把柴火就能烧开一锅水。因为这种柴烧过的死火都是小棍子炭火，炕锅巴特别香，特别脆；煮粥、焖粥非常稠，可以直接把米的油都能熬出来，非常好吃。那时煮的饭和熬出的粥今天很少能吃到了，是真正的锅巴饭和小米稠粥。

除了砍刺柴外，河南咀人还有冒险在羊山矶悬崖上砍柴的传奇。几个年轻人，划船到羊山矶的山脚下边，下船后一部分人爬到羊山矶山顶上，把绳子系在大树上，把自己捆上，其他人慢慢地把他放下，下边人把绳子拽住，稳固砍柴人，并且还可以左右带动，使砍柴人活动范围更大，这样悬在山腰上的砍柴人就能砍到更多更好的柴禾。往往砍一上午，就能装一船，回去分。这种冒险砍来的柴，基本上没有人阻挡，人被逼到绝路的时候，总得放一马。

砍柴虽是吃苦的活儿，劳累辛苦，但不得不去做，要不就燃不起炊烟。砍柴恰恰不是劳力去干，反而是妇女和十几岁没有工作的男孩子们，他们跑最远的地方是铜陵的杉木坑和青阳的戴家冲山，早出晚归，披星戴月，饿的时候吃一点干粮，渴了就喝山头上的山泉水，有的还偷农民地里的萝卜来解饥渴。

在那个年代，河南咀的妇女和小青年见到山上的刺槐树和各种杂木，一顿猛砍，捆好后就挑回家。今天看，那些树苗是根本不能砍的。

砍柴的活儿辛苦，严重摧残了许多青少年的身体甚至心理。河南咀四五十年代出生的人，绝大多数人都有砍柴的经历。如今，做饭烧菜再也不用砍柴了，一个村庄，能看见炊烟的人家寥寥无几了，这是让人欣喜的事，可是，没有烟火气又有些让人忧伤。

❯❯ 猝不及防的火灾

经过 1954 年的洪水，剩下的大瓦房楼房屈指可数。大水之后，陆续建的基本上都是草房。每到下半年，天气干燥，草房极易引起火灾。特别是大人忙于外，家里小孩玩火，常常酿成火灾。比如说 60 年代初河南咀高上（墩子）高长青家火灾，房子烧掉后，他在河南咀后墩子靠近鱼花塘边重做了一间房子。上个墩高宗良家在某个夏日午后突然起火，只一会儿便火势迅猛，左邻右舍纷纷救火，有的提水桶泼水，有的把水缸里水浇到与高宗良家相邻的墙壁上，有的搬自家的被子衣物。等周边人赶来时，高宗良家的整个房子已烧了一大片，大部分家什已烧毁了，幸亏救火及时，左右隔壁被保留下来。这次大火，惊动了大通公安局来调查，当时的郝姓局长严肃地询问高宗良家人，并且在一个笔记本上不断记录，最后还让高宗良按手印确认。

还有一起发生在 1972 年 4 月，高余庆家火灾。同样是大人在外面捕鱼不在家，十几岁的小孩子在正屋前面的灶屋里烧锅炒饭，自家锅灶的柴火把草帘子烧着了，很快把西边高元庆、东边高余庆兄弟俩三间屋烧得精光，包括第六生产队存放在他家的捕鱼证、各条船上的证件一起烧掉了。等高余庆赶回家时，迎接他的是满目狼藉和一片焦黑的空地，早上出门时完好无损的房子荡然无存，整个人都懵了。当天，左右隔壁就纷纷捐衣捐物，以解燃眉之急。这之后，第六生产队迅速有力地组织全生产队人员砍柳树、买芦席等，很快在火烧后的屋基上重做了三大间瓦屋。同时，各家各户继续捐一些衣被，公社也报县里发放的救济棉袄分发给他们家。从各次火灾后施救情况看，河南咀人确实做到了一方有难，八方支援，乡邻有大爱之心。

水火无情。河南咀人住在水边，不怕水淹，最怕火灾，所以很注意防火。每年接近年底，都有更夫深夜还在打火更。但是，火烛防不胜防。特别是冬天，天气干燥，家家户户都晒晒吃的、穿的，冬天要烧炭烧火桶，烘火、烘衣、烘鞋等，有的怕冷的老人还把火罐带进被窿里，搞得不好火罐就歪倒了，火灰撒在被子上，被子一旦烧着，火灾就不可避免了。也有睡着了，火罐倒了，烧坏了衣被。如稍有不慎，星星之火，就可能会酿成火灾。

起火过火面积最大的是 1971 年大通街洋桥头埂火灾，大通长龙山头天主教堂的火钟，让远在桐梓山的 6408 部队官兵赶来救火的李嘉敏连长烧成火人，他不得不跳入青通河里，为救火他被烧掉了一个耳朵。李嘉敏成了英雄，被邀请到大通俱乐部给师生作报告。

❯❯ 被怀念的合作医疗

令人称道的农村合作医疗早在 20 世纪 60 年代初就有，并且没有以少报多、小病大医、医患关系紧张的弊端，更没有就医要送红包的腐败现象。

在那个时代，河南咀渔村里一旦有人头疼脑热或拉肚子什么的，就到大通街下街头的一座坐西朝东的街边门诊医院看病。进门就见稀稀拉拉的几个医生，有中医，也有西医。门诊室的地面，是小青灰砖铺的，很潮湿，靠里边的一个诊室，窗口朝西边的长江（确切地说是鹊江）。靠窗子边有一个老医生叫金济生，当他见到有人看病，便面带笑容，态度极为友好，问哪里不舒服，有什么症状，便细心地用听诊器给患者检查，并给患者开一些药。最后金医生会问患者是哪里人，如果是河南咀生产队社员及其家属，便从柜子里拿出一本活动登记册，找到了相应的名单后，将看病和开出的药所需费用登记在户主名下。金医生非常随和，在看病过程中还和患者轻松亲切地交谈。当患者遇到这么好的医生，病都会好了一半。那个时候，10 来岁的孩子生病看医生都不需要大人带，自己去家人都非常放心。

据了解，整个渔业公社将各个生产队的劳力都登记在册，备案在大通医院，各家人就医后在生产队集体里报销（当然，大病特别是到芜湖、南京、上海看病的，要自己掏腰包）。问题是当时没有任何人无病跑去看病、开药，更不会叫医生开补药。

那时，河南咀在大通搬运站当工人的都有医保，有的人受伤了还开虎骨木瓜酒和狗皮膏药，回家用药。但没有人一人开药，全家吃药的坏现象发生。有时河南咀有人突发疾病，大通医院的邵万举、陈汉英等医生还背着药箱子上门诊治，改变了陈腐"医不叩门"的古训。

❯❯ 浮 桥

渔民擅长使用舟楫。传说在明清和民国时期，河南咀的渔民曾为清军搭建浮桥。通河两岸曾多次架设过浮桥，且均是小渔船连接成的。

架浮桥都是重要节日和重要事件。1965 年中秋至国庆期间大通街通电，河南咀渔民架浮桥。国庆节那天，河南咀至大通街的摆渡船停摆，浮桥向老百姓开放，四乡八镇人都不收钱，男男女女、大人小孩，人们有事无事都从浮桥上走一走。大通街上的许多人跑到浮桥上都舍不得下来，感受着行走浮桥上梦幻般的感觉。对岸街上的中小学生也跑到桥上来玩。站在浮桥上，望见河两岸许多架罾时起时落，看大通街河边洗衣女孩身子一起一伏，看大同圩农妇上街卖菜，牵小孩玩耍，牛贩子赶着牛缓缓走来……到中午时分，上街的人又捎带一些日用品返回，所有来来往往的人，脸上都是轻松快活的表情。

1966 年 10 月，中国人民解放军 6377 部队开拔贵池县三县圩农场。部队要经过青通河，由于部队辎重庞大，而且分不同日期和时间，历时要好几天。河南咀渔民接到渔业公社的通知，要两天内在青通河上架起一座浮桥，让部队官兵和辎重通过。各生产队抽调对地形、水速、风向、设计最有经验的人员高韵祖、吴正福等 20 多人，挑选载重 3 吨以上较新的渔船集中起来，紧张有序地开始造浮桥。施工时，人们用粗麻绳首尾串联船头船尾，把数十条船"一"字排开，用木戗插入河中绑住船只。浮桥上有木梁，铺好木板后用抓钉、铁丝固定。浮桥两处留有活扣，随时解扣，或退出或重新就位，便于往来船只通行。浮桥造好的那天晚上，浮桥两岸悬挂着的汽灯和两边扶手上数十张马灯同时亮起来，远远望去，恰似街灯闪烁。入夜，只见先头部队跨过浮桥。一连几天除有部队通过外，有时还有大批的军马、拖车、军用吉普车和载着重武器的军车开过。当然，部队通过的时间都是事先通知的，在部队不用浮桥的时间段里，浮桥当中系活扣的两只船只退出，让往来的船只通行，待部队需要通过时，退出的船只重新就位。

1969 年中苏珍宝岛战斗发生。中国政府抗议苏联，驻守三县圩和桐梓山的 6408 部队调集部队到大通街游行示威，荷枪实弹武装整齐的部队官兵也是通过河南咀渔民架设的浮桥进入大通街区的。

最后一次在通河两岸架浮桥是 1984 年端午节，安徽省政府在大通举办龙舟竞赛。通河两岸周边农村百姓来到鹊江岸边，人山人海，川流不息，盛况空前。

浮桥在完成了使命之后随即拆除了。从此，再也没有看到浮桥了。岁月如水，浮桥远去了……

▶ 驻 军

历史有惊人的相似。河南咀地处在四县交界和江河交汇的交通要道，具有军事战略地位，清朝曾在这里驻军。日军占领大通时，也曾在这里驻军扼守。

1964 年的夏天某日，两位解放军来到河南咀高上墩子高根祖门前空地上，从军用包里拿出一卷军用地图摊开放在地上，指指点点，二人商定地图上要去的地方后，卷起地图，向河南咀渔民核实了贵池的三县圩桐梓山方向后，马上就朝大同圩三县圩和桐梓山赶去。

1964 年 10 月，原国防部副部长、南京军区领导来沿江考察工作，乘坐一辆中型吉普车，住到大通公社（即大通镇政府）机关大院里。部队领导一行在大通考察期间，从大通羊山矶沿江到过渡船登上河南咀去了贵池的三县圩、桐梓山考察，历时一个多星期。临走时，连在公社烧饭用的柴、水、电等都一一付了钱。此后，安徽省军区的刘奎将军也多次经过河南咀渡口，往来通河两岸协调军地事宜。1966 年，河南咀渔民接到上级通知，搭浮桥，让 6377 部队进驻贵池三县圩、桐梓山，从此通过。1966 年冬，中国人民解放军 6377 部队的先头部队有一个骑兵排部分进驻河南咀，部分进驻与河南咀一埂之隔的大同圩脚下的大同大队。在河南咀胡度文家大瓦屋左厢房居住的是骑兵排长和勤务员等。这些军人天天晚上都有人站岗放哨，天一亮洗漱完毕，就给住在家附近各户挑水，打扫门前广场。有一次，排长夫人来部队探亲，穿着一件印有大红花的袄子，给排长洗衣晾衣，见到外人，刷地一下羞得满脸通红。看她打扮和长相，大家猜她是北方女子。与胡度文家隔壁的是高维发家，也住了一个班的战士。白天战士们外出军务，晚上他们全睡在房东家的地上，枪都靠在地铺头根的墙壁上，夜间有战士抱着枪站岗放哨。这些战士来自五湖四海。他们对驻地村周围的小孩十分友好，讲故事、讲趣闻。那时，驻军与当时老百姓特别是 10 多岁的小孩相处融洽。这些战士，你什么时候见到他们，他们都满脸笑容，嘘寒问暖，分外热情。一段时间以后，这些进驻河南咀（上个墩）和大同圩的部队，全部撤到三县圩和桐梓山队部去了。

◎ 特殊时期的渔业公社革命委员会

1966 年爆发的"文化大革命"，公社干部全部"靠边站"，一切工作被迫停止了办公。从 1967 年开始并持续长达 20 个月"全面专政"的动乱，到 1968 年 9 月，大通渔业公社和全国各地一样成立了"铜陵县大通渔业公社革命委员会"。新成立的渔业公社革委会实行两个"三结合"，即年龄上的"老、中、青"与军队代表、革命干部代表和造反派代表组成，下设生产组和政工组，共 7 个常委。他们是：军队代表蒋营长（他以大通镇工作为主），杨明高担任革委会主任，主持并负责全面工作，章玉卿任第一副主任（负责生产和经济等工作），高成俊任政工组组长（负责政治工作、文教、招生、招工、物资分配和共青妇等）；陈立新、李祖福、张荣源等人高成俊最年轻，只有 27 岁。当时杨明高、章玉卿和张荣源 3 名党员，其余 4 人都不是党员，他们都是以工代干，收入由公社负担，由各个生产队交来的钱列支。为维持革委会运转，还有负责生产的张大信，负责妇女工作的高淑贞，负责财务的肖德璋和会计姚志祥等人。原公社干事（国家干部身份）孙祥贵因为没有结合到革委会里来，由县革委会调到县其他单位去了。1978 年拨乱反正，干部全部解放，平反恢复原职，党政机关恢复。1979 年，地方各级革命委员会改为各级人民政府。至此，渔业公社革命委员会这种特殊时期的特殊产物终告结束。

1982 年 12 月，曾担任渔业公社革委会常委的高成俊，由公社安排到合门茶厂任厂长，后又调入渔业机械厂（即综合厂）负责人；大通渔业公社撤销归入大通镇后，1986 年由大通镇党委开具介绍信以调干的名义，将高成俊调入县办大集体企业大通钢铁厂工作。李祖福回河南咀第四生产队，继续当渔民从事渔业生产。张大信任负责渔业生产的主任至退休；高淑贞留下负责妇女工作，直至在河南咀社区退休。

❯❯ 多子多福的生育观

中国人受传统观念影响，认为"多子多福""人丁兴旺"和"不孝有三，无后为大"。他们要以一己之身传之万代。河南咀渔民几百年来从事渔业生产的都是男劳力，女子是不能跨上船头的，各家最少生三个以上，多的一家有七八个子女，男丁兄弟五个以上的有好多家。如果只准生一个，是男孩还好些，若是生了个女孩，那就意味着这家没有传宗接代的香火了，也没有劳动力了。这也就是说：当夫妻两人到老时，两人就成了"五保户"。因此，渔民实行计划生育阻力很大。

作为基层的渔业公社河南咀第四、第五和第六 3 个生产队，最初只在生产队的队屋里张贴了宣传标语，号召广大党员、共青团员响应这一政策，但当时的人们特别是广大渔民对此政策并没有引起多么高的重视，河南咀仍然是处在生育的高峰期。到了 1982 年，计划生育已确定为基本国策并写入《中华人民共和国宪法》，这期间计划生育力度和措施逐渐趋紧。此前的 1975 年，生第三胎、第四胎已经受到限制了，如高传道与包荷花夫妇生的第四胎女儿高克凤，张生瑞与孙爱娣夫妇生的第四胎女儿张慧，门口乡邻都称这两个女孩是抢生的，叫"黑丫头"，意思是"黑户口"，但不久还是给安了户口。

1979—2000 年，计划生育政策达到了前所未有的高潮。特别是在渔业公社由原来的农业户口转为非农户口后，计划生育政策与城非户口执行同一的"一孩"政策，这样，违反和处罚案例明显增加。吴宗德和方正兰夫妇生了两个女儿，后又怀上了第三胎，渔业公社的张大信主任登门做工作要求引产，但方正兰坚决不从，顶风生了个儿子，后来这个儿子参了军。1989 年，计划生育更严厉，不过，由于技术等原因，也有漏网之鱼。李伯喜的老婆胡美英结扎后又怀了孕，最后生了个女儿，叫李红霞。

计划生育政策对于陆地定居的河南咀渔民来说还比较好抓落实。难就难在渔业村委会的第一、第二、第三生产队，因为他们是连家渔船，全家人待在一条船上，四季水上漂，居无定所，自由生活惯了。一对夫妻在一条渔船上往往生五六个甚至七八个小孩，多子多福，儿女多代表人丁兴旺。但随着捕鱼越来越难养活全家，这些"连家渔船"的渔民，也放弃了"超生"的念头了，年轻夫妇普遍也只生一个孩子了。

❯❯ 殡葬变迁

国人大多有一个入土为安的观念。河南咀的渔民祖先自从定居陆地后，不论是无疾而终还是英年早逝，也不管贫穷还是富有，在世时都有入土为安的夙愿，而且必须是"生于斯，长于斯，葬于斯"，即所谓的"魂归故里"。过去，因病死外地医院和在外地意外死亡，家人都想法子将遗体运回埋葬，死者为大。

过去，河南咀老人去世子女要辩杉木大棺材，就是孝顺。故人木葬有十圆的棺材，即底三、盖三均为三块整木头，两边二块木头。其次为十二圆的棺材，四方均为三根木头。五底的棺材，即五根木头底，两边三块，矮些，盖要做成弓形。老人临死之前，亲生之子要守候在病床前。在远方的直系亲属都一定要赶回来。在弥留之际，家人会给老人手中塞一张纸币，此为"上路钱"。一旦断气，家人要在外面放鞭炮，宣告老人升天，此时焚烧纸钱，为逝者买路。焚烧纸钱一直到出殡都不能断火。老人去世后，要趁早为其换上寿衣（老衣）。用棉布手工缝制，象征"香火绵绵"。穿好寿衣，将门板取下，用长条凳支着放在厅堂中，把老人遗体移在门板上，用青砖或小瓦枕头，黄表纸盖脸。遗体要与大梁相垂直，头朝大门。老人的遗体上覆盖着女儿、侄女或孙女、外孙女等送来的"千锦被"。老人的脚下点一盏香油灯，称"长明灯"，灯旁焚香，摆上一碗半熟米饭，此为祭祀老人的"倒头饭"。饭上插入一双竹筷子和一只竖放的鸡蛋，称"倒头蛋"。老人去世到了夜晚要守灵，即守夜。老人死后三天，一定要入土为安。此前要根据死者的年龄、属相推算入殓"进材"的时间，防止碰上"犯空"和"犯重丧"。河南咀把从事入殓的称"收殓"，老一辈的有高韵祖、高丙寅等人。收入殓时，由死者的长子穿上给死者入殓穿的大红袍、飞裙，手拿脸盆到河边或塘边，先烧纸、放鞭炮、丢下几枚铜钱或硬币，然后用脸盆装点水，撑开破伞或拿破帽子盖在脸盆上，不能见天，俗称"买水"。到家后，拿一块布条或一张纸，蘸上水，在死者的面部从上到下连拖三次，给亡人洗澡。洗后将水退还原处，脱下红袍和飞裙，由收殓人给死者穿上，并抬入棺内。将事先用黄表纸包好的石灰包（按死者年龄，一岁一包）放进棺中，把遗体置正，用一根红头绳穿上一枚铜钱，红头绳两头放在棺材两头的中心线上，铜钱对准死者的鼻尖，查看遗体是否放正。接着由死者直系亲属叩头。在亲属的痛哭呼喊声中，儿孙和女儿、媳妇们抢抓米饭放入一个瓦罐中，俗称"捺饭罐"。饭罐捺满，用黄表纸封口，放在死者的脚下，将千锦被和一些死者生前喜爱的物品随葬的一并放入。然后用四根封棺大钉同时钉上，所谓"四根大钉响，眼水往下淌"，入殓结束。此后就是出殡，这是葬礼的开始。

河南咀高姓定住大通地区最早，所以，先民身后事都确定或买下了老坟山。传统的高家老坟山有两处，一处为青通河白浪湖南的"合门山"，又称"鹤门山"，风水先生称此地为"仙鹤捧桃"。据说这是高家最早的老坟山，葬在这块山上的基本上是高家大房故去的人。公堂有田有地，拿钱还专门请江北史姓农户看护管理老坟山；另一处在长江大通羊山矶边的周家冲，风水师看后说此山为鲶鱼形。作为老坟山也有几百年之久。按大小公堂份额葬坟。平时为高家大公堂管理，小公堂只占 1/7。因此山顶为鱼脊，为祖上葬地，后代葬坟一律在山脚，否则，就是冒犯或欺祖。此山林仅坟山占地 100 多亩，山顶称鲶鱼脊，脊背面朝长江。至 20 世纪 70 年代，高家后人才渐渐往山高处葬坟。张氏老坟山地处蟠龙，又称张家汊，此地历史悠久，为低矮山丘，土质细腻，无杂石，山上植物繁茂，更有稀贵中草药生长。山的南边一片良田和湖泊，古称蟠龙栖息之地，为风水宝地。2000 年起，建高速公路和高铁，张氏老坟山大部迁出到董店西垅大夫山。吴氏老坟山在原新建乡株木山，此处为吴姓根据地。这一带多为山林，众多湖泊，山水相连，也是不多的好地方。后因受 701 铁路和小火车影响，此地范围大大缩小。

其他外姓，多葬于大通大士阁后面的"六一"公山、湖北公山，以及其他乱山岗。

出殡是丧葬活动的高潮。出殡前，死者家属须请"先生"按死者的年龄和属相选定出殡的时间，并请人看好墓地。抬棺材称为"抬重"，是四杠八人抬。出殡棺材上覆盖一床大红毯。"龙杠"上绑着一只大红公鸡，名为"站棺鸡"。此时孝子孝孙们披麻戴孝，弯着腰扶棺缓缓而行。出殡时，由两个小男童举引路幡，在前面引路。一成人手持铜锣鸣锣开道。河南咀出殡使用的是划龙船的一块重 13 斤的大铜锣，鸣锣的节奏是每敲一次为两长三短五下，称为"五常锣"。同时沿途抛丢小方块形黄表纸作为撒路钱，直到坟地。下葬前由死者的长子开山破土，即用锄头挖三下，称为"开圹"。然后将锄头抛向前方，再由请来帮忙的劳力"挖井"。墓穴挖好后，孝子要在墓穴里站一下，在墓穴里焚烧芝麻秸稻草，称"暖井"。然后在人指点下，校准方向，安放好棺木。孝子用衣兜兜一些黄土，从棺木上跨过，将黄土抖动撒下。此后众人才动手掩埋，堆成坟包。除此以外，还有"回居"（亡魂回家）和"做七"（长辈丧生之日起，每逢七日要做一次"七"）等习俗仪式。

正因为丧葬习俗隆重、繁杂，而且含有大量的迷信内容，其负面影响日益显现，因此，国家推行殡葬改革。铜陵地区 1998 年实行火葬，在当地，丧葬之事自从火化推行后，也由大操大办逐渐从简。由于实行公墓定点下葬，原来的老坟山也就退出了历史舞台。

》 挑 圩

本来捕鱼的人不需要像洲圩区农村的农民那样去挑圩的，但是世界上的事千古不变的就是"变"。人也必须随之而改变，并且抓住机会才能生存和发展。1972 年，世代捕鱼的河南咀人迎来了千载难逢的机会，铜陵市、县政府把董店和新建两个公社地域的青通河东边约 5000 亩的白浪湖划拨给铜陵县渔业公社，使无鱼可捕的渔业公社全体社员有了赖以生存的基地。于是，河南咀 3 个生产队劳动力全部投入筑堤造圩的挑圩工程中去了。

兵马未动，粮草先行。一时间，往日冷冷清清的白浪湖滩一下子热闹起来，搭棚子，搭临时锅炉、锅灶，晾衣架子，装水的大水缸，临时的茅坑，挑土的工具堆放杂物棚，所有为挑土人员服务的设施应有尽有。当人们在此安营扎寨住下来之后，筑堤围圩的人民战争在这里打响。

每天早上 7 点，人们就开始挑一会儿土，到 9 点左右吃早饭，之后稍微休息即去上工，到 11 点半放工吃午饭；下午 1 点左右又去上工，直干到傍晚日落时分。那时挑圩全是人工肩挑手提，最原始的工具是铁锹、网络状畚箕。人们扛起铁锹、挑起柳条绳索织成的网络状畚箕，走向河边湖滩高坡处，挖锹取土的摆成"一"字形，挖土时双手握锹，身体顺势压在锹把子上，锹刃口深入土中一尺多，左一下、右一下，最后居中一下，一锹土足足有 20 多斤，一担（两只）络子装四锹有 80 多斤，年轻力壮的每锹土 30 多斤，每担有 100 多斤。挑土的人要把这么重的土从河滩上挑到圩埂头上，差不多要走 40~50 米，甚至更远。一天下来，对身强力壮的年轻人来说也不是轻松的活儿，对体弱者和年岁稍大的人来说，实在吃不消，特别是到了下昼晚，深感体力不支，度日如年。五六十岁的年老体弱者则安排拿着洋叉，站在圩埂头上东捣一下，西戳一下，把挑上来的土整理平整。六队有个高福庭，人称老佛爷，是个孤老，快 60 岁的人了，"文化大革命"中属黑五类分子。冬日寒风刺骨，他捏着洋叉站在圩上不停地捣土，可怜眼泪鼻涕直流，裤腿全是泥巴，尽管这样活受罪，他一天只有 6 工分，年轻人一天挣 10 工分，50 多岁体弱者一天一般 8 工分。一方土丈量验收后为 0.55 元，如果晴天多，10 工分的强劳力一天大概能挑两方半土，挣个 1 块多钱，尽管很吃苦劳累，这个收入在当时是比较高的了。

挑土方是一项实打实的活，来不得半点虚假。挑到圩堤上的土还必须一层层压实。这样每增高一层就用石夯打实。所谓石夯，就是一块正方形的青石，内中有眼穿进绳索，四个人同时发力向空中撂，落下，如此循环往复，从而将埂堤夯实。

下半年，天气一般干旱少雨，正是挑圩的好时期。但是天气干燥，缺少蔬菜、水果，好多人口干舌燥，大便结块，很是痛苦。挑土方如遇雨天，人们躲进简易的棚子里，雨停或雨小点就马上又会去挑土。为了挣钱，人们从每年九、十月起一直挑到腊月二十几。过年后，从正月初几就开始春上挑圩了。

挑圩更是一项吃苦的力气活，饭量自然比平时大些，为此，那时政府按每人每天补半斤粮票。到1973年后，生产队集体挑圩不搞了，改为各家各户或几家承包一段圩。一段50米，这样，河南咀男女老少齐上阵，一些妇女她们早上从河南咀家里走到白浪湖要40多分钟，带饭带菜来挑圩，下午挑到4点半收工走回家。河南咀的女人们真的很辛苦，捕鱼时要下河扳手罾、卖鱼，闲暇时要挑圩或做其他重活，反正没歇的，一年没有过多少清闲的快活日子。

经过近两年的筑堤，4000多亩的白浪湖渔圩已初见雏形，1973年，渔业公社在湖内滩涂百把亩的高地上种麦子。由于湖内地力肥沃，当年麦子大丰收，河南咀每家分了400～500斤麦子。1974年发大水，白浪湖渔圩收野水鱼，当年干圩捕获几万斤鱼。

河南咀打碑喊号子的石夯

1974 年以后，虽然还继续挑圩，但当年发大水有鱼搞，挑大土毕竟是太苦太累的事，渔业公社社员基本不挑圩了。主要是请无为、枞阳的农民工来挑圩，他们没有粮票补助，每方由 0.55 元提高到每方 0.6 元。他们主要分配在白浪湖西边沿青通河边荒无人烟的地方挑圩。1972—1977 年，整个挑圩过程为期五六年。但不论如何，白浪湖圩的确是广大渔民群众（特别是人口占多数的河南咀人）用肩膀挑起来的。

❯❯ 搞黄沙

青通河出黄沙，是千百年来青阳地区山洪冲击连绵不绝的沙石积累而成。20 世纪，河南咀渔民划船到青阳、木镇里面船就不得动了，受阻于水下成堆的黄沙。六七十年代，青阳黄沙量大，发大水时，每天几百条货船、几十条拖驳船来往于青通河口至童埠之间。有的把从童埠运来的黄沙直接运到江苏等下江城市港口，但更多的是卸载在大通河口两岸滩上，每天会有几千吨之多。在河口和鹊江大通与河南咀庙嘴头，又有许多千吨以上的铁驳装载黄沙离岸。据说青阳黄沙颗粒呈多边形，内含闪闪发光的金片，搅拌成混凝土稳定性好。连远在几千里之外的广州造 20 层以上的高楼大厦，也指定要青阳黄沙。一时间，青阳县黄沙成了皇帝的女儿——不愁嫁，青阳县比铜陵出铜矿还富裕。因为采沙成本低，大水淌来的，取之不尽，用之不竭。为此，青阳县在铜陵县的大通设立了黄沙管理站，负责黄沙装运堆放和销售，青阳县甚至想将大通纳入青阳行政归属，一劳永逸地解决问题，以致 1974 年春夏之交，闹出了将铜陵县的董店、新建、渔业公社和大通镇划归青阳的区划调整风波，后因"三社一镇"坚决反对而"流产"。1977 年，青阳开河疏浚河道，吸泥沙机将河里的泥沙堆积到河岸湖滩上。退水以后，缸窑湖、春风圩外和白浪湖外湖滩上到处都是被雨水冲洗过的黄沙。为此，无鱼可捕的河南咀人就利用自己的渔船干起了搞黄沙的行当。有的在河滩上挖沙，堆积起来，等待沙贩子开着手扶拖拉机来买。一吨 5 块钱，一车子能卖十几块钱。有的把黄沙装运到大通，或堆放或过驳卖掉。装运黄沙最为可悲的是高宝根、杨玉兰两口子，夫妻俩命丧青通河。那是 1987 年夏，高保根夫妻俩划着装满黄沙的渔船，从童埠往出运，经过佘家咀外围的青通河，此处在夏天大水期间，水溢满河道，水面非常开阔，就像一宽大的湖面，稍微有点风都会白浪滔天。当夫妻俩把船划到马山对过的时候，突然遭遇狂风暴雨，几个浪头打来，小船迅速就沉没了，两人在水中紧紧地抱在一起，沉入湖底，不幸罹难。次日，渔业公社二队的渔民吴友根等人才将溺水夫妻俩遗体和船打捞起来。时年高宝根42岁，杨玉兰34岁，留下了六七十岁的老父、老母和4个儿女，真的是白发人送黑发人，酿成了悲剧。

搞黄沙不仅辛苦，经常还与附近农村人为争抢发生矛盾，大水装运黄沙遇上大风大浪还十分危险，但对于没有其他劳动收入的河南咀人，却是一桩救急救穷的难得机遇。特别是河南咀庙嘴头堆积了成千上万吨黄沙，家住河南咀庙嘴头的高平喜家，仅刮沙脚子，也收入颇丰，他还挖沙装沙，他家比其他人家要富得多，终于靠装运黄沙做了一幢二层楼房，成为庙嘴头上的一道风景。1977—1979年，直至80年代，河南咀人靠搞黄沙挣得的收入远比捕鱼多，切实解决了生计大问题。

❯❯ 装石头

装石头的活，一度成了香饽饽。河南咀的渔民一年到头，总有一段的时间是闲着的。特别是到了20世纪六七十年代，勤劳又有商业头脑的河南咀人，利用自家小渔船搞起了水上运输，几乎什么都装。其中一项重要的收入就是装运石头。

1967—1968 年夏季，主要是给三县圩和桐梓山部队建营房、稻场、涵闸等装运石头，参加人员比较多，但时间不太长。1969 年夏，大通街集体合作化要建一个红旗旅社，地点在小轮码头上边靠江边。不知什么途径，河南咀第六生产队的高余庆、高大羊、李伯喜等人与负责人张开成他们联系上了，双方定了口头协议。听到这个消息，看到别人装石头量很大，能挣钱，河南咀的高学武找到张开成，说我们也能给你装石头，你不就能早点完工吗？张开成答应了，让他派人来订合同。高学武叫高家振代表两条船去谈并且敲定此生意。当高余庆他们看到高学武也去给红旗旅社装石头，就与他理论。高学武说，你们承包你们的，我们另外单独承包一块，跟你们不搭界。这样，高学武、高家振和高韵祖等几条船就开始了运石头。

这个运石头却不是一件轻松的事情。必须从河南咀把船一直划到董店的牌坊头，穿进乌龟桥涵洞，再把船划到山头边。这个牌坊头山头全是硅石构成，古时候有庙宇、仙人洞和古道通往老山里，是个很有来头的自然人文名胜景点，60 年代董店公社和附近的生产队开山炸石，卖给公家单位和个人。不论是汽车还是船只装石头，那时都是人工抬石头，远的有几百米路，耗时费力。往往装好一船 3 吨石头两三个小时，再原路返回。特别是大水的时候，起风，船也不敢从湖中间走，只有绕着山脚边，左一个山嘴尖又一个山凹边，七绕八绕，很费力费时。有一次，河南咀的高银波与高家振装满一船石头快到下水桥河湖面时，突遇西南风迎头浪，船头快要沉下去了，舱里已进水，这时随船的五七大队抬石头的吴后泽、丁小七哭喊着："救命哟！救命哟！"危急时，划艄桨的高银波叫船头的高家振赶快把船头板上的大石头推下水，然后叫人把舱内石头全甩掉，才幸免于难。

装石头所受的辛劳，吃的苦，让人思之极恐。每天早上三四点就要起床，肚子还不饿的时候也要吃饱，有时候吃的都不得消化，刚吃好以后就出门，真是披着星星出门，要是阴天外面漆黑一片。划着小船从河南咀的河岸边开始，一直由北往南划。夏天，河水自上而下由南往北流，正好是逆水上行。划头桨，要划深桨，并一刻也不能歇桨。吃饱喝足，肚子胀鼓鼓就划船，哪易消化？船靠着山边、河岸往前划行，左一个山头，右一个山头，不断地绕行。清早四五点经过山头边，惊动山上的鸟雀或动物，它们不时发出叫声或扑通扑通的声音。

当船划到牌坊头时，差不多天才亮。小船顺着乌龟桥洞钻进去，出桥洞口离装石头的山边还有好几里远，继续划一二十分钟，才靠近陈子冲山头。那里早已有大通五七大队的工人在等着抬石头。这些人有好几个是出身不好的，"文化大革命"中受过冲击的。其中有国民党时期汉奸"新亚队队长"吴志和手下的吴文海，出身不好的右派分子吴厚泽等人。抬石头辛苦，何况还站在山头上顶着大太阳晒，有时候要抬五六百斤，甚至七八百斤一块的巨型大石头，遇上这个大的要四个人抬，从山上一直抬到船上，差不多有 100 米。往往走一步，哼一声，步步颤颤，大的石头抬的时候腿肚子直抖，等把大石头抬到船上时，一下子会把船头压沉下去，后艄翘起来。所以抬石头总是先把小石头往大舱和后舱里放，最后才能抬大石头。有时候装石头做生意，不但要划船，还要亲自抬石头，在山上把石头抬下山，又把石头抬到船上，装进舱，一条船装满，差不多 3 吨多，等把石头上满，人也没有一丝劲了，再吃点喝点，硬着头皮划着满载的船，深感力不从心了。像高宗渊（大羊子）39 岁、高家振 25 岁，他们能抬四五百斤重的一整块大石头，高传树 17 岁，高小鹏更小，力气还没长稳，只能搬一二十斤重的小狗头石。

小渔船去的时候，虽然是逆水而行，但是空载的，还是好划的，而且，人经过一晚上休息，还是有劲的。但是现在装满石头，船吃水已经很深了，一桨划下去，船都看不出移动。河南咀的小渔船那时候是没有机械的，全靠前面头把桨和后面的艄桨来划。头桨是主要动力，过去称"头桨挖，艄桨搭"，后面的艄桨主要是起掌舵的作用，所以前面人如果没有力气，划一条船那就不知道是多长时间了。有的时候力气用完了，哪里划得动呢？所以装一船石头从牌坊头运到大通小码头，差不多从早上三四点起床到下午三四点，整整是 12 个小时，基本上人不能休息，等把石头推下水，或者货卸完了，人就像快散架了一样。

装运石头，使河南咀人度过了一段困难的时候。

❱❱ 养 猪

说是渔村，养猪户真不少。特别是在 20 世纪六七十年代，喂猪成本低，渔民各家空闲时间多，学生放学就去大同圩讨野菜，养猪不用饲料添加剂，粮站买来稻米糠，再加上家里一些残羹剩汤拌进去，好打发。养猪已成为河南咀居家收入的重要来源之一。以高上（墩子）为例，上个墩有二嫂（章大姐）家、胡万财家、大将军高志迁家、高黑皮家、吴德宝家、高六一家等，几乎家家户户都养猪。养猪的普遍，就连很早失去母亲在家做姑娘的吴桂枝（人称"掌家婆"），她家也养了猪，而且养得很肥。养猪最多的是高韵祖与章大姐夫妻家。章大姐娘家是枞阳农村人，那里乡风崇尚"一养猪，二读书"，她带来了这个好传统。她家差不多每年都养猪，有时一年先后养两口猪，大猪带小猪。因为养猪，她家连续几年都有生猪卖给大通食品场，计划经济时，猪肉是不能由个人随意在街上买卖的，必须卖给食品场（在大通木材公司下边的山边）宰杀，再运送到街上让食品公司店面卖。那几年，生猪是0.5元一斤，200斤净重的猪可以卖到100元。食品店卖猪肉好长时间是0.73元一斤。因为连年养猪，张大姐家每年都有50～100元的收入，因此，她家终于在1967年将原来的草屋换成了砖瓦房。二嫂对亲友和邻居说，这瓦屋是猪换来的。每次卖猪，她对一手养大的猪都不舍得让它出栏，当把养了一年的猪送出门时，总是说："猪呀猪呀你别怪，你本是养家一碗菜。"此外，大屋里的高宗福家1973年养了一口猪重200斤，卖了得款100元，这在当时是一笔非常大的数字。所以，第六生产队没钱发伙食费时，就向高宗福家借了这100块钱，凑在一起给六队社员发了买计划米（口粮）的钱。

卖猪不但能得到一笔丰厚的收入，在卖猪后，食品场还会给卖猪的人家一些猪肚货，如肠子、猪血，还半卖半送几斤白花花的猪板油和花油。

为何小渔村也能养猪并形成风气呢？一是食堂解散以后，生活条件渐渐好转，河南咀人可自由地支配自己的创收时间。二是河南咀渔民吃计划粮油，找关系还可以从大通粮站买到皮糠，这皮糠里据说还有碎米，特别好养猪。另外，大通街上的豆腐渣、大士阁粉丝坊的粉丝渣也是养猪的好饲料。三是河南咀毗邻大同圩农村，那里广袤的大地上生长了丰富肥厚的野菜植物，养猪人家的小孩都要讨野菜。糠、豆腐渣等和野菜在冬天里用大锅煮，营养丰富，特别适合做猪食。猪一日三顿，每天可以长五六两肉。一般的小猪种捉回家后，饲养一年，大多能长到近200斤，可以卖到100多元，那个年代，很少有其他挣钱和增收的门路，而养猪获利，这可是一笔大收入呀！

❯❯ 养 鸡

要说 20 世纪六七十年代农村和集镇家庭饲养畜禽什么最普遍？当属鸡鸭鹅猪猫狗，而城乡最为普遍的还是家禽当中的鸡鸭鹅，在鸡鸭鹅中，河南咀渔村养的最多的当属鸡。

养鸡的人家一般都把大公鸡和老母鸡交配下的蛋留下来，每年开春天气暖和点后，就开始孵小鸡。也有附近农村人挑着担子，一头一个大团盘篮子，里面装满了叽叽喳喳的绒毛小鸡，这种人叫卖小鸡的，喜欢讨价还价。不焐小鸡的就会捉（买）小鸡，一般 1 块钱能捉十几只小鸡。鸡非常好养，它不挑食，米、糠、青菜和虫子都吃，有时鸡还专吃一些小沙石子，用来磨胃肠道（在宰杀鸡时，鸡肚里就有满满的糠和沙子）。小鸡从春上养到端午节前后，大多数人家都开始宰杀小仔公鸡，这是一碗好吃又补身子的稀罕菜，对于好喝酒的人来讲，更是一碗下酒佳肴。对于处在长身体的小青年来讲，家里会让他单独吃一只蒜子红烧仔公鸡，家里其他人不得吃一筷子鸡肉。还有一个习俗叫"吃梅鸡"，即出梅日，养鸡的人家（不养鸡就买仔公鸡）喜炒食尚未开叫的仔公鸡，据说这对滋养身体大有裨益。

一个家庭把还没有开叫的小仔公鸡吃掉后，一般只留一只公鸡，用以传种，其他全留下母鸡。一只公鸡可以与几十只母鸡拦水（交配），上个墩高韵祖家养了一只白翻毛大公鸡，个头大，不但独霸周围母鸡，它还追咬陌生人，甚至跳起来往人身上啄，异常凶猛，小孩子经常被它啄得大哭。

母鸡养着下蛋，在艰苦年月，有的人家根本舍不得吃鸡蛋，而是把鸡蛋用手帕子包好，拿到大通街上叫卖，一个鸡蛋能卖 5 分钱，10 个鸡蛋卖个 5 毛钱，而猪肉也就 7 毛 3 分钱一斤，5 角钱可以买 6~7 两猪肉，冬天里用炭火炉子炖萝卜烧肉，一家人围着小炉子锅那可是开了一次油荤。

养鸡最烦恼的是鸡得病，地方上叫犯鸡瘟。这是一种针对鸡的传染病，鸡得了病后，无精打采，不时哼哼叫，声音十分凄惨，到后来头都抬不起来，经常在夜里死去，第二天养户掀开鸡笼时，死鸡全身僵硬，趴在鸡笼地上。一个鸡笼，只要有一只鸡得瘟疫，其他的鸡会先后传染到，几乎无一幸免。由于贫穷，所有人家都会把死鸡脱开，除去肚货，腌制后晒干，最后都变成一道干货好菜。那个年代，宰杀后的鸡毛、鸡肫晾干后，专门有鸡毛鸭毛换糖的人，挑着担子收鸡鸭毛。小孩子们最喜欢这些挑担子人来，用鸡毛、鸡肫皮，换成糖巴和杠子糖。还有人将公鸡毛拔下做毽子，冬天相互踢毽子锻炼身体。

除了养鸡外，不少人家也搭配养鸭子，但数量较少，并不如鸡一样普遍地被饲养。河南咀村庄后有不少鱼花塘，家鸭都喜欢去塘里游玩寻食水里食物。

少数人家在养鸡鸭的同时也养鹅。鹅长大后，个头大，脖子很长，身体宽壮，食量大，除了吃糠外，还食青草，栖息于池塘等水域附近。河南咀胡度文家人口多，他家鸡鸭鹅成群，每天一大早就听到几十只家禽的欢叫声，搅得上个墩喧闹不已。

❯❯ 招工进城的年轻人

随着经济建设的发展，创造新的就业岗位越来越多，世代捕鱼的河南咀人特别是年轻人，就有了告别捕鱼去从事其他行业的机会，有不少人被工矿、商贸企业和事业单位招工进城工作。20 世纪 50—70 年代，均有成批的年轻人被招走。最先被选拔的是张生辉，1951 年他才 18 岁，就被选招进铜陵县政府工作。由于表现突出，他被组织上派到上海水产学院进修。他先后担任过铜陵市林业局干部，县水产局长、县商业局局长等，他是河南咀小渔村出去工作最早的人。他参加工作不久，又将河南咀的高家辉带到铜陵县政府机关工作。

最早被铜官山招工的是高宗奎、林国才、张生顺、高学武、高长命等。1956 年，刚刚建设的铜官山矿需要大批工人，从事体力劳动和井下开采。由于当时经济技术落后，缺乏机器，繁重的体力活大都由人干。一天重体力活 8 个多小时，一般人都吃不消。这些渔家后生捕鱼虽辛苦，但真正累的时候也是有天数的，打鱼不会天天这么累。本来他们就对这个工作没有什么兴趣，当听说河南咀出鱼一天能捕几百斤时，他们立即动摇了，除了高宗奎、林国才坚持留下来了外，其他人纷纷不辞而别，跑回家，又重操旧业，拿起桨滴子捕鱼了。若干年后，林国才在铜矿当了干部，每月四五十块钱工资，让跑回来的人后悔不已。第二批去铜官山工作的有高根宝、高帮本、高宝书等人。同第一批人一样，他们也是"吃不得三分饱"，禁不住出鱼时巨大诱惑，陆续跑回家，直至成为终身的渔民。这些招工的人当中，突出的是吴殿员，他先在铜官山矿工作，后调到淮北煤矿，担任技术员直至高级工程师，他在20世纪70年代将自己的侄子吴东海招工进了淮北煤矿。

招工规模比较大的是六七十年代。渔业公社将指标下放到各生产队，各队根据年龄、文化水平、身体健康等条件，推荐产生。1965年招工进入铜陵县供销社的有张生光、吴道宏、高宝顺、高家祥、高菊甫（高传馨）、吴家勤和后来的吴银芳等人。其中张生光后来进入了党政机关，先后担任新桥镇党委书记，县经委主任和党委书记，黄狮涝金矿副矿长，官至县人大常委会副主任等。

招工到县轧花厂的人有吴建华、高家魁、高宗年、许少满和贾小狗等。1970年8月招工到筲箕涝铁矿的有张生树、高元庆、胡万财、高宗胜、高集体、高传喜、姚大兆、吴宗德、高民改、吴小安、张小龙和高家根等。其中张小龙（张恒）1974年由渔业公社六队推荐上了安徽劳动大学，成为工农兵学员，后当县一中教师直至市开发区干部。其他人除张生树、高集体二人留下来外，其余大多数人作为亦工亦农和社来社去的，都回到了河南咀。

招工的人最多的是大通搬运站（后称大通搬运公司），时间跨度也最长，只要身体健康有力气，年龄大点30多岁也行。甚至别人的介绍都可以进去。这里面有高松本、张生瑞、高新民（大黑日）、高锦水、高锦禹、张长富、吴家荣、高宗宝、周小房、高小毛、高传树、鲍德保、高传祥、高志贵、吴长生等。招工到铜陵县搬运公司的有张生知、张生和、吴宗开、李祖兵、胡宗顶、高宗贵、高传宝、高志怀等。

70年代进入池州钢铁厂招工的有高顺根、高新明、吴小强、高松茂（40多岁招去当厨师）、高家荣、高家财、吴小犬、高家宝、高五宝等。80年代，池州钢铁厂关停，这些工人绝大多数分流到铜陵市其他企事业单位工作。后来池钢厂交给铜陵县政府，改名为大通钢铁厂。重新启动作为大集体性质，又招工了一批人。张生道等人近50岁仍参加工作，直至退休。

铜陵县五七干校招工的有高国玉、高传树、高家龙、吴德宝、高家道、张老虎（张轩）、高家助、高方青、张桂兰（女）、张桂圆（女）、张来枝（女）等。这些人后来分流到铜陵县各个单位，一部分进入党政机关事业单位，多数进入了企业。

长航招工的有高大兆、高家春、吴炳祥、张小发（女）等。这批招工的在当时工作单位好，岗位令人羡慕。但随着长江水道式微，特别是改革开放后港口面临重组分流下岗等，他们中的绝大多数人境况变得更差了。

还有在不同时期零星参加工作的，如张荣圆退伍后在渔业公社转干，缪红喜退伍后在县机关工作；高冬宝退伍后在县轧花厂工作；高春宝招工在县车队工作；高小院（女）在大通医院工作；高小转（女）在县化肥厂工作；张桂芳进入公路局工作；吴宗龙在县机械厂工作；高传华招工到市三建公司工作；高家松退伍到三二一地质队工作。

80年代，县水泥厂招工，其中高鹏才、高传迅、张立胜、高家元、高瑞丰、高家才等河南咀人很多青年被录用。其中高家才在铜陵县的水泥厂工作，表现突出，被评为安徽省劳动模范。

80—90年代，顺安化肥厂招工，河南咀有高克东、高家永、高家满、高民发、高继红、佘小七、李智华、高春华等被录用。

90年代到黄狮涝金矿工作的有吴金华、高诚勇、高瑞生、高全英、张竹兰（女）、高正平、高正田、佘玉田等。

招工另一个重要途径是先参军之后的退伍人员。从20世纪50年代初入伍的张荣圆，60年代的缪红喜，70年代的高家胜等，80年代的高来贵等，90年代的高五七等，2000年及以后的高亮、高鹏等40多人。以上为不完全统计，实际远不止这些。这些参军的渔家子弟，他们退伍后基本上都跳出了小渔村而招工进城，有的还当了干部和企业家，从此彻底改变了个人命运。

对河南咀人影响最大的事件是1986年渔业公社渔民整体转为城市户口，渔家子女可以招工就业，当兵退伍后直接安排工作，年轻人渐渐告别了河南咀渔民不规律的生产、生活习惯，并彻底改变了他们的命运。当然，更有莘莘学子考入了大中专院校，成为国家和社会人才。还有人下岗后，自我创业，成了成功人士。

❯❯ 不愿划走的"三社一镇"

青通河流经青阳、贵池和铜陵。历史上青阳县地域疆界几经周折，隶属关系也频繁变动，其中20世纪70年代仍然有一次闹得沸反盈天的行政规划撤并调整最后流产的事件。

1974年2月11日，（由于青阳县向省革委会请求并打报告）安徽省革命委员会决定，将铜陵县的董店公社、新建公社、大通渔业公社和大通镇划归青阳县，史称"三社一镇划归青阳"决定。当"三社一镇"的干部群众得知铜陵县同意划出这一消息后，立即舆论哗然。"三社一镇"的骨干分子有渔业公社革委会常委的高成俊、大通镇的佘飚等人，他们自发组织起来，日夜开会，查找历史文化依据，从现实中生产、生活的各个方面，搜集整理资料，研究商讨如何将民意送达到铜陵县、安徽省领导。与此同时，发动广大群众纷纷行动起来，表达划归青阳的种种不利因素和弊端。这期间，尤其是河南咀渔民，反对的声音最为激烈。因为从古至今，从渔夫到渔民，河南咀人都是与一河之隔的大通相依相伴，渔业公社自成立以来，是铜陵县唯一的正区级渔业公社建制。从青通河到鹊江一直是渔民赖以生存的捕鱼场所。如果划归青阳，青阳绝大部分都是山地丘陵，青通河流域广袤的水域大多已圈了圩堤，青通河只剩下一条河沟，加上青阳县动不动就进行河道疏浚，严重破坏各种鱼类的生存环境，到时候渔民根本无鱼可捕。于是，河南咀的生产队队长让在校读高中的吴家祥、高小鹏等学生写大字报、画漫画。一时间，大通街上大字报专栏和下街头百货公司墙上贴满了大字报和漫画。其中有一些渔民在青阳山头上撒网，捕山鸡、野兔；扳罾的用铲罾拦鸟雀。以此来讥讽渔民若划归青阳的惨状。这让铜陵县和外地来的人看了啼笑皆非，非常同情将要被划走的渔民，理解"三社一镇"不能归入青阳县的意愿和理由。

在宣传的同时，另一班积极分子加班加点工作，他们撰写了《告"三社一镇"人民公开信》，历数"三社一镇"的历史沿革、政治经济文化与铜陵县隶属关系，划入青阳诸多不利，扬言"生是铜陵的人，死是铜陵的鬼"，表达誓死不去青阳县的坚定意志和决心。人们还编出顺口溜，痛批当时的铜陵县革命委员会书记刘显德："刘显德，真缺德。刘显德，要不得，书记帽子就要摘。"在如火如荼的"反刘""倒刘"和反对划归青阳县的运动浪潮中，以高成俊等"三社一镇"为代表，起草了联名信，并将此信送交到安徽省革委会，省领导接待了上访团代表，表示会认真研究予以答复。

在"三社一镇"广大社员群众持续近一年的强烈反对、坚持不懈地反映和坚决抵制下，1975年1月18日，安徽省革命委员会终于撤销了这一决定。

青阳县自建县以来疆域变迁较大的只有唐朝，除此之外，这就是"三社一镇"事件。如果此决定不是由于"三社一镇"干群的执着反对和抵制，"三社一镇"划入青阳县，河南咀的命运究竟是怎样，不得而知。但有一点是肯定的，如果划归青阳成功，1974年之后的河南咀年轻人的命运将改写。至少那些今天仍生活、工作在铜陵县、市的河南咀人绝对是最大的受益者，因为青阳县没有铜陵县特别是铜陵市工业基础和城市化发达程度高。不过，那些坚决反对划归青阳的上访者，也不知道此事的意义，他们只是因感情和当下所处的环境而义无反顾的。

1974年，时任铜陵县委书记刘显德到董店公社调研

◎ 渔家子弟兵

河南咀人口不足1000人，他们信奉"一人参军，全家光荣"的口号，从新中国成立后到20世纪80年代，河南咀历年积极参军的人数不少。比较而言，参军退伍后大多受到较好的工作安排。

60 年代之前出生的有：

张荣圆，1930 年出生，20 世纪 50 年代初入伍，复员后最初安排在渔业公社集体干部，后转正为国家干部，在渔业公社担任武装部部长；80 年代调铜陵县沙石厂当厂长（正科级）。

高冬宝，1936 年出生，20 世纪 50 年代入伍，退伍后安排到海南岛农垦，后招工到铜陵县轧花厂。

缪红喜，1942 年出生，在河南咀生产队当会计。1964 年入伍，退伍后分配在铜陵县机关工作，在铜陵县工商局局长职务上退休。

高家胜，1951 年出生，20 世纪 70 年代初入伍，成都空勤，退伍后安排县物资局。

高小毛，1953 年出生，1973 年入伍舟山群岛部队。退伍后回大通搬运公司任负责人。

高家正，1955 年出生，1974 年入伍北京邯郸部队驾驶员，退伍后安排到渔业公社社直企业开机班船。

高家松，1957 年出生，1976 年入伍青岛海军驾驶员，退伍后分配三二一地质队工作。

吴炳胜，1956 年出生，1976 年入伍合肥炮兵部队，退伍后在大通镇政府工作。

杨公明，1957 年出生，1976 年入伍合肥炮兵部队，退伍后在池州市工作。

60 年代出生的有：

高家德，1961 年出生，1979 年 11 月入伍在中国人民解放军陆军第一军一师一团硬骨头六连，1982 年退伍在渔业公社综合厂、大通钢铁厂工作，后来调到铜陵市化纤厂。

张龙胜，1965 年出生，1982 年考入中国人民解放军洛阳外国语大学，北京外国语大学硕士研究生毕业后回洛阳军校任教，后下海经商，成为企业家。

张龙华，1986 年 10 月入伍福建省泉州市陆军。1990 年 10 月退伍，分配在铜陵县石油公司，后辞职在北京打工。2021 年起携全家赴美国发展。

李智华，1986 年 10 月入伍福建泉州陆军。1990 年 3 月退伍，分配到铜陵县化肥厂，后辞职自谋职业从事文化工作。

高春华，1986 年 10 月入伍分在福建福州陆军。1990 年 3 月退伍，分配铜陵县化肥厂后为市六国化工工作。

张立新，1987 年 3 月入伍浙江省开化县武警中队。1990 年 3 月退伍，分配在铜陵市有色公司。

高家满，参军退伍后分配在 701 工厂工作。

高家昌，入伍新疆军区战士，退伍后进入县化肥厂。

高来贵，1981 年入伍海军 23 试验基地、海勤大队，退伍分配在铜官山化工有限公司工作。

高诚勇，1990 年参军杭州陆军。1992 年退伍后进黄狮涝矿，后留职自我创业。

高家福，1989 年 3 月入伍湖北沙市武警部队，1992 年 6 月分配到铜陵市家电铜材厂，现任广东精达总经理。

高家禄，1989 年 3 月 20 日入伍湖北沙市武装警察部队，1991 年退伍。1992 年 6 月分配到铜陵市印染厂工作，2004 年到天津精达做车间主管，为天津精达副总经理。

高五七，1990 年入伍南京军区陆军一师，现在铜陵市铜化集团新桥矿工作。

周文明，1999 年入伍，海军，3 次赴亚丁湾护航。2 次荣获三等军功、1 次荣获二等军功，目前已是正团级干部。

进入 21 世纪后，新入伍的青年，文化程度普遍提高，一般最低学历为初中，大多在高中以上。

高亮，2001 年入伍，服役于中国人民解放军海军福建基地观通第一旅，2003 年退伍，现工作于铜陵市公安局义安分局五松派出所。

高俊，2009 年 12 月入伍，海军航空兵，烟台福山机场，2011 年退伍，中共党员，现在新庙派出所工作。

李翔，2006 年入伍。

高鹏，2015 年入伍。

高纪，毕业于军校。

高东亮、高家新两兄弟入伍，为退役军人。

以上为不完全统计，实际参军人数远不止这些。据当地政府武装部从入伍部队反馈情况所知，河南咀参军青年普遍表现良好。他们非常珍惜在部队的经历，听从指挥，严守纪律，能吃苦，有志气，积极向上。

河南咀籍周文明为海口舰战士，多次获二、三等功

❱❱ 河南咀居委会及社区

20 世纪 80 年代，改革风起云涌。1983 年 10 月，在总结各地试点经验基础上，中共中央、国务院联合发出《关于实行政社分开，建立乡政府的通知》，要求各地在 1984 年底完成建立乡政府工作。1984 年 7 月，铜陵县委下文，撤销了大通渔业人民公社，原渔业公社的 6 个生产队于 1984 年 7 月并入大通镇；原渔业公社的国家干部由县委统一安排到其他部门和单位工作；同时成立大通渔业生产合作社和渔业村，相当于村民委员会。书记、主任由高帮本担任，办公地址仍设在原渔业公社大楼，行政隶属关系归大通镇管辖。在当时的情况下，新成立的大通渔业合作社除了白浪湖渔圩和大通祠堂湖为少得可怜的（生产资料）资产外，并无其他创收来源，而渔业村有 1000 多名人口，由于青通河多年来的围圩造田和工业污染，加上长江常年滥捕，千百年来靠捕鱼为生的渔民实际上成了无业游民，而他们仍持有农村人民公社户口，既无鱼可捕，也无地可种，渔民虽然一直享受城镇居民的待遇，如果不从根本上解决全部渔业村人口的城

市户口性质问题，就无法解决青壮年就业问题。即使有计划粮油供应，口粮都无钱购买。1986 年，在以张大信、高帮本等老渔业公社中的集体干部大力呼吁后，终于获得省政府批准，同意将大通渔业村原农业户口全部转为城市户口。这一重大利好政策带来了身份的改变，使大通渔业村特别是年轻人从此彻底摆脱了无业游民的状态，就业门路大开，他们开始纷纷招工进城进厂。正因为全体渔民户口已转为城市户口，1986 年起报上级同意，改大通渔业生产合作社和渔业村为"河南咀居委会"，办公地址设在祠堂湖畔的原大通中心医院大楼。河南咀居委会自 1986 年挂牌运行至 2005 年，前后共运行近 20 年。这期间，河南咀居民开始享受城镇居民享有的一切保障，低保开始发放。

2000 年，全国开始推进社区建设。2005 年 8 月，改"河南咀居委会"为"河南咀社区"，第一任主任是高淑贞、高民改、叶来华等人。

国家对城镇居民实行社会保障全覆盖，一块是社保，一块是低保，应保尽保。纳入低保户的居民，60 岁以上每月可领到 600 元；70 岁以上每月可领到 800 多元。这一惠民政策和德政的施行，结束了世代以来渔民养儿防老和老来生病等死的悲惨历史，这一系列良政善治，功在当代，利在千秋！

截至目前，大通镇共有 5 个社区，其中澜溪社区和河南咀社区都集中在原老街的集镇中心位置——祠堂湖畔

❯❯ 渔民上岸

自 20 世纪 80 年代以后，由于围湖造田和滥捕特别是环境污染，长江、青通河渔业资源急剧下降，80 年代末至 2018 年，大通渔民实际上已无鱼可捕。特别是现在的河南咀社区里那些"以船为家"的原大通渔业社第一、第二和第三生产队的渔民，他们是困难群体中特殊的一群人，常年漂泊水上，打鱼为生；没有耕地，文化程度有限（60 岁以上的渔民绝大多数都是文盲）；随着渔业资源的短缺，生活日渐艰难。为了改善以船为家渔民的居住条件，推进水域生态环境保护，2014 年安徽省将渔民上岸安居工程作为重要任务，围绕"保基本、兜底线、促公平、可持续"的目标，按照"政策引导、渔民自愿、因地制宜、促进发展"的原则，多渠道、多形式引导渔民上岸安居，并将其纳入保障性安居工程范围。同年，铜陵市郊区贯彻落实省政府渔民上岸安居工程的政策走在全省前列，郊区最大的渔民上岸安居小区在大通镇民主安置点建设。在实施渔民上岸安居工程过程中，铜陵市郊区将渔民上岸安居工程作为党政一把手工程，一切都以渔民意愿为核心，采取工作人员包户、包人、包船等方式，因地制宜地发挥积极性和创造性，安置方式多种多样。

郊区政府制定了"渔民上岸"相关政策，即每户买一套（不论大小）补助 4 万元。1~2 人的每户 65 平方米，3 人的每户 75 平方米，4 人的每户 85~90 平方米。年纪大的老年人和腿脚不方便的可以申请要求安排住一楼。安置点有两处：一是原新建乡政府对面民主村的"民福家园"小区，集中了 270 套房源用于渔民上岸安置。以低保户汪四英为例，她家 94 栋 202 室，安置面积 65 平方米。依据市物价局、市住建委核定的全产权商品房每平方米 2100 元的成本价，共计 13.65 万元。渔户以每平方米 1450 元的基准价加楼层差价，汪四英购房款一共是 9.932 万元，扣除专项补助 4 万元，实际购房款为 5.932 万元。

其他安置点有不同时期在大通新区回迁、拆迁入住的渔户。还有海螺水泥厂对面靠近横港的"溪山雅居"，在此地买房多为私人买的，分配的少。主要有高宝殿、高家盛、周英才和钱根梅等原河南咀住户。

2015 年，大通镇河南咀社区 267 户渔民陆续迁入新居。此外，全市还组织对之前已上岸定居的大通镇 147 户渔民的破旧危房进行修缮加固。郊区一共有 300 户原渔业公社渔民，仅渔民上岸就有 227 户。如今在"民福家园"小区有三四千居民，其中集中住在这里的渔民上岸的人口就有五六百人。小区水电气贯通，超市和大小商店数十家，养老院入住率饱和，运动场和体育设施齐全，露水菜市场就在门口，居民生活十分方便。每日傍晚，小区灯光闪烁，音乐响起，广场上有上百位老中青妇女尽情跳舞，人民群众的获得感、幸福感和安全感逐步加深。今昔对比，天壤之别。由于渔民上岸安居工程工作扎实，使得郊区辖区 300 多户渔民无一遗漏全部告别了风雨飘摇的水上生活，过上了安定的日子。

渔民高传道与包荷花夫妻在"民福家园"家中

❯❯ 禁渔以后

曾经，皖江大通的鹊江及青通河养育了世世代代当地渔民，但进入 21 世纪后，青通河一度成了一条黑褐色的污流浊水；长江也累了、病了，而且病得还不轻，江河鱼资源锐减，过去常见的白鳍豚灭绝了，鲥鱼也绝迹了，野生河豚数量极少，刀鱼不仅数量急剧下降，而且单个鱼体偏小，江河绒螯蟹资源也接近枯竭，青、草、鲢、鳙四大家鱼已大幅萎缩。因此，在此期间，大多数青壮年渔民早已弃渔去找事做了。年轻的到工厂就业，年龄大的在附近打工，收入比搞鱼要高好多。到 2016 年，随着渔民上岸安居工程的实施，实际上从事渔业生产的渔民大为减少。不过，仍有一些渔民以非法手段采用电磁波工具放入长江里，开动挂机渔船打鱼，所到之处，大小鱼碰到即漂起来；还有的在长江打三层网（网里带电），渔船从上游往下游行驶，一旦鱼接触电网就昏死；在青通河与湖区，有人投放化学毒药毒鱼；有人使用炸药炸鱼；在童埠河段，更有人以放麻网为名，其实捕不到鱼，但凡经过的船只要碰到麻网，就被讹上，只得交点钱息事宁人。这种断子绝孙，采取"电毒炸""绝户网"等非法作业方式和违法犯罪行为到了不能容忍的地步了，实施禁捕，刻不容缓。

2020年1月1日起，国家实施长江十年禁渔计划，禁渔期间禁止一切捕捞。河南咀社区原6个生产队共有200多条渔船拖上岸集中销毁。当时仅河南咀第四、第五和第六3个生产队有51条渔船被销毁；第一、第二和第三3个生产队有150多条连家渔船待销毁（后经乡贤吴稼祥、黄复彩、郭熙志联名上书，郊区政府保了十几条木船放在光荣圩内）。根据政策，最小的渔船每条补助9万元，先付一半，剩下的15年之内付清；铁渔船折价达十几万元。渔民退捕上岸后，政府对原先有渔船且年龄达到60岁以上的100多位老渔民列为低保户，每人每月400多元，禁渔小船每月补助300多元，加上60岁以上的人每月还有150元，总计每月1000多元；若当生产队长每月另加100多元，低保户达到70岁、80岁、90岁以上者，分别累进增加补助。对原先有渔船年龄未达到60岁的200多位渔民，按照职工社保标准享受政府补助。与此同时，郊区农业农村局领导成立护渔组织，每家安排一人在江河轮流护渔值班，每月500元，护渔水域自青通河铜贵大桥以下至入江的羊山矶；同时，还有9位青壮年组成长江护渔队，隔日一班（包括夜查），每个班4~5人，一般每人每月上20天班，每个人每月固定工资2800~3000元，并有适当奖励。路线从贵池梅龙至铜陵的安平水域，远路有汽艇和挂机船在长江护鱼。

在此期间，郊区政府和大通镇扎实做好转产安置和民生保障工作，多渠道开展就业帮扶，有劳动能力和就业意愿的退捕渔民转产就业。据了解，自2021年1月1日开始禁捕起，对60岁以下的渔民，介绍给企事业单位值班当保安；也有不少人自己联系干临时工，一天也能挣200元左右。为促进退捕渔民等重点群体实现更有质量的就业，2021年6月16日上午，铜陵市人社局在市人力资源市场举办了长江流域退捕渔民上岸就业专场招聘会。参会企业78家，提供包括一线操作工、保安、保洁在内的用工岗位 2789 个。为了提高招聘会的针对性，市人社局会同郊区人社局还组织了郊区部分有就业意愿的退捕渔民进场招聘，共有 110 人次求职者现场登记求职。

退捕后投资创业比较成功的有吴小英和丈夫杨小六，他俩由几百吨的货船换了个 1000 吨的大铁船，在长江跑运输，收入颇丰。另一个创业做大做强的是原三队的王小三，他以敏锐的商业头脑在白浪湖外口承包了一个小圩，养殖螃蟹和鱼。由于事业成功，不断加大投资，扩大经营规模，在鹤门（铜陵和青阳童埠交界处）建有三层几千平方米的大楼房，楼下建有仓库；有汽车、拖拉机、私家小轿车；修建了公路直通公司门口。

在大通，由于生活成本较低，普通家庭每月有 1000 多元收入，基本生活是有保障的。如果家庭里其他人有收入，达到 2000 元左右，那生活是相当不错的。总之，退捕以来，所有渔民生活都大为改观，过着做梦都没有想到的安稳幸福生活。

通过采取以上强有力的措施，符合条件的退捕渔民参加基本养老保险，有劳动能力的转产安排工作，上岸渔民生计得到有力保障。禁渔全面实施以来，由于水生生物栖息环境改善，又因几年内禁渔措施得力，鱼类快速繁衍，青通河经常看到鱼儿时不时地跳出水面，一些多年难觅踪影的鲦鱼（别名金刀鱼，河南咀渔民称之为刁丝子或熟刁丝）在长江被发现，成群结队的野生江豚在江面上嬉戏畅游，长江和青通河正在加快恢复生机活力。鹊江和青通河重现"水清岸绿、鱼跃鸟飞"的美景。

为禁渔长远计，河南咀籍的一些乡贤正在筹划建设"大通渔文化博物馆"，集收藏、展示、研究、科普、文旅等功能于一体，以市场化创造新业态，推动"人水合一"、共生共荣、生生不息有效载体。

》 天南地北的河南咀人

人类社会是一个不断繁衍、不断迁移、不断发展的过程。在各个不同时期，与大通一河两岸，一脉相承的河南咀因其与大通的渊源和互为依存、唇齿相依，早已融为一体了。新中国成立后，从大通渔业大队到 1962 年大通渔业公社，到

1984年大通渔业公社撤销并入大通镇渔业村（生产合作公司），到1986年渔业公社全部转入城市户口，设立大通镇河南咀社区，河南咀人的身份遂最终定型。

河南咀历史悠久，人文荟萃，孕育了不少优秀人才，他们在各行业、各领域取得突出的成就。新中国成立后特别是改革开放后，这些走出去的河南咀人当中，有两种人可圈可点：

一是招工招干和考入大学、大专和中专等院校毕业工作的。他们现分散在天南地北，受教育程度较高，个人整体综合素质高。他们当中有干部、有教师、有企业工程师和技术人员，现列举一二。

最早走出去的有（排名以年长为先，其他不分先后）：

高宗奎，出生于1928年，1951年和12位河南咀年轻人招工去铜官山铜矿工作，其中10人辞职返回家乡，他坚持留下来直到退休，曾被评为优秀共产党员。他不但高寿，且身体健康，96岁仍能打麻将娱乐。

张荣源，出生于1930年，1951年参加抗美援朝志愿军，退伍复员后在渔业公社工作，后到铜陵县沙石厂担任领导。

张生辉（1932—2019），1951年到铜陵县政府工作，先后担任县水产局局长、县商业局局长。

高家辉（1933—2015），1951年到铜陵县政府机关工作，曾担任过县计委干部。

吴殿元，1952年招工到铜官山矿工作，先担任技术员，后调入淮北煤矿任总工程师。

吴赛金（女），20世纪60年代初考入合肥师范学院历史系，大学毕业后担任合肥中学教师，已故。

张生光，1943年出生，1965年到铜陵县供销社工作，先后担任新桥乡党委书记、县经委主任、书记、黄狮涝矿副矿长、县人大常委会副主任，2003年退休。现在老龄委工作。

高侃（高家曦），1946年出生，1962年考入南京农学院，毕业后分配在江苏宿迁工作，高级工程师。

高新年，1946年出生，1976年考入安徽师范大学艺术系，先后任青阳县委宣传部秘书、文化局副局长。

张永顺，1949 年出生，1966 年于池州汽车队工作，先后担任大修厂厂长、池州交通局副局长、大桥办主任，现已退休（正县级）。

吴稼祥（吴邦富次子），1955 年出生，1977 年考入北大经济系，学士学位。1981 年 11 月，被中共中央办公厅高级研究编辑职务评审委员会评定为副研究员。2000—2002 年，哈佛大学费正清研究中心访问学者。1982—1989 年 6 月，历任中共中央宣传部理论局理论研究处副处长、中共中央书记处办公室暨中央办公厅调研室政法组副组长、综合组组长、书办政治改革研讨小组副组长、十三大报告起草组成员兼资料组组长、中央书记处价格研讨小组副组长、中央财经领导小组秘书组副组长等。中国股份制改革及新权威主义主要首倡者之一，著有《邓小平：思想与实践》（1987）、《智慧算术：加减谋略论》（1997）、《把海倒进杯子》（1998）、《公天下：多中心治理与双主体法权》（2013）等 10 多部著作，以及上百篇学术论文，也从事诗歌、散文、寓言等写作。

张小发（女），1952 年出生，铜陵港口医院党支部书记兼院长。2007 年退休。

张恒（张仲顺长子，原名张小龙），1952 年出生，1974 年进入安徽劳动大学物理系学习。毕业后分配在铜陵县一中教书，后到铜陵市焦化厂、市经开区工作，正科级。2012 年退休。

高志顺（高明羊长子），1955 年出生。1976 年"社来社去"进入安徽轻工业学校合肥工业学校学习，成绩优异，毕业后留校任教。曾在北大进修，回母校担任讲师，讲授《电工学》，倍受学校器重和学生敬佩，可惜 30 多岁英年早逝。

高长生（高安发子），1957 年出生，1978 年考入铜陵师专，毕业后担任中学教师，后任县政府秘书、县纪委常委、和平乡党委书记、县教育局书记和县卫生局局长、义安区市容局局长等。

张帆（张仲顺三子，1957—2020），1979 年考入铜陵师专汉语言文学系，后担任顺安中学教师、教务主任、西湖中学校长，副高职称。

高新鹏（高家林幼子），1978 年考入蚌埠粮校，1981 年毕业后分配铜陵县钟鸣中心粮站，曾任金榔、大通中心、钟仓中心粮站站长。

吴文祥（吴家贵三子），1957 年出生，1976 年进入铜陵师范，毕业后在河南咀学校任教师，后调任铜陵县文化馆工作。

高富强（高家辉长子），1958 年出生，先后担任过铜陵县新建乡党委书记、黄狮涝矿副书记、县科技局局长，享受县处级退休待遇。

高满保（高春山四子），1959 年出生，高中毕业后任代课教师后进入铜陵师范深造，担任大通学区教师，后在大通文化站参与撰稿编辑工作。

高家勤（高宗祉次子），1959 年出生，高中毕业后代课教师后进入铜陵师范深造，曾任河南咀小学、铁板洲小学和大通学区校长。

高鹏才（高韵祖幼子，1961—2020），中学学历，师从船舶木匠工程师金幼良，学得真传，木工技术精湛。后招工到铜陵县水泥厂从事机械设备工作，直至担任厂长助理，享受副厂长待遇。水泥厂关闭前，在广东东莞外企负责设备技术工作。2020 年 9 月因病去世。

高家庆（高宗祉三子），1962 年出生，1981 年考入武汉测绘学院，毕业后到美深造，获博士学位，现在新西兰奥克兰大学环境学院任教授。主要从事遥感、GIS 和空间分析方面的教学和科研。在他的学术生涯中完成了十几个科研项目，发表了 100 多篇 GIS 论文，其中很多是国际上影响力很高的杂志。为众多杂志的编委，编写了多部专著。曾多次在青藏高原考察，做了大量有关高原草地生态遥感方面的研究，取得了众多成果。长期以来，积极参与举办国内高校学术报告、咨询、交流和指导。

张良贵（张生顺次子），1963 年出生，铜陵有色工校毕业，铜陵有色冬瓜山矿工程科长，现外派秘鲁中国铜矿担任高级工程师。

张龙胜（张生瑞长子），1965 年出生，1982 年考入洛阳军事外国语学院，毕业后留校任教，后考入北京外国语大学，获硕士研究生学位。1991 年下海经商办企业，经营范围主要为俄式餐饮、房地产和投融资行业，业务涉及国内外，成为稳健的实业家，现定居美国。

张龙田（张生瑞三子），1992 年考入安庆师院。本科学历。茶林中学教师，后辞职在北京从事文旅管理职业。

吴立清（吴兴文子），1986 年考入芜湖师专，现为二十一中教师。

高家田（高宝林子），1985 年考入安庆商校，毕业后分配在铜陵啤酒厂工作，现为铜陵有色股份铜冠黄铜棒材有限公司商务部长。

高克西（高传道次子），1987 年考入安徽电大普通班大专毕业，现为铜陵市二十一中教师。

李伟胜（李祖福次子），1987 年考入安庆商校，毕业后在安庆市政府机关工作，现为安庆开发区管委会干部。

高志正（高明羊幼子），1986 年考入南京化工学院，1990 年学士毕业，现任职赤峰金通铜业有限公司生产机动部部长。

高家田（高宝林幼子），1985 年考入安庆商业学校，毕业后分配至有色公司工作，先后担任白暨豚大酒店经理，铜陵有色股份铜冠黄铜棒材公司商务部部长。

高小凤（高兴民长女），1968 年出生，1983 年考入铜陵师范，1987 年毕业，先后在顺安、县实小任教师。在职进修获本科学历。现为义安区教体局成教股长、区教师发展中心副主任。铜陵市民盟委员、义安区第十四届政协常委，副高级职称。

高勇华（高松本次子），1971 年出生，淮北电校毕业，在职进修南开大学本科。2022 年 1 月，担任国能神皖（铜陵）新能源有限公司总经理。

高凯（高家本长子），安庆技校毕业，安徽省电建公司项目经理。

高翔（高家本次子），1987 年考入安徽医科大学，1992 年毕业，现为义安区中心医院副院长。

高家福（高宗渊子），1970 年出生，1989 年参军，1992 年退伍后进入铜陵精达企业工作，为铜陵精达集团车间主任；2002 年任广东精达公司总经理；2022 年起任广东汇锦科技有限公司总经理。

高家禄（高宗渊子），1970 年出生，1989 年参军，退伍后进入铜陵市印染厂担任保卫干事；2004 年任天津精达里亚生产主管；2022 年起任广东汇锦科技有限公司安全主任。

高家斌（高根宝子），高中毕业后考入铜陵卫校，现为义安区血防站医生。

吴梦芳（吴家荣女），1968 年出生，1988 年考入铜陵师范普师班，1991 年毕业。后通过自学考试入安徽大学英语系，1995 年毕业。此前一直从事小学教育，现就职于义安区实验小学；2022 年派往新疆支教。

吴五七（吴宗庆子），考入中师毕业，现为铜陵市新苑小学教师。

高洁（高小毛女），1981年出生，1996—1999年就读于铜陵师范，2021年安师大本科毕业，现任职于铜陵市悦江实验小学。

高尚（高家助子），1984年出生，国内普通大学毕业后在新西兰深造，现留新工作。

张文彦（张芊女），1985年出生，2003年考入安师大，2007年毕业后考入天津大学，2009年硕士研究生毕业，目前在天津市农委农业局工作。

高倩（高家勤女），六安动物学院毕业，后在新西兰护士学院毕业，目前在新西兰工作。

张扬（张黎明子），2013年考入安徽理工大学，2017年毕业，现任浙江宁波维孚电子商务有限公司主管。

张超（张龙珠子），2002年考入安庆师范大学，曾任铜陵市三中化学教师，现在肥东圣泉中学高中教师。

张卓然（张恒子），海南医学院毕业。现就职于太平洋保险铜陵分公司。

张津（张轩女），1985年出生，2004年考入北京工商材料工程系，2011年研究生毕业。现在北京某上市公司从事医疗器械研究和开发工作。

张天然（张帆女），1990年出生，2007年考入中国海洋大学环境科学专业至硕士研究生毕业，2013年获得英国伦敦国王学院全额奖学金资助攻读卫星遥感博士，2017年毕业继续攻读成为博士后，留校于欧盟哥白尼项目担任研究助理。2021年起在英国卫星初创公司Satelite Vu担任科学家及研发部主管，后考入英国获博士学位，毕业后在英国工作，现定居英国。

张晶（张生保女），1985年出生，2005年大学毕业被用人单位招录。2011年任诸暨市西施故里办公室主任，2018年任诸暨市旅游局副局长。

高晗（高来欢子），2011年考入清华大学，2015年读清华研究生，2018年清华大学研究生毕业，现就职于深圳金地集团。

二是经商当小老板、办企业的成功人士。

高传虎，1962年出生，右手臂有残疾，身残志坚。有经商头脑，80年代，他买下大通街的门面房，在十八索兑鱼、贩卖鱼蟹，从事水产品购销，用汽车送鱼，在下街头搬运站旁开了个水产门面，生意做得相当大。后进入铜陵市绿源大市场，成立"高老大水产有限公司"，实现规模化经营。目前企业稳步发展。

张黎明，1964 年出生，招工到市发电厂工作，后毅然辞职，自我创业，与其他企业家合伙入股，受其他投资人信任，被聘为职业经理人。因经营管理有方，企业逐步做大做强。成功从职业经理人华丽转身为企业家，实现了财务自由。

高诚勇，1971 年出生，当兵退伍后进入县黄狮涝黄金厂工作，后自我创业，经营江河黄沙，由于善于经营，在禁开黄沙之前，已实现了财务自由。

高家德，1961 年出生，退伍进入国企。后辞职自我创业，经营五金水电产品。已初具规模，产品销售覆盖铜陵市及周边。

张立胜，1970 年出生，原为铜陵县水泥厂职工，企业改制后辞职创办建筑公司，目前企业经营涉及建筑装修和餐饮等。

高立新，1966 年出生，铜陵兴旺机械有限公司董事长，原为铜陵县农机厂的工人，企业解体后，自己带了几个工人利用原有厂房、设备等，开办农机厂，解决了 9 个工人的就业，作出了自己的贡献。

左小虎，1962 年出生，自小腿疾，父亲左文友早逝，但他身残志坚。穷人的孩子早当家，读完初小，就与弟左小龙捕鱼。后投师学理发，出师后在大通街老街核心地段开了一间理发店，由于手艺和服务态度双佳，生意兴隆。

吴梦娇，成年后即投奔叔父到北京成为"北漂族"，一边学习，一边打工。后独自从事建材商贸业务，如今业务已遍及全国各地，真正实现了做大做强。

高琴（原名高红宝），女，铜陵五松阀门有限公司总经理。技校毕业后参加工作，后辞职与丈夫创办企业，十几年来运营良好。

按人口比例统计，在大通、和悦洲、铁板洲和河南咀两岸四地中，河南咀人口最少，但从古至今河南咀历史上有武举人高彪；文秀才高兴国；国民党时期安徽省工会主席高宗鉴；上海劳动大学高才生、研究并解析高次方程和历法的高宗一（高宗懿）；1955 年出生的高志顺在大通中学读高中时，数理化门门全优，全年级独占鳌头。他后来在高校留校任教，上课不用教科书，物理和电学知识全在大脑里，是全校公认的金牌教师。1977 年高考恢复后，河南咀当年有好几人考上大学，其中吴稼祥成为安徽省文科状元，被北大录取。此后一发不可收，多人被大学、大专和中专录取，其中有市一中考上武汉测绘学院的高家庆，赴美深造，博士毕业，张龙胜读书时有"过目不忘"神童之称，1991 年北京外国语大学硕士研究生毕业。

上述各界人士，大多生长并曾经生活在河南咀这片土地上，也有是从这里走出去乡贤的直系子女。开枝散叶，虽然如今身处天南地北，正如尼采所说：谁终将声震人间，必长久深自缄默。谁终将点燃闪电，必长久如云漂泊。的确，在成就大事或是在成功之前，每个人必有相当长时间的自我积淀过程，都经历过不为人知的挫折和难处，从这个意义上来说，这也是值得乡人敬佩的。不仅如此，所有乡贤给同乡后人的榜样作用是无穷的。

从这里走出去的河南咀人

三　人文风貌

尚渔厚文　人才荟萃
上善若水　含英咀华

» 性格禀赋

河南咀具有较为矛盾的生存环境，河南咀地处江河之滨，交通便利，信息畅通，便于闯荡，因此他们具有冒险精神；但与此同时，他们偏居一隅，受天时地利影响，生产成果不可控，生产方式长期单一，上岸居家高度集中拥挤，人口结构缺乏多元性，造成了河南咀人勤劳节俭、探索钻研、好学聪明和攻坚克难的特质，具有期望改变命运和憧憬美好未来的乐观精神的同时，也形成了没有长远规划、宏大视野和团结办大事的协作精神弱点。由于集中居住，既亲连亲又易产生矛盾，宗族观念强，以族内血缘为重，而在另外一些方面却六亲不认。捕鱼乃是古老传统生产行业，鱼汛期和淡季，每个人能力和机会不均等，收入差距大，造成贫富不均，最好的男子能娶大通街上大户人家女儿做媳妇，其次是本河南咀的媳妇，而大部分人家男子，一般只能娶江北（枞阳）和贵池农村的女子为妻。这样也就融合了周边农村人的生活习惯、文化传统等。枞阳人的勤劳顾家、注重耕读等观念被有效传承、发扬光大，使得河南咀人愿意通过自己的艰苦奋斗为子孙后代换来幸福。

河南咀人由于长期与江河湖汊的自然环境打交道，养成了崇尚力量勇武倔强的偏好，夸大宣扬本地祖上那些力大无穷的先人，无所不能，久久传颂，甚至扬古贬今。与此同时，又会走向另一个极端，凡事外面的好，对本族本地采取虚无主义态度。认为捕鱼人风里来雨里去，出身卑微，有文化的人较少，一条小船成为身家性命的依托，一生无论如何也搞不出什么名堂，充其量弄个温饱，胸无大志，目光短浅，自信心不足。好多人外出到铜官山工作，看到家乡人出鱼时发大财而眼红立马辞去工作，跑回家操起罾网捕鱼，等到没有鱼搞了，看到铜矿山工人拿着大把工资又羡慕起别人，用河南咀自己人说的话叫"吃不得三顿饱"。这种缺乏坚守的精神显然不可取，但也从另一个方面体现了河南咀人不满现状、穷则思变的特点。事实证明，当无鱼可捕时，河南咀多少青年甚至中年人都逃离了小渔村，从而改变了自己及家人的命运。

河南咀人同大多数国人一样，酷爱面子，"三天没吃饭还在大门口刷牙"，以显示有饭吃。有的人家来客人必想方设法多炒几个菜，好客。有时有好菜会在夏天把所有菜摆放在门前竹床上，堆放满满的，以示富有和阔气。

河南咀渔民身处集镇大通街和农村大同圩之间，非城非农，两者兼而有之又都不是。既有城镇居民的生活习惯和眼界，但生活标准低于城镇居民，生活水平却又高于农民。他们衣着打扮同城镇几无差别，但劳动强度和舒适稳定与之有很大的差别，他们生活没有规律，旺季和淡季一忙一闲，三月不开张，开张吃半年。

因为水里求财靠天吃饭的缘故，河南咀人信神，正月在船上舞水龙灯，端午节在江河划龙舟，起初都应该是出于悦神。还有更直接的，拜水府庙、土地庙、鸡冠庙等，祭祀时庄重神秘，仪式感满满。

渔民一年四季淡季较多，如何打发生活，需要精神文化生活。因此有说书的，唱黄梅戏的，甚至移植来了目连戏剧种，用渔民的服装道具进行改造，长期演出，这也就形成了一些特有的渔文化谱系。

"急"，是河南咀渔民最为突出普遍的性格特征。鱼汛就是命令，如同救火，容不得慢慢吞吞，所以河南咀大多数的渔民都是急性子。捕鱼时风高浪急，常遇激流险滩，必须眼明手快，挽狂澜于既倒。又由于水上生产劳作，场域宽阔，兼有风声、雨声和桨声、流水声，人与人之间的交流必须大声说话，故渔民多是大嗓门，听起来像是呵斥。两个渔民说话，外人看来常以为是吵架。又由于长期的求快，喝滚开水、吃热粥、吞热食，有多位渔民患食道癌早逝，又因饥一餐饱一顿，导致多位渔民患胃病。整体上渔民长寿者不多。而一贯践行慢节奏的渔民高青松，长得清瘦，性格温顺，说话细言慢语，穿戴轻衣小帽，活了80多岁。另有两位属羊的渔民都是高寿（高大羊93岁、高明羊94岁），虽然他俩中年都遭受过丧子之痛。他们几位长寿人的性格有一些共同点：与己无关的事，从不掺和；无关紧要的事，不争对错；无法改变的事，不纠结；别人的评价，不在意；发生过的事，不揣摩；但自己的事，坚持不懈做好。

» 姓名趣谈

弹丸之地的河南咀，历史悠久，文脉纯厚。自古以来，先人崇尚文明，文气颇浓郁。一些大户人家在有了一定的财富之后，家底殷实，就要不断改变居住条件，由茅草棚到小瓦屋，再到建造大楼房。物质条件提高以后，人丁兴旺，必然想到让子孙有个好名字，所谓"含英吐葩，雅号流芳"。

姓名是一个自然人在社会生活中区别于其他自然人的标志和符号。河南咀主要有高张吴三大姓，加上朱、李、叶、史和后来的佘、胡、姚、左、鲍等，特别是高、张、吴这三姓本土的原居民，过去上辈给子孙取名字的，大多按其辈分，一代一代往下接续。当一个小孩（特别是男孩）呱呱坠地时，父辈和祖父辈必定会恭请有文化的老先生登门，根据姓氏辈分取名，除了好听好记，寄寓深远，还得注意不能重名。

高氏辈分是：继允昌弘祚，文明志兴宗，家传克绍，先则有存。当时河南咀高氏辈分最高的是五长辈高达五，他是老五，"文"字辈；其次是高明羊、高明福、高明元，他们是"明"字辈；高志贵、高志富、高志正是志字辈。姓名取得较好的有高宗懿、高家福。有不按辈分取名字的，因为经常出现"摇篮之叔、白头之孙"，如果按照辈分取姓名，在一个小渔村，会出现尴尬情况。如高光祖、高韵祖、高根祖、高学武、高泽林、高根林等，都不以家字辈取名字，避开了要按辈分称呼，出现小孩为"爷"为"叔"的尴尬。

张家辈分：美承德开先，恩大生良贤，忠孝传家远，庆余有万年。有张大智、张大信两人按辈分取名的，排行是"仁、义、礼、智、信"，按儒家"五常"道德标准，但他们前面的三个长兄：张静山、张印山和张东山未按辈分取名。

吴家辈分：邦家必银新，大学道德兴。比如，吴邦富、吴家泰等，也有不按辈分的：吴贞福、吴少春、吴玉魁、吴小安等。

胡氏：胡度文，其子胡万财、胡宗顶。

左氏：左文友，其子左小虎、左小龙。

金氏：金幼良。这个名字颇有来历，据说本来先用的是"药良"，寓意不生病。

历数以上各姓名，音韵和字意，均和谐悦耳，内涵深刻，高古典雅。同时身为渔民，安全平安最重要，这种寓意便被植入名字中，如高宝安、高宝顺、张宗顺、高顺林等。还有对幸福、发财、泰平、康祥的追求，因此"顺、福、泰、财、春"等字特别多。在男性取名中，也有以爷爷或奶奶在家里添长头孙子时的年龄，用作长孙的名字。比如高寿南 61 岁添孙子，其长孙名字就叫"高六一"，当然，"六一"在上学后还有个正式的学名叫"高传祥"。其他如奶奶57 岁，孙子出世叫"吴五七"等。

除了男丁取名为家族家庭中的大事外，对女孩的取名也会重视，多选美好的字样，如翠、凤、珠、莲、梅、桂、娥、霞、香、莹、萍、玲等。上个墩子吴家兄弟三人其各家女儿分别叫桑月、玉月、根月。张炳南的两个女儿分别叫正月、冬月。胡度文生育 2 男 5 女，其中五女分别叫翠香、翠玉、翠霞、翠凤、翠芸。还有的人家讲究的，在娶媳妇过门后，把新媳妇在娘家的名字改掉，重新在婆家起个新名字，以表示这个媳妇真正是一家人了。如吴家荣的妹妹叫吴桂枝，他妻子是和悦洲菜农，嫁入吴家后改名为陈玉枝，一家两枝，显得亲近。

包含时代特点的名字也有不少。高根林的小儿子生于 1951 年，就叫"高集体"；高兴让的大儿子 1953 年出世，叫"高民改"；高宝发家大儿子 1958 年出生，取名"高跃进"；高宗禹的儿子 1959 年 10 月 1 日出生，叫"高国庆"。不少人名字中都带有"红、东、军、兵"等，这些名字带有明显的时代色彩。

在河南咀，普遍存在一个现象：姓名之外还有五花八门的小名和绰号。

打鱼人生存环境差，为了提高婴孩的成活率，在正式姓名外，往往再取小名，又叫乳名。这些小名不属于外号（绰号），是自己父母或祖父专请识字的老先生根据生肖五行斟酌而取。小名多为当事人所接受，多数能沿用到终老，甚至很多人的大名不显。河南咀小名最出名的是清末年间的佘二和尚（佘万年），此后出生于20世纪初的老一辈的如吴三一（吴正荣）；出生于二三十年代的小庆日（吴家富）、小忠子（吴家贵）、理发（吴家泰）、小毛子（张生道）、出生于40年代的小拍日（张生光）；出生于50年代的黑卵子（吴德宝）；出生于60年代的大兔子（高志富）；出生于70年代的大双子（高家福）、小双子（高家禄）等。为了好养，河南咀多以动物为子女起名，如生肖属什么的，就取什么小名，如大牛日（佘贻家）、大羊子（高宗渊）、小羊子（高宝根）、小马（张生瑞）、小龙（张恒）、寅虎（张良贵）。好养的动物，如马驴（张生树）、小鸭（张福喜、李祖兵）、小犬子（张生斌）、小虎日（张轩）。

河南咀人往往大名小名兼有，上个墩有男的叫吴大金（正名），下个墩有女的叫吴小怪（小名），有头脑灵光人士把他俩名字合起来正好是谐音"大惊小怪"，这阴阳结合，歪打正着，构成了一个成语。

另一种是宠惯的子孙，父母或爷爷奶奶取的名字，如老小：小老把子（高元庆）、毛伢子（吴稼祥）、滴丫（吴家勤、高方青）。

河南咀人有重男轻女的观念，故意将男的叫女的名字，如大丫头（张生枝）。有什么年代出生就叫什么名字，如小荒里（胡小荒，女），计划生育超生的叫黑丫头（张慧、高克凤）。有以长相和肤色取名：黑皮（高家才）、大卵子（高锦水）、黑卵子（吴德宝）。有胖嘟嘟的脸型取名叫二巴（胡宗顶）、大嘴巴（高志顺）；瘦小的女子：干鬼（章玉香）、小猴子（李翠香）。有故意贬低外貌为名：老歪（张生和），其实他五官端正，身体健全。有贬低智力的：大孬子（金大孬子、高志胜）、二孬子（高二顺）、三呆子（高家虎）。

河南咀好给他人取外号，即绰号。为人好说话的高林书叫"阿弥陀佛"；排行老大，长得好，身材高大，大富大贵相的吴正福，叫"大老板"，他点子多，又叫孔明；高志迁、高安发兄弟俩身大力搏魁，叫"大将军""二将军"；高炳银在生产队老是评8分工，称"老八分"；张大智排行老四，人称"张老四"，又叫"四姑娘"。以品行来取名的也有很多，如麻花散子、滑头、锥子、尖头、小气鬼、大膏药等各有其人。根据外貌、性格和生理缺陷起绰号，太多了。比如将底下墩子高氏四兄弟分别叫"大牯牛""二老甩""三（伤）脑筋""四麻子"。其他如什么大耳刀、小秃子、大包、小跛子、小瞎子、老歪等，数不胜数。不过，生理外号当面喊的少，一般只在背后称呼。少数特别护短的，听到你喊他绰号他非得跟你大吵一顿不可。

小名，反映了上辈人对下一代或后代健康长寿的期望，绰号也折射出民俗文化和风土人情。

》渔村的女人们

嫁汉嫁汉，穿衣吃饭。河南咀女人们除了与其他地方女人一样生儿育女，操持家务外，还有许多辛苦处。在鱼汛的时候下河扳罾捕鱼，在淡季时织麻纺纱、做小工搞副业，还要砍柴、捡煤，甚至有的还外出去桐梓山部队补麻袋，到和悦洲和佘家咀水产站脂鱼、洗鱼，一待就是几个月。还有的从事贩菜生意，从江北把红辣椒和其他的新鲜蔬菜挑到老洲头码头，乘小轮到大通街上去卖，还包括收鸡蛋、卖鸡蛋，去池州茶厂摘茶叶。只要有事做能赚钱，她们从不嫌苦、累、脏、难，什么都干，在辛勤的劳作中获得些许收入，用于家庭生活改善。有的女人甚至是一家的顶梁柱，比男人更能挣钱，更有魄力，更会处事。老话说："女人家，女人家，没有女人就没有家"，民间又有"宁死做官的老子不死讨饭的娘"，可见女性的重要。

过去由于物质资料极度缺乏，生活艰难，河南咀的女人们大多活得很艰辛。从五六十年代，一直到80年代计算，其中有五分之二的家庭妇女年纪轻轻，就因为艰辛的生活、劳累、疾病、贫穷和各种原因早早去世，比例之高，令人扼腕叹息。嫁给河南咀渔民的女人们，实在是太过辛苦。1957年，张大智妻子佘金花因营养不良、产后患病死亡，时年37岁，留下丈夫和5个孩子，最小的两岁。高根祖妻李镯玉、高学武妻柯氏都因疾病缺医少药，30多岁而撒手人寰。1960年吴邦富妻子张顺娣因自家瓦房被妇产院占用，全家被强行搬出，又患肺结核而一病不起，死时32岁。1973年夏天发大水，高景禹妻子周满香划小船为银行承包接送客户，因电线杆倒伏，触电而亡。胡度文第一任妻子20多岁因病去世，留下两女。后续弦。他家先后多次强行被安排干部入住，又被评为富农，加上无休止的各方面的烦恼，胡度文去世后，其老伴梅胥荣陷入困惑，罹患忧郁症，于 1978 年自杀，死时 54 岁。1979 年夏，高柳青与妻包雪花划船运石头，当满载石头的小船行到白浪湖边小圩外时，大风船沉，包雪花溺水身亡。1982 年夏，河南咀的姚玉华、张小桂、包爱玉三个中青年妇女，划一条船去缸窑湖拉菱角菜，途遇公社机帮船，要求拖带一截，但妇女们缆绳所系位置不对，机帮船一发动，小船便侧翻，张小桂获救，其他两位溺亡。1987 年夏天，高宝根和杨玉兰夫妻俩划着装满黄沙的渔船，从童埠往出运，经过佘家咀外围的青通河，突遇狂风暴雨，致使船翻人亡，杨玉兰才 33 岁。

小渔村中，也出了不少出类拔萃的女性。她们聪慧、贤淑、勤奋、能干。高家大房有个摆渡的白毛老妪，抱了一个女儿叫高来发，1951 年 20 岁时，跑到上海灯泡厂工作，后将养母带到上海。其母 60 年代回河南咀，乡人见之，老媪白头发白皮肤，穿一身呢子毛料衣，黑皮鞋，俨然一副洋人的面貌。来发孝敬母亲、热爱家乡，妇孺皆知。上墩的曹莲珍（高维发的妻子），高小羊的母亲，当地人喊小羊子妈妈。她大约生于 20 世纪 20 年代，长相俊俏，性格温柔，能吃苦耐劳，孝顺公婆，和睦邻里，待人接物很有分寸。她乐于助人，且烧得一手好菜，十分注重对子女教育，里里外外一把好手，出鱼的时候还会去扳手罾捕鱼。上墩的孩子都喜欢整天在她家里玩，听她讲故事，她也喜欢逗小孩玩，教育小孩要懂事、要懂礼貌，长大后要孝敬父母。可惜的是，天不假年，40 多岁的时候就得了乳腺癌，不治身亡。

在这些优秀的女性当中，上墩的章大姐无疑是小渔村最有名的一个，人们都喊她二嫂，她是从枞阳老洲头老湾村嫁过来的。成家后，她很快就学会了纺线、织麻、绣花，随着家庭经济负担的加重，她还学会了扳手罾。她是小脚，扳罾非常不方便，但为了能扳到鱼，她驮着手罾走到几十里外的十八索，一扳就到天亮，乐此不疲。她养鸡养猪，到佘家咀、和悦洲去脆鱼和洗鱼，在钢铁厂磕矿石。在她的操持下，她家居然做成了三间的大瓦屋，在渔村都是不多见的。还有出生于河南咀高姓嫁于张仲顺的高义枝，是张姓大房的长媳，贤叔聪慧、知书识礼，孝敬公婆，会持家，会烹饪，做得一手好针线活，她做的布鞋比商店里卖的还时尚。

河南咀女性大多是勤劳的，勤奋、忍让、尽责、贤惠。为了子女、为了家庭，她们忍辱负重，不计个人得失，她们供孩子念书只希望子女长大后有出息。不管她们来自何方何地，很快都入乡随俗，很快融入渔村生活之中。

河南咀的女人们大都是来自周边农村，但是奇怪的是，她们大多重视教育，希望自己的孩子有出息，特别是对女儿，她们都想把她们嫁到铜陵市、县、镇，最起码是城镇户口的，很少将自己的女儿嫁到农村去，不想让自己的女儿过像自己这么艰辛的生活。在这样的想法之下，河南咀的孩子们有了不一样的人生走向，拥有了不同于父辈们的前途和命运。

⏩ 历代众多的五兄弟

河南咀从一两家十多口人，历经千年，繁衍到 800 多口人，可谓人丁兴旺，要知道期间有多少艰难困苦，天灾人祸。之所以能如此兴旺发达，可能与食鱼有利于身体健康和生殖力强盛有关。考察历代人口结构和家庭人口数，发现了一个有趣的现象：从清末到 20 世纪计划生育前，河南咀一家有五子的不在少数，还不包括同父母的姐妹，兹列举一二。

高氏五兄弟：

文字辈：高翠云、高翠贤、高翠勤、高翠侯、高达五（人称五长辈）；

宗字辈：高国良、高鸿清、高老三、高老四（早殁）、高鸿发；

志字辈：高栋梁、高柳青、高长青、高发青、高小五；

兴字辈：高宝元、高宝林、高宝殿、高宝安、高宝顺；

宗字辈：高宗文、高宗德、高宗庆、高宗胜、高宗年、高宗华；

家字辈：高光祖、高韵祖、高根祖、高小四（少时被狗咬早殁）、高学武；

家字辈：高家祥、高家盛、高家宝、高家正、高家宽；

家字辈：高家本、高家松、高家虎、高家满、高家平；

家字辈：高家春、高家东、高家亮、高家田、高家满。

张氏五兄弟：

张恩波育有大字辈五子：

张静山，字大仁（1900 年出生）；张印山，字大义；张东山，字大礼；张大智（1917 年出生）和张大信（1923 年出生）。

吴氏五兄弟：

吴贞福（大老板）、吴贞寿（二亨子）、吴贞旺（三亨子）、吴贞祥（四亨子）（早亡）、吴贞亮（五亨子）。

吴荣奎育有五子：吴宗扬、吴宗开、吴宗庆、吴宗德、吴宗龙；

吴邦能育有六子：吴家赖、吴大双、吴小双（早殁）、吴四根、吴五根和吴东海。

以上为不完全统计同父母所生的兄弟五人或以上的，出生后未成年早殁的不算。而同父母四兄弟的则更多，还有同父异母和同母异父的兄弟达到或超过五人的，也不少。

以上仅指男性兄弟，其实还有不少家庭是 5 男 2 女等人丁兴旺的景象。

▶▶ 孝悌人伦继世长

人伦之大，及于治国。国，是人伦在组织层面的体现；家，是人伦在亲情层面的体现。先贤倡导的所谓孝悌，即孝顺父母，敬爱兄长，"养莫若敬、敬莫若安、安莫若卒"。在河南咀，受孔孟儒家传统文化的影响，父慈子孝，兄友弟恭，孝悌蔚成风气，人伦亲情世代绵长，举不胜举。

老一辈人中，并不为人知却堪为称道的孝悌有太多。过去，兄弟当中有去世的，其子女或跟爹爹奶奶过，或由伯伯叔叔代养。

高玉堂（1900 年出生），七八岁时，他父亲高志富（排行老三）跟五弟高志润在江里小轮码头一带扳罾。正好泰康公司的轮船开来，因水深流急，二人拼命划桨想抢在轮船前面逆流而上，殊不知水太溜，渔船被轮船吸进船头侧翻，年轻的高志富被淹死了，泰康公司赔偿了 200 块大洋。8 岁的高玉堂还有三个妹妹（最小的两岁）交给了老大高志荣、老二高志华、老四高志贵和老五高志润一家收养一个。高志富妻太年轻，后改嫁到青阳童埠山里重组家庭。

张锡林去世过早，留下长子长富、次子长青（跛子）和幼子长发三兄弟。后由其弟张炳南收养侄儿长富和长青，长发随其母改嫁被石台一农民带走。

兄友弟恭有口皆碑的是张大信养育侄子的善举。他的二哥张印山 38 岁就病逝，长子张生道才 5 岁，次子张生和才 2 岁，此时张大信才 21 岁，他毅然代兄抚养了两个幼小的侄儿，直至成家立业。每年春节大年初一，张大智（老四）、张大信（老五）都要带晚辈去老大张静山家拜年，问安。这一习惯终身雷打不动。

高光祖在几个兄弟中排行老大。50年代蒙冤坐牢，服刑结束后，离开河南咀，迁移到青阳新河渔业大队。他家的条件相对较差，河南咀的二弟高韵祖、三弟高根祖和五弟高学武经常去接济他。冬天时，三个弟弟凑钱做一套新棉袄棉裤送给老大。

吴邦群去世早，留下三个儿子，其中二儿子吴家贵由二弟吴政荣收养，三儿子吴家和由小弟吴春发抚养。

《朱子家训》云："善若人知，不为真善。"以上高、张、吴的孝悌善行从未向人诉说，实为大善之人。类似积德行善之举在河南咀的当代人中，仍不在少数。

1958年，还是三年自然灾害时期，政府组织渔业大队的渔民去离家一二十里的缸窑湖挑洪四圩和萝卜圩。在这些挑圩人当中有来自江苏兴化的渔业社三队渔民。那时野鸭和禽鸟特别多，三队渔民擅长用孔枪打野鸭，他们打下的野鸭在圩堤上临时食堂烧煮当菜，改善一下伙食，挑圩的劳力一人分一小点点。那时本就没有什么粮食吃，突然有野味，不亚于吃到山珍海味，可高宗福用铁筒子装起来带回家，给60多岁的老父亲高耀堂吃。高宗福一生未向任何人谈及此事。若干年后，高耀堂对孙子高家振谈起此事，只念了两年私塾的高耀堂作了一首诗送给孙子："忠孝家传传有道，腹能容德德无疆。"把儿子"宗福"谐音的名字镶嵌进去，成为藏头诗。高宗福一生礼让三先，从不说脏话。是一个真真正正的谦谦君子。另一个高宝殿也是个真正的大孝子。1962年，高鹤年几个儿子要为他其父斛寿材，共需180块钱。高鹤年有5子，其中二子高宝林立出去了，小儿子高宝顺年纪尚小，实际就三个儿子承担费用，不免就有了争执，三儿子高宝殿一人主动承担100块钱，纷争立止。在那个年代，分家后拿出100块钱不是一个小数目呀！（果不其然，仁者寿，高宝殿活到90岁。）

高根林患有哮喘病，出鱼时，两个人打网一晚到天亮，一个上半夜，一个下半夜。其子高传道与父亲高根林打蟹子网，高传道经常是让父亲高根林夜晚睡觉，一把网十三四斤，自己一人包打网通宵。试想：没有大孝心，绝对做不到。高传道儿子高克西、女儿高克凤在母亲包荷花65岁中风后，忙前忙后服侍，毫无怨言，十几年如一日。高传道70多岁罹患食道癌，其子女4人除了服侍之外，更是主动承担医药费用和生活开支。

高家勤在母亲包翠枝80多岁瘫痪在床上，仍一日三餐，端屎端尿，直到其母终老。

"孝子之有深爱者，必有和气；有和气者，必有愉色；有愉色者，必有婉容。"以上诸人，立身行道，孝之终也。

当然，人性是复杂与多面的，河南咀也有个别忤逆之辈和不肖子孙，但这不占主流。小渔村人这种父慈子孝，兄友弟恭，夫义妇顺等德行从何而来的呢？或者说这种信仰是如何安放于内心的呢？这就不免要归结于从古到近代的代代相传的"三堂"教化的影响。

一曰学堂：让破蒙学童读《论语》等圣贤文章，传授儒家道统。耳濡目染，口诵心惟，幼小的心灵先被儒家贤哲滋养，正确的世界观、人生观和价值观在此时萌芽，底子就不一样。

二曰祠堂：供奉列祖列宗牌位，给后人一个家族精神传承的体系，后辈到祠堂这个场域里，就会有敬畏之心，就要约束节制所言所行，不能给祖先丢脸，要修身齐家，为祖宗增光添彩。

三曰中堂：字面意为正中的厅堂。古人对中堂的建造和摆设尤其在意，赋予其深厚寓意。中字，含义为忠心、中间、公正，中堂的前面是太师椅。堂字，含义为高大、正直、高贵、公正。中堂背景不能空白，所以要悬挂祖训或者名人字画。中堂寓意为忠肝义胆、光明磊落、慷慨豁达，顶天立地；也寓意为勤勉、目标性强、有决心。过去中堂挂着"天地君亲师"五个大字，让观者有敬畏心，家有中堂，心生浩然之气。

古人云："无瑕之玉，可以为国器；孝悌之子，可以为国瑞。"正是榜样的力量代代相传，孝悌风尚在河南咀早已播下了种子，不管河南咀人走到哪里，它都会生根开花结果。

◈ 盘根错节一村亲

河南咀小渔村，自高、张、吴、朱、李、孙、叶、史等姓先人建村落户后，异姓之间通婚结亲，地域狭窄的渔村人，其实是根连根，亲连亲，形成了盘根错节的亲戚关系。在河南咀，你可以打一个人，但不能骂一个人，因为打的是一个人，而骂则牵涉到好几家。可以这样说，整个河南咀，理起来，没有一家不是与其他任何一家沾亲带故的，即一村人都是亲戚。

首先是河南咀高、张、吴三大姓祖宗父系一族，多数同辈堂兄弟特别多，如高鹤年、高鹤鸣、高银波、高耀堂、高玉堂大屋里的后代，从"志"字辈起，兴、宗、家辈分，都是一脉相承，仅家字辈其人数达几十人之多。与此类似的是洋桥下的五长辈大屋，住的人辈分最高。从"文"字辈开始、明、志、兴、宗，各辈分都有，其中"志"字辈人数也有 20 多人。庙嘴头高荣坤大屋则是"兴、宗、家"三代同堂。各大屋住的人都是同宗亲戚，还有分散未出五服的也不少，如上墩高光祖、高韵祖、高根祖、高学武兄弟四人与下墩的高泽林、高根林、高小林、高顺林兄弟四人，他们都是家字辈，祖上是一个房头，未出五服。张姓有张静山、张印山、张东山、张大智和张大信兄弟五人，是"大"字辈，他们的后人都是"生良贤"辈分，20 世纪 50 年代至 21 世纪初都还没有出五服。吴家：上墩的吴贞福（老大）和他的四个弟弟各家相邻，住在一块；下墩有吴满堂（排行第三）与上墩吴邦富（排行第四）为亲兄弟，其下一代为"家"字辈。本村"邦家必银兴"各辈都是同祖同宗。

过去，由于长兄与老小之间相隔年龄段较大，在同一个时期，长子生儿子后，父母又为之添了弟妹，这就出现了老幺年纪小于侄孙的现象。如此几代传下来，长了好几辈的长辈，年纪并不大，倒是辈分小好几辈的晚辈可能已经两鬓苍苍了。所谓"摇篮之叔，白头之孙"是也。

总之，据家谱记载，河南咀的高姓与贵池石门高的高姓同出一宗，张姓自"先"字辈后到"恩"字辈皆同出一祖上，吴姓绝大多数为同祖同宗，来自古徽州的休宁。迁移有先后，辈分字数基本一致。以上同祖同宗，出五服则数不胜数。

另一个是母亲一方的亲戚也很多。比如上墩高光祖等兄弟姊妹的母亲就是贵池茅坦人，姓胡，嫁给了河南咀的高鸿宾（宗字辈）后，将其弟胡度文带入河南咀，弃农捕鱼。胡度文就是高光祖高韵祖的母舅。胡度文与前妻所生的大女儿胡小荒嫁给河南咀的高宗良，二女儿胡小香嫁给了河南咀的吴小炳。胡度文与第二任妻子所生的两子五女与河南咀的高、张、吴、佘姓结亲；在河南咀高、张、吴相互通婚的自老前辈至六七十年代，比比皆是。老的有高宗福娶吴银枝，张银枝嫁高安福，张顺娣嫁吴邦富，高义枝嫁张仲顺，高翠英嫁张生顺，高小香嫁张福喜，张小桂嫁高余庆，高淑贞嫁吴家泰，高腊梅嫁张生和，张小翠嫁高松本，这样的亲戚关系又延伸好几代。

　　类似娶妻带来小舅子的例子较多。有高平喜妻（无为）带来弟弟李维开、李维能；高德喜母带来江北异姓弟弟张生枝；李伯喜母（高姓）从无为带来李伯喜；高宝元的妻子从荻港将弟弟鲍阿佬带至河南咀。还有女人嫁河南咀一高姓，生高兆祥，丈夫去世，改嫁河南咀张姓，高、张两家后人同地不同天，后代人又是亲戚。外地嫁入河南咀的妇女，往往一个人先嫁过来，后面把本村门口的亲戚姑娘介绍到河南咀，结亲后，这样的亲戚非常多，而且走动得很亲热。高荣亭的老伴是江北老鼠湾黄家墩的，她嫁入河南咀后，把黄家墩的章大姐介绍给了高韵祖。几年后，章大姐又把自己小妹妹章玉香介绍给了河南咀的高明元。结果大姨夫是"家"字辈，小姨夫是"明"字辈，"明"字辈到"家"字辈中间有4个辈分，相隔好几辈。来自黄家墩的还有高宝殿妻子周福兰、吴大金妻子周爱平、张远树妻子周桂兰等。还有高学武娶铁板洲孙氏为妻，后又把小姨子孙爱娣介绍给了张大智的长子张生瑞（张小马）。贵池祠堂包嫁女到河南咀的最多：包翠枝嫁高宗祉，其妹包双枝嫁高发青（兴字辈），包荷花嫁高传道，包金花嫁高新民，其妹包三丫嫁高元庆，而同样姓高的长辈和晚辈辈分不等，姊妹俩嫁入不同的高家，在辈分上就会出现错位，按高姓辈分喊，妹妹比姐姐长好几辈的现象。另外，本村的抱养也会造成亲戚辈分称呼的变换。如张大智妻子年轻（37岁）时去世，遂将仅两岁的幼子抱给高韵祖章大姐夫妇为养子，叫高小朋。这样就变成了高小朋称高学武小大大（叔叔），而张小马又称高学武为二姐夫。类似尴尬的称谓甚多。胡度文的女儿胡翠霞嫁给了张仲顺的二儿子张龙珠，按照张家辈分，龙珠要喊高小朋小叔；按照高家辈分，高小朋要喊翠霞表姑，细究起来，似有搞乱了辈分和有违常理之嫌。不过，无人较真追究，还是按年龄长幼和老少名字称呼，也会随不同场合灵活称谓。

　　随着时代的发展，年青一代的河南咀人，本姓之内恋爱结婚已不新鲜，至少有两对男女姓高的，同姓也通婚了。即使辈分犯冲了，但已出五服，乡人见怪不怪了。

这种共饮一河水、朝夕相与共的亲密接触，盘根错节的亲戚关系，在利益的协调上有时颇费思量。一个是蟹子网位子如何分配？一种情况是靠运气。自古以来凭手气抽阄，所谓"好汉阄上死"，愿赌服输。另一种情况是凭本事。上半年扳虎罾，黑漆黑，渔船黑夜里互相碰撞，互相谩骂。天亮一看，还是老表或是本家。也有兄弟住在一起，发生矛盾，打得头破血流，几个月甚至多少年都不讲话、不来往。但在大是大非问题上，在对外发生矛盾时，一定是拳头外往打，胳膊往里弯的。

俗话说，远亲不如近邻，近邻不抵对门。自古道"打虎还得亲兄弟，上阵须教父子兵"，河南咀高、张、吴和其他杂姓之间，各姓虽有宗族观念，异姓和邻居之间，发生矛盾甚至互相吵嘴打架也是常有的事。但是，在遇到生死存亡的突发事故和灾难时，毫不犹豫地出手相救。如在40年代，10岁多的吴家宝不慎在门前青通河溺水，20岁出头的高韵祖见了，虽然自己也不会水，还是奋不顾身跳下水，一把将奄奄一息的吴家宝救上岸。否则，就没有解放后担任扫把沟银行行长的吴家宝了。高学武与吴邦富两家相邻，经常发生矛盾，打斗不在少数。但有一次，吴邦富的孙子吴梦天落水，只有门口的高学武看见，他急忙边跑边喊"救人哦！"自己蹚入水中，拉起了吴梦天。还有六七十年代，草房多，经常有草屋起火，村人无论老少都奋不顾身救火。火灾后，各家不管有没有矛盾，甚至吵嘴多年不讲话，这时也会拿衣物相助。

由此可见，吾乡民风之淳朴。

❱❱ 扶危济困显爱心

回顾河南咀近千年的渔业生产史，历经过无数自然灾害和疾病死亡威胁。在巨大而突发的破坏力面前，个人和家庭显得势单力薄，如果不能互相救助，则渔村早就湮灭了。

1961年对于六队张安福来说是大凶之年。是年五六月，张安福和儿子张远树在长江扫把沟小夹里装鱼花。张远树摇一根木戗，用力过猛，把戗摇断了，当即栽进江里，第二天尸体才打捞上来。白发人送黑发人，张安福与老伴陷入巨大悲痛之中。张安福老夫妻两生育一男五女，张远树是长子，娶妻是江北的周桂芳，两人结婚时间不长，没有生育。张远树一死，周桂芳回娘家去了。大女儿张小桂 1958 年已出嫁，与本地的高余庆结婚，育有一子高传祥（六一子），家里还有四个女儿。当时，为了安抚张安福一家，生产队让张安福除捕鱼外（后来只看护门口的工具屋和鱼花塘棚），不再从事繁重的体力劳动了。四个女儿陆续长大，村人帮忙将大同圩的李小狗入赘张家，娶二女张小雯；三女儿张小芽嫁给大通搬运站吴老三，四女儿张桂圆招工进入县五七干校，后进入县政府招待所工作；小女儿张小荣安排二队当会计，后嫁给大通搬运站工人吴秋生。二老都是高寿无疾而终。

20 世纪 60 年代，四队的张小福因病故去，留下了妻子和三个女儿，大女儿幼兰 15 岁，二女儿小嘴 8 岁，小女儿张幼英 5 岁。张小福在世时本就身体瘦小，靠打一把小鱼网勉强维持一家五口人的生活。张小福的妻子是董店老山里的农村老实巴交的女人，人称"山里佬"，没有主张，也不会做事，一家人住个小茅草屋，属困难户。他这一死，其家境的困难如雪上加霜。上墩邻居都纷纷伸出援手，给予接济。张小福生前所在的第四生产队立即把他一家列为五保户，全家实行五保，确保基本生活正常。其后，大女儿幼兰嫁给了铜陵市的朱姓铁匠，二女儿张小嘴稍后也嫁入铜陵市，最小的张幼英在 60 年代生产队集体免费供她读了初中，尽管她学习不好，70 年代初还是照顾她当了河南咀小学代课老师，按月领取工资，直到出嫁。

灾难和苦难总是光顾那些弱势群体。1965 年夏天，河南咀的第四、第五和第六 3 个生产队的劳力去和悦洲关门口从铁驳子船上下煤炭。这个活儿本来是大通搬运站干的，由于江边滩浅，没有码头，铁驳货船靠不了岸边，从船上抬煤炭下来到上岸一大截路，大通搬运工人有的是活儿干，这种又吃苦又不挣钱的事他们根本不想干，于是转给了淡季无鱼可捕的河南咀人。抬煤时，这跳板上下晃动，人就像踩在弹簧上一样，险象环生。一天抬下来，肩膀皮肉被磨得红兮兮的，疼痛难忍。抬到第三天下班时，六队的张福喜（小鸭）本来身体瘦弱，而且患有肺病，晚上吃了晚饭，到夜里就开始大吐血。张福喜对妻子高小香说："姊妹啊，我不照了。"那时医疗条件差，当天夜里就死了。妻子高小香悲恸欲绝。留下长子张旺发 15 岁，次子张家根 11 岁，三子张家顺 9 岁，小女儿

3 岁。面对这突如其来的变故，第六生产队全力以赴，先将张福喜丧事处理完，然后将他们母子列为困难户，每月发计划米钱。1968 年，张旺发成年，集体把他安排到渔业公社机轮船上学舵手，并且考了驾照，一个月能拿到三四十块钱。乡邻和生产队挽救了这个濒临绝境的家庭。

涂三姑，原籍湖北，父母清朝末年时来大通。幼时曾读书，识字，会裁缝手艺，中老年还看小说，曾抱养张印山长女张银枝为养女。晚年被六队列为五保户供养，直到 70 多岁送老归终。第五生产队的向天海一生从事手工做衣手艺，晚年丧失劳动能力，无儿无女，被列为五保户。在河南咀，当一个家庭遭遇天灾人祸，失去生活来源或子女年幼，或家里没有男丁，都会有一个不成文的约定，生产队和乡邻都会将其作为五保户对待，竭尽所能帮助其渡过难关。中国政府在农村实行的"五保户"政策的确是一项德政，使无数个无劳动能力、无生活来源、无法定赡养扶养义务人或虽有法定赡养义务但无赡养扶养能力的老年人、残疾人和未成年人，能够借此维持基本生活。

除了上述政策制度规定外，河南咀对遭受火灾等财产损失的危难，亲友和乡邻们都能施以援手，从衣食住行诸方面给予帮助救济。60 年代困难时期，一些乡邻家里没有吃的，等米下锅，作兴借米，三斤五斤的借，实在还不了也就算了。河南咀的高韵祖、章大姐夫妻俩家，由于章大姐母亲章钱氏身体偏瘫住在河南咀大女儿家，每年江北枞阳黄家墩发的口粮，都由高韵祖划船去领取，因此，他家常有余粮储存。一些缺粮的左邻右舍包括下个墩不少户如吴家和等人都曾带米袋子来借过米。有一年冬天，吴家和用麻绳捆住一件破棉袄到高韵祖家烘火，看到躬着背、双手插进衣袖筒里发抖的吴家和，章大姐当即送给他一件半旧棉袄。也有不少人借米后没还，高韵祖章大姐夫妻俩从不去讨要。

那时，到河南咀要饭的特别多，对这些饥寒交迫的人上门讨一口饭吃，河南咀人总是兜热饭热菜倒进他们碗里，叮嘱趁热吃。如有小孩驱赶要饭的，大人总是喝阻小孩别不懂事，并告诫子女，人不到万不得已，哪个愿意讨饭？一些老人们经常教育子孙说，人生在世，有三不笑：不笑天灾，不笑人祸，不笑疾病。因此，大多数河南咀小孩长大后都有一颗慈悲心。

那时还有一个最为体现人文关怀的小事。"吃了吗？""我家今天有新鲜菜，要不到我家来吃！"大凡有好吃的或者是乡下亲戚送来的土特产，都会给左右隔壁送点尝尝。在小渔村，一年到头，人们外出，家里大门和后门基本上不关，更不上锁。经常有人家临到炒菜时，叫家人到左邻右舍借一勺子盐或一小杯子香油，挑一汤羹酱瓣或倒一杯酱油。特别是盐，有时候还，也有不还的，借米也是常有的事，三五斤、五六斤的借。这种现象已成习惯性，就是借的和被借的，重复在穷的和稍富裕的那几家。

❯❯ 渔村名人趣闻逸事

河南咀虽是弹丸之地，却地处四县水陆交汇点，地贵如金三角，人杰地灵。置身于大自然的险恶和纷繁复杂的社会环境里，从明清到现在几百年里漫长的岁月中，一些人物名扬四海，叱咤风云，活出自己的精彩，无论是读书从教的文人，还是习武安邦的勇士，抑或是浪迹江河的渔夫，他们也曾是一个个栩栩如生、风采各异的历史人物。

❯❯ 高明公习武崇德

河南咀的高平喜祖上高明公就是传奇人物之一。有关他的习武经历、高超武功和高尚武德在通河两岸广为流传。

两上少林寺 河南咀有练武的传统，到了清代更是练武成风，一是强身健体，二是预防外族的欺辱，保护本族群的利益。有钱人家请拳师教孩子练拳，有的把孩子送到江北周家潭学武术，有的孩子不怕吃苦，到了十八九岁跋山涉水去嵩山少林寺拜师学艺。

高明家祖上既重武也重文，要求后代文武兼修。童年的高明在河南咀渡口遇到一个周游四方的少林和尚，偶遇高明，和尚便劝高家人让他把孩子带去少林寺，但家人因孩子太小不舍得。道光十年，高明 16 岁，已拜过多位师父学武，虽然掌握得还不错，但都是野路子，没有系统地掌握一套拳法，有人建议他另谋名师。年底，高明便独上少林，并被少林接纳，以俗家弟子拜师学艺。

高明选择了少林长拳。少林长拳，刚柔并济，吞吐抑扬，强劲雄健，气势磅礴，是少林一种有名的传统拳种。这种拳法套路结构配合适宜，也适合高明的身体和力量，动作敏捷，节奏分明。长拳的整个套路有八趟六十三式，从起势到收势整套练下来要两个时辰，这无疑是一种锻炼，能强身健体，但六十三式单个的使用以及几个有机组合又有对抗性和杀伤力。高明如获至宝，既勤奋又有悟性，仅一年就掌握了整个套路和拳法，但没有实战性，仅仅是花拳绣腿。套路和拳法必须反复训练，熟能生巧，巧能生华。不仅如此，少林拳法还需要相应的攻防要诀，如明三节、齐四梢、闭五行和三性养法等，临阵需提防，小心没大差；莫恃己气高，骄傲身自辱。又经两年的磨炼以及和师兄弟之间的实战，高明武功大有长进，在众多师兄弟中成为佼佼者，也深得师父的赞许。

三年期满，高明认为自己功德圆满便拜别师父及师兄弟下山回家。高明归心似箭，来到江北老洲头渡口，这里离家只有一江之隔。刚到渡口，渡船也刚掉头，高明高喊："船家，带一个。"船家丝毫没有掉头的意思，还挖苦地回应："有本事，你跳上来呀！"船已离岸较远，哪能飞跃？高明听完不是滋味，愧疚自己武艺没有学成，于是毅然决然返回少林。这次自然是以练轻功为主，倒挂金钩、蛙跳、走壁功、绑沙袋跑步为每日必修，以此提高肺活量和脚部力量。当然在练轻功的同时，高明也有计划地练习长拳。

又是三年，高明解掉沙袋，顿觉身轻如燕，能在垂直的墙面上快速向上踏出四五步，达到六七米的高度，轻功初见成效。三年的不懈练拳，更是让他的长拳炉火纯青，出神入化。

学习期满，高明再次告别少林。再来老洲头渡口时，他并没有急着登船，故意等到船离岸足有六丈开外，他捡起地上一块木板朝水中抛去，飞身而出，单脚点板，凭借这一点，他跃身而起，稳稳落在了渡船的舵柱上。大概持续了半分钟，船家和过渡人皆目瞪口呆，不可思议地看着站在舵柱上的人。

时隔六年高明回到家中，家人自是欢天喜地，一时乡邻也聚集过来。高明在众人面前打出少林长拳第八趟十三式拳法，结束时合掌还原，面不改色。

"被逼"露一手　高明一身武艺，且力大过人。每天清晨在自家院里都要练习整套拳法，还有倒挂金钩、蛙跳等，从不间断。院里还有两个小石锁各50斤，一个大石锁300斤。手握两个小石锁，前举、后举及侧举可以锻炼不同部位的肌肉。300斤石锁高明也能举过头顶，还可以在手上玩出花样。

随着年龄的增长，高明城府越来越深，韬光养晦，不随意外露武艺，本村人都知道他会武功，但究竟到什么程度无人知晓。

本村有几个后生想找高明学拳，也不知高明武功怎样，决定试探他。有一天，高明手里拿着一排扒钩，从船上来到岸上，被这几个后生堵住并要求高明练个一招半式，让大家瞧瞧，不然不让路。高明从不在别人面前炫耀自己的武艺，看来这次恐怕不行了，就说，你们用石头往我身上砸，同时用水往我身上泼，看我会不会被石头砸中、被水弄湿？并且让他们离自己远点，保证伤不了他们。这几个后生准备好了石头和水，有的砸，有的泼，这时高明舞起了手中的扒钩，速度之快，马上看不到舞扒钩之人。只听"呜—呜"声响，就像一股龙卷风平地生起，原地不停地旋转。高明舞得扒钩密不透风，水根本泼不进去，石头更砸不到人了。几个后生惊呆了，立马跪地磕头并呼喊："师父，收下徒儿吧！"等他们抬起头，高明已走远。原来只是扒钩在空中旋转，水自然不能泼到高明身上。

智取武僧 咸丰年间，太平天国运动爆发，社会动荡，清王朝摇摇欲坠。大通地段的老百姓生活并未受到很大冲击，走了清军，来了太平军，还算稳定，但经常有外地人到此游窜。

有一天，大通来了一个游僧，一身灰色的罗汉服，身后背着包袱，里面有件袈裟，看来是个练家子，还是受过具足戒的武僧。武僧来到大通闹市区，找了靠墙的地方，贴上榜文后闭目开始打坐。榜文大意是：本人行走多地，未遇对手，今到贵地，望高手现身，使我能一尝失败滋味。围观者看后都非常惊讶，身经百战，只求一败？未免太狂。但无人敢揭榜。围观者散尽后，来了几个佘家的后生，看了榜文可不干了：你在别处可以，到本地你就甭那么猖狂。于是毫不犹豫揭下了榜文，并对游僧说："你等着！"

几个后生揭榜后走不远就后悔了，找谁应战呢？佘家是没有的。青通河两岸有两家，东边佘家以文出名，曾出现多名朝廷大员；西边河南咀高家以武出名，曾出现多名闻名乡野的拳师，与贵池许家和汪家发生家族冲突时，最后都以比武解决，未曾败北。后生们即刻想到了河南咀高明，却遭到拒绝。后生们没办法，只有找族长寻对策。族长先是痛骂一顿，"不知道天高地厚的东西！""你们逞什么能？""接了榜而无人应战，一旦传出去，佘家的颜面尽失，名声扫地……"

为了维护佘家的名声和维护大通的声誉，族长和其他几位老者商量对策，想来想去还是想到河南咀高家，高家以武闻名，在方圆几百里享有很高的威望。佘家族长亲自找到高家族长说明缘由，恳求无论如何都要帮助佘家渡过这一关。高家族长也犯愁，高家最能打的要数高明，武术是他的至爱，但他毕竟已近知天命之年，但不好意思拒绝佘家族长，因为两姓历来友好，并且佘家对高家有恩。想到这些，只有允诺。两位族长来找高明并讲明利害，高家族长说："人家已把擂台搭在了家门口，如果没人应战，佘家声誉受损，大通名誉也不好听，这也影响河南咀高家名誉，这是奇耻大辱，只有应战，才能挽回这些不利局面。"高明已懂得族长的意思，只得应允。

知己知彼百战不殆，高明思考自己和对方的优劣之处。对方年轻力壮，武功不凡，去过多地，没有遇到过对手，这是他的优点，但这也是他的缺点。自己年龄较大，身体灵活性不比以前，但轻功不减当年，且对战经验丰富，可以一战。在应战前，高明还做了一些准备，找一个练过武的并且长得秀气的男子，男扮女装，到时候看高明眼色见机行事。另外准备十二刀黄表纸，前六刀后六刀绑在自己的前胸和后背上。为了不使游僧等太久，高明决定第二天上午 10 时准时应战。

第二天清晨，佘家派人将比武场地准备好，没有搭台，就在大通闹市区中心广场用石灰画了个直径 10 米的圆圈作为比武场地。此次比赛没有裁判，靠比武双方自行认可输赢。

10 点整，高明和游僧到场，互揖为礼。先是对峙，试探对方的路数。第一回合，双方都已探清对方底子，算高明是长拳，和尚是鹰拳。鹰拳是我国象形拳一大名技，模拟鹰形，架势优美，动作有力，能抓肉成洞，极具攻击性。长拳是少林寺有名的传统拳种，不仅有强身健体之用，更有对抗性及杀伤力。

第二回合陡然激烈。只见武僧重心左移左弓步，右爪向前快速直朝高明喉咙抓去，高明右脚后撤，瞬间避过抓爪，收右掌于腰际，掌心向上，左手同时变掌由肋下向武僧推去，化险为夷，同时以退为进，由于反击速度之快，没给武僧全身而退的机会，鹰爪与铁掌相碰，都暗叫一声"好"。一来一往打了几个来回，只见拳影如幻，围观者不停叫好！第二回合又是平局，真是棋逢对手，将遇良才。

第三回合双方的招式愈趋猛烈。武僧施展出了鹰拳的看家拳式——浑元大力鹰爪功，此拳以刚为主，刚中有柔，刚柔并济，高明以长拳加轻功对阵。武僧双爪利如钢钩，发力折竹裂木，上、下、左、右迅速砸向高明，面对如此强猛之势，高明进退神速，虚实莫测，身似猿猴，上蹿下跳，时用"金龙抓爪"，时用"翻江倒海"，两人谁也占不到便宜。

高明心知时间越长越对自己不利，毁了自己的名声是小，家族、家乡的名誉是大，便朝人群中男扮女装的"女子"使了下眼色，"女子"瞬间走过武场，武僧刹那分神，高明抓住时机，以迅雷不及掩耳之势，一个翻跃，手掌拍在武僧的头顶，一根船钉半截钉进了武僧的头颅。胜负已定。

高明回到家中并不兴奋，一是绑在自己胸前和后背各六刀黄表纸，仅贴身体最里边一刀黄表纸完好无损，其他都被鹰爪掏空，可想而知自己已受内伤；二是胜之不武，如果不是维护家族、乡梓的名誉，也不会用此法取胜。

此时的大通人可高兴了，高明是个英雄，打败了狂僧，维护了家族名声，维护了家乡利益。从此大通一河两岸再次掀起了练习武术的热潮。

高明公虽然武艺高强，但从不教家人习武。他在临终前，儿孙要他传授武术，他把家人叫到床前，说今天教你们一个绝招。看到后生跪在床前，他说："别人要打你，你满脸赔笑；真要打你，你弯腰作揖；打你的时候，你下跪，此三招，包你无人欺负。"

◎ 高彪起义

河南咀高氏第十四代高彪，曾参加哥老会并成为该组织核心首领之一。高彪出生时，家道殷实，富甲乡里。其父先后娶过两房妻室，高彪系偏房所出，深受父爱。自幼聪明伶俐，且身强体壮，力气过人，喜爱舞枪弄棒。年轻时，360斤的石弹子不但能举过头顶，还能旋转舞动起来。一日，一位方士路过河南咀高氏祠堂门口，被高彪家人请进祠堂大堂，给高彪看相。方士落座后，见高彪生得异相，端详后说："你往前走三步，再往后退三步。"看毕，方士曰："观举步可识出生端倪。你定为小娘所生，长相英武，可惜有马无鞍，无缘做官。"高彪闻此言后，不但不信，反而要立志干一番大事，遂有起反之心。他青少年时即投身参加清军在河南咀的参将军营，整日骑马射箭，技艺大进，终于学得兵法精髓。参加了当地武举人考试，入围后，因只取一名，主考官采取抽签办法，高彪未中。正在高彪踌躇满志时，在大通地区发生了一件事，哥老会组织兴起，且瞄上了他。

清末，在青阳、大通地区一带有个郭老太，筹划了"哥老会"组织。就在高彪参加哥老会时，大通自立军起义。这是介于戊戌变法和辛亥革命之间的一次起义，规模虽然不大却具有特殊的影响。

1898年，戊戌变法失败后，维新派激进人物唐才常避地日本横滨，经兴中会骨干毕永年介绍，与兴中会领袖孙中山先生会晤，共同分析了国内形势，商讨在湘、鄂和长江沿岸一带，利用反清秘密帮会哥老会的力量，举行武装反清计划。1899年冬，唐才常带领一批激进分子回国。第二年春，在上海组织正气会，旋易名自立会，秘密建立武装，为便于指挥，将总部迁至汉口英租界内。通过对长江沿岸会党和清军驻防军的组织和策划，组织了自立军5个军：以铜陵大通为前军，由秦力山、吴禄贞负责；安庆为后军；湖南常德为左军，湖北新提为右军；汉口为中军。定于8月9日，各军同时大举进攻。1900年7月，秦力山秘密到达大通，发展了大通哥老会首领符焕章、高彪、唐二保等人加入自立军，并利用哥老会四处散发"富有票"，猛烈扩大组织。大通及附近农民、水手、码头工人积极响应，踊跃入会。1900年8月8日，起义军数百人在桐城江岸宰牲祭旗后，分乘民船顺流而下，与西上的裕溪会党会合，进攻大通和悦洲。清军大通营参将张华照闻变，立即派炮船4艘渡江防堵。当炮船驶至江心，清兵倒戈，调转炮口猛轰大通厘金局，参将张华照投江自尽。秦力山部集中炮火，击沉厘金局差轮常平号，俘获厘卡炮船8艘。旋即登岸，攻占盐、厘两局，得到大批物资和税款，拿下药械局（军火库），获得大批武器弹药，救出被捕党人。10日，皖抚王之春加派的统领武卫楚军李定明、营官傅永贵各部800余人日夜兼程驰达大通江面，分水陆围攻大通，并派营官萧镇江、李维义等部分赴青阳、南陵等处截断义军的退路。大通战事扩大，清兵数次进攻，均未得逞。一日之内，被义军炮火击沉炮艇8艘、小火轮1艘，伤亡惨重。11日，两江总督刘坤一派龙骧、虎威、策电等3艘兵轮从下游上驶大通江面堵截。通过一番调兵遣将，清兵实力顿时大增，义军四面受敌。秦力山挥兵奋击数次，因力量悬殊难以相敌，形势越来越严峻。大通本孤悬江心，无险可守，非鏖战之地。秦力山决定断船登岸，率队向青阳、南陵方向退却，并命各路义军在青阳洛家潭村汇集，依山防守，等待武汉援兵。但汉口自立军无军费不能起义，安庆根本没有动静，其他自立军未发难已遭镇压，大通自立军只能孤军死战。当日，秦力山命义军许大老部数百人，在铜陵、青阳分界线岭（西北距大通15公里，东南距洛家潭5公里），建立防线，阻挡清兵追击。李定明得到义军在洛家潭集中的情报后，立派轻装士兵一队，陆路追击义军，另派重兵乘船溯青通河，直驰洛家潭。坚守脚岭的义军腹背受敌，经反复冲杀，除少数义军战士乘月色突围外，其余均阵亡，其中40余人为免做清军俘虏，跳崖坠亡。12日，秦力山集残余义军于南陵县戴家汇村，迎战清军李定明部。一场恶战开始了，喊杀声、枪炮声，整整响了一天。傍晚，义军弹尽力竭，被清军击散。义军阵亡120余人，首领余老五被俘就地遇害，10余名义军被俘后送至大通腰斩。可以想见这场战斗的激烈。

13日，在杨家山、笔架山一带，义军余部与清军陆续发生遭遇战，义军首领何广源及部下10余人牺牲，另一首领朱则徐等10余人被俘，即遭处死。14、15两日，大通自立军余部全退至南陵境内，陷入各路清军的围攻之中，先后被击散。大通哥老会首领符焕章、于锦堂等5人被清军衡字军部俘获，分别就地或解至安庆杀害。秦力山化装潜至南京，后假道新加坡，再渡日本。历时七昼夜的大通自立军反清武装起义彻底失败。

高彪在混战中逃至洛家潭一山洞中得以躲过了清军追杀，保住了性命。敌军撤退前，还张贴高彪画像，悬赏捉拿。为了躲过官方通缉，高彪将黑芝麻放在锅里大火炒，待芝麻高热，将脸贴近热锅里滚烫的芝麻，瞬间高彪脸部面目全非，变成了麻子。毁容后，高彪隐姓埋名于洛家潭，后只身逃进六安深山老林，直至终老。

高彪育有二子，长子高成佑，次子高成和，他俩住在河南咀。1951年，成和捕获一条大鲟鱼。成和有一女儿，叫妹妮，嫁到青阳。起事前，河南咀族内人纷纷要求加入义军，一起起义。高彪说："你们不要加入，这个事很危险，如果出了事，一家人的性命都没有了，我不能连累你们。如果我这个事成功了，我会安排你们做事，大家都有好处。"高彪起义失败后，人们说："飞标入潭，水底躲藏。"又有"标枪入坛，归于消亡"。这就是一个宿命。

⟫ 高兴国拒仕从教

科举制度在中国延续千年。古时的读书人如果家里有点钱，就会到县里考童生，接着考秀才。据统计：清朝童生总数200万到300万人，而秀才只有46万人。能够考上秀才即成为"士"。秀才特授见官不用下跪、官司不用受审、不服徭役等优待，是地方一号人物。秀才如果能考上举人，省里会直接派人去通知，那将是爆炸性新闻。一般讲一个县能够产生一个举人，就算这个地方官教化有方，也是地方官的一个政绩。清朝200多年总共才产生15万名举人，平均一年不到600个，每个县才出一个，可见难得。

高兴国出生于清朝道光年间，由于秀才考举人未中，无脸见家乡父老，于夜间偷偷潜回家。归隐乡里后，他在河南咀办私塾，讲学孔孟之道和四书五经，专司教育当地子弟。因酷爱读书，晚年眼瞎了，却活了93岁，是河南咀人人皆知的古时男性最高寿者。由于他兴师办学，河南咀才有私塾学堂。吴玉奎、张大智、高宗福等人都在他的私塾破蒙，很多人因他受到教育，他在世时，把第四代重孙取名高长命。他祖上隶属河南咀高氏小房公堂，每年过年，他家都不需要买肉和年货，比较有钱的小房公堂都对他这个考取了功名的族中杰出人才供奉年货。以至于家中常常肉吃不掉，腌起来挂在屋檐下，晒到六月天，油沥沥下滴。晚年眼睛罹患青光眼失明了，但记忆力超强。目前仅存他60多岁时口

晚清秀才高兴国诗由高宗福书写

254

述的一首七律诗："二十年前过满埃，邪淫重犯又贪财。只恨当初云蔽月，何曾今昔报凶灾。白圭有沾终能去，性体亏前（疑为'欠'）收不来。为人若不反躬问，到底错投一世胎。"此诗被酷爱诗词和书法的高宗福记下，保存至今。诗中对自己鞭辟入里，揭短扬丑，反躬自问，拷问灵魂，对名节看得高，不愧为洁身自好的一代处士。

》国民政府安徽省总工会主席高宗鉴

高宗鉴，生卒年不详，是已知的河南咀（也是大通地区）在国民政府担任职务最高的人，在抗战前曾任国民党安徽省总工会主席，任职时间不长，两年有余。他是最早在河南咀竭力宣扬栽树及动员乡人识字学文化的第一人。

》亦渔亦吏的高南庭

高南庭，又叫高志壬，是河南咀高姓"志"字辈后人。青少年时为河南咀渔民，排行老六，侄孙辈称之为"六老爹"。抗战前曾任国民党大通市党部委员，办公室在和悦洲，在任每月领取40块大洋。能说会道，小楷字写得好。退职以后，在河南咀领衔创办了"同善社"，宣扬佛教积德行善理念，解放后"同善社"自动解散。其人身材中等，较瘦，晚年时蓄养白须一缕，仙风道骨，颇具民国遗老风范，在河南咀极有威信。1954年下半年去世，享年70多岁。

》百万富翁佘二和尚

在大通、和悦洲、河南咀一江两岸和一河两岸中，有一个靠自我奋斗勤劳致富，从一无所有的渔民到小老板，最终成为百万富翁的人，他就是河南咀闻名遐迩的佘万年，乡人都叫他佘二和尚，根据推算，他大概生于清朝光绪元年（1875年）。他本来是大通街上的市井子弟，老大叫佘大和尚（名字不详），老三佘三和尚（佘国才）。兄弟三人中，佘二和尚年轻时身材高大，血气方刚，力气过人，而且特别勤奋，一门心思用在发财致富上面，是个闲不住的人。他看见河南咀出鱼时来钱快，于是他就从大通街落户到河南咀，买了小船从事捕鱼。

别人忙于过年，他在腊月三十晚上（除夕夜）还划船到老鼠石一带拖爬网。他像发动机一样一刻不停地转动，仿佛不干事他就不能活。他很有商业头脑，善于琢磨。功夫不负有心人，他看见河南咀操场外江边有个外国洋油站，很快他就买了几条木船驳洋油，慢慢地积累了一些钱财。这时候，他又发现每年下半年枯水期，青通河河水很浅，稍大点船都搁浅，而这些装运货物和食盐的小驳，因为船太小怕风浪，被限制不得出青通河口，也就不能直接进入鹊江到和悦洲装货和盐，所有小驳装运的盐，只有等候大船从江心洲装载食盐泊在河南咀河岸边再倒腾到小驳子上。从青阳过来的小驳船，一人一船，一把单桨，一根竹篙，凭借船小，在驳船主娴熟技巧驾驭下，在青通河里脱箭如飞，半天时间就能把几百斤盐和其他货物运到童埠直至青阳县城。他看到了商机，先是买了7条大板船，每条船能装十几吨货。佘二和尚占据地利，独家经营这一块生意。

每次运盐，他身体力行，一手拎一个（二三十斤的）盐包，胳肢窝里还夹个盐包，走在木船水线板沿上气都不喘，伙计们看到老板这么吃苦，谁也不敢偷懒。随着经营规模的不断扩大，他又购买了十几条大船，鼎盛时有20多条木船，雇用了二三十名伙计，可以说是日进斗金。他虽长得五大三粗，但粗中有细。当时批发盐受管事的盐官刁难，他瞅准机会，使个眼神，假装一个拳头打在盐官身上，盐官心领神会，顺手一接，两块大洋顺进了腰包，此后，一路放行。有一次，一个帮工偷偷地摸了一块银洋，无处存放，急中生智放在

佘二和尚依靠几条大木船从和悦洲购盐然后用小驳运至青阳

茅厕地上，上面用碎瓦片盖住。佘二和尚来上茅坑，看见茅厕地上一个小土块，顺脚一踢，一块大洋，他心里有数了，这是帮工的干的，他并不声张，顺手捡起，揣进荷包里。还有一次在运盐的板船上，也是帮工偷了好几块大洋放在船舱夹板缝下，佘二和尚扫船舱时发现船缝藏着的大洋，也不生气，更不怪罪帮工，说是自己放在那里的，装着若无其事的样子，足见其颇有智慧。佘二和尚

有了钱之后，立即置田买地做房子。清朝末期，佘二和尚在河南咀花钱雇人挑屋基墩子，高出其他房子三四尺，造了一幢占地面积足有400多平方米的楼房，前庭后院，天井，跑马堂，单列两大间的厨房。二层楼高十几米，在大通、和悦洲与河南咀三地楼房中无出其右。

佘二和尚到底有多少钱，没有人清楚。一次，他邀约几个人在他家里赌钱，一夜通宵。他输了想扳本，他把大门、腰门和后门全关上，家里灯火通明，亮如白昼，赌得昏天黑地的赌徒们不知道是什么时候，赢了也不好意思走，其实他是不想让参赌的人走，好继续赌。天大亮后，赌博佬的老婆找上门来，不断敲门，吵得不可开交。无奈之下，佘二和尚只得开门，他用家里的巴斗量洋钱，并按牌子数一一付了钱。

佘二和尚有了钱后，在附近的大同圩买了50亩田，租给别人种，他坐等收租。他还在大通街买了几间店面，雇人经营。他的侄儿佘允发（佘大和尚儿子）想吃糕饼和零食就在店里拿，记个账，签上名字（实报实销）即可。他家里吃的用的玩的一应俱全。白糖、猪油用大缸装，取之不尽。那时一般人家里喝开水用茶车烧，但不能保存热水，但他家里就有暖水瓶，随时可以泡茶。1951年，5岁的佘世坤（佘允发的孙子）在佘二和尚楼上阁楼里翻出了一架铜喇叭留声机，那可是那个年代最时尚的外国货呀！普通人不要说买，就是见也见不到，足见其富甲一方。

除了有钱，佘二和尚老婆没有生小孩，他开始纳妾。50多岁后，他的正房妻子病亡，他娶了青阳的一位20岁的妙龄女子，婚后一连生了3个儿子，但都没成活。1935年，他60岁时老来得子，生了个男孩取名佘允康，小名叫六寿子。（六寿子可谓一出生就含着金钥匙，从小就请奶妈抚养，从小学到大学，受到良好的教育。解放后，六寿大学毕业分配在省高级法院工作。1962年他还到河南咀故地省亲过一次。）

然而，个人的任何努力和成败都依仗国运。天有不测风云，1938年，日寇侵占大通。佘二和尚自感不妙，他在老鼠石佘家老祖坟处给自己建了个坟墓，用石灰和糯米稀饭将青石板砌成，俨然筑成了一座地下宫殿。为此，他专门做了一间屋，买了几亩地，请人看坟山。在兵荒马乱时，他丢下豪宅，携带金银财宝跑反到青阳。因颠沛流离，有家不能归，巨额财产尽失，心情郁闷，数年即罹患疾病，死后葬于青阳丫山。晚年既没有回河南咀豪宅，死后也没有睡进他亲手构筑的陵墓。

1945 年至解放初，佘二和尚大屋住了许多人家。有佘三和尚（名佘国才，1956 年去世）；佘大和尚的儿子佘云发、孙子佘贻家、重孙佘世坤全家；高兆祥一家，高根祖等五六家。1954 年发大水佘家大屋部分倒塌。1955 年国家建设缺乏材料，铜陵县政府把佘家大屋几十立方木头拆下运到铜陵县城做县百货公司大楼；剩下的砖瓦被大通镇政府安排船只装运到和悦洲造房子。房子虽拆了，但地基上的砖石还有不少。此间，佘二和尚侄子佘云发，经常在佘二和尚大屋基下挖砖头卖。有一次，佘云发的孙子佘世坤发现一个铁盒子，捡起来欲打开，佘云发夺过来一看是锈巴巴的东西，顺手甩掉了。8 岁的孙子佘世坤又将铁盒子捡回来，磕开后，里面竟然有半斤多黄金。佘云发儿子佘贻家把黄金卖掉打了一条大渔船。"文革"时期，河南咀六队在佘二和尚原地基下挖出成堆马石条，生产队就用这些马石条砌墙做了一个 70 多平方米的队屋。

❯❯ 德高望重的张静山

张静山（1900—1965），兄弟 5 人，其排行老大，同辈乡人皆称"张老大"，受人尊敬，是一位德高望重的乡贤。曾被推举为国民政府大通市代表。他是河南咀张氏总代表，一生勤勉，是一位沉稳的渔民。他持家理财有方，曾置过田地，收过河租，民改时充公。也是河南咀唯一能个人操作一条渔船罾的人（其他人都是二人扳一条船罾）。他曾在青通河拖爬网，起获一块汉朝瓦砚台，正反两面刻有"未央宫"等字。张静山擅长篾艺，编扎捕鱼工具——渔篮子；尤擅长用偏方医治病毒疮疹。夫妇俩教子有方，4 个儿子，长子、次子两个在生产队当过队长，三子、四子均为国家干部。

❯❯ 渔村第一个大学生高宗一

高宗一，原名高宗彝（1903—1962），河南咀高氏本土人，天资聪慧。其父民国时在当地开饭店，父早逝，由高家公堂供养他读完小学、中学学业，高中毕业后考入上海劳动大学（该校免学杂费），攻读建筑工程系，他是河南咀唯一一位在 20 世纪二三十年代受过全日制大学教育的人。他在读大学时，一边读书一边勤工俭学。"一二·九运动"时曾代表上海工学院、上海农学院两所大学组织学生向国民党政府请愿，要求当局抗日。大学毕业后当过教师，育有两儿两女。解放初回河南咀在大长辈高翠云家暂住。曾捕获一条大鲶鱼 50 多斤，因网破鱼逃，被另一同乡捕获。后在大通上街头居住，其间接受公安审查两年多，确认无问题后释放。1951 年他的房子起火，钱财房屋家产烧成灰烬，小女儿烧死。一无所有，无家可归。幸遇本家高万宗接济，将董店陈子冲田舍房子无偿让其全家老小居住，曾一度担任董店小学教师。曾运用其所学，夜以继日探索高次方程求解，并执迷钻研历法。他是最早推算出什么日期为星期日的算法，曾将这一成果寄往中国科学院，收到中科汇的 20 元人民币奖励。他的后人说，晚年其境遇悲凉，不能回到河南咀渔村，触景生情，经常哼唱《渔光曲》歌唱情到深处，伤感之极，一度声泪俱下。高宗一 1962 年 2 月 27 日病逝。

◎ 戴过博士帽的渔民吴玉奎

在河南咀渔民中，不乏年轻时有过荣耀经历的阔佬，吴玉奎就是其中为数不多的一个。他曾担任过国民党大民会原大通的会长，能说会道，口才了得，善于打官司，学问很深，会写状纸，书法造诣颇深，字如其人，圆润丰厚。曾身着洋装，头戴博士帽，手拄文明棍，记忆力超强，连日本人都佩服他的才华。解放后镇反时他跑到武汉二女儿家，躲开风头后 1957 年又回到原籍河南咀当渔民，入第四生产队，打网捕鱼为主。即使已届老年，牙齿细密整齐，头部饱满，面如满月，肤色白净，眉秀目炬，鼻直唇长，身材圆胖，爱拭髯须。怎么看都不像一介渔夫，倒像是一位官场绅士。20 世纪 30 年代，端午节在鹊江划龙船比赛时，河南咀龙船把和悦洲龙船撞翻了，淹死了不少人，对方告河南咀，请了名律师蔡文育，河南咀吴玉与之对簿公堂，言词凿凿，最后河南咀赢了这场官司。乡人知道他会舞文弄墨，一般写信、写春联和挂条幅都会请他办。纵观他的一生，前半生享受荣华富贵，后半生穷困潦倒。

≫ 吝啬鬼佘文喜

莎士比亚《威尼斯商人》创造的典型人物夏洛克，吝啬到了极点，十足的守财奴。20世纪60年代的河南咀，也出现过这么一个人物，名叫佘文喜，尖嘴猴腮，孤老终身，性格孤僻，放高利贷，一个信奉金钱至上的守财奴。大概是亲戚关系，他住在河南咀高春山家。文喜长得瘦小羸弱，脸上无肉，几根屈指可数的山羊胡子，一年四季脸色苍白，骨瘦如柴。每年冬季，喜欢靠墙晒太阳，与妇女们有一句无一句地闲聊。他讲话女人腔，慢吞吞的，没有人看到他干过什么力气活。他瞅着人多的地方去，绝不是没有目的，而是别有用心。他没正经事干，主要是放高利贷，在放贷的狩猎中，不管成不成，会让人把中、晚饭安排好。他放贷一般都是几块钱，最多十块，一般春上放出去，下半年出鱼还。有人还钱还拿点鱼给他，他舍不得吃，会把鱼卖掉。他放贷绝不是无的放矢，他会考察你家的经济状况，有没有放贷的价值，先看是不是住大瓦屋，家里几个劳力，吃的穿的怎么样，用今天的话说就是市场调研、考察评估。总之，要有绝对的把握能将本息收回才出手。在他身上，有一个经典故事：一次，河南咀一个妇女对他说："文喜，给你介绍一个烧锅的（老婆）要不要？"文喜慢条斯理地说："要是要，可我养不活她。必须要跟她讲好，晴天她上山砍柴（卖），雨天挨家讨饭带我吃。"这一番神侃，差点把给他说亲的好事者气昏死过去。文喜头脑好，记忆力强，会算账，多少笔放贷账，全在头脑里，没有一笔健忘，也从未失手。只可惜临死前，绝大部分放贷出去的钱因为身体病入膏肓，不能动弹，他又不放心让亲戚代收，一大堆账烂在自己肚子里，眼睁睁看着自己的钱收不到了。所以他死时，眼睛仍然睁着。河南咀、大同圩有不少人尚有他的贷款未还。文喜死后，在他的夹袄子里有纸包了好几层的二元、五元和十元一张的纸币，虽然紧贴身体，但他双手空空，一分钱没带走，最后只睡了一口四块板的简易棺材盒子。

文喜一生甘做守财奴，吃没吃好，穿没穿好，终身未娶，光棍一个。人死了，钱还在，但那些钱都与他没有干系。可能他在日时，守财是为了老来时以备不时之需，可是当这一天到来时，他根本用不着这些钱。

》"冷骨头"涂三姑

第六生产队有个五保户叫涂三姑，无论老幼大多称她为"三姑奶奶"。她祖籍湖北鄂城，大约出生于 19 世纪末。她一生单身，曾抱养了一个女儿，解放初她还带着自己的老母亲住在一起，1951 年其母过世，她就一直一个人住。她是个裁缝，早先靠为人做衣服为生，裁剪衣料时左手无名指戴着一枚黄灿灿的金戒指，隐约可知她来历不凡。60 年代人民公社成立后，她因孤寡被列为五保户。涂三姑有文化，言谈举止像是见过世面的人，晚年戴着老花镜看小说。她特别喜欢小孩子，门口妇女带小孩每到她家做衣或者是谈天，她总会从洋铁瓶里拿出锅巴给小孩吃。她喜欢与门口念书的中学生搭讪，对一些事怀有浓厚的兴趣。夏天乘凉时，总是端条椅子凑在人群里，摇着蒲扇，和乡邻月下谈古论今。有一次，一个少年从门前菜地边的茅厕里小便出来后，将双手放在嘴巴前哈了几口气，她见了边笑边好奇地问道："小朋子，你从茅缸解手出来把手对着嘴哈两口气是什么意思？"那小孩说："我不晓得，学大人的。"三姑奶奶说："这是吹走晦气。"解手就是之前的"解溲"，"溲"就是大小便之意，因为"手""溲"音近，后来就讹传为"解手"了。"哈气"是捕鱼人沿袭老祖宗的风俗习惯，谁也不探究这里面的缘由。只有三姑奶奶能讲出个"子丑寅卯"，所以门口人都认为她有学问。涂三姑有一个非常特别之处，就是一年四季都怕冷。冬天自不必说衣服穿得要比别人多，还有始终不离手的火罐，就是三伏天还穿着较厚的衣服，大家称她为"冷骨头"。

每到冬天，她穿一件大布棉袄，可谓里三层外三层，显得十分臃肿。她家里还有一个长方形大火箱，特制一个木靠背，烘火时脚可以伸直，人躺在靠背上。底部放两个火钵，人坐在火箱里，上口铺一床小棉被，密不透风，比较暖和。夜晚即使不上床，也可以睡火箱一晚到天亮。

1972 年下半年，三姑奶奶病逝，第六生产队负责她的丧事。她的养女在外地赶回之前，通知了她的侄儿涂发贵和侄媳高小莲夫妇，安排邻居胡小香、包嫩香和高小莲 3 人守夜。生产队干部发现三姑奶奶生前的一枚金戒指不见了，于是就追问守夜的三个妇女，扬言要追查。吓得胡小香、包嫩香两人大哭起来，她俩一边哭一边说："三姑奶奶，你要叫拿你戒指的人承认呀！不能冤枉我啊！""拿戒指的人一定不得好死！"在两个守夜妇女恸哭和诅咒谩骂声中，在生产队干部和社员的巨大压力下，高小莲经过激烈的思想斗争，人性的善战胜了恶，终于交出了金戒指。生产队将这枚 7~8 克的金戒指卖给银行，得款 140 元。贫穷的生产队，一下子有了这笔"巨款"，马上派人上大通街买鱼买肉，买烟酒，采购其他物品。在临时搭建的帆布篷下，他们炸山粉肉圆子，除了帮忙的人吃外，还分送给三姑奶奶生前的左邻右舍；桌子上的香烟茶水各人随取。帮忙烧锅的妇女们有说有笑，一些男青年嘻嘻哈哈，还有小孩在帐篷里跑来跑去，分外热闹。到了晚上，第六生产队的男社员们坐上几大桌，喝酒、划拳、抽烟、说笑，其场面真真让人感觉不像是丧事，倒像是喜事。大家畅所欲言，张家长、李家短，谈论品评着桌子上的菜肴。有人还把肉拣一大块，招呼自家孩子来吃。没有人在乎涂三姑的生死，没有一个人因她的死而感到悲痛。其实，不仅是三姑奶奶，世上绝大多数人对某一个人（包括至亲好友）的死，在意的时间并不长，只有父母对子女的不幸有痛不欲生的感受。三姑奶奶出殡那天，锣鼓和鞭炮齐鸣，渔村老少争相观看，为其送别。三姑奶奶在世时那么怕冷，死后却热热闹闹、风风光光。真是冷了她一人，暖了众乡亲呀。

"孔明"吴贞福

吴贞福世代捕鱼，是河南咀的资深渔民。他身材高大，仪表堂堂，酷似《三国志》中描写的诸葛亮："身长八尺，容貌甚伟。"他有两个外号：他弟兄 5 个，他排行老大（从老二开始绰号叫二亨子、三亨子、四亨子、五亨子），乡人习惯称他为"大老板"；他虽没有文化，但极其聪明，他善于独立思考，从不唯命是从。他知道哪里鱼多哪里鱼少。别人扳不到鱼，他总是收获多多。所以，村子里背后称他为"孔明"。这两个绰号（大老板、孔明）一个是外在的，另一个是内在的。一个不识几个大字的普通渔民，能够在众多渔民中赢得这两个称号，可不是浪得虚名的。由于他善于捕鱼，颇有积蓄，年轻时就买了大同圩有钱人吴二牛在河南咀的房子。1954 年大水，大屋被冲毁，不久他就又在原地重做了一间瓦房。1961 年，公共食堂撤销，他与门口的张生枝（大丫头）搞一条渔船，带吴春发和张福喜另一条渔船奔赴青阳朱家渡、杨家坛及木镇河一带扳窖凼罾。他察看窖凼鱼位置，每天都能扳到几百斤鱼。短短十几天，两条船扳了几千斤鱼，发了大财。他们到底搞了多少钱，没有人晓得。后来第二年有人看见吴春发家在晒成堆发了霉的钞票。他谋事从不声张，深谙"事以密成，言以泄败"的古训。当自己与客观环境相抵触时，他从不以一己之力，与外界公开对着干，而是避其锋芒，绕道走。在计划经济和大集体时，生产队派他到青阳河捞沙。他知道那个水域是血吸虫盛行的地方（他的二弟二亨子就是血吸虫晚期水鼓胀而死的）。某日，他在捞沙船上坐着一动不动，突然身子一歪，倒在船舱里，同行人见状，立刻把他送回家，自导自演出一场苦肉计。他虽然善于保护自己，但他从不占人家便宜，而是投桃报李。他对家人管教甚严，亲侄与人吵架，他知道后前往制止，跌断了腿。此后一直卧床不起，直至去世。他只有一个女儿，嫁在木镇，身边没有孩子。由于二弟（二亨子）去世早，留下孤儿寡母，他就把大侄儿吴爱林过继过来了，养大成人并助其成家立业。他对人生社会事理有较高的悟性，如他曾以"家鸡不打团团转，野鸡不打满天飞"来形容抱养孩子越小越好，越大越难养家（归心）。他懂得养生之道，饮食起居很有规律。他更会享受，曾在南京上馆子花8块钱买了一碗红烧肉，这一高消费在当时是令人瞠目结舌的。

❯❯ 能人高光祖

高光祖乃高翁安然公之脉继龙之后，其父高鸿宾，其母胡氏，舅胡度文。高光祖二弟高韵祖，三弟高根祖，四弟年少时被疯狗所咬而夭折，妹妹叫高小四（嫁与大通码头工人汪金友），五弟高学武。兄弟四人均为渔民。高光祖虽然渔家出身，但少年老成，不但会捕鱼，干事有魄力，而且长相标致，可谓相貌堂堂，身材高大，身板挺直，说话声如洪钟，在河南咀颇有人脉，有组织才能和办事能力，遇事有主见。由于志向远大，年轻时参加国民党的地方抗日武装罗学忠部，他和河南咀的张锡林、高荣福等人，利用月黑风高的夜晚，炸坏了日军架在大通与河南咀的洋桥，破坏了日军交通运输线。逃往青阳山里，遭日军通缉。1951年，河南咀渔民参加新成立的渔民产销社，高光祖被推选为渔民产销社主任。在当时，因历史上几百年的老规矩，河南咀的高家还在收河租，这些钱物（粮）就由产销社领导处理。一次，正值端午节，上面派下来的工作队干部走访到高光祖家，见他正在家里喝酒，有仔公鸡烧板栗子、有黄鳝炒蒜苗、咸鸭蛋等上好的下酒菜（其实过端五节河南咀人差不多家家都要搞好几个菜），北方出身的干部见状，认为这是贪污腐败，损公肥私，于是发动群众揭发他的罪行。这一查不要紧，河租款被工作队干部发现，产销社另外几个成员都把责任推给主任高光祖，高光祖一人承担了责任。后又查出高光祖在抗战时参加过国民党武装组织，于是又罪加一等，被判为历史反革命，入了狱。几年后出狱再也不能在河南咀待下去了，只好携全家老小到青阳县的童埠新河一带打小鱼网，从事渔业劳动。他深谙水性鱼情，自落户新河渔业大队后，颇受当地渔农等乡邻敬重。数年后，青通河一带提起高光祖无人不知无人不晓。"文化大革命"时期，因为高光祖的原因，子女一律不得入党入团（包括其侄儿等亲戚）。"文化大革命"结束后，他的第三个儿子高银鹏还担任了新河渔业村委会书记。高光祖在河南咀四五十年代出生的人心中是一个标志性人物，更是一位渔民翘楚。

渔民干部张大信

20世纪50—90年代，在河南咀和渔业公社，有一位无人不知无人不晓的人物，讲到河南咀和渔业公社的历史，他是不可或缺更是一位绕不过去的重要人物，他就是张大信，一位脱产的集体干部。张大信生于1923年，兄弟五人，他排行老小。他的长兄张静山（字大仁），二哥张印山（字大义）、三哥张东山（字大礼）、四哥张大智（又名喜林），兄弟五人均在河南咀以捕鱼为生。其父张恩波在（今董店蟠龙村）张家汊一带有田产，新中国成立初张氏祠堂保存完好。张氏来河南咀久远，以捕鱼为生。张家在周边有田地数十亩，每年收地租。显然，曾经家道较为殷实。

张大信在兄弟五人中排行老幺，白面书生，前额高耸，天庭饱满，地阁方圆，仪表堂堂。虽少时读书甚少，但天资聪颖，反应灵敏，颇有先见之明，表现出超凡脱俗的禀赋。无论是渔业生产还是后来从事行政管理，他都出类拔萃。

30 岁时的张大信　　　张大信在新中国成立初荣获的奖章

有几件事在当地被人传为佳话。一是虽为老小，在其二哥张印山 38 岁去世后，留有未成年的两子，他十几二十岁就和母亲代兄抚养两个未成年的侄儿生道、生和，直至他俩成家立业。二是从 1951 年起，由于超凡的组织才能，从一个渔民破格选拔为新成立的渔民产销社脱产的主任，直至担任渔业公社负责生产的主任，1958 年荣获劳动奖章，这一集体干部的职务从 20 多岁一直干到退休。他办事公道，大公无私，不怕得罪人，敢于担责任。60 年代汛期，河南咀鱼花塘岌岌可危，他急切赶赴小圩埂上，当机立断下令在河南咀上墩胡度文家门前菜地挖土，遭到胡度文妻子躺在地上阻挡，虽然都是乡里乡亲，但他毫不犹豫叫人抬走寻死觅活的妇女，果断取土挑到小埂上。又一次，1967 年大水，外江边鱼苗塘圩埂破圩，他率社员补缺口，被江水冲进圩内，幸亏青年渔民高家振等人跳入水中及时营救，才幸免于难。他利用自己在渔业公社担任生产主任的权力和位置，处处维护群众利益。80 年代起，渔业公社已无鱼可捕，社员面临内外交困关头。他利用县人大代表的身份率团上访省市，要求将（历史上河南咀的渔民户口在大通镇属胜利街城镇居民）渔民恢复城镇户口，经过不懈努力，终于在 1986 年将近 2000 渔民户口全部转为城镇居民户口，渔民按照市民招工，解决了就业问题。他热心弘扬非物质文化遗产工作，带头参加划龙船活动，由于擅长划船技术，他与河南咀的吴正福、高韵祖三人是河南咀划龙船的三大掌梢（桡）人之一（正好是高张吴三大姓各产生一位）。他住在河南咀，第四、五、六 3 个生产队队长、队委有什么事都向他汇报，听取他的意见，接受他的领导。甚至各家邻里矛盾也登门寻求他的评判调解。他处处严格要求自己。有一次有集体干部转为国家干部的机会，他让给了比他年轻的同志。他是公社干部，也有一定的实权，但面对河南咀那么多的亲戚本家，从不利用权力位置，优亲厚友。他经常将自己的人生经验教育晚辈后生，好多人因此受益。如果对张大信一生为人处事给予评价的话，那就是：聪慧而不取巧，守成而不愚拙，灵活而不失原则，厚道而不失主见。

❯❯ 冷面热心的生产队长吴春发

在河南咀高、张、吴三大姓中，吴姓来河南咀最迟。吴姓人士中，虽然都以捕鱼为生，自20世纪四五十年代至八九十年代，比较出名和最有代表性的人物是吴春发，他是不脱产的集体干部，一生中担任过渔业合作社的连长、六队的生产队长和公社直属企业综合厂厂长。吴春发生于20年代初，卒于2004年，享年84岁。他生得面色黝黑，身材中等，不苟言笑，整日板着脸，虽然是渔民出身，似乎是执法如山的包公。他在家排行老小，老大吴邦群（吴家和父亲），老二吴邦荣（小名三一）。吴春发少小读了一点私塾，认得字，也能写些字，但不多。年轻时，在河南咀外江边小轮码头街头卖稀饭做些小买卖，据他侄孙说，生意好的时候一个月赚的钱能打一个金戒指。解放后，成立产销社和初级社高级社等集体组织，吴春发积极带头响应，将自己积攒的钱、金戒指和粮食捐献出去上交集体，受到工作队高度肯定和重视。不久，因为刚解放，新成立的组织编为一个连级单位，吴春发被选为连长。1958年吃食堂，他是负责人，人们都喊他吴连长。渔业公社成立后，吴春发划入第六生产队，人们改叫吴连长为吴队长，"吴队长"被叫到终老。70年代白浪湖水域划归渔业公社管辖，围湖筑堤成立了"白浪湖养殖场"。吴春发一度被安置在白浪湖渔圩担任场长。他认真履职，一心扑在工作上，长年累月日夜吃住在养殖场。1979年，渔业公社成立了综合厂，他又被调入综合厂当厂长。此后直到退休，都是公社集体干部，在职时每月工资40多元，这在七八十年代是个不小的收入，足以养一大家人，并且生活相当不错。晚年退休后，渔圩被私人承包，高根宝为第一任承包户，他聘请了吴春发到养殖场当顾问，另给一些工资，可见他之受人信任。

》"二嫂"章大姐

20 世纪 50—80 年代，河南咀年纪稍大点的人，都把高韵祖的妻子章大姐称"二嫂"，这是因为高韵祖在他的五个兄弟中排行老二。二嫂生于 1925 年，至 2006 年去世时，与她年纪差不多的人都不改这称呼，甚至有的不懂事的年轻人背后也跟着叫"二嫂"。仿佛二嫂永远不老，永远年轻。这主要是二嫂人缘好，乐于助人。由于二嫂和丈夫两口子人际关系融洽，邻里和睦，河南咀差不多三分之一的住户大人都曾去过"二嫂"家聊天刮白，拉家常。只要不出河捕鱼，那些男劳力就会来坐坐。夏天在堂心乘凉，有先来的睡小竹床的；有两三个人坐一条长板凳的；有的带一把扇子站着扇着。大家天南地北、张家长李家短没完没了地聊着。有笑声，有时候还有争吵声，二嫂劝劝就好了。冬天也是这些人，只不过火桶有限，一般情况下，二嫂家里人不烘，先来的两三人把脚插进火桶烘火。如果起风，天冷，前后门关起来，屋显得小，而人则显得过多。特别是春二三月的下雨天的人气更旺，来的人会比平时还要多些，往往门口摆放好几双钉鞋。没有主持人，但聊天的氛围特好，绝不会冷场，一聊就是一个下午，不到吃晚饭是不走的。若是男劳力外出装鱼花，家门口的妇女也同样喜欢到这里聊天，二嫂家就像公共文化场所，大家有事无事都不约而同来这里，有永远说不完的话，不到张三家，不到李四家，偏偏要到二嫂家，也说不清到底是什么吸引乡亲们。二嫂为人善良，极富同情心。邻里不论大人或小孩子们经济上有什么困难，她都尽力相助。二嫂的母亲是枞阳老洲的五保户，身体偏瘫，晚年就住在河南咀女儿家。每年生产队把老人家的口粮一次性分到二嫂家，这样二嫂家的粮食相对充裕些。正二三月春荒和严冬时，河南咀不少人家都得到过二嫂接济的粮食、棉袄。借的米久而久之，也就不了了之，她从不去催还讨要。

"二嫂"来自枞阳农村，能吃苦耐劳。她不仅给全家做鞋，还给亲友邻居做鞋，一生不知做了多少双鞋，数也数不清。她特会绣花，门口的妇女经常找她取绣花样本。不仅如此，她自嫁给高家后，练就了一手织麻线的娴熟本领。家里的小纺车，总是在夏天、秋天呜呜地响个不停，有的时候接到活儿夜以继日加班加点。她纺的麻线不仅确保自家做罾，还有多余的麻线卖给渔村的其他人家。每年出鱼季节，她总是背着一把小手罾，找到好位置，见缝插针。她曾背着一把小手罾，一双小脚，走到离家十几里外的十八索大湖扳罾。二嫂秉承了枞阳人"穷不丢书，富不丢猪"的家风。她起早摸晚，历尽辛苦，一直养猪，直至将原茅草屋改为三间砖墙大瓦房。这在河南咀起了勤劳致富的导向作用。在十分困难的家境下，培养她的养子读完了高中。在她的殷切教育和精心栽培下，四个子女都有较好的工作。

1979 年章大姐已 50 多岁，乡邻仍喊她"二嫂"

二嫂，是小渔村大家通用的称呼，人们认为这样的称呼亲切，虽然她有名字，只有在做小工领钱的时候被喊到。除此之外，那个年代几乎听不到有什么人叫她的姓名，因为"二嫂"代表了善良、慈祥、施舍、勤俭等，已家喻户晓、妇孺皆知。

❱❱ 鱼老哇子高宝林

捕鱼能力当然也是有高低的。河南咀第五生产队有个高宝林（1932—2003），他是高鹤年五子中的老二，15 岁过继给堂叔高海波，身材颀长，一表人才。最令人称奇的是，他是河南咀捕鱼的佼佼者，人称"鱼老哇子"，意思就是像逮鱼的鱼鹰一样，鱼见了他，休想逃脱。在同时代渔民中，如果要评选最佳捕鱼能手，非高宝林莫属。一个会捕鱼的人，必须具备两个条件：体力和智力。一是身体强健，有力气，这拼的是体力；二是善于发现鱼经常出现的水域位置，比的是眼力。而这两条，高宝林全部满足。逆水行舟，不进则退，出鱼季节，青通河激流湍急，扳罾的船逆水迎接，划头桨的人一定要有力气，每一桨必须挖得深，推动有力，同时划桨也要划得快，罾船才不会被激流冲下去。此时，随河水而下的鱼群正好被敞罾兜住。如果划头桨的人没有力气，渔船被河水冲到老远，罾远离游鱼，哪里还能扳到鱼？过去在大通河扳船罾，只有老桥口下边是避风处，风平浪静，好扳罾，也好打网。其他河段，扳罾时，若起偏东风，偌大的敞罾被来自东边的大风一吹，如果划头桨的动力不足，后头艄桨掌不稳，罾和船都歪了，船罾轻者被吹到靠岸边，重者直接将大罾吹翻倾倒。高宝林不论什么水文和天气，他都能应付自如。在出鱼时，人们看到他扭动着蚂蟥般身材，使劲摇桨，扳罾起鱼，丢罾后迅速摇桨，紧张有序，忙而不乱。真是"沧海横流，方显英雄本色！"高宝林另一个过人之处，是善于发现河里江里什么季节什么地方有鱼。他经常神出鬼没地来到某地，神不知鬼不觉地扳了一大堆鱼，差点把渔船都压沉了。

智多星高根宝

出身虽在渔村，腹内隐藏雄心。

书本所读不多，平生机巧心灵。

高根宝（1934—2017），五短身材，足智多谋，幽默风趣，在河南咀是无人不知，无人不晓。在他83岁的生涯中，作为一介渔民，与其他绝大多数渔民相比，凭借他的聪明才智，他活得也算是波澜壮阔了。他青少年时就喜好文娱活动，吹拉弹唱，门门会。1964年河南咀渔情清淡，年纪轻轻的他就组织率领一班青壮年到铜官山小钢铁厂筹备处接扒土方的工程。"文化大革命"初期，他的父亲高兆祥因解放前开渔行，被视为"渔霸"，又因喝酒后骂人，脾气不好，第五生产队将高兆祥抓出来批斗，绑起来游村。性格刚烈的高兆祥卧床不起，一命呜呼。有人说是不堪其辱自尽的。父亲的死，对高根宝没有了连累，他能屈能伸。他发起成立了"水陆革命造反队"，并担任总司令，参加队员主要是河南咀第四、第五和第六3个生产队的渔民，与当时主要是来自一、二、三水上生产队年轻人的"1215革命战斗队"分庭抗礼，面对着来自各方对他的揭批和攻击。一日清晨，上街打水豆腐的小学生看见他一手拿墨水瓶，一手提毛笔，在大通上街头大字报专栏上写道："小小高根宝，威风遍地扫……"1972年，市县将"白浪湖"荒滩划拨给渔业公社，急需管理人才。能说会道、能写会算的高根宝被遴选抽调到"白浪湖"筹备办公室，这是他人生开挂的重要阶段。他身兼数职，既当会计，又当挑圩土方测量员。不得不佩服只读了小学三四年级的他，居然通过自学，操作小平板测量仪并计算土方工程量。1987年，大通渔业生产合作社将白浪湖养殖场对外发包，由个体户承包经营三年。凭借多年在渔圩管理的经验，高根宝以每年13万元承包金竞标成功。承包白浪湖渔圩，他善于利用市、县领导人脉资源，大量起用乡邻中的养鱼能手，把渔圩经营管理得井井有条。三年收获巨大，此后又断断续续承包了几年，可谓名利双收。他说话妙趣横生，常常脱口而出俏皮的歇后语。一次，渔圩办公室灯泡掉在桌子上，居然没碎，他对在一旁的职工老顾说，这个灯泡跟你姓，也叫"牢顾"，一旁众人笑不可遏。70年代中期，一些回乡的中学毕业生在渔圩工作，他与其中才智过人的年轻人合作很不顺当。有一次，他的东西被偷，他未经详细深入调查，竟然当面呵斥被他怀疑的某小孩子。当然，囿于经历和环境，他也有诸多缺点及弱项，但这都不妨碍他在同时代人中是个佼佼者。90年代他罹患肠癌，但他却能笑对疾病，硬是挺过来活了20年，这不能说不是个奇迹。

❂ 集体干部高帮本

高帮本，生于1939年，念过私塾，20来岁就脱颖而出，担任第四生产队长至1972年。在组织带领四队社员开展集体生产、围湖养殖工程等方面，各项工作部署扎实高效。他善于思考，很有悟性，经过十多年的锻炼，政策水平和管理能力大为提高。1972年后被调入渔业公社机轮任大副，后任渔业公社"社队企业"办公室主任，1984年7月撤销渔业公社后，他先后担任了大通渔业生产合作社书记兼主任、渔业综合开发总公司总支书记、总经理。1994年10月调大通镇农委任副主任。1997年退休，2018年10月因病去世。享年80岁。

由于历史原因，铜陵县政府将农林牧副渔划入农业，渔业社无土地，吃商品粮。为此，在任时期，他和张大信等人多方奔走，数次上访，终于在1986年，在市长张润霞亲切关怀下，将渔业社户口转入城镇户口。他还积极向上级争取资金和银行贷款，对白浪湖大堤进行加高、加宽、加固改造后，边承包，边开发，做到前人栽树后人乘凉，现在渔业社居民每年还能从白浪湖承租金中享受10万元的生活补助。由于长江渔业资源开始匮乏，渔业生产岌岌可危，在渔民生活难以维持之际，恰逢铜陵长江公路大桥建设，占用了渔民的生产埠位，渔民要求给予补偿。经过上访，渔民获得了补偿资金，部分渔民通过银行贷款实现了转产，成立了大通水上运输公司。他积极筹措资金，架设了大通至河南咀的电线，解决了河南咀居民用电难的问题。他还同时多方协调，解决了居民自来水入户吃水问题等，对于河南咀，高帮本可以说是居功至伟。

》目连戏

目连戏以目连救母为主要内容，是以驱邪消灾、祈求吉祥、弃恶从善、保求平安为主旨的剧种，明清时期盛行于长江以南的江西、安徽、浙江一带，以方言表演，唱念为主，以鼓击节，锣钹伴奏，声腔属于高腔范畴，其中以安徽青阳腔和江西弋阳腔为主。河南咀由于所处环境和生产环境等原因非常痴迷此剧，特别是清乾隆年间更是风靡一时。

河南咀狭小，人口集中，渔民和来此讨生活的周边人到清乾隆年间已近千人。村内一律青砖黛瓦白壁，木质穿斗式住房，大屋比比皆是，有两间二层的，也有三间二层的，有的大屋还设有天井，还有内设走廊的走马楼，这只是少数的富足的大户人家才有。村里三大家族高、张、吴都有各自的祠堂，祠堂虽不设两层但比两层住房更高大、雄壮，每个祠堂内都设立私塾，当时一般家庭孩子都能读私塾。

河南咀是以捕鱼为主，种田为辅的小农经济，到乾隆年间特别是后期商贸业开始兴起，由于地处水运要道，水运的便利促进了商贸的发展。货物运输业的兴起也促使船只吨位的增加，运输的范围不只局限在河内，也涉及长江中下游一些地区。外面的白砂糖、香烟、肥皂、火柴等运往青阳、九华等山区，而从山区运出茶叶、木耳等。靠鹊江边的操场曾是个集市，有鱼行、木行、商店、杂货铺子、早点摊等，特别是早市，来这里卖货的和购物的人较多，一般渔具和农具在这里都能买到。那时的河南咀富足、稳定且人丁兴旺，非常兴盛。

逢年过节各家族都有相应的祭祀活动。每年有两次较大的祭祀活动都在水府庙前举行，一是正月兴灯之时的祭祀，二是仲秋之月的社祭。仲秋社祭之后接着还有社戏，乾隆年间的一次"双社"（社祭和社戏），至今依然让人津津乐道。

乾隆五十三年（1788年），长江流域暴发特大洪水，从六月初开始一直到八月初才消退，整整持续了两个月，河南咀渔村处在江河的前沿，损失惨重。时间紧迫，又是灾年，但河南咀没有放弃"双社"。

在管公和各族长的带领下，全村进行大修缮，戏台要增高，三大家族各祠堂要扩建，水府庙要修补。在江河岸边建造的房屋在打牢墙脚的基础上尽量拔高墙脚，尽可能少受大水侵袭，当时用来打牢墙脚的大石头是从青阳装来的麻条石，族长们早有安排，在大水还没消退的时候，用自家的渔船和货船从童埠运来麻石，将石头卸到被修缮房屋尽可能近的水下，这样要比退水后运石头省事。

退水后首当其冲要修建戏台，较难的是升高。戏台也是穿斗式飞阁翘檐的徽式建筑，只有两片穿枋，每片五根柱子。用最原始的方法，每根柱子两人用绳子在同样的高度系牢并用杆子穿过绳绕的圈，20人同时发力，将整个穿斗提升一尺多高，每根柱子还需两人配合将青石柱墩石提升并用准备好的提升一尺的石头填实，再由专门人员协调每根柱子的高度、垂直和平衡，所有这些在较短时间内完成，升高以后用麻石升高戏台等其他的维修就容易多了，准备好这些以备社戏的正常演出。

仲秋之夜，三大家族齐聚水府庙前，摆好长条香案，供上丰厚的祭品，三族长各有祭词，共同祭拜神灵，祈求地方平安幸福、风调雨顺。

社祭后便是村民喜闻乐见的社戏，族长及乡绅与民同乐。

被邀来唱戏的剧种较多，有大戏（京剧）、黄梅戏（刚刚兴起）、捣捣戏（庐剧），还有盛行江南一带的目连戏……每次都有两种或多个剧种连台演出，其中目连戏必邀参演。

过去天灾人祸频发，人们与自然抗争的能力较弱，意外溺亡、妇女生娃烂肠、有人不堪生活重负而寻短见，如此种种，渔民只能通过求神拜佛的方式，来祈祷平安，消灾避祸，安慰自己。

这年邀请了江西弋阳专唱目连戏的江湖班及地方唱捣捣戏的草台班。弋阳戏班有两条大木船，有时顺流而下，有时逆流而上，长年流动于长江中下游地区。往年河南咀邀请的目连戏班除了弋阳班还有本地的青阳班，由于弋阳班属于江湖班，实力雄厚，长期在外地演出，不断对剧本进行改进，不断完善声调，深得广大村民戏迷喜爱。原先岸上没戏台，所有的戏班只是船上搭台表演，后来在弋阳班主的建议下才有岸上的戏台，因为目连场面宏大，只有在岸上表演才能达到理想的效果。

在演出前夕，弋阳戏班的帆船如期到达河南咀，在戏班人员搬运行李及货物箱之时，停靠了一只更大的木帆船，迅速跳下几个彪形大汉拦截戏班人员搬运货物，并强迫他们搬回船上。原来这些人是江西鄱阳湖上的强盗，也喜欢看目连戏，派了一只帆船在长江自上而下已寻找多日，这次来到鹊江正巧碰到，说是家乡人喜欢他们回去唱戏。这次好不容易找到，说什么都要带他们一道回去。班主解释，河南咀是他们的老主顾，这次是有约在先，不能违约，等演完有约在先的几个地方，一定回老家给乡人演唱。这些土匪哪里肯依？准备强行将戏班带走，这时从戏班船上跳出一个武生，一手持红缨枪，一手拽着桅杆拉帆上下的绳索，噌噌噌，三两下蹿到桅杆之顶端，单脚站立，枪指土匪大喝一声："谁敢乱动，我的枪可不是吃素的！"这时河南咀也涌过来一众村民，个个虎目圆睁，怒目而视，不远处有两条渔船装满麻石正在卸货，每条麻石都有200多斤，每两个卸货人扛着麻石同时从两边船沿走过，如履平地，土匪们看到这些，心想强龙不压地头蛇，只好作罢。

此时，渔民渔具已备齐，附近农田正在等待冬眠，青通河鱼汛还没来临，乡民身心俱闲，个个静待社戏的开始。

夜幕降临，戏场点燃了火把和灯烛，小渔村家家户户扶老携幼纷至沓来，各家的媳妇梳洗打扮后相约妯娌、姊妹、邻居成群结队地去戏场，沿途嬉笑、闲聊，好不快活。来此看戏的，除了一江三岸的戏迷，还有来自外围的。戏台前不远处摆放着三张长条桌，供族长和为演戏出资的富豪使用。看戏时也有人挤到前台，但为演戏需要随时可撤走。在开戏之前，露天的戏场已是士女如云负贩骈集。

开场戏是目连戏，目连戏文以目连救母卷为主，目连是佛祖释迦牟尼十大弟子之一，他的母亲刘氏青提违背誓言，不仁不义，杀狗开荤，死后被打入十八层地狱。目连是个孝子，为救母亲不畏艰苦，得观音帮助，历尽艰辛赴西天取得真经，修成正果。如来佛祖赐其法杖，破开地狱之门从血湖中救出母亲同返天堂。其戏文经过长期演出并改进，剧目有 42 出之多，整个戏文共有大佛登殿；傅荣逼债，傅荣游天；杀狗开荤，拷打益利；挑经取经，观察目连；目连救母，大破血湖五个部分。

目连戏的演出有个习俗，开演前必须先"抛猖"，驱逐邪秽瘴气，其祭猖神赶鬼的场面是：一堆被炭火烧得通红的鹅卵石猛然被一盆醋水倾浇上，"刺拉"一声，一股白烟腾空而起，白烟中跳出一个青面獠牙的披毛鬼嗷嗷乱叫，后面紧跟着五个手持钢叉、纸钱的猖神追赶而来，顿时鞭炮声、叫喊声、锣鼓声冲天而起，台上台下沸反盈天，披毛鬼跳下戏台，五个猖神接踵而至，呐喊声、口哨声响彻渔村。其中一猖神手提一只红毛大公鸡，刹那间将鸡头掐断倒提公鸡，将血洒向披毛鬼，众人簇拥五猖神追回戏台……"抛猖"以后才进入目连救母的主戏内容。

在演戏过程中不时传出喝彩声，也有演到高潮的时候故意卖关子打住不唱，有人拿起盘子走到观众跟前收取赏钱（被邀戏班的劳酬由族群富户集资付费，显得他们为善乡里、积善积德，允许戏演中卖关子收赏钱，以烘托热闹气氛），观众戏迷可给可不给、可多可少。

台上演台下议，戏迷又分真戏迷和伪戏迷，真戏迷议得头头是道，伪戏迷七嘴八舌、议论纷纷，也讲不出一个所以然来，只图个热闹。戏迷议论更多的还是目连要不要救母之事，有的说刘氏无念子心、从不修善不值去救，但更多的戏迷持反对意见，忠孝节义是中华民族自古以来所推崇的道德准则，其中孝敬父母是作为子女应该履行的天经地义之事，主张劝人向善、劝子行孝，更有

"天下无不是孝父母"的说法。真戏迷嫌假戏迷烦，伪戏迷嫌真戏迷呆板、执拗，好一派热闹的场面。

目连戏主戏演出规模庞大，多进行综合表演，每次唱目连戏需要五至七天，再加上其他剧种，社戏活动需要十天左右。在乾隆期间以及以后相当长的时期，目连戏在渔村年年有演绎。

在三大家族通力协作下，渔村文化娱乐活动还是挺多的，除了读私塾、正月舞龙灯、端午划龙舟，"双社"除了丰富了村民的文化生活，更从精神上予以抚慰，给予他们以希望。

随着大通商贸的不断发展，船只吨位越来越大，贸易的范围也越来越广，河南咀这弹丸之地已不适应当时商贸发展需要，再加上地形、水流等原因，各商家纷纷选择河南咀对岸的和悦洲去发展，没过几年，就已形成以后"小上海"的雏形。

"小上海"的商贸不断发展直至繁荣，河南咀经济逐渐萧条、衰败，但河南咀上演目连戏的传统一直没变，到清末及民国期间，目连戏还在上演，只是每隔三五年演一次了。解放前夕，人们还看到过目连戏在渔村的表演，解放后目连戏才在这片古老的土地上渐渐销声匿迹。

》 断 船

上了岁数的大通人，都曾看见过在大通老桥口，停有半条木船，在河南咀也同样停有半条木船。这是为什么呢？原来，在古镇大通南部有一条美丽的青通河，在唐朝时人称石桥河，又叫车桥河，后来又有人叫它童埠河。其实，今天的青通河就是原来的童埠河，也有人统称之为大通河。它发源于九华山麓，延伸西流经童埠至大通河南咀流入长江。原在新河口以上的称青阳河，以下的称大通河，合称青通河，是古镇大通连接皖南山区唯一的水上通道。

大通地处长江南岸，与青阳、贵池县（今池州市贵池区）毗邻，是皖南山区山货药材出口的一个重要的通商口岸。在古时候陆路交通闭塞，皖南山区出产的药材、茶叶、桐油、蚕丝、竹笋、木耳、香菇、竹篮等山货，总是肩挑背驮到大通市场上卖个好价钱，再买回一些日常生活用品，像布匹、纸伞、麻油、香烟、糖果、糕点、生姜、干子和江鲜等，顺便还沿途欣赏一下青通河两岸风光，领略一下"小上海"的热闹场景。青通河上，每日人流如潮，来往船只川流不息。

那时的水上运输，也只是小木船，每条仅能坐到一二十人，可一些狠心的船主利欲熏心，不管群众死活肆意加载，任意哄抬运费。

相传在清朝末年，漕运粮船在闲时趁机夺民营之利，其中以山东人秦老大为首者横行青通河，最为心狠手辣。他们经常敲诈勒索旅客，肆无忌惮地超载，船行中途，常常停下加收船资，对拒交或无力交钱的群众动辄拳打脚踢，要是谁敢说个不字，就要将其丢入青通河中，常有旅客因此丧命。群众遇上他们真是苦不堪言，人称"阎王渡"，可又奈何不得。有人向当时驻在大通的清廷水师提督彭玉麟禀告。为了亲自验证，一日，他身穿深蓝色青布裤褂，背一包袱，携一长柄雨伞，带着两个随从，从童埠前往大通。早晨上船直至中午，秦老大一路带客，彭玉麟据理劝告："人命关天，不能超载！"谁知秦老大对彭大声吆喝道："你算哪根葱？管老子的事，再管闲事老子送你到龙王那里去。"彭玉麟强压雷霆之怒，想看这个秦老大往下如何。果然，粮船一偏方向行至童埠湖心，秦老大吼一声"停"。老乘客知道这"阎王渡"开始要钱了，早准备好铜板双手奉上，少一点的，顿时遭拳脚伺候，无钱者则被扒衣。彭将这一切看在眼里，知道民众所说的"阎王渡"果真不假。

船到了大通老桥口，彭玉麟下令立即缉拿，首犯秦老大处以极刑，吊在衙门前的旗杆上气绝身亡，对水手则重打四十大板令其改恶从善，并定下"每条民船限载20人，每人船钱20文"的规矩，不得违反。

自从彭玉麟消灭了"阎王渡"后，行旅安全，渡船也日渐多起来，客货流量也随着相继攀升，成为名副其实的皖南商贸出口通道。

到了宣统元年（1909年）五月间，梅雨季节水势猛涨。一只渡船由青阳县满载30人向大通驶去，行到童埠湖时，忽然风起浪涌，渡船在湖心猛烈摇晃。渡客大多数是山里人，顷刻间惊慌失措乱作一团，小船急剧跌宕，顿时倾覆，除了船老大和一位会水的乘客揪住船板漂到大通获救，船上所有人均告罹难。这个死里逃生的乘客，将沉船翻船的经过，如实报告了参将胡伯华。胡伯华是湖南新宁人，曾是两江总督刘坤一的部下，时任大通参将（绿营统兵官，正三品武官），负责水师沿江防巡逻诸事，听后大怒，即刻赶往童埠湖亲临勘察。返衙门后即命将操舟者重打二十大板后关押候审。随即又星夜命清兵赶到童埠湖打捞溺水者尸体，张贴告示，让亡者家属认领尸体，一一抚恤。对无主尸体，命大通同仁局负责掩埋。处理完这些事，胡伯华又令水师营水兵，将沉船打捞起来，拖到大通老桥口用大锯将其从中锯为两节，船头悬在老桥口，船尾立在河南咀，分别放在青通河的两岸示众，令所有的操舟者警惕自勉，遏止贪利超载溺人之害，大通河两岸以及过往的行旅无不对此举交口称赞。老桥口与河南咀的两片断船，就是当年那只被锯断后的超载船。

直到解放初，河南咀的小孩夜晚玩"躲老猫"游戏时，有人还躲在断船残骸里。

❯❯ 水　庙

河南咀渔民尤其亲水，唯其亲水，故修建水庙，以表达敬畏之情。

最大的水庙是坐落在河南咀与大同圩夹江边的鸡冠庙，此庙历史悠久，可追溯到明清时期。据说水庙高丈余，面积七八十平方米，还有舞台，节日时渔民还在这里演戏，吸引周边农民和大通街的市民来此观看。后因江岸崩塌，鸡冠庙损毁，后遭日军炮火，目前踪迹杳无。

到 20 世纪 70 年代，河南咀有几处水庙遗址仍然存在。青通河口往北，河南咀老玉魁家前面的河边，有一处小土地公庙，上面为一正方形小屋（内有神像和祭品）矗立于较高处。渔民每年正月舞龙灯、端午划龙船都要在这里祭拜一番，礼毕才开始，甚为庄严神圣。土地公公庙墙脚底下主要是由数块大青石条打的基础，上面盖了极为简陋的微型小灶台。

除青通河水庙外，还有坐落在夹江边最北的，伸入鹊江咀尖上的水府庙，这是信奉长江龙王而建造的水神庙，也是祈求神灵保佑渔民四季平安、一帆风顺。每年舞龙灯、划龙船也会来此祭拜一番，活动才正式开始。平时也有人在这里烧香，最初在庙嘴头，后因庙嘴头逐渐坍塌后缩，原先大庙和高氏祠堂只得迁移。水府庙由庙嘴头移位于西江上游 100 多米的地方。此庙也是一座小瓦房，内供杨四神像，常年有人供香，20 世纪 60 年代受到破坏，有时遇见乞丐和

河南咀上墩河边的土地庙遗址

流民栖身于内，由于外江岸崩塌至今遗址不存。此外，河南咀上墩头李家墩南边，青通河岸边，也建有杨四庙。那时大同圩没有圈，长江与青通河在汛期连成一片，在枯水期，大通西对面周边为一片湖滩，青通河两岸凸显出来。原为湖北来此处捕鱼的渔民，在此处建了一层砖瓦水庙，供奉杨泗（杨幺）。杨四庙又称"杨泗将军庙"，是湖北洞庭湖边各县都建有的水神庙，祭祀的是南宋农民起义首领杨幺。湖北渔民迁居大通河南咀一带，把供奉杨泗将军的风俗带到了大通，在河南咀也修建了杨泗庙。渔民每年正月和下半年捕鱼季节开始，都要在这里祭祀，希望平安、渔业丰收。此庙大约建于民国后期，解放后因河水冲刷，青通河水自南向北直冲，河岸倾倒。此庙已陷落于青通河里，其遗址荡然无存。曾经为渔业公社一队的渔民周木林，在大通上街头祠堂湖圩埂外建了一座杨泗庙，占地约3平方米，由一间小屋与东侧香火台组成，庙正门顶上刻有庙名，庙内中间供奉杨泗塑像，神龛上有一副对联："上通五湖四海，下通九江八河。"庙内西墙书有一首颂词《民族英雄杨幺天王》："少年英雄出雄关，伤引刀剑到番金，大圣雄魂令又在，千年渔歌唱杨公。"下附有《千年业歌》："青通河水水自流，杨幺天祠立岸头，水莽英雄千年恨，不见均贪照九州。"此庙至今香火不断。

❯❯ 多才多艺的渔家人

在河南咀悠久的历史中，历代渔民和人们在生产活动和日常生活中，学习和创造了许多宝贵的民间工艺，由此产生了各种手艺人。大体可分为三类：生产工具类，生活服务类，文娱工艺类。今天看来，这些仍弥足珍贵。

木匠。孔子曰："工欲善其事，必先利其器。"由于捕鱼生产的需要，河南咀渔民中出现了以制作渔具、造船和家具、做屋的木匠，有师带徒和自学而成的。至今仍让人津津乐道的，就是他们打制出适合捕鱼和水上运输的板榻子船。这种经过几百年不断改进完善的船，有别于其他地方的船。别看这小木船，它造型秀巧，设计合理，线条简洁，打造它技术要求高，工艺复杂。它既可捕鱼，也可客货，还可在水中划龙船和水中舞龙灯。近代以来，河南咀造船木匠集大成者，非金幼良（金老三）、金幼连（金老四）兄弟俩莫属。其徒弟李祖兵、李宗庆、吴宗开技术也了得。

河南咀人运用三角形的稳定性、勾股定理和杠杆原理独创了扳船罾的扑水、杠木架、千斤缆绳等捆罾，并制作了一系列其他捕鱼工具。这方面的专家要数高韵祖，他捆绑的船罾规范，式样完美。他还发明了吸风锅灶（炉），用木头仿制商店里金属文具盒等小发明小创造。

铁匠。主要打制造船和修补渔船的船钉、船链子、铁键、桨箍等，也间或打一些家常用具，如刀、锄、斧子、锹、铲、叉和木桶箍等。本地的铁匠有丁邦富，徒弟出师的吴宗庆；荻港落户河南咀的唐金生，徒弟吴宗龙。

砖瓦匠。河南咀人将砌墙的砖匠和做房子盖瓦的、打锅灶的一概称为砖匠。本渔村没有专职的砖匠，一些头脑灵活的年轻渔民仅靠旁观，或者给砖匠当下手，学个三招两式，先是在自家做厨房或简易小屋试验，再配合正宗的砖匠师傅上工，然后自己就做起砖匠来。渔民泥瓦匠有高宝安、高家振等。

织罾网，即根据捕鱼的需要，用细麻线织出疏密不同的船罾、架罾、手罾等各种网。船罾罾口纲为四边形，兜子像粮库巴斗一样有囊袋。这就要求做罾前，头脑里先有一张罾图，然后算出相关数据，算出兜、环等，不多不少，天衣无缝，罾系上罾爪后，纲举目张，既科学又美观。织网是有讲究的，要根据情况捕什么鱼就织什么网。一般小鱼小虾织密网，一二两重的鱼织二指网，三两半斤以上的鱼织三指网，半斤以上的鱼织四指网。织网也很有学问，从网顶往下织，不断扩大，到网口内卷留网兜，绑锡脚子，最终形成一把圆锥形网。如果不会适时计算，就织不出符合要求的渔网，既打不出，更捕不到鱼。河南咀的渔网，门类齐全，撒网后满开炸顶，像一个圆锥形体布袋，从天而降，网口圆周贴水面落水着底。织密罾网用的竹纱针，非常精细。

簖编手艺。就是用水毛竹剖开，取竹子表皮青篾编扎类似人裤脚状的捕鱼工具。篮子里设三道倒须，鱼只能进不易出。河南咀打鱼篮子技艺最精湛的有张静山、吴殿荣、高泽林和高荣福等人。他们手执一把竹刀，刀如蛇动，不用看就把竹篾剥下来，根据需要，再剖成更薄更细的篾，然后编扎裤脚形和圆柱体篮子。放鱼篮子的长缆子也是用次等的竹篾编成的，不易烂，且成本低。

此外，河南咀人每逢春节都要在自家大门前挂灯笼，或让小孩提着写着自家姓的方的圆的红灯笼、白灯笼在洲上乱走。包括胡度文在内，凡会扎篾的都会扎制灯笼，糊以红色油纸，纸上写"高记"——"高"字下一般要写诸如"存仁堂"之类的字样，因为高姓人数多，且又分为不同的公堂分支，灯笼上在高字下写有某某公堂。另有"张记""吴记""胡记"等姓氏的大红灯笼，灯笼里可点蜡烛，夜间星星点点，很是热闹。

纺织：河南咀不少人家都有纺车，20世纪五六十年代依然可闻机杼声声。如果说打船捆簖属于男人，那么织麻纺线则是河南咀家庭妇女摇落星辰的长活。做簖和织网离不开麻线，而麻织最初是由麻剥离出来的。渔家各户通常买来生麻，再经过手摇纺车纺成均匀粗细不等的麻线。绩麻需要专注，稍不留神，就会断线，须身心手脚并用，眼观六路，耳听八方。河南咀会纺线并纺得很好的妇女并不多，最好的是章大姐。她织出的麻线，不但满足自家做簖网线的需要，还能匀一些给别的簖船。有时还卖个几斤几两，挣一些钱补贴家用。

剪纸·刺绣·虎头鞋：河南咀地处街镇和圩区之间，衣着穿戴体现区域风格。不少妇女把原在娘家学习和继承的绣花手艺带到婆家。一些女人的鞋特别是婴儿鞋都会绣花。而绣花之前，还有纸样子，这就是剪纸艺术。那时，大通街上有专门卖花样子和各种各样彩色绣花线，应有尽有。有的妇女不会剪纸，就买现成的花样子。同样是来自枞阳老洲的章大姐绣花剪纸在河南咀声名大噪，引来了许多女子的登门求教，她也毫无保留传授经验，只可惜没有流传下来。几乎每个婴儿出生都要穿虎头鞋。这都是妇女们纯手工缝制，从纳鞋底、做鞋帮、掩鞋口，到把鞋帮和鞋底缝在一起，仍不算完工，还得绣上虎脸、扎上虎须，缝上带子之后，才能让"虎"生起威风来。虎头鞋的工序烦琐，即使心灵手巧，做一双也要两三天时间。剪纸、刺绣、虎头鞋是章大姐的专擅，"长期被模仿，从未被超越"。

裁缝：河南咀的裁缝大多上门上工，根据做衣量的大小做一天或数天。裁缝活也有季节性，一般在春秋换季前，秋季做夹衣和棉衣，春季做单衣和短衣。过去老人们穿的衣服没有纽扣，而是用布做成凹凸（公母）型布扣子，很结实。为了美观，还有暗扣的设计。河南咀裁缝有好几个，年纪最大从事裁缝手艺较早的叫涂三姑，年轻人叫她三姑奶奶。另一个女裁缝叫何玉卿，她是高帮本的姨娘，一个人，基本不上门，只在家里接活儿。最受崇拜的是男裁缝叫向天海。他从小就学裁缝手艺，终身一艺。不管什么布料子，到他手上一摸，就知道特性，伸缩水差异，掉不掉色，一块布要做上衣还是裤子，棉衣单衣，他下剪刀稳准狠，极少浪费布料。更重要的是，他凭目测就能准确知道来做衣的人身高、肩宽、腰围等尺寸。他根据人体特点量体裁衣，做的衣贴身、款式领先于同行，的确好看。所以，凡衣着讲究的人家，都会请他上门做衣，过年前他忙不过来。老向后来带了一个学徒，是墩子底下有腿疾的高宗信。他学得一身手艺，不但能做老式中装，还自学运用缝纫机做西装，更受年轻人和少年儿童青睐。

武术：清朝时，坊间流传：不吃二斤铁，莫过高家阙。这从侧面说明了当时的河南咀习武成风。河南咀先辈习武一是强身，二是防身。习武传为佳话的是高明公，前文有交代，此处不赘述。河南咀习武另一位与高明公同时代但年纪略小一些的是高长根的爹爹高老顺，因长得瘦小灵活，乡人叫他小跳蚤。他真正从高明公身上学了一些武艺，好几个人不能近身。有一次，一个外地人在大通街蛮横打白条，高老顺路过，先是仗义执言，孰料此人横惯了，直接就是一拳打来，高老顺腾身闪开，此人步步紧逼，两人交上了手。此人刚猛有力，拳路娴熟，高老顺轻似猿猴快似狸猫，处于守势。情急之中，高老顺想到身上携有鱼篮子门须（倒须），卖个破绽，和尚欺身上来，高老顺掏出门须，套扣在此人头上，对方立即失去方向感，顷刻被制服。

习武之风影响着河南咀。民国时期，武艺较深的张锡林，一人能打七八个人。高维法擅长摔跤格斗。一次在青通河捕鱼，受当地农村多名青年围攻，高维法大怒出手，一连打趴了四五个人，其余人逃之夭夭。河南咀习武之人谨遵祖上训诫，须守武德，不主动惹事，不到万不得已不出手。

书法：河南咀历代重视传统文化教育，条件较好的都将子孙送到私塾读书习字。老一辈中法书相当好的是吴玉魁，他习颜体，字形圆润敦厚，沉稳大气。乡人要给孩子讨干爸，需写联巾条幅，非他不可，只有他的字才能悬堂心挂墙壁上。读过私塾的高宗福当过扫盲班民办教师和生产队会计，他的字圆熟流畅，大字多见于生产队的渔具上，小字也有在会计账簿上。后有高宝元、高根宝等人的毛笔字也相当好。高宝元还善绘画，河南咀舞龙灯和划龙船，画龙点睛，非他莫属。60 年代初，他站在梯子上，悬空在公共大食堂大屋墙上创作的"养捕并举"宣传画，极为传神，影响了一代多人。

文艺：贵池目连戏在解放前有民间班社多个，其中傩戏是中国古老的稀有剧种之一。根植于贵池刘街等地的傩戏起于明，盛于清，是一种戴面具、以宗族为演出单位的戏曲。河南咀与贵池陆地相连，高姓正是贵池石门高人之后，这种渊源使得河南咀近代以来在祭祀和敬神时沿用演出目连戏。不过，在面具和道具上做了改动，换上了渔人的特色服装。解放前后每年农历正月初七和十五，演出两夜，一二十年代出生的稍有文艺天赋的渔家后生都演过戏，颇受乡人称赞。

由于严凤英、桂月娥曾到大通和河南咀经过，在大通演黄梅戏，广受渔民欢迎。受此影响，河南咀有许多嗓音好会唱戏唱歌的人。男的有张生道、张生光、胡万财，女的有高翠林等人，会吹拉弹唱的有高根宝、吴道宏等。其中张生光和高翠林扮演《白蛇传》中青白蛇等戏中人物，出现在彩色龙船上，不但扮相好，嗓音更是余音绕梁。胡万财天生唱戏的料子，会识谱，嗓音好，男女生均可唱，拿到任何歌曲，一学就会。

司鼓：在舞龙灯和划龙船中鼓点敲得好，划桨的人就动作整齐划一，反之则乱。鼓点敲得好，龙灯有节奏，或激奋，或平缓。如无形之手掌握着场上局面，控制着人的节奏和情绪。擅长者有高泽林，后辈有高根宝、高传道。

说书：渔村一年四季有较长的淡季，特别是下半年的冬季，这时候就需要文艺活动。唱戏需要搭台子，说书就简单了，而且还那么令人愉悦，它为渔民之最爱。河南咀说书人是张大智。他读过私塾，酷爱看书，他有个姓崔的亲戚在大通街开金货店和书店，经常去书店拿书回家看。他有一种天赋，那就是过目不忘，说起故事来，那是口齿清楚，抑扬顿挫，活灵活现，绘声绘色绘形，精彩纷呈，引人入胜。他先是坐在那儿给几个人闲说，后来被乡人请到大屋里，专门说书。他讲的书，上下连贯，无一处遗漏，连诗词、人物对话都一字不错。讲到紧张和高潮时，跌宕起伏，人们大气不敢出，静得连绣花针掉到地上都能听到。有时讲到关键时刻，来了一句："欲知如何？且听下回分解！"或是"且听慢慢道来"，急得坐着的年轻人如热锅里的蚂蚁，他们纷纷走到桌子边，倒茶递烟，十分谦恭，满脸堆笑，恳求快点继续讲。多年说书，全部是免费奉献，分文不取。他说过的书有《岳飞传》《水浒传》《三国演义》《笑林广记》《聊斋志异》《封神演义》《七侠五义》《施公案》《彭公案》等几十部古典小说和故事。

顺口溜偏才。河南咀有个民间语言大师叫吴少庭。他特别会讲白话，尤其是顺口溜，一套一套的，出口成章。形容两个渔民到底哪个本事大、功夫深，比如："宗良本事高，不如平喜一桨敲。"欲扬先抑，又押韵又有趣。刻画渔民划船形象有："小鸭（李祖兵）会划水，鼻涕流到嘴。"抓住特点，貌似戏谑，实则喜爱。"平喜本事大，打网瞒天过海下，不怕礁、不怕挂，打个鲟鱼有牛大。""春山打网在外来，难怪我家不发财，为了烧满档，吵了个乒乒乓。""竹子没买妥，看看亲家母，亲家请坐不要站，我到厨房打鸡蛋，吃了鸡蛋才吃饭。亲家母不要留，跟我到大通走一走。日里有腰鼓会，晚上秧歌扭，你看风流不风流。""龙舟奶奶戳拐棍，我到栋梁家问一问，奶奶不要慌，我来把你搀。"他创作取材就是身边的人和事，信手拈来，朗朗上口，押韵易记。他创作的顺口溜数量庞大，内容纷杂，真是上至天文地理，下到鸡毛蒜皮，经其眼入其心出其口，就是一则好玩的顺口溜。经上了年纪的老一辈人传播，直到今日，坊间流传仍不少。

◎ 风土人情及民俗

《汉书·地理志》云："凡民禀五常之性，而有刚柔缓急音声不同，系水土之风气，故谓之'风'；好恶取舍动静无常，随君上之情欲，故谓之'俗'。"按此意，即由自然条件不同而形成的习尚曰"风"，由社会环境不同而形成的习尚曰"俗"。当然，"风"与"俗"的这种含义上的区分只能是相对而言。其实，风俗的形成是由自然和社会同时交互作用的结果，世代相沿成风、群处相习成俗，"风"与"俗"紧密融合为一体。

河南咀人世代捕鱼，在长期的生产和生活中，他们积累了丰富的经验，形成了一定的礼节禁忌等。在关系到他们生活的行船捕鱼中，更有许多禁忌和讲究，如：他们绝不捕捞待产卵的母鱼，见它们半浮半沉，慵懒倦怠，不但不捕捞，而且收桨停机，绝不惊扰。他们爱惜鱼苗，以期渔业资源永续利用。每年立夏至芒种期间，沿江渔民都有张捕鱼苗（俗称鱼花）的传统，所获鲢、青、草、鳊鱼苗精心装桶，运销各地放养。每年夏秋之交，正是鲥鱼鱼苗陆续游向大海的时节。清乾隆十二年（1747年）《桐城县志》记载："鲥鱼。初夏有之，较常镇（笔者按：指常州、镇江）差多，价廉甚。七八月间，江中鱼子复生，梁山矶（即羊山矶）、大通河（即青通河）等处，举网耀日如银，俗名鲥鱼秧。"此时，渔民见状便暂时挂网憩息，待鲥鱼秧顺江而下，游回它们的故乡大海，三年以后，成鱼自大海洄游到皖江产卵繁衍后代，故民间有鲥鱼不过小孤山之说。旧时渔民所用网具、罾具，网眼疏密有度，捕大不捕小，绝不酷捕滥捞，更不会动辄干河干湖竭泽而渔。大通往昔一年一度的"鱼龙节"寓意深刻，每年由渔商和渔民们组织的鱼龙灯会，其鱼龙造型一律是闭眼龙，以示闭着双眼，只护鱼，不吃鱼，借以庇佑渔业兴旺发达。捕鱼中禁忌颇多，起到保护水产资源的作用。大通江段渔民在江上作业，最忌讳捕到白鳍豚，认为它是白娘子，不吉利，对其身中滚钩较少者，渔民们总是设法摘钩放生；对中钩太多伤重死亡者，大多上岸挖坑掩埋，并焚香烧纸以示避讳消灾。捕到江猪（江豚），多数渔民心里也有疙瘩，说它是青娘子，对其伤重已死者，多数渔民也默祷逢凶化吉，烧炷香，然后熬油以作烧烫伤的良药。渔民家有老人过生日，前后三五日捕到乌鱼（黑鱼），认为它是孝鱼，多半放生祈福，以彰孝道。

这些陈年旧俗稚拙淳朴，借此可以看到那个时代的渔民对自然的敬畏，他们懂得保护渔业资源就是保护自己的衣食饭碗，给鱼苗留条生路就是给子孙后代留一条有鱼可捕的生路。此外，河南咀人也有一些封建迷信思想观念的习俗。

渔船闷头舱前一块横板叫烧香板。自古以来不让女人上渔船，更不允许女人坐船头。有个叫高富生的渔民，如果早上出门碰见女人，他就不开船了，哪怕河里出鱼，他也在所不惜。

还有三十晚上和正月初三之内，不能讲"死"之类的不吉利的话。所以河南咀的史姓改姓为高。

造船动工选"黄道吉日"，"上大"（固定木质船外壳框架的龙骨大梁）送"红纸包"。船底选江（西）木，其他用杂料，"手不扶桑（丧），脚不踩槐（坏）"，木工的敲声有讲究：称："八仙过海"（上大椋），"凤凰三点头"（船头）。新船启用"登江""开头"时鸣锣为号。三声"三星高照"，五声"五路财神齐到"，七声"七宝归仓"，由慢至快为"步步高升"。泊岸为"收湾"。忌"沉""翻"二字，船家从不说"盛饭"。

河南咀的风俗中，尤为引人注意的是有关岁时方面的风尚习俗。这些岁时风俗较多，一年四季可谓无时无月不有，内容又极其广泛，既有有形的物质风俗，又有无形的心态风俗；既有历史局限性，又是世道人心的反映。

正月

一、迎福神：正月初一，鸡鸣即起，开门迎接"开财门"，口中念道：开门大发，辞旧迎新。二、开门爆竹：正月初一，开门纳福。开门前，必先在门内燃放鞭炮，而后开门再燃放炮仗，以此辟疫驱疬。三、穿新衣：初一，各家男女老幼，早早起床，梳洗打扮，穿戴一新，以迎新年。四、庆节：每户长幼男女，按照礼仪于家堂依次拜尊长，互道吉利语，以相祝福。然后，由家长亲率子弟，外出往领导、宗族、邻里、故旧家拜贺。如张大智（老四）和张大信（老五）每年正月初一都携男孩到高上墩子的张静山（老大）家拜年。过年时，家里来客必须上茶，哪怕坐一分钟就走，也不可或缺。小孩去长辈家拜年会发红包，让吃五香蛋，并将麻饼之类糕点装进小孩荷包里，绝不能让小孩子空手回家。五、食鸡汤面。午餐多以炖老母鸡汤加入挂面，"鸡"同吉，挂面为"长"，寓意"吉祥长久"。六、年饱：正月初一，由于前一日（三十晚）进食较多，一般不正规吃晚餐，年老者消化较慢，往往早早就寝，俗称年饱。七、禁忌：忌扫地、倒洗脸水、倒垃圾、忌倒尿壶、马桶，忌骂人，特别不能骂死之类话，初一、初三不剃头。八、年节酒（吃春酒）：从正月初二起，至元宵节前，亲戚朋友轮流摆设酒宴，一般约请各户一人为客。也有按年岁老中青选一个出席。九、吃元宵：正月十五日，也称上元，上元节，即元宵节。家人自制糯米粉汤圆食之，捞元宵。寓意新年节期即将圆满结束，又兼预祝往后一年内百事圆满如意。

正月初一（元朔日）。开门纳福。

正月初二（迎婿日）。花好月圆人团圆。

正月初三（猪日）。养精蓄锐，诸事顺利。

正月初四（羊日）。迎灶神。

正月初五（破五）。五福临门，财源广进。

正月初六（马日）。六六大顺，好运连连。

正月初七（人日）。人寿年丰，祈祥祝安。

正月初八（谷日）。惜粮爱粮，风调雨顺。

正月初九（天日）。九运当头，长长久久。

正月初十（地日）。祭石感恩，脚踏实地。

正月十一（子婿日）。请子婿，奉紫姑。

正月十二（鼠日）。驱赶劳苦，灾去福来（河南咀龙灯点光，船上龙灯到老镇大士阁请菩萨）。

正月十三（上灯日）。点灶灯，步步高升（上大通街舞龙灯）。

正月十四。试花灯，送财神（水上龙灯前往和悦洲街表演）。

正月十五，元宵节。月圆人圆，人安心安（在河南咀上下墩舞龙灯；龙灯圆灯、结束）。

二月

一、扳山水罾：惊蛰时，常有雷鸣，天下春雨，山洪而下，长江鱼逆流而上进入青通河，渔民开始扳山水罾。

二、河南咀人信奉"二月二，龙抬头"。这一天不少人会剃头，更有人选这个日子结婚，如胡万财和妻子小金子结婚就选的是这个日子。河南咀还会在此之前扎龙灯，祭祀土地公公和水庙后，在本墩子表演后到大通、和悦洲表演，最高潮是驾一条小渔船到鹊江中舞水上龙灯，赢得周边乡镇百姓观看赞赏。

三月

做清明：寒食节起第三天便是清明节。无论贫富贵贱，皆前往祭扫先人墓，也称"上坟"。河南咀尤以高张吴三大姓最作兴清明上坟。常于清明日，由各姓公堂统一筹备牲醴及香纸等祭品，由族长率领族众前往本宗祖脉坟山，致祭公共祖墓，并祭本族其他无祀的孤坟，祭毕而返，在大通街上包饭店，设宴同聚。菜谱有"八大八"（八个大荤，八个素）或"六大六"（六个荤，六个素）。整个过程俗称"做清明"。做清明以 60 年代初高氏为盛，祖坟地有大通小岭山头、周家村等地。宴饮有时包饭馆，有时在族长家。21 世纪以来，以张氏为盛。吴氏祖坟山为新建七甲里一带。

三月扳挑花鲴子鱼：清明前后，正值桃花盛开时节，江河水涨，时值鲴子鱼繁衍活动期。河南咀人用密罾扳、用密网撒，捕获"桃花鲴"。

河豚食杨花而肥：此时，长江段水域河豚出现，至杨柳花开时，群豚追食落水杨花，不久而肥。河豚素以肉质细腻味鲜著称，至三月更因其肉多脂肥嫩，滋味至美。但此时正值河豚性腺发育成熟繁殖期，体内所含毒性最强。故烹食前，务必清除其头、皮、脏、血等毒物，充分漂洗干净，如不得法，会导致中毒甚至丧命。河南咀高寿南大儿子和二儿子都是吃河豚丧命的。因此，河南咀渔民自行捕食时，也不馈赠或邀请人分享。为捕捉河豚，河南咀人打撑篙网，最远去到江苏江阴长江段。那里江面宽，江水流速缓，产量大。捕获小河豚则是下半年时节。

捕鲚刀鱼：鲚刀鱼鳞细而柔软，色白闪亮如银；其肉细嫩，肥而不腻，多细刺如毛。历来被人们视为珍贵鱼类，与鲥鱼、河豚并称为"长江三鲜"。河南咀人擅长烹饪刀鱼。烹调前无须除鳞，亦不必以刀剖腹，只需以左手握住其头部，以右手指从其腮下将腹部撕开一裂口，从中掏去内脏即可。油炸、煎烩、清蒸皆宜，且各具风味。油炸者，其肉连细刺均酥脆，香气浓烈扑鼻，耐嚼而味长。煎烩者，肉质绵软，香浓味鲜。清蒸者，肉质细嫩，味鲜而清爽。

四月

民间有用秤称人的习俗。悬系大秤于二人抬杠之上，被称者用双手紧握秤钩，悬提起双脚，以衡量体重，以验一年来有无增减；或至立秋日复称，验历经夏暑后的胖瘦。此为戏乐而已。

穿耳：立夏日，少女或请老年妇女为其穿耳孔。穿时，老妇以手指先蘸菜籽油少许，匀涂在少女耳垂上，继以手指揉捻其至红软，再用银针猛一刺之令通透，旋即去针，并折取细草梗或竹枝梗，长约三分，置留于所穿耳孔中，二三日后去梗，其孔乃成，即可悬置耳环、耳坠等饰物。河南咀穿耳的不少妇女，到老时即使不戴耳环，仍见耳孔。

角力：立夏日，青年男子常相聚一起，以摔跤、抵竹杠或扁担、扳手劲、举石锁和搬石磙等为戏，互相比试臂膀之力。什么叫血气方刚？年龄相近的青少年尤喜展示力气。特别是春天傍晚，吃过晚饭后，河南咀上个墩年轻人或在大老板（吴正福）门前广场、或在胡度文家门口广场比试。吴爱林、小黑日（高兴明）、高小羊（高宝根）等人比得不可开交，乡邻观者兴趣盎然。

吃鲥鱼：四月初，布谷鸟叫时，长江中始有鲥鱼出现，下旬盛出，五月夏至后逐渐消失。鲥鱼肉厚，肥、嫩、细，味极鲜美，素为鱼中珍品。鹊江以羊山矶、大通河口两处出产较多。每尾鲥鱼重2～3斤，大的5～7斤并不罕见。鲥鱼是一种淡水洄游性鱼类，生活在海水中，但要到江河淡水中繁衍。在海名曰鲞，在江名曰鲥。每年春夏之交，即从海洋溯江而上，在淡水江河中产卵繁殖，然后返回大海，历来为长江下游盛出的一种名贵鱼类。河南咀捕鱼主要在青通河，而捕鲥鱼基本在长江中下游。据此，1954年春夏，河南咀人组成捕鲥鱼的撑篙网船队，扯起篷，到江苏江阴打鲥鱼，史上被称为"打鲥鱼网"，收获颇丰。其他时间捕鲥鱼都是装鱼花时，流水将鲥鱼冲进鱼花绠内，鲥鱼不得动弹被活捉。鲥鱼离水很快即死，河南咀人不吃死鱼。所以捕到鲥鱼即杀即煮，味道鲜香无比。

不吃乌鱼：乡人传说，母黑鱼性极爱子，当其至初夏产卵后即废食，日夜守护卵旁不离，双目圆睁警视四周，以防不测之厄。待至子鱼破卵齐出后，母鱼则因长期日夜耗神劳瘁而常常竟至双目失明。此时，子鱼亦不离其母左右，并轮番觅食以反哺，甚至有舍身以饲母，故俗称其为"孝鱼"。河南咀有少数人不吃乌鱼，认为它是孝鱼。高根宝全家人都不吃不长鳞子的鱼，包括黄鳝、白鳝、昂丁鱼等。

五月

五月为仲夏之月，天气始热，雨多淫骤，湿热郁蒸，蛊蠹并兴，"毒气"蔓延，人易犯病，俗谓之"恶月"。逐水而居水里求财的渔民却尤重端午节。端午节，其由来传说甚多，以悼念屈原流传最广。梁吴均《续齐谐记》云："屈原以五月五日投汨罗而死，楚人哀之。每于此日，以竹筒贮米，投水祭之。"河南咀通常提前一二日裹粽子：用经水煮过的新鲜芦苇叶，将淘洗后的糯米，或加肉丁、蜜枣、绿豆，紧紧包裹于其中，外用细索紧缚系牢固定。门户插艾：买来新割艾，插于门户两侧。又有妇女买整捆艾株，晒干，捆绑扎好，置于家中，待秋冬后熏、泡脚，治关节炎之疾。也有少数人家不知从哪里弄来菖蒲悬挂于门头上，号曰"蒲剑"，传说可以除毒辟邪，令家人安康。

过端午节：此日早晨家家以食粽子和绿豆糕为点心，正午又各有家人宴会。午宴菜肴有黄鳝炒蒜苗，新蒜子炒仔公鸡，蒸咸鸭蛋；蔬菜有辣椒、茄子、黄瓜、苋菜、四季豆等。

宴时，不问男女老少，饮以少许雄黄酒，辟瘟除邪，使人健旺。俗又常以饮余的雄黄酒，涂抹头额及手足掌心，可驱虫去毒，免遭虫叮蛇咬，不生疮疖；更有以其酒于男孩儿额上书一"王"字，如虎勇猛辟邪。

长命线：端午节，以五色彩丝捻为细线，系于小儿手臂上，男系左，女系右。此法以辟除兵器及鬼伤害，不生疫病，能平安长大成人，谓之"长命线"。又有以红丝带，穿缀金锁、铜钱，而系悬于小儿颈项之下，则又分别称之为"百岁钱""长命锁"。

端午划龙船：划龙船，其舟龙头所饰色彩各异，河南咀为赤膊乌龙。龙船按形制分为两种：一曰舟，长二丈有余，头尾皆尖，但尾部翘起，并在其上安一长棹以代舵；舱座14排，每排并坐两人，执桡手28人；外加鼓手、锣手、棹手各一人，凡31人。一曰船，船体较小，头部略呈方形，可配划手26~28人不等。二者划手虽众，然因听鼓下桡，起落整齐划一，动如蛟龙出海，劈波斩浪，所向无前。

另一个是彩龙船，又称花船、游船。其船首尾形制与赛舟近似，但十六彩饰更加艳丽，船上的设置和人员配备大为不同。虽有划手、棹手及锣鼓手，还另配有装扮丑角的艄婆一人，手挥破蒲扇，位立于船头；并配有艄公，手持长杆旱烟袋，位立于船尾。艄婆与艄公，各随锣鼓号子节拍，做种种逗人发噱之态，间或蹦跳跺脚，谓之"跳头"或"吊梢"。两边船舷绘以龙鳞纹饰，舱位设置轿式台阁，其上乃环列装扮"水漫金山寺"等故事中人物，中立一装扮俊俏小儿，俗称"龙头太子"。船尾梢柄对缚两根长而粗的毛竹篙，微向上方倾斜伸出，而在其上挂一彩索软梯，高丈余，名曰"吊梢"。常选一精通水性又善杂耍技艺之人，攀缘翻转腾跃于其上，表演种种技巧动作，有"蜻蜓倒立""蛤蟆晒肚""顺风扯旗""倒挂金钩""擒拿活鸭"等名目，以惊险奇绝令观众欢呼雀跃。

游舟，又称看船，此船多为周边官绅商贾准备。船体大而平稳，设置及装饰讲究。船上有荫棚，中置桌几，可供一边观竞渡，一边品茶饮酒听演唱。又常在船上高挂红绿绸缎彩帔，以供赛舟争先夺取，谓之"夺锦标"；又或用小红布袋，内装若干金钱，系于活鸭腿上，而投鸭入水流中，任凭"吊梢"者施以技巧擒拿，谓之"抢彩头"。

河南咀划龙船，前数日要分别祭水庙、土地公公，并开始下水操练演试，谓"龙下水"。端午日交午时，龙舟从各处鱼贯而出，分别划向预定的竞赛水域，叫"出龙"。赛完后，即龙舟上岸，并举行祭祀以送神，尔后乃拆卸龙舟而归，谓之"拔龙头"。

解放后河南咀划龙船掌梢技术最高的分别是吴正福、张大信和高韵祖三人，历次比赛三人均轮流出场，且均有建树。

霉天：芒种后逢第一个丙日为"入梅"，而以小暑后逢第一个末日为"出梅"。又有芒种后遇壬日为"入梅"，夏至后遇壬日为"出梅"。此时正值梅子黄熟时节，故曰"黄梅天"，简称"梅天"。霉天，一般是在阴历五月（阳历六七月）出现的连绵不断的阴雨，俗称黄梅天所降之雨为"黄梅雨"，简称"梅雨"，亦称"霉雨"。渔业上的丰年都是入梅时间较长，雨水偏多；如果至出梅日才有降雨，则表明当年梅雨偏少，易出现严重干旱。大旱年意味着当年不出鱼。歉年渔民无鱼可捕就只好找副业去了。

食梅鸡：出梅日，人家多喜炒食尚未开叫的仔公鸡，谓之"吃梅鸡"。渔家皆认为此时吃仔公鸡对滋养身体大有裨益。

夏至面：夏至日，因其白天最长而黑夜最短，也称"长至日"。又因其后，日渐短而夜渐长，有谚语："吃了夏至面，一天短一线。"旧时，居家多以小麦粉擀面，入沸水煮食。俗云，是日食之令人度夏身体健壮。

注夏：入夏，尤其当夏至前后，人多困倦乏力，故有"人到夏至边，走路要人牵"。严重的，食欲不振，精神萎靡，四肢疲软，不思劳作，渔人称"害懒荒病"。如河南咀高双贵小时候整日睡在竹床上，不思动弹。家人要她饮茶，吃梨，戒坐门槛等，以防治此病。

六月

晒霉：六月六日，传说玉皇大帝晒龙袍。俗因衣被梅雨季受潮甚至出霉点，乃趁阳光强烈曝晒，习以为常，谓"晒霉"。

妇女洗发：六月六日，渔家妇女多清洗头发，谓可除宿垢，不生虮虱，又能去晦气。

吃新米：此日渔家在附近农村的亲戚会送新来，各家煮食新米饭。

做酱：渔家烧鱼需佐料，故俗以六月"作酱"。此前为梅水，作酱不佳，易败坏。

扳热水罾：三伏天虽为一年中最热天气，但此时正是江潮进河或者是河水涌入长江的水情，江河的鱼会聚集在青通河口与长江交汇处。特别是鱼儿见了长江浑水就会自动漂起来，河南咀渔民会扳密罾。扳的鱼有小鸡毛鱼，好的时候一船罾要扳100多斤。还有吊鲴鱼、油鲴鱼，甚至扳到鮰安鱼。此时最炎热，渔民常会划罾船到大通杨柳树窠里乘凉。扳热水罾很是吃苦，"黄汗淌，黑汗流"，身体差的容易中暑。

砍青攀棵：盛夏时，河南咀小圩埂和大同圩埂大堤两边长满了深厚茂盛的野生植物，此时节，河南咀青少年和一些中青年妇女会去砍伐青攀棵。先砍倒一大片，让太阳曝晒几天，待失去水分干瘪后，捆起来，挑回家码起柴堆，下半年就是上好的烧锅柴。

鱼鳞天：渔民会观天象。夏秋间，天空出现斑斑白云，漫天密布若鱼鳞状者，谓之"鱼鳞天"。俗谓有雨，谚语："鱼鳞天，无雨也疯癫。"天气与捕鱼活动密切相关。

七月

立秋西瓜：立秋前铁板洲向渔民推销西瓜。立秋日吃西瓜为习俗。

七月半：七月十五日，称为"鬼节"，人家多在此日选河边野地，烧纸祭奠先人亡灵。

出鱼：旧时，七月半之前不允许捕鱼，也即禁忌。过了七月半后，虽然水还是很大，但河里的大鱼开始从湖中往深水区河道游动。此时，河南咀的渔民开始了一年一度的出鱼捕鱼期。罾船、网船和罾网等捕鱼工具经过夏季整修，整装待发，做好了一季捕鱼的准备。捕的鱼有胖头（鳙鱼）、白鲢鱼，手罾扳的有鳊鱼等，所获不少，但这还不是真正的旺季鱼兴期。

放把鸭：处暑前后，常见有放鸭者赶着黑压压一片，途经河南咀陆地，或从青通河顺流而下，往农村田间沟渠浅荡觅食。常有少量鸭掉队，被附近人带回家。

躲"摆子"：处暑前后，是缺医少药年代疟疾的高发时节。水边生长的渔人常患此病，俗称"打摆子"，发作时，头昏脑胀，忽冷忽热，夜不能寐。俗传打摆子乃为"摆子鬼"作祟所致，无药可医。因此，患者每至发病日，多暗自离家出走至村野或田头地边"躲摆子"。俗又云：秋后不宜下河塘洗冷水澡，否则易被"摆子鬼"缠身而致病。

朝山进香：七月三十日前后，当地有前往九华山朝拜地藏菩萨之俗，谓之"朝山进香"，或呼为"朝拜九华老爷"。朝香时，通常相邀百人组成班会，名曰"百子会"；有二三十人以上，而不满百人为会者，则曰"小百子会"；有近200人为会者，称"双百子会"；多至300人以上，则称"千子会"。以上各朝拜者多为下江南京、镇江、扬州、上海以及东南亚泰国、新加坡等国香客，他们乘船抵达大通，首尾相接，鼎盛时从鹊江边的红庙到青通河边的大士阁，众船依次泊岸，首尾相接，船舶长达数华里。香客上岸途经大通或在河南咀庙嘴头登岸，步行至九华山。

八月

腌姜：大通白姜栽种有两千多年历史。当地每当中秋前后子姜上市时，居家皆腌姜，少则一二十斤，多则上百斤，供自家日常食用或馈赠亲友。腌姜法主要有三：一是以鲜姜洗净去皮，加盐拌匀腌过一宿，即取出日晒晚收，再以原汁拌匀腌之。至无卤汁可拌腌，待晒至姜块表面出现一层薄盐霜，即可用瓶罐捺实收贮，名曰"盐干姜"。二是开始用盐腌，做法如同晒盐干姜，但只晒至姜块表面至稍干，即入瓶罐加米醋泡之，数日后便可食用，名曰"醋泡姜"；若以米醋加糖泡制，就叫"糖醋姜"。三是将鲜姜去皮，将生水晒干，以酱汁渍制，名曰"酱生姜"，为黑褐色。

生姜一般早上食用，"早姜晚蒜"，常在待客饮茶时佐食。

中秋节：八月十五日，俗称"八月节"。此节又有馈秋节，以食物馈与亲友。俗以月饼为中秋必备的节物。中秋夜吃团圆饭，老幼聚餐，宴饮赏月拜月——有人家常于门前或庭院中设置供桌，并陈列月饼及应时瓜果为祭品，命小儿模仿成人穿戴整齐，依次望空对月揖拜，以祈各自心愿，谓之"拜月"。条件一般的人家用筛子摆月饼瓜果选屋外空旷处拜月。

出鱼高峰期：从七月半后到八月十五之前，虽然也是出鱼和捕鱼时期，但真正的出鱼还是在八月十五左右的时期。河滩渐浅，大鱼早就离开滩涂进入河道，此时，青河口至头段各狭窄河段各个位置都布置了蟹子网和罾船，自上而下的鱼群被无数的罾网拦截，"闯五关过六将"，能游到长江的所剩无几。出鱼时，河南咀有人一罾扳了108条胖头鲢鳙，一天扳2000多斤鱼，把船都压沉下去了，傍晚回舟，忍不住放声歌唱，当时晚霞在，渔歌动河川。

东风溜水：八月时起东风，河水进入退水期，水流速迅疾，无论是扳铲罾还是打三指网，罾网都被河水冲挤到一块，由于受水流影响，罾网起水都不快，甚至连渔船也被东风吹跑，特别是罾船常有折断罾爪，挂破罾的事情发生。每到此时，掌梢的长者就会跳脚骂船头划桨的无能。

九月

寒露前后，常有寒流南来。此时，滩涂已竞相显露，小鱼小虾已陆续随湖水进入河水中，这时候河南咀渔民捕捉到的都是小鱼。1953年丰年时，胡度文和外甥高韵祖一个夜晚扳了两三千斤黄姑鲳子鱼，乡人日夜挑灯脆鱼。此时天气渐冷，鱼群何时下来不得而知，为了捕鱼，捕鱼人不得不吃住在船上，出鱼时，披星戴月，通宵达旦扳罾打网，一年中，这个时段最辛苦，不少渔民落下了关节、肠、胃、肺、食道等疾病。

菊花蟹：青通河流域广袤，旧时有大量螃蟹天然栖息生长。每至九月，正值菊花开放，俗乃称"菊花蟹"。

又九月为西风乍起之时，谚云："西风响，蟹脚痒。"螃蟹此时由于性腺发育成熟，纷纷从其栖身水域进入长江，顺流而下。渔民就会在河中张网拦捕。河南咀第四生产队专门打蟹子网，高传道一夜打了1200匹螃蟹，成为有见证的最高纪录。

食蟹：九月以雄者肉多细嫩为佳，十月以雌者膏黄丰腴为美，故有"九雄十雌"，"九月尖脐，十月团脐"之说。河南咀烹食螃蟹必须取鲜活的，死螃蟹从来不食。烹时先将活蟹逐一洗干净，然后入锅水煮或笼蒸，待其甲壳完全变成橘红色，即取出上盘，细剥慢嚼。由于螃蟹性寒，食时宜蘸取姜末浸泡的米醋，既可祛寒又可减少腥气。又或剥出肉黄，加入姜、醋等佐料，可制成蟹面、蟹糊等。

十月

撵（河南咀读 nuǎn）罾和守拼：十月以后天气转凉，此时该出河的鱼早已走了，下游已无鱼可捕。扳罾撒网已由大通河段迁移到青通河上游，如头段以上的山东寨等处，有的到汊河往青阳县界内的丁桥木镇河段。这时候捕鱼叫撵罾。即一些船在下游兜守，另几只船在上游一边划船一边用桨或竹篙子拍打河水，让水下的鱼动起来，游向下游罾里，此谓撵罾。撵，赶也。大水时，常有虾爬（一种将砍伐的竹丝扎成一捆捆沉入水底）丢下，十月到腊月，当地人围圩扎拼，许多鱼就沉在虾爬内。有时拼（一种竹子扎成的栅栏）破了，河南咀的渔民守株待兔，运气好时一个晚上扳的鱼能把渔船装满。有人发了财，马上在大通街买房。

腌冬菜：立冬前后，居家皆以缸坛腌制白菜和萝卜，数量根据各家所需而定。白菜萝卜经霜后，味道变甜，此时腌菜最佳。河南咀渔家在 60 年代还去铁板洲捡萝卜缨子，回家洗净，用大缸腌好，随吃随取。有时用炭炉炖猪油、小鱼和腌萝卜缨子，一室异香，味道火辣香脆，以此过冬，得"静好"二字之味了。

十一月

冬至日为寒冷初始。冬至日白天最短，谓之"日短至"。又因冬至后白天渐长，故有"吃了冬至面，一天长一线"之谚。

做冬至：冬至日，旧俗皆备牲醴、香烛、纸钱等祭品，以祀祖先，俗称"做冬至"。60 年代后，河南咀人做冬至大多在居家附近的河滩、江边和野外路边烧纸为主，不像做清明要上山上坟。凡诸姓聚居之宗族，一般由族中按辈分高低及年龄长幼排座入席，俗称"饮庆冬节酒"。

冬至数九：俗自冬至日起开始"数九"，即按每个九日为一"九"，数至第九个九日，依次称为一九、二九、三九、四九、五九、六九、七九、八九、九九，共计八十一天，统称为"数九天"。俗谓数九天为一年中寒冷时期，而有"数九寒天"之说。又谓三九天气最冷，故有"冷在三九"。大量降雪常常集中在三九至四九之间，谚云"大雪年年有，不下三九，就是四九"。河南咀老一辈渔民大多熟背数九歌谣："一九二九，冷难伸手；三九四九，冰上行走；五九六九，河边看柳；七九八九，走路甩手；九九寒尽，穷汉出头。"

烤火：入冬后，旧时人家通常烧柴禾取暖。谚有："寒冬须守火，无事不出门。"又有"穷汉无火难过冬"之说。河南咀限于经济条件，取火时大多采用先将硬柴埋入火钵心内，烧锅时撤出一些灶膛余烬置火钵内，这样可以保持火钵火桶温度达几个小时。有的人家夜晚烘衣，多放些柴炭，火桶内的火第二天仍热烫。除烧火钵外，还有手拎的小火罐，携带极方便。

冬鲫：鲫鱼，又叫"刀鱼"。小的叫鲫卡子，大的叫刀板子。河南咀人常言吃鱼"冬鲫夏鲤"为最佳。又有一说"鲫鱼头，四两油"。尤以立冬以后肉质肥嫩，鲜烹气香味美。青通河产鲫鱼最佳。河南咀善烹饪者会选择冬天封鲫鱼。因鲫鱼入冬不进食，封鲫时将鲫鱼胆摘去，将猪肉猪油塞入鲫鱼腹腔内，晾晒若干天，后入坛封盖，时间一久，油入肉质内。有人还洒白酒，以增香气。食用时，开坛香气扑鼻，饭头上蒸出，其味绝佳。

元宝鱼：所谓"元宝鱼"，就是将冬日所捕的大鲤鱼去内脏腌好——须是几斤重头尾鲜红色的，晾晒在大门屋檐下，一般两条，一对，寓意招财进宝。

醉鱼：冬至后至腊月间，有人家将腌制晒干的大鲤鱼、青鱼、草鱼，斩头去尾后剁切成块，用烧酒拌和，亦可一层鱼块一层酒糟，装入小口釉陶坛罐内，装满压实，密封坛罐口，即可存置糟制成熟，名曰"糟鱼"。一般至来年春夏间开封为宜，久则更佳，或蒸或烹。其肉软嫩细腻，色泽红润，醇香浓郁，滋味鲜美。又或以盐腌晒干后切成的鱼块，拌烧酒，装入坛罐，用力捺实，再酌情倒入烧酒数杯，密封存贮，俗名曰"醉鱼"。来年开春，开封蒸食，其肉红润，醇香、味浓。

十二月（腊月）

腊月是渔家人除了出鱼外另一个忙碌的月份。

掸尘：俗称打扫屋宇尘埃为"掸尘"，但掸尘有禁忌，必须查看老皇历择吉。河南咀老一辈子的人认为，腊月掸尘除以二十四日为"无忌日"外，初七、十七和二十七日三天亦可掸尘。但此三日掸尘则有差别，俗云"初七掸金，十七掸银，二十七掸灰"。至今在一些民俗文化学者还遵循此俗，不过，普通的家庭节前岁末肯定要全面清除室内外尘秽垃圾，为欢度新年创造洁净舒心的环境。这时期，女人洗涤衣物，洗刷灶具，清扫室内积尘；男人则打扫庭院，将房前屋后柴堆与杂物码放齐整，让家里家外焕然一新。

好日子：传说腊八日，各路所有神灵皆上天界去向玉皇大帝奏事，人间世界则无禁忌，不必担心冒犯什么凶神恶煞，即不会招致什么挫折和灾难，而能事事如意、大吉大利，因此，亦称为"好日子"。历来习俗多喜于此日举行婚嫁。所谓"腊八日子好，姑娘变大嫂"。

婚嫁习俗。抢喜糖是由最早时候的发喜糖演变而成的。因为结婚是一件大喜事，大家便都嘻嘻哈哈地进行哄抢，在整个婚礼过程中，抢喜糖又分为三个阶段：即新娘子离开娘家的时候为一抢；当迎亲的队伍将新娘子接到了婆婆家的村口时为二抢；新娘子到达了婆婆家的大门口时为三抢。

妹妹出嫁哥哥背，不是哥哥背妹妹从娘家送到婆婆家，或是到新房子的全部路程，而是指从新娘子家到迎新娘子的花轿或是迎新娘子的船之间的这段路程。新娘子家门前的这段路之所以不能自己走，得需要别人来背，是为了不把娘家的穷气带到婆婆家或是自己的新家里；还有一种说法就是新娘子出嫁时双脚不能沾带有娘家的泥土。哥哥来背，这主要是一个亲情的关系，以表示娘家对这门婚事的慎重，也显示出兄妹之间的亲情和友爱，还有离别时的难舍之情。

浴室相婿，被相的那位"女婿"是"被蒙在鼓里的"，都是被媒人安排好了的。媒人带着被相的小伙子来到浴室，女方的父亲或是提早或是推迟来到浴室，与媒人见面时或装着不认识，或是装成巧遇。媒人带着那个小伙子慢慢地洗，慢慢地聊，有意地拖延时间，为的就是让女孩子的父亲有足够的时间来仔细地对这个小伙子进行察看。从浴室里出来了之后，浴室里通常还要为每一个客人准备一杯茶水，媒人则掏出来从家里带来的瓜子、花生等茶料，与这位小伙子慢慢地喝茶、聊天、拉家常，女方的父亲就坐在不远的地方仔细地看着这个小伙子的一举一动，从他的言谈举止中对他的文化水平、气质素养特别是身体等各方面的情况作进一步地了解和判断。六七十年代，河南咀高栋梁就是在大通龙华池澡堂相婿的。

扎龙灯。制作龙骨，扎龙身、龙头、龙爪、画龙颜，配制舞龙灯各要件。

干鱼花塘。河南咀的第四、五、六等3个生产队在村后与操场之间开挖了几十口鱼花塘，原先是鲢鱼、鳙鱼、草鱼、青鱼，即"四大家鱼"的鱼苗，除卖掉的火片、冬片鱼外，剩下的已长到半斤到一斤。每年腊月要把这些塘口水放干，起鱼分给生产队各家各户过年。同时，把鱼苗塘放干，也是为了明春整修鱼塘做前期准备。

宰年猪。六七十年代，河南咀绝大多数家庭都养猪，一般在年底卖给大通食品站，食品站会返给猪下水和猪油。附近农村杀猪时，河南咀人会去买。此时买到的猪头，美其名曰"元宝头"。

腌腊货。腊月，历来居家多有加工腌制猪肉、家禽和鱼类之俗，叫"腌腊货"。腌的有腊肉、腊鱼、腊鸡、腊鸭等，可供长久贮藏食用，特点是肉质红润油亮、香浓味厚、爽口不腻，与其他时节腌制相比更具独特风味。又有渔业公社三队打野鸭、雁鹅等，或送或买，其野味珍贵。

腊月中上旬，多数人家会洗山芋粉、熬糖稀，做炒米糖。熬糖稀，就是将山芋伴着麦芽焖煮多时，用纱布裹好过滤得干干净净。大锅里是热气腾腾的褐黄色的水，几个小时后，水变成淡黄而发亮，直至渐渐稠了，冒出来的气也渐渐浓了，空气中散发出甜丝丝的味道。从早上八九点烧锅熬糖稀到下午4点多，一大锅水到最后熬成半陶钵子糖稀。节前两三天要炒十样菜，所有的人家都炸圆子，叫元宝。据说，炸圆子小孩子不能在锅灶台边说话的，否则，会造成圆子爆炸。

炒年货。腊月，家家都要炒年货，主要有熬糖稀炒冬米切糖（炒米糖）、有米糖和芝麻糖，还有炒蚕豆、炒花生、炒六谷炮、炒山芋角角子，还有人家炒葵花籽、南瓜子等。也有直接从街上购买炒货，也有亲友礼送炒米糖的。

办年货。腊月，尤其是二十四日前后，一天要上好几趟街，购买农副土特产，各类日用品等，号曰"办年货"。河南咀学生吴稼祥还在大通街最热闹的下街头摆案写春联，供城乡居民购买。旧时采购年货主要有新鲜猪肉、禽蛋和蔬菜，食糖各色糕点等；其次为纸钱、纸锭、门神、灶马、香烛等祭祀品以及春联、门饰、年画和鞭炮等物品，再次为瓷器碗碟、陶制罐钵、木制瓢勺、竹筷、竹编箩筐、畚箕扫帚等日用器具以及竹灯架、油灯盏、灯芯草和蜡烛等照明用品。此外，还有专供小儿年节嬉耍的红灯笼和泥人玩具之类；又有供妇女年节梳妆打扮的雪花膏、蛤蜊油（虎壳油）、胭脂和簪花、发夹、红头绳，等等。

馈岁（朝年节）。旧俗常于腊月二十四即小年前，以酒肴等食物馈赠姻亲，亲戚之间互馈，谓之"馈岁"。受此俗影响，至今渔家人还保留节前送亲友土特产和烟酒之类。

腊月二十四（小年）。"过小年"多在腊月二十四过（北方在当地的人过小年为二十三）。是日晚，旧俗人家皆具酒肴设筵宴饮，但不及除夕隆重而丰盛。从"过小年"这天开始，家家都搞"送灶""接灶"祭祀活动，说灶王菩萨"上天言好事，下界保平安"，不能轻慢。这天晚饭前，家家都要"接祖"：即在客厅条几祖宗灵牌前，摆上半生半熟的三荤（一只猪头或碗中放一大方块猪肉、一条腌好但不刮鳞的整鱼、一只腌好拿走内脏的整鸡）、三素（三碗清炒的素菜）、三杯酒、三碗饭、三双筷子，然后在祖宗灵牌前香炉中点上三炷香，家中大人小孩都要对着祖宗灵牌磕头祭拜，算是把祖先接回家过年了。过后，每天一日三餐前，都要先将三荤拿到锅中蒸一会，让其上供时和每天每餐更换的三碗素菜、三碗热饭一样冒着热气，直到正月十五"完年"时"送祖"磕头祭拜结束。其过程隆重庄严，以示敬重祖宗，感谢祖先对后代的庇护。此俗早已不存。

年末沐浴。每至年末，尤其在除夕前，男女老幼皆须沐浴，此时澡堂、理发店爆满，须排队。大通老理发店那时有12个师傅，加班加点都忙不过来；太平洋澡堂和华清池浴室更是人山人海，泡过澡躺靠椅上休息，澡堂会给你递上热毛巾把（擦身）、包成三角形的"菱角包"、刚泡的热茶。抿上一口刚沏的热茶，嗑几颗"菱角包"里脆嘣嘣的花生或瓜子，真是让人太舒坦！这场景如今早成往事，留在老大通人的回忆里。据传是时沐浴，除了涤净人体积垢外，还有去一年疾病之效。俗说："二十六，洗福禄；二十七，洗疚疾；二十八，洗邋遢。"年前洗浴仍在继续，只是内心已没有庄严的仪式感了。

过年鞋。每至年关，大人要给孩子们做新衣新鞋，各家妇女必皆夜以继日赶制全家人的新鞋，以供家人除夕穿着度岁，俗称新鞋可以让人来年走好运，谓之"过年鞋"。河南咀有几个妇女做的布鞋不但耐穿,而且非常时尚,当市面上流行什么鞋,她就能做出来,其中以张仲顺妻子高义芝为最。此外,章大姐绣花鞋也引领了一时风潮。

除夕。一年最末一日,又称岁除、岁尽、年终。其夜谓之"除夕",或年夜。如果腊月大,又称其日为大年日、大除、大尽,俗呼"年三十"或"大年三十",俗呼"三十晚上"。如果腊月小,则又称其为小除、小尽,俗亦称为小年日,或呼为"大年二十九",又称其夜为小除夜、小除夕,亦叫"小年夜"。除夕历来最受民间普遍重视,并且传承着极其丰富多彩的节俗。

换春联。贴春联,为节庆增添光彩,以寓辞旧迎新之意,谓之"贴对联"。渔家人皆谓"门对子",而称贴于屋柱者为"楹联""柱联",一般都用红纸墨书。河南咀凡通文墨者之家,讲究自己撰写;而其他普通人家则请人代写。60年代初期,河南咀书写门对的主要有年老的吴玉奎、中年的高宝元、年轻的高家本等。70年代起,一些50年代出生的在校生也开始为自己家和邻居家书写对联了。联语多为祝颂太平盛世、人寿年丰等吉庆之词,抑或寓有激励和规勉之意,以用词朴实、对仗工整为上。若有新亡守丧之家,俗叫忌用红纸书联,一般第一年用黄纸,第二年、第三年分别用蓝、紫色纸,其联语皆含悲痛追思之情,如"普天皆春色,吾门独素风"之类。解放后,中堂一般都写"跟共产党走,听毛主席话"之类。

贴门饰。除日,各家换春联外,还必配门饰之类。门额,即以红纸裁成正方小幅,方方四五寸相等,并自对角正中,各书"福、禄、寿、喜、春、春景"等字词,贴于门头上方正中之壁。横批,亦称横联,常用红纸裁为条幅,长与门楣宽长相等,宽二三寸,其上木横书"国泰民安""五谷丰登""人寿年丰""财源亨通""万事如意"之类,粘贴于门楣上。门庆,多从街上购买,以红纸裁为长方小幅,长七八寸,宽五寸许,五幅为一堂,俱镂以龙凤花卉等吉祥图案,上又各贴福、禄、寿、喜等以金箔纸剪制小字,横排悬贴于门楣,尤为光彩夺目。欢乐图,亦称为门庆,但十六制,用红纸裁为一横条幅,横长与门楣宽度相近,直长约尺许,其上多镂剪成人物故事,喻吉祥欢乐之意,以迎吉祥福祉。

换年画。除日,渔民多用不同形制的图画,或粘贴、或悬挂于房屋内墙壁和门扉之上，以示辞旧迎新，祈祝年节吉祥如意。其中，悬挂于厅堂正中墙壁之巨幅画，又称为"中堂画"，亦曰"换中堂"。也有不是年年换中堂的，如60年代初高韵祖家有一幅"鲁智深大闹野猪林"中堂画，因为保管得好，挂了两年没换。历来，中堂画多为巨屋直幅卷轴画，大气而庄重。传统常见的有"喜鹊登梅""福禄寿星""松鹤延年"之类。六七十年代则以名为"东方红""大海航行靠舵手"等领袖像等为中堂画。

大门两边挂红灯笼。除夕，常有一些较富裕的住瓦屋的人家在大门两边高高悬挂起一对大大的红灯笼，并在其中点燃蜡烛，而使门庭处处红光普照，熠熠生辉，俗云如此可驱阴邪之气，可令家庭兴旺。河南咀上个墩胡度文家、中间高鹤年大屋和下个墩五长辈家大屋除夕门前都有灯笼悬挂。住茅草屋人家很少有挂大红灯笼的。

封门爆竹。除夕，在年夜宴饮开席之前，皆在门前燃放多种爆竹。其中炮仗和烟花炮以颗颗响冲夜空为佳，长短鞭炮以连续爆鸣不中断为吉。鞭炮鸣罢即关门，故此俗又称为"封门爆竹"，亦谓之"过年"。

吃年夜饭。民以食为天。因物质匮乏，过年消费就大，很多人家难以度过，故有"年关"之说。大通人讲"小伢过年，大人过关"，即是说无论家里再穷，都要积攒点粮食，买些猪肉鸡鱼，吃几顿好饭菜，才能对自己对孩子交代过去。家境好的，还要买好看的布匹，给家中老少人人置办一身新衣服、一双新布鞋，让家人过年出门时风光体面、喜气洋洋。除夕"吃年夜饭"，菜肴虽因各户家境不同，其品种和品质有些差别外，但均是各户最丰盛的宴席，尤其是鱼、肉、鸡类菜肴则为常备之物，龟、鳖和狗肉则不能入席。常备有一碗整尾的红烧鲢鱼和一碗红烧的油煎豆腐，俗以两者谐音寓"年年有余""都富"，因此切不可下箸就食，必须完好保存至元宵节夜方可食之。河南咀三十晚上吃年夜饭，有八八碗（即八个大碗菜和八个小碗菜）和六六碗（即六个大碗菜和六个小碗菜）之差，宴饮时必须按照辈分高低和长幼次第，由卑幼向尊长敬酒，然后互相邀请对饮，并互道祈祝之吉语。又每道菜肴下箸时，亦常礼让长者先尝，并且互相劝请，同时持美言相祝。因此，年夜饭自始至终欢声笑语不息，其乐融融。宴饮中，人人皆细嚼慢咽，亲热交谈，不可中途离席。即使是早已酒足饭饱而停止饮食者，也得耐性陪坐在原位上，并且不时劝说还在宴饮者继续慢用。直至最后一人放下碗筷，席上所有人方可一齐起身祝颂而散，谓之"分岁"。

压岁钱。年夜饭后，各户尊长皆将早已预备好的红纸钱包，依次分馈给小儿，并以吉语相祝。

守岁。除夕夜，历来皆有家人相聚欢共度良宵之俗。常于厅堂烧木炭或树桩火钵子，家人围坐谈笑，小孩相绕嬉戏，一般至夜分方就寝，家长很多待至天明，名曰"守岁"。

守岁烛灯：除夜，旧时人家厅堂中，常点燃一对大红蜡烛，可一直燃亮至天明，名曰"守岁烛"。其他所有房间内，通常各点燃一盏小油灯，亦一直亮到清晨，名曰"守岁灯"。俗以烛、灯彻夜不熄为吉。河南咀在通电后，每户电灯通宵明亮。

» 方言及口语采撷

语言是有生命的。方言包括口语一定有它背后的人事、地理和历史逻辑。但是，方言及口语的消亡正变得无可挽回，方言成为耳朵的乡愁。

地处长江边并与沿江城乡往来交流频繁，河南咀包括大通街上人，口语方言不少吸收了沿江各地口语。其特色多带"水"韵色彩。所谓"吃江水，讲海话"，对喜爱的人、物、事情常常夸张，也多用反义词语或谑语来表述，张口就来，形成了独特的语言风格。

一字：

照：行的意思；精：聪明；唏：喊，叫（大声呼叫，贬义）；扇（sǎng）：用手掌打人，比如扇人嘴巴；害：形容小孩子非常调皮；粑：面食，饼子；爐：慢炖；烀：半蒸半炖；馊：食物变质，也有夏天淌汗，身体有馊味；骇（hēi）：怕；哈同孬（hǎ）：无能，讲hǎ话，服孬hǎ；朦：不聪明，多指念书笨；搋：和面；粥（zhū）：不读zhōu，稀饭；猎：即玩耍，玩；抂（kuáng）：惹的意思；巧：便宜、廉价；将：像；契（qì）：语气词，常带有轻蔑的口气；还（hái）：鞋；剅（kēi）：捆绑，捆起来；撵（nuǎn）：驱赶；兜：盛饭；逗（dòu），原为"鬥"，凑在一起，连接榫卯；擗（pǐ）：折，掰；跩（zhuǎi）：故作姿态，显摆；斥：形容活跃，神气活现，如讲某人叫小斥，斥得很；八：又称八货，八五儿（十三点），不精明；屙（ē）：排泄；尿（suī）：小便；戗（qiàng）：一种插入水下的木桩，一般有1~3丈长不等，用以固定船或扎挑板，或埋在地下、竖在陆地上晾晒罾网；绠：网箱，张鱼苗的网；揩（gě）：用榫穿起来。

二字：

大大，即父亲，爸爸；姆（om）妈：即妈妈；家（gā）公：外公；家（gā）婆：外婆；阿布：即姑姑；老子：即本人，自己，占人家便宜，做人家父亲；哥哥：妹妹，河南咀的人把男孩一律叫为妹妹，他们认为女孩子好养大，实际上是另一种男尊女卑思想观念；毛伢：婴儿，小孩子；劳力：有力气的人、青壮年；耳刀：耳朵；胳窝：腋窝；奶吃：又称沟肌，即皮肤表面的脏物；鱼花：即鱼苗；端把：即船上用的拖把；日头：太阳；跟子：即今天；跟早：即今早，又叫上昼，上午；下（hà）晚：即傍晚，又有哈昼，即下午；暗了：晚了，迟了；稍些：快些；好些：多少，指数量；二回：即下次；顺手：即右手；反手：左手；多谢：感谢；哈扯：鬼扯；哈吊感：胡说；扯谎：说谎；偷嘴：偷吃的；带暖：多穿衣服；望獃：看别的东西或地方，目不聚光，发呆，愣住了；高上：又称高都，即上头；独底：又称底哈，独哈，即下面；即边：这边；弄挡：弄巷；水宕：积水小坑；汉箍：又称焊圈，指戴在惯宝宝颈脖子上的银子圆圈；谷照：行不行；鹅气：即老是搞错，对不上号；坍尿：服输了；胖头：形容脑袋大而胖的人，这是因为被称为"胖头鱼"的鳙鱼的头非常大；木骨：古板，不灵活，不通人情，莽撞；搭僵：不好说话的人，意指很固执；讲精：指吃、穿挑剔；走精：指女子爱打扮，烦；肉头：指不长脑子的人，行动鲁莽的人，本写作"猱头"；窿嫌：窝囊废；作孽：可怜，也作混得差；喔荷：语气词，惊叹！如喔荷，不好了；喔欺：语气词，如撵鸡，驱赶动物；作死：找死；哈搞：乱来；杀馋：吃得痛快，吃过了瘾；点心：不是正餐，小吃，早餐的食物；饮汤：米饭烧开后的米汤；欢团：用炒熟的糯米和饴糖搓成的一种球状食品；灰面：小麦粉，面粉，也称灰面粉；炆蛋：茶叶蛋；锅台：锅灶；闷子：蒸饭的罩子，也称蒸笼；调（tiāo）子：即勺子，包括瓷器的和金属的勺子，用来舀汤；调（tiāo）羹：原为动词，现已成名词；蛮捶：洗衣用的捣衣捶；裤头：短裤；丑搞（紧搞）：丑与任何一个动词连接，表示"很"的意思，即用力去做，狠狠干某事；雾躁：天闷热；乖乖：赞叹；天狼：充其量；哈（hà）辛：

很差劲，能力不强；上该：上街；剃头：理发；改手，又叫解（gǎi）手：指大小便；屙屎：大便；屙屎（suī）：小便；堂心：正厅；宝壁：中堂壁子；照壁：大房子的壁子；簟子：垫席；条把：扫把；渣肉：五香米粉肉；亲眷：亲戚；过劲：很厉害；高低：老是做什么事情；对光：合得来；发霍：大脑暂时失忆，或出乱子；开胃：拿人开心；蚀本：亏了本钱；通菜：空心菜；潽汤：饭锅烧开满出的汤；拎着：提起；芦希：高粱；芦席：芦苇编成的方形席子；惧（gì）蚤：跳蚤；坎妈：小青蛙；哈荡：捕鱼工具；哈（hà）心：指能力差；烧包：炫耀、卖弄；捣鬼：说坏话；将就：凑合；格是：是不是；大臭：贬义，指某人品行不端，一般加上"姓"，弃掉"名字"，如"阮大臭"。洋泥：水泥；洋钉：元钉；洋布：华哔叽、灯线绒等纺织布料；洋火：火柴；洋油：煤油；洋锅：先为铁瓷锅，后专指陶瓷钵子。

三字：

小娃子：男孩；小妹妮：女孩；小把戏：小孩子任性，多指男孩；没耳性：没记性；奶母精：男人学女人样，多为贬义；料料地：骂人的话，形容女人故弄风搔；江（gāng）北佬：专指枞阳农村人；不赫人：不怎么样，又作不赫显；没敢头：没什么可说的；瓣生意：即合作做生意，通常指两人搞一条渔船；得人僧；假码地：假惺惺，装模作样的意思；炮筒子：直性子；出乱鲳：浮游在水面的鲳子鱼虽然经常弄出水花，但体形一直长不大。形容喜欢搅事的人；青驼子：青混鱼背是躬起来的，形容驼背人；吃得开：混得好，人际关系好；吃白食：不花钱，嫖吃嫖喝；撙鼻涕：将鼻涕挤出；特为地：故意地、特意地；老油子：倚老卖老；沉瞌子：要睡觉；嘎子窝：腋下；连花闹：相当于顺口溜，说话一套一套的；打赤包：上身半裸；俺金水：眼泪；结巴佬：结巴子；好吃佬：贬义，形容人贪吃，有为吃而无羞耻感；小划子：小板船；小包车：小轿车；老蛙子：乌鸦，又指快嘴快舌；天作变：要下雨；身子重：不灵活；逛趄子：散步；扪死你：打死你；鬼画符：乱涂乱画；当刀布：原意擦剃头刀的，后指衣服脏得很；手妈子：手套；围领子：围巾；将将好：正好，刚刚好；通浑的：混水；碧旦清：清水；一匝齐：整齐；铁紧的：紧密；新甜的：非常甜；森寒的：非常咸；猫软的：柔软；焦干的：干燥；彻湿的：透湿的；撒满的：盈满；抠（kōu）死了：小气得很；瘟馊的（馊得厉害）；奋（hǎ）把子：身体

303

和能力弱的人；缡花子：乞丐；送祝娩：给坐月子送礼，送营养食品给产妇补虚补弱；躲老猫：捉迷藏；刮鼻子、刮胡子：挨批评；六指头：愚笨无能的人；水鼓胀：晚期血吸虫患者；趟炮子：遭枪打的；杠子车：自行车；手捏子：手帕；不好过：生病；哈巴竹：装鱼苗张绠用的竹竿；雀约儿：这个词是河南咀独有的口头语，指太把自己当人物了，自己卖乖，自己惯自己；不犯作：意思是绝对不行；巴巴的：指故意的；人来疯：小孩见来人兴奋；谎老三：说谎的老手；呱呱叫：很好；将将好：正好；不作兴：不犯作：不可以；不崇尚；里外里：豁出去了；鸭达子（a da zi）：即拎不清，糊涂蛋；不弄子：无法沟通；现世宝：给人丢脸、出丑，谐音"现世报"，指不长进、不成器的人；绞尾子：丢人现眼；嗬（hou）卵泡（pāo）：讨好、献媚别人；鬼寂寂：隐秘、隐藏着的样子；歇嗒子：等一会儿；剠（ki）起来：即捆绑起来；老海的：老大的；生咸（hán）的：盐太多；撤淡的：平淡无味；胀多了：吃多了；喷香的：特别香；铁硬（èn）的：很硬实；猫软的：柔软得很；雪亮的：明亮的；彻黑的（也作漆黑的）：天色很黑；通红的：很红、大红；通黄的：很黄的颜色；碧陆的：很绿、深绿色；懵细的：指很细小；炸令子：知了。

四字：

我家里的：我爱人（妻子或丈夫）；讨烧锅的：娶老婆；头脑壳子：脑袋；昂睛珠子：眼睛；嘴巴裙子：嘴巴；哈巴壳子：下巴；脑筋霸子：脖子；胳巴拐子：手肘；手织么子：又叫芝麻头子，手指；脚织么子：脚指头；坎巴忽子：蝌蚪；懒懒姑子：蟾蜍；膝洛波子：膝盖位；磕阁粒子：用食指和中指的骨节敲打别人的头部；漆黑麻乌：天很黑；五心烦躁：烦躁不安；清早八早：清晨；尖头巴希：为人奸坏、俗不可耐；八不达五：头脑不清；流里流教：流氓习气，也叫流里流气；孬不兴轰：愚呆；接哈巴气：不会说话；撩死巴子：惹是生非；白楂楂的：白得不正常，比如脸缺少血色，白得难看；人五人六：装腔作势；不三不四：不正派；小奸小坏：玩小伎俩，耍心眼；毛里毛糙：粗心；伸头鬼脸：形容人没有好形象；惊鬼惊张：形容害怕的样子。

五字及以上多字：

"不是个东西"：坏人；滑得像泥鳅：又尖又滑的人；气得肚子像河豚：喜欢生气的人不能碰；红（áng）昂睛混子：指脸色气红了；花头点子多：坏主意

多；乖乖里的咚：了不起，咂舌头根子：讲坏话；孬里八轰的：孬子一个；乌漆八糟的、七扯八拉的：乱弹琴；翻筋倒拐的：瞎折腾；扭头掼颈的：没有个正相；假马二漆的：虚情假意；怕死鬼人的：脏；假皮耀精的：瞎摆显；鬼不上档的：指不开阔的地方；零头八脑的：细小的事、物等；生成像，扼成酱：先天生成，改不了；扁担一字都不认得：文盲；现葫芦尾子：露出马脚；

一方水土养一方人

畜生少了尾子：骂人的话，跟畜生一样；有两把刷子：有点本事；掀早了锅盖：即沉不住气，黄了；披啼拉忽的：淌鼻涕、小孩子很邋遢。

经商行话：

（价格行语，一到十代号）

子老，边老，川老，苏老，妈老，雍，曹，考，弯，满。

杂货业：予，时，学，内，香，竹，柴，发，由，关。

渔家俗语：

造船动工选"黄道吉日"，上大栋（固定木质船外壳框架的龙骨大梁）送"红纸包"。船底选江木，其他用杂料，"手不扶桑（丧），脚不踩槐（坏）"，木工的敲声有讲究：称"八仙过海"（上大栋），"凤凰三点头"（船头）。新船启用"登江""开头"时鸣锣为号。三声"三星高照"，五声"五路财神齐到"，七声"七宝归仓"，由慢至快为"步步高升"。泊岸为"收湾"。忌"沉""翻"二字，船家从不说"盛饭"，而通说"装饭"。打船做屋，好比拆骨：说明此时既要花钱，又劳累，使人心力交瘁。

》春联和渔船上的楹联

河南咀非常重视写春联贴门对子，尤其是大门的门对子，大户人家会请老夫子或有一定文化的人来写。还有独有的习俗，就是在渔船上贴楹联。

春联，在大通及河南咀，人们习惯上称"门对""对联""对子"，是过年时所贴的喜庆元素中一个种类。春联的起源可以追溯到古代的桃符和春贴，经过历史的演变和发展，最终形成了今天的春联形式和内容。它以对仗工整、简洁精巧的文字描绘美好形象，抒发美好愿望。春联的另一来源是春贴，河南咀人常常贴一个"福"或"春"字。表达了人们避邪除灾、迎祥纳福的美好愿望。据说这一习俗起于宋代，在明代开始盛行。

楹联，最早作为书写在住宅内厅堂两边柱子上的联语，本是一种民间喜闻乐见的文化形式。它文字对仗，内容丰富，寓意深刻。河南咀的渔船往往在春节时由船主贴楹联，但见红彤彤的红纸长条幅"八"字形贴在船艄后，文字活泼跳跃，辞语言人心声，既文雅，又接地气。读起来，朗朗上口，更有实用价值，渔家人见之十分亲切、体己。

◎ 渔家春节春联，彰显文才

河南咀高鹤年和高宗福是堂叔侄，多家合住的徽派大屋是清末至解放后一直到 20 世纪 80 年代渔村最大的楼房，早先，有一年春节其大门对子为：

存其心养其性；忍者寿善者昌

人们看到这副门对，联想到大屋主人，的确字意如其人。高鹤年形象酷似年画上的老寿星，平日缄默不语，活了 80 多岁，真乃龟年鹤寿。其三子高宝殿寿高 90 岁。高宗福寿至 76 岁。风里来雨里去的渔民，能活这大岁数，实在难得。

50 年代初，曾任孙传芳秘书兼军医的石子尧给河南咀的妻弟家书写春联，将两个郎舅的名字镶嵌在门对子里，此雅事为乡人久为传诵，成为经典，恍如昨日。

大舅佬爷叫吴殿荣：

殿阁花开富贵 荣枝竹报三多

小舅佬爷叫吴邦能：

邦国复兴家顺吉　　能人创业志何强

另有高宗福给高兆祥家大门（1962 年）撰写的春联：

兆熊日梦八百载　　祥云映室万年春

横批：红日高照

此副门对不仅将高兆祥姓名三个字全部用在春节的春联中，而且蕴含"兆熊"字词，兆：出国之字，清雅荣贵，天生聪颖，中年成功隆昌，名利双收。熊：胆识丰富，智勇双全，中年吉祥，晚年隆昌，荣贵之字。"兆"也可能是将要的意思，"熊"在此应该是圣人的意思。《封神演义》里就有"梦虎生双翼者，乃熊也；又见台后火光，乃火煅物之象。今西方属金，金见火必煅；煅炼寒金，必成大器"的说法。结合起来，应该是将要、想要成为贤者的意思，不能不佩服撰联人的匠心独具。

在渔船上写楹联贴楹联，这个也必须在三十晚上吃年饭之前完成。根据传说整理如下：

四根茅竹罾爪，撑起一个正方形网兜，不系罾时，其中有两根数丈长的大茅竹（前爪）张开，如同羊角，其名羊角罾，又或曰虎头罾。

有联云：

龙头生金角，虎口吐白银。

龙头为罾爪（zhǎo）根部捆绑的盘脑，金角为罾爪，白银意为敝罾捕的银白色的鱼。

有联云：

开头划桨日照百船过长安（注：长安为青通河一个著名鱼位置）

渔舟唱晚彩霞千缕染河道

有联云：

乘风破浪摇桨去

金甲银鳞满舟归

还有诸如行船安全、祈福、志向、宏愿等内容：

船头无浪行千里，舵后生风送万程；横批：水不扬波。

船尾对联：九曲三弯随舵转，五湖四海任舟行；横批：顺风相送。

船中争日月，水上度春秋；

船头无浪行千里，舵后生风达九州；

竹篱吹笛奏水韵，布篷高挂唱风歌；

游遍江湖我为最，饱览风光独占先。

桅杆联：

大桅：大将军八面威风；

二桅：二将军开路先锋；

三桅：三将军协力相助；

四桅：四将军顺风相送。

船舱联：大门外清风明月，中舱内积玉囤金。

贴张船头：乘风破浪；

船桅杆：一帆风顺；船尾：鹏程万里。

高宗福给高兆祥船上写了一副对子：

朝行夜梦八百里，祥云瑞日万年春。

河南咀老渔民当中有不少读过私塾者，擅长舞文弄墨，如高青松、高宗福、高宝元等。张大智曾写过《河南咀志》，他在晚年还撰写了大量的有关松、竹、梅的诗句，藏在寿材里。死后，家人发现小练习本上的一页页诗，认为这些诗是"封资修"的东西，全部烧掉了。

此外古诗词状写大通：

长龙山伫古钟楼，五里亭指九华峰。

羊山矶晚卧塔影，大士阁晨唱梵空。

公善堂联，位于大通龙泉巷。公善堂又名礼堂，信徒们以不饮酒、不抽烟、不嫖娼、不贪财、不争斗为戒，募资行善，崇儒以礼立身，以仁处世。有对联一副："立身有道仁为本，处世无奇德是源。"

近代大通始有消防队，属于大通总商会管辖，队员由各商会里的青年壮士组成，有百十余人，专门负责大通镇上的防火灭火工作。消防队的大门上有一副对联："门虽设而常关，事有备而无患。"

五福庙，位于大通镇老桥口。对联为："千年奉香火，五福保平安。"

大士阁联，位于大通老桥口上约一华里处，为九华山的一天门，有对联一副："未上九华先朝大士，抛开六欲自见如来。"

不波亭联，位于羊山矶山顶。上有一对联，为彭玉麟所书："好景西来观之如画，大江东去到此不波。"

坊间文人撰对文有："青通河绕下水桥，河南咀弯鹊江弓。和悦洲分一江水，澜溪镇引龙泉涌。"

状写渔村河南咀：

门前青河来回船，房后外江过往轮。

嘴头杨庙空沐月，渡口渔屋断桥痕。

河水清浅断桥痕，外江古津披霞风。

嘴头杨庙空沐月，波心渔火唱晚钟。

❯❯ 渔家谚语俚语歇后语

在长期的渔业生产和亲水生活中，广大的渔民观察、体悟、总结了不少民谚、俚语和歇后语，当然，有相当多的语言也是从外地拿来所用的，它是包括渔民在内的沿江（长江）文化的结晶。

谚语：

观天象：

早看东南，晚看西北。意思是早上东南方亮的时候，这一天就是好天气，晚上西北方透明，第二天就是好天气。

日丹风，月丹雨。（也就是民谚"日枷风，月枷雨"）日头中间横着云，就是要起风，月亮中间有遮挡，要下雨。

乌云接日头，西边落山头，好天气。

雨大点子稀，走路不湿衣。

早上火烧天，要下雨。

天上勾勾云，地下水淋淋。

春东风，雨祖宗（春东风，雨家公）。

南风急，雨打壁。

东虹（gang）日头西边雨。

早上火烧天，日头等不到中；晚上火烧天，好天一场空。地球自西向东转，火烧天不能一概而论，关键是看在什么时候，什么时间，什么地方，因什么事而定。这句话充满了辩证法。

燕子低空飞，下雨不用催。蜻蜓点水，天气要变。

吃了端午粽，才把棉衣送。小暑打雷，大暑破圩。

吃了冬至面，一天长一线。

清明要晴，谷雨要淋。

察鱼性：人知鱼性，鱼知水性。渔民知道鱼在什么季节往哪里去，而鱼知道什么时候涨水，什么时候退水，上半年涨水，鱼就由江里到河里逆流而上；下半年退水，鱼就顺流而下，由河里进入长江。

"中间凸，两边落"，河里抛蟹子网，让鱼往两边引。

悟人性：

行要好伴，住要好邻。

豆腐泼了，架子在。

打豆腐垫脚。（没门，指望不到）

吃柿子捡（读 gǎn）软的捏。

秤砣虽小压千斤。

讲话轻，过话重，十里路上无真信。

黄鳝大，窟窿粗。

杀鸡杀鸭，各有杀法。

一斗米养个恩人，一石米养个仇人。

惯儿不孝，肥田出瘪稻。

人不可貌相，海水不可斗量。

痴人顶头发。（贵人不带重发）

家有贤妻，夫不遭昏事。

粪桶改水桶，改不掉臭味。

吃得亏，舒得堆。

在家不答人，出外无人答。

过头饭能吃，过头话不能讲。

人抬人高，水涨船高。

美女鲜鱼，人人都爱。

有智不在年高，无谋空活百岁。

刀不磨要生锈，水不流要发臭。

秀才不出门，能知天下事。

不做贼，心不惊，不吃鱼，嘴不腥。

火要空心，人要虚心。

绳扎三道紧。

打死会拳的，淹死会水的。

一脚难踩两条船。

雷声大，雨点小。

鸟美翅膀兽美腿，人靠大脑鱼靠尾。

不怕家里穷，只怕出懒虫。

好借好还，再借不难。

观棋不语真君子，把酒言多是小人。

人无笑脸休开店，会打圆场自落台。

十年寒窗无人问，一举成名天下知。

人心换人心，八两对半斤。

真心对真心，石头变黄金。

吃菜要吃心，交人先交心。

逢人只说三分话，不可全抛一片心。

画龙画虎难画骨，知人知面不知心。

远水不救近火，远亲不如近邻。

烂麻拧成绳，力量大千斤。

得放手时须放手，得饶人处且饶人。

灯不拨不明，理不辩不清。

耳听千遍，不如手过一遍。

拿衣要提领，张网要抓纲。

小时偷针，大时偷金。

小洞不补，大洞一尺五。

有风方起浪，无潮水自平。

俚语：

疾水难下戗。（戗是渔船上的一根长木头，插入水中，用于固定船的木杆。这句话是比喻条件差遇到了难处，做起来很不容易）

吃食昧食，阎王打几世。指吃了还讲没吃到，或者是吃很多还讲自己吃的很少，不承认。在物资匮乏的年代，吃饭大似天，人品从"吃"上可略窥一二。

吃江水，讲海话。

死虾子泛红壳。

人家偷船，你拔桩。

一手难捉两鳖。

蟹子无路横爬。

有福不享，落篷划桨。

掀早了锅盖，冒了气。

有钱没地方送，买个滴滴蹦。

十网九网空，一网打成功。

船上人不急，岸上人急。

本事不大，精味不小。（又叫精味大似天；指讲排场、派头）

生姜还是老的辣。

前面卖生姜，后面讲不辣。（帮倒忙）

把人送到饭店里去了。（指出卖别人）

乌龟吃大麦。（指不起作用，白白糟蹋了）

行船跑马三分命。

黄汗淌，黑汗流。

打网要满开炸顶，捆罾要四角连心。

头桨挖，艄桨搭。

河水煮河鱼，新鲜。

三石（担）螺蛳四石壳。

半斤鸭四两嘴，嘴不尿。

刀不磨要生锈，人不学要落后。

不怕慢，就怕站。

力气如浮财，用了又会来。

大鱼吃小鱼，小鱼吃虾子，虾子吃泥巴。

水涨船高，人抬人高。

蛇有蛇路，鳖有鳖路，蟹子无路横爬。

做大不正，惹小三顿（打）。

习勒活勒的（不稳重）。

猴鸡麻黄的（急不可待的样子）。

接哈叭气（不会说话）。

雀拨鬼，雀里雀拨的（不正经）。

拳大胳膊粗。

上梁不正下梁歪，下梁不正倒下来。

小人不听老人言，吃苦在眼前。

墙头草，风吹两边倒。

越大越脓包：指年龄越大越尿。

文不能测字，武不能提刀。

人在人情在，人死人情埋。

人死债烂。

灯盏火照着，说亮话。

假笑无情，必定不是好人。

亲兄弟，明算账。

亲戚不共财，共财两不来。

不讲不笑，不成老少。

拳子往外打，胳膊往里弯。

好事都是花大姐，坏事都是瘌痢婆。

走运的遇到跑腿的，倒霉的遇到捣鬼的。

千层纱万层纱，抵不上一层花。

生成的相，沤成的酱。

晴带雨伞，饱带干粮。

人是铁，饭是钢，一顿不吃饿得慌。

家无主，笤把舞。

话讲（gǎng）三遍烂屎臭。

宁在世上挨（ái），不在土里埋。

人上一百，行行不缺。

黑黑一条汉，白白脸好看。

在家千日好，出外处处难。

进门看脸色，出门看天色。

棒槌上天，总有一头落地。

光棍打九九，不能打加一。

家（gā）鸡打得团团转，野鸡不打也自飞。

隔层肚皮隔层山。

讲（gǎng）话不能移话，移话变成奇话。

吃不穷，穿不穷，算计不到一辈子穷。

三年硬饭卖一条牛，三年烂饭买一条牛。

金钱用掉千千万，还没买块热豆腐烫烫心。

白天吃头猪，不如夜晚一觉呼。

你要有出息，那是日头从西边出山了。

新老大，旧老二，缝缝补补再老三。

畜生少了尾子，不是人。

屋檐底下躲雨，说走就走。（比喻老年人离世）

知水情：

东风溜水，水下降要出鱼。

小暑涨一寸，大暑涨一尺。

人性民俗：

新娘子新，胖墩墩，扳个大鱼十八斤，大鱼送（卖）隔壁，小鱼留家里吃。

只顾养卵子，不顾养性命。

土桥洪哄不得，大通佘（蛇）玩不得，河南高（糕）吃不得。

歇后语：

炒了的虾米——红人（仁）

虾子炒豆芽——两不值（直）

小葱拌豆腐——一清（青）二白

干木头过河——不成（沉）

筛子装水——漏洞百出

肉案上秤——油满了心（星）

高山打鼓——名（鸣）声在外

卖鱼不带秤——孤僻（估）

矛镰刀捡粪——作死（啄屎）

脸盆里摸鱼——十拿九稳

老鳖咬人——叼住不放，死不丢

鲫鱼下油锅——死不瞑目

半夜里回家不点灯——乌龟；乌归

老虎扮和尚——人面兽心

两个裁缝打架——真（针）干

大门口栽秧——门道（稻）多

家门口的塘——哪不知深浅

外甥打灯笼——照旧（舅）

穿蓑衣救火——惹火上身

手长衣袖短——做不起人

石板上掼乌龟——硬掼硬

山头上的小溪——起不了大浪

刀切豆腐——两面光

钟馗开店——鬼不上门

麻布袋装菱角——个个想出头

逆水行舟——不进则退

脚踏两只船——摇摆不定

讨饭不带棍子——受狗的气

吃烟不带火——沾光

戴壳日帽亲嘴——拢不到一块

竹竿子搭桥——难过

大水冲到龙王庙——一家人不认得一家人

日晒冬瓜皮——往里卷

秤杆子捅鱼肚——一肚子心

穿钉鞋戳拐棍——把稳又把稳

下雨天背稻草——越背越重

茶壶打掉柄——光一张嘴

竹篮装泥鳅——跑的跑溜的溜

灯草打人——气心不服

秃子头害脚——一头不头

吃剩饭长大的——满肚子馊主意

咸鱼烧菜——有言（盐）在先

螃蟹过河——七手八脚

脱裤子放屁——多此一举

戏台上夫妻——假的

生怕树叶子打破头——胆小鬼

生米煮成熟饭——回不去了

八字不见一撇，九字不见一钩——没影子

茅缸里石头——又臭又硬

铁匠围裙——遍处窟窿

孔明吊周瑜——假心假意

给你三分颜色——开染坊

过河的卒子——横竖都行

小卒子过河——只进不退

河边洗黄莲——何苦（河苦）

船头上跑马——走投无路

泥菩萨过江——自身难保

墨斗鱼的肚子——黑心肠

马走日字家飞田——各有各的路

逆水赛龙舟——力争上游

榆木脑袋——不开窍

一张渔网千只眼——一环扣一环

❯❯ 从未缺席的文化娱乐生活

乡土文化包含物质文化、精神文化等不同层面。从物质层面的民居建筑、布局、文化设施等，到精神层面的民间信仰、民间艺术、节日庆典、礼仪风俗、道德伦理，等等。传统社会中，公共空间的典型样式体现在生活中，人们熟悉的场景有春节舞龙灯、端午赛龙舟等。河南咀地方狭小，又都是清一色的渔民汇集地，经几百年来积淀、衍化，生成了独特的渔村文化情境。风里来雨里去的渔民在紧张劳累了一段时期之后，身心需要放松，文化娱乐是他们的需要。河南咀每年正月开始到二月二，必举办舞龙灯。河南咀的老龙灯，不仅在陆地上舞，更能在水上舞。黑夜里，渔民举着龙灯，划着渔船到鹊江中，几十个人将一条 21 米长的龙灯在江面的一叶扁舟上舞动起来，远远望去，犹如巨龙翻江倒海，博得岸上观者阵阵喝彩。另一项远近闻名的文体活动是划龙船。河南咀渔民，世代与江河打交道，日晒雨淋，久而久之，皮肤黝黑。每年五月端午节龙舟竞技时，划桨者一律打赤膊，没有一点修饰，真爷们，俗称"乌龙"。历代历次民间举办的龙舟竞赛中，河南咀的"乌龙"多名列前茅。

看马戏：解放前至 20 世纪五六十年代文娱活动比较盛行的是看马戏团表演，据一些老年人回忆，最有名的是高傻子马戏团的精彩表演。"高傻子"是马戏团班主的外号，而且是他本人叫开的，意思是特别玩命、特别刺激。有一次马戏团在河南咀至大同圩北埂间的开阔地（即河南咀操场）演出。高傻子首先献艺，一个光着上身的 60 岁左右老人，手持一根手指粗细的钢筋，先叫观众中几个年轻人用手折，看谁能把钢筋折弯，他们使尽力气无法做到。高傻子拿过钢筋，两手一掰，钢筋就如面筋，瞬间乖乖就弯了，接着连续几下，钢筋变成了螺旋形，然后又向两边一拉，钢筋又被拉直了。观众齐声喝彩。高傻子却说这只是小玩意儿，请看下面精彩的吧！下面果然精彩纷呈：大姑娘跑马、踩钢丝、人蛇共舞，武士驯马，矮人国（侏儒）表演等，人们看得惊心动魄，目瞪口呆。大姑娘跑马尤其扣人心弦。大姑娘们不仅漂亮，而且身怀绝技。她们上马飞奔，马背上做出各种惊险动作；飞奔中纵身跃下，倏忽拾取地上物件，顷刻间跃上马背；有时她们同时从自己的马背上纵身跳到对方的马背上。观众如醉如痴，疯狂叫好。此刻，却不知有两个家伙藏在暗处，手捏衣摆对大姑娘做下流动作，还扬扬得意。谁知让高傻子逮了个正着，一手一个，像提灯笼似的提到场中间，说："各位看客，现在加演个节目——"他怒斥两人卑劣行径，然后把他们抛向空中又伸手接住，就像抛稻草人似的连抛几下，然后放下，让他们快滚！可他们连滚的力气也没有了，只能慢慢地往场外爬，场上笑声不断。

看戏曲：如果说看马戏团是看武行，那么看戏曲就是看文的了。旧时，大通轮船码头旁边有一家大戏园，全国各地剧团纷至沓来，几乎每天都有演出，有时在大通街，有时在和悦洲或河南咀的操场演出。据出生于一二十年代的老人回忆，最早有严凤英、王少舫和桂月娥等这样的名角。当年，严凤英正值 18 岁好年华，长相俊，唱腔美，由她主演的《戏牡丹》《送香茶》《玉蜻蜓》《山伯访友》等传统剧目曲曲精彩，场场爆满。

50 年代，人们津津乐道的是桂月娥。她红遍了大江南北，几乎家喻户晓。一听说桂月娥的班子又到大通了，人们的脚底板就作痒了。人们看完戏，归来热烈地谈戏情，评说桂月娥的演技，还穿插些有关桂月娥的风流韵事——她的传奇故事跟演的戏一样精彩。

听说书：河南咀有一位渔民叫张大智，他小时候读过几年私塾，好读古书，且博闻强记，达到过目不忘的程度。一年四季，只要不在出鱼时节，每当晚饭后，渔村人找好大屋，有的从家里带好小板凳，早早安置好座位，老少咸至，在小青年的簇拥下，把说书人请到堂心坐下，茶水早已泡好，（如在冬天，必备火桶）开讲时，场内屏气凝神，鸦雀无声，只有说书人一会儿娓娓道来，一会儿侃侃而谈，一会儿轻声细语，一会儿拍案而起，厉声厉色——每到关键时，留个包袱，要知下回事，且听下回分解。性子急的小青年抓耳挠腮，催促说书人往下说，或等着明天晚上继续，那更让他们翘首以盼。也有渔船在江河里捕鱼歇息时，十几条渔船靠在岸边，听说书；或在发大水时，几条船拴在柳树林下，凉风习习，边乘凉边听书，好不惬意。此外，解放前大通街有上两处搭台的场子专供外来的说书者表演，不过，在那里听说书要收钱。河南咀常有人去听说书。

比撒网：淡季里，老渔民教青年渔民如何理网，如何撒网。现身说法，传授技巧和经验。引来众人，相互比试，谁的网打得开，决出优劣。

博戏：除此之外，老一辈渔民还擅长博戏。博戏是我国古代以棋牌各类游戏的总称，有棋牌摊打斗罗等几大类，每大类都包含数种不同的游戏。融智力、技巧、趣味为一体，是丰富和活跃民间文体活动的一种形式。这种博戏活动有大人玩的，也有未成年人参与的。

下象棋：河南咀的渔民划渔船外出捕鱼，无论是扳船罾还是打网一条船上均为两人。不捕鱼几条船弯船休息时，往往在船舱里对弈。棋艺不相上下的两人，经常杀到通宵。不识字的也照样会下象棋，观棋者往往围得水泄不通。也有少量人下围棋。

抹纸牌：多为妇女所玩，有打发时间的，有打钱的，象征性每把几角几分，一场输赢块把几块钱。真正赌大钱的较少。

打麻将：早先很盛行，有一个渔民一个夜晚上输掉 3000 块、9 个金戒指的故事。新中国成立后禁赌，打麻将的人大为减少。少数人要赌钱也是偷偷摸摸，不敢公开张扬。

踢毽子：有盘、拐、磕、蹦四大类，玩的多是十多岁少男少女，但踢得精湛的踢出花样的是十七八岁到二十多岁的男青年，他们往往在晚饭后，集中到空场子上即兴表演。有两人对踢的，看谁毽子先落地就输了。有单人踢的，有用脚尖踢飞出去，脚尖接住再踢向高空，叫箭靶式。有头侧看，背后踢，等等。踢得好的往往能吸引一旁观看的少女和姑娘们的青睐爱慕。高宗贵、胡宗顶他们两人踢毽子表演"高下远近，旋转承接，不差累黍"，让人目不暇接，好比看了一场马戏。

抵棍：这是一种比体力的游戏，不需要什么特别的器材和场地。通常在春三四月里，晚饭后，十几个年轻人聚集在河南咀家门口一块空场地上，找来一根木棍，由临时裁判双手水平托起，让两个力气旗鼓相当的青年双脚一前一后站稳，两人各攥住木棍一头，裁判喊"一、二、三，开始"！两个抵棍的人憋足气，使出浑身力气，集中在木棍上。双方不进不退，相持不一会儿，或者一方前进一小步，另一方后退一小步，有时退步的一方经过运气调整又变退为进，但比赛的双方最后总有一方获胜，另一方输了。河南咀抵棍最厉害的有高宗宝、张生枝、吴爱林等，后来都招工到大通和铜陵县搬运站（公司）去了。抵棍的场所是随机的，在挑鱼花塘休息时，在白浪湖挑圩堤时，几个年轻人一时兴起，在女青年的观看下，他们斗志勃发，展示身体和力量。不过，这个时候抵棍变成了扁担。

玩石锁：不知从什么年代留下了一把麻石雕凿成的石锁，五六十斤重。渔村里有点力气的男人和刚刚发育的男孩，总喜欢在晚饭后到人窠里举石锁。谁用单手举得越高越多，就证明谁的力气大，当然也说明谁的身体好。春天傍晚，一些一二十岁的年轻后生就会在一个空场地上围在一起，你举一下，我举一下，有人举过头顶，有人举十几下，各显神通，展示力气。厉害的有高春宝、高宗宝等人。不过，来这里展示力气和形象的都是年轻气盛的青年，他们期望博得同村姑娘的青睐。

斗蟋蟀：青少年精力旺盛，爱到附近的大同圩捉蟋蟀，装以玻璃瓶（瓶底里放点湿泥巴），一般在下午斗蟋蟀。各人将带来的蟋蟀放入澡盆里，主持人控制程序。蟋蟀有"统博""飞行"等不同的品种名称，但以胜败论输赢。

高小羊、高国玉兄弟俩擅长捉蟋蟀，也擅斗蟋蟀，比赛胜多输少，是以高小羊家门口经常集聚了斗蟋蟀的青少年。每至夏日傍晚，各人将自己捉来的蟋蟀带来，逐个场次比赛，狠的蟋蟀精神抖擞，鸣叫着前往迎战，实力相当的蟋蟀各不相让，嗷叫不已，煞是好看。有的双方实力相差太大，强者一咬牙能将弱者抛向空中摔下来摔成残废，有的被咬断了腿，成了残兵败将。

放风筝：出生于 20 世纪 40—60 年代的河南咀人，差不多都有农历春二三月放风筝的经历。这个时候多暖风，好玩的渔民给小儿们制作风筝，十几岁二十来岁的青少年自己做风筝。那时的风筝，多以苇竿或竹片扎骨架，糊以白纸，其状常有八角形、蝴蝶、覆瓦等。

风筝扎好后，线绕在棒子上，线头系上风筝。小孩子们拿着风筝相邀结伴，也有大人带领，选择高地大同圩埂或空旷的青通河滩黄沙堆上，将风筝向空中抛出，迎风牵引长线放飞。好风时，一般能让风筝腾空而上至数十百余米。会放风筝的人，边走边放边拽风筝线，风筝随风上下左右摇曳，如同有生命的飞行动物，往往引得众人仰头观望，特别是小孩子们全神贯注，乐而忘返。或遇怪风，或技术不精，风筝飞到别人家的屋顶上挂住了，或卡在高大的树梢上，线扯断了，风筝就丢掉了。

放风筝一般至清明节后，由于风向多变而难以放飞渐止。

如今生活条件好了，制作的风筝式样精美，放飞的高度今非昔比，常有风筝比赛活动，甚至有风筝节。一根提线，翱翔天空，令人目不暇接。但对于河南咀人来说，那段放风筝的岁月，将随着每年的风筝一起，在他们的记忆深处，载沉载浮，忽隐忽现。

看篮球赛：20 世纪 60 年代，篮球运动尤其盛行。秋冬时节，一到机关企事业单位下午下班，就有中小学教师组成的"教工"队、大通医院、血防站和药材公司组成的"医药"代表队、大通搬运站的"装卸"队、长航组织的"航运"队、大通街各商店和手工业者共同组成的叫"社直"代表队、和悦洲船厂的"驳渡"队和铁板洲菜农组织的"永平"队等近 10 个篮球队，在大通俱乐部篮球场比赛。河南咀青少年和中老年特别钟情看篮球赛，开赛期间，每到 4 点，广场四周便挤满了。观众的参与感特别强烈，加油声雷动，心情随着各人喜爱的球员和球队输赢起起落落。一些渔民在大通街上看完篮球赛，回家天黑了，没有晚饭吃了是常有的事。在举国掀起篮球热的年代，青少年学生也扎起简易的篮球架，上面穿一个渔民的捞兜当篮网，他们从晚饭后练到月亮出，兴致极高。那些招工在外地的青年们，回家总要到河南咀小学操场打几场篮球过过瘾。

打乒乓球：20世纪60年代，中国乒乓球在国际大赛中出了庄则栋、张燮林、李富荣等非常优秀的著名运动员，他们为国争得了荣誉，也带动了国人特别是中小学生对乒乓球运动的热爱。那时，学校里有简易的乒乓球桌，课余时间老师和老师、学生之间常常打几局，有时还举行乒乓球比赛。有的学生下午放学回家，将自家大门卸下来，用两条长板凳担起来，台面中间用几块砖头并排而成球拦网，然后头10个少年有的入场开打，有的摩拳擦掌等待，有的兴奋旁观。这种场景每天都在河南咀遍地上演。这当中发球飘忽难测的高国玉，会抽杀的吴东海，会削球的张老虎等。河南咀小学乒乓球打得好的，男的有张小龙，女的有张桂芳等，他们曾代表河南咀小学去大通小学比赛，并且取得不俗的成绩。正是得益于那个时代的训练，那个年代的学生至今都会打乒乓球，有的现在还出席省市县区各级老年乒乓球比赛活动。

看电影：20世纪六七十年代，看电影是人们最感兴趣的一种文化生活享受。但城不城乡不乡的渔业公社河南咀，没有专门的电影放映队，要看电影要么傍晚过河去大通街上的运动场（后来就是花钱到大通电影院看电影）；要么就是到贵池大同圩看露天广场的电影；还有就是进驻三县圩、桐梓山的6408部队在大通街和大同圩送来的露天电影。露天广场看电影主要是20世纪六七十年代，前后十几年，看得最多的是到大同圩大同大队。公社放映队轮番到各大队放电影，也有6408部队送电影到周边地方给老百姓看。差不多每月放两次电影。露天电影只选择空旷的广场和有一块稍微高一点的地势，插上两根长竹竿，再用一根长竹竿横绑在插好的两根竹竿上头，然后在横竿上挂起一块电影幕布。大同圩放电影，把影幕架子置于圩埂脚下，观众坐在或站在圩堤上，呈梯状，距离影幕的视线非常合适。在大通街运动场放露天电影，是因为运动场在大通镇政府对面街后，运动场四方形，靠西方里口搭建有一个台子，影幕就竖在平台上，但广场一踏平，个子矮的人要是在人群后面必须带凳子站在上面才能看到电影。

20世纪六七十年代，会播放《地道战》《地雷战》《李向阳》《甜蜜的事业》等片，70年代还放映阿尔巴尼亚、罗马尼亚和朝鲜的电影。那时，看露天电影的主要是十几岁的孩子和大人妇女们，老年人基本不出门。总之，看电影是儿时的精神大餐或盛宴，很多人终生不忘。

听广播：新中国成立以后，电视非常少见，要想知道国家发生了什么大事，那时就是靠单一的听广播、收音机，而普通老百姓主要还是听广播。六七十年代，中央、省、市（铜陵特区）以上的新闻都由县广播电台转播。镇（公社）在家家户户都安装了个金属有线喇叭，也就是小广播，挂在堂心的墙壁上。广播后面有吸铁石，铜丝绕得一匝匝的，广播与有线电线连接，还有一根连接喇叭的铝丝线插入地下。后来又发明了纸片小喇叭，极为简易，音响效果不差，也不易生锈损坏。最初，这种小广播刚一出现安装在各家各户时，因为科技不普及，小孩听见这玩意儿能发出声音，问大人怎么回事？大人逗小孩子说，这里面有一个男的一个女的。那时广播开通的时间都是一天3次，6：20—7：30；11：00—13：00；17：30—20：30。节假日不歇。播放的主要内容有新闻，天气预报，歌曲。"文化大革命"后期，晚上广播还播刘兰芳的长篇评书《杨家将》和《岳飞传》等。人们吃过晚饭，定时等候在广播下，静候佳音，老少咸集，听得入迷。

看　书

不可思议，一个小渔村不论一家之主识不识字，家家户户或多或少都藏有几本书。凡识字的，不论老少全都喜欢看书。有冬天早上在被服窝里弓着身子看书，夏天大热天闷在家里煤油灯下不顾炎热和蚊叮虫咬忘我看书。大有一种"伏枕呻吟，不胜寒暑"的读书热。当然，乡人看书不少人"好读书，不求甚解"，只是有兴趣，不一定全懂。有时慢慢领会其意，或牢记其中故事情节，常与人交流，也是一件快活事情。看书最多的是张大智，可以讲他看书成癖。解放前，他家有一个亲戚叫崔大头的在大通街上开了一个书店，里面有各种各样的书。他年轻时只要不捕鱼，就去店里借书看，一借就是好几本。有时看不完就带回家看，直至看完后送还。也有看不完的书，久而久之就忘了还，店里也不催要。这样，张大智家积少成多，家里的书就越积越多。这些书有《岳飞传》《封神榜》《三国志》《水浒传》《西游记》等一二十种老古书。老年人大多喜欢听老古书，而年轻人则受新社会的思想教育影响，除了看一些古书外，还看解放后出版的各类中短篇和长篇小说几十到上百本。有自己在书店购买的，更多的是相互借阅的。比如《儿女风尘记》《茫茫草原》，连载的回忆录《红旗飘飘》等故事；还有翻译国外的书《红与黑》《吉尔·布拉斯》《宇宙之谜》等书，确实对读者幼小的心灵产生震撼和重要影响。

因为爱看书，相互借书不还，经常发生争吵；甚至在新华书店偷书。那时，可供读的书和报纸很少。但有一个地方，简直成了沙漠中的绿洲，那就是大通邮电局门店前一排报纸专栏。一年四季，除了礼拜天，只要上班，每天下班之前，就有一位姓龙的工作人员手捧当天的新报纸，来到报刊栏前，取下昨天的报纸，换上今天刚到的新的《人民日报》和《安徽日报》。除了大通街居民外，这里就是河南咀张大智等识字的渔民在上街打开水或冬天下午洗澡（有时专门）必去的地方，他们会认真看报，通常要花一个多小时才能看完。这种读报的兴趣之浓，与其说是关心国家大事，莫如说是个人癖好。因为这是自发的，自觉自愿的，不带任何功利的。他们看了报纸，经常忘了回家吃饭，甚至大冷天还一个人躬身弯腰地在那里专心致志聚精会神看报，饥寒交迫全然不顾。同样酷爱看报纸的是高韵祖的干父大通街的林老大，他私人订阅了《人民日报》，每日必看。他这一习惯，影响了高韵祖十多岁的大儿子高小朋，他经常把林爹爹看过的报纸带回家看。

由看书到读书，这种由内而外的精神追求，好处多多，不胜枚举。虽然在那个不崇尚读书的年代，读书根本富不了，甚至读书人更穷酸。但是，那只是一个短暂的特定时期，不代表人类文明进程的全部。真实的情况是：以河南咀小渔村为例，凡是家里藏书和看书较多的河南咀人家，比如吴邦富、张静山、张大智、高宗祖等，他们都比较重视让子孙读书，在1977年恢复高考后，吴邦富小儿子吴家祥考上北大，张静山的一个孙子张龙春和另一个孙子张良贵分别考上铜陵师专和铜陵工校，张大智的长孙子张龙胜考上洛阳外国语学院，小孙子张龙田考上了安庆师范学院，高宗祖三子考上武汉测绘学院。

铜陵县新华书店门市部开展国庆十周年宣传月展销活动

河南妹妹

不知从何时起，河南咀的人称年轻男子和小男孩子为"妹妹"。而河南咀在大通读书的青少年，有一个专门称呼，把"咀"字去掉，被大通中小学同学戏称"河南（nuǎn）妹妹"。连在大通搬运站工作的河南咀青壮年也被大通本土的搬运站同事戏称为"河南（nuǎn）妹妹"。这种叫法或者说这个方言出于什么文化现象，现在不得而知。方言也是家族迁移的重要证据之一。河南咀高姓自贵池石门高而迁出。石门有三种方言，高氏方言夹带北方、江苏、江西、湖南、湖北方言。但石门没有把男的当女儿名称呼。不过与石门附近的青阳、南阳的语言体系，都把女儿叫"嬡乃 mèi nai"。南阳男名最后一个字后加"嬡乃"，如南阳人"陈树昌"，就叫"树嬡乃"。其意思，按女儿叫，好养一点。但这似乎还有些牵强，不足以解释偏偏是河南咀独将男孩子叫妹妹，而一河之隔的大通及周边都没有这个叫法。这就必然联想到另一个与"嬡乃"相近的词"欸乃 ǎi nǎi"，欸乃（琴曲），桨橹之声或渔家号子声。有乐曲音调悠扬，清新隽永，以山水为意象抒发感情，乃是托迹渔樵，寄情山水烟霞，颐养至静的一

325

首名曲，散发出中国民族传统文化的精神、气质、神韵。初始，渔民一家老小都在一条渔船上，为简便，将摇桨声和男女小孩都称"欸乃（ǎi nǎi）"。久之，渔人别舟上岸居住，由欸乃渐次变为欸嫚乃有可能最后也即妹妹（mèi mei）。

在河南咀，老年人和年纪较大的男性，一般对同渔村的年轻人的确称呼"妹妹"。如年岁老的或大人指着年轻的男后生说："妹妹，你这个事做得不对，不是这样做的"，或者说"妹妹，这话不能那么讲（gǎng），应该这么讲（gǎng）"，等等。这时候说的这个妹妹，是长辈或老人对晚辈或青少年的一种教训的口吻，也有教导规劝之意。

河南咀的这种特殊含义的"妹妹"称呼自历代传下来的，从什么地方传承而来，是从贵池的石门高传来的还是河南咀本土先民自创的？没有人加以考证。只有河南咀巴掌大的一地有这个将男称为女的称呼，周边无论是一河之隔的大通街、一江之隔的和悦洲铁板洲，包括两地接壤的大同圩，都没有将男孩子叫"妹妹"的。不过，叫"妹妹"的一般还有一个区别，如果是家里人叫，大人叫小男孩一般都是叫"小娃子"。而叫女孩子们，则是称"妹妮"。在小渔村，也有对在家里惯的男孩子，家里的几个姐姐叫弟弟也叫"妹妹"，比如高安发和张银枝生了两个女儿：大女儿锦萍，二女儿小萍，第三个是个男孩高长生，锦萍和小萍都叫弟弟为"妹妹"。而门口人也接受这一称呼，不会误会。

在河南咀，捕鱼的人，特别重视男孩子，这是因为捕鱼是一个体力活，有时日夜在河里辛劳，不是扳罾就是打网，而女孩子则连渔船都不给上。明显重男轻女。不少人家的父母将最小的男孩子小名叫嫡丫，如出生于1949年的吴家勤、出生于1955年的高方青等。还有将出生的男孩子叫毛伢，头胎叫大毛伢，最小的男孩叫小毛伢或毛伢子。

"妹妹"在河南咀流传了几百年。老人喊小孩口中的"妹妹"，中间隔了最起码一两代，有的甚至隔了三代，这不有点为老不尊而或反了辈分吗？实际上河南咀"妹妹"的称谓，既不是低看你，轻视你，更不是侮辱谩骂你；也不是抬举你，重视你，更不是刻意讨好你。它没有褒贬之意。那为什么称男为女，将性别颠倒呢？这可能还有很复杂的思想观念在起作用：一是女的好养些，把男当女养；二是恰恰是重男轻女的翻版。

渔人与木·竹·麻之缘

古时大凡舟船皆为树木所制，渔船更不例外，它称得上是渔业的"活标本"。但就渔具而言，真正结缘的三要素乃是木、竹、麻。

河南咀人从事渔业活动打一条普通的渔船所需天然老龄杉木约两立方米（大橹则用椿树或插木），新中国成立前，其来源多取自皖南老山里和附近山上，也有江西放排而下木行购置。计划经济时期木材实行指标分配供应，由集体开出证明到县（大通）木材公司计划价购买。通常用以打船的这种木材材质好、韧性强，所造之船浮力大、能载重、轻巧灵敏而又坚固耐用。而船上配置的桨（包括桨桩）、舱板、舵、桅杆则是用韧性强不易折断磨损的实木。木戗（qiàng），罾船上的捕鱼工具三角形扑水架子、杆木等无一不采用杉木搭配各种结实杂木料构成。正因为，打船离不开木头，才有"木已成舟"的俗话，其意思是：事已至此，改不回去了。可见，木，对渔业之重要。

除了木材广受渔民青睐之外，其次就是竹子。其用途极广，在渔民的眼中不可小觑。河南咀的铲罾也叫虎头罾，所用的两根前罾爪就有3.6丈长，一根净重50至70多斤，采自大山里的茅竹，后罾爪1.67丈长也是山中小茅竹。当罾系在四根爪子上时，掌方四正的虎头罾立马纲举目张，四平八稳。竹子柔中带刚，虚中有实的秉性，决定了在人类生产活动中的广泛及巨大作用。此外，扑水与杆木连接的滚子就是由茅竹经火烤育成竹片子，包住扑水与杆木连接的木滚子。捕鱼用的捞兜竹竿和捞兜圈都是竹子制成，渔民打撑篙网所使用的长竹竿约1.8丈，长而不重。竹子用得最多的是架罾，4根罾爪全是大茅竹，架罾的4根罾爪、架子、扶手都用竹竿搭建。而简易的手罾则全部采用小茅竹捆绑起来的。竹子在火烤后又有可塑性、可育性的特点。此外，竹筒虚心有节，渔民装鱼苗布缏也是大量使用哈扒竹竿。坚硬刚直而不沉重，在水中可漂浮。竹筒上可打眼，钉竹钉，方便系挂绳线。竹子具有抗腐蚀性，一般日晒雨淋和放在水下几年之内不易腐烂、折断。还有渔家装活鱼打的裤脚鱼篮子，捕捉到的鱼不损伤；又有将刚捕到的鱼放入鱼篓子里，活水养鱼有利于鱼长时间的活泼保存。鱼花塘将各类鱼苗过筛子，都是竹篾编成。更有渔民舞龙灯扎龙身，必少不了使用竹篾。

河南咀渔民使用的大敞罾罾爪都采自本地区的大山里。产地一个是钟鸣、金榔一带，这些山区盛产高大的竹木，经常野兽出没，常年人迹罕至。每到夏季，各生产队就选派有制作捕鱼工具经验和专长的渔民去大山深处现场砍伐竹木，然后雇请拖挂货汽车运至大通。

竹子有如此之多的优秀品质，怪不得深受广大渔民使用和喜爱。在渔村，一年四季均可见到处堆放的木戗（qiàng）和茅竹篙子。

木竹并用，"松茂竹苞"，曾使小渔村一度繁荣兴盛，"鱼蟹不论钱"，成为名响长江五省的江南鱼市。

除了木和竹之外，另一个不可或缺的要素就是麻。木、竹是渔民和渔业生产离不开的工具，但它不能直接捕鱼，只是辅助和间接工具，没有罾网，无法捕鱼。捕鱼离不开罾网，而罾网由麻线织成。苎麻为草本纤维作物，全体密被长柔毛。叶互生，托叶锥形，早落。叶柄长 2~14 厘米，有毛。叶片阔卵形或近圆形，先端呈短尾状，上表面粗糙，散生粗疏毛，下表面密被交织的白色绒毛，边缘有粗锯齿，基出三条脉。每年一般可以斫剥收获三次，即五月端午前后斫剥"头麻"，七月半前后斫剥"二麻"，九月重阳后斫剥"三麻"，头麻单位面积产量最高、质量最好。最初的麻是野生的，因使用需求量大，人们不得不进行人工大面积栽种苎麻。铜陵贵池山丘区多产苎麻，旧俗称为络麻、青麻，亦有称家麻的。河南咀渔民胡度文世代种麻。他家在大同圩内高地种了十几亩麻。每年产麻不仅供给本地渔民纺线，还大量卖给外地。当然，也有从其他地方购麻的。

苎麻经过人工多道加工工序，包括人工搓麻和简易手摇纺车纺线，根据需要织成粗细不等的麻线，然后织成疏密各异的罾网，用以捕获大小不同的鱼类。

麻线除了编织罾网线，渔民装鱼苗的绠布、箱布、绠布拖网等也均由麻纺织成。竹和麻异途同归，古有竹帛之功。

木、竹、麻，三者均来自大自然，这些材料纯天然生成，没有任何污染和毒性，渔民就地取材，而且取之不尽，用之不竭。

千百年来，渔民所用木竹麻来自土壤，经世致用，形成了船罾网等渔具，捕的是水下的鱼，构成了山水相连的渔业产业。由此可见，渔人深谙老子道家的智慧，道法自然。"授人以鱼不如授人以渔"，木、竹、麻这三点与鱼之缘，以及附着在它们身上的古老技艺和文化，传承千年，成就了一个"渔"字。

❯❯ 渔业方与圆的解构

渔业离不开渔具，其中渔船、罾网，是最重要而古老的捕鱼工具。这种由舟楫、罾和网连接捆绑起来的整体架构，是一种不同寻常的捕鱼方式，不像现代使用的"迷魂阵"、电鱼、炸鱼、毒鱼等斩尽杀绝断子绝孙式的野蛮掠夺的捕鱼方式，它不影响鱼群的繁衍，被认为是一种安全的可持续的捕鱼模式。对河南咀这样一个千年古渔村渔业工具的观察和研究，惊奇地发现无处不在的方圆巧妙结合，个中兼容着方与圆的智慧和哲思。

河南咀渔船的底部过渡到左右两侧直至船沿，为圆弧形；船底部前后延伸到船头、船尾为自然弧度，形成船头船尾两头翘，中间凹的状貌。船上各个舱口为方形，一条渔船似乎是由多种立体几何图形组合而成的。

船上的桨，其柄为圆柱，桨叶为长方形，桨桩为方形，插入船壁上下眼内，桨桩圆头有个圆洞，穿进牛皮带子，套入桨柄，在作用力和反作用力的运动中，划桨使船前行；倒桨使船后退。

船后艄安置的舵，它是圆柱和方板的结合体。舵柄自下而上伸进船尾上下两个圆洞，与船融为一体。不使用时，可挂起舵，也可下掉舵。

帆樯：长方形帆布，依托在圆柱上，帆篷（方形）可沿桅杆（圆柱）旋转，扯起篷跑风，正所谓"长风破浪会有时，直挂云帆济沧海"。

船头架设的铲罾整体架构，由一个圆木等腰三角架扑水底座圆木，置放在船头两边凹陷半弧圈内，两根等腰杠木穿进扑水底部，在扑水顶部捆住两根大茅竹根头部，用一根千斤顶棕索系住茅竹与扑水顶部，曰"盘脑"，棕索另一头拉到后坐板绑紧的杠木三角尖上，再在杠木上捆住一块正方形青石，绑一根长粗棕绳拖下来，用于放罾起罾。至此，在一条渔船上形成了三个三角形，即扑水、杠木两个等腰三角形和一个随时改变形状活动不规则的三角形。盘脑上插进两大两小的四根罾爪，看上去张牙舞爪，当系上罾绷紧后，铲罾遂成。整个捆罾过程，充分利用了三角的稳定性、代数的精确性、几何的空间结构性和物理的杠杆原理等。而其中的正方形罾口，如何形成一个类似方口锅形半圆罾囊袋？它不仅是几何代数知识在实践中的运用，更是渔人的"天人合一"和"人与自然和谐相处"高超智慧的体现。

"罾"是形声字，上面为网字，是形符，表义，下面的曾字是声符，表声。罾是一种古老的捕鱼工具。《史记·陈涉世家》："置人所罾鱼腹中"，说明早在先秦时代就有罾捕鱼。段玉裁《说文解字注》："罾，渔网也。……形如仰伞，盖四维而举之。"唐代徐坚《初学记》："罾者，数四木而张网于水"；《太平御览·八三四（晋周处）风土纪》载："罾，树四植而张网于水，车輓上下之，形如蜘蛛之网，方而不圆。"唐颜师古注解："罾，渔网也，形似仰缴盖，四维而举之。"以上可知罾的出现达两千多年之久。在明朝郑和下西洋时将罾传播到几千里外的印度等国，当地人至今称"中国罾"。"罾"无论从时间和空间来看，其影响力无与伦比。当然，罾经过数千年时间运用，也不断变化，最后才逐步定型。足见"罾文化"源远流长。

罾这种渔网，是渔家通过纱针将麻线织成无数个四方形的罾眼，即目，连成片，通过环的连接，形成方口锅形罾。当罾的4个角系在4根罾爪上绷紧，才能纲举目张。这个一系列的过程中，无不是方中有圆，圆中有方，你中有我，我中有你，不可截然分开。

网，用绳线等结成的有孔眼的捕鱼和捉鸟的工具。捕鱼的又叫罟。网罛：捕鱼的网；网罛：渔网。与罾相比，网的历史可能更早，因为古人造字是先有网后有罾。网不仅捕鱼捕鸟，还被借用"蜘蛛网"，并引申为"法网恢恢，疏而不漏""网罗""网开一面"等。

网为麻线所织，起初有一个系于一绳头的网顶，一路往下织，形成多个三角形的网片，在环的左右连接下，形成圆锥体形状的网，在网底部圆口做网兜，用长方形小锡块咬住网兜边缘。当网撒开时，即所谓网开一面，底部是一圆形，抛出了一把类似空心圆锥体的网，网底金属网脚子恰到好处地使网入水着地，鱼在网内，疏而不漏。此外，河南咀在江边张捕鱼苗做成的绠布网，它前部的张口如敞开的喇叭，中间至尾部为收缩的管筒，通向方正的绠箱，这一设计同样是方与圆的完美结合。

一把铲罾，一把渔网，有多少个眼，就要织多少针。方正的眼越多，罾、网的圆就越大。一分耕耘，一分收获，是方与圆相互之间量的关系。罾网存在数千年，证明了它的历史文化价值，河南咀的网、罾具有它独特的理念和表达形式，它是活的文物，我们应该对这种"家宝"倍加珍惜，鼓励该项技术爱好者从事传承、研究，由此发扬、推进传统文化"天人相生"的生态理念和文化意识弘扬光大。

究竟是外圆内方好，还是外方内圆好？无论是做人还是做事，不是绝对的。既不能太方，也不能太圆。太方全是刚正必带棱角，不懂得妥协和兼容，难以合作并成就成功；太圆没原则，易失去主心骨和底线，一味圆滑透顶，直至变成"猪大肠，提也提不起来"，不可能通达成功。从河南咀渔民、渔具和渔业生产实践中参悟到：应当是"道法自然"。循此，千年渔村河南咀的"渔船扳罾""船头撒网"，构思之奇巧、制作之精妙、沿袭之久远、颜值之靓丽，非同一般。

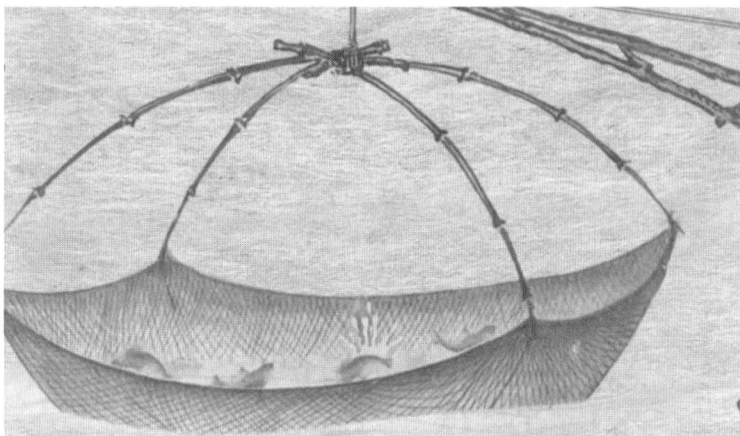

古时罾

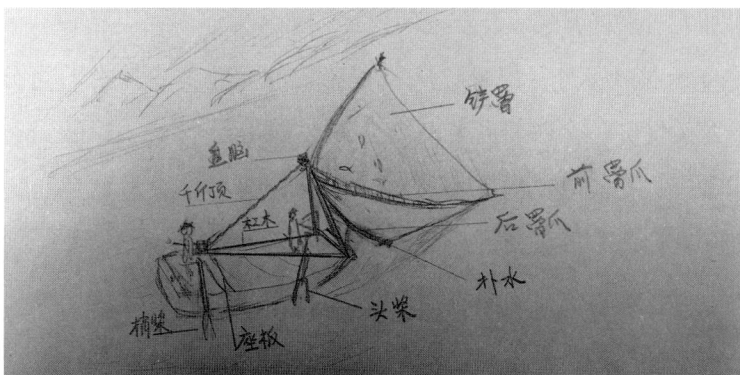

传承千年非物质文化遗产——河南咀船罾

◎ 龙　船

大通，既是吴越氏族安居之地，又是得天独厚的水乡。而与大通镇一河之隔的小渔村——长江和青通河边的河南咀的渔民世代向水而生，是天然的亲水群体，对龙的符号情结尤其深厚，特别是划龙船历史悠久。那么这里是不是龙舟竞渡的发祥地呢？尚待考证。据《楚辞·哀郢》记载，大通有可能是屈原第二次被放逐曾到达的地方。公元前287年五月初五，屈原投入汨罗江而死，正好与吴越氏族的"龙祭日"相巧合。后来，人们又把每年的五月初五定为端阳节，并举行龙舟竞渡，以纪念这位伟大的爱国诗人。从此，端阳节代替了"龙祭日"，而缀上了绚丽的传奇色彩。据考查文字记载，大通民间，为纪念这位华夏文化的先驱，举行龙舟竞渡活动，始于唐代。其龙舟竞渡的雄壮场面，正如唐时张建封的《竞渡歌》中述："鼓声三下红旗开，两龙跃出浮水来；棹影斡波飞万剑，鼓声劈浪鸣千雷。"由此可见，龙舟与大通人民的结缘渊源久远。

明代嘉靖铜陵县知县李士元的《观竞渡》诗曰："龙舟神捷饰雄文，扬子江边午日温。鼍鼓弥天降怪物，兰桡击水出忠魂；追风麟甲黄头合，照眼锋芒白浪分……"这又是一首赞颂龙舟竞渡的脍炙人口的诗章。

每逢端阳节，无不赛龙舟。历史上可记载的是：在欢庆北伐战争胜利的1936年端阳节，大通举办了规模较大的龙舟赛会，河南咀组成劲旅参赛，独占鳌头。这天，这条由长江自然分支的鹊江，水流平缓，碧波荡漾。举目望去，两岸人流如潮，江面"百龙"竞飞，那场面极其壮观。

当年参加龙舟会的舟船有三类：

一谓龙舟，也称赛舟、快舟。从装在船前的龙头颜色来分，可分五种：一曰红龙舟，龙头呈红色，划船者皆头扎红巾，身穿红衫；一曰黄龙舟，龙头呈黄色，划船者皆头扎黄巾，身穿黄衫；一曰青龙舟，龙头呈蓝色，划船者皆头扎蓝巾，身穿蓝衫；一曰乌龙舟，龙头呈黑色，划船者皆头扎黑巾，身穿黑衫；一曰白龙舟，龙头呈白色，划船者皆头扎白巾，身穿白衫。

从舟本身式样来分，可分为三种：

一谓舟，船身较大，船长为2丈多，船头呈尖形，尾尖翘起，船尾部安设一把长长的木棹（相当于舵），船舱内两面各有 14 个座位，需要执桡者 28 人，加上摇鼓、敲锣、拿棹等各一人，共 31 人。一曰船，船身较小，船头呈方形，可乘 26 或 28 人不等（现在国家体委规定，龙舟长为 13 米、宽 1.35 米、深 0.4 米。划手 20 人，舵手、鼓手、锣手各 1 人，共 23 人）。虽说人员众多，但听鼓下榜，劈浪进击，灵活自如。

二谓彩龙舟，也称花船、戏船。这类船的特点是，不与赛舟争渡，只在江面上游荡，供人观赏。唯其如此，它的船头、船艄，也分别安装龙头龙尾。化装丑角的艄公手挥破蒲扇立在船头，艄婆手执旱烟袋立在船尾，随着有节奏的锣鼓点和号子声起落而跺脚，名曰"跳头""跳艄"。舟的两舷装饰着龙鳞，船舱中扎花轿式台阁，彩排《白蛇传》船尾的梢柄对绑着两根细长的竹篙，向后上方斜伸，篙梢头又交叉绑着，人在上面活动富有弹性，长篙梢上下颤动。这是为"吊艄"表演"顺风扯旗""倒挂金钩""蜻蜓倒立""蛤蟆晒肚"和"逮水鸭"等水上技艺必备的"道具"。

三谓游舟，也叫看船。这类船旧时多数是豪富、商绅、官家子弟雇佣来逛江的。最考究的要数那在船上搭凉棚、摆仙桌、开留声机、品茗听戏，边看边游的船只。好胜者，在船上挂起红绿绸彩，招引赛船来争抢，以图吉利；阔绰者，将银圆装在小布袋里系在鸭脚上，放入水中，让"吊梢"去逮，专享受水上竞技之美。在游船上看竞渡，灵活、方便、自在。所以，当年龙舟赛会上的游船，要比赛舟、花船多得多。

总之，龙船的行为艺术可解读为：哗、划、化、画、华。这也是龙船的魅力和文化内涵。

新中国成立前，常参加鹊江龙舟会的龙舟有河南咀的乌旗龙，划手皆"赤膊上阵"；和悦洲大关口的黄龙；清字巷的菜花龙；缸窑的红龙；还有青阳和江北六百丈的各色龙舟等。这些龙舟，每到五月初一，装上龙头龙尾后，分别举行龙的祭祀活动，河南咀龙船划到夹江边庙嘴头上的水府庙前焚香祭祀。接着到鹊江游弋、角逐、比赛。当时大通和悦洲人编有顺口溜"红旗展，绿旗飞，气死河南（咀）黑乌龟"。意在称颂和悦洲（湖北佬）金世宏掌梢的龙船。

划龙船最大的技艺在于掌艄（大桡）的人，也是龙舟的核心和灵魂人物。善掌艄者可使龙船稳准狠快；反之则晃歪乱慢。甚至导致船翻人溺，曾经有大通搬运站一条龙舟在鹊江比赛时侧翻，淹死了一个划手。河南咀特别会掌艄的按年龄排分别为吴贞福、高韵祖和张大信。三人各具特色，吴贞福身材高大，关键时候一跺脚一声吼，借势将大桡从水下升起，俗称亮招（桡），龙船简直腾空而起，先声夺人；高韵祖身材清瘦，他掌艄判断准确，龙舟不患得患失，不偏不倚，沉稳精准；张大信生得白面书生模样，善思，颇有谋略，掌艄前知己知彼，能运筹帷幄，决胜千米之外。

龙舟竞赛活动，受到党和政府的重视与支持。曾两次在大通举办了规模较大的龙舟赛会，使这一活动原由纪念屈原逐渐演变成为民间传统的一项群众性文体活动。如1959年五月初五，安庆地区专员公署在大通举办龙舟会，有一市十县共11个代表队参加了比赛。党的十一届三中全会以后，国家体委把龙舟列入全国比赛项目。1984年6月4日，安徽省体委、省文化厅、省总工会和团省委在铜陵大通镇联合举办了全省首届龙舟比赛。来自全省参加比赛的有安庆市、马鞍山市、滁县地区、巢湖地区和铜陵市（组成两个队）等5个地、市6个代表队。像这样有组织、有领导地进行龙舟比赛，在皖江地区还是有史以来的第一次。

"初五驾龙来，人人笑颜开……"如今，河南咀渔民早已变成了市民，但河南咀的龙船每逢每年的端午节和其他比赛活动，一定是"国有召，召必战，战必胜"。

1984年6月4日，"安徽省首届龙舟比赛"在大通鹊江举行。图为河南咀代表队参赛龙舟

》 龙　灯

河南咀是个小渔村，地处青通河与鹊江交汇处。在很久以前这个地方就有人居住。据考证，南宋绍兴年间，从贵池石门高出走一批人，他们长途跋涉，来到这里，发现这地方有江有河，水面较开阔，鱼资源丰富，适宜捕鱼，在南边还有一片开阔地，也可种田。于是，又召唤了更多的石门高同乡族人来到河南咀。以后相继来了张姓和吴姓及其他姓。从此河南咀这个地方居住着高、张、吴三大姓和朱、孙、史、叶等其他一些杂姓。在以后相当长的时期，河南咀人以捕鱼为主、种田为辅的小农经济来维持生活。

过去由于生产力水平低下，自然灾害频发，再加上剥削阶级的层层盘剥，劳动者生活都非常艰苦，他们认为自然界中有一种超自然力量给他们带来灾难，但可以通过祭祀等活动，进贡上苍、神灵一些祭品就可以减难、消灾。

龙是华夏民族的图腾，中华民族对龙的崇拜已久。广大劳动者以舞龙灯的方式来祈求来年风调雨顺，五谷丰登，平安祥和，消灾减灾。当时的渔民免不了以这种方式来减少痛苦，表达一种精神寄托。

一、"南岸老龙"的由来

江南的龙灯有板龙和滚龙之分，河南咀龙灯属于滚龙，名为"南岸老龙"，又称"乌龙"。这一称呼源于一个传说。

相传，明洪武年间，河南咀渔民的先辈们在本地周围水域以捕鱼为生。这个咀子的南边有一片芦苇荡，夏天，芦苇特别茂盛，这里居住着一个妖魔水怪，它想赶走这里的渔民，独享这片水域。这里每年都会出现一次鱼汛，但伴随鱼汛的到来也会出现一次大水，在大水来临时，渔民大多搬到渔船上住，经常出现疾风骤雨，无情地肆虐着茅草屋和小渔船，最严重的是暴风雨过后，都有不少人落水溺亡。村上的渔民遭受灾难，苦不堪言。

小渔村遭受巨大损失，原来都是妖魔水怪在作祟。于是德高望重的管公召集大家商量对策，请僧人来做法事。就在法事做完的那天子夜，管公梦见一条乌龙，足踏祥云，直奔这片芦苇地的上空，向水怪射出一道灵光，立刻重创妖魔，乌龙救了渔村。随后几年，村民多次看到乌龙在南边的芦苇地穿越，村民想：乌龙担心这片水域还来别的妖魔，经常来这里保护渔村的平安。

乌龙对河南咀人有恩。后来为了感恩，河南咀渔民在咀上建立庙宇，每年都祭拜乌龙。这个庙宇，名为龙王庙，也称水府庙，这地方后称庙嘴头。不仅如此，河南咀人每年正月扎龙灯时，都把龙身上涂上黑色的龙鳞。河南咀人心中的"乌龙"就这样诞生了。乌龙经常在河南咀南岸的芦苇荡出现，亦称"南岸老龙"。

二、龙灯艺人及龙灯扎制技艺

河南咀人舞龙灯的历史比较悠久，从明洪武年间算起，有 600 多年的历史。每一代人都有相应的艺人，他们都要肩负自己的使命：继承前人的技艺，丰富和发展当下的技艺，还有责任传承技艺给后人。在河南咀的历史上到底有多少龙灯艺人，由于资料丢失，已无从考证。不过近一个世纪以来有几个龙灯艺人。

新中国成立前后，高泽林和高根林兄弟俩、高荣福、高宝元等是当时主要龙灯艺人。其中高泽林是这一代龙灯技艺传承人，他不仅有全面扎制龙灯技艺，能和其他艺人一道共同帮助年轻一代掌握舞龙技艺，而且还掌握一整套龙灯锣鼓打击技艺。

20 世纪 70 年代末，举行了一次时隔几十年的龙灯盛会。在"南岸老龙"协会会长高成俊的组织安排下，高泽林和高根林老兄弟俩在六队队屋，锯木料、破竹篾、糊皮纸……用他们娴熟的技艺扎制龙灯。龙灯的扎制是个细活，主要是龙头和龙尾，但关键是头部。高泽林负责扎龙头，高根林负责扎龙尾，这两部分完成就等于完成了一半。

龙灯从龙头到龙尾共有九榜（节），"九"是至尊至阳之数，在中国传统文化里也是最为吉祥之数。九榜中龙头最为复杂，首先要制作一个木架，由于龙头榜要比其他身榜大，扎制的内容多，所以底座要大些。用长 102 厘米、宽 5.5 厘米、厚 3 厘米的木板作为龙头底座，在中间靠后（前 52 厘米，后 50 厘米）打成卯眼，并凿通，把 150 厘米长、一手握粗细的木棍做成榫，榫长达 56 厘米，把榫头全部穿过卯眼，在底座的后端上方用卯榫结构安上 40 厘米长的竖木档，在竖木档和前面的榫头上方安上横木档（其实是斜的），这样形成了龙头大致的木框架。从框架上看，龙头又分为脑和嘴两部分。脑部是木框的主体部位，用 3 个直径不等的竹圈穿过底座和横木档且间距相等，其中直径

40 厘米最小的竹圈放在后部的边缘，直径 56 厘米最大竹圈与 56 厘米的榫头连接，并用几股厚篾将竹圈固定好。在龙头上面有个最传神的扎制手法，是用 3～5 股篾弯成弧度斜绑在脑的两边，使圆弧突出在前上方作为龙的额头，作为突出部分的额头既不能多也不能少，多了就像一个大鼓包不好看，少了显示不出龙的威武和霸气。在额头的下部要用细篾编织两个对称的直径为 11 厘米的眼孔，再用细篾做两个长 15 厘米、直径 10 厘米的圆柱，其中一端为半球体作为眼珠插入眼孔，并用细铁丝挂好（不需固定死，可以有稍微抖动）；嘴部分用 3 个长轴为 40 厘米、短轴为 28 厘米做成的椭圆竹圈穿过底座，其中一个竹圈穿过底座的最前端，用几匹厚篾固定好，在嘴部的前沿及两边部位用细篾做成上下嘴唇，在嘴唇的上方靠后做成半喇叭形的龙鼻。再用细篾在龙头上编织成网状，使脑部和嘴部连成一体，线条流畅自然，特别是额头凸出，以显龙的凶、恶、威武和霸气。在龙头两侧的下方各留一个手能伸出的小洞并配有小门随时开合，以备点蜡烛之用。最后在整个龙头糊上皮纸，用黑色彩纸做成眉毛、眼眶和眼珠分别贴到眼眶上方、眼孔边缘和圆柱体的眼珠上，还用黑彩纸剪成两片比铜钞大的圆贴到龙鼻的前端作为鼻孔，再用银白色的彩纸做成牙齿贴到两唇之间（龙嘴是抿着的）。

龙尾的扎制比龙头简单。用两块长 90 厘米、宽 5.5 厘米、厚 2.5 厘米的木板，一块作底座，一块作横木档，两块木板中间都凿成卯眼，并且凿通，用长 135 厘米一手握粗细的木棍，将一头做成 35 厘米长的榫头，榫头全部穿过底座，且垂直底座，横木按在榫头的顶端，并且使两块木板两头不等，前端距离 40 厘米，后端 30 厘米。这样用木头制成了龙尾框架。然后用四个直径不等的竹圈穿过底座和横木且间距相等，前沿是直径 40 厘米的竹圈，最后端是直径 30 厘米的竹圈，使尾部由粗逐渐变细，在龙尾两侧下方也留有小洞并配有小门以备点蜡烛之用。最后用细篾在竹圈上编织网状，把横向的竹篾逐渐收尾弯曲并绑在龙尾上，在尾部弯曲部位还绑有直径为 20 厘米的圆球（龙睾）。最后在龙尾糊上皮纸。

龙骨除了龙头和龙尾，中间还有七榜（节），每榜千篇一律，做起来更简单。首先也要制成木架，木架的制作和龙尾的制作相似，不同的是榫头部分是 40 厘米且底座与横木档平行，两头距相等。用四个直径都是 40 厘米的竹圈穿过底座和横木且等距，用多根绳子连接七榜上所有竹圈作为龙筋。最后连接龙头和龙尾，整个龙灯的框架基本完成。

在九榜（节）每个底座上都按两个半圆小铁环以备点蜡烛，铁环的两头向外垂直弯曲，插入两边的细铁柱，使铁环活动悬空，铁环的凹弯处中间焊上较细的铁钉，作为插蜡烛的底座，这样龙膀不管怎样翻动，铁环的弧度都是朝下的，上面点燃的蜡烛火苗都是朝上的，保证烛火不会熄灭。每个底座下端都有1米长的木棍，是舞灯人手握的把柄，最后用白老布做成龙衣套在龙骨上，每榜上为了能插蜡烛及蜡烛点燃后不致缺氧熄火，龙衣在龙肚处总会留一条长长的缝隙。由于榜与榜间距较长，必须在中间绑有两个直径为40厘米的竹圈且间隔等距（龙头与二榜间距较长需3个竹圈），起固定龙衣的作用。

龙头、龙身和龙尾的扎制，每个尺寸及其比例都是固定的，如果尺寸比例出差错，扎的龙灯就不像了。造型扎好后，由河南咀地方画师高宝元在龙头和龙尾处画龙鳞，还绘有牡丹、荷、菊等花卉，在龙衣上方黑墨画一条宽5厘米的线条（后改为红线条以增加亮度），其他处画满龙鳞和祥云（后改为蓝色同样增加亮度）。最后在龙头和龙尾的皮纸上涂上光油。

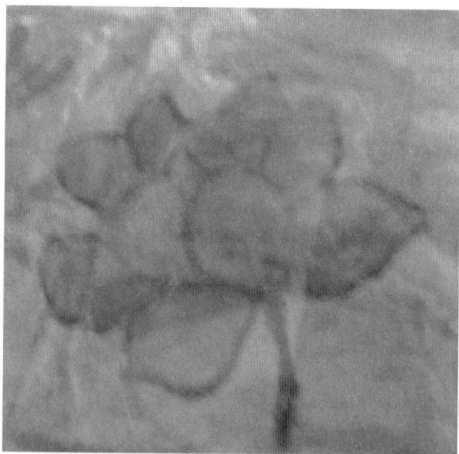

龙头上绘制的花卉（高宝元绘）

龙珠（龙球）也是龙的重要组成部分，在制作方面也很讲究。先是用较粗铁丝做成一个直径为30厘米的大圆圈和两个直径为25厘米的小圆，把两个小圆圈分别平行对称放到大圆的两边且两小圆间距为12厘米并固定好。再用细铁丝做成网状包在上面，使两个小圆圈的两边略鼓，形成扁球体；用一根长140厘米、粗细一手握的木棍作为龙珠柄；用铁打制成形似半个弧形的铁叉，龙珠柄插入铁叉柄内，用一根细铁捧穿过扁球体（正圆的圆心，并且铁棒穿过的孔略大于铁棒的横切面），使细铁棒略长于扁球体的宽度，铁棒的两头固定在弧形叉子的顶端，这样扁球体在铁棒上是活动的，可以滚动。铁棒上安有活动的弧形铁环作插蜡烛的底座，球的侧面留有一小孔并备有小门，以备点蜡烛用，随时开合；在叉的下方、叉柄的上方配有活动的 3 块薄铁片做响铃之用。舞龙珠人将龙珠柄往地上用力敲两下铃响起，再吆喝两声以示舞灯人开始舞灯了，非常有气势。当时舞龙珠的艺人高荣福技术娴熟，他舞龙珠引领龙灯路线自然、动作协调，有时候在舞动的过程中，瞬间抖动手中的龙珠柄，只听"嚓嚓"响声，一是表示自己舞灯的节奏，二是提振舞灯人的士气。

腊月中旬，龙灯扎制成功，整套龙灯由龙珠、龙头、龙身、龙尾和牌灯组成。主要部分是龙头到龙尾，共有九榜（节），每节 90 厘米，龙头稍长，每节间距近 150 厘米，其中龙头与第二榜距离稍长些。全长近 21 米。在开关点睛前还要给龙灯做最后一番装饰。龙的外观非常威严，一双铜铃般的大眼睛，凶恶威武；额头上贴有彩纸剪成大大的"王"字，霸气十足；在字的上方有一面镜子，专照妖魔鬼怪，尽显老龙英明神武；嘴唇贴有黄色的彩纸，嘴唇之间镶嵌着银白色彩纸剪成的牙齿，虽然抿着嘴，但不失气势，下嘴唇挂有一排长长的又密又细的龙须随风飘扬，更显灵动；在龙头的两侧还有宽硕的耳阀，用红绸缎裹紧显得饱满、有精神；脑后上方长着两只龙角，暗示龙的桀骜不驯及和一切妖魔斗争到底的决心；龙身上镶嵌着黑色的鳞片和祥云。再看龙尾，龙身到这里突然变细，并且弯回，尾端还绑有三叶宽大的尾阀（尾巴），在这拐弯处夹着龙睾，用红绸缎将此处裹紧，生怕别人将龙睾拿走似的。

河南咀的老龙有一个特征，龙的嘴巴是抿着的，这有别于其他地方的龙是张嘴的，意味着老龙不吃鱼，宁愿自己挨饿也要让渔民捕获更多的鱼，能够过上幸福美满的生活。

下一代的龙灯艺人有高传道、李祖福、何祖德、张生道、高宝殿、高家振等六人。他们如今大多数已过杖朝之年（80 岁），作为龙灯艺人他们当之无愧。他们年轻时都是舞灯的主力会员，是舞龙灯的好把式，到老年又是扎制龙灯的能工巧匠，他们还是现存几位能打锣鼓的艺人。他们继承了上一代人的衣钵。

其中高传道师承其父高根林和大伯高泽林，掌握扎制龙灯所有技艺及锣鼓技艺的成套打法，他是这一代龙灯技艺传承人。2008 年正月在会长高成俊的带领下，他们又共同参与并组织了新世纪初的龙灯盛会。

三、舞灯技艺

舞龙是体力活更是技术活，特别是滚龙更是如此。掌握了舞龙的方法和技巧，才能舞出龙的活力和神韵。

滚龙灯的表演基本上有两部分动作。

第一部："带绕子"。

"带绕子"是龙灯行走的基本动作，也就是说，龙灯的行走是靠"带绕子"来运行的。"带绕子"又分"下压式"和"托举式"两种。

当舞灯人都举着龙灯时，舞球人和舞灯人面朝同一方向，龙头跟着龙珠后面，舞灯人将龙头往左前方举起并向下一压，并立刻转身向相反的方向移步，后面龙身和龙尾都要依次向左前方举起并下压，并跟前面转身向相反的方向移动，由举灯到拎灯的过程，这是"下压式"。当龙珠引领龙头依次下压以后，随即舞球人把龙珠向右上方一托，举起龙珠并向相反的方向移动，跟后面的龙头及全身都依次向右上方托起并举起龙灯，是由拎灯到举灯的过程。这是"托举式"。切不可随意地将灯举起或放下，如果这样，这绕子带得就不好看，龙灯舞得就不美观了。"带绕子"使龙灯向前运行，有时进，有时退，但退是为了进。有退一步进两步地缓慢移动，也有一环连一环地较快移动。

河南咀舞龙灯的人很有讲究，舞球的人相当于指挥，龙随球转。张大信一般舞球；舞头榜的个子不高不矮，高炳寅、高荣福，高平喜为主；舞二榜和三榜要身材高大，这样舞起来有起伏感，张大智、高学武、高兴让等个头高的人成为首选。20 世纪 60 年代，为庆祝大通百货公司开业，河南咀的龙灯进入百货公司内，在狭窄的空间可以就百货公司柱子缠绕而上，只留出龙尾在外面抖动，出神入化。

第二部分："靠榜子"。

"带绕子"是移动，是从一个地方到另一个地方，但"靠榜子"是"南岸老龙"表演最精彩的地方。

"靠榜子"这个动作最难，不仅需要力量，更需要掌握一定的技巧。一个会员能不能舞龙灯，主要是看他能不能"靠榜子"。

"靠榜子"是在"下压式带绕子"后的基础上，舞球人面向龙头，龙头在龙珠的引导下从右下向右上挥动，高举头顶右上方后向左甩动，舞灯人这时要倚势换手，再从左上向左下，从左下向左上，高举头顶左上方向右甩动，再倚势换手，从右上向右下，这样循环往复。特别是从向下转到向上的拐弯动作需要有一定的腕力和技法。后面的舞灯人要紧跟前面的舞灯人依次进行这样旋转动作，并且向前靠拢，边靠近边舞动，并舞出整个龙身上下翻滚的精彩动作。到了几乎人挨着人继续舞动，一般要持续一段时间，时间长短由舞球人根据情况而定。

"靠榜子"又分"原地靠榜子"和"移动靠榜子"。顾名思义，舞球人面向龙头，舞灯九人，人挨人站成一列，原地不动舞动龙灯，使龙上下翻滚。这是"原地靠榜子"。

在"原地靠榜子"的基础上，舞球人边舞龙珠边后退，舞龙人边舞龙灯边向前移步，队形不乱，这时整个龙身不仅上下翻滚，而且向前游动。这是"移动靠榜子"。

"带绕子"是为了移动，"靠榜子"是种表演。表演给大家看，是为了感谢设香案、挂彩礼的人、家、商店及酒店。挂得彩礼多，鞭炮放得多，"靠榜子"的次数就多。

四、锣鼓技艺

龙灯锣鼓是舞龙的灵魂。不管舞龙前后穿越，上下翻滚还是左右飞跃，都逃不过锣鼓的节奏。没了灵魂，就失去了舞龙的主旋律，不仅一舞就乱套，而且难以烘托舞龙气氛。所以，锣鼓音乐协调，则龙舞如虎添翼、事半功倍，反之则出力不讨好。

河南咀滚龙灯的锣鼓以打击乐器为主，包括鼓和钹、大锣和小锣、大镲和小镲，共五人演奏，其中鼓和钹由一人演奏。操弄这些乐器可以组合多种打法形式。

（一）大开门

鼓手打钹，呐——哒——哐，锣、镲同时打哐。连续3次。

（二）阴锤

钹、锣和镲轻声点击。

（三）走丝

鼓手打钹：嘟嘟——哧嘟——嘟哐

亦可：嘟嘟哐

大锣：哐

小锣：（跟钹一样）

镲：才（哐）

大锣随时可点花：

嘟哐——嘟哐——一嘟哐

（接连打五下，第四下要停顿一会再打第五下）

（四）小开门

钹：一哒一个哐

锣、镲：哐

连接三次。

转板：

钹：一哒哒

（五）长锤

点花：

鼓：咚——咚——咚，咚咚——咚咚——咚咚

锣镲：哐哐——叮哐——一叮哐

转长锤：

鼓：呛咚——呛咚——呛咚呛咚——仓咚

锣：哐

镲：才

大锣和大镲配合随时小点花：

哐才——哐才——哐才哧才——哐才

小锣：当——当——当……

小镲：才——才——才……

（六）急急风

所有乐器（除钹外）连续急促敲击。

开场锣鼓是按一定的顺序由前五种打法组成。每次出灯都得演奏开场锣鼓，进行一番表演后方能请出老龙，这是对龙的崇拜、尊重和敬畏。平时也可表演，烘托热闹场面，突出气氛，也能表现演奏人的技艺。如果晚辈对此感兴趣想学，主要在这里学习打法技巧。这是龙灯锣鼓的精髓。平时打法最多的是"长锤"，如"带绕子"、龙灯队长距离的行走等都用长锤。换人、换蜡烛及休息时打"阴锤"。"靠榜子"打"急急风"。有时为了使气氛更加热烈，还特地聘请吹唢呐的外地人来助阵。

五、2008 年"南岸老龙"盛会

21 世纪初，在"挖掘传统文化，开发人文资源"的倡导下，各地方政府纷纷开展民间文化活动，丰富广大人民群众的精神生活。

在 2007 年农历腊月，公历 2008 年初，下了一场大雪，好多年没下过那样大的雪。那个腊月格外寒冷，新一代河南咀龙灯艺人们在社区的支持下，在高家胜家空房里赶制龙灯，准备举行一次龙灯盛会。舞龙灯不仅是祭祀祖先、祈求国泰民安的一种仪式，更是丰富老百姓精神生活的一种文娱活动。

时隔 30 多年，新一代河南咀龙灯艺人高传道、李祖福、张生道、何祖德、高宝殿、高家振等心潮澎湃，激动不已。30 年了，青年时代学到的技艺没想到还能有用武之地。说是新一代艺人，其实他们都到了古稀之年，这是他们自主扎制龙灯并传承龙灯技艺的开始。大家齐动手，李祖福扎制技艺较高，他不仅能做木匠工、篾匠活，而且还掌握龙灯扎制方面的整套数据。

腊月二十一，整个龙灯的扎制工作基本完成。参加龙灯协会的会员已登记在册。

腊月二十三，会长高成俊召集各生产队长及协会骨干召开了会议。拟定了本次活动的基本议程、舞灯路线及人员安排。

开关点睛：正月初八上午 9 时，在高家胜家门口小广场上，会长高成俊一声令下："请老龙！"顿时，锣鼓喧天，鞭炮齐鸣，渲染一番之后，舞灯人请出老龙，固定放好龙珠，在龙珠前摆好香案。一场传统的为龙"开关点睛"仪式开始了。

会长拿起一只大公鸡，一手握紧鸡翅膀，一手捏住鸡头，使劲咬破公鸡的喉咙，口中念念有词，迅速地将公鸡血洒遍老龙的全身。紧接着村里三位德高望重的老艺人拿起毛笔轻轻地在老龙的额头、左眼和右眼上点上朱砂，完毕后伏身祭拜而回。

随后，从会长到会员，从队长到村民，纷纷排队按序拜祭老龙。祭拜时，双手举香站立案前拜三下，跪地拜三下，然后起身再拜三下。整个的开关点睛和祭拜活动非常隆重，由于人员较多，持续时间较长。

开关点睛仪式，不仅表达了广大村民对生活幸福安康、风调雨顺的美好祝愿，更传达了河南咀人拼搏进取、昂扬向上的精神。

2008年正月初八下午6时许，龙灯队来到小轮码，随后进入老街。甫一进入，长街两边家家亮灯，张灯结彩，一派喜庆祥和的气氛。按习俗，如果哪家要迎接龙灯，门前必须点灯备蜡，备好香案。有的人家准备一块红绸缎，红绸缎一头系着一条方片糕或一条香烟，另一头系到一竹竿端头，迎灯人高举竹竿喜迎龙灯；有的人家只准备一块红绸缎。礼品是次要的，但一块红绸缎必须要奉上，这叫"挂红"。"挂红"是讨个好彩头，期望老龙保佑全家，平安健康。在龙灯到门前时，家人奉上礼品，燃放鞭炮，龙头朝大门点三下，然后"带绕子"，当然，大家想看的还是"靠榜子"。

凡有摆设香案祭礼的人家，龙灯都要舞到的，并由专人送出一对红烛和几根龙须及祝词。

群众都认为，凡是参与龙灯活动，包括接灯、挂彩礼、放鞭炮等，神龙都会保佑，家庭和睦，事业兴隆，财源滚滚。

在古老的石板街上，住家、商店和酒店一个接着一个迎接、朝拜老龙。老龙不停地前穿后越、上下飞跃。在锣鼓声、鞭炮声及观众喝彩声的渲染下，从四面八方涌来更多的观众，整个街道挤满了人。古诗云："谁家见月能闲坐，何处闻灯不看来？"此景正是最好注解。好在有壮实的护队会员及地方民警的维护，舞灯活动才能施展得开。还有不少人纷纷跟着龙灯前行，祈盼在新的一年里，安居乐业，生活幸福。围观的人群中，有的抱着相机挤进人群，更多的人拿起手机，捕捉精彩的一个个瞬间。

夜幕降临，灯火阑珊，笑语渐浓，龙灯呈现出和白天不一样的景观，在烛光的映衬下，长龙漫步人间，影影绰绰又灯火辉煌。最耀眼的要属龙头，虽然凶霸，但在里面烛光的映衬下，晶莹剔透，美丽柔和，透出慈祥的面目来。

舞灯需要换人，或者需要换蜡烛时，舞灯人放下龙灯，停在街中心。这时有调皮的少男少女摸龙身、钻龙腹。有的还偷拽龙须，有护队会员的维护，当然不会让他们得逞，但有专门人员把已准备好的龙须发给他们。大家讨龙须、钻龙腹都是图个吉利，希望老龙保佑自己平安健康。

舞龙灯的高潮点是"靠榜子"。当龙灯舞到老百货公司门前时，这时候，龙头在龙珠的引领下，全身上下翻滚，延续了好几分钟，并伴随着锣鼓的"急急风"及舞龙人的呐喊声、观灯人的喝彩声，在这高潮时刻，肯定少不了爆竹声和冲天炮在空中爆放后的回荡声。"东风夜放花千树，更吹落，星如雨。""凤箫声动，玉壶光转，一夜鱼龙舞"，此时此景，煞是好看，整个大通老街沉浸在欢乐的海洋里。

龙灯队从小轮码到老桥口，从下街头舞到上街头。老街百姓欢天喜地，享受着暌违30年的"滚龙文化大餐"。

每年正月兴灯到正月十五或十六，要将龙灯部分物件烧掉，意为龙和民间百姓同娱同乐已结束，将老龙送上天，这叫"圆灯"。"圆灯"仪式也非常隆重。

2008年，河南咀搬出外地谋生人虽然不少，但大多数还在家里。这一年，渔村龙灯是非常热闹的，特别是正月十五这天，龙灯挨家挨户舞过一遍，而后在庙嘴头一片空旷的地方"圆灯"，送老龙上天，那场面充满庄严的仪式感，还是相当震撼的。

庙嘴头靠鹊江边有一块空地，用点燃的蜡烛围成一圈，大致20平方米。在这里放一些稻草，稻草上面放一些零散的表纸，在表纸上面放龙灯的部分物件，包括龙衣、糊在龙头龙尾上所有皮纸和彩纸等，龙灯的骨架还保留。

在蜡烛圈外设有香案，香案旁站着会长和几位老艺人，紧跟后面是全体会员一字排开，外围是村民。

仪式开始了，会长和老艺人口中念念有词。过了一会儿，会长大声喊道："送老龙升天！"锣鼓声、鞭炮声再次响起，在场所有人均跪地朝烛圈叩拜，两个会员拿起两根燃烛，迅速走进烛圈点燃稻草，顿时火光冲天。据说有人看到，在火光上头还升起一缕黑烟，那是老龙乘着黑烟腾空而去。直到全部燃尽，仪式结束。

在肃穆静寂的夜中，会员们撑着龙骨架返回村中，将龙灯入库保存，以备来年再制新灯。

六、龙灯水上技艺

河南咀一般在正月十二兴灯，青通河鹊江三岸都要舞到，最少要持续4天。头尾两天在本村，第二天大通石板街，第三天和悦洲老街。

在正月十四去往和悦老街，必然要过鹊江，过江并不是简单地用船把龙灯队渡到对岸，而是在一叶扁舟上龙灯照样能"带绕子""靠榜子"舞过江。这是河南咀龙灯的独门绝技，绝就绝在龙身全长6丈开外，而船长只有2.6丈，除去划船人应有的空间，在船上铺好木板作为舞龙的平台，长只有2丈，宽6尺。

龙长船短，这怎么能施展开呢？怎么能"带绕子"和"靠榜子"呢？河南咀舞灯人凭着自己的智慧，硬是在狭小的空间内使龙灯翻滚、飞跃。

道理很简单，龙灯长6丈多，有9节，每节2.8尺，节与节连起来全长只有2.5丈多一点，还是比平台长，这就需要舞灯人始终都要站成两队，并且用另一只手提起节与节之间龙衣里的竹圈，也就是说龙身始终是弯曲的，保持这样的队形就可以"带绕子"。"靠榜子"更行了，因为人挨着人，龙衣可以完全松开，龙灯上下飞舞。

讲得容易，实际操作比较难，除了智慧，更需要一定的胆量，要胆大心细，一旦失误，哪怕一个人失误，后果不堪设想。

正月期间是长江最低位的枯水期，夜晚江面风平浪静。这一天，虽不是满月，但月色亦浓，一叶扁舟载上舞动的龙灯从庙嘴头向斜对岸的关门口驶去。放眼江面，在蜡烛的映衬下，整条龙灯晶莹剔透，水上一条龙，水下一条龙，时而并行向前，时而双龙戏珠，小舟行驶后产生的波澜，在月光辉映下波光返照又增添龙灯的灵动，"此景只应天上有，人间哪得几回闻"，岸上的观众叫绝不停。由于水上龙灯好看，壮观，只要正月兴灯，水上舞龙活动必不可少。

水上舞龙灯

七、龙灯技艺的传承

随着江河的冲刷，河南咀地面日渐缩小。开阔了眼界的村民，开始纷纷搬迁而去，开始新一轮的觅地定居，就像蒲公英都来自远方，成熟后又把花絮借风送远。随着河南咀的式微，龙灯文化也走上了末路，现在很难组织一支龙灯队了，龙灯扎制技艺更是无人继承，锣鼓技艺后辈无人知晓。河南咀民间龙灯文化的传承，到了岌岌可危的地步。令人振奋的是，在政府大力支持下，在新任会长张生保努力争取下，建立了大通镇民间龙灯协会。2023 年，河南咀水上龙灯入选安徽省非物质文化遗产名录。

河南咀龙灯文化，在原有的基础上有发展、有创新。龙灯里面不再使用蜡烛，改用电子灯泡，还能使龙灯更亮，更难得的是避免了在舞灯过程中龙灯着火的危险。现在又增加了一支女子龙灯，俗称雌龙，男子龙灯俗称雄龙，可谓一雄一雌同场献艺。雄龙"带绕子""靠榜子"，雌龙主要配合雄龙，来回穿插跑动及盘旋。在锣鼓声的渲染下，两龙配合相得益彰，场面雄浑，气氛热烈，更有一种美感，观赏效果极佳。大通镇民间龙灯也有不足之处，虽然是在河南咀龙灯基础上建立起来的，但它丢掉了河南咀龙灯一些传统技艺。如龙灯不是用手工扎制，而是在外地厂家定制，失去了本色。用手工扎制龙灯是河南咀龙灯最主要的传统技艺，最具有地方特色。如果这种技艺丢失，就丢失了河南咀龙灯技艺的全貌及固有特征；锣鼓方面，没有钹、小镲和小锣，打的节奏大部分不是舞龙灯的锣鼓节奏，只有"急急风"一种打法符合，其他五种已销声匿迹，失去了河南咀龙灯锣鼓本身应有的韵律。手工扎制龙灯、齐全乐器组成六套打法是河南咀龙灯最基本特征，丢失了这些，就失去了河南咀龙灯的特有风貌，就泯然众人矣。

» 憨态可掬的江豚

江豚，学名长江江豚，俗称江猪，是哺乳纲、鲸目、鼠海豚科水生动物，曾经是窄脊江豚的指名亚种，2018年4月11日被升级为独立物种。体长一般在1.2米左右，最长的可达1.9米，貌似海豚。体形比白鱀豚小，头部钝圆，额部隆起稍向前凸起，吻部短而阔，上下颌几乎一样长，全身铅灰色或灰白色，寿命约20年。20世纪，长江贵池至大通段江猪不计其数。到了盛夏的中午时分，一般三五成群，抖动着身体，拱起，潜入，此伏彼起，露出江面，吸气喷水，它们尽情地游弋在浩瀚的大江中，"你方唱罢我登场，反认他乡是故乡"，正所谓"我的地盘我做主"，偌大的江面，仿佛就是江猪主宰的天下。

除了在长江深水处活动外，江猪也喜近岸活动。每年春末，当温度上升时，河南咀人不仅能在长江边看到江豚，也能在家门口俯视青通河看到。尤其在气压低天气作燥的时候，一群群江豚频频出现在江河交汇处。古时，青通河和百澜湖交汇处的吊罐山西南边山尖部，正是江猪出没之处，该处名曰"江猪摆浪"，乃青通河一景。不要说20世纪50—60年代，就是2012年三四月，河南咀人在家门口还看见了好几头江豚由鹊江深入青通河河南咀上方墩子的土地庙河边。那时，可能是因为江河水质优良，可供江豚食用的饵料丰富，人们看见的成年江豚一般都有一二百斤一头。

60年代中期，曾经有渔业公社一队钩船的贾明路、贾明喜兄弟俩，在青通河入江口挂钩捕到一头江猪，当时由于人们没有保护濒危动物意识，将那只100多斤重的江猪从船上抬上河岸，一队渔民就把江猪杀了，大家忙得不亦乐乎，渔民纷纷围观，近距离瞧瞧如何处理这头"水里的猪"。有人说，江猪肉不能吃，但是江猪油是治疗水火烫烧伤的特效药。结果只有很少人要了江猪肉，绝大多数人讨了江猪肥肉，回家熬油，他们把熬好的江猪油装进小瓦罐子里，封好口，埋入土里，3 年后需要用时取出。河南咀姚志强家就有一罐保存几十年的江猪油，谁家人烫烧伤就去讨要，不收任何钱。事实证明，江猪油的确是非常好的治疗烫烧伤的好药。短的三天见效，长的一周时间痊愈，而且还没有副作用。

江　豚

➤➤ "永逝难挽"白鱀豚

如果评选万里长江最珍贵的水生动物，无疑当推白鱀豚。而长江大通段这里也正是白鱀豚生活最适宜最理想的乐园。但令人扼腕痛惜和十分遗憾的是，由于人类社会活动破坏性影响，进而导致自然环境和生态的恶化，自 20 世纪 80 年代初，曾在长江大通江段水域经常出没的白鱀豚已难觅踪影，实际上已经接近濒临绝种。

我国古人早就关注白鱀豚了。宋朝进士定居池州的孔武仲《清江三孔集卷五》"江豚诗"云：

"黑者江豚，白者白鱀。状异名殊，同宅大水。渊有群鱼，掠以肥己……"

风景如画的长江大通至池州江段，正是白鱀豚生长非常适宜的家园。由于这一段江里白鱀豚数量之多，众多古人和在池州的孔武仲等人才有机会对白鱀豚做仔细的观察和深入了解。

1964 年六七月，河南咀渔民在操场外江边看见江对面铁板洲近岸有好几头白鱀豚在江面上拱起、透气，说明那时长江大通江段生长着很多白鱀豚。

其实，白鱀豚是官方定名的称呼，白鱀豚也有细分。河南咀老渔民和当地人们习惯把雌性（类似有奶）的白鱀豚称白鱀，雄性的称青鱀，成年青鱀体长和体重均大于雌性白鱀。它们像鱼但不是鱼，而应属于胎生兽类。它胸前有两个乳房，幼豚靠母豚乳汁生长，稍大后才开始捕食鱼类。1965年，大通航运公司打了一条大船下水，一日将船锚拉起来后，铁锚上钩住了一头白鱀豚，众人围观，这头白鱀豚体表极其光滑，背部青灰色，胸腹部洁白如脂。体长有2.5米以上，重达500多斤。没有鳃，靠肺呼吸，呼吸孔只有一个，位于头顶额隆起部。胸前左右两侧有一对由前肢进化演变成的胸鳍，背鳍呈三角形，尾鳍呈新月形，呈水平方向，尾鳍为上下摆动。严格地讲，白鱀、青鱀都是白鱀豚，至于白的青的不同颜色，可能跟年龄、皮肤和生活环境有关，而不一定与雄性或者雌性有关。

白鱀豚是一种美丽贞洁的动物，它们有着一身洁白如雪的皮肤，还有一双大眼睛，像是两颗黑宝石；一条细长的嘴巴，吐出一个小泡泡，在水中的行动十分灵活，呼吸时斜行出水和潜入，与水面夹角较小，动作从容优美，在长江里畅游，像是在翩翩起舞。白鱀豚每次出水呼吸时间只有0.2~0.5秒，潜水时间为10~20秒，有时可长达1~2分钟，由于白鱀豚声呐系统特别灵敏，速度又快，所以一般不容易跟踪。更为诡异的是，由于人类活动的干扰，高度灵敏的白鱀豚白天根本不露出水面，只会在夜深人静时偶尔出现江面，这就是为什么人们看不到它的尊容的主要原因。

1997年，专家们踏波踩浪逆流而上，对南京至池州江段、武汉至城陵矶江段进行了细致的生态考察。在铜陵和大通江段，他们聘请了原渔业公社包括河南咀几位老渔民驾驶挂机船，由专家运用探视水下状况的设备，数日在大通鹊江段地毯式扫描，虽未发现白鱀豚，但来自国内顶尖专家共同的结论是：大通江段是白鱀豚活动的黄金水域。当时最乐观的估算，聚居在长江流域的白鱀豚家族成员，还有400头左右，分布在枝城至南京江段约200头。但是，理想丰满，现实骨感。随着2002年7月14日人工饲养的白鱀豚"淇淇"的去世，有关方面就白鱀豚的生存状况发布了权威信息：1986年300头；1990年200头；1997年13头；1998年4头；2007年，白鱀豚被宣布为功能性灭绝。此后，人类再也未见过白鱀豚的身影。自此，长江中的白鱀豚成为一个美丽的传说，永远凝固在人类的记忆里。

造成白鱀豚群体状况急剧恶化的原因是多方面的，其中长江环境污染特别是大量化工废水废渣的非法排放是其中主要原因；此外机动船只的增多，被螺旋桨打死打伤是一个重要因素；其他如捕鱼时白鱀豚遭到渔具误伤误捕、饵料减少以及渔政保护不力都有一定的关系。

如何保护残存的白鱀豚，同时白鱀豚的厄运已让人们想到同为江豚的江猪的命运，必须采取紧急措施，否则，一旦时过境迁，任何抢救白鱀豚的工作都将是"永逝难挽"。1987年，以族类延续2500万年的白鱀豚活动区域为背景，经专家细致进行生态考察后，在大通镇和悦洲与铁板洲之间的夹江上，建立了世界上首座"白鱀豚养护场"。这里自然环境得天独厚，环顾四周，幽幽的田畴气息，大大小小的荷塘，不论什么季节，都会有红花绿草迎接人们的到来。养护场内建有水族馆以及一大批用于白鱀豚和江豚养护及研究的实验楼、暂养池、治疗池、水净化系统、豚体保护系统和先进的通信设施。

由于白鱀豚"肤白貌美大长腿"，集形体身姿曼妙和动作灵敏矫健于一身，人们把明明只饲养有江豚（江猪）的地方叫"白鱀豚养护场"。渐渐地，这位"东方美人鱼"白鱀豚走进了铜陵当地人的生活，有"白鱀豚啤酒"商标、有"白鱀豚大酒店"招牌、诗歌、散文、电视、雕塑……随处可见到白鱀豚的形象。虽然白鱀豚"永逝难挽"了，但它一直在铜陵人心中永世难忘。

期待有朝一日，人们可以重见白鱀豚的尊容。

白鱀豚

◆ 特色美食

中国地域广袤，人口众多，不同的地理环境形成了不同的饮食习惯。古人云"靠山吃山，靠水吃水"，河南咀就地取材，以江（河）鲜为主要风味。它的可贵之处是不刻意，一年四季，顺时而为，自然而然，什么时候出什么鱼就吃什么鱼，什么季节生长什么菜就吃什么菜，讲究时兴和上市菜品，具体来说，它属于徽菜系列里沿江菜风味。沿江菜是指长江中下游两岸的芜湖、安庆等地区的饮食流派。这里物产丰富，水路发达，为当地饮食提供了大量新鲜食材。沿江厨师刀工精湛，擅长烹制河鲜，菜品酥嫩鲜香，味道醇厚，河南咀人对以"鱼"为主要食材的烹饪展现了独具特色的风味。渔乡吃鱼讲究时舍，有春鲋、夏鲤、秋鳜、冬鲫等各种鱼之分。俗话说"鱼上四两各有主"。但青通河的黄姑鲳子虽然最大的也不过一两，可油多味美。螃蟹有"九月团脐十月尖"的考究：九月团脐（母蟹）黄满肉饱，十月尖脐（公蟹）膏多肉嫩。仅螃蟹就有多种吃法：方便实惠啃咬熟蟹，特制的蟹黄包子，鲜美的蟹羹，蟹糊、蟹子下面……

一个"鲜"字，可以发现端倪：鲜，"鱼"加"羊"也。由此可见一斑。河南咀江鲜类菜式，具有典型的地方特色，从"色香味形养意"等六方面都达到了高超的厨艺境界，让人看之赏心悦目，闻之香气扑鼻，吃之神清气爽，思之回味无穷……

江鲜一般是特指长江大通江段和青通河河口所产的鱼类。所谓江鲜，并不是说凡是江河里的鱼虾都能称为江鲜，只有那些较为名贵的江河鱼类才能称为江鲜。如鲋鱼、季刀鱼、鮰鱼、鮡鱼、鲶鱼、鳜鱼、河豚、螃蟹以及河虾等。快过年的时候，这些名贵的江鲜产品的价格往往要比平时贵出好几成。对于那些普通的水鲜产品，如鲢鱼、鳙鱼（胖头）、鲫鱼、草鱼、黑鱼、泥鳅、黄鳝等，这些杂鱼的价格都比较低，都是由那些肩挑手提的小鱼贩子走街串户地叫卖。传统意义上的大通江鲜指的是"刀鱼、鲋鱼和河豚"，不是什么时候都能进到货的，这几样鱼类只有在每年的四五月份的时候才有货，产量不是很多，只供应本地一些较大的饭店、酒楼，外地人难有这样的口福。

本篇仅就制作略作介绍。

苏东坡曾赋《寒芦港》："溶溶晴港漾春晖，芦笋生时柳絮飞。还有江南风物否？桃花流水鮆鱼肥。"鮆鱼，又名刀鱼、鱭鱼、鲚鱼。头长而狭薄，腹背像刀刃，故名刀鱼。从古至今，人们概括长江三鲜时说：吃刀鱼让人垂涎欲滴。

鲚刀鱼：河南咀人烧鲚刀鱼选材多在清明后至端午节前后，有油煎、红烧和清蒸。因刀鱼多刺，油炙及枯，然后煎之。鱼刺可与鱼同食而不知有骨。蒸刀鱼：清酱放盘中，不必加水。

吃鲥鱼是吃"鱼中之王"。蒸食，整条鱼劈去鱼鳞片，用纱布包裹扎紧，万不可切成碎块，配适量盐、佐料放入大锅内蒸。味极鲜。红烧，油煎，包括将鱼鳞先于鱼入锅炸出鱼油，再放入整条鲥鱼进锅，煮之。

吃河豚是"拼命三郎"。从长江捕获的野生河豚多为半斤左右，河南咀人一般红烧。也有用河豚下挂面的，以上做法都很鲜美。而八九月份从青通河扳罾捕捞的小河豚瓣子，用油榨取河豚肝油，再放入小河豚伴煎，河水煮之，小火炙烧，有些许汤羹，此乃下饭菜绝品。

鼓气的才是小河豚瓣子，每条不到 25 克；大河豚生长在长江里，成年河豚每条 500 克左右。也有腌干的河豚籽，味道独特。

在民间还流传有"六鲜""八鲜"和"十鲜"，此类鱼虾品质优良而且味道鲜美。"江鲜"作为美味佳肴的魅力已经深入人心，它独特、浓郁、诱人的鲜味香气，飘出村庄、古镇、城市，氤氲为美食风情。在民间有一条朴实的广告语："吃到江鲜身体壮，食在江鲜味难忘"，这也正是"江鲜"之美的真实写照。厨师烹饪"江鲜"也各有绝招。"小鱼不破皮，大鱼不碎肉"，这是一般的厨师很难达到的烹饪绝技。

清蒸螃蟹和蟹子下面：青通河水质清冽，食料丰富，所产螃蟹青壳白肚，金爪黄毛，肥大而干净。蒸煮之后色泽金黄，形态精美，吃时蘸醋生姜末，口感清鲜至极。由于螃蟹太鲜，宴席开始时不可先吃螃蟹，否则，其他菜肴就食之无味了。

另一种吃法是将蒸熟的螃蟹剥壳留肉，以备下面。放开水、猪油、干虾米、葱花等煮开后，倒进蟹肉，吃时再配以佐料，这便成了江南一带独特的风俗美味。

鮰鱼：又称鮰安。鲥鱼味美而多刺，河豚味鲜却有毒，鮰鱼没有河豚、鲥鱼之缺憾，而兼有二者之鲜美。主料长江鮰鱼，辅料蟹、莴笋、姜葱、高汤等，制作好的鮰鱼汤汁乳白色，调味后装盘，点缀成整鱼形。鲜香爽口，肉嫩肥滑，细腻而富有弹性，营养价值高。现在人工饲养的鮰鱼与过去羊山矶长江一带的野生鮰鱼味道大相径庭，不可同日而语。

另外，鮰鱼肚亦为珍品，辅料有老南瓜鱼茸、香菜、红椒。此菜含丰富蛋白质、氨基酸及微量元素。菜味咸鲜微辣，软嫩清香。鮰鱼肚可强体力、益脑髓、祛头晕、润皮肤。

鮠鱼：长江珍奇鱼鲜之一，当地人称其为"华达子"，此名是因为鱼身有粘稠物而且"滑踏"（当地方言指黏稠且润滑的意思），于是"华达子"的谐音就是"滑踏子"。在青通河流入河南咀与长江交汇处，每年长江涨水之时，有大量鱼种从长江涌入青通河，渔民将其捕获回家后，主料净重3斤左右的鮠鱼一条，辅料姜、葱、料酒、熟猪油等，用砂锅慢炖出汤白肉嫩的砂锅鱼，味道鲜香腴美，鱼肉圆润爽口，肥硕鲜嫩，含丰富的蛋白质及微量元素，有强体健身功效。河南咀人以此鱼做成许多美味佳肴，可以红烧，可以用鮠鱼和莴笋、老豆腐炖汤等。

鲜鱼肚锅仔，又称鱼杂：主料鱼肚、鱼鳔等，辅料豆腐、生姜、葱……菜肴色形鲜明味道纯鲜、鱼肉滑嫩、汤汁鲜美，富含蛋白质、氨基酸等多种营养成分。

河南咀人还特别擅长河水煮河鱼，不提倡加入过多的作料，强调原汁原味。提到大通舌尖上的美味，一般人想到的都是号称长江三鲜"鲥鱼、季刀鱼和长江河豚"。其实青通河还有"小三鲜"，即河豚瓣、蟹㸆糊、虾㸆糊。每年春夏，东海的河豚进入长江，溯江而上产卵，产下的幼豚籽由长江进入河湖滩涂觅食。入夏，小河豚又不约而同地集中南下，由青通河顺流返回长江入海，此时就是青通河出河豚的汛期，也是河南咀的渔民用铲罾扳小河豚的旺季。多时，往往一罾能扳到十几斤清一色的小河豚瓣子。一斤小河豚，二十几条。烧河豚之前，捉住河豚腮部，河豚立马鼓腹成球。一刀下去，河豚如球泄气，瞬间瘪下去。刮除内脏（摘取河豚肝油留下），无毒。将锅烧热，倒少许香油烧滚，炸河豚油，立刻香气扑鼻，倒入清洗干净的小河豚瓣子，先用大火爆炒几分钟，兑水，烧沸，然后用小火焖炙十几分钟。盛上一碗，趁热吃，顿觉鲜、嫩、纯、香。

其汤浓，含胶质，黏嘴。民间有"一碗河豚瓣，吃掉一锅饭"的顺口溜，可见河豚瓣味美至极。此外，当地人独创的蟹糊也是美味。把活螃蟹煮熟，去壳，挑出蟹肉、蟹黄、蟹油。河水烧滚开，撒下山粉（山粉，山芋淀粉），成糊状，放入蟹肉黄、干虾米、酱油和瘦肉丁，小火炙。放盐、葱花、姜、醋和香菜等佐料，八味俱全，宜少吃，愈少愈有味。也有鲜虾仁加多种佐料打虾胥糊。

要探究大通江鲜、河鲜味道为何特别新鲜？这是因为长江大通段处在中下游节点间，也是海潮抵达此域即回头的最远处。是对水质要求非常高的白鱀豚、江豚、鲥鱼、季刀鱼和鮰安鱼等生活在长江底层活水激流中适宜的环境，所谓"流水不腐"，干净清澈，因为水质好，故江鲜成了珍馐。

此外，家常菜中最拿手的有：

油煤油鲳子；鲇鱼、鲶条子突（烧）豆腐；锅蒸腌干鲶鱼；冬鲫鱼；肚内揣肉馅；红烧夏鲤鱼；红烧鳜鱼，或清蒸鳜鱼下面。

红烧、清蒸大白鳝（一斤左右的）；腌制白鳝（冬天腌干的白鳝放在锅头蒸）；鲻鱼，又称熟吊丝子烧煮或腌蒸（此鱼只有 2～3 两重，烧制后肉如同蒜子瓣，一块块。此鱼曾生长于长江和青通河，现已绝迹）。

鱼冻子（冬天煮鱼剩的鱼汤羹凝结成块，状如果冻）；鳜鱼，刺少，肉厚，蒜瓣肉。肉细、嫩、鲜。清蒸、干烧（红烧）、糖醋、做松鼠鱼，皆妙。氽汤，汤白如牛奶，浓而不腻，远胜鸡汤、鸭汤。河南咀人吃鳜鱼主要选择秋季出鱼时，活水煮河鱼，红烧鳜鱼，鱼肥味美。

腌干成块状的河豚籽（晾干、风干）；龙虎斗（咸鱼烧鲜肉）；蟹糊（蟹肉、山粉、胡椒、葱花、猪油、酱、醋等打的糊）；虾糊（干虾仁米、山粉、葱花等打成的糊）；蟹子下挂面（蒸螃蟹拆肉下挂面，拌以各种作料）；银鱼打汤（银鱼、山芋淀粉配加作料）；油煤鳜鱼后，红烧鳜鱼（红烧鲜活鳜鱼）；鳜鱼下面（去鱼骨，多种作料，现做现吃）；鲢鱼丸子汤（鲢鱼去刺搓成鱼圆子）。

以上这些菜肴，河南咀六七十年代的家庭妇女都会做。

香油炸圆子：肉、干虾、山粉、葱、生姜、酱油等搓成圆子。

十样菜：以白豆腐干子、胡萝卜、芹菜芽、黄花菜、花生米、香菇干、干竹笋、马齿苋、豆荚、茨菇等 10 种干爽蔬菜合一。

卤水臭豆腐：将香椿头放入陶瓷坛罐内，用三九天第一场大雪，铲去表面一层雪，取中间雪融化成雪水，倒进坛罐，取黑芝麻，加盐，坛口密封。搁几个月，待卤汁水发黑，将新鲜老豆腐置坛内。一周或十天后捞起，用碗盛起，豆腐上放辣椒糊熟香油，煮饭潜饭汤时放在锅里蒸。饭煮熟后，端出锅，见豆腐多处有小孔为佳，撒葱花或加一勺熟猪油味更香。

清蒸鲫鱼：取半斤左右之鱼，破肚清洗毕，配葱、蒜、姜、椒、油、盐等佐料，上锅清蒸。若在产卵季节，一肚鱼卵，卵黄肉白，色泽鲜明。若非产卵季节，则往腹中填入精肉，保持丰满体形且味道更佳。

鲇鱼突豆腐：主料一两斤重的鲇条子烧豆腐，加香菜、黄芯菜、大蒜叶子等，一只火锅热腾腾、香喷喷，吃得痛快淋漓。腊月至春节，家家年夜饭少不了一条大鲢鱼，曰"年年有余"。

红汤鱼头：红汤鱼头是地方名菜，过去选用大通河白鲢鱼，俗称胖头鱼。鱼头用猪油煎过，再放水大火慢煮半个小时，搭配各式配料调味。此鱼味甘性温，营养丰富，健康滋补，经烹制后口感松软，肥而不腻，肉香四溢，老少皆宜。

特色小杂鱼：取自通江青通河活水里的罗钩子、小油鲳、小安丁、小鲇虎子、鸡毛花子、小海底板子鱼和河虾等，红烧或炖锅。

风干鲫鱼：每至年关，河南咀人家常选用大鲫鱼为原料，除去内脏，在鱼腹中填充肥瘦适中的猪肉，经晾晒、腌制，风干后制作而成一种美味食品，从鱼鳃处装入腌好的猪油块，用纸把鱼包严捆好，悬挂在向阳通风处晾干保存，来年春上随时取下烹制食用。

鱼冻：冬天鱼汤经过一夜冷冻，次日冻成一碗鱼冻，里面有鱼杂鱼碎沫鱼油等。营养丰富，食用时倒入食醋，味道口感极佳，风味独特。

"河水煮河鱼"，因鱼富含高蛋白质、钙、磷、铁、维生素等各种营养元素，所以吃鱼会让人变得聪明的说法也因此流传下来。

山芋圆子：将山芋碾碎，洗浆、晾干后得到白色淀粉，用山芋粉作为主料和其他菜肴如猪肉，佐料生姜、蒜子等进行搭配、搅拌，搓成小圆子，其口感黏而不稠，油而不腻，香脆可口。

酱油干子：大通制作酱油干子的历史悠久，豆腐干子是一块老字号招牌。主料为大豆，辅料：酱油、八角、胡椒、丁香、茴香、桂皮、香果、白蔻、红蔻等制成。大通及河南咀人喝早茶、用酱油干子炒新上市的青辣椒、红辣椒加肉丝，绝对是一道好下饭菜。

楮子豆腐：六七十年代河南咀妇女（主要是孙爱娣等）做起了苦楮豆腐生意，她们从山里人手中买来苦楮树的果实，回家后经暴晒、浸泡、磨浆、过滤、加热、冷固成块、切割、水中浸泡轻漂等工序，烹饪加调料，成为餐桌上的一道佳肴。

豆豉：中国传统调味品，含有丰富的蛋白质、维生素和矿物质。河南咀人不以它作调料，而是当作一道主菜，食用之前放猪油等调料在饭头上蒸熟，特下饭，四季皆可食用。其汁拌米饭，味道鲜美。

食材好，食才好。过去，捕自江河的水产品，均为产自江河而非人工饲养的；而产自山里田野的土特产，过去皆不施化肥农药，都是原生态的绿色食品。

除了食材重要外，烹饪技艺也不可或缺。河南咀这块土地上也产生了数位会烧得一手好菜的人才。男的有高松备（高家隆），他从小就用心于烧菜，1951年成年后招工到铜官山，就在企业从事炊事员工作，红案、白案一摸不挡手。后来终究抵挡不住捕鱼的诱惑辞职回家做渔民。哪家有什么红白喜事，都请他去掌勺。1970年，四五十岁的他又重新招工到池州（大通）钢铁厂做食堂大厨。高根林，擅长做各种米面食，做的包子、馒头、发糕，膨胀蓬松；炸的油条、卷子（狮子头）、春饼和糍糕酥软脆香。高韵祖、高根祖既会烧菜，也擅长发馒头、做米粉发糕。夏小娥，女，1940年生人，张生道的妻子，出生于渔家，以鱼为主的菜品做得尤其绝妙。她用一条鱼可以做出十几碗不同的菜式。六七十年代，河南咀谁家做房子、红白喜事等，都邀请她担当大师傅，她一出山，指挥有方，搞什么菜，早已成竹在胸。打下手的只需要做好她交代的事即可。除了这些大佬之外，会做菜的家庭妇女不在少数。如上个墩子曹年珍，即使是几根普通莴笋，她也能做出鲜嫩如丝的莴笋丝子、打一碗可口的莴笋片子汤。高志迁的老婆（门口人一律喊小毛姆妈），也会烧菜做饭，尤擅以杂粮为食材，做出让人垂涎欲滴的美食，即使是霉豆腐渣粑粑也能烧出香喷喷的下饭菜。高义芝，不但会过日子，还会烧菜，能把藕片做成"白如玉"、把藕丝做成"细如丝"，把萝卜切成"薄如纸"的样子，拌上小葱，既"一清二白"，又脆而香。中间墩子高宗福的妻子吴银枝特会煮粥，粗糠火，硬是把粥熬出一层浮膜，似粥非粥，似糊非糊，即米油，非常可口且营养。高宗祉妻叫包翠枝，她天生聪明，生活中的学问，一看就会。她不但会烧各种菜，甚至会看病。下个墩子张大信妻叫徐冬娣做得一手好菜，她把咸鱼烧鲜肉做成招牌菜"龙虎斗"；她腌制的咸鱼、咸野鸭烹调起来，香飘半个墩子。50 岁时在白浪湖渔圩食堂烧锅，菜肴干净，口味纯正，很受就餐人员好评。

民以食为天。凡是热爱烧菜做饭的人，大概都是热爱生活的人，也是用心生活的人。

❯❯ 腌咸鱼

在河南咀小渔村，每年秋后十月份起正是腌制鱼的季节，远远看去，家家户户门口都在芦席上铺满了晾晒的咸鱼，有一排排用铁丝穿进鱼头内挂在竹篙上的各种大鱼。白色的鱼，红色的虾，当然，还有刮净的黄色生姜和绿色蔬菜，各种晾晒的腌制品呈现出深秋和初冬特有的景观。

深秋，秋高气爽，往往一连十几天都是艳阳高照，此时腌鱼，按照一斤鱼2两盐的比例经过2~3天的腌制，咸盐渗入鱼体内，就会出卤水，好天的时候，一大早就将鱼晾晒起来。由于一般都是一斤甚至几斤十几斤的大鱼，需用绳索和铁钩子挂起来，吊在屋檐下，晒干把它切成方方正正的小块块，码进洗干净的坛罐里，喷上白酒，封坛盖，密封不透气。河南咀晒干咸鱼，小鱼只腌油鲳和黄姑子鱼，大鱼一般只腌沉水鱼（除鳜鱼、乌鱼和黄鳝外），历来不腌胖头、鲢子、鳙鱼等各种漂水鱼。

在小渔村，还有一个最普遍的腌制品就是晒干虾子。那个年代，虾子特别多，一般扳密罾和打密网，一天能捕获到几十到上百斤。吃不了，卖不上价，怎么办？于是家家就将虾子放锅里煮，放少许咸盐，不一会儿虾子泛红壳，就煮熟了，捞起，放在铺好的芦席上，一般经过三个太阳就能晒得焦干的。然后装入布米袋里，用力摔打，或不断掼个十来分钟，摊开袋口，见里面虾仁与虾壳须子脱离，将虾仁取出，置入洋铁瓶里，到食用时煮虾屄（糊）吃，放入山粉（山芋淀粉），配以猪油葱姜蒜和酱醋等作料，是一道上等的鲜味珍品美味佳肴。虾壳虾须则和辣椒糊用香油煎制，味道很鲜，是一碗较好的下饭菜。

这些经过渔村女人手工腌制的各种咸鱼，风味独特，雅俗共赏。大有大的口味，小有小的口感。其中品质最上乘的是20世纪60年代经常捕到的熟叼丝子鱼，它生长在内河和长江水质好的活水里，饮食丰富的江河营养饵料，长得像小鳜鱼，最大不到一斤，但身材颀长，圆润结实，现在基本绝迹了。煮饭时快潽饭汤时将腌制好的熟叼丝放在饭头上蒸，饭好鱼香。吃饭时，用手把蒸熟的叼丝鱼头，捏住一抖，鱼肉鱼骨分离，鱼肉像蒜籽瓣一样一块块掉下来，鱼脂肪上的油贼亮且香喷喷的，是难得一见的极品珍馐佳肴。另一种比较普遍的蒸油鲳咸鱼，那时，青通河水产品营养丰富，经过几个月的繁殖生长，油鲳和黄姑鱼养得很肥，尤其是油鲳鱼体内富含油脂，腌鱼时，清除掉腹腔内脏，可见肉内累累油脂，腌好晒干，即看见油汪汪的鱼肉。放在饭头上一蒸，流出的鱼油渗入米饭里，那米饭像拌了油一样，味道妙不可言。通常孩子们一条腌油鲳就能吃一碗饭。油腻的腌咸鱼还有腌鲇鱼，这种鱼在水里凶猛，专吃小鱼虾，遍体是肉，不含细刺，腌后晒干，淌油。无论是吃新鲜的还是腌制好的咸鱼，放在饭头上一蒸，取出食，其味道滑腻，膏油重。腌的比较多的咸鱼是一种叫"翘嘴巴鲳子鱼"，它一条有一二斤，大小不等，年底在山里窨宕起鱼时，这种鱼的尾巴丹红色，扳罾打网的每条船一季都能捕获几百斤至上千斤。所以，腌制翘嘴巴鲳子鱼成为年货是一个较好的筹备。吃咸货，也有不蒸而采用烧烹方式的。比较出名的一道菜叫"龙虎斗"。就是将腌制好的鲤鱼、青（鲩）混或鲇鱼与肥瘦搭配的新鲜黑猪肉烹饪，先大火后小火文炙，用时间充分杂烩，香气飘了一屋子，这盘菜自然是稀罕佳肴。

腌咸鱼，不咸不淡，是每一个渔村人独门绝技。在物质资源不丰富的年代，渔村几乎家家都要腌几坛咸鱼，从腊月吃到来年农历六月。如今，医生从健康的角度奉劝人们少吃咸鱼，是因为市场上卖的咸鱼含盐太多，生咸的鱼肯定不能多吃。但要腌制上乘的咸鱼颇有讲究，适度放盐，适当温度，包括阳光照晒，辅助配料，封存坛罐，储存时间等都有讲究，更为玄乎的是腌鱼人的手法，不同的人腌的咸鱼味道迥异，个中无不蕴藏着咸鱼制作悠久的文化。

◎ 独有的渔家衣着

到什么山唱什么歌，干什么职业就有符合该职业的服装，以及与之形成的衣着穿戴。

河南咀的渔民长期生活于江河湖汊等水上，从原始的防雨、防风、防晒、防冻等方面所应有的衣具，从头到脚一应俱全。典型的有壳日帽，即用竹篾编制成一顶圆锥形的伞状的帽子，里面用油纸贴好，上下用网状篾条压住封好。此帽通常直径70厘米左右，既轻巧又扎实，能遮阳能防雨，还非常有渔家的特色，像越南人戴的帽子一样，美观大方，精致奇巧。一般一顶壳日帽能戴3~5年，仔细的人能戴10年左右。现在市场上卖的类似的篾帖子，笨拙、粗陋，根本没有河南咀渔民打制的壳日帽精细秀气和美观大方。

另一种防雨的衣具是蓑衣，即用棕须丝线排序扎紧，层层压紧，用针线系好扎成一件大褂子形状的蓑衣，展开后披在肩上，颈子处有个和尚领，头往里一伸，套在颈子上。蓑衣，由棕须织就，日晒雨淋不易腐烂，来自自然，既防雨水，又保暖，用今天的话来讲是"绿色、环保"，对身体没有任何副作用。身上穿上蓑衣，头戴一顶壳日帽，任凭风吹雨打也湿不了内衣，还继续可以划船、摇桨、扳罾和撒网，不受影响。蓑衣是渔人的标记，有数千年历史。

河南咀特有的满裆裤，就是大布由桐油油起来，实际上变成了油布，然后将油布裁剪成一条大号裤子，此裤一般在雨天穿上，不湿水，不沾水，裤脚放在胶鞋外面，雨水顺着裤脚，落入地上，上身和脚都不会潮湿。

还有一种钉鞋，就是渔家在雨天穿的防水鞋。这种鞋的鞋帮和鞋底都用棉布制成，并且鞋帮子较深，鞋底要钉上几排铁钉，鞋做好后同样用桐油油，鞋帮子要油透，鞋底要用桐油浸泡，晾干晒干。此鞋干燥透风，一般垫些稻草在鞋里就很暖和，下雨天，邻居之间串门或亲戚家走动，起到现在胶鞋的作用，非常方便。钉鞋最多的是胡度文家，不但数量多，而且品种齐全。有大小深帮子的，还有半踏式的，不用脱鞋，穿布鞋直接插进去即可，非常方便。

除了这些用于生产衣具之外，河南咀的渔民还特别钟情于夏布，就是麻制品。夏天，有人把夏布做成短袖衫，穿起来特别凉快，随风一吹直抖，甚是好看。当然，一些会捕鱼的渔民能挣到钱，家底子殷实的会买一些绫罗绸缎。一般年轻人和好胜心强的中年人都会注重打扮，在夏天里穿一身绸缎衣经风一吹身上直抖会招人羡慕，也有上了年纪的有钱人，戴礼帽比较绅士。渔家人会重视香火延续，一般长头孙子都会穿老虎步鞋，寓意吉祥。

河南咀的家庭主妇在烧饭和做体力活时常常系个围裙，当地话叫围腰子。围腰子用黑色或深蓝色土布缝制，做工简单。围腰子只围住腰部以下的身体，为前后大小两片。前片为小片在外，约 1 尺 5 寸。后片即大片在里，可遮到膝盖以下。围腰主要功能除了挡脏以免污染了衣服外，还有保暖和装饰的功能。

在河南咀，父辈常年在江河湖边捕鱼，每到入冬季节，不管是捕鱼还是在家里，都要戴棉线的妈（mā）护帽。如果在家里，父兄们就会把压在箱子里的妈护帽拿出来，叠好摆放在床头，天一冷随时戴在头上。一般情况下，清早起床穿好衣服后，就会戴上妈护帽。早上刷牙、洗脸之前又会把妈护帽掀掉，洗漱完毕后，把妈护帽折好，正正规规地再戴上。这妈护帽就是商店里卖的纯棉纱线织出来的可以套在头上的保暖帽。一顶新的妈护帽二三两重，有里外两层，外层是黑线纺织的，也就是黑色的，里边一层是灰白色的线，整个一顶妈护帽是个圆筒形的，顶部似乎是尖尖的，顶高上有一小撮圆球黑棉线须须。下边是一个大喇叭口。一般的妈护帽长约 1 尺 5 寸，从头套颈子上。在眼睛部位开了一长条洞口，妈护帽顶上缝有一个丝线球，便于揭起来把帽子从头上取下来。由于妈护帽质地就是普通的棉线，成本低，价格不高，当时的市场价，一顶妈护帽一两块钱。所以，不太讲究的普通老百姓、中老年男人大多在冬天基本上都会戴着它。特别是严冬时节，在船上捕鱼、熬夜时，父兄们一律戴妈护帽，把卷几道的帽边放下，从头拉到脖子根，只露出两只眼睛，任凭风霜吹打，都不觉得冷，经济实惠特别管用。

虽然能御寒，可一旦戴旧以后就掉色了，变成灰不溜秋的样子，年轻的男子，一般情况下是不会戴这种帽子的，顶多在严寒的夜晚没有人看见的场合，比如在河里捕鱼时，偶尔偷偷地戴上它。但到了白天，就会取下它。

▶▶ 徽派民居

河南咀徽派民居直到 50 年代初仍有十几幢之多，人们习惯叫它们为"大屋"。建筑年代多为清代至民国时期，其建筑风格属皖南徽派建筑系列。坐向几乎多为大门面向大通河，即坐西朝东，较少坐东朝西，大门朝西开。这些徽派老屋清一色的飞檐翘角，粉墙黛瓦，房屋全是外砖墙、内木隔的双层结构，四周防火墙到顶，墙基木柱的底座，有门柱、门槛，屋内堂厅的地面有天井，全都用大青石精心雕琢而成，其结构宏伟壮丽，造型美观大方。最早由高姓十四代小公堂高安然后人建于清朝的大屋，名气最大，可惜早已荡然无存。后人见到的建于清末的高国梁大屋占地面积达300多平方米，四厢、两正。高国梁大屋曾一度矗立在河南咀中腰，气势恢宏。因年久失修，兄弟分家，毁于洪水。以上建筑遗迹均在河南咀地下，只有在他们家的嫡系后代屋基上或是墙脚底层偶尔见到很有年代的青石条。

其中具有代表性的而且不少人在解放初见过的是建于清道光年间的通河两岸最大的富豪佘二和尚大屋，占地面积达200多平方米，高7米朝上，二层楼，四周都有走廊可通行的楼房，甚至骑马可以在里面畅行无阻。抗战时，佘二和尚跑反到青阳，此房一度无人管理。解放后住了好几家人。1954年大水此屋部分倒塌。1955年拆除的砖瓦被政府装运到和悦洲建公房（和悦洲的麻石条被运到大通建街道，为弥补和悦洲损失，就从河南咀拆大屋运砖瓦到和悦洲）。"文化大革命"中渔业公社第六生产队将老屋基下的青石条和麻石条仅挖出一小部分来，就建了间队屋。其本家后人侄孙辈，也挖出一些建筑石材做了私家住宅。

同时期建的规模相当的大屋是皮坊，坐落在佘家大屋北边，高鹤年大屋的南边。此屋地基和佘氏大屋一样高，前后深一样齐，但楼层略比佘氏大屋矮些。皮坊主人曹氏离开此地后，将此房卖给了河南咀高氏安然公一房的小公堂，分与族内无房户居住。江鸿进一家、高根祖等在此短暂住过。1954年大水，此屋全毁。

建于民国元年的高鹤年与高耀堂家大屋占地200多平方米，上下两层，厢房八间，内设有天井，冬暖夏凉。屋内住了堂兄弟五六户，加上3个生产队会计室，实住人数达30多人。20世纪60年代初三年困难时期时，该大屋作为全河南咀500多人一日三餐的公共食堂。开饭时各家提着饭盆饭桶集中排队打饭，秩序井然。"文化大革命"时，雕龙画凤的砖雕木刻和花鸟虫鱼绘画艺术品被敲碎和铲除，甚为可惜。因年久失修，此屋拆于1988年。此外，建于民国初占地面积达150平方米的古民居楼房有上该墩的张静山、张安福两家共有的大屋和下墩的高明羊、高明福大屋。因为内有天井，光线明亮，场地宽敞，生产队开会和举办活动基本上都在这里。直到20世纪80年代还是住家，90年代末基本损毁。

清朝时期，河南咀上个墩有一家酿酒的糟坊，占地面积一两亩。房舍高大宽敞。后酒坊倒闭，老板远走他乡。河南咀的吴荣奎和吴玉奎就在此处挖出砖头和青石、麻石条分别建了几大间瓦房。建于清朝的高兴国大屋，后由于年久失修，其后人高青松、高年松兄弟俩将老屋拆除，分家在原地重做几间瓦屋。其中高青松大屋内上有楼、下有天井。1958 年曾与高宗福大屋共同作为公共食堂场所。而建在河南咀庙嘴头的高荣坤家大屋，曾作为 50 年代初挑黄沙的劳改和管教干部的住房。还有高明福、高明元兄弟，高明羊、高财喜堂兄弟住的大屋，面积近 200 平方米，也是河南咀屈指可数的徽派大屋。

据尚健在的一些老人和居住在古民居的后人叙述，河南咀的徽派古民居最典型的房屋，就是那种叫"四厢、两正"的建筑了。这徽式大屋，是最盛行的一种建筑结构，面积一般为 200 平方米。房屋多数坐西朝东，大门朝青通河；也有坐东朝西的，如张家大屋。大门的宽度和高度都要比后门大得多；大门口的两边还设有"石鼓"，这石鼓的大小、造型以及那上面雕刻的图案花纹等都得与这家人的身份、地位相适应。人们通过这门前的石鼓就可以判断出这户人家的大概情况来。进得屋内，首先映入眼帘的就是那屋顶上长方形的天井。屋内的分隔部分全采用百年以上的杉木或株树而做；屋内分东、西、南、北四个厢房，为上、下两层；四个厢房为正房，楼上为"圆楼"，是未出嫁的女儿居住的地方，如家中无女儿，楼上则用来堆放粮食和杂物。也有的人家长期闲置一间房子，里面的桌子、椅子、床、被子等物品一应俱全，也打扫得干干净净。皖南的"三雕"技艺在古民居上表现得淋漓尽致，屋内的门、窗、柱、梁，还有栏杆、扶手等处，无不雕刻有各种精美的花纹图案，有传奇故事人物、动

20 世纪六七十年代的河南咀高宗福家大屋大门，这里曾是公共食堂

物、植物、花鸟鱼虫等，且栩栩如生。有些图案还采用了多层镂空的雕刻技法。古民居在整体设计上也达到了尽善尽美的地步。在防火设计上，每幢大屋都是一个独立的建筑体，与其他的建筑体互不相连，每一户房屋的四周都是防火墙超过了屋顶，万一某一户不慎失了火，大火只在其屋子内部燃烧，而不致"火烧连营"。在防发大水方面设计上也非常地科学合理，所有的较大房屋都建在高地上，一般的大水淹不到墙脚。在防盗设计上更是别出心裁，一是古民居的外墙全部采用"空心斗子墙"，在建房时就在"斗子"里面放进了许多碎石瓦片之类的物品，如遇有盗贼打洞行窃，斗子里的碎石瓦片等物便会哗哗啦啦地往下掉，发出较大的声响来，家人便会发现；二是古民居的窗子设计得既高又小，还加上护窗栏杆，盗贼只能"望窗兴叹"；三是每户人家的木门上除了都有门闩外，还有一根"顶门棍"，这根顶门棍一头顶在门闩上，另一头顶在地板上的斜洞里，盗贼在外面很难搞得开这根粗大的顶门棍的。走进渔村就仿佛走进了一部古老的历史。古民居经过了几百年风雨的侵袭，如今的渔村已经是遍体鳞伤了。有许多先富起来的人家已经将旧的民居拆除，取而代之的是两层现代化的小楼。

在1954年发大水之前，河南咀共50多户人家基本上都住的是砖木瓦房，极少草屋。（这里还不包括每户至少都有一条载重2～3吨的渔船）。而同时期与河南咀一河之隔的澜溪老街上，均没有占地面积超过200平方米的徽派楼房。为什么这块巴掌大的小渔村却能建造如此之多的楼房和砖墙瓦屋呢？毕竟造这么大

20世纪90年代尚存的河南咀徽派民居危房

的楼房所需资金不是一个小数。俗话说："马无夜草不肥，人无横财不富"，这是因为当初这些建造楼房的主人除了捕鱼这个主业之外，还经商、做生意、跑运输，买田买地收租等，积攒了丰厚的钱财。这证明了河南咀这个小渔村曾有的富庶和辉煌。

》 无处不在的青石板

"爱此一拳石，玲珑出自然。溯源应太古，堕世又何年？有志归玄璞，无才去补天。不求遥众赏，潇洒做顽仙。"这是曹雪芹题自画石诗。在河南咀这个千年古渔村，有一个明显的文明标志性元素，那就是到处都有很早以前人工从山上开采下来并经打磨的青石板和马石条，而且年代久远，大多在百年以上，有的达几百年之久。这些遍布小渔村的青石板，必然是曾经古老豪宅大屋的存在的佐证。

几乎地面上砖墙瓦房的门槛必须是青石条，门前的平台是青石板，即便是草屋门槛也多为青石条。除了凿好的青石门槛外，砖墙的大门两边，多有刻意竖着两条的长方形青石，这种效果比砖头砌筑的门墙明显高档得多，既有建筑物的美感，又有时代的沧桑感。这些青石，由于年代久远，加上人们脚踏手摸，青色中结晶出黑棱，油光贼亮，变得极具温润感，它的存在体现了时光的宁静安详。

除此之外，凡房屋前后门口，事关脸面之处，家家户户都会铺设一块或几块青石板作为平台，不论是晴天还是雨雪天，青石板都会清扫得干干净净。平台比较大的有胡度文大门口的一大块整石板，展方四正的，厚五寸朝上，几百斤重，很有些年代。即使是下雨天，来人穿着沾满泥巴的胶鞋或钉鞋，也会把鞋上的泥巴擦去，然后才进屋。讲究的人家还在平台两边架设两条枕石，让人方便的时候坐下来。至20世纪，河南咀青高耀堂与高鹤年堂兄弟合住的徽派大屋门前铺设的青石板一直延伸到河边，有20多米长。吃食堂时，这幢大屋作为公共食堂，每天要挑水，正好成了专为挑水工而铺的石板路。另外，墩底下的高明福与高明羊堂兄弟老屋门前也有一条自门口通河边的一排青石板路。

河南咀的地势不高，经常发大水，所以做房子时，木柱子的底脚通常用

"礤楔"作垫脚石，都是青石雕凿的正四方形，上几百平方米的大屋则用鼓形石磴用以防潮。这种用大青石精雕细刻的柱座，其图案以龙凤云水为母题，或以百狮飞鹤为主体，结合宗教装饰图案的佛家八宝（以莲花居多）、道家八宝（渔鼓、荷花居多）以及花鸟虫等。有多少根立柱，就有多少尊礤楔。如高氏公堂祖祠的柱盘都有高、浅浮雕图形。这种将浮雕与圆雕相结合，装饰性与写实性相比衬，使装饰作用与独立欣赏价值相统一，充分体现了当时工匠的高超技艺，同时也展现出了房屋主人的情操和愿望。

青石板最集中的合六间的大瓦屋里面的天井则更是一二丈长、宽一米的大整青石，凿成"匸"形，它像一口方塘，底和边全是巨青石雕凿而成的。试想，如果不是青石打制成的天井，而是泥巴挖出的，怎么可能会形成四水归堂的效应？

小渔村的青石板散乱到处可见的是夏天的河边。此时，妇女要在河边洗衣，几尺到几丈距离就有大小不等平整光滑的青石板。常能听到河边洗衣的棒槌声此起彼伏，清水在一尘不染的青石板上流淌，它带走了污泥浊水。青石板是洗衣人的最爱。或是其他季节，河水退下去，烂泥阻隔了渡口和下河挑水洗衣洗菜的居民，有人搭木板水跳，在岸边与水跳之间就会有青石板垫路，而古渡口两岸上下船的这种路就定格在人们的脑海里了。

不经意间看到这些名不见经传的青石，一切皆出于自然，其成色历久而清澈透亮，自带光华。青石长于石头山上，它是矿藏，每一块青石都有纹路、流动的线条，它与天地共冷暖，与人世间共情。暴风骤雨前，青石板上蒸汽凝聚成无数汗珠，青石板这"潮湿的心"次日却见"夜雨梨花打湿阶"；严冬风雪漫天后，青石板冰寒彻骨。从青石板的青色，联想到中国色的 5 个色系：赤、白、黄、青、黑，是传统的基本五种颜色。可以说青色又是解读中国传统文化的颜色密码。这就不难理解为什么青石板独受国人的青睐。

在河南咀，除了无处不在的地面上的青石板外，还有最多的是麻石条。不过，麻石条主要还是用于房屋打地基，一般多埋于地下。它不显摆，特低调，甚至永世不被世人所看见，甘当无名英雄。从河南咀庙嘴头和各大老屋拆迁挖地基深入地下 5 米起来的麻石条看，它们的历史达七八百年之久。何以见得？因为从地基的深度可以推测建房时江河水在什么年代、需要打多深的地基。同时，从这些青石和麻石开凿及运输也可断定这些建筑物来自何方。据有关资料考证，大通与河南咀青石和九华红麻石条绝大部分来自铜陵牌坊头一带。这里几乎都是二氧化硅石头和花岗岩粉石，每年大水时，装运石头的船直抵山边。不过，一些超大的巨型青石板和麻石条也有从江西婺源凿制出来后，用大船经长江运抵本地的。

老话说，破瓦罐熬过柏木筲。纵览河南咀多少高楼大厦都灰飞烟灭了，但带有沧桑感的青石板、麻石条俯拾即是，它们是文明的基石，是人们在此居住历史的明证。只有城镇和古村落才能有它的身影，而单家独户和临时拆迁户难以形成无处不在的青石板和麻石条。一块青石板，很不显眼，看似很平凡，但背后说不定有一段故事可歌可泣、催人泪下呢！

青石板，它的存在诠释了平凡中的不平凡。

》 失传的民间手艺

推开岁月的大门，那些沉淀在时光里的记忆，翻检出来，如星辰般闪现。高明公的少林拳，一招一式，刚柔并济；水上龙灯，如蛟龙出海，气势如虹；老街上油纸伞一撑一合，古典雅致；秤杆的打磨、秤星的点缀，不容丝毫闪失；织网做罾，千针万线，虽穿梭如飞，却从无百密一疏……

在农耕社会，特别是在交通发达的小集镇，是手艺人谋生的好去处。那时的大通街，几乎每隔两三间小店就有一间传统的手工艺店铺或作坊，你若是一家一家地逛，没有半天是看不完的。只有在这里，才有那么多的手艺人用非常传统的方式生活着，因为有他们，这里才有那种特别的宁静朴素和悠闲。也因为他们，让许多文人墨客置身这里会感受到文学丰富的源泉和美感。而紧靠大通街的小渔村河南咀渔民除了深受大通街影响外，也有一些适合渔家生存方式方法的手艺。

绞脸：也叫开面，是一种手艺。古代女子出嫁前的一种成人礼。当女孩成年时，几个长辈妇女每人手里拿起一根长棉线，两头并齐再转动三次，变为一个能移动的交叉点，嘴里咬住一根线，左手拉住另一头，右手的大拇指和食指撑开棉线一张一合，那根棉线的交叉点就在女孩的脸上来回滑动。经过绞脸，主要是将女人脸上的汗毛去掉，脸上会感觉到特别透气，摸上去很光滑。在脸上再扑些雅粉，面庞变得蒙蒙的，甚是好看。不过，一旦开始绞脸后，每个月都要绞一次，否则脸上就会痒巴巴的。直至20世纪60年代，河南咀家庭妇女中母女俩、妯娌之间，甚至婆媳经常在家里或家门口三三两两地互相帮助绞脸。虽然工具简单，可现在在家乡，已没有会这绝活的传人了。

绣花鞋：在大通街头还有卖绣花鞋的小摊子，经常看到一些老婆婆摆的绣花地摊。其实河南咀有不少妇女都会绣花和绣花鞋。她们用纸剪好各种图案，有菊花的、牡丹花的，有丹凤朝阳的，还有老虎头的。而在大通街上卖绣花的都是过得很清爽的老妇女和老奶奶，她们提着篮子，装着几本书，剪好的纸花样子和彩色丝线放在书里面，谁要看上哪一款，卖绣花的人乐哈哈地帮你挑选，小心翼翼捡起来，放在壳子纸夹着，让你带回家。穿什么样的绣花鞋，都是有一定讲究的。女孩子穿花布的绣花鞋，男孩子在婴儿时期普遍穿带老虎头的绣花鞋，这是代表吉祥好意。也有莲生贵子、榴开百子、双蝶恋花、龙飞凤舞的绣花鞋。河南咀的妇女都能绣得一手好花，她们虽不识字，也不会作画，但她们用纸剪出来的各种图案的花瓣，栩栩如生。在不到方寸的鞋头上，用各种颜色的花线一针一线地描绘。很快那些带有花鸟草虫、飞禽走兽、瓜蒂花果、山川风物的绣花鞋，纷至沓来，精彩纷呈。其中最具乡土气息的传统手工品是布老虎鞋，其做工讲究，仅虎头制作就要用到多种针法，通过针线粗细勾勒，表现出老虎的不同特征和神态。渔家的孩子们穿着母亲做成的一双双老虎头绣花鞋，踏上人生之路的。

纺线：河南咀人世代以捕鱼为业，捕鱼的工具主要是罾和网，罾和网的编织需要织麻就是纺线。织麻就是把一些麻放在脸盆里浸泡，待麻线软化后，将麻一根根地撕开来，放到大腿上面搓，麻线捻好后，再用纺车纺线。纺车由风翅、车脚、脚丫三部分组成。风翅（辐条）共八根，用线绳连接，车脚是用来连接风翅与脚丫的。脚丫则专用来固定锭杆。纺线时，先将一截高粱莛秆的外皮（俗称"线穗裤"）套在锭杆上，在风翅与锭杆间用一根弦连接，右手摇动摇把，风翅转动，通过细弦传动，锭杆也转动起来。同时，左手持连在锭杆上的麻线梳机，悠悠抽线，抽至最长时，回车使线缠在线穗裤上，缠足一二两重，取下，名为"线穗"，纺出的线以细而均匀为佳。这种手摇纺车由于结构简单，便于操作，一直被广泛采用。那时候，做一把密罾要一担多麻，去掉那些不合格的麻，最后只有一部分精麻才能真正搓麻线纺麻线、用于做罾织网。"你捕鱼来我纺线"，捕鱼是男劳力，纺线则是妇女的专职。从这个意义上说，河南咀的女人更辛劳得多。

做酱瓣：河南咀渔民几乎家家都会。每到夏天，各家就会买来蚕豆、麦麸等，剥去皮，煮熟捣烂，加咸盐、酱油等，加工制作成酱坯，成"罨酱黄"。酱坯作成后，装入釉钵中，择于火日即逢丙日，加入冷盐水，充分搅和成稀糊状，叫"合酱"，这之后就交给时间了。俗忌逢雷鸣，古有谚曰："雷鸣不合酱。"然后，将酱板置于高石磴或木架上，露天摆放在门口，日晒夜露，每天日出前以竹筷搅拌，而使上下晒得均匀，接受烈日的照射。如遇雨天，或夜晚会及时拿着罩子盖住钵口，以防生水淋入。如果钵内失水变稠，须加冷开水或米饭汤搅拌，让其变稀。经过20多个日头的曝晒，初步堪食。但要真正成黑色气香味美，需百余日汲取天地之精华，那酱板和酱油味道特别纯正，略带一丝香甜。没有任何人工添加剂，是真正的绿色食品。各家自制的酱板到下半年秋天出鱼的时候，渔船要带一些到船上当佐料，煮鱼特别鲜。而家里的酱板要吃一年。

壳日帽：河南咀渔民特有的、防晒防雨的，是渔民自己用篾和皮纸做的帽子。这种帽子虽然集市上还能看到，但都是取材不地道、做工粗糙的大路货。而河南咀老一辈制作的壳日帽做工精细，篾眼小，油皮纸光亮，可谓玲珑剔透。壳日帽里面置有内罩，配戴时，稳定地扣住头顶部，每顶帽子戴在头上既轻巧又合身，渔人形象凸显。携带方便，经久耐用，既可遮阳又可挡雨，渔民捕鱼戴上它，大太阳时或下雨时必戴，由于帽子上面系有带子，即使遇狂风帽子也吹不走。它是河南咀人特有的标记。有时有的学生上学时，每逢下雨天，只能戴一顶壳日帽，要是遇上刮风又下雨的天气，下半身会淋湿透。所以，那个时候的小学生并不稀罕壳日帽，那是土气的代名词。他们羡慕街镇上女同学撑开的油纸伞，每每看到雨巷、倩影、油纸伞，不知这些渔家男孩心里涌起的是一种怎样的情愫？

❯❯ 喝　酒

河南咀人爱喝酒不在少数。这是因为渔民长期风里来雨里去，衣物受潮湿是常有的事，身体湿气重，喝酒可以祛寒气暖身子；另一个原因是，捕鱼既是技术活更是体力活，出鱼时忙得不可开交，一旦歇下来，喝点酒可以解乏，所以很多人喜爱喝酒。还有一个独特的条件，就是有下酒菜。先秦古文有："南有嘉鱼，蒸然罩罩。君子有酒，嘉宾式燕以乐。南有嘉鱼，蒸然汕汕。君子有酒，嘉宾式燕以衎。"河南咀人如果家里来客人，不一定有肉上桌，但一定都会有酒上桌，有鲜鱼做下酒菜。

有个叫高林瑞（高小香父亲）的渔民，他贪酒出了名，被乡人称为"烧酒鬼子"。他每天要喝四两多酒，喝多了就发酒疯，骂人，发泄胸中的不满。能喝酒的还有高兆祥，他酒量大，餐餐喝，平时不大讲话，喝多了话就多了起来，也骂人。50 年代，在河南咀居住的会计叫崔应龙，他是个名副其实的酒鬼子。一年四季他荷包里装一个小酒壶，随时拿出来，抿一口酒。真的是酒不能离身。

上个墩的胡度文爱喝酒，他有一把老锡壶，专门用来烫酒。高韵祖、高根祖和高学武三兄弟都喝酒。有一次，高余庆父亲高寿南去世，高韵祖和张仲顺去帮忙，晚上喝白喜事酒，他俩猜拳行令，划拳喝酒，两人不分上下，最后都喝醉了。高维发，是个喝酒的主儿，脸上有酒窝，每天必搞几两酒，喝完酒，人就安静下来了。他喝酒从不多事，很文明。高安发、吴邦富两个姨夫姥爷们都好一杯酒。有一次，在三县圩挑圩，他们白天挑土，夜晚就宿在船上。张炳南与吴邦富两人共同出钱买来散酒，张炳南陪酒，但不怎么喝，有一句无一句，就是想让吴邦富喝倒。结果一餐酒两个人喝了两三个小时，把吴邦富喝醉了，吐到天亮，吴邦富第二天说，以后再不喝酒了。此话没用，不久回家又跟儿子（吴家荣）在一起喝酒了。他的儿子吴家荣在大通搬运站上班，特能喝酒，中、晚都要喝，而且不要下酒菜，有时候沾一点红辣椒糊就能喝半斤酒。他究竟能喝多少酒，无人确切知道，有的人说，他能喝八两，有的人说，他能喝两斤。没有人见他喝醉过。因为长期喝酒，50 多岁后肝不好，只好戒酒了，见到别人喝好酒，他馋死了。高学武不但喝酒，他还听老中医的话，喝中药配的浸泡的药酒，乐此不疲。也真有效，他活到 85 岁，作为渔民，也算是高寿。爱好喝酒又喜好显摆的高宗良，一生爱酒。绝大多数情况下，尤其是夏天晚饭时，他让儿子们把竹床摆在大门前，小竹椅子、小木凳子两边排放整齐，长竹床代替餐桌。这露天的长酒席桌与青通河平行，对岸是大通街后临河的一排排房子。夏天晚饭，通河两岸居民都习惯用竹床当饭桌，在门前外吃饭凉快些。一餐酒起码要喝个把时辰。有时候，门口经过的人知道他的性格，奉承他说："哟，这伙食不差嘛！"早就想等这句（赞美）话的他，乐滋滋地回应道："我哪天不是六七个菜？"或者说："今（gēng）子菜不算多喔，多的时候你没看到。"说着得意地笑起来。有时在前来看的人较多时，他又叫家人再拿酒来，继续喝。在豪饮中，他的神情沉湎于陶醉之中，他周身的细胞沉浸在舒枝展叶的快乐中。

60 年代，酒由专卖处专营，小商店卖小散酒。河南咀人喝酒带个小酒瓶去打个二三两，也就一二角钱。六七十年代的古井贡酒一斤装的，二块八毛钱。最好的茅台酒，十元一瓶。一般老百姓连酒的名字都不知道，更不要说喝过这种酒。

在河南咀的渔民中，有不少人滴酒不沾。如张大智、张大信从不沾酒。高宗福、高宗祉兄弟也不喝酒。高宗祉是个小气鬼，他说："一杯酒跟一杯香油差不多的钱，不如把买酒的钱拿来买香油。喝不喝酒无所谓，没有香油怎么炒菜？"

河南咀虽然不少渔民都喝酒，但捕鱼的时候绝不喝酒。也没有好喝酒的人把酒带到船上去喝。因为在水上劳作，安全第一，酒喝多了，会误事的。

▶▶ 喊 吓

处在城乡接合部的河南咀渔村的渔民，说城不城，说乡不乡，人们对迷信的执着还大有人在。渔家子弟常年要起早贪黑，往往一个人深入黑灯瞎火和环境恶劣的山水边、河湖塘坝等鬼不生宕的地方劳作。坊间有"大路有水，小路有鬼"，为了生活，年轻人和年龄小的青少年极易贪图路近抄小路，加上自古就有迷信的生活观念影响，小孩听一些鬼怪故事，小渔村时常有人吓掉了魂。因此，就有喊吓（hè）的风俗习惯。

河南咀第六生产队高林书的小儿子高宗贵在十几岁时，曾经一个人大清早扛起一把手罾架子，跑到青通河边"百面佛"对面的"白瓦屋"扳手罾。由于扳鱼心切，他从床上醒来一骨碌起床背起手罾，从大同圩走到几里外的白瓦屋河边时，天还没亮，一看漆黑的河边只有自己一个人，远处的树木魅影十分吓人，任何风吹草动都令他紧张害怕，惊魂未定，大脑受到刺激，从此人像孬子一样，沉默不语。家人们都说，这个娃子掉了魂。于是，每到夜晚，宗贵的父母就拖一个大竹丝扫帚，从大同圩堤上往家门口走，边走边喊："宗贵咦，宗贵咦，家（ga）来哟！"经过这么一段时间的神操作，在喊吓（hè）的心理作用下，不久后，宗贵真的好了，恢复活蹦乱跳的样子了。

人们认为喊吓的确有用，而且也是一种极为方便易行快捷的方式。民间认为是喊吓招魂起了作用，用科学来解释其实是心理安慰和时间的自我治愈所起的作用。

➤➤ 私塾与笃学

长期在水上漂泊的船上渔民他们基本上没有机会接受文化教育，只有在陆地上定居的住家户才有可能享有受教育的机会。

河南咀的渔民最早在清末就有私塾。最著名的是高彪，他小时候家里条件比较好，据说他是父亲老年得子，是小老婆所生，但他只读了几年的私塾就不念了，他一心想习武，考武举人。因二选一，未中。此人后来参加了自立军起义，是一个重要的骨干。大约在20世纪20—40年代，读私塾受过私塾教育的河南咀人更多了。据老人们说，河南咀的私塾老先生是清末的高兴国和高宜鼎祖上的两位老秀才，学生先后有张大智兄弟等，到高宗福等人。学生先背诵《百家姓》《三字经》，背熟后，开讲《大学》《中庸》《左传》和《资治通鉴》等书。其他出生于二三十年代的人，家里条件好的，分别在河南咀高大安家老屋里读过私塾，所请的私塾先生都是大通街上有名的文化人，读的都是孔孟之道、四书五经和三字经之类的。这些在私塾学习过的人，文化水平大多不太高，但他们和家乡那些目不识丁的人不一样，只要读了私塾，在河南咀就会被人认为是有文化的人，会被另眼相看。到20世纪四五十年代，有夏宇仁、张仁静老先生在河南咀各大屋里教私塾。学生有张生辉、高家辉、高大羊、张生道等更多的人读私塾，他们年龄参差不齐，大小相隔7~9岁不等。

读私塾考出去的是高宗一，曾考入上海劳动大学，是正儿八经的大学本科学历，虽然学校免除学杂费，但生活费用都是河南咀高家公堂每年提供20块大洋，让他完成学业的。

　　大通街上原在河南咀教私塾的张仁静老先生，戴个高度近视眼镜，几乎只能低着头看东西，晚年比较落魄。60年代初，他经常在大通街上放一张小桌子、一条木板凳，代人写书信，一般他要求写信的人把情况讲给他听，然后他就组织语言转述给你听，直到意思表达清楚了，之后一蹴而就，一封信他就写好了，写好以后读给你听，直到你满意为止，只收几分、毛把钱。当年在街头，一张小桌子，一条长板凳，几张信纸，一支水笔就是他的所有家当。他晚年穿着长衫，经常在晚上没饭吃的时候，从大通街上来到河南咀，到他曾经教过的学生家里混一顿饭吃，一般学生都会善待他，只要他来吃饭，都会专门为他炒一盘鸡蛋、蒸几块咸鱼，让他吃饱喝足。只有在这个时候，他才感到自己这个文化人的尊严和快慰。

　　河南咀人对私塾老先生一直怀有敬意，没有文化的人会认为这些老先生满腹经纶，都是天上下凡的文曲星，应该受人尊敬。一旦有文字的纸被丢在地上，都会有人把它捡起来。

　　到20世纪六七十年代，河南咀人都会对老师高看一眼，只要乡亲们见到老师都会面带笑容，恭恭敬敬，说老师好。这些老师大部分都是街上人或是城里过来的人，即使是农村来的老师，大家对他也是恭敬有加。

❱❱ 桃李芬芳的河南咀初级小学

　　河南咀小学最早创办于新中国成立后的1949年，一、二、三年级都在一个教室里，最初是姚氏江南木行的房子，有200多平方米。1954年大水房屋倒塌，后建有三间草房，一排的房子建在长江边的一个操场上。开办之初任教的老师先后有陈贵之、王敬枝（女）和退伍军人何麻子等人。20世纪40年代出生的人，50年代正好在这里读书，如何祖德、李祖福到后来的张生光、高家振等人都在这里读到小学四年级。五六十年代经济条件比较差，全社会文化人并不多，往往一个班新生入学时年龄参差不齐。1950年出生的高家龙（大家龙）在一年级留了3年，被笑称"一年级万万岁"。他跟比他小八九岁的同学在一个班。1963年，河南咀小学一年级的吴炳胜7虚岁，同班女同学杨小凤12虚岁，最小的比最大的年龄小5岁；更有1957年出生的张家顺比1964年出生的张黎明大7岁。那时，河南咀小学只有从一年级读到四年级，而且这个中间还有复式班，就是把一、四两个年级和二、三年级的学生各编成一班，由一位教师用不同的教材上课，在同一节课里对不同年级的学生进行教学，教师对一个年级的学生讲课，同时组织其他年级的学生自学或做作业，并有计划地有序交替进行。学生胸前戴印有"河南咀初级小学"的校徽。小学开始没有五年级，所以读完四年级只能到大通小学去继续上学。可见当时的条件是多么简陋。

其后来这里先后不同时期有许大巴、郎淑云、方基衡、毕学信、姚小木、姚金凤、石家英、王月珍、尹本华、查敏罗、吴莲英、姚善德、王发青、陈志霞等一二十位正式公办和十几位民办代课教师在这所小学任教。

公办老师都是县里分配过来的，如果他们的家在大通街，包括中午放学一日三餐都能回去吃饭。而外地来的单身汉则自己烧饭，生活十分不便。后来随着学校学生的增加，除了公办老师以外，还增加了本地的民办和代课教师。学生最多的时候是1978—1979年，在小学五年级的基础上又增设了一个戴帽子初中班，到了初三，这个班还吸纳了大通及大同圩周边的初三复读的学生，一个初中班最多人数达到了40多人，上课时，狭小的教室里挤得满满的，黑压压一片，教学质量可想而知。

河南咀小学主要面向小渔村（四、五、六）3个生产队渔民的孩子招生。以1963年9月入学新生统计，一年级有学生20多人，他们是吴家祥、高小朋、高传华、高水霞、高传树、吴宗龙、张老虎、张龙珠、高方青、高水霞（女）、高满甫、吴炳胜、高家正、高水霞、吴小发、高家春、高大兆、高志顺、高小萍（女）、杨小凤（女）、高宗年、高家根、许少满、陈国胜（大通街的）和柳新一（女，渔业公社柳主任的女儿）等。多数新生入学年龄在8~10岁。每个年级的学生数一般在20人左右。那时办学条件很差，缺少课桌椅。于是学校动员新生从家里扛着板凳和椅子到学校。有些凳子不结实，上学时学生坐着一摇晃，咔嚓一声，凳子倒了，课堂里一片哗然。见怪不怪，如同"儿不嫌母丑"一样的心态，学生习以为常。而且从创办学校到20世纪60年代，开头只有一至四年级，70年代增至五年级，1979年开设戴帽子初三班。虽然条件简陋，但学风浓厚，师德纯正，教师尽职尽责，加上渔家子女聪明好学，头脑灵活，这里出了不少优秀的品学兼优的学生。如从河南咀小学考上大通中学的吴稼祥，读小学一年级时，还没到学期结束，他就把语文、算术书弄成了像被火烧掉了边，只剩中间巴掌心一块大的破书。老师说，你这不是读书，而是吃书。谁也没想到，14年之后，在1977年恢复高考的第一年，他考上了北京大学，后来成为知名学者，受到乡人的称赞；高志顺考入大通中学，各门功课都很优秀，全年级第一，他精通数学，有的老师不会解答的题目他都会做，是个数学天才；高家庆，从河南咀小学毕业考入大通中学，于1981年从铜陵市第一中学考上武汉测绘学院，后到美国深造，现在新西兰某大学担任教授，是著名的航天监测专家和知名学者；还有张龙胜，从河南咀小学戴帽子初中班考入大通中学，并于1982年考上洛阳军事外国语学院，毕业后留校任教，通过努力又考到北京外国语大学，硕士研究生毕业。后来成为著名的实业家，现移民美国生活工作，颇有成就。这个在总人口只有800多人的小渔村，高考恢复短短几年，居然有20多人考上大学、大专和中专不同的学校，大、中、专的录取率远远高于周边村镇。

河南咀小学有多位好教师，其中出生于1940年的毕学信老师，在大通街上住，但他在河南咀小学任教达十几年，是公办教师在河南咀待的时间最长的，没有之一。他是一位非常受人尊敬的好教师，虽然他有一只眼睛有点眼疾，但他工作认真，对学生负责，教学一丝不苟，尽职尽责，并且与河南咀人结下了深厚的友谊。1964年他率"河小乒乓球队"到大通小学比赛，张桂芳获女子乒乓球赛冠军，张小龙获男子乒乓球赛亚军。另一位是女教师王月珍，她出生于1938年左右，也在大通居住，老家是枞阳会宫乡，她的丈夫徐民哉在大通渔业公社当过文书，是国家干部，他是安徽劳动大学毕业。王老师教语文和数学，工作认真，每次家访都和家长进行交流，对学生提出希望，让家长配合共同教育孩子，每天下午都把学生送到家后自己才回家，甚至在怀孕快要生小孩的时候还坚持上课。王老师年轻时很漂亮，简直是圣母般的高贵和美丽。但是在这个学校里也有一些比较差的代课老师，有的居然把学生高大兆读成了高大姚，点名的时候把吴来晋叫成吴来普，成为人们谈笑的资料。

河南咀小学坐落在夹江（鹊江）边，每年发大水都被淹，开学的时候必须要维修教室。随着80年代渔业公社的撤销，河南咀并入大通镇，河南咀人口大量外流，河南咀小学因为生源的锐减，到了1993年，因学生太少运行了44年的河南咀小学终于停办了。但是曾在这里读过书的学生无不怀念那美好的纯真无邪的少年时光。河南咀小学让渔村孩子从小接受了教育，从而改变了他们的人生。

河南咀小学 1979 届师生合影

60 年代河南咀小学操场

❯❯ 起承转合的大通高级小学

大通小学约于民国初期创建，主持人是宗藏亭，继任者是毕景祺、佘贻纶、佘贻立等。北伐以后学校就裁并了。过了一两年，又相继创立了"铜陵县立大通第一初级小学、铜陵县立大通第二初级小学、第六区立第二实验小学"等。这些派生的学校负责人及教师多是原班人马，规模极小，有时只有一两个教师，有时也只有一个班级。1930 年左右，这些学校又合并为铜陵县立大通小学，编为高初级三个班，一、二年级合班，三、四年级合班，五、六年级合班，校舍设于佘氏宗祠。更换的校长有佘世纶、张笑武、查全同等。最后由佘世道接任。抗战时，这些学校遭到日军炮火的袭击，一切活动停止。日军占领大通后，大通小学更名为大通复兴小学，校长有方东白、朱信三等。抗战胜利后由章志贤充任校长直到解放。

大通小学抗战胜利后在佘家祠堂就办过两届，后来搬到老街上街头福音堂（老工会地址），校舍非常规范，进门屏风上面有蒋介石的题词"礼义廉耻"校训，里面有一块大广场。这就是"国立小学"。解放以后，1953—1954 年，由于在校生较多，场地受限，开始部分搬迁到长龙山头大通天主教堂，此处小学场地宽敞，地势高，水淹不到。当时的校长叫王思贵，教务主任姓洪；教师有教语文的王范娥（女），其语文教学水平在当时的安庆地区是首屈一指响当当的一块牌子，柏瑛教数理，还有胡作西、李素行等年轻的教师。

50—70年代中期，由于场地和教师等条件受限，河南咀小学只开设一年级到四年级班，这就是所谓的初级小学。升入五年级起，河南咀的学生如果继续读书就必须到具有从一年级到六年级的高级小学——大通小学就读。对河南咀渔家学生而言，大通小学就是一个重要的节点，或者叫中转站，起着起承转合、承低启高的作用。

河南咀的学生进入大通小学读书为数较多。最早的是1954年，高宗宣、高家振、张生光和吴道宏等学生。这一年，他们本来是在河南咀小学读三年级，因为发大水，河南咀小学教室倒掉了，秋季开学时他们要上四年级，所以这一班从四年级就到大通小学上了。家住董店西垅陈子冲的高坎（河南咀高宗一的长子）也因大水从西垅来大通小学读四年级。当时的大通小学设在长龙山头天主教堂一排房子里。教堂有二层楼，上下层都做教室。一至六年级，每个年级有4~5个班，每个班30~40人。后来又在教堂前面、古井上面陆续做了两三排教室。当时的校长是陈春甫（曾在国民党时担任过铜陵县县长，同情支持共产党，为开明人士）。教师有教语文的王范娥（女），教数学的是钱让清（大学学历），教汉语拼音的是房耀东（女）等。1958—1959年，六年级两个班60多人合并在教堂大厅上课。1959年小学毕业升初中时，考场设在和悦洲圣公会。其后，河南咀小学读完四年级继续升学的，都只有到大通小学读五、六年级。

1965年河南咀小学升入大通小学的有张小龙、高传宝、高国玉、张桂兰（女）、张桂芳（女）、张来枝（女）、张小发（女）等。1966年有高集体、高民改、高传喜、高家道、吴长生、吴东海、吴翠萍（女）、吴腊喜（女）、高家根、高志顺等相继在大通小学读书。1967年进入大通小学五年级读书的河南咀学生更多，高家春、高方青、高小朋、高传华、张老虎、吴稼祥、吴小发、吴炳胜等。

大通小学环境优美，一排排整齐的教室，统一规格的课桌椅，宽广的大操场，有七八米高的竹爬杆，有好几棵100多年枝繁叶茂的大刺槐树，教室前面有郁郁葱葱硕果累累的石榴树。周日傍晚，晚霞一抹，夕阳西下，钟楼里传来住校教师演奏的手风琴声，在钟楼的映衬下，仿佛进入了小说中描写的17、18世纪欧洲教堂中的场景，虽近但悠长，让人一下子感受到静穆和灵魂升华。

"文化大革命"时期，大通小学师生都毫无疑问地投入这场史无前例的运动当中。遭受影响最严重的是 1967—1969 年的在校师生师生忙于"大批判"，基本没有读什么书。

那个年代读书真是"屋漏偏逢连夜雨，船迟又遇打头风"。1969 年中苏爆发珍宝岛冲突，学校通知要防止苏联扔原子弹，准备打核战，挖防空洞。学生带洋镐铁锹到学校的所在地长龙山头挖地道。

那个特殊年代，五年级和六年级真正安心学习科学文化知识的时间少得可怜。但不论如何折腾，大通小学还是培养了不少优秀少年儿童，包括河南咀的学生在内，有的读完了高小，有的小学毕业迈向了中学，直至上了大学。

大通小学坐落在长龙山的天主教堂旁

❱❱ 莘莘学子艰辛的求学路

1959 年 9 月 1 日，因大通当时没有初中班，从大通小学六年级毕业的河南咀学生进入铜陵县初中一年级读书。这是河南咀较多的渔家子弟跨入并接受现代中学教育的开始，他们的人生从此翻开新的一页，此后，上中学的学生基本上不间断按部就班。他们是高宗宣（高宝顺 18 岁）、张生光（16 岁）、吴道宏（15 岁）、高家振（14 岁）。1958 年是铜陵县中学首次初中招生开班，1959 年的这一级为第二届招生，共有五个班，分别为 101 班、102 班（吴道宏）、103 班（高家振）、104 班（张生光）和 105 班（高宗宣）。当时由于条件有限，师生的办公室和教室都在一排草房子里。尽管条件和环境差，但国家对中学生还实行了粮油计划供应，每个学生每月 35 斤米，吃饭在大会堂里，一桌 8 人，饭桶把米饭盛好，每桌推荐一人分菜，学生用小瓷缸子装饭菜。但是好景不长，到 1960 年吃食堂后，供应的计划米越来越少，吃饭加山芋叶子等杂物。1960 年下半年学生开始下乡，一些农村户口的学生回乡当会计之类的，原来的 5 个班裁减掉 3 个班，合并为两个班。当时的校长是县委宣传部的部长汪振木兼任的，教导主任程贯群。教师有汤惠英教地理，六百丈人汪老师教数学，池师毕业的朱辰生等（后在运动中不少骨干教师被打成了右派分子）。1961 年撤销公共食堂后，又恢复了每生每月供应 28 斤米。到 1962 年初三毕业时，由于铜陵县中学当年没有招收高中班，想要上高中只有到安庆和池州，本来就十分不便，又由于家庭经济困难，这一届初中毕业的河南咀学生全部回家了，长大后参加渔业生产劳动。

1960 年，河南咀的高家本进入县城中学读初一至 1963 年初中毕业。后也因没得吃的而没有继续读高中。同时同级的高传馨（高菊甫）先是在顺安中学读初一，后转到铜陵县中学。1961 年，高成俊等人在大通上初一，学校设在老大通俱乐部，校长是桂焕才。后因上级要求初中全部搬到县城中学集中读书，开办了 81 天的首届大通中学撤销了。高成俊于 1964 年在县城中学初中毕业，因其父身体不好，家庭生活困难，尽管学习成绩优秀，不得不中止读高中的打算。1961 年，高家祥考上铜陵市技校，毕业后招工到铜陵县轧花厂。1963—1965 年，河南咀的吴翠红读青阳木镇桑校。这是那个年代唯一女性能够念中学的最早先例。1965 年，张生树到铜陵县进入半耕半读学习，后因 1966 年"文化大革命"，初中未毕业。1964 年，15 岁的张生斌读铜陵县初一，他学习成绩非常好，后因生活不便等原因，只读了一年而辍学。60 年代，其后还有高家荣、吴五根等相继在县城中学读书。不过，大多只读完了初中毕业，甚至初中都没有毕业就辍学了，很少有人上高中直至毕业。他们并非学习成绩不好而中断学业，恰恰相反，这些能够考上县一中的渔家子女，都是学习成绩较好的，同时也是家庭条件不太差的。俗话说"人是铁，饭是钢，一顿不吃饿得慌"。最主要的原因是正在长身体的年龄吃不饱饭，求学的艰辛主要是指那时住校读县一中的河南咀学生保证不了一日三餐。

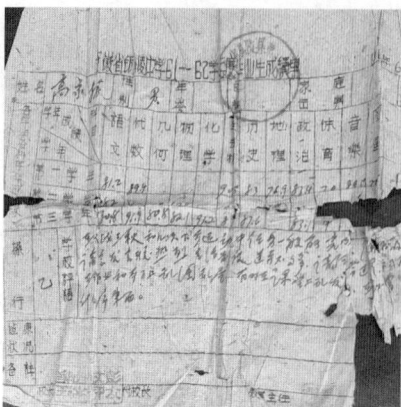

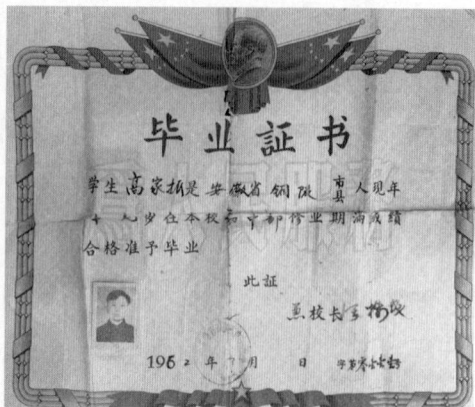

铜陵县一中开办，河南咀学生驻校入读，高家振成绩单及毕业证

60年代后期至70年代，大通办起了中学，河南咀的小学毕业生可以直接进入大通中学读书，从此，基本上结束了远涉40多华里隔山隔水的求学路。

时间可以证明一切，这些考上铜陵县一中的"40后"，绝大多数后来都成了各条战线各个行业的精英。

》名声大噪的大通中学

大通中学建校的地址，是20世纪五六十年代地方手工业制造纽扣的工厂。1966年为了办中学，经济效益不太好的纽扣厂就停产了，把一些厂房清理干净腾出来，将机械设备集中到一个大仓库里封存起来，其余的厂房就作为教室、教学办公室和教师的宿舍。"纽扣半岛"成了大通中学的代名词。这是20世纪六七十年代大通中学的师生们对大通中学所在地的戏称。因为原纽扣厂山头嘴尖部向南伸入祠堂湖。祠堂湖水大的时候，大通中学的山头就成了半岛。此前，铜陵县只有县城有县第一完全中学和顺安镇中学，大通中学的开办，是全县继城关和顺安之后的第三所中学。

"文化大革命"开始不久，大通中学改名为向阳中学。最初只设有初中班，发展到后来成为全县为数不多的完全中学，行政编制为副科级单位。当时分配来的都是从全县和其他单位抽调的大中专以上学历的各科教师。从县一中到大通中学当老师的有合师院毕业的何广森、方锐炘、杨文彬、朱守美和李文秀夫妇、刘筱蓉（女）、汪世礼、左敦石；安大的王培林、黄吉仁等；大专以上学历

大通中学校舍由纽扣厂改建，图为原纽
扣厂职工工作证

的周玉华、朱惠富、吴同福；还有中专学历但教学水平非常高的数学老师方有
贵等。

自不待言，有了大通中校以后，与大通仅一河之隔的河南咀渔家子女，从
大通小学毕业后，便按部就班地进入大通中学读书了。1966 年河南咀首批就读
的学生很少，只有张小龙、高国玉、高传宝、张桂芳等，而且他们都没有念到
初中毕业。1967 年和之后陆陆续续读初中的有高集体、高家道、吴东海、吴翠
萍、高志顺等。1969 年，吴稼祥、高小鹏、高方青、张老虎、吴炳胜等在这里
读初中；此届只有吴稼祥、高小鹏和吴炳胜三人读到高中毕业。

这以后，所有的渔家子女凡小学升中学的基本上都会进入大通中学读书。
大部分读到初中毕业，也有初中只读一二年就辍学的，真正读完高中毕业的屈
指可数。那时整个中学阶段（1969—1974）都处在"文化大革命"时期。初二
的物理改为"工业基础知识"，生物叫"农业基础知识"，初三化学一开头叫
"化工基础知识"，政治没有正规教材，老师结合当前国内外形势，讲时事政治，
英语全是政治内容。1971 年 3 月 18 日是巴黎公社成立 100 周年，那些毛笔字写
得好的学生，整天写专栏和大幅标语，贴到大通街上去。1972 年初中毕业前有
一阵抓学习，史称"教育回潮"。此后，还组织高一学生到铁板洲学农吃住半
个月。

1977 年恢复高考，仅 1972 年初中毕业和 1974 年大通中学高中毕业金榜题
名的就有：河南咀人吴稼祥考入北大经济系、大通街的苏平考入南京航空学院、
方克飞考入马鞍山钢铁学院，还有陶舜利、王建平、吴荣华、翟小平、徐杰、

萨支岩、陈海寿、佘龙九、汤月生、杨冰萍和方光寅等分别考入中等师范、中等卫校、中专商校和技校。这一届之后也在恢复高考时有几十人考入各种大专中院校。这一切成果，算是对大通中学教学质量最有力的证明和充分肯定。怪不得当年的铜陵县教育局局长吴宗文对前往县教育局领取北大录取通知书的吴稼祥说："小鬼，你是全县28万人民的骄傲！"当年铜陵市总共考入本科的只有108人，却是河南咀小渔村的寒门学子考上了北大。

由于大通中学出了个北大学子，据说又是当年安徽省文科状元，一时间，大通中学声名大噪，令铜陵市县各界刮目相看。70年代末80年代初，大通中学接收董店、新建初中毕业的高中生，校舍扩大到山下一片农地。山下有好几幢教室，有水泥地灯光篮球场。到80年代，鼎盛时期招收大通镇、渔业社、新建乡、董店乡初中升高中的学生，还有周边贵池大同圩、铜陵市、县慕名而来的外地学生，加复读班在读的学生一度多达近千人。那时，能考上大通中学高中复读的已是非常难得的了。光是住校生已达近百人，上晚自习教室亮如白昼。每年的初三中考都有相当多学子金榜题名，或上中专或上重点高中（市一中、县一中）；更有不少高中生高考进入了大专和本科及重点大学。

80年代前后，这里师资配备最齐全，教师阵容不亚于县一中。有北师大的高伯亭，浙江大学的陈继湖，华师大的张爱芳，复旦大学的印书康，安徽大学和合师院的包鸿飞、姚其俊、王德平……他们都是"文化大革命"前毕业的大学本科生。长江后浪推前浪，1982年之后，恢复高考后大中专院校毕业分配到大通中学的开始走上讲台。

可惜，好景不长。由于大通缺少厂矿和商贸企业，许多有一技之长的年轻人都纷纷离开大通到铜陵市县工作去了，有的一人走后全家随后搬迁，大通人口迅速减少，由此带来生源严重不足。为此，1986年，县教育局决定大通中学

荒芜的原大通中学门楼子

高一不再招生，将原来的完中改为只有三年制的初级中学。从此，一些知名教师纷纷调往市、县著名完中，有的调回老家大城市。

大通中学从此日渐式微。90年代，大通掀起移民建镇后，大通中学搬迁到新区，原祠堂湖畔的那个曾培养过一大批人才具有厚重文脉的大通中学校址茕茕独立，形单影只，显得极为荒芜。

随着2003年大通区划调整至郊区后，大通中学成了郊区第十一中学；2013年8月又与原铜陵市田家炳中学合并，是全市唯一一所公办民营性质的全日制寄宿式中学。目前，由于生源减少，出现教师多、学生少的现象。学校面临撤并的局面。学校坐落在大通长龙山山麓，成为多所大中专学院实习基地。

⏩ 渔家生活场景

20世纪50—70年代，河南咀渔民居家集中居住在江河边一块七八十亩的陆地上，七八百人，高度拥挤。从某种意义上来说，与其说是一个村，倒不如说是一大家子。虽然不能做到"路不拾遗"，但绝对是"夜不闭户"，几乎没有哪家人外出大门上锁的现象。人与人之间充满了人情味，左邻右舍谁家烧点好吃的，总要给隔壁人家送一小碗。如果某家人外出而晾晒的衣被和其他物品将要淋雨，不用担心，邻居一定会主动一起收回家。年轻的妇女外出，经常把小孩放在隔壁人家照顾半天。人们之间的称呼没有喊姓名的，均按照亲戚关系或根据长幼排序尊称之。

日常生活也很有特色。比如理发、洗澡、添衣、如厕、乘凉和取暖诸方面，体现了人民群众的生存智慧。就是把复杂的事情简单化，把高端的事情普通化，把模糊的东西清晰化，把神秘的东西质朴化。

理发：河南咀人称为剃头。最先是50年代本地李家墩的李双才，他不捕鱼，专门以剃头为生。他长着一双水汪汪的眼睛，好像常年哭丧着脸的病秧子，其实他患有眼疾。李双才死后，河南咀人剃头，都由与河南咀土地相连的大同圩剃头师傅来包了。主要有两个人：一个是大同圩大同大队的小丁（其实那时也有三四十岁了），年纪大的人都叫他小丁，结果小孩子们也叫他小丁。此人锥子脸，身材高挑，头发向后梳成大背头，搞得清爽爽的。脸上刮得光鲜鲜的，根本不像是农村人。一看就是个干练、手艺不错的人。一般情况下，他手拎着或用胳膊夹着一个小剃头箱子登门剃头。打开木箱子，里面整齐摆放各种各样的工具，有推钳、发剪和削发剪，好几把套装的剃头刀，拔出刀，明晃晃的，一看锋利无比。还有荡刀布，一条折得四方块的大白布围巾等。他剃头时，一边剃，一边与家主谈白，不知不觉中，时间就过去了。这时，主人把热水瓶开水倒入脸盆，打打肥皂，洗洗头，年纪大的男人还刮脸、剪鼻毛、掏耳朵等，剃好后，小丁还对自己捏着空心拳头，吹一口气，尔后双手给客户肩膀拍一下，掀起来大白围巾，一抖，拿出镜子给理发的人照一下，问可满意，再换下一个。夏天剃头，让住在一起的人家大人小孩集中起来，在树荫下，有点小风，无论是剃头的还是不剃头的，都习惯凑在一块刮白，内容无所不有，上至天文，下至地理，大到国家大事，小到鸡毛蒜皮，无话不说。一般剃头5分钱一次，也有人家包一年，每次记账，年底一把结账。另一个剃头的是大同圩双惠大队下面的郭梅，人称老梅，方脸，脸上有个痣，头发梳理得一丝不苟、清洁干净。手艺也好，但由于路远一些，他比小丁来河南咀剃头次数要少些。70年代后，又有年纪轻的一个跛子来河南咀剃头。他一来就一天，东家串串，西家看看，记得下一次有哪些人要剃头。不过，河南咀比较讲究的人还是上大通街合作化理发店去理发。躺在德国进口的皮椅子上，任由理发师光脸刮胡子掏耳朵，十分惬意。后来，用电风吹，擦油，总共三毛三分钱。还有年轻人结婚、当兵等要照相，必到大通街上理发。

总之，渔家人很重视理发。而且，绝大多数男人三十几岁，都剃和尚头，不留长发。有时候在外面捕鱼，十几天甚至几十天不回来，头发长得老长的，一旦回到家，首先就要剃头洗澡，一身轻松。久而久之，绝大多数中老年人却剃光头（即和尚头），若有个别老年人蓄发或者剃手头，则被同岁数的人讥笑和反对，说是为老不尊。现在看来，老人留长发是爱美的表现，而那些不屑于或反对西式发型的人，则是偏见和孤陋寡闻的表现。

洗澡：那个年代，夏天洗澡特方便，尤其是会水的青少年男子，青通河就是天然的澡堂，想洗就洗，既消暑又凉快，还很清洁卫生。而女人们在房间用澡盆洗澡，然后擦花露水，香喷喷的。她们洗完澡后还要给一家人洗衣晾衣。之后捎上凉席毯子和扇子，去河边上岸维修的渔船底上乘凉去了。那里有每晚必有的故事会。河南咀人在夏天给吃奶的婴儿洗澡特别用心，把胖崽子洗好后，抱起来放在竹床上，在他的胳肢窝里、大腿缝里扑很香的牙粉、松花粉和花露水，邻居们都会称赞、逗婴儿玩或摸摸小胖孩。总之，夏天洗澡还是很方便。真正不方便的是冬天洗澡。那个年代冬天出奇的冷，冬天洗澡搞得不好就冻病了。所以，冬天不可能常洗澡。好在大通街上有个龙华池澡堂。河南咀男人一般一个月要去澡堂洗两三次澡。那时洗澡堂费用很低。通铺是5分钱一位，有靠椅的1角钱一位，楼上烧有火盆的两角钱一位，贵重物品代为保管，还有茶喝。而且热毛巾把子多达好几次，一点不冷，十分舒服。不过通铺不代为保管贵重物品。有渔民在通铺洗澡时皮夹被偷了，无人负责，自认倒霉。

河南咀人一般在下半年生意好的时候，从木镇扳罾收获满满，回家时，肯定要去大通街剃头泡澡，在龙华池好好快活一下，洗掉一身的污垢。特别是接近过年那几天，年三十的大清早，6点多钟，大人就会带着男孩过河去洗澡。70年代，市面上有塑料薄膜浴帐卖，一些年轻男女冬天开始在家里挂浴帐，烧几瓶开水，兑冷水洗澡了。在家里洗澡既省钱省时也更方便。

每到过年前，尤其是在大年三十前，渔家每户男女老幼都会洗个热水澡。传说，这个时候沐浴，可除人体积垢，少疾病，大吉大利。

添衣：限于当时计划经济条件，布匹棉花都是凭票购买。河南咀人添置新衣服一般请当地的裁缝来家里做衣。要准备或打算给家里人添新衣，往往去店里扯若干布料、冬衣则准备好棉花，什么季节做什么衣服。多为春夏和秋冬换季前进行。过年前更是要集中给家庭成员做几件新衣。另一种少量添衣方法是凭布票在百货公司买需要的布匹，然后大人带着小孩到大通合作化缝纫店去量身定做，开个凭据，过几天或更长的时间去取衣服。好在那个年代人们生活水平差不多，衣服的式样大同小异，不分男女，颜色以蓝黑为主。只有极少数在大城市有亲戚的人穿一些时髦的料子衣。那时还有一个普遍现象，衣服破了，要补好。流传"新老大旧老二，缝缝补补再老三"。所以，穿带补丁的衣服是很正常的。如果是冬装，一般请门口的裁缝来家里做几天，每人一套棉衣裤。

人们穿的鞋全部是妇女做的，不论单鞋还是棉鞋。经常看到河南咀的妇女纳鞋底，准备集中在过年前，家里每个人都有新鞋穿。有不少妇女赶时髦，有什么好看的新鞋样式流行，很快就模仿做出来，让家人穿出来崭露头角。过去，由于经济条件困难，人们穿的都是布鞋，易破。一些赤脚穿着鞋的，常见鞋尖头大脚拇指伸出来了。令人哭笑不得的是，有人把伸出来的大脚趾头染了黑墨汁，让人不注意看还以为是黑布鞋呢。穷则思变嘛。还有冬天烘棉鞋烧了，第二天上学棉鞋一个大洞，鞋歪了露出指头。

当地历来有遵从旧俗的风气，每至年关，家庭主妇必夜以继日赶制新鞋，让家人在除夕穿新鞋过新年。认为这样能够在新年走好运，谓之"过年鞋"。

如厕：河南咀人讲上厕所为解手或叫上茅缸。解手一词来源于明朝时中国北方的大移民。移民之际，悉系其手，牵之而行。被移者内急，便会对当差的说"官爷，麻烦把我的手解开，我要大小便"。后来直接说"官爷，我要解手"。家家户户都搭建一个茅厕棚子，壁子用柴草围起来，棚子里地下埋一口或两口蹲缸，上面放两块木板这就是厕所，河南咀人称茅丝。也有不搭棚的，在垃圾场旁边埋下一口小缸，自家人倒马桶和倒尿壶，以此粪便浇菜地。通常男人们大清早拎起一只尿壶，到自家茅厕倒尿壶和如厕。女人们和小孩特别是在夜晚解手全都在各自家里上马桶。女人们每天倒马桶也会去自己家茅缸，然后到河边或家门口水塘刷马桶，洗刷过的马桶尿壶再倒立起来，立干净，晒一下太阳。

那时候，没有化肥，附近农村划船来买粪（打粪）运回去。最为好笑的是江北六百丈挑来大粪桶，一桶能比别的地方粪桶多装三分之一以上，所以六百丈大粪桶特别有名，一担卖六角钱。而铁板洲、和悦洲菜农经常半夜三更来河南咀偷粪，搞得茅厕棚子地面粪便满地。当然，除了卖粪外，大部分河南咀人家在操场上都有菜地，夏天浇苋菜、黄瓜、四季豆、豆角等菜地；冬天浇白菜、萝卜、莴笋等。

乘凉：在三伏酷暑天，白天骄阳似火，夜晚，繁星下一丝风都没有，人们热得喘不过气来，天气热得让人无处躲藏。尤其是每到夜间更是热不可耐，难以入睡。这就出现了一普遍的现象：母亲为婴儿打扇，七八岁的孩子为晚归劳作的父亲打扇。因此，每当夜幕降临，河南咀人各家早早在门前、空场地上、河边和小圩埂上，临时摆放凳、椅、竹床，也有把自家门板卸下来，扛到有风凉快的地点，搭临时小床铺，以供家人坐卧。

渔村乘凉人最多的是小河边，水边本身比陆地气温要低几度。夏日渔船上岸将船底朝上便于维修，这时各家男性老中青幼就会携草席被单等物，选择平整干净大渔船的船底，先占为准，铺好草席被单，摇着把子叶扇子或莆包草编的扇子，在那里乘凉。而妇女们则带着小木凳或小竹椅团坐在船周围，她们一般在此待个一两个小时就先回家。人们谈天说地，天南海北，聊家常，讲故事，其乐融融。待到夜深，已经睡了个头觉，家中暑气散尽，各自陆续回家继续睡觉。不过，也有少数青壮年男子通宵达旦露天睡觉。坊间传言，人不能摊星露水，那会让人无精打采。在外面乘凉，也偶尔遇夜间下雨的情况，被淋者一般都是贪凉者居多。

那时，也有不少人在发大水时把渔船划到河面上、树林里，把船固定在水中央。入夜，凉风习习，几条船停靠在一块，听说书者讲故事，如入人间仙境。这是河南咀独特的生活场景，周边的街镇和农村人均羡慕至极。

玩水：当地一带人把游泳叫"打划划子"或叫"洗冷水澡"，贬义的叫"搞水"。这玩水的花样很多，有打扑通的招水、踩水、蛙式游、仰背躺在水上、扎猛子等。河南咀的大部分男孩子从10岁左右就开始"玩水"了。河南咀三面环水，生活生产离不开水。而夏天发大水，绝大多数房子都被淹了，地势低的房屋全部泡在水里。没有逃水的家人，用木柱、木板等在家里搭水跳，照常生活，小孩子们觉得发大水时更好玩。邻居家来往，小朋友都喜欢蹚水过去，趁机会玩一下水。大人是看不住的。

1966年7月16日，毛主席以73岁高龄再次畅游长江。此后每到这一天，众多城市都会举行横渡江河或游泳活动。在校读书时，夏天老师们也经常号召学习游泳，甚至提出到大风大浪中锻炼身体。但也教育小学生别玩水，学游泳要在学校组织下，由老师带领。如果是在校外，一定要有家长或大人在旁边。那时，学生午睡时，经常有学生不午睡，偷偷跑到鱼花塘里去玩水。一旦大人知道自己家的小孩"搞水"，有的家长拿根竹丝条子，连忙赶到小孩"洗冷水澡"的地方，直接喝令小孩爬上池塘埂，揪住小孩耳朵，对着光屁股，少不了一顿抽打。

河南咀小孩游泳都是自学的，没有人专门教。如果硬要说哪些地方让小孩子们学会了游泳，没有固定的水域。不外乎发大水时，在门口练练；有的几个小伙伴跑到李家墩沙滩子上，这块水面开阔，但水不深，是天然的游泳池。还有河南咀村庄与操场之间的鱼花塘，这里有生产队人工开挖的一口口展方四正的池塘，水的深浅平均一米上下，非常适合学游泳。关键是这里常有人来往，即使出事，一喊叫，大人就能赶到施救。

20世纪五六十年代出生的男孩子，长大后大部分都会水。水性特好的上个墩有高传树，一个猛子扎下去，可以在十几米远的水面上才冒出头；张小龙、高家龙，蛙泳划水又快又远；高小毛，吃猛子时间长，水性也较好；吴宗德、佘世坤游泳耐力久，游得远。下个墩的李祖兵、高集体、吴小强等水性极好，他们不但能到长江的夹江（鹊江）游泳，还敢上大铁驳船最高层，从十几米高空跳水。

烘火：世人形容穷困和难受的词叫"饥寒交迫"，将寒列为仅次于饥饿之后的难受。所以，烘火即取暖，古往今来流传历史文化悠久，也是最为广泛的生活场景。在河南咀，由于住房大多保暖性不强，一到寒冬腊月，北风呼啸，屋内四面透风，寒风凛冽，使人如坠冰窖。古有"路有冻死骨"之惨状。为此，家家户户在入冬之前都要备好柴炭。一般多用陶制的火罐和火盆放在火桶里贮火取暖。火罐上有半环形拱柄，可供手提或足搭四肢取暖。而火桶则是木制的圆形，火箱则是木制的方形，内置火钵，中间横置铁制的格栅，可供一人至数人置足其内围坐取暖。这火桶（火箱）白天摆放在堂心，晚上搬进房间，烘暖和了再上床睡觉。还有条件好的人家又有呈喇叭形的下粗上细的火桶，专供小儿站立桶中暖身。穷困人家根本买不起木炭，烘火就在烧饭后撒一些碎柴火放入火罐和火钵子里，但不一会儿就没什么火了。条件好的人家还买炭烧，火力和暖气持久得多。

在小渔村，虽然物质条件普遍较差，但冬天里有火烘，一家人围坐在火钵边，对着小鱼炖萝卜的炉子锅，吃着热乎乎的饭菜，充满了烟火气。临睡前，在火桶里把身子和脚烘热上床，一觉睡到天亮，这小日子也算幸福。有些大屋里住了好几家人，每到冬天下午，村中的年轻人就邀约了说书的张大智，入夜，大屋这里聚集了许多来此听说书的老老少少，人们提着火罐，门口的邻居还端着小火桶，围坐在大屋厅堂里，期待说书人的到来。没有火罐、火桶的人就双手插在袖窿里，当陪"烤"人，可见精神文化如冬天里的一把火。说书和取暖把乡邻们吸引到一起，说着、笑着，这里兴奋而暖和，带给人们身心的愉悦。

此外，有的学生上课还带只小火罐，烘手烘脚。除了取暖外，火钵火桶还起到烘衣烘鞋的作用。

打火更：在河南咀，解放后的坐落草房子还是不少。每逢下半年特别是靠近过年边和年后初春倒春寒时节，家家都烧火取暖。有火桶、火罐、火钵等取暖物件。白天基本上大人都在家里，小孩玩火也玩不起来，也不会出问题。但是，如果在夜晚睡觉后特别是睡到深夜以后，由于无人照看，烘在火桶里的鞋子，架在火桶口上面的衣服，若火大，熟睡之人疏于防范，则极易酿成火灾。因此每当深更半夜，河南咀一条墩子就会有一位老汉，沿上下墩子踽踽巡行。他一手提着一盏马灯，一手握着一根木棍，脖子上挂根带子，带子两端穿着打更用的毛竹筒，那是一节开有纵长口的竹筒，有一根梆子长40厘米左右，他不时地用木梆子敲打着竹筒，发出"笃、笃、笃"的响声，嘴里高声呼叫："小心火烛，火烛小心！""久旱干燥，小心火烛！"梆子声铿锵有力，呼喊声平缓而悠长，未睡觉的人听到打更人的声音，会检查一下自家的烤火衣物。而被惊醒的人则警觉屋内有没有火烧焦衣物的气味或烟火，或起床检查看看火桶之类。

河南咀打火更时间较长的打更人是何松林，不论老小，人皆称他老何。他专门负责第四、第五和第六3个生产队800多人的火险防范事宜，3个生产队每年给他一定的工分用以维持其日常生活开支。他不但不怕吃苦，还特别敬业。老何有才，编了许多顺口溜，随着梆子声，边走边讲。什么："四队有个杨翠英，烘火不小心，把个絮被烧个大粑粑心，公社干部听汇报，下来批评她才知道，哭得伤心也不闹。"河南咀整个地方一华里长，老何从最北边洋桥下的庙嘴

生活就是这样：亦忙亦闲

头出发，一直边走边敲竹筒边喊，到最南头高上墩子再返回，每天晚上不论刮风下雨都雷打不动，十几年如一日。

❷ 家传的稀罕物件

上千年的小渔村，经过几百年的繁衍生息特别是近代以来的不懈努力奋斗，河南咀（包括大通）不少人家祖传或珍藏了一些有价值或有故事的物件，由于时间久远，即使算不上宝物，至少也可称之为"稀罕物件"。从这些家传的藏品中，人们可以一窥各个不同历史时期经济社会和文化发展的烙印。

20世纪50年代，张静山（1900年生）在青通河拖爬网时拖到一块未央宫汉瓦砚台，他还有一本古版《唐诗三百首》尚存，这两件文物现在交由其长孙张小龙（张恒）保存；他的长子张仲顺（1922年生）家还有一对清朝末年的瓷器帽筒、镂空国画瓷器坐凳、铁蜡烛台灯，一尊济公佛像。张静山的次子张生顺（1928年生）家有个舶来品——一台德国大座钟，高30多厘米，上面写的全是罗马字母，年代久远。这座钟被乡人称为"自鸣钟"，上一次发条保一个礼拜，自动敲打发出响声报时。

张恒家珍藏的古砚

张恒祖传的朱红色帽筒

胡度文（1909 年生）一生勤劳节俭，靠自己勤劳致富在自己手上做了"合六间"大瓦屋，室内摆设一应俱全。凭成分时，他当了富农。他还积攒了不少金银饰品。除此之外，他还有一把百把年的烫酒锡壶，烫酒时把锡壶内芯外倒进开水，放入冷酒，不一会儿酒就热了。他在世时喜欢吸黄烟，有几杆烟袋头包黄铜的长烟袋。他家是种麻的，有一张做麻的檀树工具凳子，也有近百年的时间了。

张大智（1917 年生）家有一块东洋（日本）手表，抗战时一个外地朋友赠予的。此表一直保存到 20 世纪 80 年代。有一次，其长子张小马（张生瑞）的

胡万财家珍藏的烫酒锡壶

连襟、贵池王家宕的二姐夫王秃子来家看到这块金表，喜爱把玩不舍得放手，第二天回家时居然把这块手表顺走了。过几天后，家人发现硬是把表要回来了。

高韵祖（1919 年生）家有四把红木花雕靠椅，是他的忘年交老友大通林老大赠送的，据说是民国时期打的，做工精妙，不但式样好看，而且非常结实。他家还有一只实木镂空的鼓形木桶，盖子上面嵌有铜环，盖子盖在木桶上，严丝合缝，装锅巴、炒米都不走酐，多少天后揭开盖子取出仍然又脆又香。

吴邦富（1920 年生）家有一个日军金属饭盒，里面有隔层，上面可以装菜，下面装米饭，其形状像猪腰子，弯弯的，是日军挂在腰间的随身物品。日军行军时到驻地，取下铁盒，放在酒精灯上烧一烧，加热后开饭。他家还有一把铜鞋拔子，用于穿新鞋时代替手拔鞋。因保管得好，这铜鞋拔闪光贼亮的。

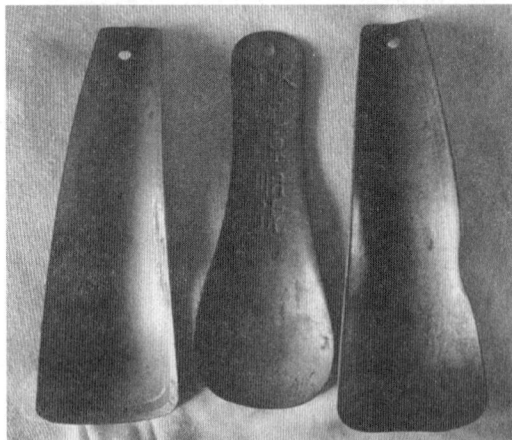

吴邦富家曾收藏的铜鞋拔子

石猴在风水学中具有多重象征意义，代表吉祥、富贵、升官发财以及事业的成功和上升。石猴的形象与"侯"谐音，象征着高贵的地位和财富。2004 年

10月，张芊在顺安长龙村一老农家收得一祖传青石质地的石猴。此石猴高19厘米，头部直径10厘米，重16斤。面相随喜，似乎天生一副笑容可掬之态。顽皮中透露机智。只可惜底座边有部分残缺，或许也是一种残缺美吧。

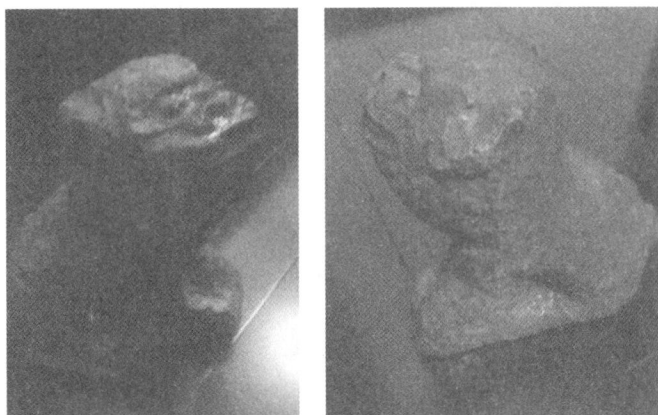

张芊收藏的百年石猴

以下藏品均由大通籍人士、收藏家郭学军先生在大通（包括河南咀）人家中收得。

铜水烟壶，晚清至解放前，大通有几家制作和经营水烟壶的作坊和店铺。图1：高18.5厘米，铜盒高4.5厘米，宽5.4厘米，厚2.7厘米；图2：高23厘米，铜盒部分高5.7厘米，宽7厘米，厚3.5厘米，两件水烟壶均为精白铜质，制作精美，构图文雅，镌刻精湛，刀工流畅，圆润细腻。两件均有百年之久。

图1　　　　　　　图2

早在19世纪以前，以"火"为光源，动植物油脂、蜡烛为原料的灯具统称为古代灯具。中国古代灯具包括各种材质的油灯、烛台和彩灯。烛台在承托安插蜡烛的方式上形成三种基本样式：一是中空筒管式；二是孔穴式；三是立钎式。

圆形烛灯，下图为河南咀一张姓珍藏的两件圆形烛灯，一件高 20.8 厘米，径 15 厘米，重 480 克，另一件高 6.8 厘米，直径 13.8 厘米，重 218 克。这两种不同形状的烛灯，又叫"烛台""书灯"和"灯盏"。

高尖针状的是锡制品，另一件为铜质

铜箫，箫是一种非常古老的吹奏乐器。箫历史悠久，音色圆润轻柔，幽静典雅，适于独奏和重奏。它一般用竹子制成，吹孔在上端。按"音孔"数量区分为六孔箫和八孔箫。铜箫是一种古老且被广泛使用的乐器，它具有浑厚的音色和丰富的表现力，适合演奏传统中国音乐。铜箫的音质低沉温暖而平和，具有良好的音色连贯性和音色变化能力。下图铜箫长 74 厘米，口径 1.5 厘米，直径 2 厘米，重 1.5 斤。两面共十个圆孔，其中前五后一六个孔是吹奏孔，另外四个孔是装饰孔，系坠挂小饰物所用。此箫上刻有"戊申年制"（1908 年），另浅刻"引凤箫"的落款。

这支铜箫是郭学军早年在大通一户居民家收得。据称其祖上在大通街以民间唱戏为生。

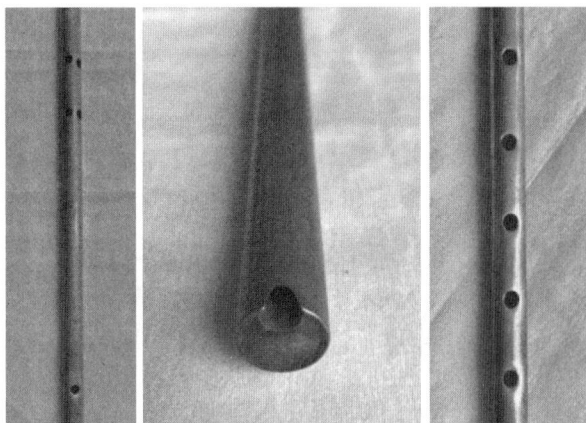

大通居民手中收的铜箫

帐钩，是人们用以收挂帐幔之物。过去大通及河南咀不少人家都有此物，如帐钩上镂刻"长宜子孙""和合二仙""双喜临门""福禄寿喜"等。下图为黄铜牌形帐钩，高41.6厘米；宽16.6厘米。此帐钩上端铜牌的一面镌刻了花草纹饰图案，另一面镌刻了"箕陈五福，华祝三多"8个字。

大通街一户居民祖传的一副长牌铜帐钩

鱼形铜锁，最大一把鱼形铜锁长18.5厘米，宽11.5厘米，厚3厘米；最小一条鱼形铜锁长16.5厘米，宽10厘米，厚2.8厘米。从包浆上来推测，应是清代至民国期间的器物。据老一辈人讲，这种铜锁在解放前大通镇上（包括河南咀）很多人家都用过。鱼形锁的寓意是鱼目始终睁而不闭，可以日夜睁眼看门守户，还有"年年有余"含义。

大通居民家传的三把鱼形铜锁

铜质望远镜，长 10 厘米，高 6 厘米，大圆镜直径 3.8 厘米，小圆镜直径 2.7 厘米。此种器物是民国时期从国外流入的，因为那时大通非常繁华，还有外国传教士来大通活动，带来一些国外器物很正常。

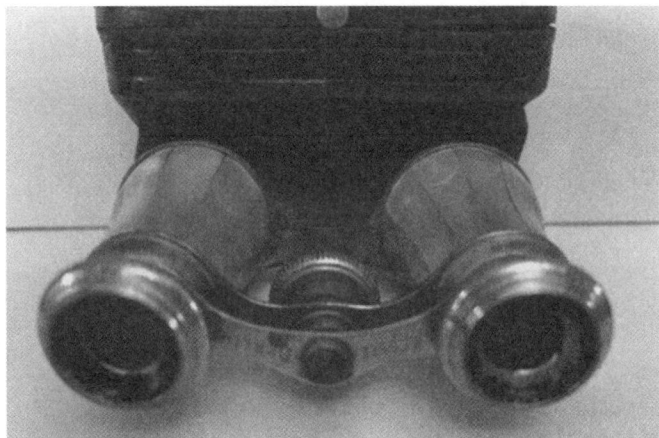

德国产望远镜，由郭学军在大通镇一户人家收得

第二篇
渔歌唱挽

渔歌唱挽，以饱蘸深情的笔墨，采用文学的形式对千年渔村河南咀的史脉、人情、情感、情景和事情进行纵横交错的叙述和表达。

如果说第一篇章"鹊江河岸"重在"史"的话，那么第二篇章则是以第一人称的真实见闻所思所感，贯穿一个"情"字，分别为乡情、亲情、念情、景情和事情。

方寸青简　史以志事
诗咏桑梓　雅歌庶民

一　水乡风情

❯❯ 根祖的记忆

一

若以新中国成立初期统计，绝大多数中国人"往上三代是农民"，大致是适用的。但是对于河南咀人特别是对河南咀的高姓族人来说，不要说是往上三代，就是往上 30 代，他们家也不是农民，而一直都是渔民。早在宋元时期，在大通河就有他们的先人捕鱼的身影和足迹。宋朝杨万里的《舟过大通镇》诗中描写的"渔罾最碍船"和"鱼蟹不论钱"反映的就是大通河捕鱼的盛况。至明朝时，更多的高姓先民以从事渔业生产为职业在河南咀落地生根。

我小时候，常常听父辈们诉说高氏家族迁徙史。一次，我的三大大（dā dā）高根祖（我养父的三弟）对他的儿子高传华和我讲道："我们高家祖先早在洪武年间前就从贵池老山里石门高迁出来到河南咀，那块地方树木遮天蔽日，野马飞奔，老虎豹子经常出没。"我们听后，感觉到那是一个十分遥远洪荒朦胧且神秘的地方。那时，每逢盛夏大太阳天，三大大将装有高氏宗谱十分精致的小木箱打开，仔细认真拿出一册册家谱，然后将八册家谱放在木板上晒。只可惜，1966 年破"四旧"运动中，我亲眼所见在一个初秋的下午，父亲和三大大、小大大他们兄弟仨将一箱家谱拎到家门口的空荒地上，打开箱子，抽出一本本宣纸谱牒，用表心纸点燃，瞬间，火苗舔着家谱，火光和浓烟冲天，不一会儿，家谱和木箱化为灰烬。后来得知，河南咀高张吴各姓全都将各自房头保存的家谱销毁了，从此以后再无一家有宗谱。

怀着对根祖的追寻，2023 年我们终于来到了传说中的贵池裳溪石门高。这里，地处深山，地势雄险。四面高山环抱，海拔均在 700 米以上。境内山高林密，原始生态景色佳丽，名胜古迹星罗棋布。著名的有李白游踪、高霁隐居处春台岩、桃花坞；有古城堡式的古村风韵、古老的高氏宗祠、有直通九华山的白沙岭石板古道……我们拜访了世居石门高的高陆旬，查阅复印了多本高氏联谱，并多次深入池州走访了石门高高氏会长高敏松等人，搜集了许多民间传说、拍照图片，抄录了部分相关地方志，结合河南咀老人从上辈口中传说的轶事、实地考察祖宗墓碑等，初步理清了河南咀高姓的来龙去脉。

河南咀高氏祖上从石门高发源，又见石门高家谱记载并一致公认的源头叫高春宝，字暄之，号高霁，唐开元到唐天宝年间人，是高氏始祖高傒公的四十八世孙。根据多谱考证，其世孙高万灵是始祖高傒的五十八世孙，他正是河南咀高姓一支直系祖上。谱载万灵公约于宋绍兴三至六年（1133—1136）避疫去了浙江绍兴会稽，又知宋端平万灵公的四世孙或五世孙从会稽复回石门。再从地方志查到，石门"兵乱"分为 1358、1362 年两次，再按传说与《联谱》综合分析，从万灵公出生到兵乱，当是万灵公的九至十世孙时，平均以 25～30 岁一代，衍世间隔符合"25～35 岁"范围之内。根据河南咀每年清明节前往桐梓山祭拜高家十一世元常公墓的习俗，再以其他联谱"顺江而下"到《联谱》记载"元常公从姑苏复回居大通闻家遇变遂寓桐梓山"。综上，高氏根祖开拓与繁衍的脉络清晰明朗。

二

河南咀高姓与贵池石门高同源同祖宗，除了万灵这一支后裔大约在元末明初（1358—1362）因躲避战火离开石门高直至定居河南咀外，查石门高下高家谱，还载明石门高"第四十七世士珪，娶陶氏葬于桃树坞。公迁居在铜陵县居住，生卒失考"。又见谱："士珪弟兄四人，士珪，士璧，士瑾，士瑜。"此前河南咀高姓老人记得家谱写明是明朝洪武年间从贵池石门高迁移出来的，从秋浦河到老里圈（老人转）在桐梓山一带捕鱼栖居，后到大通河口的河南咀定居。在青通河和河南咀渔村居住前后大约 800 年，号称千年渔村。不过，就目前河南咀高姓而言，确实存在多个房头，派行辈分相差显著，有的对应不上祖源，存在高姓到河南咀先后并不是同时（相差几百年）的情况。可以想象：河南咀的高姓先民走出大山村原因有不同、时期有先后、路线有迥异，但捕鱼则是殊途同归的。

秋浦之名始于唐代，武德四年（621年）置池州府，管辖秋浦、南陵两县，州治设于秋浦。石门高始于东晋元兴二年（403年），比池州府早218年。因此有了秋浦河之名，水系两条，一条贯穿石台县全境，为主流；一条发源于石门高，称龙须河，流经棠溪，梅村、乌石，在灌口与石台水系汇合，经殷家汇、木闸、池口汇入长江，这段水域统称秋浦河。从石门高到池口约有120华里。

石门高先民常将山里的竹木运往外地。在过去不通公路的年代里，水运是唯一方式（直至1958年都在使用），山区盛产木材，毛竹，每年丰水季节将木材扎成木排顺水漂流而下，贩运木材之人称为水客，一要胆大，二要水性好，木材运至殷家汇或池口交货，或运销其他更远的地方。

在这贩运民工中，石门高的高姓先辈们可能就是一些放木排的好手。随着一班水客长年往返于殷汇、池口水上，极为辛苦劳累。后来随着放排逐渐进入长江，沿河湖发现鱼类甚多，而且沿江村郭集镇连片，人口稠密。历史上，从石门高至灌口这段河道里不存在捕鱼这个行业，更没有鱼的买卖交易市场。这些长年在外漂流放排的水客，极易放弃繁重而且不挣钱的放木排活儿，取木排打船，转为捕鱼业。他们因为水性好，操桨驾船十分娴熟，就沿着江河湖汊，以打鱼为生，人随鱼走，由池口逐渐顺流而下，进入老里圈和桐梓山河湖边捕鱼。桐梓山位于贵池城东北40公里，东临青通河与铜陵隔河相望，南临茅坦，西与观前、梅龙接壤，北濒长江。桐梓山是一片丘陵山区。古时桐梓山境内有座"桐梓庵"，也因此而得名，这里在清代又称长寿乡。高姓渔民在这一带亦农亦渔，生产生活，亦船亦岸，其间相当长时间。久而久之，外界称这一带高地为高家墩，下边的河称高家小河。至今，桐梓山到头门村一带仍有几户高姓人氏后裔。

靠捕鱼为生，随着人口增加，生活越来越艰难，需进一步拓展捕鱼的水域。上半年水大以桐梓山附近河湖塘汊捕鱼为主，到下半年，湖泊、河流水退下去之后，捕鱼以小渔船为家，顺河而下抵达澜溪老镇即大通河口（此处是下半年内河鱼群进入长江的唯一出口）甚至到长江捕鱼。这期间又不知经历了多长的时间。

捕鱼到青通河口时，常遇风浪，他们将小渔船停靠在大通河的东岸边避风。风停后，他们就在大通河里捕鱼。他们日出而作，日落而息，傍晚就把小渔船停靠在大通岸边。直至在大通河的河口边——河南咀定居。

综上，河南咀高氏始祖有一部分先落足于桐梓山安家，桐梓山离大通不远，随后又迁至大通老镇，再到河南咀定居繁衍后代至今。这期间又有来自石门高的人，先后不同时期投奔和融入河南咀高姓。

在河南咀世代流传一个故事：古时候，河南咀一问事的老长辈去世，风水先生选中了长江边铜陵笠帽山一块风水宝地，若葬后，高家后代将兴旺发达，出"三斗三升芝麻官"。不过，风水先生断言在先："此地葬了高家先人，我将眼瞎失明。"高家公堂当即承诺："你放心，高家一定给你养老送终！"果然在下葬那天，棺椁落井之时，天空突然乌云黑暴，电闪雷鸣，狂风暴雨降临，风水师眼睛突然失明，高家送葬者顿作鸟兽散，唯独抛下瞎子风水先生。此时孤立无援的风水先生仰天长叹道："高家无德呀！"话音刚落一个炸雷，将棺木击得粉碎，尸骨全无，瞎子顿时复明。

据高姓年长者说，到明朝时，高氏元常公为高氏十一代世祖，他葬于贵池桐梓山山嘴头处。解放前，河南咀高姓后人每年清明上坟要去祭扫元常公之墓，碑文清晰可辨。又说：到明末十五代是贤然公、慧然公和安然公；到清朝时是安然公的后代十六代继龙、继鹏、继祥公。民国时，高氏大房到"宗"字辈已是第二十五代了。

高姓开拓捕鱼水域最早，捕鱼者众。曾有善捕者渔夫高德广公，将从高家小河到三湾（原为湖泊和河流，现三县圩）河段一举买断，成为青通河最大股东，奠定了"河王"桂冠，这一河段通江达海，人称"高通海"。

河南咀高姓扼守江河水线交汇处，渔业兴旺，生息繁衍，在长江一带五省（湖南、湖北、江西、安徽和江苏）颇有影响，所谓"五省皆知河南高"。当时长江江盗都惧怕河南高，不敢在此作祟。民间流传着"要过高家阙，须吃三斤铁"的谚语。

早先河南咀嘴头像白鱀豚长嘴啄一样伸到长江江心的东北几华里远处，是万里长江中一道奇异的自然奇观。

名流兴会九华山

贵池棠溪的石门高古村落宛如一座古城堡式的山庄，它地处九华山前山南麓，位于贵池、青阳、石台和九华山四个区、县交界之地，四周高山环抱，地势十分雄险。进入山村，青砖小瓦和马头墙，一幅山村古画映入眼帘：幢幢古宅，各具风姿依山矗立；在巷两侧古砖门镂石坊比比皆是；青石板下，山泉淙淙日夜流淌；墙脚砖缝无不显现岁月的痕迹；村中一株巨大的火烧残留的半截千年古银杏树，仿佛在向人们诉说着古村千年沧桑故事。这里，曾是远在200多里之外的河南咀高姓人的祖源地。具体而言，河南咀高氏的祖先正是唐代处士高霁的后代。20世纪50—60年代，河南咀的成年人不管到哪里遇上高姓时，总是自豪地自报家门："我们是高霁的后人。"而佛教圣地九华山，因李白命名而名扬天下；又因金乔觉卓锡，辟为地藏菩萨道场而盛传千载。一位诗仙，一尊菩萨，都与隐居在贵池石门高的唐代处士高霁过从甚密，有着影响千古的传奇故事。

李白与高霁

世人皆知李白，但闻李白与高霁久为挚友者，却为数不多。贵池史志和古迹表明：李白来九子山寻幽会友，驻足吟诗，改九子山为九华山。石门的历史，如同一部尘封千年的"线装古书"。

《贵池光绪县志》记载："高霁，字暄之，隐居石门山桃花坞。李白当游其地。白又当与霁同憩于青阳夏侯迥之堂，眺九华联句。霁有'层标遏迟日，半壁明朝霞'之句。"查高氏家谱有：高春宝（名），字暄之，号高霁。"春宝，玄宗丞相"。高霁曾在大唐长安朝廷之时即与李白已是诗友并且成为忘年交和挚友，当时高霁60岁左右，李白40岁左右，由于久处，白自然知道霁老家为秋浦石门山。高霁深为李白才华折服，曾向唐玄宗举荐李白。高霁约在开元二十年前后回到石门高，隐居石门春台岩下桃花坞。子子孙孙，形成一方高氏名门望族，世称"石门高"。

唐天宝四年（745年），李白被贬出宫，行游天下，浪迹天涯。其间忽回忆起昔日朝中挚友高霁，遂于天宝八年（749 年）寻霁踪经金陵（今南京）来秋浦，一路寻访至石门山桃花坞。见长途跋涉而来的李白，高霁大喜过望，盛情款待。

桃花坞有春台岩，乃高霁所筑。李白亲自撰写"桃花坞"等 16 字文，凿刻高悬的摩岩上。至今"桃花坞"三个大字，清晰可见，只是下款 16 个茶杯口大小的摩崖石刻，由于千年风雨剥蚀，实难辨认。

李白忆秋浦桃花旧游窜夜郎曰：

> 桃花春水生，白石今出没。
>
> 摇荡女萝枝，牛摇青天月。
>
> 不知旧行径，初拳几支蕨。
>
> 三载夜郎还，于兹炼金骨。

明朝高熏题诗曰：

桃坞春耕

> 片云将雨过东郊，处处桃花春色晓；
>
> 农人占得春消息，打点新彝去插苗。

今见桃花坞有感而发：

> 古调诗吟山色里，
>
> 春晓柳翠莺歌啼。
>
> 台纹书叠千层卷，
>
> 岩上文章万世玑。

李白在桃坞住留 10 多日，一日与前来迎接的青阳县令韦仲堪（韦权舆）、高霁约定 3 人同游九子山。这也是李白第一次上九华山的历史记录。

3 人经三十六山（今白沙岭）古道，过牛栏阡，登黄泥岭一天门，上楼台山进头天门、二天门，再登七贤峰三天门大堡，从九子山后山上山。途中在夏侯回绅士家小憩，受到主人的盛情款待。饮宴中，坐眺九子山雪景雄峰，诗人们诗情大发，即兴赋联句唱和，一气呵成，珠联璧合，改"九子山"名为"九华山"，成为九华山传世之作。真乃是一字千金，万古流芳。享誉中外的佛教名山九华山之名，自此而始。这首不朽的联句，被尊为九华山的"定名篇"。其中三人唱和的联句与序，全文如下：

> 青阳县南有九子山，山高数千丈，上有九峰如莲华。按图征名，无所依据，太史公南游，略而不书。事绝古老之口，复阙名贤之纪，虽灵仙往复，而赋咏罕闻。予乃削其旧号，加以"九华"之目。时访道江、汉，憩于夏侯回之堂，开檐岸帻，坐眺松雪，因与二三子联句，传之将来。
>
> 李白：妙有分二气，灵山开九华。
> 高霁：层标遏迟日，半壁明朝霞。
> 韦权舆：积雪曜阴壑，飞流歕阳崖。
> 李白：青莹玉树色，缥缈羽人家。

三位诗人的名字，从此与巍巍九华山共存同晖。南宋绍兴二十七年（1157年）状元、官至龙图阁大学士的王十朋赋诗惊叹："九芙蓉自九天来，太史南游山未开。仙境曾经谪仙眼，佳名杰句两崔嵬。"

唐天宝九年春上，李白第二次到秋浦，曾作脍炙人口的《望九华赠青阳韦仲堪》诗：

> 昔在九江上，遥望九华峰。
> 天河挂绿水，秀出九芙蓉。
> 我欲一挥手，谁人可相从？
> 君为东道主，于此卧云松。

清光绪《九华山志·卷八·诗词》在李白这首诗的按语中，也有"旧志别有太白与高霁、韦仲堪联句一律，序云……"的记载。

李白曾"五游秋浦""三上九华"，才使得高霁和石门桃花坞虽身处深山，却能名载史册。

开枝散叶，河南咀开拓先民高氏族人发源于石门高，此处自然风景绮丽；石门高的老祖宗又是高霁，且与李白仙踪交集，河南咀高氏因祖上高霁而自带光芒，岂不是文化底蕴深厚？

》 金乔觉与高霁

相传，公元732年前后（唐玄宗李隆基开元二十年期间）"新罗国王子金氏近属"金乔觉曾在大唐留学。开元年间，有石门高氏春宝，字喧之，号霁，在唐玄宗时为尚书省丞相。一日，高霁奉旨传诏"崇儒学孝经""三教并用"于慈恩寺。会中知悉金僧乃王子近属皈佛，感其心虔志诚，赞叹其造诣颇深，精湛汉学，达到融会贯通经义佛理，三教调和圆融之境，功德修养具有济世情怀，相见恨晚，遂成挚友。

天宝二年（743年），金僧人为求布道施教曾回新罗，后于开元末年又返大唐，知高霁已辞官归隐秋浦石门。不久渡江南下南京，初抵芜湖，后经过宣城凤凰山结庐小憩，千里迢迢寻迹石门山。

金僧人来到石门水口，但见古木参天，浓荫蔽日，两山险峻陡峭如削，关峡紧锁，怪石嶙峋，奇石对峙如门。溪流从石门内汹涌而出，在潭内环绕，紫霭徐徐升腾，经久不散。心中默道：

> 混沌初辟儒为先，
>
> 道德天尊蕴坤乾。
>
> 众生普度缭翰宇，
>
> 文曲佛笔启后贤。

遂席地盘坐水口岭头，面对石门潭，双手合一闭目诵经。时正有一高氏家人经过，甚觉奇怪。便告知归隐的高霁。金僧人正在闭目诵经，忽听一声"禅师驾到，有失远迎"。金僧知是居士来迎，便道"贫道一小僧，何劳居士亲驾，阿弥陀佛"。双方寒暄套语，金僧人便随霁行。转过寨头，见桃红争艳，田树相连，村落隐约，袅袅炊烟。夕阳余晖，彩虹映天。金僧人吟咏道：

> 季月逸处李桃妍，缕缕芳香绕坞旋。
> 咫尺芳村不见影，树顶云绕是炊烟。

是仙，是仙。

高霁听毕，哈哈一笑道：

> 百十丈许有人家，树顶云袅是烟霞。
> 四面环巍青松翠，桃坞满山桃李花。

韵薮，韵薮。

金僧人念念有词："仙山仙水仙世界"，

高霁接续吟哦道："石门石壁石弥陀"。

再日，金僧徜徉在西峰山体壁立，木林森深，涧泉高挂，柳口聚气腾升。苍苍翠翠，风雨凄清，幽深肃穆。西峰柳口正面，山峰巍峨，文山依偎，又似攀登巍巅之梯，崤如砚池，兆望魁山南侧涧流翰墨，乃文曲造化之境，金僧遂有留此之意。

高霁为圣僧潜心修炼所感，得圣僧佛法之释。苍穹造化，文曲下凡。于是高霁携高氏之宗，筹建西峰圣者殿、上云寺。请圣僧亲笔在文梯之顶旁的魁山崤砚之上，题写丈余大的"魁"字。请来石刻名匠刻于崤砚。魁字正方，高宽丈五。字迹工整，笔锋舒展，铁画银钩，笔力有神。苍劲有力。

魁山峭崖石壁上硕大无朋的"魁"，是一幅沉睡千年的特色摩崖画卷。虽历经千年风雨霜侵，至今毫发无损。蔚为壮观。它彰示文曲星降临在石门高，展示石门高氏"七星北斗魁文化的浩瀚，读书、夺魁、出仕"的内涵，寓意极其深厚，是中华历史文化瑰宝。

虽然石门山景独秀，但已为凡人所享。素心虔禅须清净，僧皈佛道拒嚣尘。一日，圣僧登山兆望，九子山莽莽苍苍，山高岭峻，峰峦耸秀，方圆百里，万木葱茏。确为远离嚣尘，皈佛清净之地。于是金圣僧小憩西峰三月，经三十六山乌道卓锡九子苦练修心。时居三月余，遍迹石门。遂与高霁同仰九子山，见其峰峦挺拔，耸入云霄，怪石嵯峨，佳木葳蕤，遍布断崖深壑、飞瀑流泉，云雾缭绕，四季清凉，绵亘百里，正是梦寐以求之地，遂驻锡九子，苦心修炼。故有"莲花佛国"高家杰作之说。

圣僧圆寂后，其弟子念法师始循霁迹石门山，首卓西峰，而得驻锡九子。苦行清修，弘法布道。故在首卓锡之地西峰创建迎仙阁等庙宇，又在三十六山之乌道建清慈寺（后人俗称和尚庵）、乌岭（白沙岭）、甘泉寺等寺庙。把石门山皈依九华山佛门清净之地，更使石门声名鹊起，广播远扬。

不料，宋之初，石门高高家三代人连遭三次瘟疫之灾。高家子孙，病死无数，能动弹的纷纷扶老携幼，奔走他乡。最后，全村高氏族中，只留下弟兄三户。老大高万灵，携家跑到浙江会稽（绍兴）杨陇里白鹤泉。老三高万贵一家，避疫去了宣城麻姑山。老二万显到江西。此后老大老二后人均有返回石门。元惠宗至正十八年（1358 年）戊戌六月，明太祖命常遇春讨盘踞石台陈友谅部。兵过石门时，遭石门山寨兵练阻挠，激怒常遇春部将，兵燹石门。石门冲内数百栋楼堂殿宇悉数被烧，荡然无存。其中万灵公后代有一支人跋山涉水筚路蓝缕千辛万苦最后定居河南咀。

❯❯ 文脉斑斓青通河

青通河是长江中下游南岸一条发源于皖南地区的自然地理河流，它由山川地质结构运动在时空的变迁而形成。它究竟成形于何时无从考察也无须追究，但它绝不是一条普普通通的河。它不仅养育了沿河两岸人民，它还是一条装满了故事的河。

青通河有着灵秀妩媚的自然风光，山峦葱茏，自然有一河秀水蜿蜒曲折流淌着。其上游，两岸青山绿树掩映，丘壑怪石嶙峋，飞鸟鸣叫于山涧丛林。若晴空万里，岸边山林叠翠、竹篱农舍，倒映在蓝天碧水之中，妙趣天成。若月夜泛舟，水天一色，幽静空蒙，恍如远古仙境。即便是秋冬，插花山一带绿水青山，河水清澈静谧得如同一块固体翡翠。有时偶遇渔人脚踏一叶扁舟捉放鱼鹰捕鱼的欢快场面，此景定不逊色于漓江山水。而至河的下游，春夏之季，众溪支流汇集，加上长江潮涌入，丰水期湖泊形成浩渺汪洋，风平浪静，碧波万顷，水天一色，一望无际。湖面上帆影点点，舟楫穿行，鱼翔浅低，渔人或捕鱼或采菱，展现一派江南梦里水乡独特景象。每至秋，水枯，在河岸湖滨广袤的草滩上，牛奔豕突，飞禽起落，万类霜天竞自由。湖干河现，青通河绕过河南咀，直泻大江，随滔滔江水而去，实现百川归大海的夙愿。

回溯历史，自西晋、东晋境域沿革和人口由北而南的迁移，至隋唐北宋南宋元明清末民国直到今天，历经沧桑巨变地理上的青通河，同时又有一条横贯几千年的文脉潜流，虽然我们如今看到的青通河古码头的凋零，古渡口的荒废，古桥的残缺或湮灭，古村落的荒凉和凋敝，古水庙的消失，老镇的沉寂和逝去，青通河平静得寂然无声……《诗经·尔雅·拜水》："河水清且涟漪……"循着这声音，我们仿佛听到这里孕育着埋藏着流淌着青通河文脉的神秘因子。两岸山峦叠翠、古道商贾贩夫脚步和独轮轱辘声；沿河码头、桥头、村郭、集镇；河边白鹭、水庙，山谷竹篁、月下乔木；商贾桅帆、一摇一曳的摇橹船、撑篙疾驶的小驳、屈身前迈的纤夫；渔舟罾网、夜色渔火、晚霞时渔歌唱晚的盛景；推波助澜的木排阵、浩浩荡荡的秧草船队……每年秋天，丰富的水产资源顺河而下，也是渔民一年中鱼汛最繁忙的劳作和收获的季节。与此同时，盛产于皖南山区的土特产品及其所需的生产、生活资料由商人和农夫沿着古道来去匆匆运送。上下江各地的佛教信徒朝圣九华山或成群结队或三五成行，络绎不绝……圣哲垂青加持青通河，历代名人咏诵青通河的一篇篇诗文，都令听者感动，读者萦怀。

在青通河地理河道疏浚改造之际，对青通河的人文史脉加以梳理不能不使人惊叹：这是一条文脉斑斓的河流。

一

首先从青通河源头探寻：何为文脉？九华山肯定是一座大气象的文山。众多山脉连接的九华山，古称陵阳山，后改为九子山。唐代大诗人李白来到九子山，忽发奇思妙想，改九子山为九华山，使得九华山扬名天下。正是唐朝，成为中国诗的鼎盛时期，也是九华山发生蜕变的时代。李白、刘禹锡等一批诗人的到来，给九华山带来从前没有过的喧闹和繁荣，也因此让九华山有一个扬名的机遇。他们在九华山曾留下许多历史活动遗迹。有魏晋南北朝时期的怀渡和尚；道教的八仙之一的张果老；葛洪炼丹；汉朝的窦子明的得道成仙；特别是唐李白"天河挂绿水，秀出九芙蓉"的诗句，更是千年传诵，还有唐朝辞官回乡的费冠卿、王季文；道教的赵之微、北宋时期的隐士青阳人刘放，历史名人滕子京；南宋时期的陈岩，元朝的杨少愚，明朝王阳明的东岩宴。在元末明初，这一带又出现了山寨常遇春的大鼓岭山寨，赵普胜、钱清的六泉口山寨，王亮的莲花峰牛皮寨等。这些山大王给本地区增添了独有的山寨文化，以致青通河上游多处山头有他们出没活动引人入胜的故事。由于九华山的盛名，而发源于此的青通河就注定了具有高高在上的文脉潜流。

二

九华山成为佛教圣地，千秋名扬，享誉海内外。佛教的地藏王菩萨金乔觉不远万里从新罗来到九华山，并在这里修行60余年，最后坐化成佛，再有佛教界的应声菩萨、肉身不腐的真身等，又使得九华山由风景名胜之地成为中国的四大佛教道场之一。又因金乔觉从青通河上的九华山，邑人为思念金地藏的行踪，选择在澜溪老镇南端，环抱青通河与澜溪河边，朝向九华山兴建了相水寺。后又在澜溪东边的低山连接地带，相继兴建众多庙院，有五神堂、上地藏庵、瑞福庵等，通称九寺十三庵。此后又由徽州迁来中部寺四尊佛像立于庵前，俗称八面佛。在澜溪镇北部东边的小岭正东与驴子岭间，为安葬寺庵僧徒圆寂，称和尚冲。直至九华山的头天门——大士阁的屡次兴建。至此，这些佛教寺院、造像等佛教艺术遗存，都是经年佛教文化最真实的载体。佛文化在青通河上下贯通，首尾呼应。地理变迁和历史造化，青通河口形成人们朝圣九华山佛地的首行要道。长江上下游各路香客络绎不绝，尤其每年农历正月和十月，香客抵达澜溪有聚会习俗，先是分居各寺庵或镇内客栈，休息整装，自雇帆船，联络组成"百子会""双百子会"等，每会推举一人为领头，高举旌旗，鸣锣开道，诵唱佛号，香客们怀着虔诚的心情，烧香磕头，声势浩大，仪式感强烈。他们乘船离开澜溪镇，经青通河上行，抵童埠或蓉城，前往九华山朝圣。若青通河水枯难航，香客们步行沿古道前往五溪，上九华山。直至20世纪50年代，香客沿青通河朝圣的场面都十分壮观，呈现出地域独特和厚重的佛教文化。

三

沿河有历代文人墨客途经留下的描写青通河的诗词名作。代表性的有李白流寓青通河以诗摄取3000年炉火。唐朝时从铜官山运夫推小车将矿石运到老镇，再由青通河的船转运到梅根冶；北宋著名诗人、书法家黄庭坚的客居竹山，有诗《阻水泊舟竹山下》，听鸟语阴晴，叹世事维艰。这首诗收在《山谷诗·外集卷第八》，诗中写到他乘船路过大通，遇风浪船不能开，船家就把船停靠在竹墩山下的河边。唐宋时期的大通在青通河边的竹墩山下，即古时大通老镇后的山丘地带，镇前的河流叫澜溪，也就是青通河。诗中的竹山即青通河的澜溪边的竹墩山；李纲之寒村湿雨，魂断梅花以寄家国情怀；晁袂之大通江河交汇处，听九华之梵音，望圣云之缥缈；南宋诗人杨万里的《舟过大通镇》，诗中极言青通河的渔罾碍船和鱼蟹价廉景况，叹渔民之生计；明王守人的《泊舟大通山溪间诸生闻之有挟册来寻者》，因江西平叛，间隙寄泊青通河，登高度远"时劳策杖上崔嵬"；王十朋阻风而成"邮亭危压轴"，以寄仕宦之愁；明李宗泗的《大通江上》，诗人自池州乘舟顺流到青通河的大通，落英缤纷的樵路，裁剪乡情之妙句，以成律咏，如同一幅山水画，扑入眼帘，令人心醉；李士元"追风麟甲黄头合，照眼锋芒白浪分"，壮龙舟竞赛，热烈豪健，他的《迎春》"绮罗成队按青阳，春仗行春春水茫"，描绘作者率官吏和百姓在立春前一天，迎春于大通青通河和山水风物万象更生新景象；王世贞病中作"江馆能收望，渔矶亦罢罾"，借鹊江和青通河，发标高孤吟之无奈；明王贯的《大江澄练》"风恬浪静镜光浮，似练平铺昼夜流"状写大通河仪态万方。（乾隆《铜陵县志》记载：大江，在县西里许，上自大通河南岸贵池县界，下抵繁昌县界计一百二十里）明曹学佺"为鱼从古叹，置冶迄今传"，写青通河特色；明曹学赐《鲥鱼》有诗"家在江南春水边，杨花落后此鱼鲜。白与笠泽银鳞鲙，肥比襄阳缩项鳊"，赞美江河时鲜；清朝的临川才子黎近写的《渔乐图长句》，"平湖万顷涌青天，全家生计在渔船……儿女团圆拼一醉，扣舷齐和打渔歌。县官亲此忧湖泊，披图始见渔家乐"。作者以轻松灵活的笔调，为我们诠释了青通河渔乡风光图。看见此渔乐图，才知渔家过着这种与世无争、怡然自乐的生活。清徐汉苍"残月一痕白，鸡鸣星欲稀。朱栏人乍出，渔榜夜初归"，深切感知青通河的打鱼人披星戴月的辛劳……类似以青通河为题材的诗文不胜枚举。

悠悠历史，片帆过云。唯有风流骚客，状物赋诗，千古不朽。

四

纪念历史名人家国情怀高尚情操的祭祀文化，持久绵延。中国祭祀文化悠久，古时"天子乘乌龙舟，浮于大沼"或"御龙舟，幸江都"，都要有仪式感。龙为尊、天子是龙的化身，见天子乘龙舟就要山呼万岁了。历史有时是一种巧合，原五月五日的"祭龙日"因屈原五月五日投江而被"端阳节"所替代。据史料记载，屈原第一次被流放到陵阳，在此度过了九年的流放生活。《哀郢》中"当陵阳之焉至兮，淼南渡之焉如？"九华山那时称陵阳山，山的东边至今还有一个古老的陵阳镇。屈原被称为中国第一诗人。他独悟山水、静对心灵，借景骋怀、感物伤情。大通的端阳节龙舟赛和青阳县举办的"中国·陵阳寻踪屈原诗歌节"等活动，就是为了纪念这位伟大的诗人而千年不衰的明证。而龙舟竞赛活动"鼓棹争归，竞会亭上，习以相传，为竞渡之戏。其迅楫齐驰，鼓棹乱响，喧振水陆，观者如云"。可见，划龙舟，由"祭龙"而改为"纪念人"到今天变成了人民群众所喜闻乐见的文体活动。

青通河祭祀场地在河边有不少水庙，古时都有祭祀活动。新河镇的陀龙洞有土地庙，过去常年香火不断；但祭祀场所和活动较多的是古大通河一段。从老镇到大通河口有多处水府庙，渔民和百姓每当打鱼和划龙船、舞龙灯都有祭祀活动。大通的老桥口上段，至今仍有纪念杨泗的"龙王庙"。

此外，在近代青通河发生的清朝水师提督彭玉麟与阎王渡的故事，史称"断船"。即"彭大铁"严惩恶霸粮帮船主贪得无厌超载致旅客丧命，遂饬令将该船锯成两截，船头竖在大通上街老桥，船尾竖在河南咀上墩。至今，河南咀的老人还追忆自己儿时在断船尾舱里乘凉和玩耍的往事。

五

青通河两岸诞生和保留了不少的人文景观、民间传说，这也极大丰富了其文化内涵。为人称道的是老鼠石之谜。老鼠石，为青阳、铜陵、贵池三地交界处，有一座山脉延伸到青通河畔戛然而止，其中，有一岩石，打坐山嘴，极似老鼠。因石似鼠，惟妙惟肖，取名为老鼠石。石鼠长数丈，硕大肥胖，匍匐在山脚上端，呈现出似静非静，似动非动，静中有动，栩栩如生的状态。老鼠石与其底座中间只有三个小石头垫着，有人用长丝线从石鼠与垫石隙缝中间穿过去，说明鼠与垫石中间存隙缝并非联结着的，让人始终不解。多少年来，这尊岩石，经受风吹雨淋，阳光、冰雪都完整无缺活生生地端坐着，俯视着青通河水流向大通古镇与河南咀古渔村出口处，汇入长江。它头朝南，尾朝北，世人戏谑该鼠"吃在青阳，屙在铜陵""吃家饭屙野屎"，吃里爬外。自古以来，老鼠石被赋予了各种传奇故事和传说。

说起老鼠石与将军庙还有一个悲壮的故事。传说朱元璋与陈友谅决战的时候，派徐达将军带了两名副将领了1000兵丁押解军粮，到达此地已经天黑，他就下令安营休息，十分劳累的兵丁很快就进入梦乡。当夜无话，次日清晨，一兵丁来报，万担军粮一夜之间不知去向，只剩下大洞小眼的空袋。徐将军闻报大惊失色，慌忙领兵到处寻找。他们顺着地上漏的粮食一直寻找到山上，只见山上有个洞口，仔细一听，里面发出了"叽、叽、叽……"老鼠的叫声，好像是在为它们获得大批的粮食而高兴、庆祝和交流。

粮食全部进了山洞，洞口很小，无法再弄得出来，失去了军粮，就意味着贻误了战机，就犯下杀头之罪。徐将军又气又恨，他要报仇，可又有劲使不上，想来想去，就让兵丁们翻动几块大石头压在洞口上，叫老鼠永远也不能出来害人。谁知，几块石头翻下来始终压不到洞口，都滚到山下的草滩上去了，徐将军见了，一怒之下，气力倍增，搬起一块巨石牢牢地压在洞口之上，这个石头就是人们看到的老鼠石。可是徐达将军也因为搬动巨石伤了内脏，当场口吐鲜血，下山后没走多远，身体就支持不住，心想回去后也是性命不保，就拔出腰间宝剑自刎身亡。在他倒下的地方，人们就称为"将军躺"，久之，就传成了"将军滩"。再说两位副将见主将已死，也就先后自刎身亡。兵丁见状都痛哭流涕，他们就找来粮袋芦席将三人尸体包在一起，用兵器在山边掘了一个大坑，将他们三位将军埋在一起，才慢慢离去。有胆大心细的兵丁就将徐达将军和两位副将军的死因禀告了朱元璋。朱元璋得报，连呼"惜哉，惜哉"，便对众将说："这些老鼠实在可恨，只因上古时代国君亲口封老鼠也有一份粮，故不便灭绝，只可镇之。徐达将军明大义，虽失军粮有过，但他之前战功卓绝，要在他自刎的地方修一小庙，两名副将已尽忠主将，将他们的容貌塑上像，以便留念。"众将点头称善。后来人们根据朱元璋的旨意，在将军自刎的地方修了一座将军庙，庙外雕刻了小石猫四方镇守，以此永远镇住老鼠，使老鼠不能再糟蹋粮食而为害别人了。

后有好事者，带领一干人等，持绳索和绞关妄图扳撬老鼠，但忽然乌云密布，狂风大作，石鼠岿然不动，众人吓得抱头鼠窜。20世纪60年代，河南咀的渔民小伙子高春宝打鱼船弯在老鼠石山脚，他看老鼠十分好奇，便爬上老鼠石嘴头，拔除了几根（茅草）老鼠胡子。围绕老鼠石，附近建了将军堂；命名了附近的山头为猫山、马山。还有一系列人、鼠等神话故事穿凿附会。

蓝天下的老鼠石

青通河注定不平凡。类似神秘色彩的还有下游大通河段诞生了一个老镇，其背后还有一座叫蜈蚣山，老镇面对青通河和另一支流的小河，小河西南有个鸡冠山，鸡冠山往西南又有一座吊罐山。这三座不起眼的小山却赋予了一个传奇神话故事：蜈蚣若作恶由鸡啄之看住，鸡乱作为由吊罐炖它。三者相互制约，得到平衡。如今，蜈蚣名字已湮灭，鸡冠山和吊罐山都突兀地矗立在青通河边。不过，它们日趋萎缩，由山变成小土丘，它们的职责也就丧失了，故这两座山变成了两个小丘，茕茕孑立，形影相吊。

山主官，水主财。比以上更传奇的是青通河的入江河口处的长龙山和祠堂河。长龙山又名龙山。它绵亘数里，仿佛长龙昂首，渴饮长江。

《嘉靖铜陵县志》记载："长龙山，脉自铜官，迤逦而南四十里，止于大通，识者谓其如骧龙渴饮长江，今最高处有亭址存焉。今大通佘姓居之。"一个县的县志上居然写明佘氏家族居住，可见长龙山非寻常山峦。佘氏家族可是一个了不起的家族。大通佘家的兴起自宋代的佘起，《安徽人物大辞典》记载："佘家一门集聚 1300 余人，子孙皆以科举入仕。"佘家祠堂原在大通长龙山下。

迄今，在澜溪老街背后，有一片风光旖旎的水面，它像一颗璀璨的明珠镶嵌在大通大地上，使山水相依的古镇显得更加秀美。其实，在历史上它并不是湖，而是一条被当地人称为祠堂河的河流。据史料介绍，流经大通的青通河原名叫"大通江"，明朝诗人李宗泗曾写过《大通江上》一诗。那时的大通江（今天称为青通河）在大通汇入长江时，是分两条支流入江的，其中的一条支流就叫祠堂河；另一条从河南咀庙嘴头入江。

明朝时，大通出现了名门望族——佘家，他们在南宋时由山西雁门关迁至江南，后又迁至铜陵大通。他们将佘氏祠堂建在长龙山脚下的一条小河边上。意在希望祠堂前的这条河流，能源源不断地为佘家带来滚滚财富。他们让佘氏祠堂的大门正对着这条河，风水先生把它称为"西水向东流，代代出诸侯"。让人倍感奇怪的是，这佘家此后竟真的出现了佘（可才）天官在朝为官（任四品吏部侍郎），之后族中又有多位后生陆续考中进士。其中佘敬中、佘毅中、佘合中一门三兄弟全部考中进士，名扬天下，轰动朝野。因明代以后佘氏家族人才辈出，已是当地名门望族，因此直到清朝时凡新上任的地方官员都会到佘氏祠堂祭拜佘天官，前来拜会：一是作为对佘氏望族的一种敬重；二是期望吏部侍郎出身的佘天官在天之灵护佑他们仕途发达，不断高升。

相传，在佘氏祠堂中，依然供奉着佘天官等佘氏祖先们的画像和朝服，特别是佘天官的朝服，更是引得当地不少达官贵人前来祭拜。尤其是新上任的池州知府和铜陵知县，他们作为本地的父母官，上任以后一般都要到祠堂里去祭拜佘天官。

这些达官贵人们频繁地来佘氏祠堂祭拜，便让管理祠堂的佘氏后人感到很不耐烦，于是不该发生的故事便发生了。在清康熙年间，时任铜陵县令到佘氏祠堂祭拜佘天官。当时管祠堂的佘家媳妇，说她还有急事要办，没时间陪县令祭拜祖先，她把祠堂大门一锁，把佘天官的朝服挂在祠堂的廊檐上，让县令对着佘天官的朝服进行朝拜。这便让这位县令觉得受到侮辱，因此决意要报复佘家。县令想到的是借兴修水利之名，让祠堂河水倒流，进而破坏佘家的风水。然后就召集民工，把祠堂河汇入鹊江的入江口给堵起来，让整个长龙山的水流和祠堂河的水汇集一处倒过来反向流入青通河，再汇入鹊江，这样就把佘氏祠堂的风水给破坏了。

看到县令改变祠堂河流向破坏了佘家祠堂的风水，聪明的佘氏族人知道大事不妙，他们及时想出对策，采取相应措施针锋相对：首先是将佘家祠堂迁到新建大院，然后在祠堂河与青通河交汇处设水闸，将河水锁在祠堂前，借以留住寓意财富的河水。既然水代表财，那就只能是他佘家用不掉了，才能放给别人用。于是，新建成的水闸就把祠堂河附近低矮的区域给灌满水了。从此，原来窄窄的一条小河便扩大成一个水域广阔的祠堂湖了，即今日的大通祠堂湖。

从明代的祠堂河到清代康熙年间演变成"祠堂湖"，直至今天成为风景秀丽的景区，时代变迁，着实让人感慨万千。

六

山清水秀造就皖风徽韵深嵌史籍的城郭，曾经很繁华，也不乏传奇故事。

青通河发源于九华山，到河南咀河口注入长江，全长 68 公里，涉及青阳、南陵、贵池和铜陵四县，沿河便建起了一个个城镇，濒临河滩，钟声楼影，日夜呼应，渔火明灭，船楫隐约。青通河是沿岸人民的母亲河。每当晚秋时节，沿河而下，个人重重悲欢归于枫叶，滔滔诉说止于晚风，看那断墟明月，闻那丛林暗香，沿岸城镇姿态和名称，各具灵性和文气，构成一部部立体大书，文化分量远超那些笔墨文本。

朱备，源于朱备的青通河，由九子溪、碧溪、芙蓉溪等汇合而成，青通河由南向北纵穿全境。因清代时，该地称"朱村社"，为青阳县至徽州要道，店铺林立，其中朱姓毛笔是当地名产，故称"朱笔店"，后因别字误为"朱备店"。又一说为：相传元末农民战争时，朱元璋率兵转战青阳，发现这里一条又宽又长的大河，望着那大河上游的群山，呈现出一派龙虎之气，确是个饮马屯兵的好地方，遂溯流而上备兵于此。朱备古镇三面临山，一面傍城，境内山清水秀，人文荟萃，有"九华山大东门"之称。

蓉城，由唐李白《望九华》诗中"天河挂绿水，秀出九芙蓉"之句而得名。境内青通河自南向北经镇中心穿流而过，境内河道长 28 里。唐天宝元年（742年），即为青阳县治所在地，是一座名副其实的古城。境内有富阳古桥和双河古桥；还有王懿修墓；清代所建的"状元坟"汪珊墓等古迹。出土有良渚文化遗存。

丁桥，邻近七星河畔的山丘地，汉代集市管埠（管之商埠），唐代更名定陵乡。背靠佛教名山九华山，脚踏"黄金水道"长江，枕山临水近城，水运交通方便。史书记载，有丁氏建桥，名为丁家桥。解放后兴修水利曾挖出大量的城墙脚和城砖，发现有老桥遗址，古井、古墓及古街遗址。镇内有骆家潭、陀龙等古村落及人文故事。

木镇，一个名字较为独特的古镇。古代初称木竹潭，清代时期更名吴潭镇。木竹潭因有大量竹木物资通过该镇航道，也是周边地区农副产品集散地，故得名。还有一种说法是：木镇的名字来自境内的木瓜山，据说唐代大诗人李白曾路经此地，并写下了《望木瓜山》。境内河道属于七星河水系，南河、北河由东向西流经木镇，均注入大通河支流七星河，其中南河河长 19.6 里，北河河长 37里。这里自古以来市场繁荣，商贸活跃，集镇规模、繁荣度始终居青阳全县之首。

童埠，古水运码头。因清代称"铜埠镇"为青阳、铜陵部分地区水运集散地。后又有童姓在此开设木行，故称为童埠镇。此处为青通河内河上最大的水运港口码头。

青通河古童埠——现已成为内河现代化码头

茅坦，位于池州贵池区东部，青通河穿境而过，三面环水一面依山。茅坦旧为古镇，始建于明洪武年间。分东街、西街、丁字街，街道巷弄石板铺就，店铺作坊鳞次栉比，民居街坊相错毗邻。境内历代以杜姓世家为主。杜氏系唐代诗人杜牧、杜荀鹤后裔。杜氏古村落曾辉煌 500 多年。东、西长街相行，石板巷道贯穿，民居、作坊、店铺毗邻相伴，蜿蜒逶迤前行。有儒公学堂、高公堂、大宗祠和文昌阁等家族大型古建筑。杜氏总祠和分祠累计竟有十几座之众，学堂、祠堂、牌坊、寺庙、旗鼓等遍布茅坦古村落。最大一座祠堂横贯东西两条街道，纵深达十二进之巨，显示杜氏荣耀，也让杜氏子孙在耳濡目染中沐浴教化熏陶。

茅坦现存的进士门匾　　　　　　杜氏宗祠

一座祠堂的诞生与延续，也曾栉风沐雨，品味沧桑。漫步茅坦老街，脚步叩击着东西长街青石板残片厚重的外壳，传导出历史厚重的回音；双眼寻觅着古巷里断墙包裹中的进士牌坊残迹，流露出岁月无限的情殇。斜阳里，古茅坦十景挟带岁月的风情，静默如画。

大通，青通河在此注入长江。古名澜溪，西汉在老镇设立"梅根冶"，唐代设大通水驿，宋开宝八年（975 年）建镇。清末民初，作为《烟台条约》的重要通商口岸，与安庆、芜湖、蚌埠齐名，并称安徽"四大商埠"。有一手连着青通河，一手连着长江的千亩湖面——祠堂湖；有九华山头天门之称的大士阁与高耸的天主教堂钟楼隔湖相望；有"活着的历史文化街区"更是全国古镇中唯一铺四方石的澜溪老街。青通河，即由上游源头的青阳和河口入江的大通各取一字而成。

青阳与大通首尾呼应：有地理上河流的一头一尾；有金地藏自大通上九华山和香客南北水陆"礼佛古道"；有大通和青阳县城遥相呼应的天主教堂西式建筑等。

以上沿河乡村集镇一路而来，皆拜青通河所赐。虽然我们已唤不回它们原景重现时的那份温馨和安详，但我们可以也应该在内心诗意感恩和仰慕母亲河——青通河的慷慨馈赠。

七

丰富的地名见证、承载了青通河千年沧桑，传承了河流历史、方位、风俗、传说和现代文明发展等多层次的文化内涵。

除了前面所叙青通河沿岸城镇外，还有不少自然环境地和风景名胜地。

朱备的将军庙，元末，常遇春率明军与陈友谅部激战于此，屡建奇功。村民为纪念常遇春建庙祭祀。庙的创建年代无考，其规模颇为壮观，翘檐飞角，高有丈余，宽、长各1丈2尺左右，庙前院落宽敞。抗战时为日军焚毁。现村民个仍保留"拜将军年"旧俗。

新河的陀龙，拥有丰富的历史文化和民俗文化，周边拥有香山茅蓬、天柱山风景区、回香阁等。

朱家渡砖窑址，位于童埠陀龙的朱家渡西南。现有残窑数处，发现有铭文残砖。据考证，该窑曾为明初建筑南京城墙所用。朱家渡也是青通河一处古渡口。

洛家潭，位于丁桥镇中西部，该地通青通河。大通自力军起义军曾在此与清军激战。自力军的首领之一河南咀的高彪落难在此，曾为躲避清官方通缉而自我毁容躲避的轶事世人皆知。

新河镇的插花山，青阳县著名景点。依山傍水，山清水秀，一往情深，水中倒影有山，四季皆有特色，美不胜收，如同各异的水墨画，可与漓江山水相媲美。

童埠的乌鱼塘，古地名。1939年2月，日军三十六师团一三三联队（后藤大队）占驻乌鱼塘，搜粮不成，杀害数十位村民。史称乌鱼塘血案。

马山，老鼠石山东南方向有一座形似马的山，人们在青通河舟船上老远就看见一匹骏马如飞在云中。据说有一家大户人家葬坟选错了地脉，马的耳朵最灵敏，没有葬到马山的耳朵那块宝地与侯门失之交臂。

马山和青通河

佘家咀，位于贵池茅坦临河村庄，有河边码头，20世纪五六十年代为水产集中收购站。佘氏人原为几百年前从徽州迁移来此处，他们与大通"佘"姓同祖同宗。

下洲，古村落。处茅坦境内，濒临青通河，地势平坦，视野开阔，一望无际，发大水时，水天一色，曾有朱元璋与陈友谅大战于此。

十八索，湿地鸟类自然保护区。位于贵池东北沿江洲圩区，北临长江，东以青通河与青阳、铜陵分水。相传古时，十八家为了争夺地盘最后用绳索按十八股进行丈量而得此名。

茅坦老街，位于贵池墩上街道茅坦村内，始建于明万历年间，古时也是连接大通与九华山之要道。历600余年，广纳众、造良田、营华屋、勤治读、兴农商，富甲一方，人才辈出，曾孕育状元、进士（3人）、知县（7人）、守备（2人）等科甲仕宦。清太守李幛亲为茅坦著书立传，赞其"十景"，称曰"小池阳"。

杜氏宗祠，据传系唐代诗人杜荀鹤后人为纪念杜牧及其后裔祖先而建，该祠为台梁架砖木结构，三套构进，平面呈长方形，占地616.2平方米。建筑布局以门厅、天井、正厅、天井、祭祖祠相属，硕大的月梁纵横交错，木雕、画枋穿插其间；柱础石精雕细琢繁缛的花卉禽兽图案，砖雕、石刻设于后进天井处。

　　缸窑及缸窑湖，缸窑湖位于铜陵市义安区天门镇蟠龙村旁，与青阳县和贵池区相邻，湖面5000多亩。缸窑湖又称为天目湖，是因在湖面中间有大天目山和小天目山的缘故，此处与风景秀丽的天门镇五峰山南麓遥相呼应。当地一代代老百姓认为，湖心岛是当年九华老爷不慎将一担土遗忘在此，而形成了大、小天目山。坊间有传说，风水先生看中这里的风水宝地，断定十年后要出人，但需烧热这块土地方可。结果有人做了手脚，在"十"字上加了一撇，变成"千"年了。十年后风水先生再访问此地并没有出人，于是说：既然十年出不了人，那就烧窑1000年焐热龙脉吧。缸窑始于清朝雍正年间的1729年，此缸窑4座大龙窑同时点火生产，每到夜晚，缸窑的烟火映红了天空，甚为壮观。现在看来烧不了1000年了，窑厂已停了多年，只剩下遍地的窑缸和坛坛罐罐遗迹。此所谓造化弄人而已。

缸窑湖上的大小天目山

　　下水桥，有下水桥也有上水桥，两桥均建于明代，均为石拱桥。青通河边的大士阁后面有上水桥，现已成残缺的断桥遗址，是通往徽州的古道；而下水桥是青通河枯水时，难以航行，专为朝拜九华山的信众徒步而行所建的石拱桥。现因围湖，大水时下水桥沉没于水下，要目睹其真容只有待每年干圩时显现。

　　此外，还有青通河边老镇背面的竹墩山、老镇西南面的鸡冠山和吊罐山，河南咀的庙嘴头等，皆因山川巨变，有的沉入江河，有的早已遁形，有名无实。

但早先都有十分有趣的民间故事。

八

独具神韵的青通河航运精神文化。灵秀丰润的青通河不长，只有100多华里长的水路，但也不算短，它连接着大通至童埠、青阳、木镇、丁桥等沿河村庄和湖泊。在古代交通极不发达的情况下，水上运输意义重大。自明初设大通河泊所以来，青通河不仅成为以商品流通的重要水上运输线，也是联结沿河城乡各地的纽带。自古至今，官民航运和渔盐贩运历史渊源悠久。据考证，青通河上木船航行运输至少有2000多年的历史。战国时，楚怀王六年（前323年）青通河口边的老镇即为鄂君启商船队沿江东下的终点港。该港即今铜陵、青阳、贵池、枞阳四地交界，地当要冲的竹墩山麓，是青通河与澜溪汇合注入长江天成的口岸。当时的大通老镇澜溪更是成为贯通皖南山区与沿江地区的商贸活动的水上门户，商贾云集，相继形成集市中心。邑人因水故名澜溪镇。镇近水而建，有水才有灵气和财气，因而造就地域悠久的历史文化。

据嘉靖《铜陵县志》载，早在明代洪武元年至三年（1368—1370），相继设大通河泊所、大通递运所、巡检司，均隶属池州府，置大使一人，从九品；后设大通驿，驿置站船13只，水夫130名。行驶贵池、青阳等驿站。青通河水运何以如此发展，主要原因：一是当时的交通落后，皖南地区的进出口物资，几乎完全要依靠水运。如青阳、贵池、南陵等地所需品和杂货，都得由青通河口的大通进口，再运往各地。皖南山区的土特产品，如棉花、黄豆、桐油、生漆、茶叶、蚕丝、苎麻、竹木、柴炭等，也会通过青通河转运外地。二是清末起，大通成为安徽有名的盐市，盐业带来航运的进一步发展。每年枯水期，和悦洲大盐船将盐运到青通河口，一些小驳船就从大盐船上兑盐包，然后转运到童埠分发贩卖。三是当青阳九华山成为全国四大佛教名山后，在无公路行车的年代，全国各地和东南亚等地朝圣香客，都得乘船由青通河水路往返。青通河的水运极为丰富多彩。有大木船吱吱呀呀的摇橹声，心中生出"一声欸乃扁舟去，望断江南几万山"的况昧；即使到了20世纪50—70年代，正二月发山水时，曾见从老山里顺流而下的木排阵；每年清明节前后打秧草的船队由青通行内河上游浩浩荡荡划向河口；春夏之季，有成百上千条装黄沙船队你来我往；夏季发大水时，人们可以乘坐客轮从大通出发到达童埠、青阳，既方便出行，经商购物，投亲访友，也可观赏沿河两岸风光；秋季，更是渔船罾网塞满河床，搅动得青通河繁忙喧闹不已；当然，也有残冬时节，纤夫拽着小木板船躬着背低着头弯腰匍匐前行……一条青通河，涛声千年诉华章。

渔夫、挑夫、放木排水手、船工、纤夫；码头、古桥、古镇（古村）、古道、古钱、老街、集市；涛声、桨声、欸乃声、号子声、叫卖声、歌乐声……一幅幅缤纷的画卷，一段段穿越的时光，每一份都沉淀厚重。

综上，我们可以看到青通河独具神韵的河流文化，货畅其流的物流文化，人享其行的融合文化，资信交流的人本文化，激励人们踔厉奋发的进取文化。

九

一曲不屈的悲歌，独具魅力的渔业文化。一条河，竟是多个王朝的命脉。就河南咀而言，青通河至少滋养了它800年！没有青通河，就没有河南咀。所以，青通河真正是河南咀人的母亲河。

河南咀捕鱼历史悠久，有迹可循的有800年之久，实际在青通河流域捕鱼时期更久远。从明代初，便有高、张、朱、吴、孙、史、叶等7大姓，正式定居河南咀从事捕渔业。随后又增加了汪、梅、胡、杜姓计11姓渔民。在先前的七大姓中，高姓人数压倒性最多，势力最大，高姓族长最有权威，各姓诸事都得听从姓高的指挥。在这个公共空间里，人们在长期的共同生活中通过创造、选择、积累而形成的行为规范、习惯和生活方式实际上就是文化。河南咀高家史上能人辈出，文武兼备。坊间有谚语："能吃二斤铁，才敢过高家阙。"（高家阙系河南咀进口处，为最佳捕鱼点）

水里求财，船、罾、网等是捕鱼的基本工具。河南咀的渔船、罾、网等经过几百年的打造、形成和改进，具有异于其他地方船只和渔船的外形特征。其结构特点、技术含量、美学价值、历史价值、地域特色和人文内涵，逐渐形成并积淀于船舶鱼水文化，凝结于渔家的言行内，物化于渔业生产劳动的成果中。今天更显示其社会经济意义。不久前申报的安徽省级非遗"水上龙灯"就是明证。

久负盛名的鱼市，也曾是一道风景线。曾几何时，河南咀捕获的各类鲜鱼、活虾、螃蟹，让当年的大通街呈现出"压断街"的盛况。每年鱼汛季节一到，通河两岸，大街小巷，遍地是鱼，堆积如山，顿时成了一片不夜天的鱼街。那样多的鱼，当地常住的千户人家哪能食用得了？于是渔行里的商家们便开始活跃起来了。他们将大批鲜鱼冰冻后，及时远销上海、苏州、镇江、南京、芜湖等沿江城市。一律用冰块压放木桶内外运（每桶鲜鱼400斤）。冻鱼加工最高日产量达万斤，日外运量不下四五千斤。

巨量的鱼蟹虾，琳琅满目。鱼商们遍布街头。两岸大小鱼行有70多家，吃鱼饭的商贩成百上千人。大鱼商们坐行收购、加工、输出。小鱼贩们肩挑穿巷，叫卖声不绝于耳。构成一幅令人目不暇接的、奇丽的鱼市图。长年如此海量的鱼市，又衍生出公平交易的诚信文化。

九月，丹桂飘香，随着肥美的鳜鱼上市，各类又肥又大的河蟹、湖蟹便开始进入市场。螃蟹虽不像鱼那样盖市，但价钱不高，1元钱能买好几斤，一般人家，每年饱尝几顿蟹味，那是必须的。而饭馆酒店里用蟹肉制成的各种美味——"蟹黄包""蟹黄面""炒蟹羹"乃至"蟹筵席"，亦应有尽有。因此，当地又创造出了河鲜美食文化。

渔业，带给人们的不仅仅是物质上的收获，还有其衍生的精神文化。每年正月里出龙灯，以祝福渔业丰收，祈求生意兴隆。一年一度的"鱼龙盛会"，盛况空前，长龙有130多节，明灯彩绘，由40多人擎舞穿街，热闹非凡。鱼龙会上的龙灯有别于民间常见的龙灯，龙的造型一律是"闭眼龙"，忌睁眼睛。意在这种龙只护鱼，不吃鱼，借以庇佑捕鱼业的兴旺。

鱼市场的繁荣，来源于捕鱼业的旺盛。而其中的鱼源，除了江北陈瑶湖、江南童埠湖鱼汛之外，很大一部分系本地河南咀渔民所捕。河南咀为青通河入江出口处，每年来潮季节，江里鱼苗从这里经青通河溯流而上，抵青阳童埠湖内成长，那里有茂密的水草，适宜鱼群繁衍。九月、十月，值逢金秋，江潮下退，湖里养大养肥的各种鱼蟹虾等，便又顺着青通河而下，打这里入江。此时，河南咀的渔民们早已在这个夹口地带布下天罗地网，于是大批大批的肥鱼，便从这里捕捞而获。出鱼季节，河南咀的捕鱼景象，令人目不暇接：旺季里一条渔船一天扳罾可捕鱼3000～4000斤。渔民高永庭一罾曾扳起过800斤"黄姑鱼"，一个晚上扳鱼5000多斤。

以渔立业的河南咀人，其捕渔业的兴旺景象，从明清一直延续到20世纪70年代末期。正如一部大戏，演到最高潮也是剧终一样，此后迅速衰落，原因是多方面的。其中最主要原因是青通河沿岸各地不顾一切地围湖造田，水域的大幅度萎缩，使鱼类赖以栖身、繁育之地没有了。鱼之没有，渔业何存？青通河的盛衰直接关系到河南咀渔民的命运，这注定是一个悲剧。

青通河从出发点到落脚点，都注入多条文化生态脉络。如今，渔业不存，渔业文化何在？好在青通河的河口段正在疏浚改造，它将引发青通河及通河两岸新秩序及文化重构。

自汉唐宋元明清到民国时期，历代名人对青通河情有独钟，留下了不胜枚举的诗文。他们或寄情山水，或借景抒情，或渔歌互答，或托物寓意，或松兰明志，是儒家积极向上的文化体现。这一文脉旨在演绎人的世界观。当我们读到这些诗词文章时，我们的世界里就有了来龙去脉，上下千年，既有空间的纬度，又有时间的经度。

从地理上看，青通河一头连接长江，一头连接皖南腹地九华山。因为地藏菩萨道场，青通河又成为全国各地香客朝圣之径，青通河与九华山佛教圣地的结缘，使得佛文化源远流长。

地名书春秋，斑斓显厚重。

青通河从发源地九华山出发一路走来，到大通河南咀及和悦洲落脚点，好比是一出大戏的开场跌宕起伏到最后剧情的高潮，进入长江也就是剧终。

它给大通以材，给和悦洲以财，给河南咀以才。正因为给予，青通河才获得了新生，汇入长江……

青通河的文秀滋润，沿河才能孕育产生出一个个在神州大地上震天价响的名流学子，他们哪一个不是气韵高华？

》》 接力趟桨 1000 年

有船就有桨。趟（tàng）桨，也叫趟船，河南咀人常用的口头语，即划桨或划船的意思，是运用工具进行生产活动的一种方式。但趟桨又有它特定的含义，一板一眼有节奏地慢划船和长途划船，带有一种古典别致的韵味，通称之为趟桨（也称荡桨）；短距离用力争抢划船不叫趟桨，而叫划船，比如划龙船是也。在急流中奋力摇桨也不是趟桨，叫摇桨，比如当江潮涌入内河里，渔民驾渔船扳热水嘈迎着潮水扶摇直上，此谓摇桨。趟桨，一招一式，按部就班，不急不躁，不紧不慢。所以，论日，一个人能趟一天到晚；论年，一个人要趟几十年（一辈子）；世代人则趟千百载。

在河南咀，千百年来，渔民和桨须臾不离，一代一代渔民奋楫不辍，虽遇各种艰难险阻和惊涛骇浪，但仍接力推进，栉风沐雨，浪迹江河。桨叶，顾名思义，桨是叶，水是花，行稳致远，一路而来，硕果累累。

广袤的古秋蒲江河流域，盈盈的春水，起伏的青山，风光秀丽，杜牧、萧统等都曾在河边驻留，李白"五到秋蒲"，留下了40多首瑰丽的诗篇和许多动人的传说，这里被称为"流淌着诗的河"。不仅如此，得益于上源两支充沛水流和长江春潮，待长天秋水时节，这里便是渔舟桨声徜徉其间，呈现一幅渔歌唱晚的图景。然岁月更替，星移斗转，山高水低，随着秋蒲河上游水土流失，河床抬升，水浅鱼少，打鱼人趟着小船顺着江河湖边漫不经心地移动。一会儿水面上扑扑飞起水鸟，一会儿山那边传来乌啼声；涉水千里，泛舟于烟波浩渺。但不曾歇息的是桨叶插进水里的一下又一下的"切、切、切"声。这声音穿越雾霭，摇动绿影婆娑；桨声铮碎了唐风，水声搅散了宋韵……在风和雨的荡漾里，望不尽的高山流水，呈现了水的多样性情景：深水的渊，浅水的滩，急流的湍，慢流的滞，大浪涛，小波澜，两山相夹之水的涧，水流汇聚之泽，水面微微波动荡漾，深水池的潭，水边际的涯，江、河、湖、泊……在桨和水的缠绵中，常常"趟桨几百年，船行才千里"，不知不觉中，从秋蒲顺江而下，渔船湾在老里圈—童梓山江河湖畔。接着，双桨继续趟着……船终于到达青通河口、鹊江南岸——大通、河南咀，并且在此打住。

从长江秋蒲河到鹊江青通河，自唐宋元明清民国至新中国成立改革开放，世世代代无数打鱼人接续趟桨，这一趟就是1000年！

没有哪个生产活动有趟桨与渔民联系如此之多而密不可分。如果哪个渔民不会趟桨，那他一定不是河南咀人而是外来户的门外汉，搞不了船，你还吃什么捕鱼这碗饭？多少年来，河南咀人都把趟船捕鱼这门行叫着捏桨滴子（手攥住桨柄的小圆柱形小木头）。如果哪个渔民丢了桨滴子，那意味着他不捕鱼了，另谋出路了，他就不吃捕鱼这碗饭了。不过，也有相反的另一种情况。如果某人在外面混得不好，回家的话，他会说："老子不照，大不了回家捏桨滴子。"

可见，这个捏桨滴把子是兜底的最后一道保障。所以，河南咀成年人都会趟桨，这是捕鱼人安身立命之技之本。于是，毫不夸张地说，桨成了河南咀人的终身伴侣，趟桨成了渔人的终身大事。

河南咀的桨一丈多长，分为桨滴子（握桨的把手）、桨把子和桨叶子。桨把子一般由柏树枝制作，圆柱形，一丈一二寸长，桨叶子一般用杉木制作，长方形，约5尺长，5寸宽，桨把子和桨叶用铁圈固定。桨叶子板前薄后厚，便于划水。水下为方，水上为圆，桨，方圆在它身上得到统一体现。河南咀捕鱼的船，在船头右舷安一把头桨，主要作动力，船艄左右舷各安一把艄桨，既起舵的作用，有时也起动力作用（当然，面临争抢时间的行船，会在头桨后插上腰桨划船）。

趟桨看起来很简单，实则不然。在河南咀擅长趟桨的渔民侍弄渔船简直像绕指柔般娴熟，可以让船原地不动360°旋转，可进可退可立定；也可以在左或右船舷划单桨按既定方向前行而不偏离船头；可在平缓的水面行驶，也可在山洪暴发的急流中始终保持方向，一路前行。特别是逆水行舟，趟不好桨，不进则退。趟头桨的人力气要大，多为年轻人，这是一条船的主要动力源。不会趟桨的人，未受训练，没有章法，若趟头桨，尽管有力气，看似每次趟桨击水响声很大，但吃水不深，仅在水面拍打，手忙脚乱，这船很难快速行驶。划艄桨的相对年岁大些，但有掌舵的经验。若不会掌艄桨，船头会不听使唤乱掉头，使船头忽左忽右，甚至毫无方向和目标，晕头转向，让人不知所措。这时，河南咀人会来一句俏皮话："你家妈妈哪是没跟捕鱼的人困过觉呀？"

捕鱼，是趟桨技能最首要的技能和彰显一等功夫的时候。出鱼时，狭窄的河道里塞满各种渔船和来来往往的其他运输船只，为抢占鱼位子，争先恐后，张牙舞爪的罾船见缝插针穿行而不相互碰撞；若在急流时扳船罾遇偏东风或偏西风，会把罾船吹侧翻。"没有金刚钻，不揽瓷器活儿"，能在这种场合保持渔船平稳有序捕鱼，靠的就是摇桨的本领。

青通河盛产鱼类资源，但捕鱼不等于可以在家门口守株待兔。世代以来，捕鱼的人都是找寻和奔着出鱼的位置而去，常常天不亮就拔起船头链子，趟桨"开头"。从早到晚，捕鱼不止，趟桨不歇。出鱼时，一边吃饭一边趟桨，这是寻常事。真是鲜鱼好吃，打鱼苦啊！更有甚者，捕鱼正兴时，从早到晚饿肚子。1970 年 12 月，我和小叔高学武在丁桥、木镇一带撵（赶）罾。从早上趟船自上而下十几里，用桨拍打水面，让潜伏在河水底下的鱼按着我们设定的方向游去，下流河岸狭窄处有船罾张网以待。到下午两三点时，鱼群开始纷纷而下进入铲罾内。此时，大红艄子鱼虽扳了几百斤，可我和父兄饿得几乎直不起腰来。

特别是在长江捕鱼，若突遇风大浪高，水深流急，稍不留神被其他船碰撞到，极有可能造成船翻人溺水身亡的悲剧。清末时，河南咀时年 20 多岁的高志富（高玉堂父）的渔船曾在长江小轮码头捕鱼时遇客轮相碰撞溺水而亡。所以有经验的渔民会及时拨乱反正，避免相互缠绕。

由于河南咀地处交通要冲，江河航运发达，皖南资源丰富，周围商贸繁荣，这样，河南咀人在渔业淡季和渔业歉年时首选是利用小渔船即板划子的灵活性跑运输，当地人俗称"装生意"。比捕鱼趟桨更多更长久的是装船生意。往往跑外地远途时要日夜趟桨。河南咀人装生意（即跑运输）趟桨全靠血肉之躯的人力，双手划桨。父兄装牛到无为刘家渡，装木头到贵池，这些运输，每趟船都要在长江上下水之中往返。顺风顺水固然好，若遇逆风和跑上水，那种吃苦费力自不待说。曾有人从大通到芜湖装生意跑一趟，天不亮清早 4 点开始划到晚上 9 点，长达十几个小时，若没有趟桨练出来的老把式，外行人即便是年轻力壮一天站也站不下来，更别说划这么长时间船胳膊不会酸疼。若没有先辈千年趟桨的遗传基因，不可想象一个人可以持续趟桨十六七个小时，真是神一样的操作。长途趟桨装货物，我曾深有体会，一旦上了船，一切都由不得你了。一次我旷课跟随叔父高学武送煤到铜陵县城。凌晨 3 点出发，一叶扁舟的小渔船装载约 3 吨淮煤，江水满到船沿边，因为跑下水，冒险驶在激流的大江中间，船行得快，清早 7 点不到就到了铜陵县城。那是一趟要钱不要命的生意。

跑运输最多的是趟船于青通河。到牌坊头装石头；从大通装煤到青阳的鲍家窑瓦厂；这些地方每一趟划桨都是披星戴月，废寝忘食。少年的我，趟桨根本没有《桨声灯影里的秦淮河》的浪漫意境，倒是过早地饱尝了体力不支的劳累。因为过早的身体透支，加上营养缺乏，青少年时，我的身材一直长得很瘦弱，发育迟缓。其实，我是在校生，趟桨总的不算多，比我更为不幸的趟桨人多了去了。高宝根、杨玉兰夫妇曾在三县圩大湾处趟船装黄沙，遇大风船沉人亡；还有几个妇女去青通河拉菱角菜，不会趟桨，为省力把小船挂在机帆船后，导致船翻两死一伤。

在河南咀，水上跑长途是常有的事。为了减轻趟桨的辛劳，不少渔民也在船上配备了篷（河南咀称篷，忌称帆，因"帆"同"翻"谐音）、桅杆和舵，俗话叫"跑风"。扯篷主要是逆水行船，借助于自然界的风向，不但省力，而且速度更快。大凡顺风顺水时，一般不扯篷，故有"有福不享，落篷趟桨"的民间歇后语，形容一个人不会享福，也有讽刺愚蠢之意。不过，跑风也是有风险的。1970 年，第六生产队在贵池江口挑东南湖圩。12 月 31 日，生产队派高银波、吴家和、高家助 3 人从青通河的佘家咀装 2000 斤鱼趟船送到长江贵池江口。因行上水船（逆水行舟），他们就扯起篷跑风。由于风太大，结果船翻了个底朝天，3 人溺水，幸被附近农民救起。

趟桨，毕竟是一项较强的体力劳动，通常是有劲的年轻人趟头桨，起动力作用，年长的趟艄桨，起掌舵作用。到 20 世纪 70 年代后，由于没有什么鱼可捕，改渔船搞运输时，乡亲们用上了舵和动力合一的机械挂机桨，省力省时。不过在船停靠岸边时，调头、转弯、前进、后退和立定等动作时，这古老的趟

老渔民高宗渊趟桨

桨仍比挂桨机略胜一筹。另一项传承千古的划龙船竞赛活动，比拼的正是"桨"的力度和技艺，这也是趟桨的另一种表现形式。

历史有时也像一场设定了的游戏，当河南咀的渔民告别趟桨时，这块土地上一代代的人们接力趟桨刚好逾越 1000 年，曲终人散，从此再无桨可趟了。

》 绵延不绝渔文化

先辈们一代代"择一事，耕一生，爱一人，终一生"，那一串串熟悉的姓名和他们留下的精神文化，岁月是带不走的。尽管昔日的古渔村今已不复存在，但其文化的魂与世长存。河南咀古往今来一直是单一的渔村和专业渔民，他们没有田地，完全靠打鱼为生。生活、起居、劳动乃至婚丧嫁娶都与水有关。青通河直通长江，发达的水道使渔民视野开阔，思路活跃，孕育了大量丰富的渔文化内容。包括打鱼、卖鱼、织补罾网；因鱼类不同，四季捕鱼方式不同，各种捕鱼技术不同，都是创造渔文化的因素。在日常生活中，衣食住行、婚丧嫁娶、人情礼尚往来的表述均有渔文化形式出现。顺口溜，写对子，渔歌，媒歌，地名（鱼位子）歌，乃至争执、斗嘴都会有一套套脱口而出或哼唱出来的词句。

河南咀这个千年渔村，她如同一本书。先民的迁徙、颠沛流离，一代代人江河湖泊的栉风沐雨，尚渔厚文的积淀，村民守望相助的德行，无不历历在目。近访老渔民，收录一歌谣："大呀么大通河，长呀么千万丈，一河两岸风光好，水流通长江，待到鱼汛日，鱼儿多得往岸上跑。""大通河水波涟涟，满河渔船罾网填，一罾扳出鱼儿跳，网兜塞满鲤混鲢。"70 年代，铜陵县文化馆派人到大通渔业公社搜集整理大通渔歌，编辑成一本小册子。其中有《问答小唱》《渔民唱翻身》和《十唱人民公社》等渔歌。

河南咀的渔文化，十分丰富。其中高兆祥的船上贴的对子是："朝行夜梦八百里，瑞日祥云万年春"，这副对联不但非常契合船家，同时对仗也十分工整，气势不凡。那个年代，过年贴春联，基本上家家户户差不多能让对联保持一年完好无损。所以，读书人能争相观看，并且牢记在心。这就是特有的渔文化的熏陶和影响力。当时的房主和房子早已不复存在了，但好的对联却根植于人们

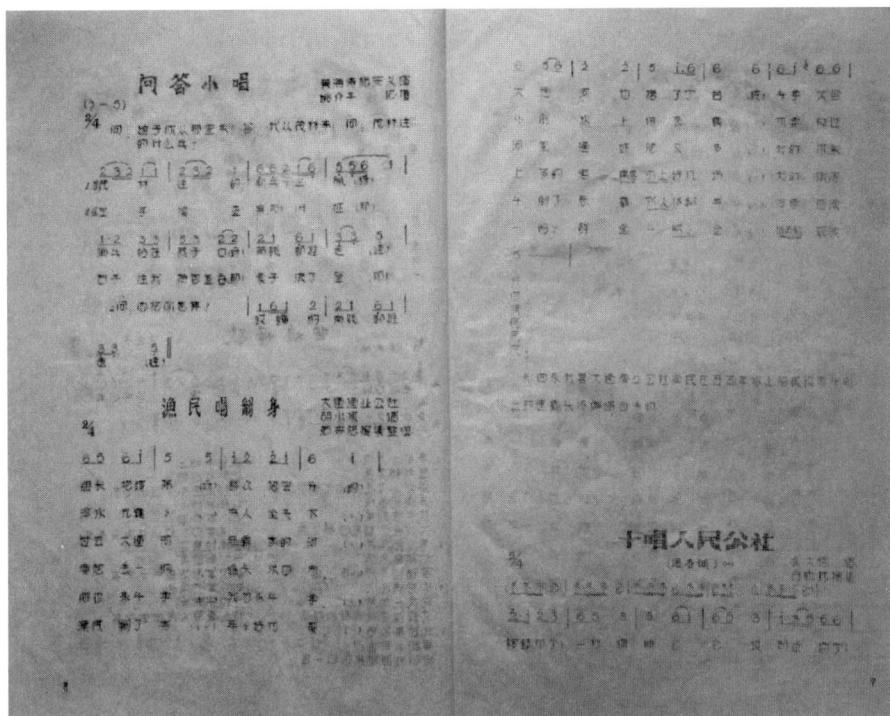

20 世纪 70 年代铜陵县文化馆编辑的《大通渔歌》

心中，并且代代相传。

除此之外，还有渔民对世界观、价值观和人生观的判断取舍。70 年代，我曾在鸡冠山教书，经常与三队渔民老夫子洪逸松灯下下棋，其间，老少对话能聆听哲学，洞悉幸福真谛。他对我说，年轻人择偶有四个标准，即财貌才德。财是经济基础；貌包括身体健康和长相；才是才能、能力和本领；德是人品，是根本。把德放在最后，并不是说德不重要，德是最高要求，是落脚点，德是最靠得住的东西。50 年过去了，不能不惊叹渔人的人生智慧。

心有所向，何必远行。某日有缘偶见一位收藏家珍藏的"大通和悦洲渔业公会"铜牌，上刻持有者：佘贻元，102 号。后查找并研究方知此铜牌信息丰富。晚清民初河南咀渔民捕的鱼大多送往鱼行交易，渔业公会的佘贻元系五松佘氏人，佘氏家族是铜陵大通名震一方的望族。此铜牌佐证了晚清民国铜陵大通渔业产销两旺的盛况，果然名不虚传。

民国时期的大通渔业公会铜牌

不废江河万古流，可以肯定，渔文化也会因之源远流长。

❯❯ 黄梅调儿醉渔乡

新中国成立前，依山傍水的江南古镇大通街上，商家鳞次栉比，酒店酒旗飘飘。河南咀很多渔民在大通街上都购置了房产和店面。一家招牌为"河南咀饭店"的门头上，门首两旁张贴一副醒目的对联：活鲜点杀江中鱼，蒸炖煎烧水上菜。这家饭店老板娘叫佘桂花，大通街佘家女，嫁与河南咀渔民高宗宝，其丈夫长得膀大腰圆，小名叫小牯牛，他是河南咀的捕鱼能手，人们给他取了个绰号叫"鱼老哇子"。类似又捕鱼又开店的河南咀人家，不在少数。河南咀语言大师吴少庭说他们是："大门外清风明月，中舱内积玉囤金。"

1947 年秋，大通商会请来安庆的黄梅戏班子来镇上唱戏。戏班子里有个名角儿叫严凤英，不仅人长得漂亮，而且戏唱得好。大通和周边人看她的戏，都看疯了。这黄梅戏，一下子轰动了四乡八邻，看戏的人山人海，搅动得小小的大通街沸腾了。河南咀饭店和街上各客栈商家一样，生意顿时爆满。当时有河南咀人形容道：

> 一听闹台锣鼓声，立刻收网晾起罾。
>
> 媳妇挽着婆婆走，要看花旦严凤英。
>
> 严凤英严凤英，一副好嗓子是天生。

身段灵活令人喜，一双眼睛勾人魂。

要喜叫你哈哈笑，要悲使你泪淋淋。

掌声一浪高一浪，喝彩阵阵如雷鸣。

散戏回家刚坐定，一家老小谈戏文。

媳妇说蔡鸣凤是个负心汉，丈夫说店姐姐是好人。

婆婆说店姐待人太厚道，孙子说蔡鸣凤欺负人就不行！

一家人听了哈哈笑，这才是，戏里戏外都是戏，大通河南咀人看戏都成了戏精。

"咚咚咚！呛呛呛！"一阵铿锵的锣鼓声起，红丝绒大幕徐徐拉开，严凤英扮演的祝英台一抛水袖，一个精彩的亮相，赢得一片掌声和喝彩。只听梁山伯唱道："过了一山又一山，前面到了凤凰山。凤凰山上样样有，缺少鲜花共牡丹。"祝英台对唱："梁兄若是爱牡丹，与我一同把家还。我家有枝好牡丹，梁兄要攀也不难……"台上梁祝且歌且舞，台下观众如醉如痴。

严凤英扮演的祝英台眉目传情，音韵动人，唱、念、做、打，精彩绝伦。"好！好！"台下喝彩声此伏彼起，更有各店家老板和河南咀问事的派人将大花篮抬到台上，纷纷捧场。

严凤英等40多位黄梅戏名角齐聚大通，演出两个来月，场场爆满，一票难求。四乡八镇的戏迷除了有钱的住在大通街上旅店外，绝大多数来大通和河南咀投亲访友，有大通周边各乡村的，有枞阳江北的，有皖南山里的，有贵池梅埂和茅坦的……家家住满了不是亲戚就是朋友的戏迷。近水楼台先得月，与大通一河之隔的河南咀渔民，特别是那些和严凤英年龄一般大的年轻人，凡有黄梅戏演出，几乎倾巢出动，场场不离。他们为了看戏，"网不打，也不晾，罾不扳，也不晒，废寝忘食"，在所不惜。黄梅戏的旋风，从40年代一直影响到60年代。河南咀出现了高根宝、张生道、吴家和等这一辈老戏迷，吹拉弹唱，无所不精。他们的言传身教，又感染和培育了高宝顺、张生光、吴道宏和女少年高美娟，直至延续到40年代末出生的胡万财、吴四根和50年代初出生的渔家少年，他们当中有人成了"小戏骨"，是河南咀小渔村最能拿得出手的土生土长的乐队和歌星戏班子。他们唱戏不搭台，根据现场环境，凭借浓厚的兴趣，在乡亲们的簇拥下，在板凳头上拉起来就唱。五十六年代，他们表演过黄梅戏《天仙配》中的"路遇"一段，吴道宏饰董永，高美娟装七仙女，张生光演土地公公。还有后来更年轻的唱《小辞店》，胡万财演青年商人蔡鸣凤，来自董店西江村扎着两条大粗辫子的江有香演客店老板娘柳凤英。正是有了他们倾情精彩的演出，渔乡飘荡着弥漫着黄梅戏曲醉人的音韵曲调。至今，河南咀七八十岁尚健在的老人仍能信口哼唱出许多黄梅戏的调儿。不能不说，严凤英的黄梅戏影响了河南咀好几代人！

》 欢腾的大通河

仿佛从九华山麓窜出的一条蛟龙，摇头摆尾地蜿蜒于群山沟壑之间，携带着无数山泉溪流，一路欢歌，一路抛金撒银，当它撒欢到大通时，便一头扎进了长江。大通河的历史究竟有多长，可能目前还没有谁能给出一个准确的答案。它是长江一条支流。现在人们说的青通河是青阳河和大通河的总称，实际上，大通周边一带人都不称青通河，只称大通河。习惯上将老鼠石以上称为青阳河，老鼠石以下称为大通河。大通河，它曾是一条神奇的河。

大通河原是一条富饶的河，河水滴滴是金，滴滴是银。广阔无垠的湖泊滋养了各种动植物，丰富的水产资源养育了一个偌大的渔村——河南咀。

曾经，春天涨水之际，河面与两岸大小湖泊连成一体，水域宽广，长江鱼群溯河而上，游到河滩的水草间产卵，繁殖生长。下半年，河湖里的鱼也顺流而下进入长江。于是往来鱼群相互拥挤碰撞，时有大鱼"嗖"地一声跃出水面，蹦到船上，跳到岸上。大雾弥漫的时候，鱼还会成群地腾云驾雾飞翔，所以偶尔能在路上捡到坠落的鱼。每年阴历八九月出鱼季节，渔民们便忙碌起来，各出奇招：有在河中活动的渔船扳大铲罾的，有在岸边固定架罾和扳小手罾的；有划着小船或摇盆张丝网的，有在船头打蟹子网或船头撒旋网的。更有外地人挑着两头尖尖的袖珍小船，上面站立着几只鱼鹰，下得河里，那些入水的鱼鹰立刻潜入水中，紧张地啄鱼，它们争先恐后地游到小尖船边，将衔到的大鱼送到捕鱼人身边。还有人拿把鸡罩在不甚深的河滩上追逐鱼群，一罩下去就能罩着一条大鲤鱼；有人干脆拿根竹杠或扁担在水面上猛力拍打，把鱼打晕了，使之仰着鱼肚并浮出水面，急忙下水捉鱼……财源滚滚的大通河日夜喧闹，欢腾不已。

在所有捕鱼方式中，比起河南咀的渔民来，他们捕起鱼来，那才是大手笔哩。瞧：河中心水流湍急，一个漩涡接着一个漩涡，在秋风的劲吹下，发出咕咚咕咚叫声，使人望而生畏，但此时也是鱼群最多处。渔民们划着（架在船头上的）大铲罾船，到达河中心，放下大罾，深深地吃入水中，船头船尾两人一前一后一左一右地摇动着桨，让船在急流中不进也不退，等待鱼群自投罗网。大约每隔三五分钟，船后的那人把系在架上的绳索往下拉拽，船前的人则趁势伸出双手抓住罾杆木后架，身体上耸，用全身重量往下按压，前后配合，把罾扳起来。这铲罾真是狮子大开口，一罾扳起来可不是一条鱼几条鱼，而是一堆鱼在罾内活蹦乱跳，可爱的喜杀人啦！几十罾扳下来，船舱里便装得满满的了。

在出鱼时，一切捕鱼工具各显神通。撒网的，一网下去，收网时，鱼儿纷纷撞向网衣，振动传导到网绳子上，捕鱼人就知道这一网能拽起几十斤鱼，网兜出水时，全部都是价格不菲的贵重沉水大鱼，搅得河水哗哗作响，也是打鱼人乐滋滋最盼望的情景。

大通河曾是一条黄金水道。在陆路交通不发达的年代，它是一条经济大动脉，繁忙的河运景象令人目不暇接。大小船只首尾相接，鱼贯而进；河面上白帆朵朵，船工们摇大橹，欸乃成韵；河岸上纤夫成行，雄壮的号子此起彼落。站在家门口，目睹南来北往形形色色的舟楫，谁不说家乡好？

大通河每到农历五月初五，来自当地和周边十几条鲜艳夺目的龙船便敲锣打鼓齐声呐喊着汇聚大通河，在大通河的河口与鹊江交汇处展开角逐，精彩纷呈。

大通河还曾是善男信女们朝拜九华山登临天台的必经之路，又是皖南的基督徒们前往大通天主教堂的必由之路。每年春播之前和秋冬之际香客最多，进香船队在河中缓缓而逶迤前进，一路绵延不尽，可谓"神龙见首不见尾"，河面上仙气飘逸，天上人间融为一体。更有朝圣香客用铁丝穿进鼻孔，或以铁丝将肩膀穿通悬挂香炉，从河南咀庙嘴头上岸，三步一拜地匍匐行进。此时无论是朝山进香的香客还是岸上的行人都觉得自己的心灵在净化中……

如今的大通河，早已不复往昔盛景，但在两岸人们的心中，大通河，依然是条永不消逝令人向往最可爱的母亲河！

》龙舟彩船吆喝声

看龙舟竞渡，曾是大通周边江河边长大的少年儿童们生活中最期盼的乐趣之一。那些年，农历五月初一至初五，古镇大通青通河口，鹊江两岸锣鼓喧天，人声鼎沸，10多条龙舟竞相奋勇争先，江岸边喝彩声一浪高过一浪。

参赛的龙舟宽约1.5米，长有10余米。船的外侧画有龙鳞的图案。中心位置竖上一根木杆，木杆的尖端扎上一把青柳枝，再从船头系上一根麻绳，经木杆顶端拉到船艉，麻绳上挂上数面小三角彩旗。船的两舷各坐上10余名桡（ráo，即船桨）子手，一名舵手，两名锣鼓手，一般不超过30人，看上去轻便灵巧。

龙舟竞渡的最佳看点通常是河南咀北部江岸、大通街小轮码头和回子巷两岸渡口边。只见晴空下几艘龙舟随着"咚咚锵"的锣鼓声和高亢的号子声由远而近，那腾起的白色浪花宛如一团团水雾笼罩在龙舟周围，众多的桡子手前俯后仰，整齐划一的动作犹如展翅飞翔的大鸟直扑而来，又宛如传说中的出水蛟龙，欲腾云驾雾，直飞云天。其壮美场景令两岸观众欢呼雀跃，激奋不已。人群中有人喊道："乌龙上前了！"话音未落，又有人喊道："黄龙跟上了！"又有更多的人喊道："白龙上前了！"说话间，参赛龙舟已快速驶到眼前，几乎是同一时刻，只见各条龙舟上的舵手胸一挺，脚一跺，头一昂，发一声喊："噢呐呐，噢呐！"号子声未落，各船桡子手和着号子声，更加奋力地挥动双臂，使尽全身力气，奋力划桨。此刻，号子声、锣鼓声、浪花声和岸上观众的喝彩声汇成一片，竞渡已达到你追我赶不分胜负的白热化程度。此时，各龙舟的桡子手一面要拼力划桡，一面要保持和其他队员整齐划一的动作，稍不留神，极易将相邻龙舟的锣鼓声误判为是自己船上的锣鼓声，顷刻间，一阵大乱败下阵来是常事。正在这难分伯仲的焦点时刻，忽然间，只见乌龙舟上的舵手——一位高大魁梧、满头白发的长者起身一跃，高喊一声："加油！"与此同时，亮起双手紧握的大桡（长舵），只见那乌龙舟如离弦之箭，一下子就超过了白龙半个船身，那船后溅起的水花在阳光的折射下形成一道道彩色的光环，煞是好看。红龙和黄龙一看情势不妙，虽竭尽全力，也只能退而求其次了。乌龙船上的桡子手见胜利已成定局，高高地举起桡子，大声欢呼。也许很多人不知道，龙舟竞赛"亮大桡"是在非常时刻亮出的绝招，没有常年行舟经验和综合平衡的高超技术，不敢轻易尝试，否则会酿成船侧翻人溺水的惨剧。

还有一种"抢标"的竞争方式。初五那天，有热心观众拿一根竹竿，在竹竿的末端系上红绸带，带子上拴着香烟、糖果、麻酥糖等犒劳品，只要往岸边一站，伸出竹竿，远处的龙舟一见有"标"可抢，立即调整方向，奋力划桨过来，在离标约百米处丢下头桡（坐在船头的两名桡子手常态下不用划，只是在关键时刻才划，俗称"丢头桡"），随着岸上爆竹声和人群的欢呼声，众强相遇，勇者胜，谁先到，谁拿奖品，赢者高兴，输者服气。

再看那彩船，船体较大，被装扮得五彩缤纷，花枝招展。桡子手为清一色的青年女性，浓妆艳抹，活力四射。船的中间搭成一个古色古香的小亭子，亭子周围挂上许多小彩条，里面有三位传说中的人物——白娘子、许仙和法海。船行中，岸上的观众看见三位演员若隐若现的身影，似乎蒙上一层神秘的色彩。有观众自告奋勇地在人群中解说《白蛇传》凄美的爱情故事。惹人喜爱的是站立在船头上的"小丑"，只见他戴一顶卷边的破草帽，穿一件晚清时的小旧布衫儿，躬着腰，右手拿一把破芭蕉扇，左手擎一面小三角旗，光着脚板，不停地挥舞着双手，伴随着不紧不慢的号子节奏，和着锣鼓声，做着各种滑稽动作，引得岸上观众忍俊不禁，捧腹大笑。彩船不参与激烈的竞赛活动，悠扬而有韵味，观众以青年妇女和老年人居多。

每临端午节，那高亢、激越的"噢呐呐"的号子声和"咚咚锵"的锣鼓声，仍不时回响在耳际，令人心旷神怡，如同"家乡的味道"，终生难忘。……

❯❯ 水陆龙灯展英姿

龙，对于逐水而居因水而生的河南咀渔民而言，是一种深入骨髓的情结，因而也是河南咀人信仰的图腾。人们祭祀仪式和纪念活动一是划龙船，二是舞龙灯。舞龙俗称舞龙灯，是一种起源于中国汉族传统民俗文化活动。舞龙源自古人对龙的崇拜，每逢喜庆节日，人们都会舞龙，从春节开始舞龙，然后二月二"龙抬头"甚至中秋节时也舞龙。舞龙时，龙跟着绣球做各种动作，穿插，不断地展示扭、挥、仰、跪、跳、摇等多种姿势。河南咀开始舞龙灯，确切舞龙灯的时间，不知从何时起，但有一点是肯定的，在大通、和悦洲、铁板洲和河南咀两岸四地中，舞龙灯最早毫无疑问是河南咀。不但在陆地上腾跃起舞，而且还能在一叶扁舟的小渔船上，上下左右地翻腾起舞，是鹊江独树一帜的水上龙灯，这在沿江五省罕见。

河南咀的龙灯俗称"老龙"，民间传说其诞生具有神秘的传奇色彩。曾为天上的一条龙为给人间完成降妖除害的使命，下凡降临河南咀（操场）。渔人见之，第二年正月十五和二月二都要举行隆重的舞龙灯活动，以示祭奠。

河南咀的渔民历来以手工扎制龙灯，自古至今代有龙的传人。早的不说，以50—70年代主要有张静山、高荣福，其中高泽林、高根林相对年轻些，兄弟俩也擅长篾匠手艺，有做捕鱼的裤脚篮子的功底，当他们年老体衰后，又有高传道等接班人。从挑选竹子、破竹、制篾、扎架、箍架等到最后"龙体"成形，舞龙的制作要经过20多个程序。一条舞龙的"诞生"，差不多需要10天。先扎龙骨，再接龙头、最后绘制龙肤。龙体的每一个部位，要求都十分精准。比如"龙眼"的制作，"龙肤"的绘制，都必须通过极为烦琐的工序，才能达到理想效果。河南咀的龙灯是滚龙，9节，"九"为最大的数，也是吉祥数。龙头和龙尾用竹篾扎制，龙头上还有龙角，两只龙眼硕大圆睁，可以活动，口中含一颗圆珠。全身每一节都用木板为托，用竹篾扎成一个灯笼，然后用长幅的白大布连起来作为龙身，龙身上画上鳞片和图案。担任这个画工的，主要是河南咀的高宝元等人，尤其是龙头的眼睛，"画龙点睛"必须在庄严神秘的气氛里进行，有一定的仪式感。舞灯和舞球共10人，但一般有两套班子人，因为舞灯活动量极大易劳累，换人很频繁，再加上敲锣打鼓的、举灯牌的、维持安全秩序的，每次龙灯队出演，全渔村劳力都要出动，共需要四五十人。

每一节灯笼都点上蜡烛，舞动时由一位手持长柄红球的人引导上下腾跃，像一条真龙在飞腾。河南咀的龙灯的龙嘴同其他地方的龙，一个显著不同特点是抿着嘴的（其他地方的龙嘴是张开的），寓意不吃小鱼秧子。河南咀的龙灯有21米长，龙骨是结实的实木，因为十几节是活动的，舞龙灯时，舞者都是年轻力壮的渔民，他们举着木棍顶着连接龙身的杠杆，或上下左右或前前后后，或高高举起或突然扑向地面，腾挪翻滚，活灵活现，尽展龙威和英姿。舞龙灯，一般是在午后进行，此时渔村各家门口都准备一些爆竹、糕点、红绸布等，在自己家门口以迎接龙灯的到来，带来吉祥好运。1978 年正月至二月二，河南咀人恢复了时隔多年未搞的舞龙灯习俗，乡亲们像办大喜事一样奔走相告，一些有祖传技艺的一班人，日夜辛劳扎龙灯。正月十五那天下午，久违的龙灯从河南咀的土墩到吴宗阳家门前广场，众人抬着龙灯向青通河边的土地公公祭祀完毕之后，在小广场上正式开始舞龙灯。一时间，全河南咀数百人全都拥向龙灯外围，摩肩接踵，水泄不通，锣鼓喧天，鞭炮轰响，只见龙灯摆动起来，忽而腾空，忽而扑下，忽而龙头仰天，忽而龙尾扫地，如天龙下凡。生了贵子的渔家会抱着孩子从龙头下钻过，扯一根龙须挂在孩子身上，以求龙的保佑。然后来到各家门前到此一舞，接了龙灯的人家会感到好运到来，精神焕发。舞龙灯主要有"龙摆头""穿四柱""八卦阵""龙吊水"等场景欣赏。

入夜时分是舞龙灯最热闹也是最精彩的时候。大通街的商户挂起大大小小的红灯笼，巨大绵长的龙灯在震耳欲聋的锣鼓声中、鞭炮声中和人山人海的人们喊叫声中不停地上下左右前行翻舞着，街头巷尾，盛况空前。这还不是最高潮，真正独树一帜的舞龙灯是夜幕降临，河南咀人在鹊江一叶扁舟上有十一二个人舞龙灯。

为何舞龙灯由陆地再到渔船上？大通地区有一河两岸和一江两岸，由于早先渔民舞龙灯时不光在河南咀本渔村舞，还要过河跨江到大通与和悦洲表演。在渡河过江的时候不致冷场，艺高胆大的河南咀人在短小狭窄的小渔船上铺平木板作为平台，像戏台一样表演，久而久之也就形成了"水上龙灯"的又一独特景观。

入夜，当河南咀的龙灯出现在鹊江水面上时，两岸三地的人们，早早来到江边，把目光全部对准江中那条舞动的蛟龙，那才是跃出江面的一条巨龙，时而龙头抬起屹立于夜空中，时而蛟龙急转直下，龙尾翘起，人们沉浸在观赏蛟龙出海妙不可言的美的享受之中。河南人艺高胆大，几百年来，一叶扁舟在夜幕下的江流中左冲右突、上下翻滚，都从未出现过安全事故。试想：驾船者和舞龙灯的人倾情配合是多么得默契？

不过，所不同的是，过去渔民是在夜间鹊江激流深水中舞龙灯，野性十足。

现在为安全起见，一般夜晚只在内湖静止的浅水上舞龙灯，显然，其难度大大降低，观赏效果也大为逊色。

时至今日，虽然河南咀那块土地上的遗存都不复存在了，但河南咀的水上龙灯终因其独特的文化基因，被成功申报为省级非物质文化遗产名录之中。

舞龙灯

》 夏季渔船上岸整修的景观

河南咀渔民捕鱼最大的劳动工具也是最值钱的应当是渔船了，扳罾的船比撒网的船要大些，载货一般都是3吨左右的板船。由于渔船都是木质的，一年下来，有碰撞漏水的地方，也有腐烂的地方，要修补，所以，每年盛夏季节，都要请来木匠师傅给渔船维修一次，渔家人将船拖上岸修整，维修船就成为大人小孩活动的地方，也是夏天纳凉的好去处。

在修整的过程中，肯定要把漏水的骨子和腐烂的船板清理掉，如果发现船板腐烂得厉害、范围比较大，就要换较大的或整块的木板了。每次修整，不管是大修还是小补，木板与木板之间的缝隙处需用麻丝、桐油和石灰制作的"油灰"，用凿子凿进船缝，这样船下水后就不会漏水进来。最后一道工序都要用桐油将整个船身油几遍。先油朝上的一面，油好后晾干几个太阳，再将船翻过来，用桐油油另一面。为了使船身更好地吸入桐油，防止腐烂，油桐油时要在中午最大太阳的照射下，用抹布蘸上桐油，将整个船的里里外外、上上下下、左左右右油个遍。打完油后要迅速地用芦席将船遮盖起来，让其阴干，防止桐油被烈日晒后起皮失去作用，到早、晚将遮盖物揭开让船身透风、晾干，有太阳时又将船盖住，如果是阴雨天，防止船身弄湿，还要在芦席上面盖一层芦席或塑料布，并用绳子捆好，防止船身弄湿。

在这个阶段人们都会精心地照料和修补渔船，就像对待自己的孩子一样关心它、爱护它。

给船打（上）油是非常吃苦的活儿，船舱朝上时，打油人上面是火热的太阳，下面是滚烫的船板，蹲在船舱里给船打油，一蹲就是好几个小时，简直就是受煎熬，有身体差的人，当场就会昏倒，甚至吐血被人抬回家生一场大病。

除了修补渔船外，还有盛夏请木匠打整条船的，这是渔民一生的大事，也是花钱最多的时候。乡间有"打船做屋，好比拆骨"之说，因为这个时候是捕鱼的淡季，给船上桐油，船吸油后不吸水，船下水后浮力会更大些。

渔船上岸后船底朝天，大致在火舱的位置垒起两个石磴子，上面用一块较厚的木板挡在上面，船架上后，石磴子不能离得太近，也不能太远，要使两个石磴正好在船沿下面，船身前面大致在鱼舱的位置，用同样的方法架起，或者直接用两个较大的石头垫在船头的两边，这样船被架空后不仅易晒干，而且稳固。经过一天的暴晒，到晚上热气散尽，下晚凉风一吹，船底板上非常凉快，不到天黑，就有大人小孩将纳凉的席子、簟子还有被单铺上去占个位置，一般情况下都在自家的渔船底上纳凉，如果有小孩愿意听故事就凑在一块到别的人家船底上去纳凉。既干净又处在风口又凉快的船底上纳凉的人较多。有的把席子一铺倒头就睡，更多的人喜欢听故事，这时候会讲故事的大人，特别受欢迎，有讲古今中外故事的，也有讲国内外新闻的。还有人讲鬼怪的故事，小孩们听得过瘾，到半夜，有的怕鬼不敢回家。这种相和而睡船上纳凉的情境十分令人向往，因为这里既凉快又有故事，有时小孩还躲猫猫，躲进船舱里，让你找不到。

在修船期间，大人们吃过晚饭洗过澡，也会早早来到船底上纳凉，他们除了纳凉更多的是来此放松，消除一天的疲惫，有的人一躺下就对天发呆，这是大家最放松的时候，也是每天最向往的时候。傍晚躺在船底板上，可以看到青通河船来船往，看到对岸的大通街上那边人家送货的场景，还有渔家的少男少女们荡着渔船笑着唱着游玩青通河来纳凉，他们唱《天仙配》《打猪草》等黄梅戏，歌声悠扬，一河两岸还不时传来悠长的二胡高亢声、悠扬的笛子声。这些演奏出特有的渔家人心底的欢乐曲调，随着船的远去，歌声和乐曲始终在人们的心中飘荡。

青通河边一溜儿整齐摆放上岸的渔船，成了渔村夏季一道景观。船一旦下水，狭小的河南咀顿时变得开阔了，小孩们的心情会有一种惆怅感，好像失去了什么似的，大人都希望船早早下水，早早捕鱼，早早有收入。这就是我们经常说的"大人望插田、小孩望过年"的两代人思维定式差异。小孩们屁股决定脑袋，都巴不得船永远这样摆在岸上，永远这样玩乐着。

➢ 渔舟唱晚的盛景

青通河通江达海。每年春天雨水要下一个多月，此后数月山水、江潮陡升，万里长江自东向西进入皖江铜陵大通段，江水远高于青通河水。特别是发大水的年头，江潮顺着青通河口自北向南一股劲涌进青通河广袤无垠的腹地，几十万平方公里的湖滩沉入水下，由长江进入内河的各种鱼类及蟹、鳖、龟、鳝虾类等水产品在这肥沃的湖中产卵、孵化，自由自在地成长。尤其是湖底丰富的植物、饵料、水产的系统生物链，让鱼类有取之不尽食之不竭的食物。经过由春到夏再到中秋的七八个月的三个季节生长，各类鱼种当年都养得肥腻腻的。比如鲢鳙一年要长到十几斤，如果是隔年和多年期的要长到十几二十几斤。草鲩（混）、青鲩（混）、白鲩（混）、鲤鱼当年生长的一般都有10多斤重，有的甚至更大。还有沉水杂鱼像鲇鱼有一二斤一条，而华达子鱼，大的有十几斤重一条。据老人们说，1948年、1949年长江发大水，鱼特别多。1954年发大水，更是一个渔业丰收年。下半年河里鱼太多，鱼往岸上蹦，人们在河边的路上经常捡到大鱼，破了圩的大同圩里鱼更是成群结队，黑压压的一片。1949—1953年，那时还没有水产公司，渔民捕的鱼卖给鱼行里。河南咀鱼由渔业产销社自产自销，经常发动妇女脎鱼，脎小鱼1分钱一斤，脎大鱼100斤1分钱。到了1955年国家成立了水产公司，由于鱼太多，每天仅河南咀就有50～60条渔船满载当天捕的鱼，每条船多的上千斤，少的300～400斤，平均每条船大约500斤，每天有2万多斤鱼上岸。河南咀那时经常听到"船都压沉掉了"。自从有了国家水产公司后，大通水产公司与和悦洲洲头上的水产站忙得不可开交，连吃饭的时间都没有，从下午开始收鱼一直忙到半夜。

　　20 世纪，各种鱼种丰富繁多。一些类似鳡鱼样子后来绝迹的吹火筒鱼，一条有七八斤重。那时常见色彩绚烂的胭脂鱼，人们捕获到，既不吃也卖不掉，只好放归河里。而河豚、老鳖、乌龟、黄鳝、白鳝、目灵等鳝类更是无人问津，打网、扳罾扳倒也不一定要。青通河每年中秋季，湖滩乍现，一日一个样子，沿河两岸滩涂露出来后，遍地是螃蟹横行。当湖水退去，青通河水成了一只大口袋，各种鱼类依不同的时期由大到小顺流而下，此时正是捕鱼季。

　　自古以来，大通水域盛产鱼虾蟹鳖，而渔家在江河布满各种捕鱼工具。据传说和其他文字记载，大通捕鱼历史为千百年之久。而河南咀渔民主要是在渔船上架设的铲罾渔船撒网，渔舟随鱼汛动态的，哪里有鱼，船就划到哪里去捕。在岸边，有渔家妇女和男女青少年，也深谙鱼性。他们每逢出鱼季节，不梳洗，不涂抹，全家出动，夜以继日，背起手罾不论远近，奔向好的鱼位置。当然，也有岸边的架罾，早已张网以待。罾网分稀密，稀眼捕大鱼，密眼捕小鱼。既有搞大鱼的稀罾、网，也有到后来捕小鱼小虾的密罾、密网。尤其是露凝霜重季节，青通河老镇以下各种捕鱼工具密布，有扳船罾的，打蟹子网的，层层叠叠，出湖入江的鱼蟹真是插翅难逃。仅大士阁上下水域，人声鼎沸，随着罾起，鱼儿在罾里活蹦乱跳，七上八下，此伏彼起，船头渔民找捋起罾，裹起一条条大鱼装进闷头鱼舱，罾落，扳起，一罾的鱼，捞兜不停地在罾里搲鱼，每一捞兜都有十几斤甚至几十斤鱼。有的时候罾内大鱼太多，船头渔民干脆不用捞兜，而是直接捋罾，将鱼抖落到船头罾独底，用罾裹住鱼，拖入闷头鱼舱。

　　撒网收网，鱼儿尾巴扫动河水，发出哗哗声，那一定是捕获到好几斤到十几斤一条的大鲤鱼、青、白、草鱼的大鯇混子鱼或是华达子和鲶条子鱼。因为这些鱼体形大力气也大，搅动起水花和拍打水面响声特别大。起网的大鱼拍打着舱板，蹦蹦跳跳被推进鱼舱。起罾起网，那是一道人欢鱼跃图啊，也是打鱼人最美滋滋的时候，令行人注目称羡不已。

　　从老人们的记忆中得知，1951 年，胡度文和高韵祖舅甥俩搞一条船，一天扳了 1000 多斤黄姑鲳鱼，搭棚子点汽油灯，发动河南咀的妇女连夜脆鱼，胡度文因此出席安庆地区劳动模范代表。吴正福，绰号大老板，人称孔明，一罾扳了 108 条（1000 多斤的）鳙鱼。高永庭一罾曾扳起过 800 斤"黄姑子鱼"，一晚上扳了 5000 多斤黄姑鲳子。高传道和高明福打一组蟹子网，一个晚上打了 1200 匹蟹子。大凡捕获到几百上千斤鱼时闷头舱装不下，就把鱼往夹剪舱、尾舱甚至大舱里放。除了罾船蟹子网外，甚至 70 年代初，少年儿童扳手罾也多有斩获颇丰的记录。1970 年秋，10 多岁的高小鹏在二段（鸡冠山下）一夜用小密手罾扳了 100 多斤黄姑鲳子。还是他，1972 年在桐梓山小连湖一夜扳了 100 多斤虾子。

每当出鱼的季节里的傍晚，各只渔船纷纷满载而归，大通河口塞满了顺流而下的数百条船头埋入水里，船尾高高翘起的渔舟，丰收的渔船抵岸后，人们吆五喝六，运鱼的各大小鱼筐将船舱里成百上千斤鱼装满，左一筐又一筐抬上大通街水产公司过秤；经常出现天气黑下来，水产公司一路点马灯至河边，让晚归的渔船渔民抬鱼送入水产。

若是发大水的年景，每年鱼汛，自白天到夜晚，青通河喧闹欢腾。若此时的你在大通街阁楼上推开窗户，俯视大通河，舟楫塞满了河道，两岸罾起罾落，飞网入水，起网沉甸甸的鱼儿扑打着水花，那是最动听的声音。若傍晚，晚霞夕阳西沉，秋天的青通河再现"落霞与孤鹜齐飞，秋水共长天一色。渔舟唱晚，响穷彭蠡之滨；雁阵惊寒，声断衡阳之浦"之况味，此时，从青通河上游晚归的渔舟载满鱼儿，船头深埋水中，年轻的渔家儿郎奋力划桨，由东南向西北方向迎着晚霞划向大通河边的水产公司，那才是真正的渔舟唱晚的盛景。有诗为证：河水盈盈夕照柔，渔家童子望归舟。渔歌隐隐云天外，又见渔村绕烟缕。当然，一年中也只有那么十几天，正所谓好花不常开，好景不常在。可就这高潮迭起的日子，诠释出"十网九网空，一网打成功"和"三年不开张，开张吃三年"的千年古训及既浅显又深刻的道理。

▶▶ 吾心安处是渔火

出鱼的季节，从大通河口第一站就是打蟹子网和扳船罾的鱼位置，由北往南数起，有金家墩、大士阁、百面佛、五神堂、长安（白瓦屋）、小河口（老镇）、三段（鸡公山）、二段、到头段（三县圩），随着河水进一步下降退，越往上河道越窄，鱼位置出鱼越多。头段（三县圩）前面的湖滩露出，又有两个著名的鱼位子相继出现：拼头、山东寨。这就是河南咀的第四生产队在青通河各处布置的蟹子网下网的位置，通常在各段"蟹子网"下面，就有一排固定的船罾。所谓"蟹子网"，本身不是直接用它来捕鱼的，而是一条高 1 米、长 100 多米拦河网。当鱼蟹游到各段的蟹子网前时，看见前面的障碍物黑影，它就会从河中央分别游向水浅的两岸边，此时固定在蟹子网两头（河两岸）的撒网就专守在此，正所谓"守株待兔"。这打蟹子网虽然是将船固定在河两岸边，但捕鱼是不分昼夜，而且渔民经常是白天睡觉，夜晚通宵达旦打鱼网。每入夜，远远望去，黢黑的苍穹下，只有河中的渔火星星点点。当然，若在夏日，青通河畔的白浪湖面上，夏夜的湖心也常有星光式的渔火；深秋的下水桥湖滩，也会有昏暗的渔火晃动，那里有扳小鱼小虾的小手罾时起时落。

有多少次与黑夜为伴，有夏秋，有秋冬，也有冬春，更多的是为扳手罾，有时是路过；或早起，或晚归，或通宵在河岸、在湖畔；对渔火的亲切虽早已有之，但感触最深的则是源于最为可怕的两种场景：一次是在长安夜里扳手罾，前两天在此亲眼所见激流中一条装沙的大木船上，一个女孩子掉下水，船上的弟弟知道大事不好，急得在船沿板上直跺脚，连声号啕大哭："我姐姐掉下去了！"想起少女淹死的情景，少年的我置身于青通河周遭，听到夜空中鹗子的一阵惨叫，顿时毛骨悚然，如同一个无依无靠的落单者，一个坠入黑暗无底深渊的人。哦，别怕！万籁俱寂的夜空，突然发现一点火光，那就是父兄的渔船，抑或是同是打鱼人在那里蹲守。尽管看到的是一盏若隐若现的一点灯光，刹那时，渔家少年，不论归去来兮，只要看到这渔火，一下子格外感到欣喜，顿生温暖和归属感，胆子就大起来了。在心里涌起一股安全感。

渔火，为何有这么神奇的力量？

古时的渔火，它由何物构成？应为香油灯或蜡烛灯笼。当然，近现代渔火非煤油灯莫属，河南咀渔民使用的都是煤油马灯。

提起渔火，最为著名的是唐代进士诗人张继那首《枫桥夜泊》诗："月落乌啼霜满天，江枫渔火对愁眠；姑苏城外寒山寺，夜半钟声到客船。"这首诗中写渔火，表面看似写愁苦难眠，实则写月沉霜飞，那么的清寂；枫红火暖，那么的清闲；寒山钟远，那么的清幽。清寒的秋夜里，在声声寺钟中，映照着江边枫红的渔火。这首诗，不仅成为脍炙人口的名篇，而且也使规模不大的寒山寺，从此名扬天下。只可惜张继没有到过青通河边的大士阁，更没有看到这里的渔火。否则，青通河和九华山的头天门——大士阁也会名扬天下。而另一首查慎行的诗《舟夜书所见》："月黑见渔火，孤尘一点萤。微微风簇浪，散作满河星。"每一位有此经历的人，读之，心底不免想到：在那样一个河边的夜晚，暗夜无边，渔灯如萤，孤光一点，微风皱水，细浪叠生，满河星散。那如萤如豆的渔火，多么的美啊。据考证，清康熙时进士查慎行到过大通，也写过不少关于大通鹊江和青通河的诗，如《早过大通驿》等。这首诗写到的渔火，似乎是专为青通河渔火而作的。

《涛声依旧》中有一句歌词"带走一盏渔火，让它温暖我的双眼"。一盏渔火，散发着一簇温情，在清凉或寒冷中，在一个不甚远的距离，给你抚慰，在一个不太近的距离，给你安心。那光能抚慰你内心的落寞失意，绝不刺伤你；那暖，能温暖你的悲凉孤独，绝不会灼烧你。渔火，看似平常，也并没有什么特别的意义，但一点也好，数点也罢，点缀在黑夜里的河流上，就是有说不出的意韵，特别好看。

"渔火"就像是中国画的水墨画。它不招摇，它不显目，它更不绚烂，它代表静谧。它只是一点，却能点燃遥远的天际；它不是火，却能温暖到每一个注目者的心窝；它不是武器，也不是战士，它却给黑暗中的落魄者带来安全感。

霞和烟火一样，璀璨动人，但是都稍纵即逝，终难持久。西天云霞逐渐褪色，渐成浅灰色，天空暮色愈加浓重……可是，暗夜里的那盏渔火，如约而至，哪怕只是一星一盏，也能闪亮千百年，默默地，静静地，在暗夜里温暖着一些人的心。

渔火，还能不能见到那种在古诗里呈现的淡然的、清静的在河流上，以后还会不会亮下去？能不能契合遇见者之心？取决于自然环境、场景、氛围、渔业和渔者，再一个就是观者的一颗心境了。

❯❯ 我本想做个打鱼人

作为渔民之子，幼小时常跟随父亲的打鱼船一度数天日夜徜徉于青通河上。20 世纪 60 年代，青通河每到阴历七八月起，十几万亩的大湖水渐渐退出，繁殖成长近七八个月的各种鱼类正浩浩荡荡地涌向大通河口进入长江，因而造成了一年一度的鱼汛期。河南咀的渔民从大通河口由北往南至三县圩的头段，分别设有 9 个捕鱼段位，成百上千的人聚集在全长 10 多华里逼窄狭小的河段里捕鱼，各种捕鱼工具各显神通。不过，捕鱼的主角还是河南咀的大敞罾船和撒网船。随着渔民使劲拉拽鱼罾，罾兜里刚出水面的一尾尾跳动的大鳙鱼和鲢鱼此伏彼起，船头的渔民面对一罾如此之多的鲜鱼，他不用捞兜，快速地抄起罾来，将一条条大鱼塞入闷头鱼舱，紧接着，船后艄渔民立即将铲罾杆木托起，让罾尽快沉入水底，扳罾落罾，忙而不乱。与此同时，打网的渔船独守蟹子网位子，撒网收网，每一网兜都被鲤鱼、混子、鳜鱼等各种沉水鱼胀得鼓鼓的，起水的鱼尾巴拍打着河水发出"哗哗"的响声，渔民弯下腰，双手拽起几十斤重网兜的鱼，放到船头板上，刚起水的鱼活蹦乱跳的，撞向船板上发出"砰砰"声。此时，渔人不动声色乐在心里。虽然打鱼人没日没夜地繁忙劳累奔波，但这种付出与大自然的馈赠，让打鱼人每天都累并喜悦着。此景，怪不得大通街上人看到这种水里求财如此容易而眼红；大同圩里人唯有羡慕和无奈；更有甚者，十几个河南咀在铜官山参加工作的年轻人立马不辞而别跑回家捕鱼了。

孩提时代，当我看到这一幕幕捕鱼丰收景象时，开始想到长大后要做一个捕鱼人。在这一想法的支配下，此后，我陆陆续续看见：大凡出鱼高潮时，大通河里是满满的鱼罾和打网的渔船，搅动一河波澜，人们日进斗金；而在河的两岸，聚集着来来往往的挑鱼的妇女和少年，他们奔走相告，来去匆匆，要把家里男劳力捕的鱼讨回家变卖；夏天里，碧海青天，小渔船划向浩渺的湖心，放下丝网，渔人在凉风吹拂的船上织渔网、听收音机，是多么惬意？等到晚上和次日起网时，丰满的油鲴鱼挂满一长网；更不能忘记的是，夕阳西下，在弯弯曲折的青通河上，父兄们划着一条条满载着沉甸甸的渔舟晚归的景象；有时跟随父亲在渔船上吃着活水煮活鱼，那味道就是一个字：鲜！有时与小伙伴跑到渔船上过夜（看船），吃着船舱里储备的锅巴芝麻粉和咸鱼，睡在芦席弓棚的船舱里看书，河水撞击着船底板，像催眠曲一样让人迅速进入甜美的梦乡……所有的这一切表明：捕鱼真好，大人捕鱼干脚干手以船为家，不像我们小孩子的扳手罾，打赤脚穿梭于河边烂泥坑中，有时还扳手罾于水中，早出晚归，废寝忘食。长大后，何不做个打鱼人？随着年龄的增长，为人子自然而然考虑到子承父业，要为身体瘦弱渐渐年老的父亲减轻养家糊口的负担。我还想到将来和父亲搞一条渔船，怎样改善艰苦繁重的捕鱼条件，让父亲多多休息，做一个孝顺聪明能干的渔家后生。看到扳罾船的高宝林捕鱼摇桨时，他那弹簧式刚柔相济的身姿，如水蛇般柔软，每一个动作妙不可言；听到高传道一个夜晚打了一千几百匹蟹子；目睹家门口生产队长高余庆那么有威信，开会时一呼百应，多么威风，我甚至有要当个渔业生产队队长的志向——有一把队屋的钥匙，随时可以进入队屋办公。

多少次睡梦中出现：空旷幽静的深山中，清澈明亮的河水边，坐落着小小渔村，数户人家。日暮黄昏，捕鱼的小船刚刚归来停泊，收获满满的渔家还没来得及掩上柴门。厨房里炊烟袅袅，飘来鲜美鱼汤的香味，父兄斟满佳酿浊酒，或小酌慢饮，或猜拳行令，闲适淡泊，悠然惬意。

扳罾人，你在哪里？

抑或是：碧烟中，明月下，船儿垂纶初罢。水为乡，篷作舍，鱼羹稻饭常餐也。酒盈杯，书满架，名利不将心挂。

这一切，若不是青通河的围湖造田和围圩造湖，断绝了水产资源赖以生存和繁殖的水域，若不是渐渐无鱼可捕、渔民生活难以为继，若不是另谋出路后来走上了从教和从政之路，否则，我大概率和一些家乡的同龄人一样成为一个捕鱼人——青通河上多了一个渔家人。

❯❯ 千年渔村河南咀

我的故乡河南咀，从地貌上看，是一个并不美的小渔村。曾经，它的嘴头像一叶扁舟锚在鹊江之上，经过经年累月江河激流的冲洗，昔日的嘴头、地面的遗存和未曾留传下来的传奇故事，多半早已一同沉入江底，现有的陆地面积小到只有 70 多亩，但它的历史文化积淀和底蕴，厚重丰赡，绵亘悠久。

1000 多年前，长江岸边的大通与周边究竟是什么山川地貌？根据河南咀祖先流传的"不是杨柳树，就是南海梢"的谚语推测，青通河流域无圩堤阻拦，夏季丰水期，从东南面的老鼠石山，到西北方的长江北岸的枞阳逶迤群山，堪称云梦泽式的浩渺汪洋；而秋冬和初春季节，多为广袤无垠芦荻遍野、蒿草丛生的湖滩。

苍茫大地，谁主沉浮？

唐朝，处士高霁弃官归隐落户秋蒲石门高村。经数代繁衍生息，其后人各为渔樵耕读。宋以后，石门高有几户高姓连家渔船沿秋蒲河顺江而下，最先小渔船大多在依山傍湖的老里圈、桐梓山一带放麻网。每至秋后，湖水渐退，滩涂显露，各支流源头细流汇聚低洼处，形成由南向北直达长江的青通河雏形。近水知鱼性，勤劳智慧的渔民，不断改进和创新生产方式，由最初简单的麻网更新换代了多种罾网渔具。每年秋冬，青通河上打鱼的渔船，经常三三两两在大通长龙山下岸边停泊歇息。也是机缘巧合，一日，几户高姓渔民半夜三更时隐约听到河对岸滩涂上（即河南咀）有雄鸡啼鸣，天亮时却未发现有人家。一连数日，莫不如此。一位德高望重的高姓渔民对大家说：对岸好像有金鸡落巢，此处襟江带河，贵为风水宝地，遂率宗亲几家人登岸开发河南咀。

　　渔民上岸，一改一家老小蜗住小渔船且常年漂泊水上的历史。也正是第一批渔民的集中定居，接二连三地引来了高氏老家宗亲和张吴等其他姓的渔民迁入。经过历代渔民的不懈艰苦奋斗，到抗战前，袖珍之地的河南咀虽经水火兵灾，仍尚存 20 多幢徽派民居，不少楼房内设厢房、走马堂和天井。最大的高泽林家祖屋和佘二和尚大楼占地面积 4000 多平方米，远远望去，气势恢宏，在鹊江三岸，鹤立鸡群。水里求财的渔民，为祈福平安，分别在青通河与鹊江岸边建造了杨四庙、水府庙、金鸡庙和土地庙。每年正月划船于鹊江上舞龙灯和端午节举办龙舟竞渡，必庄严祭祀。河南咀作为一个渔乡，富裕殷实，闻名遐迩。同时，也正是河南咀的渔船罾网和鱼市等这些要素，不经意间极大地丰富了大通的人文内涵。而作为大通经典标配的"澜溪八景"，河南咀就占了"南湖胜览"和"澜溪罾燃"。翻开历代名人讴歌大通风情和发生在大通的重大历史事件的画卷，河南咀历历在目。甚至可以说，满满青通河的故事，多为河南咀所演绎。河南咀与大通，这神奇毓秀的一河两岸，从未分隔。

　　南宋诗人杨万里《舟过大通镇》诗中有："芦荻偏留缆，渔罾最碍船。何曾怨川后，鱼蟹不论钱"，见证并描写了河南咀的渔民在青通河捕鱼及大通老镇鱼市的盛况。类似脍炙人口的诗词甚多，明代李宗泗、王阳明等历代名家名篇中，河南咀都是一个绕不过去的存在。

　　如果说杨万里从侧面反映了河南咀的渔民勤劳智慧的禀赋，那么，朱元璋钦赐"七姓河"鱼鳞册，则以实物印证了河南咀渔民善良勇敢的精神。

　　元至正十九年（1359 年）夏，陈友谅部追杀朱元璋至大通羊山矶。一日，狂风大作，朱元璋乘的兵船在长江遇险，这时正在附近捕鱼的河南咀渔民见此，不顾危险前往救助。化险为夷的朱元璋问施救者家在何方？渔民回答说："在大通河捕鱼，主要有高、张、吴、朱、李、叶、史七姓的渔民。"朱元璋听后，让人把粘在鱼舱壁上的一些干鱼鳞片撕下，他在鱼鳞上写下了"七姓河"等字句。朱元璋登基后，渔民用金丝"七姓河"鱼鳞串成册，当作御书恭敬保存，史称另一版本的"鱼鳞册"。1956 年，渔业生产合作社成立，保存在高家公堂的"鱼鳞册"，由渔民积极分子高家林、高栋梁二人上交大通镇政府，因史料价值珍贵，后转交安徽省博物馆收藏。

　　其实，自古至今，在河南咀救落水者和落水者被救太普遍，少有人念兹在兹。不过，清人许奉恩在《里乘》里记载了发生在明朝的大通河南咀渔民江中勇救渡客一幕："将渡江适遇大风，见中流一舟，簸荡欹侧，势甚危急……大声呼曰：'有能拯来舟之急者，当重犒之'。岸权渔舟甚多，争破浪往，将来舟众人，扶登渔舟，来舟载轻，得以无恙……"此时的河南咀如同半岛。其庙嘴头向东北伸展到鹊江中（今大通中盐公司），岸权也即河南咀。虽然文中记述的是渡客拿出白金，分别奖赏了救人的渔民。但在风高浪急、渡船即将侧翻的危急时刻，并不能认定远处的渔民是听到"重犒"而前往，以此否定奋不顾身救人的壮举。

河南咀陆地面积狭小。早在明清时期，高姓祖先祠堂和多家住宅就建造在这江中的半岛上。由于江河水流的冲刷，终于在一个大年三十晚上，江岸崩塌，高家祖辈连夜搬家。当地俗语"三十晚上搬家，福禄寿三（伤）星（心）"。1962 年，高氏后人高鹤年高银波兄弟俩在鹊江（捕鱼）打撑篙网，居然将几百年前高氏祠堂 300 多斤重的石磴打捞起来，今保存在家。此后，高氏公堂出钱在大通（今大通历史文化展览馆处）买了一块地，重建了高氏祠堂。解放后，沿街处的高氏祠堂被拆除。

河南咀虽弹丸之地，但区位优势凸显。扼青通河入江河口，为铜陵、青阳、贵池和枞阳四县水陆交汇点。其捕鱼的知名度，一度为长江流域的湖南、湖北、江西、安徽和江苏五省知晓。

朝拜九华山的长江上下游香客，或顺江而下或溯鹊江而上，不少船停靠河南咀庙嘴头。香客们登岸后，有的上大士阁，有的徒步经茅坦、五溪上九华山。

河南咀人杰地灵。有古操场，是清朝参将军营，城墙背后为跑马打靶弹射操练之地。自唐宋元明清至抗日战争，河南咀均为兵家必争之地，频经铁血狼烟。而当地庶民直接参与其中的就有后来自力军起义首领高彪；有参与一二·九学生运动领袖之一的高宗一；有抗战时高光祖夜炸日军洋桥；而张少华、高淑珍智斗日伪等英勇事迹，当地人妇孺皆知。

新中国刚成立时的行政管理机构大通市，所辖的河南咀地区，1952 年直接从事捕鱼的渔民共有 1000 多人，每天共有 296 条渔船分别在鹊江、青通河流域捕捞作业。曾有河南咀渔民吴正福一铲罾扳了 108 条（1000 多斤）鳙鱼、一个晚上扳了 50 担黄姑鲳子的传奇；还有高传道打蟹子网，创造了一夜打了 1200 匹螃蟹的纪录。在鱼季，青通河，白昼通河欢腾，罾网此伏彼起，人声鼎沸；夕阳西斜，数百条满载而归的渔船纷至沓来，呈现了一派"渔舟唱晚"的生动图景；而入夜，渔火点点，船楫隐隐，则营造了"不夜青通河，无梦打鱼人"幽美邈远的静谧夜色。唯其如此，1962 年，当时的铜陵县政府为大力发展渔业，成立了"铜陵县大通渔业公社"，这是安徽省唯一专门从事渔业（养捕）生产的正区级行政单位。

然而，随着青通河流域不断地围圩造田和筑堤拦湖，丰富的鱼类资源逐渐失去赖以生存和繁衍的条件，河南咀渔民愈发面临着无鱼可捕和无水域养鱼的窘境。进入 20 世纪 80 年代，由于上游生态环境恶化，青通河一度变成了污水浊流。于是，逐水而居的河南咀，终于落入了一方水土养不活一方人的境地。好在国运昌盛，河南咀人赶上了改革开放的好时代。世代靠水吃饭的渔民一夜间转为城镇居民，年轻人或招工就业，或自主择业创业。千年的小渔村随着移民建镇的推进，虽然消失了，但代之而起的是"大通渔业生产合作社"直至"大通河南咀社区"，谁能说这不是最好的归宿呢？

回溯河南咀的千年历史，作为单纯依靠攫取自然资源的捕捞业，不可持续，由盛而衰直至终结，是历史的必然。我们无须为之扼腕痛惜。

但是，当我们追寻考证祖源根脉的源远荣光，体验感知先民异乡开拓适彼乐土的曲折艰辛，赞叹欣赏历代渔民发明制作的各具特色渔具的奥妙精巧，钦佩他们沐风沥雨勤劳智慧的坚韧精神，称颂他们临危不惧见义勇为的善举大爱，仰慕他们投身革命视死如归的家国情怀时，试问，今日的河南咀人谁不具备这种身份认同？而独树一帜的乌龙旗鹊江竞渡，别出心裁的水上龙灯劲舞，面向矗立江河岸边的诸座水神庙的祭祀仪式，经过渔家再改造的目连戏会演；少林寺 20 年学得真传的高明翁"禅武合一"武德高尚的精神境界、满腹经纶的老秀才高兴国一心向学归隐桑梓独善其身的风骨、过目不忘博览群书的张大智几十年为乡亲们说书分文不取的坚守、私塾学生分担供养晚年生活无着的老先生尊师重教的风气等佳话，无不熔铸或影响了我们的气质。

一切灿烂，如果不再迸发，那就是昙花一现。一切壮丽，如果不被传承，那就是愧对先贤。

作为河南咀人，于我而言，河南咀是我抹不去的烙印。在我的人生中，最纯粹、最朝气的时光，大多来自河南咀。河南咀虽说是一个平凡的小渔村，它没有给我带来多大的成功，却为我走出河南咀之后为人处事尤其做一个有责任有担当的人，塑造了善良灵魂和坚忍不拔的意志。如今因青通河疏浚，千年渔村河南咀地面遗存已不复存在，既然我在物质上已不能回馈家乡，那么，我就以我的文字从精神层面来写故土，让当代及此后的一代代河南咀人，知道自己是从哪里来的，从中寻找到生命的意义与价值，启迪着我们及后人更好走下去，并且行稳致远。

感恩故乡慷慨的赠予和庇护，因为我们曾生于斯，长于斯。

河南咀风光

◎ 不可或缺的渔文化博物馆

渔业是人类早期直接向大自然索取食物的生产方式，是人类最早的生产行为。勤劳朴实的先祖，不仅创造了丰富的物质文明，而且还创造了灿烂的渔文化。

随着人类对鱼类习性和捕捞技术的了解，从简单到逐渐复杂的生产中，渔文化的积累和发展也相应随之而来。在漫长岁月的渔业发展基础上形成的渔文化，是人们从事所有的渔业生产实践所取得的物质与精神的总成果，进而形成影响和推动社会和历史进步的精神动力。

渔文化作为一种具有地方特色的文化形态，推动着地方历史的创造和文化的传承。大通渔业历史悠久，早于隋唐，兴盛在宋明清至 20 世纪 70 年代末，跨越 1500 年历史。杨万里的《舟过大通镇》便是诗人留给我们其中一章自然活泼的渔乡速写。明代诗人黎近有《渔乐图》为志贵公题，更是一幅渔家欢乐图画。直至新中国成立前后，仅栖息在河南咀的渔民就有五六百人，鹊江和青通河中渔船共计有 200 多条。捕捞工具多为铲罾、架罾、手罾、拦河罾、旋网、蟹网、挂钩等。历史上河南咀渔民捕捞的新鲜鱼虾，江北城瑶湖和江南青阳童埠湖内大片水域盛产的鲜鱼，都齐汇集大通市场出售。每年鱼汛出鱼时期，日捕鱼达几万斤甚至十几万斤，出售的新鲜鱼虾一度"压断了街"。大批鲜鱼冰冻或腌制后，远销上海、苏州、镇江、南京、芜湖等沿江城市。千年渔村河南咀渔业文化历史源远流长，长江五省皆知。1957 年起，河南咀推行"养捕并举"，鱼苗远销东北。1962 年，铜陵唯一的"大通渔业公社"成立，至 70 年代高峰时，一度有渔民 354 户、1847 人。在漫长的渔业生产生活历史长河中，所派生形成的渔具、民俗、衣饰、食材制作、民间用品与鱼相关的历代文物、民间建筑、民间传说故事等，值得研究保护和传承。

20 世纪七八十年代，由于围圩造田，环境污染，造成鱼类水产品枯竭，渔民无鱼可捕，年轻的渔民纷纷招工、转行，剩下一些年老的渔民靠捕鱼苦撑维持生计。在党和政府的关怀下，随着移民建镇、长江十年禁捕、渔民上岸等惠民工程的实施，广大渔民或转型就业或享受低保，从此告别了世世代代的捕鱼业。

这样一部跨越千年积淀下来厚重与沧桑的渔文化，极有可能面临着中断和湮灭。在欣逢盛世的当下，难道要在这一代人身上彻底画上休止符？要知道，曾经拥有一两千之众的广大渔民，对世世代代传承的渔业生产和文化是具有高度的认同感和一种深深情结的，他们虽然离开了江河故土，但他们的心从未忘却渔业和渔文化，他们的后人也应知道自己是从哪里来的。而更为迫切的是，因历年来的移民建镇、房改拆迁，长江禁捕和渔民上岸等房屋搬迁的影响，绝大多数渔民已将自家渔具、物品丢弃或销毁，只有少数渔民还保存着昔日的渔具和有关物品。显然，在现代人追求物质现代化的匆忙中，渔文化的脚印渐渐远去。

因此，要乘着这些老渔民尚健在，还原和复盘一些消失的渔具、物品和非物质文化遗产。这是一项与时间赛跑的抢救性工程，拯救这些渔文化，等不得、慢不得。为此，当务之急，要建有一座渔文化博物馆，体现这一古老行业的物化汇集与并置，并将它保护好、利用好。同时这也是一个精神图谱集聚的场所，让人们记住乡愁。

陈列的展品以原大通渔业公社及周边渔民历年来持有和收藏的大通渔业文化实物、史料为基础，首期将集中展出自明清年间至今的各种渔具、船模、罾网及配件、生活用具、渔民服饰、助渔设备、渔民手工艺品等物件，并配以照片、文字说明，使整个陈列既是一部渔业文化演变史，更是一部鲜活生动的近现代渔业发展史。

第一展位，江河资源陈列：分"水是生命的摇篮""富饶的鹊江青通河渔场""大通渔业享誉长江五省"三方面内容。在"水是生命的摇篮"中，陈列长江、青通河中五彩缤纷、形态各异的鱼类剥制标本，白鱀豚、江豚、中华鲟、胭脂鱼等各种各样的淡水鱼等。它向人们展示江河为人类提供了大量的食品和原料，但它们并不是取之不尽，用之不竭的。由于人们无限止的捕捞和污染，已经致使许多水生动植物惨遭厄运。为此保护江河湖泊资源、水环境生态平衡已成为我们当今的历史使命。在"富饶的鹊江青通河渔场"中，陈列大通渔民捕获的各种鱼类、甲壳类浸制标本，展示本地区渔业资源丰富，为沿江最大的淡水产鱼区，与湖北（洪湖）、湖南（洞庭湖）、江西（鄱阳明）、安徽（巢湖）和江苏（洪泽湖）等沿江河湖渔产地齐名，而大通尤为盛名。历史上曾以春捕鲥鱼、季刀鱼；夏捕鲤鱼、油鲳鱼；秋捕鳡鱼、鳊鱼、鲢鱼；冬捕蟹虾和各类小杂鱼，闻名遐迩。

第二展位，捕捞陈列：分"生产工具——渔船与网具""渔港""捕捞作业方式""资源保护与安全生产"四方面内容。

在"生产工具——渔船与网具"中，除展示各种渔船外，还要展示渔船的主要工具——桨、铁锚、舵、橹、渔灯，流网船、拉网工具外，还有后来的机帆船上舵轮、螺旋桨、起网机、离合器以及先进的助渔导航设备：着重陈列木质捕鱼船、第一代机帆船、第二代改良机帆船，第三代、第四代大型机动渔船，展示木船向机械船发展的全过程。昔日使用的木船今天已被大型的钢质机动渔船所替代。

在"渔港"中，陈列各种渔船模型，有过去的木帆船：第一至第六共6个渔业生产队的各种渔船：也有后来的机动渔船：机对船、机拖船、机流船、机械张网船、蟹网船，还有来自周边的各种渔船等。作为渔船锚泊、避风、鱼货集散、生产生活资料补给的渔港也应有画面再现。同时将收集到的长江（鹊江）、青通河和周边各大湖、码头、渡口、港口地面、水下文物设专柜展。

在"捕捞作业方式"中，渔船和网具模型组合的捕捞作业场景，展示渔业社6个生产队几种主要的作业方式：敞罾（铲罾）、架罾、手罾；撒网、对网、张网、拖爬网、流网、围网和丝网等。

在"资源保护和安全生产"中，展示各种渔作业禁渔期的规定，渔政等职能部门执法服装和颁发的各种证件、证书以及被禁用的电鱼毒鱼等，揭示渔民保护渔业资源意识的增强，安全生产意识的增强，配合渔业生产职能部门，贯彻执行政府颁发的渔业生产各项政策、法令、法规，以确保渔业生产持续发展。

第三展位，非遗博览展：展示河南咀的龙灯、龙舟道具，介绍龙灯、龙舟的产生、演变、延续的来龙去脉，叙述申报"申遗"过程，放映表演影像等；展示待申报的"船罾"模型。

社会制度：古代渔业制度肇始于夏朝，《逸周书》有载，夏朝施行了我国渔业史上第一个法令，"夏三月川泽不入网罟，以成鱼鳖之长"。史称"禹禁"。唐宋时期法律中亦有一些对渔业生产有利的规定，如对公共水域不准私自占有，违者将予以治罪。

社会组织，自古就有渔业组织，在尧舜禹时期就已在部落联盟领导机构中分设出官职虞。"虞"的职责是管理川泽山林，其首要任务是负责管理监督全国的捕鱼和打猎生产。周代官制的设立逐渐完备。

渔家姑娘织网忙场景再现。

与鱼相关的"大通美食"系列菜谱。

历代名流、诗人题咏大通地理历史渔文化的诗词条幅。

金鸡庙、水府庙、杨四庙等电子影像。

目连戏道具。

老鼠石故事动漫画。

白鱀豚、江豚民间故事的电视剧。

绘画"渔歌唱晚"清明上河图。

第四展位，生产关系和渔民生活，独特风情习俗陈列：运用人物雕塑，实物场景，展示清末民初渔霸、渔行鱼栈形式介入渔业生产领域，和渔民结成一种特殊的生产关系；介绍明朝颁发给河南咀渔民的"鱼鳞册"；商家渔行与渔民之关系：渔行收购鱼货，渔霸收取佣金。家具什物、生活用品、渔民服饰、房屋建筑等，足以佐证渔商富有，渔民贫穷。并用浮雕的形式结合实际展示渔民文娱、婚庆、寿诞、生育、丧葬、造船等独特的风情习俗，反映昔日渔民对美好生活的追求和当时生活的悲惨情景。

通过建设大通渔文化博物馆，既彰显大通地方的渔文化特色，也融入长江流域各地的渔文化元素，推进、催生相关产业的发展。

筹建中的渔文化研究会会标

二 至亲爱人

≫ 父亲是个早起的人

我小时候，起床后经常看不到父亲的身影，那时不知，只要是出鱼季节，我还在梦乡里，父亲已划船奔向青通河老远的地方了，太阳晒我屁股时，他们正在扳罾。出鱼时，不仅是晴天如此，即使是风雨天，父亲也要早起，风雨无阻。

每年农历八九月是青通河大鱼出动的时候，这个时段是第一波出鱼，扳的都是大鱼。十月以后到年底，河水更小，这个时候是小鱼（黄姑鲳子和小鱼小虾）出动的时期，同样父亲要起早，去青通河更远的河段捕鱼。这样，一年到头，大半年都得起早。

渔民，既选择渔业，你不起早，你将一无所获。因为，鱼是动态的，捕鱼人要先鱼一步，且步步占先，张网以待。反之，你将处处扑空，一无所获。

除了捕鱼要起早外，还有其他的事也要起早。捕鱼是靠天吃饭的行当。若遇干旱少雨、水小的年份，江河变小，那就无鱼可捕。这样，一大家子人不能活活饿死，就必须想法子找生计。河南咀人就会充分利用渔船给人装货跑运输。虽说是两三吨的渔船改货船接不到大业务，但江河水小，特别是青通河枯水期，小渔船装运吨把货非常方便，不超重、不搁浅，畅通无阻。即使是发大水（不捕鱼），小渔船也能揽到不少生意。父亲去远的地方是从大通装煤到青阳童埠鲍家窑，天不亮划船，20多里水路，要划3个半小时才到地头，中间一刻不停，十分辛苦。更远的地方装牛到无为牛渡、土桥，装煤到铜陵县。还有给大通商店、企业装石头生意，都是起早。若是装运石片，从大通划船到董店牌坊头，十几华里，从小河里走抄近也得两三个小时，往往进了乌龟桥洞天才亮。你不起早，不在大太阳出来之前到达，在牌坊头山上抬石头的五七大队人早就歇了，你就装不到石头。

即使是发大水送菜、送东西、送人等，也要起早，往往是早上那一阵子生意红火，迟了，就接不到生意。只要起早，靠一条小船的收入，差不多保障了一家人的生活。

60年代有好几个年头发生干旱，长江不发大水，青通河相较于正常年份水很浅，无鱼可捕。为了讨生活，河南咀3个生产队就去大通搬运站接一些搬运站正式工认为又累又不挣钱的副业，比如在江中装煤炭的大铁驳舱有四五米深，夏天要用锹把舱里的煤炭装到巴箩筐里，让中青年抬出舱外，运送到煤建公司煤场。一天下来，本来身体就瘦弱的父亲，简直就是受刑罚，我去送午饭，他打着赤膊向我走来，我们在柳树下蹲下，他张着嘴，大口大口地喘气，本来有些驼背的他，腰也直不起来。我好心疼，恨不能以身代。由于体弱多病，他每当劳累下班晚上回家时，免不了坐在椅子上叹上几口气，不知怎的，我一听到他的叹气声，就会产生一种莫名其妙的失落感和六神无主的恐慌。

由于常年起早，父亲即使不捕鱼、不做生意在家时，也早早起床，没有睡懒觉的习惯。他早上起来，个人卫生洗漱、烧开水等，每日如此。更因为一生辛劳，劳动环境差，捕鱼作息不规律，过度的劳累，父亲身体愈是到老愈是每况愈下。比起早更为伤害身体的是熬夜，加上没有什么好伙食，父亲50多岁就得了肺结核的毛病。特别是在冬季，一大清早，听到他起床穿衣摩擦声总是伴随着一阵阵咳嗽，每当此时，我的心里就会产生一种莫名的难过。

因为身体差，70年代渔业公社全部社员在白浪湖挑圩时，父亲负责给生产队社员烧饭，这活儿，虽然比挑大土劳动量要小些，但给五六十人烧大锅，则必须每天早上四五点钟就要起床，生煤炉，舂米做饭。1972年下半年的一天，在白浪湖小河外滩，父亲由于劳累，突然昏厥过去，我接到信，用船送到大通医院，虽然经过抢救和治疗，但因他身体素质太差，此后没有恢复原状，且经常吐血。

父亲叫高韵祖，面貌清秀，前额饱满、发际线高深，下腮尖细，身材瘦弱，凭长相看，特像清朝康熙皇帝相貌。但他却是个标准典型的渔民。在河南咀，没有人比他更懂得打造各种捕养鱼的渔具知识和技术，说他是专家一点也不为过。父亲没有上过学，虽然说是文盲，但他天资聪明，罾网兜（连结）环，非常复杂，涉及代数几何知识，但凡乡人不懂的都上门请他现场拼兜，无数个罾眼，丝毫不差。父亲会木工，常被乡邻请去搭扑水捆罾。做鱼花绠、箱这些技术活，他带一根木尺，拿一把剪刀，各个做绠点要做的绠箱个数、需要的布料，都由他心算，然后下料，生产队都安排他到各家指导。其他生产队遇到疑难复杂的问题，也会派人来请去帮助解决。

父亲擅长木工，图为他做的水端子

他还是一位自学成才且手艺不差的木匠。家中备有粗锯、细锯各一把，有锉经常锉锯；有斧子和大小刨子；有三四把宽窄不等的凿子和墨斗等木工工具。河南咀的人经常到我家借这些工具。他打家具自己选料、画线。他打的洗脸架子、长条板凳和太师椅扎实规正。其中的榫卯工艺严丝合缝，整件器具不用一钉、一丝的金属连接，全部采用凹凸结合的榫卯咬合构成，从而使木头与木头完美衔接。他设计制造"十字竹筒"手罾架子，不用绳索捆绑，只需将竹竿头部穿进"十字竹筒"即可，简便易行。父亲经常搞一些小发明。他在家里设计了吸风煤灶和烟囱，把烟引出去，这样，每次烧锅生炉子下雨起风不必拎着煤炉往外跑。我上学时，父亲用实木给我制作了一只铅笔盒，引起老师们的好奇。那些铁铅笔盒时间久了会生锈或是盖开关失灵，而我的木制铅笔盒经久耐用。

60年代，河南咀通电。有时电灯不亮，父亲一般都能判断问题出在哪里并维修好，可谓无师自通。

我不是他亲生的，他是我的养父，他出生于 1919 年，属羊。我听说我是在襁褓中被抱给高家的。但他和养母待我胜于己出。我五六岁时，他在横港江边搭的鱼花棚张捕长江鱼苗，他就把我带到鱼花棚里留在身边。这是惯的孩子才享受的待遇，因为鱼花棚子里的劳力要比在家里的所有人吃得好些。

父亲虽然身体瘦弱，但由于他善于驾驭舟楫，识水情，他还是河南咀划龙船的三大掌艄（大桡子）人之一。这是在龙舟比赛的活动中产生并推举而出的，是乡亲们公认的，不是自封的。

以父亲这样的智商，要是有机会受到良好的教育，特别是理工科的学习深造，说不定就是一位优秀的工程师或科学家。

父亲胆子特大，经常给本地死去的人收殓，深更半夜一个人来回。有一次，他一个人在荒无人烟的三县圩看护鱼苗塘，那天夜晚，乌风黑暴，他全然不顾，我在家里为他担惊受怕。事后问他怕不怕？他说那怕什么？

父亲在日一直看好我的前途，但由于我的不懂事，让他失望过，也让他不满过。好在父亲对我的信任和期望的言行，使我铭记在心。1979 年通过全县公开考试选招，在上千名中学民办代课教师中录取 30 名，我考上了中学教师。在他病重时我有了国家教师的工作，全家人有了基本生活保障。

1980 年 8 月，他 62 虚岁去世。我分明目睹他一双眼睛始终盯着老伴，依依不舍。

一个终生早起的渔民，在我刚有稳定工资收入能够更好赡养尽孝的时候，他却较早离开了我们全家。这是我们全家的遗憾！

父亲的逝去，使我陷入了极度悲痛之中。我这个 20 多岁的青年第一次近距离切身感觉到人会死的这一残酷事实。我原来只是理性认识到"死亡"这个词汇，但没有入心，没有震撼。这大概就是养育之恩在情感上的反馈吧？

父亲及渔村人早起的习惯，他们的自律和对时间的态度，与曾国藩所说的箴言竟不谋而合，深深地影响了子女后代。的确，事败皆因懒，人废皆因闲。早起、勤勉、珍惜和遵从时间，从某种角度看，将决定着一个人及子孙后人的未来。一个没有时间概念的人，一定没有未来。所以一定要早起。

早起的人，也必定是勤劳的人，绝不是懒惰的人，同时也会是聪明智慧的人。在这样的家庭环境里成长，我也养成了早起和勤奋的习惯。

父亲，我永远敬仰您，永远想念您。

父亲20世纪70年代在家门前与小外孙照片

❯❯ 思念母亲

母亲2006年去世，离开我已好多个年头了。但不知怎么回事，每至睡梦中经常与她老人家相逢，或是半夜三更醒来想到那个疼我爱我的人永远不在了，心中顿时涌起一阵怅然若失的痛楚。过去，母亲在日，我为偶尔的夫妻矛盾和其他的心事还有个倾吐的人。今天我的经济条件大为好转，我多么想报效母亲。可遗憾的是，"子欲养而亲不待，飘零久矣"。不得不感慨岁月匆匆，人生短暂。

我的母亲章大姐，生于1925年3月15日，是枞阳县老洲头老湾黄墩人。新中国成立前嫁到河南咀和我父亲高韵祖结婚。那个年代，同天下绝大多数人的母亲一样，我母亲也极为平凡。她不识字，但会绣花。长相一般，一生勤劳节俭。我家世代以打鱼为生，我母亲自嫁给捕鱼人，就很快学会织麻纺线的活儿。1949年，母亲的第一个男孩出世，很不幸就夭折了。1952年，生了一个女儿

（我的姐姐），几年后第二个女儿出生，两岁多因当时的医学不发达，一场疾病又被夺去了生命。在母亲十分伤痛之际，我在本地一户张姓家庭出世，可是，我命运多舛，我的生母在我出世后，即得了月子病，一病不起。此时，嗷嗷待哺的婴儿哪有奶吃呢？两个不幸的家庭的同病相怜，挽救了我的生命。在一个风雪交加的日子里，我的奶奶用竹篮装着我，来到我养母的面前，恳切地说："二嫂，你做做好事，救救我的孙子吧！"从此，不幸中的万幸，或因机缘，我多了一对父母双亲——我的养父母。不久后，我的生母病故，享年仅 38 虚岁，我一生都不知道她的模样。好在我的生命中，有一个视我如己出的姆妈。在高家，在我后面相继又有了一个妹妹和弟弟出生。

我自小受到养父母的百般疼爱和精心呵护。我至今记得，在我五六岁时，母亲带我到大通长龙山上的一个尼姑庵里拜菩萨许愿。母亲叫我跪下来对着佛像叩头三拜，她站在旁边虔诚地说："菩萨，保佑我儿平安。"

在三年困难时期吃食堂的时候，每当吃饭时，母亲总是先给父亲和我盛满饭（粥），她自己最后才吃点剩饭（粥）。

穷不丢书，富不丢猪。母亲是枞阳人，受传统教育影响。六七十年代，我家每年一直都养猪，有些年份还养两口猪。养的猪长大养肥后卖给大通食品站，一口猪差不多要卖五六十块钱，在那个年代，有这么多的钱可不是一个小数目。加上平时省吃俭用，几年下来，我家盖起了三大间一幢的瓦房，这在当时是一个了不起的成就，成为河南咀本地人人羡慕的佳话。

尽管家里不富裕，母亲还是坚持让我和弟弟上学读书。可惜因为家里经济困难，我姐姐和妹妹只读了小学二年级就辍学了。母亲对我偏心由此可见一斑。

母亲十分勤劳，里里外外是一把好手。年轻时，她搓麻纺线，经常忙到半夜。进入 60 年代后，为了补贴家用，她先在和悦洲水产站后离家 20 多里到贵池佘家咀水产站去脡鱼、洗鱼，一干就是两三个月。冬天里，手冻裂得全是小鸡嘴样的伤口。每当河里出鱼的时候，母亲总是起早摸晚扳手罾。有时她还背起手罾跑到离家十几里的地方找位置，通宵达旦地熬夜扳罾。那种辛苦不经历的人是不能体会的。70 年代，大通办起了池州钢铁厂，母亲已是 50 岁的人了。她不论三九严寒还是三伏炎热，都在那里磕矿石，一干就是好几年。冬天对着寒风吃着从家里带来冰冷的饭菜；夏天的晚上，累了一天的她一回家就倒头睡在房间的地上。回想这场景，我不禁从内心里感叹：我母可怜！

母亲不但对丈夫体贴对子女疼爱，还对左邻右舍一向友善。一次，我的堂兄高传树与门口的吴姓同伴吵架，母亲劝架反而秉公讲自己的侄儿先动手打人不对，父亲却袒护自家的侄儿，说了母亲一些难听的话，母亲气愤不已非要父亲把话说清楚，为此母亲有好多天都不理睬父亲。这也是我唯一一次看到的父母吵架，作为儿子，我极为难过。我从小习惯了父母感情和谐，不能接受父母的冷战。不过，此事也看出了母亲在原则问题上是不妥协的。

2001年母亲突发脑溢血，虽经抢救，保住了生命，但落下了半身不遂的后遗症。她对我说："我死后，你们不要接受门口人的情（丧事礼钱），你们都不在大通住，以后人家有什么事，你们又不晓得（还礼）。"我听了，感到母亲真的是一生都为子女着想，为别人着想，不带人家为难，不欠人情债。2006年3月11日夜晚，母亲走了。一时我禁不住失声痛哭，虽然我知道会有这一天的到来。办理母亲丧事，我和姐姐妹妹弟弟商量不收受任何人的来情（钱），这在当地开了先河。清理母亲遗物时，发现床被下还有1000多元钱，这是母亲多年节省留下的。我们姊妹兄弟四人看到后，抱头痛哭。我为有这样一位平凡而了不起的母亲而深感幸运和自豪。我也有遗憾，母亲在世时，我出去工作离开家乡，与她在一起相处的时间太少。我只是在她去世后才知道她的生日，更不要说为她过一个生日，而她总是记得我的生日是腊月二十四。我感觉到，母亲一生好像就是为她的父母特别是为自己的儿女而活而累，或者说她人生的终极目标就是子女的前程和幸福，唯独不顾及自己，不论做何付出，她从不图回报。我为母亲作了一首悼词：

吾母高风，首推慈爱，远近亲疏，一皆覆载，病时揽手，酸心结肠，但呼儿辈，各务为良，养育深恩，春晖朝霭，报以何时，精嚖大海。

我时常扪心自问，我母无我，照样终其年，我无我母，无以至今日。这说明：真正的亲人不一定必须是由血缘关系来决定的，而是以相待的那颗心来决定的。这个世界上只有一种亲人，那就是对你最关心最心疼的人，不管有没有血缘关系，都是你的亲人。正是大爱无疆，母亲一直深藏我心中，也不时出现在我脑海里，所以她从未离开过我。

❯❯ 家　婆

　　长江鹊江大通上下几十里沿岸的人，称外婆为家（gā）婆。我的家婆是江北（枞阳）老湾黄家墩人，姓钱。家（gā）公（即外公）姓章，他们只有三个女儿。二女儿章雅青自小抱到青阳丁桥老山里的天屏大队祠堂小队；新中国成立初长女章大姐嫁入河南咀与渔民高韵祖结婚；20 世纪 60 年代初，小女儿章玉香也嫁给河南咀渔民高明元，我喊他"小姨爹"。这种联姻说起来有点好笑：我父亲高韵祖按高姓辈分是"家"字辈，而小姨爹在高姓是"明"字辈，"明"字辈比"家"字辈整整高四辈，刚好出五福。外公过世较早，家婆一个人在农村成了五保户。听母亲说，我 3 岁时，她带我去江北家婆家，母亲把我从怀里一放到地上，立马就跑到老远，家婆跟着追，说："这小娃子这么小就会跑，牢根得很（成长快的意思）"，她十分喜欢外孙。我六七岁后，母亲常带我从大通小轮码头坐小轮去江北家婆家，小轮停靠在江北老洲头码头，我们母子要走好几里路，经过老湾街，然后再走到黄家墩的家婆家。印象中，老湾街南北向，长约 150 米，街道铺的是光溜溜的麻石板，热闹不亚于大通街。

　　黄家墩那时是一个小生产队，即现在的村民组。居家比较集中，亲连亲，相互之间不是老表，就是堂兄弟或表姊妹。我长大后才了解到，这里近 10 家将女儿嫁与大通和河南咀。最早结亲时间始于 19 世纪三四十年代，此后延续至 20 世纪七八十年代。由此可见两地渊源之深。不仅如此，两地竟然合二为一。经国务院批准，2016 年 1 月枞阳县终于划归铜陵市，经安徽省政府批准，2018 年 10 月枞阳县老洲镇、陈瑶湖镇、周潭镇划归铜陵市郊区管辖。至此，曾经的家婆家，即母亲的娘家老洲黄家墩与父亲的家大通河南咀原来是"异处同共"，行政隶属关系都归铜陵市郊区管辖。世事难料，家婆和父母绝对想不到若干年后两地竟然合到一起，是这样的归宿。

　　60 年代初，家婆患脑卒中病，成了半边身体偏瘫，生活难以自理，她所在的生产队就让她到大女儿家住了，也就是从江北老家迁入大通河南咀的我家，记得随她搬来的全部家当就是一个小衣柜，内装她的换洗衣服。她的口粮和少量的棉花每年秋后一次性由我父亲和小姨父趟船去老洲头领取，母亲的老表吴正来等生产队亲戚派人把稻子挑到老洲头，装上船运回河南咀。家婆我们在一起一共住了12年，她对我的关爱和影响不可谓不深。她严重偏瘫，手脚不便，行动困难。从床上下来要扶床架，从房间到堂心，要扶壁子。白天一天到晚都坐着（夏天坐竹椅子，冬天坐有棉花絮垫片的木椅子）。吃饭时饭碗放在面前凳子上，她只能用一只手拿挑子吃，不会用筷子。我的少年一直与家婆住我家三间瓦房西南头埂的小房间，为便于照应，并且和她老人家睡一张床。她要走动时，我经常牵她的手或搀扶她的臂膀。可以讲，家婆自从来到我家后，就一直足不出户，直到去世。家婆有严重的重男轻女的思想观念，我自小到大，家婆都疼爱我，对外孙女要差些。她曾教我们一些儿歌，至今记得："小呀们小二郎，碟子打水洗澡，茄子窠里乘凉。""翻锅盖，炒芽菜；芽菜酸，炒萝卜，萝卜辣，炒野鸭，野鸭唏，炒公鸡；公鸡叫，炒六谷炮……""丑八怪、钻鸡赛；七鸡屎，喔土块；一晚上变成猪八戒""小瘪嘴，偷黄瓜。奶奶提到赏（煽）嘴巴，我喊奶奶你别赏（煽），我摘黄瓜七（吃）好耍……"家婆口中的这些旧童谣，多为循环编下去，催生了我自小对儿童文学的爱好。她讲述她们年轻时，家乡江北破圩前，男人日夜在圩堤上打桩挑土，不给回家。破圩时，全村人鬼哭狼嚎，家里受淹，人往树苗子边上游，抓住树苗不放喊救命。在她的三个女儿中，她有偏心的倾向。同在小渔村，她虽住在我家，但特别关心她的小女儿全家。小姨和小姨父几个孩子先后出世，都是她给带大的。我每天下午要从我家上个墩将表弟或表妹抱着送到下个墩老底下。这种义务劳动，没想到20多年后，我在大通中学工作时，我女儿出生后，表妹也曾到我家帮我带孩子。

家婆为人极富同情心，对待邻居家特别是自小失去母亲的孩子格外关爱，不论有无血缘和亲戚关系，都当着自己的孙辈心疼。

家婆在我家除了帮小姨带孩子外，她在夏天就织麻、搓麻。因为麻线既可以用来织渔网，也可以用于纳鞋底。所谓织麻就是把生麻浸泡在水里，然后放在大腿上，用指甲撕成细线，再把细线搓成粗细适当的绳线。虽然她有半边身偏瘫，左手不能大尺度运动，但可以捻住麻，右手搓麻线动作自如。她搓的麻线均匀，看相好，所以河南咀人都来订购，她搓麻挣到的辛苦钱，基本上都补贴给小姨娘家了。

家婆虽住在我家,但她每年有定量的几百斤稻在我家,我经常挑稻子到大通街"五七大队"碾米,见到大通街的同学感到不好意思,怕他们认为我是农村人。家婆的口粮能接济我家,小姨娘家缺粮就用畚箕或是米袋来挖米回去,所以,我家那时不缺粮。亲戚邻居家困难的往往都在我家借米,由于母亲慈善,有很多人借米就像假借字一样,借而不还。70年代初,晚年的家婆生病而且一病不起。一次,我母亲到铜矿山姐姐家去了,在生命垂危时,姐姐的小叔老窝子正好在我家,家婆天天赶他走,说:"天天把好的给你吃,你不走了呀?"催我们带信让我母亲尽早回家。此乃"人之将死,其言也切"。1971年秋,家婆去世,我父亲不巧正在东北卖鱼苗,不在家。我们把家婆安葬在大通羊山矶的周家冲高家老坟山。根据女人名字不上墓碑习俗,由家婆侄子来顺名字立碑,碑上刻的是"章钱氏之墓"。

因为家婆的缘故,我自幼年到少年,多次到家婆老家走亲戚,结识了江北枞阳乡风民俗和文化,感受到母亲娘家人的亲情好客,看见了枞阳六七十年代老湾街上桥头上的照相馆;那令人向往过年边浓烈的年味;那位住在黄个墩子大树窠里的军属三姑奶奶家多么凉快,她和母亲有谈不完的话;那些好客的亲戚长辈端上来香喷喷的挂面,下面埋着鸡腿;那里的小同伴在夏天脱得光溜溜的飞身跃入大池塘里,一个猛子潜入十几米远才冒出头来,何等的得意扬扬……

▶▶ 新河大伯

小的时候就知道新河有一个大伯,叫高光祖,我父亲高韵祖排行老二,还有三叔高根祖和五叔高学武都住在河南咀,但不知道同为捕鱼四兄弟,为何唯独大伯不在河南咀住,全家却跑到老远的青阳县新河住。长大之后,才知道与青阳和青通河相关联的新河有两个,即一大一小的"新河"。现在通常所称的新河,是指地处青阳县东部,现为新河镇,因1954年时,境内东山河改造,开挖新河至元桥入青通河,故名。另一个小新河,是指100多年前从贵池的佘家咀一直开河到童埠,把老鼠石拐弯撇掉的一条新河。此新河非彼新河,小新河通木镇河、七星河,汇入青通河,但现在的新河镇当然包括小新河所在地。小新河在马山西南的春江村下边，那里也有个渔业队。1956年大伯因为政治历史问题不得不远走他乡迁居在这里。写此文章着实让人心情沉重，因为这事戳痛了人的软肋，也暴露了人性只讲趋利避害，不讲对错是非的虚伪性。

1974年初冬，我在大通中学读高中，作为应届毕业生可以报名参军。我们班上50多男生经初审和带兵的目测，刷掉40多人，只剩下七八名男生参加正式体检，经过在大通中心医院和到铜陵县医院X光透视等层层筛选，最后合格的只有4人，我是其中之一。不过，与那3个同学不同，他们仨都是从大通镇报名参军的；我的户口在大通渔业公社，报名和定兵自然在渔业公社。验上了兵后，这次参军似乎是板上钉钉的事了。家乡人都知道了，有的乡邻甚至说我的父母马上就是军属了，同学中有几人给我送了笔记本、钢笔等纪念品。在即将换军装的前两天，突然渔业公社武装部通知河南咀的高家正（只有小学文化）去换军装了，而我没有得到通知。

那是一个下着小雨的初冬天，我母亲带着我来到公社办公室，当时办公室墙拐角还有一笆箩筐煤，我上去一脚踢飞了煤炭，两眼怒火，气势汹汹地质问公社武装部长张荣源，"我为什么参不了军？"他说："你大伯（高光祖）是历史反革命分子，你的社会关系不好，不能参军。"我母亲说："小霞子（张荣源的大女儿名字）大大，你是门口人，你哪不晓得他是我抱养的，他姓张啊？"张荣源说："那不行！他现在姓高，不光是不能当兵，（安排）其的事也要看以后的表现，要改造得好，才行。"我听到他这么一说，目瞪口呆，瞬间，我的世界一片灰暗。不是我本人不符合当兵的条件，而是我的出身不能参军，对于这一结果，母子俩无话可说，不得不认了。天仍下着小雨，渡口的陡坎子路很滑，我和母亲步履蹒跚地走回家。当天晚上，我茶不思饭不想，蒙头在被窝里泪流满面。人就是这样：在快乐和顺境时根本不会进行自我反思；在遭遇冲突和重大挫折时，你就特别体会到你是一个怎样的人？想到今后的人生，我还没出校门，就遭此打击，前途迷茫。这以后，本来意气风发的我像变了个人一样，苦闷、自卑、愤懑、不甘，如影随形（甚至十几年之后还梦见自己报名参军）。

很快要高中毕业了，回乡不能连个团员都不是吧？为此，我向班主任表达了我要求入团的意愿。在老师和同学的同情和支持下，学校团委同意发展我为候选共青团员，但必须提供家庭出身（成分）和主要社会关系（清白）的证明。

大伯的问题再一次摆到我的面前。为此，我把情况向学校团委说了，要求开个外调函。回家后与母亲商量去青阳童埠的新河渔业队开证明。大伯高光祖家所处位置，我是熟悉的：1971年夏天，我与父亲划一条船装煤去新河边的鲍家窑瓦厂，中午到达，远远望见老山的新河半岛矗立在浩渺的湖面上，就像《水浒传》上描写的水泊梁山一样，古朴苍凉。此时正值12月，我拿着大通中学团委开出的外调政审介绍信，徒步从大通行走到老鼠石山脚，初冬青通河的水已退到河心里，踏过一片河滩，向南径直朝马山走去，眼前见一个像半岛的山头伸向湖滩，上面有许多房屋，那就是新河渔业队。上得山来，来到村口，见一位青年妇女，遂上前询问大伯的家，说出了大伯的长子即堂哥"旁脚"的名字，那人很热情地带我来到大伯家。

1974年的大伯在新河渔业队的家，是一幢很大的土墙瓦屋，锅灶在堂心东头。家里除了长子旁脚去贵茅坦倒插门、大女儿菊桂已嫁婆家外，那时他家里仍有4个儿子，全家尚有6个人住在一起，算是大户人家。大伯大妈、堂兄旁脚、堂姐菊桂、二堂兄等亲戚早先都先后去过河南咀，我都见过，彼此都认识，虽然他们知道我是抱养来的，他们全然没有把我当外人看。此次见到的大伯，他大约60岁，与大多数同年龄的人剃光头不同，他蓄着满发。他面貌变化不大，仍是修长的身材，面容脸型规正，如《三国演义》上描写的关公一般，饱经风雨的脸庞显现褐色和块块黑斑，声若洪钟，虽是老渔民的装束，但分明沉淀和透露出族中长老或是地方干部特有的那种气质，与普通渔民相比，他就像是一位不一般的重要人物。事实也是如此，他年轻时在河南咀的确是一位叱咤风云的人物，无论是捕鱼还是抗日斗争，他都不同凡响，担任过大通渔民协会会长。他见我到来很是高兴，根本没有嫌烦的意思。连连说："饿了吧，赶快吃饭。"饭后我把来意向他们作了说明，大伯听后即招呼他家的老二带我去大队办公室。堂兄一路上都有人与他打招呼、寒暄。可见，大伯一家在新河十分得人缘，口碑也佳。堂哥领我去生产队见了负责人，他们收下了我的外调函，立马开了"高光祖的政审证明材料"，大意是：高光祖是我队一渔民，生产积极，热爱集体之类。并盖了公章。我怀揣这份对我来说非常重要的证明材料，谢了队干部，告别大伯全家，急匆匆地赶回。有了这份证明，我如获至宝，疾走如飞。

高中毕业，又是团员，我作为回乡知青就被公社安排到河南咀小学担任民办教师。其间，心高气傲的母亲还是一心希望我能再次参军。而要想顺利参军，必须从根本上解决大伯历史反革命的社会关系，那就必须恢复原来张姓，一劳永逸不受连累。遗憾的是，等把高姓改为张姓后，年龄已大了，再报名参军显然已不太合适，我生来不是当兵的命。这事能怪大伯吗？还是那句话，时间是历史最好的答案。

❯❯ 命运多舛的四大大、四母妈

四大大是河南咀人晚辈对张大智的称呼。他出生于 1917 年，属蛇，在兄弟五个中排行老四，年长的同乡的同辈人一般称之为张老四，自小念过私塾。1941 年在担任大民会官员二哥张印山的张罗下迎娶董店佘世义的女儿佘金花（1920 年生）。生儿育女后，渔村年轻的晚辈和后生们不论"高张吴"，各姓都喊他"四大大"，而将其妻称为"四母妈"。在那个凄风苦雨的年代，靠打鱼也只能勉强维持生计，但若遇天灾人祸疾病则如雪上加霜，生活步履维艰。古言云："贫贱夫妻百事哀。"四大大年轻时就是老好人一个，外号被乡人称为"四姑娘"，也有人称他为小秀才，十足的文弱书生。他一生不善于打理自己，年轻时一度腿部患有疮疤，让人望而生畏。而出身董店大户人家的佘金花，自小被父母视为掌上明珠，在做姑娘时就读私塾，成年后还穿旗袍，年轻时长得漂亮。由于夫妻俩性格兴趣爱好反差较大，四大大和四母妈年轻时两人经常发生争吵。俗话说家和万事兴，反之，则家道不顺。有一件实在不应该发生的事是，因夫妻二人赌气，出生不久的女儿小翠罹患兔唇，耽误了治疗，遂造成终身残缺。随着添人进口，儿多母苦。当第五个男孩小名叫小狗的降生后，四母妈已是重病在身，不得已只得将婴幼儿抱与河南咀上个墩的高韵祖章大姐夫妇抚养，抱走之后，她终日以泪洗面，责怪丈夫无能。1957 年 11 月，四母妈终因贫病交加而撒手人寰，死时虚年 38 岁，她带着诸多的不甘和无奈走完了短暂的一生。四大大在妻子去世后，家庭顿时遭遇天塌般的打击，人到中年的他，全家老小蜗居在一间小破茅草屋里。由于贫穷，一个男人还要拉扯 4 个孩子，想必四大大也根本就没有续弦的打算。事实也正是这样，直到 63 岁死时，他一直是单身。常言道"女人家"，家中有女人才叫家。正因为丈夫没有妻子，孩子没有母亲，这就注定了这个家的不幸。在当时极端艰难的环境下，也不知道这一家是怎么过来的。幸亏四大大有痴迷于看老古书的爱好，他从年轻时就到妻子的亲戚大婆婆崔家——大通街书店看书，看不完的书就借回家看。因为他有博闻强记的特长，起初经常在河里打鱼休息时，将《岳飞传》《三国演义》和《水浒传》等书在小范围说给打鱼人听。随着他说书的知名度的提高，不仅在河南咀甚至大通街和大同圩都邀请他去说书。五六十年代，一到下半年，听说书，是小渔村的一件盛事。每当家门口的年轻人张罗某天晚上在哪家大屋里说书，人们早早带着小板凳小椅子，占据靠前的位置。每次都有几个年轻后生到四大大家请他出山，冬天里会有一个火桶给说书人专用，茶泡好，四大大在说书时，绘声绘色，善于铺垫，营造逼真氛围，每到关键节点，总要停顿一下，卖个关子，"若知后事如何，且听下回分解"，急得许多年轻人猴急火燎的，于是，有人上去倒茶，献殷勤。一本古书，往往要说好多日，所以要听完前几章，人们都会上瘾，有追根求源打破砂锅问到底的欲望。因为名气大，大通街也有人慕名而来。原来听说一个小渔民还能说老厚的老古书，不相信，于是带着当晚要说的古书，带着质疑而来，当听到他将书中大段的古诗词一字不少地背出来时，才口服心服。他也不是有请必到，请不动他，乡人自有办法，打亲情牌，请亲家即我的养父高韵祖出面，这个情分太重了，他只得答应。说古书让他在小渔村成了精神文化生活的传播者，也是乡亲们最喜爱的而备受尊敬的人。可是世事造化捉弄人，"文化大革命"中，他因说古书宣扬封建糟粕，而被渔业公社召去参加"十人学习班"，交代错误，接受批判。不能说书，他失去了唯一爱好，没有精神支撑，加上生病，生活费全靠子女供养，50多岁先后得过肺结核和肝病，晚年由于生存环境艰难，穷困、疾病、家庭矛盾等愤懑和无助使他又得了精神疾病，以至于发作起来对至亲好友都施以暴力。从此，个人晚景更加悲惨。

四大大、四母妈是我的生父母。四母妈对我而言，因我尚处婴幼年，没有丝毫印象。记得我在七八岁时，正月初一，养母让我到下个墩去给四大大拜年。我第一次近距离见到这位身材高大、满脸笑容的长者，就说："四大大，我姆妈叫我来给你拜年"，他见我时，用慈祥怜爱的眼神，目不转睛地打量着我，然后在桌子上摆的碟子里抓了许多麻饼塞进我的荷包里。因为在一个小渔村，我的身世经常被一些好事者拿来说事，羞辱我是被抱养的，这个软肋让我自然矮人三分。我自七八岁起就知道自己是被抱养的，常常因此产生自卑，受欺辱时暗自伤心哭泣过。我在上中学时，每天早中晚需过渡船，而"四大大"就是四队安排的摆渡人，我们父子常常相对无言。有一次，他送给我一支水笔，我推脱不掉只好接受了，回到家跟姆妈说了。我听人说，他常在暗处观察我，而且还叫六队的高林书带口信，让我喊他"大大"，我一听当然不能接受。十六七岁时，他又将在铜陵县筲箕涝铁矿工作的生树带回家的一双翻毛皮鞋送给了我。

直到快成年了，我才喊过他"大大"。回想起他给了我生命，在那个普遍贫穷的时代，我没有给他任何回报。

作为打鱼人，他一把小网撒得满开炸顶，是公认的姿势最优美的。他曾写过《河南咀志》初稿，被年轻的高成俊会计读过；他晚年在作业本纸上写了几十页涉及花草树木、山川河湖等自然景色的诗词，放在寿材里，可惜当他去世后，全部诗词被家人悉数烧了。由于他身材高大，他还是河南咀舞龙灯时舞龙头的二把子，身高加举棍将龙头高举丈许，高大威武，气势磅礴，忽高忽低，舞动起来行云流水。

鲁迅在论及悲剧社会性冲突时说："悲剧是把人生有价值的东西毁灭给人看。"四大大和四母妈本不该过早地离去，更不该一生活得这般憋屈艰难。不过，他俩为自家子孙后代留下了好读书的基因和崇文重教的家风一直在延续。

年轻时的佘金花

❱❱ 历经坎坷终不悔

在皖南山区的董店一带，曾经是新四军皖南支队游击队活动的地区，不少当地的热血青年，受进步思想影响而毅然参加了新四军和加入了中共党组织。我的舅舅佘醒民就是其中一典型代表。我的外公佘世义外婆罗氏膝下只生育一双儿女。外公一生勤劳节俭，侍弄十几亩薄田，终年耕耘不辍。外婆贤惠，通情达理，对乡邻乐善好施，且烧得一手好菜，村子里无人不知。尤其难能可贵的是，二老特别尊师重教。分别让长女和次子进乡间私塾读书识字，使姐弟俩成为穷乡僻壤里为数不多的有文化的少年。由于外公外婆人缘好，特别同情常在汪村一带打游击的新四军小战士，有时发现他们没吃饭就会烧菜做饭让战士吃饱。一来二往，我舅舅从最初对新四军的好感到受到进步思想影响。

第一次参加革命。1943 年 8 月，住在董店一带的黑头鬼子小分队的队长（四川人）白良在汪村捉人当兵。我舅舅深知这就是当汉奸，坚决不从。于是在一个夜晚告别父母，离家出走，投奔并加入了新四军队伍。原新四军七师皖南支队领导杨明将我舅舅的原名佘守桢改为佘醒民。由于我舅舅有文化，平时表现好，当年就入了党。因为儿子参加了新四军，国民党恼羞成怒，将我外公外婆关进监狱整整 3 个月，二老为儿子受尽非人折磨。

由于长期打游击涉水过多，我舅舅早年双腿罹患关节炎。1945 年 9 月，新四军皖南支队奉命北撤。当部队行军到无为白茆洲时，我舅舅关节炎旧病复发，无法行走。经领导动员，暂退下来。但回家不久，就遭到国民党逮捕。原因是国民党沿江团团长周若夫的副官蒋东来状告，说他哥哥蒋春来（曾是日本宪兵便衣队要员）是被新四军佘醒民打死的。因此，国民党铜陵县司法处判处佘醒民有期徒刑 15 年。1948 年临近年末，我舅舅策划组织难友大年三十晚上越狱暴动，抢夺卫兵枪支。不料实施行动前被同伙张英出卖，张向伪所长黎雨村告密，结果狱警给为首者佘醒民戴上镣铐，严刑毒打。直至新中国将要成立，才得以出狱。

第二次参加革命。我舅舅再次寻找组织，1949 年 5 月 28 日，报考了屯溪皖南干校。在校学习期间受到立功嘉奖。一天早上，他在屯溪三门呈高枧乡（又名高阳乡）池塘边洗衣时，发现池塘远处水下树枝中隐隐约约有成捆的枪械。他立刻报告校部，校长马天水立即派人打捞，当场起获 300 多支三八大盖枪，军用物品好几车，这些武器和物资是国民党军队逃跑时藏匿的。11 月 25 日，干校学员由前皖南区党委统一分配工作。我舅舅被安排到皖南供销合作总社。1952 年南北供销总社合并，他留在省社芜湖经理部，到 1955 年改名为省社芜湖批发部，享受行政干部 22 级待遇。

然而，一起无端的灾祸猝然降临到佘醒民头上，又一次改变了他的人生。1955 年，有人写信诬告佘醒民有历史问题，参加新四军是国民党派进去的。那个年代，单位上也没调查，就对佘醒民很不放心，遂宣布开除回家。尽管他据理力争，但工资关系一经切断，天天待在单位已是自取其辱。在身心遭受重创打击走投无路的情况下，他拖着病体羞愧地回到家乡，见到了年迈的父母双亲。在经历长期失业的苦闷和彷徨中，幸遇家乡信用社缺会计，领导就安排他当了会计，算是解决了生计问题。可是，好景不长。1958 年 3 月，全国开展整风学习，他因把从芜湖开除谎称是病退，在学习班上被划为右派。更为荒唐的是，因为翻老账，1959 年 6 月他又被人民政府判刑劳改 10 年，至 1969 年 10 月才刑满释放。殊不知此时正值"文化大革命"，他一回到家，就赶上了继续戴上坏分子的帽子，受尽了屈辱，这种日子一直持续到 1979 年才算真正彻底结束。1980 年，组织上给佘醒民摘掉右派帽子，铜陵县法院改判佘醒民免于刑事处分，落实政策，在县农行复职。

回想我舅舅的一生，参加革命，抗日打游击，与汪蒋国民党反动派斗争，参加新中国成立初期的经济工作，然而他一生坎坷。两次参加革命，两次参加工作，均因不白之冤，命运多舛，令人唏嘘！

皖南新四军战士佘醒民

1976 年 5 月，我在大通渔业社鸡公山小学当民办教师。一天，一位 50 多岁的老人夹着一包信纸来到我的办公室。他问起我的小名，并自报姓名，说是我的生母（佘金花）的弟弟，也就是说，他是我的舅舅。当天我留他吃了晚饭并留他住了一夜。一下午和大半夜的长谈，使我知道了他的坎坷人生，他将那些写得密密麻麻的申诉信给了我一份。我问他，"你后悔吗？"他说："除了对不起父母和妻子儿女外，个人对选择的道路从不后悔。我相信党相信政府，一定会还我清白的。"第二天，他临走对我说：养母大似天，生母搁半边。你要孝顺你的养父母，我如果将来平反了，要去见见你的养父母。他还嘱咐我，要搞好与同事之间的团结。

舅舅早已过世，其言犹在耳边。对于舅舅，我更多地是把他当作人生路上的一个明镜，时刻警示自己。

鹊江码头人

我小时候从河南咀到大通街时，常到码头上转悠（捡煤捡柴），耳闻目睹那些鹊江码头人吃苦耐劳实干乐观的精神，印象极深刻。

从下街头小吃部起，是（和悦州清字巷到大通街的）百年老渡口石板路码头。早先，来往和悦洲与大通过渡的人不太多，仅有十几条小划子摆渡，渡工和渡口码头人多是湖北人的后裔。进入六七十年代后，随着人口的增多，经济的活跃，鹊江两岸人员交流骤增，取而代之的装上机器的轮船。每天清晨天不亮，小镇就被搅醒。一批批的和悦洲、铁板洲的菜农，挑着新鲜时令蔬菜乘轮渡到大通街；还有上班的，上学的，走亲戚的；男的、女的、老的、少的，挑担的，空手的，推着自行车的，人们摩肩接踵，人嘈马哄，两岸渡口码头，如集市般热闹。大半个上午，渡口码头人像抢火一样紧张地忙碌着，不到11点，忙得喝不到一口水。与渡口码头北边相邻的是闻名遐迩的长航大通小轮码头。这里每天都有长江上下水的客轮在此航启航归，曾经的江华号客轮和"东方红"号系列303、304等江轮，有的溯江而上驶向安庆，有的顺流而下开往芜湖。每当一队队旅客像潮水一样涌上岸时，那里有长航码头工作人员"把闸子"，一一验票。经常对逮到的无票的罚款或将态度恶劣者扭送到大通公安分局。江轮在大通停留过夜，一部分旅客投宿大通旅馆，带来了小镇的兴旺和繁华。夏日夜晚，凉风习习，风情浪漫的江边趸船上，常常有恋人来此处谈情说爱。趸船上有一位姚老头，驼背，因头秃一年四季都戴一顶褪了色的单帽。他真的是以港口为家以船舶为友，一生中不知迎来送往多少只船只。即使夜晚，他和趸船上的那盏昏暗的孤灯，默默地坚守着码头。他和停泊在码头上大大小小的客货船只不一样，他没有起点，只有终点，足见其对港口和码头是多么的眷恋。那时，来长航工作的职工大多是外地城里人，他们衣着洋气时髦，见过世面，是小镇上标志性人物。而招工到长航工作的人也倍感荣耀。

从大通小轮码头至下游四五华里岸线，全是货运码头。由南往北依次数打头的是国家中心粮库专用码头。每年夏秋季，一条条装满粮食的大船吃水快要漫到船舱，停靠码头后，由大通搬运站的码头工人卸货。一袋稻包约150斤，两人各牵一边麻袋拐角，一齐吆喝道："喂啰喂——抬起来，抬起来。"背稻包的工人肩披大布披风，低垂着头，弯下腰，不紧不慢地背起稻包，步履稳当当地从跳板上走到岸上，再用板车拉进粮库。烈日下，工人们仍头戴带帽檐的布帽子，不断地用脖子上看不出本色的毛巾擦汗。在粮站码头沿岸一侧向北一字排开的，就是铜陵县五大公司所在地及其专属码头。糖酒专卖公司是杂货码头，水运量不是很大，主要卸下从水路运来的红糖白糖，也间或上下一些其他杂货。闲时，码头工人会三三两两聚在一起，刮闲白，打小牌。有的人下班时，切几两卤肉，称几两花生米，晚上喝几两散装烧酒，一觉睡到天亮，力气又恢复了，周而复始。

县盐业公司的专用码头边停靠的都是内河少见的千吨"海雕"货轮。背盐包对每一个码头工人来说，都是最伤体力的活。从海轮深舱里背二百斤一麻袋咸盐，一天背下来，一般人吃不消。我的不少搬运站的亲戚因为背咸盐而落下了腰伤。但大通搬运站的姜才美和人称"小老表"的两个人堪称大力士，他俩打过赌：每人背两袋盐包蹲下身捡起地上的一根香烟衔在嘴上，站起来，再走200多米的上坡路，将两袋盐包卸到食盐仓库而不喘气。这场较劲，成为当地人街头巷尾常议的佳话。随着技术的改进，后来搬运站建了一座吊桥，直接把盐包从船上吊上岸，大大改善了码头工人们的劳动条件。在盐业公司码头下边，是煤建公司的码头。装满煤炭的大铁驳船沿与江水差不多齐平，每条大铁驳装货上千吨，最初全靠人工用抬扁巴箩抬。通常需3～5天的人海战术，一船煤就能卸完货，原先淹没在水下的船体渐渐浮起，露出了庞然大物的原貌。人们怎不感叹人力和劳动的伟大！

不发大水的年头，青通河水小，无鱼可捕，河南咀渔民只好到大通当搬运工。我父亲一贯体质瘦弱，他不能抬煤，只有拿锹装煤。大热天，他和本队的社员在大铁在大铁驳舱内挥锹装煤，上晒下熏，舱内闷热窒息，一天干下来，常常是体力不支。好几次，我送饭给他吃，他都吃不下，感到心发慌。他打着赤膊，我看到他胸脯心脏部位急促地跳动，我十分心疼。与煤建公司及码头相邻的是木材公司。一条条装满东北松、松树、杉木和毛竹的货船停靠码头。水大时，搬运工人将一棵好几吨重的东北松从货船甲板上推入江中，然后用绳索套住往岸上拽，领头的人呼号子："大家出把力呀！哦嗨！木材上来了啦！哦嗨！……"这种最原始的劳动场面，有点像大伙儿在做游戏，累，也快乐着。

从木材公司向北走约 400 米，到达江边的红庙码头，这里是铜陵市大通铁路办事处。中矿、西矿开采的小窑煤由小火车运到大通红庙。江边有几处下煤的岸边引桥码头，供周边区县来装煤。在此旁边，是县石油公司的专用码头。经过水运的油料主要是柴油、机油，其他汽油煤油一般用汽车运输。一桶柴油 360 斤，两人从船上抬到岸上须经过悬空的跳板，两个人抬，不但要有体力，还要脚步稳，保持一致。从石油公司码头往鹊江尾走去，是灯笼沟。这里有几百亩的黄沙堆场，有好几座伸入江中的墩式码头，每年搬运走的黄沙几十万吨。此外，在鹊江和长江交汇处，还有从和悦洲乔迁来的大通船厂。江边建有修船造船的码头，一度有员工近百名，可建造几十吨的木船和几百吨的铁船。

鹊江码头，它曾是吸纳大通、和悦洲、铁板洲和河南咀两岸四地劳动力的主要阵地，多少个家庭都靠码头吃饭。鼎盛时期，大通搬运公司编成 6 个青壮年队外加 1 个老年队，有职工 160 人。招来的职工除大通镇、和悦洲、河南咀的人外，还有附近的农民。我大哥张生瑞（小名小马）是 20 世纪 60 年代中后期从渔业公社第四生产队由渔民被招工进大通搬运公司当码头工人的。他力气大，因劳动积极，埋头苦干，年年被评为先进生产者。由于上有老、下有小，子女多、家庭经济负担重，长期心理压力大得不到疏解，终因积劳成疾，一生没有过上好日子，于知命之龄罹患疾病而早逝。作为手足之情的同胞，他的病逝，好多年想起来内心都隐隐作痛。

因装卸量大，除正式搬运工人外，当时还安排各家的家属做小工。我的几个姐姐都在码头上做过小工，挣钱补贴家用。还有活跃在码头上的"五七"大队一班人，他们被称为搞副业的，搬运公司忙不过来时，就通知他们帮忙，相当于游击队。在码头工人中，最令我敬仰和爱戴的是我的姑父——汪金友，他自成年后就是码头工人。我的姑妈高小四自小抱出去给汪家做童养媳，汪家也很贫穷。但姑父生得身材魁梧，力气过人。他吃苦耐劳，为人诚实厚道，从小就在码头上做小生意。他有一个传奇故事：年轻时他贩货。每次他一胳膊挽七八十斤一大菜篮货，从轮船走上岸，码头检票的人看他不挑不背，看不出来他拎了 100 多斤东西，一直就免收了货运费。姑父对我特好，虽然我是他二舅老哥的养子，但他不分亲疏。我捡煤或是放学，每次到他家，他见到都问寒问暖，非要留下来吃了饭才让走。一次，经过他门口被他下班正好碰见，他说："在这吃晚饭。"我马上就跑，他叫他小儿子汪小宝一直追我到大通头埂的渡口边，硬是把我拖到他家吃晚饭，姑父不断地夹萝卜烧肉堆到我饭碗里。那时期，我家一个月都吃不到一次肉，突然美美地吃肉喝汤，那是我最早体验的一种特殊的别样的美食！可惜，20 世纪 80 年代初，姑父罹患癌症，直到去世，我未能有机会去看他，也没有送他上山，至今我都很愧疚。姑父在鹊江码头上当了一辈子码头工人，他性格直爽，乐于助人，好打抱不平，从不恃强欺弱，他做事从不让别人吃亏，天大的困难自己扛。他对亲戚朋友一贯赤诚相待，乐于助人，没有人讲他不好。

20 世纪七八十年代的大通小轮码头

江水悠悠，新中国成立后的第一代码头工人健在的已没有了，鹊江两岸尤其是大通沿岸，再也看不到当年码头林立、各类大小货船云集、港口日夜繁忙的景象了。有时我偶尔路过大通小轮码头，看到凋敝和空荡荡的码头，破落低矮的大通搬运站小楼，心中不免产生一丝淡淡的惆怅。曾经活跃在大通俱乐部篮球场，代表鹊江码头工人的"装卸"队，代表和悦航运公司的"驳渡"队，代表长航的"航运"队，那一队队、一个个年轻帅气的小伙，今已垂垂老矣，有的已不在世了。

鹊江码头，水陆的媒体，通过你，去，通过你，来；然而，真正诠释"来而不往非礼也"精髓的，却是世代在此生生息息的人们（包括鹊江码头人），是他们共同成就了一个地域文化符号、一个响亮的名字——大通。

》纯粹人生熠熠生辉

2019 年 6 月 11 日，当我得知我极为尊敬的堂兄生辉三哥因突发脑梗而猝然去世的噩耗时，我一下懵了，半天回不过神来。因为我无法接受那个儒雅清爽和善可敬的兄长已经辞世的事实。

自此以后，我陷入了对三哥深切的思念中。他那谦和温润如玉的音容笑貌时常浮现在我的脑海中。

堂兄张生辉是我大伯张静山的三儿子，生于 1932 年 12 月。1950 年在他 18 岁时，从家乡大通河南咀选招到铜陵县政府机关工作。次年组织上选派到上海华东水产行政干训班学习。因成绩优异，学成归来即担任领导工作。19 岁就在县政府建设科任副科长；22 岁在铜陵县顺安区任副区长；24 岁任县农业局副局长；26 岁在铜陵市林业局工作等。尽管他年轻时就先后在好多个单位工作，德才兼备，履历丰富，因台胞亲戚关系所累，导致他 1981 年才入党。此后，担任县水产局副局长、局长，县商业局局长，1993 年 3 月在县商业局退休。他是我们河南咀第一位最早离开小渔村，"出来做事，吃公家饭的人"。

他是个求真务实的人。经常深入基层，他担任水产局长跑遍铜陵县各乡镇。凡事注重调查研究，掌握第一手资料。原县财贸办的老干部谢发扬曾对我说过："生辉局长对重要的文字材料和工作报告都是亲自撰写。他开会和布置工作，喜爱脱稿子讲，绝大多数需要的数据全在大脑里，信手拈来。"他做工作用当下的话来讲就是既守正又创新，反对照本宣科和形式主义。曾担任原铜陵县县长的陶国喜评价说："张生辉是铜陵县局长中公认的'能吏'，他的工作没话说的。"

他是个原则性极强的人。20 世纪 80 年代，我在大通中学的好多同事都调到党政机关和乡镇，不少人很快就弄个副科级干干了。有一次，我找到生辉三哥的老部下左克俭，把想调到县水产局渔政派出所的事跟他说了。老左信心满满地向局长生辉转述了，哪知他当即明确反对。他说："我俩是兄弟，他要是调来，不合适。他工作干得好是应该的，干不好就是我的责任。"他视我为家人，但不搞裙带关系。

他是个廉洁自律的人。他先后在水产局和商业局当了几十年的一把手，而他的夫人（三嫂）又是水产站高级工程师。他在任直到退休仍与老岳母一家三代同堂，在笠帽山一处偏僻的平房里，从 1976 年住到 2002 年，一住就是 28 年。此后两次搬家换房，都是他儿子张鹏自费购买的商品房。多少次分房和几次加工资，他都让给了下属。

他是个特别注重孝老爱亲和家教家风培育的人。他自从和三嫂结婚成家后，大多数时期就与岳母住在一起，直到老人去世。几十年与岳母没有红过脸。三嫂表弟老胡对我说："年轻时，要是姐姐和姐夫争吵，姑妈绝对帮姐夫而批评我姐姐。"同时，三哥每年都将在老家河南咀自己 70 多岁老母接到城关平房住两个月，以尽孝道。

三哥不但是孝子，也是夫妻恩爱的楷模。三哥虽然长期担任局长职务，但他一年四季只要不下乡出差，一下班就戴上袖套，下厨房烧菜。平时，他几乎包揽了一切家务。三哥三嫂相亲相爱。每当家族中亲友聚宴，三哥总会时不时站起来给三嫂夹菜舀汤。在家里给三嫂按时配药递水，端洗脸盆倒洗脚水，傍晚陪老伴散步，这种相濡以沫，数十年如一日。"终生相伴情未了，若有轮回再同俦。"这是他 2006 年重阳节偕老伴登笠帽山登高望远感赋一首诗的末尾两句，由此可见他对爱情多么纯洁忠贞。

他非常疼爱子女和孙辈，但不溺爱。1993 年盛夏，他出差到合肥，去看在安徽大学暑假备战考研的儿子。当他走进儿子租住的小屋时，感到像闷罐一样热，他心疼得流泪。直到 2003 年，他和儿子谈起这件事，他语重心长地对爱子说："张鹏，你那时能坚持在那个小屋居住，我认为年轻人在艰苦条件下磨炼一下也好。"在家庭良好家风熏陶下，他的儿子大学毕业进入省机关，又从机关下海经商，目前已是事业稳健发展非常成功的儒商。

三哥三嫂对家人的爱，真正践行了"忠孝传家远，诗书继世长"的古训。最大的成功，当属高度重视教育和在培育子女及其下一代上。三哥三嫂育有四个孩子，三女一子。其中大女儿、二女儿考上中专，小女儿和小儿子考上重点大学，这在县城关也是不多见的。更因言传身教，家风传承，三个女儿个个优秀，在各自单位皆爱岗敬业，工作出色，团结同志，人际关系和谐。其中担任中学教师的二女儿，因教学成绩优秀，还曾被市教育局选派到英国担任支教一年。小女儿在合肥国家级开发区担任招商局局长，多次接受央视采访。

他对孙辈十分喜爱，每个孙辈在各自成长中，都不同程度得到了他悉心照料和呵护。他在美国工作的大外孙张立深情回忆外公道："外公是我最坚强的依靠。为了我，他身兼数职，绘画老师、故事大王、司机、玩伴、厨子、见证人……"由此可见一斑。

其孙辈更是人才辈出。大外孙张立考取中科大少年班，后公费留美博士后毕业，目前在美国，事业有成。外孙女考入清华大学，毕业后留学美国哥伦比亚大学后在美国工作。小外孙也于今年高分考入美国普渡大学金融系读研。最小的孙子聪慧过人，表现出超出同龄孩童的智商情商，可以期望，有几位哥哥姐姐做榜样，相信爷爷奶奶最钟爱的孙子将来锦绣前程。

作为共同爷爷奶奶的堂兄，他对我这个堂弟，像亲兄弟一样看待。向人介绍我时，总说这是我老小，令我十分温暖。我的一些重要家事，应我的诉求，他都斡旋相助。但他之于我，更多的是给我在为人处世方面的帮助鼓励和鞭策。在我人生路上遇到迷茫时，只要与他交流，都能得到他的指点和启发，他就是我学习工作和生活的标杆。痛哉！兄今不幸离人世，弟有疑难去问谁？

他是个饱读诗书学养深厚的儒雅之人。他喜好读书作诗，晚年尤以唐诗宋词为甚。他的大外孙和外孙媳妇从美国回铜陵举办婚礼时，他撰诗一首，把新郎和新娘姓名、学科、专业、工作巧妙镶嵌其中，使婚庆锦上添花。诗，让他思接千里，灵感乍现，兴致所至：或居斗室，一挥而就；或在宗亲聚会时，即兴赋诗，一气呵成。

"磊落光明其人如玉，慈祥岂弟与物皆春。"纵观其一生，用这句诗概括他是贴切的。在已知的我们张氏"恩大生良贤"之辈分宗亲中，优秀者不少。但像生辉兄这样，能达到"一个高尚的人，一个纯粹的人，一个有道德的人，一个脱离了低级趣味的人，一个有益于人民的人"此种境界者，我以为他是符合的。

斯人虽已去，因其纯粹而生辉。

❱❱ 一位思想人　二三治学事

稼祥新著《公天下》虽成于 2013 年 1 月，但我拿到手还是 2014 年的 1 月，由大通文化研究会的三友会长赠予我的（但他有一个条件，布置了家庭作业，要写读后感）。由于我刚刚出了一本散文集子，加上其他的事较繁杂，要一门心思一口气读完近400页且理论精深的书，难以做到，只能是见缝插针、断断续续地读一读。全书十八章，时间跨度"踌躇四千年"，空间跨度中外"兼天下"，内容涉及政治学、史学、社会学、地缘学、统计学、哲学、法学、经济学、数学及数理模型、形式逻辑、外语等专业，跨几十门学科，求解中国历代兴衰得失的超大方程式。诚如知名学者高全喜所评"本书义理、辞章、考据三者并重，为近三十年难得一见的政治（史）佳作"。用稼祥自己的话说，写此书"思考近二十年，历时三年完成""朝成夕可死矣"。足见他写该书之辛苦和期望之重。

囿于我个人经历、学历、知识结构、视野和语言表达力等不足，对当代这样一部超高海拔高度的力作，像盲人摸象那样要妄加评论，岂不惹人见笑？人通常就是这样：地理位置和身份不同，但思想的位置和情感可以相通。作为稼祥青少年的不二雄性闺密，尤其是我在半夜三更时读此书，渐觉我俩心越靠越近。我忽发意念（而不是灵感），觉得谈点读《公天下》题外话，可能我比这个世界上绝大多数人具有天然的资格和更不可复制的条件。一来写起来言之有物，二来可以交作业。而这么做，我确信对于一切心仪作者及《公天下》的读者和学者，会有益而无害。

我读《公天下》，仿佛作者是一位从事地质勘查找矿的大师和撒网捕鱼的高手。有三大特点：一是独立思考的精神（科学的治学精神或曰自由之思想）；二是网开一面纲举目张的搜索方法（纵到底横到边不放过任何有价值的论据）；三是钻探深挖的韧劲。前者为作者人品人格即道德的高度，中者为作者开阔开放即视野的广度；后者为作者功夫功力即力道的深度。这是该书好评如潮广受欢迎的原因所在。

稼祥5岁丧母，是其父又当爹又当娘把他拉扯大。童年时代他没少尝人间苦难，但养成了意志坚强、不怕吃苦、遇事有独立主见的个性。他天资聪颖，执着勤奋，兴趣广泛，博闻强识，记忆超群。儿童时就擅长编讲故事和寓言。少年时代画得一手好画，吹拉弹唱颇有造诣。从小学到中学，一直是班上的学习尖子，语数外理化生音体美全面发展。中学时，诗写得率性而灵气，作文常被老师当范文在课堂上诵读。我们那一代人自小就有家国情怀，说来今天的人们根本不信，我和他在八九岁时就商量成立了一个有名无实的党派叫"神民党"

（天上是神仙，地上是人民，源于敬天爱人的朴素思想）。"文化大革命"时，他只有十一二岁，就表现出突出的雄辩才华。一次在大通镇胜利街居委会门口，我们与"大通毛泽东思想宣传队"四五个20多岁的大姐相遇，互报山头即展开辩论，稼祥舌战群"女"，口若悬河、滔滔不绝，直驳得几个大姐哑口无言，一个个面面相觑。领头的女队长说："讲不过你，算你狠好了吧。"说着全部逃似的溜了。她们在路上说："河南咀的小鬼真厉害！"

他自小就坚定地捍卫自己的意见和观点，决不人云亦云。小学二年级时，在课堂上一个同学把"耍阴谋"读成"要阴谋"，吴稼祥站起来说："他读错了，应读'耍'！"结果反而遭到全班同学的嘲笑。1974年12月我们临近高中毕业考试，其时"文化大革命"尚未结束。受人指使，我们发难教语文政治课的左老师，全班50多人罢考。并且由几人策划写了一张大报"这就是我们的语文政治考试答题"，贴在学校专栏上。全班57人，除稼祥和另一个余姓同学外均签了名。

我俩高中毕业后，回到渔业公社。他先被大通中学请去当代课教师，后被公社要去到白浪湖渔圩搞测量。1977年高考恢复后，他以高分被北大经济系录取，在铜陵县教育局小楼领取北京大学录取通知书时，当时的县教育局局长吴宗文对他说："你是全县28万人的骄傲。"入学后，他品学兼优。至今，他老家还悬挂着他北大"三好学生"的奖状。

一次，我请北大的常务副校长刘伟来铜作宏观经济报告，我问刘："你是北大经济系毕业的，你可认得吴稼祥？"刘不假思索回答："怎么不认识？同班同学。他毕业以后，直接分配到中宣部去了，我留校任教至今。"我清楚地记得20世纪80年代中期，住房非常紧张，但稼祥却在中央机关分了一套住房，左邻右舍都是赫赫有名的中央级的领导人。因工作业绩突出，很快就被调到中央书记处，成为中枢幕僚风云人物。参与起草党的十三大报告，他还是中国最早提出股份制改造国企的人之一。也是在神州大地上首提新权威主义学术讨论的北派发起人。他不但文笔老到，口才也非常超群。80年代中后期，他还不到30岁，一次应邀在南京（江苏省委党校大礼堂），面对千名党政干部作报告，不带讲稿，两个多小时，一气呵成。听众无不啧啧佩服。毫无疑问，那是他人生最为辉煌的开始。

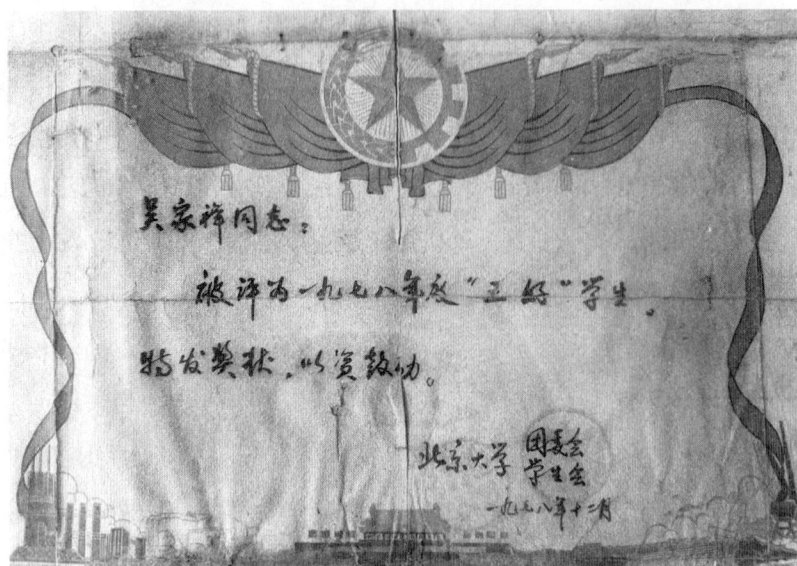

　　我深知，他是一位深切的爱国者。曾经有太多的出国和移民海外的机会，有伸向他的橄榄枝，但他根本不为所动。由于稼祥的特殊经历和学术造诣，他于2000—2003年应邀到美国哈佛大学做访问学者。这期间刚从美国费正清研究中心主任位子上退下来的傅高义拟写《邓小平时代》，他遴选稼祥提供帮助。在半年之内每周与傅高义交谈一次。三年旅美，他的外语读写会话水平大进，这对一位著名学者来讲不可或缺。依我看，没有这段留学生涯，他要看那么多外文原著几乎不可能做到。

　　打开稼祥的博客，可见他在政界、学界和商界均有阅历，但我认为，他骨子里还是一位学者，一个有良心的知识分子。他的文章具有两面性，或者叫两种风格的统一。一方面充满温情理解和关爱，另一方面是对问题犀利的剖析和尖锐的批判。在我看来，这都源于他对人生社会国家世界的关怀与思考，这正是以天下为己任的精神表现。其实，这么多年来的经商和讲学著作，他到这个年龄阶段，该做的事也做了不算少，吃经商著书讲学功劳的利息也不是不能过日子。诚如莎士比亚所说："我们命该遇到这个时代。"凭稼祥的性格和为人，他不可能坐吃山空。读万卷书，行万里路，他的功夫也做足了。完成了从一个思考者到一位思想者的嬗变过程，当下正是井喷的时候了。我曾对他说："你不从政，就没有做到县长要做市长省长或更上一层自虐的心态。你可以把精力从容地放到做学问的象限里。"虽然他听了不置可否，入仕的情结也不可能一笔勾销。但他是个极聪明的人，知道自己在什么时候该做什么事，也用不着我说些无关痛痒的话。我想，马可·奥勒留不是因为当上古罗马帝国的皇帝而世人皆知，而是因为他著有一本《沉思录》，成为西方历史上最为感人的伟大名著而名垂青史。诚然，写作是一件极为清苦的事。记得 2005 年 6 月，我在中央党校学习，在北京与他相约，他专程到我侄儿俄罗斯酒店与我相聚，携带了一本刚出版的《果壳里的帝国》新书送给我。他说："写这本书一年多足不出户，无人问津，元气大伤。只有侄女儿炖了一只老母鸡慰问，我感动得不得了啊！"在写《公天下》时，他与我两年多未联系过，并在博客上发了告示，"敬告博友：本人现在正在写一本书，几成人渣，不能回复，见谅！"这个时代，我们身边还有太多的同龄人，在业余时间，玩牌搓麻将或赶场子去喝酒。我想如果大家都这样活着，这样过，谁来写作呢？谁来为我们这个民族保留一息尚存的文脉？谁来对历史进行反思？对现实给以有价值的分析？进而给未来和后人留点东西？触摸我们兴衰更替、悠久绵长的历史脉络，研读我们丰厚灿烂、姿态万千的文明积淀，他是出于使命感啊！

读《公天下》，我不敢说有什么洞见，联系到他本人走过和正在走的心路历程，我以为：总而言之，他所主张的社会的进步，没有毕其功于一役，不要有痛快淋漓的暴力推翻和一刀两断的解决，靠国家治理体系和治理能力的现代化——多中心治理与双主体法权，以最小的代价实现社会转型。让党和国家事业发展既充满活力，又能使人民幸福安康、国家长治久安、和谐稳定。至此，可以说，以全新的角度思考政治体制改革和国家治理体的问题，这就是作者及《公天下》最显著的理论贡献。

最近两年的国庆长假期间，我们分别在合肥、铜陵相聚且相谈甚欢。席间，亲友们问到他目前的工作和事业，他肯定地说，愿做个终身的独立学者。笑称即使让老婆养也不被任何利益集团豢养。否则，难免做到公正独立不为别人说话。这就是吴稼祥的性格。

》表婶来自铁板洲

胡度文的小儿子胡宗顶（我喊表叔），20世纪六七十年代由于家庭富农成分，在河南咀本地找不到对象，最后托人在铁板洲讨了个地主成分周四春的小女儿，父母视若掌上明珠，芳名周爱莲，时龄18虚岁。表叔结婚那天，河南咀迎亲的人把船划到铁板洲，船刚一靠岸，即遇到当地许多人的阻拦。从中午到天黑，经过媒人磕头下跪一番求饶，几经周折，最后表婶的小哥哥偷偷从后门背着他的妹妹来到江边的船上，新娘子刚上船，从村庄里跑出了一溜人来，边跑边喊："不准走！拦住，拦住！"说时迟那时快，新娘的哥哥用力将船一推，船上划桨的人顺势掉转船头，拼命使劲划，船驶向江心，还看到铁板洲江边有一个青年站在水里呐喊，他的身后岸边仍站着一堆人。新娘接到家，我第一眼看到新娘子小表婶时，不能不被她的美貌惊呆，很快，人们奔走相告，胡宗顶讨了个美人周爱莲。后来听说，原来表婶周爱莲因为长得太漂亮，她出嫁时，当地几个暗恋她的男青年，不想失去她，于是，他们联合起来，企图拦下新娘，不让她出嫁。那个年代，作为一个女人，纵然你长得貌若天仙，只要家庭出身不好，什么都低人一等。其实后来，听表婶的门口人讲，表婶有心仪同村一个当兵的青年，可是身为军人，是不能重色轻出身，否则，你在部队政治上就完蛋了。

在缺乏美女的小渔村，表婶周爱莲毫无疑问是当地最漂亮的一个年轻女人，可惜她家庭，特别是"文化大革命"开始后，她的父亲因为地主，被同村人批斗，受尽了凌辱。后来，他到我舅爷爷家来过的，我一看便知他是一个非常和蔼的老人，虽然年过六旬，仍眉清目秀，说话慢条斯理，声音洪亮，一身棉衣清丝丝的，仿佛古时文人笔下刻画的员外形象或是解放前的绅士风范。后来听说，因不堪家内外的歧视，终于在一次批斗后，含恨自杀了。

铁板洲环洲皆水也，与和悦洲宛如两朵并蒂莲花，盛开在长江的水面上。洲上的农户多为桐城枞阳人移民后裔，他们用自己的勤劳智慧经营着这块宝地。农民虽然以种田耕地为主，因沙洲不能屯水，故不能种水稻，所以多少年来，铁板洲人一直不耕田、不插秧、不下水田，他们只在旱地里，以种蔬菜、瓜果和棉花为主。由于生产对象和生产方式的特点，铁板洲的农民穿戴打扮与城里的小市民几乎没有多大差别。这里的农民劳力也只在家门口种小块土地，劳动强度不太大，也没有其他地方雨天一身泥，晴天一身灰，穿着干净。尤其是女人们，由于喝的是长江活水，吃的是没有污染的新鲜蔬菜、瓜果。干活不上山，不下田，没有日晒雨淋，她们皮肤细腻白嫩。沙洲上雨一停，雨水被沙土吸干，即使穿布鞋都不湿鞋。洲上人，无论男女老少，都爱干净，清清爽爽。一方水土养一方人，好水滋润着沙洲上的女人们，这里的姑娘们的皮肤天生白嫩，有一种自然美。铁板洲邻近大通街，每天菜农们都挑着新鲜的蔬菜到大通街上去卖，街上人的生活方式又影响了洲上人。女人们在卖完菜后，会在街上买些化妆品带回家，六七十年代，街上人穿的衣服，很快就被铁板洲人仿制，从衣着上看，铁板洲的农民与和悦洲、大通街上居民几乎没有什么区别。共饮一江水，两岸三地人说话的口音也相似，乍一听，都像枞阳口音。但是铁板洲人毕竟以务农为主，他们和河南咀人相比，最大的差距是：河南咀人同街上人一样吃计划口粮（油），而铁板洲人吃差额返销口粮不到河南咀居民计划粮的一半，因为这个原因，从铁板洲嫁到河南咀的姑娘还真不在少数，除了表姊周爱莲之外。先于她的还有我养父的弟媳即我喊叔婶的孙桂枝，我的长兄娶的妻子即我的大嫂孙爱娣，河南咀本地至少有十几个男人都讨了铁板洲的女人为妻。这些铁板洲嫁过来的女人，整体都长得比较漂亮大方，既能干又善良。但真正要比谁最漂亮，周爱莲表姊数第一。我家和表叔家隔壁，爱莲表姊到胡家后，我第一次近距离地看到她的容貌，苗条的身材，白皙的皮肤，虽然脸上也有一点点黑雀斑麻点，但瑕不掩瑜，她长着一双水灵灵的大眼睛，当她看着我和我说话时，我似乎不敢与她双目对视。她天生一幅美人坯子，养着两条又黑又粗的长辫子。夏天时，她穿着一件花色短娃娃衫，一条花短裤，脚穿一双市集上刚出来的塑料拖鞋。在我们落后的小渔村，她就是最时髦、最动人的美女。人人都知道河南咀的上头埂胡家的二媳妇最漂亮。我听过一些女人在背后刮闲白时对她的妒忌，专找她脸上的麻点挑剔。可是自古美人都薄命。由于表姊是地主出身，她只能下嫁给同样是富农出身的男人。而我的表叔胡宗顶长相很一般，谈不上丑陋，但也绝不英俊，更没有文化，他们俩的结合，除了阶段成分般配外，几乎没有其他更般配的东西了。有一年，铜陵县城有单位招工，胡宗顶表叔被招进县城铜陵县搬运站，表婶先是在家里，夫妻二人分居两地，后来，表叔将表婶带到县城。时间不长，他二人不知为什么吵嘴，我的舅爹爹带我划一只船从大通青通河划到铜陵县城关。中午吃了饭，下午就将表婶和一些家具带回老家河南咀。那一次，我和舅爹爹、表叔 3 人划船，从铜陵县往大通划，逆江而上，从下午一直划到深夜 11 点多才到家。几十年后，我被调入县城工作，看到表婶在街上卖茶叶，她热情地邀请我到她家里吃饭。又有一次，我听说她得了糖尿病，双目失明，当我到她家看到她时，她头上戴了一条纱巾，双目紧闭，像一个盲人一样与我打招呼。与我看到的昔日那个美少女和美少妇，真是天壤之别，相差十万八千里。时间真是一把杀猪刀，此时的表婶，她才 40 多岁呀。过了八九年，听说她去世了，她年纪不大才 50 多岁啊，我一声叹息！难道"自古美人多薄命""不许人间见白头"，真的一语成谶，就是她逃脱不掉的宿命？

漂亮的表婶

　　我有时在想，她若不是生不逢时，而是恰逢其时，那该多好啊！或者，她的父亲不是地主，如果她嫁给了那位军人，如果她能跟她的大哥哥到武汉大学读书，如果……她一定会幸福得多。她如健在，正是含饴弄孙的时光。

　　因为她的不幸，我的表叔的后半生也好不到哪里去。我看到的老年表叔其实不到 60 岁，早已驼了背弯下了腰，几乎没什么朋友，连一个经常可以讲讲话的人都没有。他年轻时与美女结为伴侣成为夫妻，他很幸运。可是，他知道，他的这位美妻，没有高光的时刻，一生开心不多，经常因为他郁闷。

❯❯ 对话高张吴

久有请老家几位健在的老者小聚叙谈的愿望，河南咀主要是"高张吴"三大姓，我过去在老家生活成长时都不同程度与"高张吴"的代表性人物有关联，受些影响。在我眼中，他们在年轻时个个都是出类拔萃的家乡精英，在和住在市县的几个后生相约后，一个星期天，终于成行。

2014 年 5 月 18 日，10 点多钟，我和老乡高家德、张黎明、吴大进来到大通镇新区"小唱酒店"。我对吴大进说："请你去接一下你父亲和高老，张黎明去接生道。"11 点多，最先到来的是我约请的高根宝和吴家和。我走上前一一握住他俩的手，笑逐颜开地问候道："你们身体都好哦！"高根宝也一脸兴奋，谦虚地说："不照啰，都七老八十了。"吴家和笑眯眯地风趣道："我们这些老家伙是屋檐头底下躲雨，说走就走。"一席话，说得大家哈哈大笑。看见 10 多年未见的两位老乡邻，本能地想起一句话：时间就是一把杀猪刀。真的，尤其是高根宝，我知道他手术后同病魔作斗争，挺了近 20 年，真的很不容易。眼前的他身材瘦削，皮肤像烤过了的锅巴一样褐中带黑，但精神很好，就像战场上坚守下来的一位战士。我一下子产生了一种对时间的敬畏，人不能不臣服时间的威严！来到楼上一间最大的包厢坐下后，堂弟张黎明接来了堂兄张生道。此时，吴大进接过手机后告知："还有两位不得来了，高帮本身体不好不出门，高家振正好排班到今天摆渡。"也还好，我要请的已来三位，正好代表了河南咀高张吴三大姓。而这三人，恰恰与我养父母高家和我本人曾经有过不少的交集。众人坐定，我说明了来意："你们三位是我崇拜的人，好长时间未见，想叙叙旧，送上我写家乡的一本小书，吃个饭。另外，我想专门写一本关于河南咀历史的书，有不少问题想求教于你的各位。"高根宝说："要不是家乡人，哪个还专门送书给我们这些人啊？"1933 年出生也是年龄最大的吴家和接着说："我已是 80 开外的人了，出世两岁父母双亡，由叔父抚养。也没读过书，字认得我，我不认得它。"年龄稍小已是 77 岁的张生道顺着吴家和的话说："你晓得的，我俩情况差不多，我父母去世，我才 12 岁，是小大大（叔父）养大的，上了两年学，这本书我也看不通。"我说："没关系，书送给你们由你们自己处理。可能后面我还要写点东西，想请教一些事的来龙去脉。"于是，我将来之前准备的 100 个问题拣了若干个向他们咨询。有意思的是，三人中，高根宝不喝茶不抽烟不喝酒，张生道只喝茶抽烟滴酒不沾，吴家和喝茶抽烟也喝酒。于是在喝茶抽烟和喝酒当中，我们开始了对话。

出乎我的预料，他们对绝大多数问题，不是浅表性碎片化的回答，就是不晓得。令我不解的是：被我最看好学问最高的高根宝自始至终说的话最少，解答的问题也不多。我在提问的空隙中，脑海中极力搜索那个年轻时精力充沛足智多谋的高根宝。

高根宝是三人中年龄居中者，他生于 1934 年，时年 80 岁。他个子不高，曾有一肚子才华。他自小读私塾，师从学养功底深厚的大通人张仁进。年轻时，吹拉弹唱似乎无所不通。吃食堂时，他担任过会计。能说能写，且有组织才干。1966 年"文化大革命"爆发，他是"水陆造反队"的头头。高根宝的确十分能干。1976—1979 年，我在渔业社鸡冠山开办小学，一度也抽去渔圩帮忙，深知高根宝具有多方面才能。起初他负责白浪湖挑圩土方的测量计算工作。他没上过初中，但水准仪的使用不亚于任何专业人士。他事业心极强，干一行爱一行，早起晚归，日晒雨淋，埋头苦干，毫无怨言，视场如家。白浪湖渔圩建成后，他又被公社安排管理渔圩。改革开放后，他成为首任承包白浪湖渔圩的个体户老板。1996 年，我在中外合资企业挂职，我代表安徽亚邦合资公司出席县里的一个表彰大会，在领奖台与高根宝相遇，他紧紧地握住我的手，久久不放，动情地说："我去年做了手术。"后来，他不在渔圩干了。听别人说是市长的一个侄儿要承包渔圩，聪明的高根宝知趣地不参加竞标，选择了退出。他是个沉稳的人，"诸葛一生唯谨慎"。

生于 1938 年的张生道相对年轻几岁，他的记忆力很强，倒是回答了我好几个问题。他跟我是有血缘关系的堂兄弟，他父亲即是我的二伯父，叫张印山。听老人们说他父亲生得白面书生，长得一表人才。曾担任过国民党大通自治会会长，深受地方各界拥戴。可惜英年早逝，生道和弟弟生和被托孤给叔父抚养。生道小名叫小毛子，年轻时长得英俊帅气，能歌善舞。会唱黄梅戏和哼小调，二胡尤精。吃食堂时，担任保管员。因他是大队主任的侄儿又在叔父家长大，他讨的老婆则是当时门当户对的渔业大队副主任夏紫庭的大女儿夏小娥。在

"文化大革命"中,他家子女多,粮食不够吃。生道常到我(养父母)家借米,有时有得还,有时没有得还。特别不能让我忘却的是,我家在操场那块菜地栽的许多柳树,被生道做房子把树砍了,菜地占了。我父母可能考虑生道和我的(堂兄弟)关系,息事宁人,一句话没说就这么算了。这事也许生道知道,也许他根本就不记得有这些事情可我一直记得。

吴家和是三人中年龄最大的,说话幽默风趣。他虽不识几个字但脑子灵,为人处事老辣且敢作敢为。青壮年时当过渔业公社第六生产队队长,他一直以此感到自豪,也最具基层干部的范儿。他年轻时,也酷爱唱戏,擅长组织文艺活动,算是文艺活跃分子。60年代中期,小学一年级与三年级在一个复式班读书。他送他的大女儿念书,他对我说:"你是高年级学生,多教教她。"他对女儿的父爱溢于言表。"文化大革命"中,他家境也不宽裕。经常在寒冬雨雪天,突然造访我家,借个三五斤米。我真切记得,他在一个雪花纷飞的下午来到我家,穿一件敞开的破棉衣,腰上扎个绳子,冻得瑟瑟发抖,把我父亲的一件旧棉袄借去了御寒,最后也没还。

最年长的吴家和身体相对最好,思维活跃,也最健谈。在我的引导下,正是他将河南咀的陈年轶事娓娓道来。

他说:"大通河南咀过去又叫高家阙。民间谚语'不吃半斤铁,过不了高家阙'。那时,河南咀的庙嘴头一直伸到现在大通的盐仓。早先落地河南咀的先民,住在青通河通江的河口。原先的河南咀是一片湖滩,蒿草遍地、芦苇丛生,归庄户人许姓所有。许家住在十几里外的桐梓山,由于高许两姓联姻,最后河南咀人逐渐把家搬到河口上段的地块,对此,许家也就睁一只眼闭一只眼。久而久之,河南咀的高张吴就常住这里了。以前,青通河的股权为三家,高姓占56%,张姓占23%,吴姓占21%,高家绝对控股。"说到这里,我插话问道:"那时的一、二、三队在哪里打鱼?"他说:"新中国成立前湖北网船、钩船和江苏打鸭的船才来大通长江一带,河南咀高张吴规定他们只能搞浑水里的鱼,不能搞清水里的鱼,也就是长江里的水到哪里,他们就到哪里捕鱼。""哦!先辈还真有一套办法呢。"吴家和接着说那个故事:"俗话说'亲兄弟明算账',历史上高许两姓双方围绕从山东寨到桐梓山河段的河租权契打了一场官司。事情缘由是高家的姑娘嫁到许家后,把娘家的河租地契带到婆家去了,当高家在山东寨一带搞鱼时，遭到了许家的阻止。双方把官司打到县衙门，在两家争执不下时，县太老爷使出一计：将烧红的一双铁鞋置于大堂地上，曰：'谁家愿穿铁鞋，河权归谁家所有。'哪知，高家一族长毅然决然抢先穿了铁鞋，顿时，一股青烟随着吱吱声冒出来，县太老爷当即判令河权归高家所有。"这个经典版本故事，我从小到大，不知听过多少次。

往事如烟。过往的那些事，我记得真切，他们仨可能都不一定记得，甚至根本不承认。面对不能给我有问必答的三位老人，我的奢望过高了。我不应苛求他们。我与他们年龄相差一代人，各人生活的环境根本不同，更何况他们早已远离职场和社会，怎么能拿今天的问题让昨天的人解答呢？望着面前乡里三位长兄慈祥的面容，听着他们兴奋地诉说前朝历史趣闻，对话昨天说前辈，询问今天讲自己，畅想明天言儿孙。三个小时，"高张吴"自始至终沉浸在快乐中！

曾前笑谈人依旧，江山代有才人出。其实对话本身就是答疑解惑的过程。

俄美商人

俄美商人，谐音"峨眉山人"，注定是一个有情怀的称谓。"峨眉山"，中国佛教四大名山之一，峨眉山是普贤菩萨的道场。借用"峨眉山人"佛家圣语，阐释改革开放后一位河南咀渔家后人与俄罗斯、美国从商遵道的范例。

这里有一个真实的故事，可能是对这个问题的最好诠释和回答。20世纪90年代初，一名北外研究生放弃了现成的工作，决定下海创业，但刚开始很不顺，在北京过着居无定所、事业无成的日子。有一次他给一个俄罗斯老板当俄语翻译，在横穿马路时两人走失。而老外那只内装10万美元的密码箱是由他这个年轻的翻译拎着。由于当时没有BP机和手机，两个都十分着急的人怎么也找不到对方。到了晚上，当那个俄罗斯人"弹尽粮绝"像个泄了气的皮球回到寓所时，眼睛一亮，原来年轻的翻译身边立着密码箱，正在门口迎候他了。当他进房间打开密码箱，10万美元分文不少。那老外当即决定，自己出资金由翻译经营开起了大酒店。酒店开张以后全权由翻译独自经营，老外从不过问。几年工夫，这位年轻人在北京雅宝路和东直门先后开了五六家俄罗斯酒店，生意兴隆，蒸蒸日上。2003 年"非典"时，根据政府的规定酒店关门，但员工工资照发，短短时间亏损就是几十万元。今天这位翻译已经是一位成功人士。试问，他如果当初把密码箱拎跑了，老外会出资开酒店吗？如果因为老板不在店里，他每天把营业收入的一部分私自装进腰包，他这个经理能当到今天吗？如果"非典"时期对员工一毛不拔，全部赶走，那些熟练的员工还会留下来吗？

这位年轻人就是出生于河南咀的张龙胜。他自幼聪明过人，不足 7 岁入学，承袭了其祖父博闻强记、过目不忘的特异功能。1982 年，17 岁的他从大通中学应届考入中国人民解放军洛阳外国语学院，19 岁在校入党，毕业后留校任教，而后考入北京外国语大学读研，毕业后他成为河南咀张姓第一位具有硕士研究生学历的人。本来循着体制内这条路继续前行，他的前途前程似锦。但是，面对家庭的贫困，他这个长子唯有穷则思变，拔去穷根，方有未来。于是在 1990 年，他做出了一个令全家反对、全家族惋惜和全河南咀人都不理解的决定：辞职下海！除了他自己充满信心，所有人都不看好。

自 20 世纪 90 年代至 2000 年初，他在北京从事经营俄罗斯大酒店的同时，将弟弟妹妹也从老家直接来到北京，在他的企业安排合适的工作。在此期间，他敏锐的商业头脑发现刚刚兴起的中国房地产业大有可为，毅然决然较早涉及投身到房地产投融资行业。利用餐饮业赚到的原始积累资金，购置了数幢楼房。再以楼房作抵押，从银行贷款，最多时手中持有了 10 套楼房，且多数在京城四环以内。在创业和企业经营时期，他多次到俄罗斯进行商业考察，之后，又到美国，了解发现商机。在对俄、美两国进行国情、市场、教育和生活等作了量化分析后，他做出了到美国发展的战略考量。如今已奔走于太平洋两岸，从事投融资业。两个孩子在美国读书。从他的祖父到他的父亲到他的少年时代，由于时代不同，祖孙三代被一个"穷"字无尽缠绕；是改革开放，国运昌隆，他热爱读书，接受教育，改变了身份，转变认知，抓住了机会，牢记家训，善良诚信，善作善成，改变了命运。不仅如此，他还把两个弟弟和一个妹妹带到北京工作直至成家。终于他将手上一手差牌打成了一副好牌，一举拔掉了穷根。这个"俄美商人"用行动真正践行了"天道酬勤、地道酬善、人道酬诚、商道酬信"的至理名言。也说明在一个家族中，只要出现一两个出类拔萃的人，这个家族就会走向兴旺发达。

北京外国语大学硕士研究生学历的商人张龙胜与俄罗斯客户交流

❱❱ 最后的守望者

　　时间进入 2023 年，在消失的渔村仍有唯一的一爿小瓦房，青通河的河南咀河岸已分崩离析，危岌岌乎殆哉。此景，屋内主人却习以为常，十分淡定。他就是自 2019 年起这块遭受拆迁的 70 多亩荒岛上唯一的也是最后一个守望者——高家振，小名叫"小黑日"，他出生于 1945 年。确切地说，他是这里最后一位守夜人，也是这片荒地上的守望者。

　　1000 年前，这地方也是一片沉寂，所不同的是那时多了厚厚的蒿草，名目繁多的野生动物，夜晚有锦鸡啼鸣。高姓渔民最先踏足并开拓了这里——河南咀。从此，高姓渔民在此经略生活了近千年。如今，高家一定有人是最后一个撤离河南咀的，他就像部队撤退必须安排小股部队殿后一样。他是典型的渔家嫡传，他的姓氏和身世足以代表河南咀渔家，这是偶然的巧合？还是冥冥之中，上苍的安排？

　　时间往前推 120 年，他的曾祖父叫高志荣（"志"字辈），与堂弟高志壬合做了一幢 200 多平方米的大楼房，屋内有四水归堂的天井。他的祖父叫高耀堂，（"兴"字辈），忠厚善良，晴耕雨读，在大同圩置了 39 亩田地。他的父亲叫高宗福（"宗"字辈），少小时读过私塾，擅长打算盘，一生勤劳，待人接物，谨小慎微。他七岁入学读书，从河南咀小学一至三年级到大通小学读四、五、六年级，1959 年考入铜陵县中学初中，门门学科优秀至毕业。1962 年那年不巧，铜陵中学高中不招生，尽管他学习好，但偏偏时运不济，而比他高一级的表叔江宏庆选择继续读高中，大学毕业后当了一名中学教师（后成为武汉墨水湖中学的校长）。他只得揣着铜陵县初中毕业证书回到家乡。1962 年大通渔业公社成立，生产关系实行的集体所有制。1963 年，他 18 岁时参加父亲所在的第六生产队上船捕鱼。从此，他再也没有离开过河南咀，而且一辈子从事捕鱼、养鱼，是唯一一个具有初中文化程度的渔民。他与父亲高宗福搞一条渔船，捕到的鱼送到大通水产公司，开票带回交到生产队会计办公室，由会计与水产公司结账，渔民个人接触不到现金。所得收入由生产队按各家人口数发计划米油钱，年底结算每条船基本上没有分红，如果账上生产队差你的钱，那就一直欠着。这种吃大锅饭的分配方式就像某些社员一针见血指出的："我们帮人家养人嘛！"对，就是劳力多的家庭把劳力少但人口却多的家庭养人。不仅是捕鱼，包括在长江装鱼苗、跑运输装生意，所有的收益，劳动者结不到账，一律由生产队队长或会计结账。这种分配方式一直持续到 1979 年大通渔业公社将要撤销而停止。

1964 年和 1965 年，铜陵县轧花厂、供销合作社、车队等单位先后分别在大通渔业公社招工。与高家振年龄差不多和一道初中毕业的河南咀年轻人纷纷报名，第一批填表的人经公社审核通过，高家强、高宗宣、高菊甫招工到县轧花厂；高春宝、吴道宏招工进县汽车队学习当了驾驶员。张生光和后来的高家本等进了县供销社；但高家振可能是因为家庭出身原因被渔业公社干部张荣源把表扣下来了，失去了招工机会。殊不知，和这些被招工走的青年人相比，差距从此形成，前途命运迥然。他后来的人生之舟就是在青通河"捏桨滴子"，而后面发生的一桩桩一件件事，使他的人生蒙上了一层灰色。虽说捕鱼也是职业，但渔业生产是靠天收极不确定的产业。一般情况下春夏发大水才有鱼可捕；不发大水要么鱼少、要么没有鱼可捕。就得搞副业：划船搞运输，或者到大通搬运站接点码头工人（挑、抬和背）装卸的业务。

人这一生，绝大多数只猜到开头，却预料不到结局。

1967 年 5 月，高家振与父亲高宗福正在大通盐业公司盐仓背盐包，各家都是老人和妇女小孩在家。大通镇红卫兵突然来到河南咀，直奔河南咀最大的楼房——当地人称大屋的高鹤年、高宗福家，将两家床被絮帐抄了个底朝天，什么坛坛罐罐、细软悉数搬出屋外空地。高家振妹妹高彩霞急中生智把家里仅有的 8 块钱藏在伙房烧锅的粗糠堆子里。

此后不久，高家大屋大门外墙门庭上的石雕被砸掉，花鸟虫鱼图被刷上石灰水遮盖了起来。

这期间有两年多时间生产队安排高家振与人合伙驾驶过挂桨机跑运输，送煤干石渣到过镇江和苏北；集体在"头段"扳罾，他和父亲一个晚上扳了 800 斤黄姑鲳子；与高韵祖、高根祖、高学武三家组成小组放丝网，也曾收获满满；他也有年轻人特有的一把力气，上牌坊头山上装运石头，与他人抬四五百斤的炸片巨石；他文化课基础扎实，又好学，丢开初中数学书八九年，仍然能迅速准确解一元二次方程和二元一次方程习题，指导初中生做作业，并且借邻家学生高中数学书饶有兴趣自学，把书后面的习题全部做完；他兴趣广泛，无师自通做起木工活，制作维修各种渔具、会打长条凳和洗脸架、制作精致的相框；他还会砌墙、打灶；70 年代初在小渔村，他第一个购买"牡丹"牌收音机，关心时事，勤记水文和天气预报……

他中等身材，脸型中规中矩不乏英俊，眼睛炯炯有神；他也有心仪的邻家少女，只不过身处卑微最终成为单相思而作罢。

他为人谦和有礼，也好接触。可走近他身边，却发现他自带疏离感。他的这一表现并非源自他有什么傲气，而是因他内心太过丰富和敏感。他觉得人与人之间的悲喜并不相通，故而选择保持距离。他同理心强，共情心更强，他深深理解他人的难处，所以绝不会轻易为难，更不会伤害他人。他礼貌处事，既不晓得对强者奉承也不会对弱者贬低。他不以物喜，不以己悲，是一个平和淡定到骨子里的人。他拥有自己的精神世界，他热爱的东西很多，但不擅长表达出来。他"淋过雨，所以更愿意给别人撑伞"。他除了有点不为人理解的个性和倔强脾气外，其实是一个心地非常善良且智慧聪明的人。

1982 年，已是三十七八岁的他经人介绍，与新建乡一农家女喜结良缘。二人虽不在同一层次，缺乏共同语言，但也算组建了家庭。1985 年生长女；1990 年生次女。

1990 年前后，他家近百年的老屋南边外墙已呈歪斜状，早已不能住人了，合住的几家将老屋拆除了。他自己动手先在老屋前做了一间小屋。1993 年，辛劳了一辈子的父亲高宗福因脑溢血去世。1994 年，他将小屋拆了，重做了一间26 平方米的小平房。2005 年，勤俭持家、逢人只说政府好的其母吴银枝因脑梗去世。老屋不存，双亲相继失去，他和他的一家进入了新世纪。夫妻俩经年累月从废弃的鱼花塘里挑土，堆屋基墩子。经过数年，2014 年在原老屋基前又做了一间 50 多平方米的平房，他亲自设计平台和室内钢筋混凝土水泥楼梯，占地面积 132 平方米。不曾想到，2015 年大通镇政府实行渔民上岸工程，要求将河南咀尚存的所有住户迁至大通民福家园。按 1450 元一平方米，国家一户补助 4 万元，其长女高悦买了一间 64 平方米的小房子，户口从家里迁出，户口由原 4 人变为 3 人。但他仍不舍得离开刚做好的房子，由此选择一人坚守在家乡的老屋子里住。随着越来越多的乡亲搬走后，仍住在河南咀的人家越来越少。

有些事，可能就是人算不如天算。2019 年，安徽省水利厅下文：实施青通河疏浚改造，将河南咀尚存的 70 多亩土地列为征地范围。这次拆迁力度大，未享受过住房补助的以在册户籍人口每人 30 平方米标准，如三口之家，政府在大通民福家园分给一套 90 平方米的房子；如不要房子，折算现金按 2450 元/平方米。因此，经评估测算 132 平方米的房子，如果要钱，他家只能得到 31 万多元。他的一生血汗都倾注在这个房子上，又听说一河之隔的大通房子拆迁按 1∶1.1 系数，而且三四千元一平方米，又打听到池州给河南咀的拆迁费是按 3500 元/平方米支付的。为此，他坚决要求拆迁办在别的地方还他一套 132 平方米的房子。至 2021 年底，河南咀所有的拆迁户除高家振一户外，其余全部搬走了。这样，河南咀史上最牛拆迁"钉子户"由此诞生，绝大部分时间是他一个人住在这里，不管寒暑。要知道，他已是近 80 岁的人了。可以想象到，现代社会如果一个人自我封闭隔绝，其生活是何等的窘迫？尽管如此，他仍日夜守候在这荒凉的故土小屋里，承受孤独和老鼠的袭扰。

他和我们每个人一样，有个豆蔻年华，路过青春，经过盛年，步入老年。那些曾经支撑人生的东西：工作、前途、爱情、婚姻、尊严、梦想、信仰、荣誉，它们都一一飘散，只剩一个孤立于世间的自己，在俗世中挣扎。但是，他和我们绝大多数人又不一样。他虽屡遭磨难，那些最纯真的初心以及对于初心的守望，始终没有放弃。试想：一个年近八旬的老人居然孤身一人守候在荒地上达四五年！仅凭这一点，他就是一个不平凡的人。在文学作品中，"守望"往往蕴含着一种隐喻或象征。生命和土地需要守护者，就像森林需要护林人，灯塔需要守护人一样。尽管他们的身影总是寂寥的，他们总是固守着自己的家园包括精神家园，他们始终与时代潮流保持着一定的距离，一定的守望距离。如果说这种守望客观上有什么意义？那么只要他的存在一天，河南咀这块土地就不会消失，就会有个说法。

高家振和他坚守的房子

欣喜的是，2023 年 4 月 16 日，高家振与当地政府以 35 万元拆迁费谈妥，举家乔迁到大通民福家园新居。他对我说，一入睡，头脑里还是河南咀的人、事、物。他分明还在梦里守望着。

三　自在如风

》儿时家乡乐趣多

在孩子们心中，大通是一个乐园。儿时，家住青通河畔小渔村，与大通街一河之隔，河南咀和大通小镇，都是我心中的家乡。

每当年底清晨，在家门口就闻到大通街上油条锅里飘来的香味，夕阳下，晚风吹，走在大通街麻石道上，心里多欢喜，夜晚在朦胧的星月下看到大通上空一片灯光，还时不时听到隐隐约约传来的歌声……回想儿时甜蜜的时光，那时最大的乐趣就是跟着大人上街买吃的，买玩具和画片，稍微大点则自己一个人自由地上街去玩。

糖粑、炉饼、欢团、杠子糖是孩子们最爱吃的，大通的酱油干子筋拽拽的，口感绵厚香醇；曾作为进贡皇帝的生姜肉质脆嫩，汁多渣少，香味浓郁；大通的肉馅包子和糖心包子一口嚼得油汁和糖稀往外直流；大通炉饼半球形，是一层层薄片包裹着的，一口咬了"哗"一下，嘴里"滋滋"地响，又香又甜；欢团有大中小圆团，不仅好吃，还是吉祥物，含有欢乐团圆的美意，新春佳节时孩子们叫着"拜年拜年，欢团上前"。我家在大通街上有两家保持常来常往的亲戚。一个是姑妈姑父家，姑父汪金友是码头工人，他家生活条件比我家要好得多，我们到他家去都会吃到荤菜。另一个是我养父的干父"林老大"，他膝下无子女，有什么力气活都是我父亲去做。他在下街头东边有一间杂货店，前店门面租给合作化商店，后面住家。每年秋季店里进来一批批苹果、梨子，此时，我到他家里，他经常塞给我各种水果。小时候，生活困难。说到吃的，终生难忘的一件事是有一次，我和吴家祥来到大通街废品收购站店里，地上是一堆垃圾，突然家祥从垃圾堆里捡起报纸包着的一个长筒子，打开一看，是5个麻饼。当即，我们就吃了起来，大饱口福。少儿眼中的街头，机会多多。

从河南咀洋桥渡口乘渡船过河到对岸大通，下了渡船一踏上街心，你往往会听到一阵由远而近或由近渐远的悠扬的二胡声。那是一位盲人乐师在歌女搀扶下沿街卖艺。人们可随叫随到，听一段歌唱或一段二胡曲。那乐师能用二胡模仿鸟鸣狗吠，甚至模仿人说地方话，令人十分好奇。街上有说唱着卖梨膏糖的，有牵着猴子玩把戏的，有唱扁担戏的，有变魔术的。一次我挤进人群，看见一个北方侉子手舞足蹈地叫道："把戏把戏都是假的，会看的看门道，不会看的看热闹——"又手指地上一个由红布遮盖的瓦罐喊着，"海里蹦，海里蹦，快出来吧——哎，看好了，就要出来啰！"忽然一拨人挤进来，我挣扎着，还是被人推了出来。正在懊丧时，迎面走过来一支打洋鼓吹洋号的仪仗队又吸引了我。乐队奏着雄壮的铜管乐，使人觉得街头变得洋气十足了。除了玩把戏的，还有卖艺的。一次的一个傍晚，我挤进百货公司大门前的人群里，见一位30多岁的壮实男子在卖艺。他脱光上衣，露出光肉身子，用铁棍子对身上头上甩打，在我们为他捏一把汗时，他走了几个来回，蹲下身从提包里拿出一把大光刀，然后对着围观群众说："你信不信？我要用这把钢刀砍我的胸脯。"在观众的期待中，他开始卖狗皮膏药。有丢钱的，有递钱买膏药的。于是，这个卖艺人终于将白晃晃锋利的大刀斩一把筷子，手起刀落，筷子整齐刷刷断了，然后他又将大刀砍向自己的胸脯，一下、两下，直至七八下，只见他胸脯上留下道道红杠印子，但皮不破血未流。

最热闹的时候当然是每年正月，大通街上龙腾狮舞，花灯万盏。晚上在楼上观灯最美妙，来自河南咀、大通街和其他地方的好几条龙灯，几对狮子，长长的高跷队，从下街头往上街头缓缓行进，正如戏文里唱的："这班灯，观过了身，那厢又来一班灯。"大通龙灯玩法很特别，叫"滚龙"，龙身舞成了一道道圆圈，好像龙在大海里翻滚，可谓千姿百态。有楼上居民把鞭炮挑在竹竿上伸出窗外燃放，大街上一片噼噼啪啪声，加上舞灯人的呐喊声、锣鼓声，掀起一阵阵欢乐的巨浪。

　　龙灯过后，一群"狮子"蹦的蹦，滚的滚，爬的爬，随着锣鼓点施展各自的绝技；每头"狮子"前都有一武士打扮的人，手持转动着的彩色灯球进行逗引，嘴里还不时地吆喝着。那些狮子在灯光夜色里格外逼真，我竟担心它会跳进我身边来将我衔走。

20 世纪 50—60 年代大通街上的龙灯舞狮表演

　　高跷队踩得很高，走得很稳，那些鲤鱼精、河蚌精、虾兵蟹将以及八仙过海，鱼贯地走过，把观灯人带进了神话或童话世界。直到天快亮时，最后一班灯才过去。不过此时小孩子们都困了，早去睡觉了。

　　大通是一个文化古镇，名不虚传。有一次，时值下半年的一个傍晚，小轮码头停靠大通，旅客下船后，有一个据说是从芜湖来的人，他在老百货公司旁边房墙上挂了一块超大的毛算盘，看到观众围上来之后，开始讲起速算法。他不但会演示简易打算盘，还会快速心算，准确无误。当然，最后都是推销速算的几张纸的小本子。同样，在大通邮电局对面街边，有个"张老头子"（张复）家外墙经常挂象棋对弈模拟大棋框子，屋里棋手比赛，屋外有人按指令摆放棋子，路人争相观看。这些文化教育活动的际遇，使我在很小时耳濡目染，对我一生的成长产生了无可替代的有益影响。

　　当我从河南咀小学进入大通小学读书后，最洋气的要数长龙山上天主教堂下的大通小学了，学生穿戴整洁，他们不光是读书，还在大操场旁边百年老槐树下掰住一根长竹竿上滑爬上滑下、荡秋千、滚铁环，乒乓球桌和篮球场一应俱全，大家玩得生龙活虎。随着知识的增长，我对大通街上的新华书店越发感兴趣了。那里靠墙壁的橱窗整齐排列各种书，书桌上面平放着一本本崭新的书籍，课余时间，这里聚集了许多好学的中小学生，也有一些中青年人来此看书。此外，星期天也是大通街上的老文化馆开放日，那里不仅有书，室内墙上还挂了古今中外一些名人的语录。这里老少齐聚一堂，鸦雀无声，人们在默读，吮吸着知识的营养。书店和文化馆，也不知哺育了多少文学后人。

渔村、老街、古镇，既热闹又恬静，它是那样的魅力十足。

❱❱ 鱼花棚里的快乐时光

装鱼花是河南咀渔民一年中仅次于捕鱼的重要生产活动。每年从清明后起至芒种这40多天的时期，春暖花开，万象更新，春光明媚，万物生长。此时正是长江天然野生鱼苗自上游的洞庭湖、鄱阳湖、洪泽湖等各大湖循着长江岸边往下淌，也是河南咀第四、五、六这3个队捕鱼苗（即装鱼花）的繁忙季节。装鱼花有十六七个地点，从皖江的贵池上游往下至铜陵县长70多华里的水路，分别是郭港、洋油站（河南咀操场江岸）、大通食品站、灯笼沟、红庙、大汪家冲、小汪家冲、横港（3个点）、扫把沟（3个点）、铜陵县十里长山江边（3个点），其中猫山口和砂石场是最下游的两个点。每个点都要搭建临时简易的鱼花（苗）棚。一般一个鱼花棚4~6人，采用老少搭配、经验丰富和较少经验的搭配，搭配不均的由生产队长协调，这样，每个鱼花棚就是一个生产单位。渔民吃住在鱼花棚里，由于多数鱼花棚处在人烟稀少的江边，买菜很不方便，各家就会隔三岔五乘小轮送菜去。同时，家家都磨锅巴（芝麻）粉并用小玻璃瓶装白糖和猪油，让忙碌之后的劳力方便泡着吃。像郭港、横港、扫把沟和铜陵县这些距离家乡远的鱼花棚，大部分社员在这40多天里很少回家。而这期间，出现了一个普遍现象，就是有些人家将那些娇生惯养的六七岁上下的男孩子送到或让人带到远在外地的父亲的鱼花棚里，父子在一起住上一段时间，少则一个礼拜，一般十几天，多则二三十天。短暂居住在鱼花棚里的孩童，一是吃得好；二是玩得好。

在我五六岁至七八岁时，每年装鱼花时期，只要父亲在横港、扫把沟和铜陵县小轮码头那些离家较远的地方装鱼花，我就会被带到父亲的鱼花棚里住上十几天或二十多天。清明以后，莴笋、洋葱、蚕豆、黄瓜、四季豆、瓠子等各种应时菜蔬陆续上市，还有梅干菜烧肉、咸鱼腊肉，这些家里人平时舍不得吃的荤素搭配的菜，会送到鱼花棚里。装鱼花辛劳，不论好坏天气，白天和夜里都要在江上划船舀鱼花，回到鱼花棚饿了的时候，就会泡一碗锅巴（芝麻）粉子搭个间（过渡到正餐），此时，那（锅巴粉子）香味充满整个鱼花棚，当然，小孩也少不了吃一些。装鱼花时，经常有鲥鱼、鮰安（鮰鱼）、鲚刀鱼，钻进鱼花绠里，这些江鲜连达官贵人都难以吃到，鱼花棚里的渔民却隔三岔五地享用，爱喝酒的老酒鬼子有了更好的下酒菜，而住在这里的小孩不但优先尝鲜，分量也超过平均数。我至今都忘不了鲥鱼那独特的美味和鮰鱼的鲜嫩。鲥鱼、鲚刀子鱼和鮰安鱼内河是没有的，它们只在长江中生长，所以想吃江鲜，只有到鱼花棚才可能有此口福。和我同龄或同时代的孩子相比，不少人没有到过鱼花棚，可能一生没有机会品尝到如此稀罕的美味佳肴。每念及此，我要感谢我的父亲高韵祖和母亲章大姐，让我在童年时就吃了这么多人间绝佳美味的江鲜，没承想：几十年后这些江鲜几乎绝迹，有钱也买不到。世上的机遇，当时抓住了就是你的；错过了也就永远不再有了。

那时，河南咀的小孩子都想住鱼花棚。对小孩来说，鱼花棚是养尊处优的好地方。不仅吃好的，更有玩的。我6岁时，父亲装鱼花在横港码头下江边一条线。码头上有一位看仓库的王叔叔，长得胖胖的，他是北方人，鱼花棚里的渔民称他王侉子。他一天到晚穿一套工作服，总是乐呵呵的，无事就会溜到鱼花棚里来谈天刮白，经常逗我玩。那时，横港的居民都是集中居住，市民职工的孩子和我这个外地的渔民孩子天天玩在一起，做游戏，听故事。有时我去他们家玩，看见他们城里人中晚餐吃的都是米饭（而我们渔民家每日中饭常常喝粥），他们家大人一般都穿发的工作服，幼小的心灵不免羡慕他们。有时三三两两的小伙伴三天两头地到我住的鱼花棚里玩，不知为何，在我看来极其平凡简易的鱼花棚，在他们眼里，一切都莫名的好奇。我还结交了一个特别好的小朋友叫小建，我们分别时，他哭得很伤心，而我回家后还经常想念他们，回味与他们在一起的场景和友情。正是儿时在鱼花棚的小住，我初识铜官山横港码头人和他们的家人，我很小就接触了城市居民，结识并交上了小朋友，开阔了眼界，较早看到了外面的世界，长了不少见识，产生了一些新的认知。这种际遇或多或少在我幼小的心灵里留下了一些不可磨灭的美好印象，好处多多，鱼花棚虽然简陋，可那是一段难忘的快乐时光！

》 鱼花客

河南咀地处长江贵池——铜陵段南岸，这里被称为"长江在这里转弯，大海在这里回头"的水域。得天独厚的地理条件使得每年清明至端午节期间，正是上游洞庭湖、鄱阳湖鱼类产籽季节，也为长江鱼苗自上而下必经之地。河南咀渔民自 20 世纪 40 年代就开始了捕鱼苗的生产活动，主要是从长江里用缥布网装的鲢子、胖头鲤和少量青鱼鱼苗，这些被称为四大"家鱼"，捕获到后集中放入江水中的网箱里，用船运至河南咀渔花塘里。这时的鱼苗叫毛子，养大一点叫乌子。最初有江浙鱼花商人到大通购买鱼苗，他们用木桶或油纸内胆竹篓子从徽州古道挑回去。河南咀称他们为"鱼花客"。

每年四五月，气温转暖，万物充满生机和活力。此时若在河边洗碗，会引来无数的小鱼苗秧子，在水中穿梭来往，河南咀人称之为鱼花。出鱼花的时候，也是鱼花客来买鱼花的时候。

1964 年 5 月，我家住了 4~5 个鱼花客，听大人说，他们是来自阜阳的皖北人，他们一行来了几十个人，河南咀各家稍微房子大一点的都纷纷住进了鱼花客。入住期每人支付几块钱床铺费，一般一两个月收个一两块钱一个人。只记得住在我家的阜阳鱼花客在我家堂心搭了一排大通铺，租来絮被，白天出去看鱼花，晚上回来睡觉。他们北方人，一个个生得人高马大，侉子腔。令我对他们印象深刻的是他们吃的是粳米饭。一次，我中午放学回到家，看见橱柜里有一大菜碗饭，我以为是家里留给我的，拿起筷子就吃起来，只第一口，就觉得这米饭口感好，如同糯米饭一样，特别上口，根本不需要吃菜，寡饭就能一口气吃它一碗。可惜，几年后，再也没有阜阳鱼花客到我们这个地方买鱼苗了。

又过了几年，大约在春季，我家又住了来自青阳的两个鱼花客，他们不是来买毛子鱼花的，而是来买在鱼花塘养了近一年一寸左右长的冬片鱼种。其中一个叫小鲍的，他姓鲍（大人们喊他小鲍），年纪三四十岁，个子不高，还镶嵌了一颗大金牙，好喝酒，特别会吹牛皮。他说他会掐课（算命）。有一天下大雨，我家一只老母鸡不知跑到哪里去了，傍晚雨止天晴后，鸡仍然没有回家。我母亲请小鲍算算这鸡能不能找到。小鲍口中念念有词，什么子丑寅卯，申酉戌亥，掐指一算，突然一拍大腿，说："是在东南方。"到晚上擦黑，还真在南方老柳树洞里找到了那只母鸡。小鲍算的不全对，也不全错。后来，小鲍在我家住了好长时间，荷包里没钱，东借西挪，靠扯谎过日子，人们看不起他。小鲍说回家讨钱再没来。

鱼花客在地域上有南北之分，也有穷富之别。有钱的北方鱼花客将帆布胆置入大竹篓里，短途汽车运，长途用飞机运鱼苗回去。而不富裕的农民鱼花客，肩挑木桶，日夜兼程，并计算好什么地方有河湖或是大水塘，及时给鱼苗换水，否则，水不新鲜，一旦缺氧，鱼苗就会面临死亡的危险，他们既担心又辛苦。

这些出门购买鱼苗的人，一是识鱼性，二是会砍价，三是身体好，能吃苦，文武兼备，绝非等闲之辈，都是当地精挑细选头脑灵光精明之人。

》街镇上那些各色人物

从新中国成立前至20世纪六七十年代的大通，由于水路交通便利，仍然有众多天南地北五湖四海的人流落并定居在大通街讨生活，各行各业应有尽有。说起他们的专长和技能，都是各自行当里响当当的翘楚，真所谓家喻户晓，人人皆知。他们为小镇及周边老百姓的生活提供了极大的便利和全方位的服务。而其中的不少文化人的贡献，无意中竟成了小镇特有的精神底色和软实力，诠释并增加了小镇的文化厚实和高度。

烧开水炉子的四川佬。门铺坐落大通街中位的桥头埂街头，她是一位长得小巧玲珑且精明强干的妇女，常年头上戴着纱巾。每日早起晚睡，供应大通街上和河南咀人开水。她家雇有专人挑水，她用粗糠作燃料，使用吸风灶，前灶台镶嵌着4口生铁烫罐，后面一口大闷子铁锅，烧的开水都是青通河里的活水，烫罐一烧开的新鲜开水，立刻被几十个排着的空水瓶灌满，1分钱一热水瓶。特别是茶客，还带个茶壶，顺便冲满，非此开水不泡茶。因水质好，每天早上一两个小时忙得不可开交，老老少少争争吵吵排队等候开水是常态。

高回子的大饼。大通街上也有好几家回族人，其中著名的有高回子和王回子做面粉大饼，为早点一绝。他们使用的烧大饼的铁锅颇有讲究。锅盖是泥巴糊的，烧热后热气传导到大饼的上表面，锅底烧热浇油使饼子结壳，上下翻动，大饼发泡香脆酥松可口。

吃的早点还有蒸发糕、游氏油条、合肥人李氏糕点麻饼等、王小虎子的老豆腐和干子，均远近闻名。

陈华信的窑货店。上下街头有七八家经营窑货，尤以大同圩人陈华信出名。卖的窑货来自大通的缸窑，通常有河南咀渔船装运。主要有大中小号缸，水缸、腌菜缸、粪缸；各种陶吊子，瓦罐、炖钵、药罐子、陶土大碗、碟子、勺子；火钵、火罐等。

染坊生意忙。下街头有个染坊，老板姓钱，典型的家庭作坊，前店后院，有一口大锅，水烧沸后，将染料配比好投进锅内，再把要染的白布或其他旧衣放入，搅拌，捞起晾晒，干后放入大缸里漂洗，再晒干。那时由于物质条件有限，不少人家把穿旧的衣服染黑，乍一看像新衣一样。最初主要染黑、蓝色。1966 年"文化大革命"运动中，红卫兵将白布做成军装，在这里染成草绿色，青少年男女人人身着草绿色军装。一时间，红旗、绿色军装，构成了主色调。

木车匠鲁源泰和鲁良顺父子。他们木匠铺子在通河渡口大通街后，干活和住家合在一起。工作时，木匠师傅坐在高台椅子上，脚踩带动轮子旋转，车木头时，车刀可镂眼、可刨光使木器光滑圆润。车的品种名目繁多：大通街上粮站油端子、商店的酒端子、煤油端子，江河大船上桅杆的滚动的木葫芦。有时，河南咀渔民车个檀木桨印子，给一条鳊鱼即可。1958 年灭"四害"，鲁师傅还设计了捕麻雀的笼子。

精修国内外钟表的开六林。祖籍桐城，从年少时就师从其父，专修钟表。其技艺精湛，享誉周边四县。他一生亲手修过的手表，不计其数，包括数量相当多的各种瑞士表，任何疑难杂症，很少有他修不好的。曾经有大通燃料公司的一位女士，搬来了一台银座钟，但钟摆坏了，他精心设计并手工制作配上，和原先一样。

刻印章的张哑巴。他会写反字，仿宋字体印在印章上，固定好章坯子，拿起刻刀雕刻，刻的字，可阴可阳，凸起的字迹清晰明朗。他刻章的业务覆盖大通周边乡镇。不识字更不会写字签名的河南咀渔民使用私章，方便快捷。

汪玉林家的印刷厂。坐落在中上街头，两层小楼的厂房，共有4台机器，承接各种书画和教材的印刷业务。

专修水笔的蒋东成。他是浙江宁波人，早年跑鬼子反来大通。20世纪50年代初先在渔业大队和渔业公社当会计，因来历不明被清退离开，转而改行专修水笔。他有一只装有各种水笔及配件的大箱子，琳琅满目，仿佛钢笔世界。一支塑料水笔，换一个笔芯子5分钱左右，学生水笔坏了，没有修不好的。

用的方面，还有许多叫得响的行业，如夏洪兴的秤；姜老头的穿棕刷子；何世荣的铁匠铺子，敲白铁箱子；詹氏鱼钩；制伞修伞的、做鞋补鞋的；鞝兽皮的；等等。

生活服务的：洗澡堂的热毛巾；剃头匠老施的掏耳朵的功夫；鲁桂生、朱益华摄影师炉火纯青的照相技术，他们是那个时代一流的工匠人。

街头代写书信的老先生。代表人物有吴学周、张仁静和张华三。吴学周是和悦洲人，他出身书香门第，少时天资聪慧，博闻强记，过目不忘。60年代初已届晚年，仍将头发往后梳得一丝不苟。为谋生计，他早出晚归，在大通街头摆一小桌子，为不识字的百姓代写书信、字据之类。他服务态度好，听完来者诉求，反复斟酌文字，读给人听，直到满意为止。张仁静，家住大通街，身材高挑干瘦，戴一副高度近视眼镜。早年曾在河南咀教师塾，1951年起，他就不教书了，改为在街头为人代写书信，他将信写好，时而对着客户时而对着信纸，摇头晃脑自我陶醉式的念信。那时写一封信1角钱，一斤米7分钱，一天写几封信，可维持家人生活。

象棋高手张复。他是河南咀高福庭的姐夫，大通邮电局退休职工，尤擅棋艺，曾荣获安徽省象棋第7名佳绩。一度在家门外挂一副棋盘，棋手在家里博弈，吸引街上众人观之。铜陵市第一名的象棋高手丁小黑常来大通与之交手，或当裁判。他晚年研究总结了不少棋谱，也乐于与中学生中的象棋爱好者切磋棋艺。

狂草书法家王进。龙泉古井边住着个单身汉叫王进，上过师范学校，好舞文弄墨，写得一手狂草。他一生口无遮拦，大话连篇，60年代被打成右派。70年代过年时，他在大通街写春联卖，还到河南咀上门推销叫卖春联。有一年大通中学的吴家祥也在下街头写门对卖，王进调侃挖苦道："你写的字是哭字，门对子纸一挂起来，就滴墨水，墨汁淌一纸的。"他向买春联的人说："我的字写好后拎起来，每个字都是干的，这就是功夫。"那年头，王进这个落魄文人，家中闲着无事，经常有大通中学的学生躲学跑去与他下棋，废寝忘食，其母不满，唠叨不已。"文化大革命"结束后，王进摘了右派帽子，恢复工作，重返市三中当教师。

20世纪，在鹊江两岸最为令人称道的是和悦洲街道上的"九姑"。九姑1923年出生在桐城，家中堂辈女姊妹中排行第九而得名。原名徐文遐，1949年后在大通和悦洲改名徐缦东，其人秀外慧中。在浮山中学学习品学兼优，为该校较早的高中毕业生，她长了一副鹅蛋脸，皮肤白，大长辫子，身材好。1947年，嫁给桐城人、时任国民党中央组织部作战训练处处长周鼎珩，1949年3月，夫妇在逃离时失联（丈夫逃至台湾）。新中国成立后，九姑带着不到1岁的儿子周同举。"文化大革命中"，门口的中学生把数学卷子带回家，让九姑做，她一气呵成，解题又快又准。20世纪80年代，两岸局势好转，夫妻已通信，正待择机见面时，九姑患胃癌，查出时已晚期，仅数月便殒命，终年57岁。

九姑与儿子同举

除九姑传奇一生外，大通街上坊间还有"四大美女"之佳话。她们是小家碧玉李美玉；青春不老夏国英；娇小秀气李静菁和气质高贵的吴桂兰等。

尽管他们大多已辞世，但正是这些各色小人物，或身怀绝技，或坚贞善良，或天生丽质，成为永远的经典，为大通增光添彩，因此他们不应该被忘却。

❱❱ 掬香满门大通"佘"

在大通地区的人口中，有一个姓氏非常抢眼，只作姓，没有其他的含义，令人印象极其深刻，那就是"佘"姓。六七十年代，我们从小学读到高中毕业，每个年级每个班都有佘姓同学，可见大通"佘"姓人口之多。如果说大通是一个移民集镇的话，那么，佘姓就可以被认为是大通的土著或原居民了，因为他们是已知的踏足和开拓大通较早的一批居民，他们人口多，居住范围广，又从这里扩散到国内外，古往今来，要说他们对大通的影响是第二的话，那就没有人敢说是第一的了。

佘姓，在全国百家姓中虽然只是一个小姓，但佘氏却有着源远流长的历史以及辉煌灿烂的文化。佘姓（原为余姓）起源于西晋顽祖，于东晋明帝时避讳改姓，其子西晋昭元公被封为护国大将军，因征伐有功，东晋时皇帝敕赐他为雁门将军。雁门敕封的"佘"字就是人字头，代表佘氏出人头地，从此，佘氏裔衍天海。

考查佘氏族谱，其后裔佘迪清又称佘清公（第17世）为唐朝侍御史，唐开元时奉旨南巡，从长安到达江南荻港"闻安禄山之变，移安徽马仁溪"，遂移舟黄浒，后携随从步行来到马仁山，此处山峦叠翠，树木葱茏，认为一吉地，遂安顿居住。经过不断繁衍，佘氏人口增多，一部分人渐渐迁入徽州黟县，落地生根，扩散开来，其中佘氏人中不乏有多人到各地做官。

唐朝时大通（澜溪）就已成为徽州人员物产进出交通要道，朝廷即在此设立驿站，令大通声名鹊起，移民激增。北宋时期，大通建镇。佘氏人佘俚（约1030年前后）率部分佘氏人到大通驿站落地澜溪老镇，渔樵耕读。因青通河与鹊江水系发达，鱼类丰富，在此捕鱼者甚多，其中包括少量从贵池石门高迁徙而来的（河南咀）渔民。南宋诗人杨万里《舟过大通镇》这首诗真实地记录了当时大通老镇的繁华和"渔罾最碍船"的渔业境况。佘氏族中多人自然从事捕鱼和买卖鱼行当，维持生计。佘姓人聪明勤劳，他们对开发形成并扩大经营老镇的"徽州"街"功不可没。之后，老镇渐废，大通新镇向北渐起，迁居新镇。此时，佘氏人多由捕鱼全部转为买卖鱼的鱼商了。

北宋后期（1100年），外族入主中原，昭元的后裔佘起（29世）因"靖康之变"带领1300余口族人，追随宋室南下，于公元1100年前后，在离南宋京城杭州相对较近的铜陵金榔马仁山周边落户居住，与先期来此的族人携手并进，构筑生存发展的新家园。佘起又成了铜陵（东北边这一带）佘姓的始祖，皇帝御赐"义世铜陵"匾额是也。佘起6世裔佘甫明于1250年前后，由金榔迁居铜陵大院村，17世裔佘志贵又于1400年前后，由大院迁居大通。这样，佘姓在铜陵境内具有从徽州而来董店西垅（包括周边青阳的老鼠石，贵池的佘家咀）大通老镇和新镇这一支脉，又有金榔、大院村和大通新镇及西边的和悦洲这一支脉。两支汇合，由东南至东北连成一大长片，成为铜邑原居民的主要姓氏。因此，佘姓起源于雁门，汇聚于铜陵，中兴于大通，成为佘姓族内外不二共识。

查铜陵佘氏辈分字，大通佘氏与大院佘氏辈字一样，同为20字，前六辈因为成一公与成二公系的差异，到懋字辈以下统一了。具体辈分如下：

> 应日庆懋德，裕泰植云贻，
> 继心延懋德，裕泰植云贻，
> 世守臣谟显，隆光绍祖熙。

由此可知，先后不同时期抵达马仁山的佘姓人即铜陵和徽州大通佘姓已是同祖同宗，确凿无疑（当然，全国佘氏到各地时间先后不同，辈分字也各异）。

佘氏历史上名贤辈出，在政、军、学和商界可谓群星璀璨。唐朝的佘钦（第二十一世），唐开元（713年）时由进士累官吏部尚书，太学博士，被誉为中国历史上第一个有具体事迹记载的佘姓名人。

宋朝是佘氏为官的鼎盛时期，曾有数十人考中进士。女将佘赛花（佘太君）精忠报国，世代扬名。

明代铜陵有四大"天宫"皆出自佘姓一门。他们是明代宣德五年（1430年）大院人佘可才，官至吏部侍郎，职掌选拔官吏重任，公正无私，功勋卓著，被朝中称为天官。之后，大通人佘敬中、佘毅中、佘合中三兄弟，前后五十年又在明朝连中三进士，名噪朝野，一门出三名进士，显赫一时。而佘敬中之子佘翘为一代文豪，他的代表作《量江记》闻名全国，流传至今。

据铜陵族谱记载，明清年代，佘氏族人登名朝籍之名人达115人，尤以大通佘姓人居多，个个德才出众。

现择若干，以飨读者：

佘植林，清嘉庆丙子年出生，大通人，道光庚子年出游湖北，因建有军功，被授予五品翎顶和府经历官职归吏部直接调配管理。

佘次，佘植林长子，为浙江候补布政司理问。他目睹满清政治腐败，归隐故土，因办事公道，成为和悦洲八帮共主。

佘小宋，生于光绪乙未年（1895年），大通和悦洲人，曾考入中国公学大学预科毕业，博学多才，精通英、法和俄文，曾翻译（俄）麦奇尼可夫著的《长生论》和（英）瓦特逊著的《遗传学》等。1951年他编著了《照相乳胶》一书，由商务印书馆出版。因家庭经济困难，毅然放弃深造机会，与芜湖进步知识分子集资办了一所工读学校，专收贫寒子弟就读，不收任何费用。挑起养家糊口重任。妻为河南咀监生高季谟孙女。

此外，在近当代有多名大通佘氏族人投身革命和在社会主义建设中业绩卓著。佘贻谦，1908年出生于大通镇，是一位早年走上革命道路的爱国知识分子。他的一生，如同郭沫若给他的题词："死灰犹可活，百折莫吞声。"法医专家佘世观；原中国青年报社社长、党诅书记，享受国务院特殊贡献津贴的专家，高级编辑佘世光；从大通参加新四军的女干部、解放后担任三机部设计院干部的佘世琦女士；投身科教的茶叶专家大通人佘世望，一生著作等身；主持兴修大通祠堂河养鱼，担任大通渔业公会理事长的佘文烈；还有更多在改革开放中涌现的德才兼备的众多佘氏翘楚精

长龙山下的龙泉井于嘉庆丁丑年（1817年）由佘以雨开凿

英，他们以秉持华夏佘姓家风，伴随时代前行的步伐，演绎着绚丽多彩的人生。

≫ 大通人，掀起你的盖头来

古镇大通，与名山黄山一脉相承，与大江大河休戚与共，历史文化的滋养，

多元社会心理的凝聚，世代生活在这块土地上的人们，繁衍发展了 1000 多年，构成了薪火相传的大通历史文化。

一方水土一方人。当我们将大通放在历史的坐标系里审视和解读时，蓦然发现大通具有鲜明的河流（也即长江）文化、渔文化、佛文化、西教文化、商贸文化和港口码头等文化。这其中影响最大最深远的是河流文化。江河流动开放，接触到四面八方，同时吸纳了天南地北的人才。他们有丰富的经历，广博的见闻，通过交流融合、信息碰撞，形成新的文明形态。"长江流水，大通小鬼。"这是对大通人性格特点的最形象化的描绘。

大通自古为商贸重镇，早在宋代即建镇。清廷在此设盐务招商局后，大通的商业逐渐兴盛起来。大小商号店铺一度达到 1200 多家，成为皖江沿岸重要商埠及皖南山区的商品集散中心。盐商鱼市造就了这里的人们精明和诚信。大通街和悦洲商店的店员，他们不要算盘，卖出的商品，都是口算，一毫不差。同时，他们经商恪守诚信，从不以次充好，弄虚作假。一分钱一分货，绝不短斤缺两。有一次，有一个山里的农民来街上卖东西，付了钱忘记拿货，过了好几天，他回来取东西，商店的营业员把他的东西保管得好好的，当面点清交还给他。

食。大通人讲究吃，在方圆百里是出了名的。早先的和悦洲酒店林立摊点众多，人流如织，食客盈门。时鲜蔬菜，鱼虾蟹鳖，南北名产应有尽有。大通街上的居民有吃早点的习惯，并且这一习惯影响到外来人的生活方式。每天早上大通小吃部都有很多旅客在小轮码头附近喝早茶、吃早点。早点极为丰富：有刚刚出油锅的油条、狮子头（油炸花卷）；有肉馅（糖心）包子、重油烧卖、桂花水籽；有五香蚕豆、酱油干子和生姜、五香豆等。居家的大通人，酷爱喝茶。天不亮就开始烧开水，有了开水就洗茶壶茶杯，老茶客用紫砂壶泡上一壶好茶放在那里。洗漱完毕后，第一桩事就是空腹把茶喝个痛快，这时老伴或子女将早点买到家，拣一小碟子或甜或咸的生姜，有滋有味地品尝，一顿早点往往要吃上一个小时。早点吃完，稍事休息就要准备午饭，把买回家新鲜的蔬菜——摘好、清洗，为准备午饭而忙碌着。一年四季，大通都有新鲜的蔬菜上市，什么季节吃什么菜，终年吃上市菜。大通人有"快炒小菜慢烧鱼"的烹调厨艺。辣椒炒肉丝；毛豆米炒红辣椒；花香藕片子等。吃鱼讲究冬鲫夏鲤；著名的大通江段的鲥鱼、刀鱼和河豚长江三鲜，大通人很有一套烧制方法，吃起来味道特别鲜美。最出名的"火冰箱"将离水的鲥鱼放入瓦罐，配好调料放在燃着木炭温火的泥炉上，用竹篾稻箩装好，挑到几百里的地方送给食客品尝。民间有"派命吃河豚"，可大通从未有过因吃河豚而毒死人的事发生。大通人吃菜很细，其姿势颇有贵族风范，不像干体力活的农民大筷子夹菜，大口吃菜，吃得嘴里发出吧嗒吧嗒的声音。他们往往用一个小菜碟子装大半下菜，用小碗盛一浅碗饭，慢慢咀嚼，细细品尝。

衣。相对于周边的人，大通人衣着干净整洁，对穿着更是有明显的讲究，因为大通水运码头发达，商贸繁荣，外来人流不断，这些南来北往的旅客，把外地时髦的衣着带给了小镇的人们。爱美是人的天性，这些来大通的芜湖、南京、上海大城市的人衣着给大通人起着引领和示范作用，很快为大通人模仿穿戴。只要看到别人时髦的衣着，就有人立即模仿订做。20世纪五六十年代的学生装，到七八十年代的中山装、喇叭裤，无不得风气之先。我在读小学时，就看到同班的同学穿夹克衫的，穿学生装和中山装的，衣服用料都很有档次，什么咔叽、毛哔叽、呢子和各种颜色的灯线绒布，这些上乘的面料一出来，就有人在百货公司扯布，送到缝纫社做衣。70年代，的确良和涤卡刚出来，立马就有人穿戴。当时着兴打乒乓球和篮球的时候，必穿一双小白立和大白立鞋，流行背心短裤运动衫，这些时装有的是从电影里学来的，有的是外来人穿戴后本地人模仿做的。大通有两个缝纫社，有名气很大的师傅，他们做的衣服不但合体，而且式样美观，一些有地位的干部、教师和医生都会指名要这些师傅裁剪衣裳。大通街上有名的穿衣特别好看的是大通医院的护士长夏国英，她被称为白菜小头青。她不管穿什么衣服都好看，只要到她身上就匀称协调。出门时，她每天穿的衣服熨烫笔挺，头发一丝不苟。永远保持光鲜的仪表。男人当中穿着讲究的要数大通综合商店的经理高松涛（河南咀人），他身材高大，目光炯炯，往后梳理一副领导人的发型。夏天一件短袖白衬衫，长裤褶缝像刀刃一样笔直。春秋天穿一身刚刚出来的涤卡中山装，上衣口袋挂一支钢笔，文质彬彬，走起路来气度轩昂。在河南咀，当年三四十岁的男人们，在夏天都穿一套小洋纱或绸缎的短袖短裤，每当清风吹起，全身上下衣裳立刻抖动起来，出尽了风头。

住。居住反映了人们生活的状况。大通靠山临水，所以，人们居住的房屋既有皖南徽派建筑风格，又有江南水乡的特色。街道两旁一幢幢鳞次栉比古朴典雅的店铺楼房，看似左右相接连成一体，其实小巷深处四通八达，人们进出自由。散落在大通街、河南咀、和悦洲几百间大小徽派民居，都建有封火山墙，翘角飞檐下的镂花窗棂，依江建立的水上吊楼以大通街的麻石板道凸显了徽风皖韵。"黑瓦白墙雨如烟，前店后坊月半弯。"不过，进入60年代，大通人一改过去的徽派青砖黑瓦，代之以清一色的洋瓦平房。大通人居家讲究整洁卫生，往往是一间小屋，不论是小巧玲珑的小楼，还是泥巴壁子的茅舍，只要你进入堂厅，家家地面打扫得干干净净，桌椅板凳抹得一尘不染。大通人家通常在堂屋中堂摆放条几，大八仙桌，两边各有一把实木椅。茶几上有帽筒、古色古香的茶叶筒、瓷坛、瓷罐、吊瓶，中堂挂有字画。大通人特讲究住宅，崇尚居之安，"金家银家，不如穷家"，多少人只为拥有一间房子而奋斗终生。那时，多数人家没有钱买水泥做地面，于是他们买来石灰，挑来煤灰和黄沙，掺进黏土里，拌和，将石子、瓦片铺在地底，然后铺上拌好的原料，夯压平，成为三合土。这样的地面，即使大水浸泡，也不损坏，大水过后，冲刷洗干地面，整洁如初。大通人居家，从长龙山上头上一看可知一般，整座山似乎有点像重庆的山城，不管什么样的房屋，都建得玲珑剔透，室内拾掇得干干净净。而大通街道一年到头总是干干净净，那是因为上街头有一位河北籍侉佬老庄、下街头是和悦洲九姑儿子周同举这一老一少每天天不亮就扫好街了。

行。大通字面含义，是指通行的四通八达，得益于优越的地理位置。大通处在枞阳、贵池、无为和青阳五县水陆交界之地，扼守长江重要咽喉。历史上，大通被辟为外轮停航港，那时停靠大通和悦洲外江港口的大轮，有英国怡和洋行、太古洋行，有日本的大坂商船等。国内航运公司的轮船营运申汉线，民国25年（1936年）起停靠大通和悦洲外江码头的大轮有9艘。九华山地藏菩萨名扬，江浙等外地佛教信众，不远千里来到大通，走下水桥或从河南咀步行到九华山朝拜；还有青阳人买彩票中了奖在大通建了天主教堂，信奉西教的信徒散布四方。新中国成立后，长江上轮船都停靠大通，极大地方便了人们的出行。六七十年代，大通还开辟了从大通到童埠的机帆船，这是少有的内河客运航线。除了水上的交通便捷之外，大通也是最早开辟了公路的集镇，向南有从大通到青阳的客运汽车，向北有到铜陵市、铜陵县的客运汽车线路。一个小集镇有如此多的客运航班，这是不多见的。大通街、河南咀、和悦洲和铁板洲之间虽有江河阻隔，但两岸四地人没有一天不联系。从河南咀到大通街有两条渡船，一年四季风雨无阻通行。同样，从和悦洲的清字汉到大通街下街头的渡口，有近百年历史的渡口码头。早先是由湖北人及其后裔，用小划子摆渡。20世纪60年代，改为机械船轮渡。交通的发达，为人们的出行带来便捷，促进了人流、物流、资金流和信息流的互通带动了经济的发展，也让大通人见了世面，增长了见识，开阔了眼界。

语言。大通人使用的语言是吴楚语系。老一代人口音与周边皖南的南陵、青阳，远的与南京人相差无异。近代尤其近几十年来，由于众多的枞阳人来大通定居和通婚，特别是铁板洲的农民基本上都是桐城枞阳移民，大通人早先的南京话和皖南青阳话被逐渐淡化而代之以具有枞阳口音的大通话。新中国成立前，严凤英在大通唱戏，就有国民党的海军舰长前来观看并痴迷。这种风行的黄梅戏和台词都对方言和口音产生一定的影响。大通人经商、航运、码头搬运、捕鱼、种菜，他们当中有市井，有村夫，人们同自然打交道，学会了观察天文地理；人与人打交道，得出了人事间社会关系的经验智慧。大通地区的民间俗语也充分体现了当地民风民情，具有浓郁的地域特色，无不幽默而风趣。描述自然现象的：雨大点子稀，走路不湿衣。吃了端午粽，才把棉袄送。早看东南，晚看西北。渔业生产方面：疾水难下钗，意为迎着困难上。十网九网空，一网打成功。事理方面的：死光皮（一种长不大的小鱼）上大流，意为自不量力。清石板上掼乌龟，硬掼硬。指没有任何外力帮助，完全靠自力更生。死虾子泛红壳，判定事物有标准。黄鳝大窟窿粗，形容挣得多花得也多。修养方面的：生成的相，压成的酱。指习性难改。家有贤妻，夫不遭浑事。经商方面的：亲戚不共财，共财两不来。吃得亏，骗得堆。生活方面的：鞋有三双不破，饭有三餐不饿。识人知性方面：惯儿不孝肥田出瘪稻。行要好伴，住要好邻。

才俊。大通地灵人杰，历史上大通出过不少名人。大通人有关心时事政治的传统，热衷于谈论国内外政治大事，像澡堂理发店这种场合，即使是一个不通文墨的市井小民也能一口气说出一连串国内外大事。历代以来都有一些做官的人，生于明代洪武年间的余可才，曾任吏部考功清吏司郎中，摄部事，职掌官吏的选拔，至正统元年（1436年）六月升通政司左通政，敕授吏部中宪大夫，官至四品，史称佘天官；有清末的大通第一才子毕可清；有民国和悦洲的三条龙：知名律师朱兆龙、王吟龙、钱文龙；有身手神通的私家侦探；有参加二万五千里长征、参加过平型关大捷和百团大战的老红军方国华；等等。改革开放后，最具影响的是小小的河南咀，出了一个享誉国内外的著名学者吴稼祥，他曾在中共中央供职，参与起草党的十三大报告，在政商学界均有阅历。1974年从大通中学参军的闻年喜官阶军级。2000年后的几年间，在铜陵市就有四位大通籍的地（厅）级干部，他们是原市人大常委会副主任（原市检察长）张三友、市政协原副主席（原市工商联主席、总商会会长）佘恩有、市政协副主席（民革铜陵市委主委）吴少文和市政协副主席（致公党铜陵市委主委）阮良之，他们分别代表了政、商、学各阶层。

大通人尚文不只在文学科技方面，在书法、艺术、戏曲方面也有很高成就的名流。其中施泽民的小楷、阮良之的篆刻、姚时进的草书均造诣极深。田清华老人的戏曲、桂月娥的黄梅戏曲，黄复彩的小说和散文、郭熙志的纪录片，在国内外颇有知名度。田清华是新中国成立后第一代黄梅剧团团长，他领衔创作的《铜陵牛歌》，已列入首批安徽省级非物质文化遗产。

商界有河南咀的张龙胜，经营比较稳健，企业家高家福把产品做到了广东，年产值数亿元。但总体上名气大的工商界人士乏善可陈。

大通女人。总体上大通姑娘身上还是江南水乡灵秀女子的韵味，只不过这青山绿水的孕育让大通女人又多了一些文化熏陶，她们坚守贞洁贤淑、孝老爱亲。代表性人物是九姑，原名徐文遐，1949年后住大通和悦洲，改名徐缦东。她才貌双全，知书达理，贤惠善良，她一生历尽坎坷，却不委曲求全。大通姑娘身材不高不矮，恰到好处，她们给人以朴素而不娇柔的感觉，有一种与生俱来的贤淑，这是其他地方女孩所没有的。由于河水的温润，使得大通女人肌肤水色姣好。大通是个移民集镇，60年代中绝大多数居民三代以上都是来自五湖四海的外来户。迁移来这里周边的有枞阳、桐城、无为、贵池和青阳等地人；南方有芜湖、南京、上海、扬州、镇江和江浙人；北方淮北淮南的侉佬，有山东甚至北京南下的干部；有湖北江西和四川云南等地的移民，几乎是全中国的一个缩影。南北杂居，移民通婚，使大通人的后代不仅健康漂亮而且智力聪慧。

相比周边贵池、青阳和江北桐城、枞阳、无为诸县及附近农家女，小镇上的女人，从一出生就是城市户口，成为吃供应粮油食品的城市居民。她们不种田不种地，不在野外干重体力活，不经受日晒风吹雨打，绝大部分时间都待在闺中。大通四通八达，外来人员时髦的装束，小镇上百货公司和供销社不乏各种化妆品供她们选购，她们有足够的时间来打扮自己，散发出特有的青春气息。

大通女人，受传统文化熏陶，成家立业后相夫教子，孝老爱亲。总体上，她们时尚而不华丽，善良而不软弱，泼辣而不张扬，精明而不圆滑，贤惠而不盲从，传统而不封闭。当然，小镇女人身上也带有一些明显的倔强和小气。

禀赋。大通人聪明，肯动脑筋，干事有点子，在一个单位里，往往是业务尖子和骨干，即使不是最好的，但也绝不会是最差的。大通人只要离开大通老家，在哪个单位干什么工作，都是块好料。但是，大通人通常缺乏合作和精诚团结。大通人在外面工作，如在一个单位，不但不互相配合，还经常互相揭老底，喜欢窝里斗。大通人之间没有秘密可言。如果一个单位有两个大通人，用不着别人打听和询问，大通人会在私下里将老乡根二底像竹筒倒豆子一样，一粒不留。

大通人除了名称是"大"以外，在文化偏好上恰恰是以"小"见长。从地域上看，大通人把青通河称为小河，把通河两岸之间的夹江称为鹊江，把大士阁后的山头叫小岭，把祠堂湖与青通河之间的围埂叫小圩埂，把下街头的码头叫小轮码头。饭店叫小吃部。在居住的房屋上，大通街上几乎没有一幢雄伟高大的建筑，老街上至今没有一座楼房超过三层楼。大通人给子女取名，以小为主。如大通搬运站的小老表、小狗子、小犬子、小马、小猴子、小龙；河南咀甚至还有一个叫小鸭的，女的有小翠子、小苹子、小花子、小香儿、小梅子等，子女排行不管多大，都叫小，有小二子、小三子、小四子、小五子；排行老五的，不管多大年纪都叫小五子；把一个四五十岁的丁姓剃头匠也叫小丁……

因为大通没有重工业，更没有现代大工业。曾经建了一个池州钢铁厂，其实也就是一个小钢厂，不到10年就倒闭了。

大通人为何偏好小呢？这种心态源自大通的名称，在大通人看来，大江大河都是小，他们眼中没有超过长江的了，当大水淹没大通街的时候，一片汪洋，世上哪有比这大的东西了？所以他们把一切都看得很小。

如果从大通人对工作和做任何事的勤勉来看，无疑大多数人的确具备的。在大通人当中，不论是经商、苦力、种菜、捕鱼或是任何手艺人，他们终日持之以恒地辛勤劳作。这种禀性是多少代传承下来的，绝非一朝一夕、一家一户有之。

在大通，每天清早，即使是三九寒冬，天不亮，早有街上的各种早点和小摊子开门开张了。炸油条的、发包子的、斩大饼的、卖汤圆的等，应有尽有。那烧开水的开水炉子，5点就开始打开水了。码头边的旅行社家家都是灯火通明，赶小轮的纷纷起床洗漱，他们吃好早点，天才微微发亮，而对江和悦洲和铁板洲的菜农，挑着各种新鲜蔬菜，通过轮渡一拨一拨地向大通街压过来。天亮时，卖菜的人和买菜的人，早已压断了街，河南咀的渔民更是将头天下晚捕到的鱼，让妻子或子女拿到街上卖。直至今日，众多的鱼贩子，仍在清晨活跃在老街上，他们把贩来的鱼一筐筐的搬上汽车，然后开往市里。河南咀人在出鱼的时候，每天天不亮就起床，系罾，往往把船划到有鱼的河段时，天还未亮。而一旦出鱼时，甚至一天二十四小时都在河里扳罾和撒网。而在家里的妇女们，则一年四季为纺线、纳鞋底、做鞋而忙碌着。"生懒死好吃"历来被大通人厌恶和看不起。这种早起晚睡勤劳习惯深深影响了一代代人。每天清早，大通读书上学的孩子们，往往天不亮就起床，甚至没有吃早饭就背着书包上学了。而到了晚上，则是读书到半夜才睡觉。

大通襟江带水，受吴楚文化的熏陶，人们为免受水患灾害的威胁，祈求神明的保护，一度促进了大通宗教的兴起发展。小小的大通和悦洲就有佛教、天主教和基督教三种教别并存。特别是大通与九华山圣地结缘，其渊源久远。大通人一般都与人为善。大通人更注重子女的家教，教育子女不能偷盗，不与人争强好胜打架斗殴。即使在经济最困难的时期，都让子女上学读书，尊师重教。孩子们不但在学校里学知识，也要在家里学做人，我们小的时候都听了不少父兄讲一些弃恶从善的故事，让我们幼小的心灵受到教育，那些故事里都是教人勤劳致富，团结邻里，解危助困，与人为善等动人的故事。大通人的思想观念历来比较开放而不保守。大通不论是受过良好教育的知识分子，还是普通居民，整体上他们都乐于接受新生事物，并且懂得趋利避害。

改革开放以后，大通人思想观念有了巨大转变。大通由于地域狭小，工业不够发达，一大批年轻人感受到周边城市迅猛发展的经济，他们纷纷离开大通故土，奔向四面八方，投入改革开放的经济大潮当中，搭上了经济发展的快车道，至今大多已功成名就。

大通一瞥

❯❯ 情有独钟的"龙"文化情结

"龙"在中国文化中占据着非常重要的地位，不仅是中华民族的精神象征和文化标志，还承载着丰富的历史和文化内涵。虽然龙是虚的，也没有人看过它的具象，人们却认为龙具有一种神秘的力量，龙又象征着吉祥、威严、权力和高贵，因此，古往今来，国人对龙一直向往和崇拜。"龙"作为文化标志，已经深深烙印在中国人的血液里。遍访神州大地，虽然华夏中"龙"的元素琳琅满目，但像大通古镇这么小的一块地方，龙的元素这么集中、龙的符号这么普遍、龙的标识这么鲜明、龙的文化积淀这么深厚，类似场景，的确不多。

自古至今，依山傍水、滨水而居的大通（包括河南咀）人尤其对"龙"情有独钟，而且由来已久。广义的大通以澜溪老镇和大通老街为中心向周边辐射：包括西边的江心洲（和悦洲、铁板洲）、河南咀（原渔业公司）；东边原新建乡大院和东南方的原董店乡沿青通河一线。这样的山水地貌特征构建了以皖南群山为骨骼，以鹊江和青通河为血脉，形成了大通古镇"龙"的形象和丰富多彩的"龙"符号，产生了与体征经久并被描述成与龙有关的许多事物，沉淀了传统文化中龙图腾的各种印记。

大通的龙元素符号在时间上源远流长，在空间上几乎无处不在。龙的形象广泛出现在文学、艺术、民俗、建筑、服饰、绘画等领域。涵盖自然和人文社会各个方面，应用到日常生产生活与民间习俗中，延伸出一系列跟"龙"有着密切相关的民间神话、故事和传说，表达出对龙形象一往情深的认可和无比热爱。

自然方面：

长龙山：据《嘉靖铜陵县志》记载："长龙山，脉自铜官，逶迤而南四十里，止于大通镇，识者谓其如骧龙渴饮长江。"长龙山又名龙山，山如其名，它绵亘数里，仿佛长龙昂首，渴饮长江。关于龙山，有这么一种神话传说：古代，玉帝降旨：东海十条巨龙，离海登陆，组成东南第一山——九华山。十龙接旨毕，九龙立即出海，乘云喷雾，瞬息即至，另一条龙蠕蠕而动，姗姗来迟。九华佛爷见它性懒，勃然大怒，厉声喝道：懒龙，快快滚开！接着，悬宝珠于空中，令九龙攒珠，组成九华雄姿。懒龙只得快快北去，蜷缩在大通身后，这条龙在此渐渐变成大山，龙鳞化作漫山的奇花异草和茂密的树林，从此，大通有了一座美丽的龙山。它日日夜夜，翘首南望九华。久而久之，九华佛爷发了慈悲心，敕封大通大士阁为九华山头天门。清人佘汝霖（别号澜溪渔）有诗《雨后同友人长龙山闲眺》："一览天无际，云山叠作城。红潮吞落照，绿野献新晴。"

翼龙山：清乾隆县志标注在大通羊山之侧，濒临长江。由明朝按察使佘敬中（大通人）命名，山上有栖云庵，后废；还建有佘家祠堂等建筑，后迁佘家大院村。清初大通人佘继益（1611—1686）曾题诗《翼龙山栖云庵》："栖云物态弄晴晖，似雪芦花对岸飞。树影不缘帆影乱，涛声时和磬声微。传经鸟语晨喧枕，作画渔舟晚泊矶。千里江山观不尽，游人当傍月明归。"

蟠龙村：原名蟠龙树，座落在天门镇西部，濒临青通河，现滨缸窑湖。曾为大通河南咀张氏祖住地，建有张家大祠堂。传说古时有一条烈龙飞来此地，盘绕在大树上，村中人遂将此地称为盘龙树，又名"蟠龙树"。如今蟠龙村由原陈冲村和蟠龙村合并，辖为铜陵市义安区一个行政村即蟠龙村。

祠堂河龙脉：明朝时大通佘家祠堂大门对着一条小河，风水先生曰："祠前西水向东流，佘家世代出诸侯。"此乃风水宝地龙脉也。清康熙年间因佘氏家人得罪了知县，知县心生报复。他借兴修水利之名，让祠堂河水倒流，使河水进入青通河并汇入鹊江，这样就把佘氏祠堂的风水给破坏了。后来佘家祠堂迁到大院村重建，并在祠堂河与青通河交汇处建起水闸，将河水关在祠堂前大片洼地中，借以留住代表财富的河水。于是，大通祠堂河此后变成了一片水域广阔的祠堂湖了。

生产和生活方面：

龙泉井：它坐落于古镇长龙山南侧的山脚下，井口圈用青石雕琢而呈现出鼓形。是清嘉庆丁丑年大通镇上一个叫佘以雨的大户人家出资建造的。据说在建井之前，这里曾有一处泉眼，泉水终年流淌不息，为便于泉水的储存和使用，佘以雨便雇人在泉眼处开挖建井，井深约三丈余。泉眼为长龙山龙脉之水，故命名为"龙泉井"。初为佘家专用，后为当地居民生活用水的重要来源。该古井至今水盈不竭，一如当初，井水清澈甘甜，冬暖夏凉。

建于清代的大通龙泉古井

大龙窑：大通缸窑始于宋代。清朝雍正年间（729 年）大通缸窑 4 座大龙窑同时点火生产，每到夜晚，缸窑的烟火映红了天空，甚为壮观。现在缸窑湖边的居民，一部分隶属于大通镇河南咀社区。

龙骨（渔船的底部横梁）：河南咀渔民打新渔船时，船的底部须用两根各长 6 米、直径 20 厘米左右的杉木，将其锯开成半圆柱形，从头至尾镶嵌在船底板左右两边，作为船底骨架，渔民称之为龙骨。不论船的大小，打船必有两条躬形长龙骨，否则，船底板无处生根。

红龙（长江水）与青龙（河水）：1923 年之前，大通圩未筑堤前，每年发大水时，长江水全为浑水。每年大部分季节，青通河从桐梓山到大通河的河口是一条清澈的一泓清流。当河水与江水交融时，似乎互不隶属，颜色各异，泾渭分明。因此渔民称长江的浑水为"红龙"；称青通河的清水为"青龙"。河南咀渔民根据江河的水情变化，适时掌握鱼情，安排渔业生产活动。

龙华池：大通洗澡堂名，坐落在大通上街头，建于解放前，营业至上世纪八十年代末废止。下街头也有一个澡堂，毁于抗战战火。

建筑装饰方面：

几乎所有的大通地区徽派民居所用的石雕、砖雕、木雕上都有龙的形象。梁柱和飞檐翘角上雕刻各种龙的图案栩栩如生；客厅或者主卧室的屋顶多为"二龙戏珠"；床架上、石磴上刻有"龙飞凤舞"皆为常见。从美学上看，建筑物上带"龙"字符号使建筑物更加优美、灵动；从信仰上看，人们相信"龙"可以避开邪气和煞气，同时吸纳吉祥和福气。总之，各种"龙"的形状寓意着飞翔和自由，象征着突破束缚，追求高远的精神，代表着权威和崇高的地位，显示主人的尊贵身份和文化修养。

众所周知，水府庙供奉的神灵因地区而异，作为区域性神祇，信仰龙起初是祈求治水泽民，庇佑农业和渔业生产。大通地区水府庙甚多，其中有三处著名的龙王庙。

最早的龙王庙是由河南咀渔民的先民建于明朝的龙王庙，此庙矗立于河南咀嘴头，介于鹊江和大通河之间的半岛上，初为纪念"南岸老龙"而建。后因伸入江中的庙嘴头崩塌，此庙不存。

建于清代的一座龙王庙，位于大通灯笼沟江边，又名水龙庙，历史悠久。上有一副对联："龙灵哉化云为雨；水无患入海顺流。"

青通河边还有一座建于清末的龙王庙，在河南咀南头墩子前，由当地渔民修建。后河堤崩塌，此庙不存。历经沧桑，今人又在大士阁庙外边异地重修了一座龙王庙。从澜溪老街景区东部的澜溪古桥（老街口）出发，沿着共和街向东约走 400 米，立有一杨四庙。此庙位于祠堂湖与青通河之间的祠堂湖堤埂上，据庙边的石碑记载：该庙原名"龙王庙"，源于河南咀龙王庙历史背景，乃迁址重建所至。

水龙队：旧时，和悦洲共有大大小小 10 个水龙队，专司消防。其中最大的为官办分设在洲头洲尾两端，分别叫天一水龙队和保太水龙队。另外 8 支水龙队都是民办的水龙队。和悦洲上一旦发生火灾，各水龙队便拉上水龙车赶赴火场，立即灭火。此外，每年的"龙日"（农历五月二十日），都要举行一次大型的"水龙会"，竞赛水力，各显技艺，相当于消防演习。

龙潭园：位于大通新镇中央，占地 7000 余平方米，为大通移民建镇时老百姓休闲娱乐憩息好去处。该园林利用长龙山脉山脚下一片低洼处，依山填湖而建，四周种植别有风情。园正中有一水塘，由于龙为司水之神，故名龙潭。这里碧波上有小桥，筑台亭水榭，玲珑剔透。水中间时而有一两只水鸟从湖面轻翻掠起，潭边绿草翠柳，不时有几位妇女一边洗衣一边说笑声。龙潭园，虽为今人所建并命名，但它契合了大通人对龙的偏好，承接龙山之水，是造福市民取之不尽用之不竭的福地。

文化活动：

龙舟竞渡：古时，住在江南水乡的吴越氏族，把龙视为祥瑞之物，后又有公元前 287 年五月初五，屈原投汨罗江而死，正好与吴越氏族的"龙祭日"相巧合，古人便将夏历五月五日定为龙祭日，进行划龙船。大通地区举行龙舟竞渡活动始于唐代。正如唐时张建封《竞渡歌》中所述："鼓声三下红旗开，两龙跃出浮水来；棹影斡波飞万剑，鼓声劈浪鸣千雷。"明代嘉靖铜陵县知县李士元的《观竞渡》诗曰："龙舟神捷饰雄文，扬子江边午日温，叱鼓弥天降怪物，兰桡击水出忠魂；追风麟甲黄头合，照眼锋芒白浪分……"由此可见，龙舟与大通人民的结缘渊源久远。

大通龙舟形象神态各异。鹊江龙舟较有名的有和悦洲大关口的"黄龙"；清字巷的"菜花龙"；河南咀的"乌龙"；缸窑的"红龙"等。解放后直至今天，龙舟竞赛活动逐渐演变成为民间传统的一项群众性文体活动。

舞龙灯：主要有河南咀的"南岸老龙"生发而来。相传，明洪武年间，河南咀渔民的先辈们在本地周围水域以捕鱼为生。渔村的西南边有一片芦苇荡，藏着一个妖魔水怪，经常兴风作浪，造成船翻人亡。于是德高望重的管公召集大家商量对策，请僧人来做法事。就在法事做完的那天子夜，管公梦见一条乌龙，足踏祥云，直奔这片芦苇地的上空，向水怪射出一道灵光，立毙妖魔，乌龙救了渔村。乌龙对河南咀人有恩。为此，河南咀渔民在咀上建立庙宇，每年都祭拜乌龙。这个庙宇，名为龙王庙，这地方后称庙嘴头。从此，河南咀人每年正月扎龙灯，把龙身上涂上黑色的龙鳞。河南咀人心中的"乌龙"就这样诞生了，世代沿袭，河南咀渔民制作的滚龙"舞龙灯"习俗自明朝沿袭至今。其中"鹊江水上龙灯"已列省级非物质文化遗产名录。

鱼龙灯会：清朝，大通鱼商和渔民每年的农历正月十三都要举行规模盛大的鱼龙灯会。家家户户扎制鱼灯和龙灯。采用竹篾扎成骨架，外面再糊上彩纸，最后用色彩画上鱼鳞、龙鳞等图案。入夜时分，各家门前的鱼龙灯里点燃了蜡烛，挂起大大小小的红灯笼，远远望去，红彤彤一片。那些巨大的鱼龙灯则是由身穿古典服装的小伙子们高高地举着，在锣鼓声中和人们的喊叫声中不停地上下左右翻舞着，街头巷尾，彩灯齐放，群龙飞舞；鹊江上，装饰成各种鱼龙的彩船也挂满了彩灯，在江面上缓缓而行；水面上还放满了各种各样屿点燃了蜡烛的鱼灯，随着微风在水面上漂流。

除了这些带有龙元素的非物质文化遗传形式外，还有许多有关"龙"的习俗，比如：河南咀的龙舟和龙灯，其龙嘴总是抿着的，有别于其他地方龙嘴张牙舞爪的样子。而"鱼龙盛会"龙的造型一律是"闭眼龙"，忌睁眼睛。抿嘴和闭眼的动作，意在这种龙只护小鱼，不吃鱼，借以庇佑捕渔业的兴旺。虽有迷信色彩，倒也独具一格。

还有丰富的龙的文学创作。如河南咀渔船头贴对子："虎口突银牙，龙头生金角。"谚语如亲戚发生矛盾："大水冲了龙王庙，一家人不认一家人。"形容好吃懒做的人："吃饭像条龙，做事像条虫"；童谣："五月五，过端午，划龙船，敲锣鼓，一二三四五，你划龙船我打鼓"；儿歌："萤火虫，点点红，哥哥骑马我骑龙，哥哥骑马街上走，我骑老龙江边行。"

在大通及周边，一个极为普遍的现象是人名中多"龙"字。许多家族取名喜爱把"龙"作为自家子孙的名字。光是在河南咀就有带"龙"字的人名几十个，其中姓名叫"高家龙"的有老中青3人，为了区别起见，人们只得将最老的高家龙叫他的小名"高松备"，另两人分别叫"大家龙"和"小家龙"；又如：张姓是河南咀大家族，在"良"字辈中有8个男性名字中有"龙"字。大通五六十年代出生的男孩，姓名中有"龙"字的更是不可胜数，往往一个班级有好几条"龙"，可见"龙"入姓名之广。

大通人对"龙"情有独钟，从侧面充分反映出"龙"已经成为大通历史文化的根和魂。

❯❯ 情系大同圩

大同圩一直被我们称为大通圩，因与大通街隔河相邻，就是圩里人都不称大同圩而称大通圩。大同圩现在隶属贵池梅龙镇。民国 12 年（1923 年），以胡莘九为首的原梅埂一带当地富人和绅士开始建圩，始有大同一圩和二圩，时称"大同圩"。它东起青通河下游，毗邻大通镇，西跨九华河，北滨长江，南接九华山麓，占地约 5 万亩。圈圩之前，这里曾是浩瀚的大通南湖。据传，在古代这里是云梦泽之一隅，是鱼类王国，鸟类天堂。河南咀人在明朝就已定居在此，也就是先有河南咀后有大同圩。尽管河南咀紧临大同圩，但一道大圩埂却将河南咀挡在了贵池辖区外，河南咀成了铜陵的飞地。连接大同圩与大通街的是一条渡船，而大同圩的渡口就设在河南咀上墩的河边，我们与大同圩里人可谓朝夕相会。

从我记事起，大同圩就横亘在我家大门前60 年代是梅龙公社，分别被大同、同心、双蕙、胜利"梅龙"几个大队。然而生活在这里的百姓，生活并不富裕。从河南咀走上大圩埂，大同大队沿圩堤埂下居住，近 10 里连绵不绝的村庄里几乎都是那种土基、芦柴壁、稻草顶的低矮窝棚，只是大队部和公社驻地是瓦房。因此，大同圩人不免心存自卑，特别是住在靠近大通镇附近的大同圩人，在外面都不好意思说自己是大同圩人，而一直以来都说自己是大通人。

六七十年代，圩堤两边长满了绊根草和野蒿。春三四月的早晨，有农家孩子在大圩埂上放鹅。动态的白鹅点缀在静的绿草地上。傍晚，放牛娃骑着牛漫不经心地行走在圩埂上，那是一幅牧童晚归的图画。我家对面圩埂外有一个墩子，绰号大冬瓜和小冬瓜的吴氏兄弟两家居住在那上面。每日清晨，每当墩子上传出来公鸡报晓声，农家就开始了一天的忙碌。夏天，大柳树掩遮骄阳和房舍，门前的树桩有时拴着耕牛。小风吹起，那里十分凉快，中午和我差不多大的孩童捧着饭碗在屋边树下吃饭。当然，圩埂外还有靠河边的李家墩和金家墩，西北边靠外江边的张木匠墩子。他们每家都养了好几条狗，看门护院，使我们外人不敢随便造访。冬季里长江水退下去后，我们喜欢沿着江边行走，一边刮白，一边捡好看的贝壳。特别是大同圩堤外的张木匠墩子下面的江边，曾经是美孚洋油站，有时运气好，在这江边还能捡到空心的铜钱和实心的铜钞之类小玩意。儿童时代的我和同伴们，感觉最远和最神秘的地方就是大同圩的白瓦屋，隔青通河与大士阁庙相对，为圩堤水委会公屋。

少年时代，我偶尔也会跑到大圩埂上看看圩内的情况。最初见到的大同圩地广人稀，茫茫荒草农田和水塘，圩埂脚下有几间农家土墙草屋。第一次进到圩里，是跟随门口年龄稍大的佘世坤佘世荣兄妹俩去的。他们的爹爹在金家墩附近的圩内有一片鱼塘，老人就住在塘边的一个草棚子里。看到我们来，老人喜笑颜开，把捉到的一对野水鸟脚上系上线放到池塘里，我们牵着线看它在水中游。

对少年时代的我而言，如果说大通街给了我文化方面熏陶的话，那么，大同圩则让我有不少物质上的小收获。

大同圩地处中纬度地带，雨量充沛，属长江冲积平原。土地肥沃，向来以盛产稻米、棉花、菜籽油、山芋、花生、黄豆等多种经济作物著称。圩内灌渠纵横，湖泊交错，水丰鱼肥，茭瓜、菱角菜、藕莲极为丰富，是真正的江南鱼米之乡。20世纪60年代初全民吃食堂，人们食不果腹，我们河南咀人纷纷跑到大同圩挖野菜、采茭瓜充饥。到了六七十年代后，我们那一代人长大些了，大同圩就成了我们创收活动的基地。麦收季节，我们拾麦穗。夏秋生产队割稻时，我们就在稻子运走后的稻田捡稻。秋后社员们收割完黄豆再挖山芋，我们都会不失时机地跟在后面捡残存的豆荚、扒小山芋。有一年深秋，我在长安扳手罾，看见白瓦屋圩里种了许多甘蔗，经与农户商谈，我用一块鳊鱼换了一小捆甘蔗。我感觉到现在无论吃到什么甘蔗也比不上那时吃的甘蔗甜。我有个朋友在大同圩的十二队，他曾在自家的水塘里种了好几亩菱角菜。中秋节前，他非要我到他家玩，他划着小菱角盘硬是摘了好几斤又大又甜的家菱角送给我。我摸鱼的经历始于大同圩的大闸。有一次，我们在大同大队捡稻一无收获。恰逢闸口排水，水渠接近干涸，许多鱼背都露出来了，于是我们纷纷下水摸鱼。还有一次是冬天，我和堂兄传树闹圩。在一个干水沟里，我发现一处泥巴凸起，有一根像干柴棍的东西翘起，走近一看，竟是一条乌鱼头露出，嘴和鼻子垂直伸向天空，说时迟那时快，我立马伸开双手抄底抱起一条大乌鱼，回家一称四斤多重。河南咀与大同圩自古接壤，六七十年代，我家还有一块小菜地在圩里。我曾陪母亲去圩里浇菜地，割些菜带回家。我家隔壁的舅爹爹胡度文在大同圩有好几亩地，种的全是苎麻。每年初夏，他们全家老小都投入紧张的剥麻活儿上，门口到处晒着刮好的青麻。他家每年要卖好几百斤干麻。

20 世纪 70 年代的大同圩

我最难忘的美景，是秋天大同圩晚，霞抹染的傍晚，那正是收获的季节。此时，我与伙伴们在田头捡稻穗，在地垄拾豆荚子；最爱听的声音，是远处村庄传来的母亲呼唤儿女声；最好闻的气味，是附近冉冉升起的烧牛粪烟味。

在物资和文化贫乏的年代里，大同圩不仅让我们获取一些生活资料，还能让我们经常享受精神食粮。不论是盛夏还是严冬，大同大队部一个月一到两场的露天电影是我们的文化大餐。在发大水的时候，大圩埂将洪水阻挡在圩外，圩内农家人安然祥和，庄稼一派丰收在望景象。大同圩埂这处人工高地，还是我们河南咀人躲水的庇护场所。

改革开放后，我亲眼看到大同圩翻天覆地的巨大变化。她是中国农村的缩影。

离开家乡后，每有机会回大通，都想到大同圩走一走。经常登上堤顶眺望圩内田园风光。这里有我少年时活动的倩影，有我儿时的玩伴，虽然这里早已物是人非。

大同圩，你也是我心中的又一个家乡。

» 迷人的九华河

九华河也称梅埂河。西与白洋河水系为界，东邻青通河，南依九华山脉，北滨长江。发源于九华山北麓，由龙溪、漂溪、双溪、舒溪、澜溪汇流而成，故又称五溪河。自南向北，流经五溪桥、墩上、观前、江口、梅龙等地广袤的山区和河湖滩地，最后在梅龙（梅埂）入长江，全长 54 公里。距青通河河口不到 20 华里，这是一条与同样发源于九华山的又一条支流，河南咀人习惯把这条河又叫作"梅埂河"。青通河与梅埂河，两河口之间隔了一个大同圩，梅埂河可称之为青通河的姊妹河。看似极其平凡的一条普通的小河，不知道她为何那么迷人？

九华河也是一条为当地老百姓世世代代造福的幸福河。千百年来，它为人们提供丰沛的水利资源、交通便利、矿产和渔业资源。它所流经的两岸地方，不仅有丰富的森林（竹木柴炭）、矿藏、盛产水稻、棉花和其他多种农作物，还有取之不尽的沙石，远销四方。梅埂与河南咀由于陆地距离较近，河南咀人必然与此发生密切的关系。1951 年，河南咀的行政管辖归贵池的梅埂乡，而河南咀渔民负责人去梅埂开会十分不便，在没有电话和通信手段不发达的年代里，从梅埂发个通知也要派人徒步两个小时左右才到达河南咀。只因河南咀距大通镇（一河之隔）太近，所以河南咀行政区划最终还是划归大通镇管辖。但两地人员往来、民风相习、生活生产和文化相互影响，一直未曾中断。

梅埂，历史悠久，文化底蕴深厚。早在西汉时这里称"梅根"，东汉建安年间，在此冶铁铸钱，称"梅根冶"。三国时，官府在其境内五步溪冶铜铸钱，俗称"钱溪"。民国 12 年（1923 年）圈筑大同圩，圩堤穿过梅龙，又称"梅埂"。梅龙还是历代文人光顾的地方。历代诗人陶渊明、李白、罗隐、姚鼐等在此留下了大量诗文。最为人津津乐道的是乾隆下江南驻跸梅龙，在梅龙演绎了一曲

"游龙戏凤"的爱情传奇故事。说是乾隆皇帝到了梅龙镇，美貌村姑李凤姐侍奉皇上，行巫山云雨之欢。皇上龙颜大悦，将李凤携带入宫。人们在传说中不断演绎，以致移花接木，后被文人编成一出戏叫《梅龙镇》，曾被搬上了舞台，而且久演不衰。

梅埂人往返大通街必经河南咀渡口，梅埂周边嫁女给河南咀婆家人数不在少数。梅龙街道，自古以来就是名扬天下的港口和商贸繁华的江边小镇。九华河盛产含金箔的优质三角形黄沙粒，梅埂建有黄沙站。20 世纪六七十年代，虽然是政治运动高潮期，但经济活动总不会停止。一次，我与大同圩的张久富到梅龙公社找分管教育的包家祥干事，我看见梅龙江边的黄沙堆积如山，挑沙的民工人头攒动，热火朝天。江边码头停靠装载货物的沙船大铁驳连成一片，这里洋溢着一派繁忙热闹景象。梅龙港口火热的经济与大通河不相上下。而作为沿江内河的九华河，因盛产丰富的渔业资源，这里同样有个渔业大队，其中江苏盐城籍渔民鼎盛时有 400 多人在这一带捕鱼。尤其是梅龙入江口到喳村境内的九华河这段河面，鱼多，那里河面上捕鱼的小船也多。梅龙镇河道上有个刘村渡，这一带人以搞小鱼为生，以张卡子、张篮子、撒网扳罾为主业，种田为辅业。该村村庄前面是大圩，村庄后面是九华河，得益于地理位置的得天独厚，从事渔业生产极为方便，打鱼人的渔船出门绝不空手而归。由于这里渔业资源颇为丰富，河南咀的渔民在青通河不出鱼的空档期，也到这里捕鱼，往往都是高兴而来，满载而归。

九华河口在梅埂进入长江

九华河，或者说梅埂河，她是青通河的姊妹河。虽然如今变得瘦小孱弱，但在河南咀中老年人心中，她是一条富饶美丽的河；也是一条迤逦灵秀充满多情故事的河；一条回想起来就有亲切感的家乡河……

» 漂泊在江河上的渔船人家

不知是人生中的何种缘分，我在 20 岁时结交了一个英俊少年，他叫凌小平。一次，我们乘门口大同圩渡船时，人多拥挤，船摇摇晃晃，十分危险，这时一个十三四岁的少年，操一口苏北话说："大家不要挤，站着不要动！"渡船到达对岸，我们上岸后，我和那少年双目对视，他对我嫣然一笑，两个酒窝像玫瑰花一样绽放出来。我不免好奇问道："你小小年纪，这么沉着，哪里人？"他笑着说："我家是渔船上的。""哦，怪不得那么沉着。"接着，我俩边走便聊，像是一见如故似的交谈起来，知道了他家是贵池渔业大队连家渔船上的渔民。为了读书，他一个人住在大同圩他叔婶家，在大同圩小学读书。后来应他的要求，我把他转到河南咀小学读书。1975 年 5 月一天的中午，春水已漫升至青通河两岸家门口前，我作为凌小平的老师应邀第一次去他家船上做客，印象深刻。那是一条载重 5 吨多的大木船，又高又大，比我们河南咀的 2~3 吨渔船显得气派多了，大船旁边还系着两条鸭溜子小船。进入船棚内，看见船上擦得干干净净，一尘不染。初见他家人，给我一种水上人家少见的整洁、富裕、欢快的感觉，绝无其他渔民普遍简陋、贫穷、愁苦的模样。凌母那时 40 多岁，圆润的脸庞，富富态态，分明是出自大家闺秀，根本不见饱经风霜的侵袭；而凌父戴着一顶灰白色鸭舌帽，端庄方正的脸形，他镶了金牙，笑起来显现出两个深酒窝，像极了国外电影上渔夫的经典形象，他话不多，始终热情招呼吃菜劝酒。他的姐弟们个个长得漂亮英俊，洋气如同城市人。席间，我知道凌小平有 4 个姐姐，大姐、二姐已出嫁，三姐、四姐和两个弟弟也在船上协助父母搞鱼。那次，我第一次感受到当老师享受到的热情接待和尊重。自此以后，只要他家渔船进入青通河，我在放学和星期天的时候经常受邀请到他家渔船上作客。他三姐凌雪芝、四姐凌池姊妹俩都扎着两条又粗又长的大辫子，有着渔家姑娘独特的风韵。同为渔家出身，我们年轻的男女相处有谈不完的话题。都被邀请到他家渔船上喝酒吃饭。有一次，初夏，凌家的渔船在离大通近 20 里的桐梓山河边装虾笼，托人带口信让我去玩。我和毕学信、高林（女）两位老师徒步去凌家做客，临别时各人还带了一把天鹅羽毛扇。

　　我后来了解到，凌小平祖籍是江苏盐城，世代捕鱼、打猎。在他爷爷的时候遇上兵荒马乱，划着小渔船来到安徽池州、铜陵大通一带水域从事渔猎生涯，一同来的有几十条船，他们与大通渔业社三队的江苏兴化渔民差不多同时来安徽的。盐城到池州梅埂渔业大队连家渔民最多时达 400 多人，除在九华河捕鱼外，时常去江西、湖北和湖南捕鱼，主要是放小网捕鱼。同时在江上洲头、湖滩、河边打猎，如鸬鹚、苍鹭、野鸭、大雁、天鹅、白鹤、大小白鹭等数量品种不下几十种野禽。1969 年，凌父和其叔两家顶城镇居民下放到大同大队，其父凌凤鸣继续以渔猎为生，而其叔父因属于黑"四类分子"，被罚下放农村种田，接受劳动改造。1976 年又回到池州梅龙，至今退捕上岸多年。

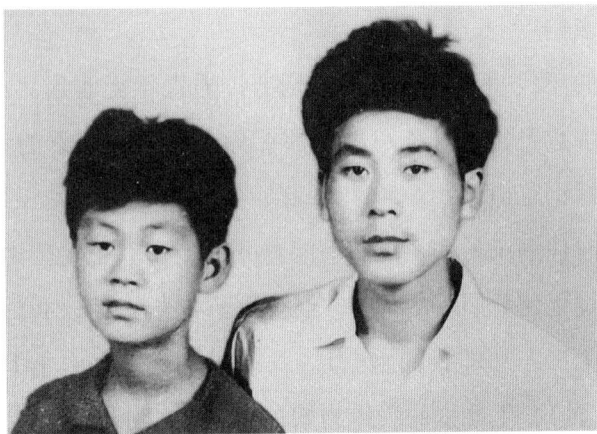

1975 年夏，作者与凌小平合影照片

　　其实连家渔船是一个历史产物，古已有之。至今，我国内陆水域"连家渔船"渔民有 7.1 万户，约 25.9 万人。他们在大江大河、湖泊上生产生活，其中大多数集中在长江流域。他们长年以船为家，漂泊在水上，渔船既是他们的生产资料，也是他们居住生活的"家"。随着渔业资源匮乏及禁渔禁猎政策的实施，漂泊在水面、住在船里的生活已难以为继。"连家渔船"上岸成为大势所趋。目前，皖江安庆、池州、铜陵和芜湖渔民因有国家及地方政府财政支持，渔民已得到安置。

❱❱ 铜官山情结

2004 年 11 月进行的铜陵市区划调整，将大通镇划归市郊区管理。我的家乡大通河南咀居民一下子拥有铜陵市户口，成为名副其实的市民了。

围绕着城市户口，带给了我们几代人太多的困惑，也促使无数人为之奋斗追求。

那个时代，大家最向往的地方是到铜官山居住，长大后到铜陵特区工作。这就是乡邻们检验有出息的人的标志。如果是礼拜天，在城市里工作的人回到家乡，人们看到他，都要问候一声："回来了！"回来的人会掏出比本地人好得多的香烟，为乡亲们点上。

在那个特定的年代，人们要想逃离贫穷，男青年无非当兵或招工。而招工由于名额极少，多数青年人几无可能。那么只有长得较好看的女青年一到成年就被媒人介绍远嫁铜官山城市。50 年代起，有吴杏枝、吴翠玉、林国菊等。我的父母也是顺应时代潮流的人，自己不能离开故乡，就把希望寄托在子女身上，更是为了子女能过上比他们好的日子。经媒婆郭妈妈介绍，我的姐姐 18 岁就嫁给了铜官山的一个工人（即我的姐夫）。我第一次到铜官山是 1969 年底（实际上到了 1970 年 1 月），十几岁的我作为娘舅，送我姐姐出嫁。在媒人的带领下，我们一行人由大通江边走到羊山矶，再步行到横港，坐车到铜官山，大约在下午 5 点钟的光景，才到长江路。我一下车，内心一阵震撼：天下还有这么好的地方，仿佛进入了另一个世界。此时，晚霞满天，宽阔的街道两旁整齐的两层楼建筑，长江路上车水马龙，人来人往。行人中最多的还是工人，穿着工作服才下班（那时候有套工作服穿也是时尚的）。许多放学的学生背着漂亮的书包，有说有笑、打打闹闹。还有的少年穿着时髦的皮鞋，洋气十足。反观我自己，上身棉袄，下身絮裤，脚穿一双臃肿的棉鞋。似乎从南极而来，土得掉渣。与此景极不协调，不免自惭形秽。

我挑着花篮，跟在媒人后面左冲右突，沿长江路由西向东行进。在黑沙河边上老远看见一幅毛主席去安源巨幅油画，街中央的地面上刷有"把一打三反运动进行到底！"十一个巨大的石灰水字，一个字足有 1 平方米大。在我看来，城里人就是不一样，干什么都有气派。

那时候，长江东路边，其实也有成片杂乱的平房和工棚，远不及现在的顺安镇的市政建设。而且黑沙河长年累月地流淌着污水。我姐夫家也是一个大户人家，他们住在（原矿机厂东北面）一个山坳里，跟农村也没有多大区别，房子后面有菜地和桃树林。只不过他们住的是公房，在工厂里上班，最重要的是有城市户口。但是，在当时，铜官山对于我而言，一切都是新鲜的，更是美好的。

次日清晨，我因要回家上学，早早起来。还是新郎官的姐夫，送我到长江西路车站搭车。在工农兵饭店斜对面的汽车站候车大厅，我边等车边朝街上看。街上行人稀少，只有清洁工人在打扫街道。几乎没有什么车子，建筑物也不像昨晚来时那么集中和繁华。7点多以后太阳出来了，街上人渐渐多起来了，特别是自行车川流不息，清脆的铃声响个不停。往大通方向的车子开动了，从长江路上经过，我再一次打量了铜官山，不知什么时候一下子涌现出这么多的上班人，高大的建筑物像长颈鹿一样又一个个地伸长脖子，迎着朝霞，一派生机。城市又喧闹起来了。当车子开出城区时，我的心一阵惆怅，感慨不已。铜官山，我姐将留在这里，她再也不用回家了，而我不能继续待在这里。铜官山——一座不属于我的城市。从此，到铜官山做事（工作），成为铜陵特区的人，成了我一个渔家少年一生的追求，一个永远挥之不去的情结！

铜官山

岁月如歌，自我第一次到铜官山，一晃38年过去了。铜官山旧貌变新颜。从铜陵特区变成了省辖市；从当初长江路上的普遍的二层楼，早已为十几层大厦所取代。马路拓宽了几倍，又新劈了淮河路、北京路、义安路、建设路等宽阔的水泥大道。当年，从大通到铜官山，需要两个小时，今天不过20分钟。铜官山变得越来越美丽。而我，从一个少不更事的小学生，已迈向中年。去年起，我把办公室安在市中心的长江东路的一座写字楼上，在市里待的时间远比家里多。我在组织的支持下做管理培训，与他人合作做商标注册代理和商标设计业务，做质量认证咨询等业务，对城市经济社会发展发挥应有的作用。

》 有世如斯，夫复何求

20多年前，我的母亲住在大通老街老水产公司边，我差不多每月要回一趟大通。那里有一排沿青通河自建的私房和少量的公房，成连片的居民区。那个年代，大通本地没有较大的工厂和工商企业，当地年轻人都纷纷跑到铜陵市、县就业，留下的中老年上班的单位，主要是大通搬运站，船厂，从事竹器、雨伞、五金和制秤的小作坊，还有理发店、钟表店，都是些厂店合一靠手艺人吃饭的微型企业，以及其他日杂百货和窑货店。但在大通老街上，仍然有一个群体，年龄在40～60岁之间的中老年男人，也不知道从什么时候起，他们或许终身没有固定的单位，靠出卖体力活，赖以生存。可他们照样娶妻生子，养儿育女，蛰居在小镇上。我母亲家隔壁有一户邻居，夫妻俩都是50多岁，男的姓王，年轻时打零工，以后炸爆米花，随着市场经济蓬勃发展，食品和零食极大丰富，城乡很少有人再炸爆米花了，那一担挑的像炸弹形状的爆米花机子丢进了屋内拐角里。凭借一身好力气，他拉一辆板车买煤球，预订好要家，送上门，卖给饭店和子女不在身边的老年人家。有一次，我回大通母亲家，正好他们夫妻俩在我母亲家刮白。见我来了，因很熟，彼此打个招呼。接着，我听那个男人说："我这两个儿子，不晓得他整天做么事，一到吃饭时就回家了。"他顿了顿，说："我把他两个讨个亲，成个家，我就送送煤球，保我老夫妻俩，快活死了！"我看得出来，他说这话时信心满满。

2006年，我母亲82岁去世。此后，我很少去大通。但有一次到老街途经我母亲老房子门口，恰巧遇到了老王老婆。她喊我进屋坐。进屋后老王笑嘻嘻地迎接我。我问老王现在干什么？老王迫不及待地说："早就歇了，大通老街成为旅游景点，政府保护环境，居民和饭店都不准烧煤了。"话匣子一打开，老王急切说道："突然烧液化气，搞得我措手不及，原先卖煤的煤建公司关门了，卖煤球、送煤球的活儿说歇就歇。我一个60多岁的人，想转行干其他力气活，哪干得动？"我关心地问："那你老夫妻俩靠什么生活？"老王说："还是共产党好！政府给我俩一个月几百块钱低保。"我对老王说："你能干哦，老底子厚呢！"经我一捧，老王容光焕发，连说："那当然，那当然。"

2018年10月，我带领北大城市治理学院7位教授到大通古镇参访。从下街头一直走到上街头至老桥口。正好在老水产公司街边，老远就碰见高大胖胖的老王老婆，她牵个小孩，热情地跟我打招呼："张书记，到我家去坐坐！"我问："带孙子吗？"她说："这是小孙子。"我问："老王呢？"她说："在家带大孙女儿。"我向随行的北大研究城市养老的黄教授介绍说这是我家原来的老邻居。黄教授问老王老婆："现在退休了吗？"老王老婆说："我没有单位，老夫妻俩靠吃低保。"黄教授问："你俩社保可有多少？"老王老婆说："刚加的，每月1000多。"我向黄教授介绍，每月1000多元，保两个老人，在大通生活真的很不错。看病有医保，全覆盖。黄教授点头，深为赞同。

此时，漫步在古镇石板路街道上，我的脑海里自然而然联想起《感恩的心》的旋律和歌词：感恩的心，感谢有你……伴我一生，让我有勇气做我自己……

张国平　摄

四　梦回故乡

⟫ 一个少年心中的大通十美

在我的童年的心中，大通是什么都好。比起一下雨就泥巴拉呼走路就湿脚的河南咀，大通街有石板路，有购物商店，有书店，有文化馆，有娱乐的俱乐部和电影院，有油条、酱油干子、生姜、肉心（糖心）包子等各种早点，有理发店、照相馆、洗澡堂，更有我稍大才知道的，大通街上人，都有城镇户口本，他们是城里人！做一个大通人，真好。少年的偏见，即使大通那些不好的东西，在我眼中，我也看不见。她的丑也不是丑，甚至丑也是美。虽是偏见，但一经放在心底就是几十年。

一美大通街的老石板路。那方方正正的麻石块，从上街头的大通水产公司和中药材店一路铺到下街头的小轮码头。长1里多路，宽六七米。一年四季都有专人在天不亮前扫大街，街道干干净净。每日上午8—10点的早市（尤其是夏日的早晨），街道挤满了菜贩和买菜的人，水泄不通，喧闹不已。若是夜晚，特别是秋冬，通街只有几盏昏暗的灯，街上极少有行人，显得很宁静、古朴。我小时候，曾见回老家探亲的一位上海老妪和本地家庭富裕子弟，在晚饭后，穿着带响钉的皮鞋，在街上慢步行走，显得那么优雅、时尚。还有一个星期天的傍晚，看见一位小学女同学骑着崭新时髦的自行车，从石板路街上穿行，春风吹着她的长发飘散开来，英姿飒爽，着实让人羡慕。有时，大雨过后，地面像水洗似的整洁，浅褐色麻石板格外醒目，街道一尘不染。即使是发大水，一旦水退之后，几天工夫，清运掉淤泥，石板路一出来，大通街又恢复了热闹和繁荣。长大后读《清·铜陵县志》，有寥寥数语"大通街路，向无沟渠，知县刘曰义率氏开浚"，可见大通街成形之早。但大通街路真正铺上一块块崭方四正的麻石板，据说还是 1958 年开始，大通镇政府率领镇民建设的。因建街有功，人们将陈瑞峰镇长称为"陈街道"。年少时，我以为凡是有街的地方，都应该有石板路。可是，当母亲带我去江北老湾街时，并没有那么多石板路。长大后，在周边县城，看到太多的街巷和店面建筑，无一是清一色的真正的石板路街道。今天，在这个急速变化的年代，多数老街或仅存残垣断壁或早已变脸。唯有老石板路，风韵依旧，她永远定格在我的心中。老石板路，一条永不落伍的老街，才是古镇大通标志性的地域符号。

二美天主教堂的钟楼。我最早见到的天主教堂钟楼，是作为河南咀小学的优秀学生到大通小学领"三好学生"奖状。那时的大通小学，就坐落在天主教堂钟楼下。教堂与钟楼连成一体，造型别致，坚固雄伟，气势恢宏，高大庄严。置身其下，令人敬畏。那是大通最高的一座建筑物，若登上钟楼，可俯瞰鹊江两岸，更让人有一种接近天穹的感觉。虽然钟楼是人类建造的，但它接地连天。在钟楼下，人显得极其渺小。大通的天主教堂，是由西班牙传教士建造的，其格局风貌与西班牙等南欧国家中世纪的古建筑物一脉相承。我们读小学时，过去教徒做礼拜的教堂变成了学校开会的礼堂，楼上是教师的宿舍。五年级时，从河南咀小学升入大通小学读书。每到星期六下午，或是傍晚以后，经常听到住校的老师演奏的小提琴或是拉手风琴的音乐从楼上飘出来。校园里，有花草、开着红花的石榴树、枝繁叶茂的百年老槐树，有戴着红领巾的少先队员，还有戴着一道杠的小队长、二道杠的中队长和三道杠的大队长，老师、音乐、钟楼……这一切都和金色年华连在一起。

三美观音慈林尼姑庵。一般人都认为代表大通佛教的是九华山头天门大士阁，但历史上全盛时期的大士阁，当代人从未见过，恢复重建大士阁也始于1998 年。从我所见所感，我却认为 20 世纪 60 年代早中期，大通街上唯有观音慈林是仅存完好的佛教道场。该庵建于 1947 年，慈道清师徒二人，由九华山来到大通所创建，属于九华佛教会管辖。观音慈林庵，坐落在大通下街头通和渡口与小轮码头之间，坐东朝西，大门面临长江，临街后门常年紧闭。临街的后门额头上刻有中规中矩四个大字"观音慈林",字体圆润饱满,内含禅意。从街边折身,通过小巷,转弯来到庵院内,有树木花草,葡萄架下有假山水池,石桌石礅等。入庵,顿觉十分幽静。此庵住持释本慈,面相慈悲,研习针灸,为苍生治病,并收养孤婴为女,视为己出,悉心培养。我母亲积德行善,也信佛,结识释师太。我的关节炎,全赖她长期持之以恒扎针灸用心施治,方得根治。

四美长龙山。山不在高,有仙则灵。大通依偎长龙山,因其名胜,《铜陵县志·万历卷》有记载:"长龙山,脉自铜官,逶迤而南四十里,止于大通镇,识者谓其如骧龙翥凤渴饮长江,最高处有亭址尚存,今佘姓居之。"我上小学时,时常到长龙山头脚下的龙泉井边玩耍。我同班一个佘姓男同学和一个佘姓女同学的家都住在水井旁边。我印象深刻的是那井口圈内侧被提水绳索勒出的一道道深深的沟槽,我想,一口古井,多少代人都打不干井里的水,历史就在眼前。每到清明节,老师组织我们去新建公社山里祭扫烈士墓。我们列队,从长龙山头的大通小学出发,途经长龙山山岗,离大通5里处,见一六角凉亭,上书"五里亭"。去时同学们带着兴奋,像放飞的鸟儿根本不觉得累。但回来时,从新建公社的公路上往长龙山攀登时,一个个精疲力竭。上得五里亭,同学们纷纷涌向亭子里的长板凳,有的坐着,有的靠着,有的躺着,小小的凉亭,一下子挤满了一大堆疲惫不堪的少年。这时候,多么希望有凉茶来解渴。我们这才理解古人为什么要在这里建凉亭了。从五里亭到大通街的中间,号称二里半,风水先生认为长龙山是龙脉,此处劈为坟山。大通人将逝者一般葬在这里。一度,"二里半"代表了鬼魂归依地。抗战时,长龙山还是中日厮杀的战场。我在长龙山扒松毛时,看到数条中国军队挖的战壕。这里曾发生过惨烈的激战。长龙山实为非等闲之地,清人佘汝霖雨后同友人在长龙山闲眺,有诗为证:"一览天无际,云山垒作城。红朝吞落照,绿野献新晴。渡远风帆渺,烟疏水市明。鹃声催客去,缓步絮游情。"一条长龙山,承载了太多的大通人文、史脉和血脉轶事。

五美祠堂湖。确切的称谓,当地人把祠堂湖叫作祠堂河。祠堂湖一直是与青通河相通的,它是大通河的一部分。大通依山傍水,祠堂湖东边绕山,西边接水。如果将祠堂湖填平,那么大通将失去滋润和秀美。因为有祠堂湖,大通历史上,湖岸边有澜溪学堂;有面湖而建的九华山头门大士阁;有近2华里的澜溪老街。我印象中，我中小学的许多同学的家都住在老街后街祠堂湖边。门口有菜地，绿树，庭院里有花草，藤蔓上有枝条瓜果。早晨，日出姚凤嘴东山岗，祠堂湖抹上了一层朝霞，7点多钟，我们走在湖边，走在上学的路上。祠堂湖造就了"纽扣厂半岛"，而大通中学就在湖边的半岛上。下午放学，晚霞照在湖面，我们正好是走在回家的湖边小道上。冬天，极冷时，曾有许多学生上湖面上滑冰、嬉闹。初三时，夏天的一个下午，学校举办过一次游泳比赛。出身于水乡渔家的我，欣然报名参赛，可惜我没拿到名次。赛后，我一手举着背心，打着赤膊，只好穿着湿透的裤头，再次下到祠堂湖里，从东边的"纽扣厂半岛"，游向西边的运动场上岸，从街上急匆匆走过，过渡回到河南咀的家。

碧波荡漾的祠堂湖

　　六美鹊江老渡口。渡者，隔江渡水也。鹊江渡口，至少有百年历史。大通，取名来自水运发达的时代，乃四通八达之地。我记事时，从和悦洲的清字巷到大通街来往于鹊江两岸，全靠小木船摆渡。渡工都是湖北籍后裔，家住和悦洲街上，大通人叫他们为"湖北佬"。我们家有个亲戚姓高，我喊他"小爹爹"，他就在和悦洲摆渡。他每天天不亮就起床，划着一条小木船，当地人称"小划子"。有人要过江时，来到江边渡口，冲着小划子大喊几声："过江哟！"于是，渡工急忙从舱里钻出来说："来了，来了。"客人上船付过钱后找个位置坐下来，渡工划着桨，桨声在江水里发出有节拍的嚓嚓嚓的响声。此时，渡舟人不免

"寂寂掩篷窗，坐听舟人语"。有时，面对风恬浪静悠悠的寥廓江天，渡客也会有"身在太虚梦犹惊"的际遇。若是江风飒飒，波浪击舟，渡人又有一种"江流山欲动，潮长月初生。乱碛飞鸿影，虚樯警柝声。此时双阙下，儿女话灯明"的惆怅情愫。没人过渡的空闲时，渡工闲不住。搞搞船上的卫生，抹得一尘不染。十个摆渡人，九个清丝。他们是出了名的干净人。渡工从早到晚就是这么过的。有时，我和父亲到小爹爹家去，在渡船上，小爹爹总是拿出留下的油条、花生米之类的点心给我吃，要是没有吃的，他会给我几分钱。我总觉得，那时候过渡是一件快乐事：看长江水，听大人们说话，有吃的，有零花钱。不过，现代机械船虽给过渡人带来了方便、快捷，全没有那时一叶扁舟徜徉江上，那种天人合一的梦境感。

大通古渡口

七美下水桥。水桥湖是一个过水性的湖泊。早先湖上有上水桥和下水桥。上水桥早已损毁，踪迹全无。至今人们只见有个下水桥。每年春夏之交，水涨上来，下水桥被淹没。一到初冬，水退掉，建在湖中央的下水桥呈现在茫茫湖滩上。下水桥下面有一条小河，连接青通河直通长江。这是一座默默无闻又充满神秘色彩的石拱桥，有几百年甚至近千年历史。少小时，我捕鱼打柴经常光顾这里。它和小学课文里面描写的赵州桥一样，全都是用青麻石条砌成的，桥下没有桥墩，只有一个拱形的大桥洞。桥面三四米宽，桥长七八米，横跨在河面上。这种设计，从力学角度分析，极为科学，既节约了材料，减轻了桥身的重量，又减少了洪水冲击桥墩的阻力，从而延长桥的使用寿命。过去，在枯水期和秋冬季，大通上九华山的香客、周边的农民、渔民、樵夫、购买山货的挑夫，凡来往于大通和皖南老山里，必经过此桥。有一次深秋的夜里，我在下水桥边的小河里扳罾，夜幕下，湖区一张张马灯，星星点点。黑暗中，颇有"空山不见人，但闻人语响"的况味。偶尔天空有几只老鸦啼叫，此境不免让人想起唐代诗人张继的《枫桥夜泊》"月落乌啼霜满天，江枫渔火对愁眠"的诗句。下半年底，天气晴好，我也会到下水桥下拖爬网。运气好也能拖到四五斤杂色鱼。累了时，我会坐在桥头青石条上，默默地注视小桥流水，一言不发。

历尽沧桑的古下水桥

八美理发店、照相馆、洗澡堂。文明社会的人，离不开理发、洗澡。在我们老家，我小时候每次剃头，都是附近大同圩一个姓丁的剃头师傅承包的。剃得好不好，我们小孩子从来不管。几分钱记个账，到年底由家长一把付钱。在大通街上初中后，我再也不让老丁剃头了。大通街上有两个合作化理发店，上街头一个，下街头一个。每次理发，老师傅让你坐在老式老爷椅上，根据需要调整高矮，按照流程，先用电动理发剪剪发，再用手工剪削发，洗发，剃刀刮毛，最后吹风，擦油，师傅摘下围在你身上的大白围巾，用力一抖，拍拍你的肩膀，示意结束了。付3毛3分钱，就让你容光焕发。若遇刮胡子刮脸的顾客，则用热毛巾敷在脸上，师傅一边与你说些天南海北家长里短的趣闻，待你似睡未睡时，开始给你刮脸刮胡子。经常有人在刮脸刮胡子时发出鼾声。

下街头的理发店旁边有个照相馆，不少人都选择先理发后照相。所以老照片上，都可见是刚理发的痕迹。大通照相馆在周边十里八乡闻名遐迩，许多附近农村的年轻人，谈恋爱的、结婚的、参军的、小孩周岁的，都要来这里照个相。还有本地工作调动的，也来留个影。有一个朱师傅，不但拍照技艺精湛，还会逗人发笑，为广大顾客和地方风景留下了许多美的倩影。我还有一个房边的姨娘也在馆里工作，我有三四张青少年时的青涩照片，都出自朱师傅和我姨娘之手。我要感谢家乡的小照相馆，我从小学到初中高中毕业证书的照片，无一不是在那里拍照的。小照相馆，记录和折射了大时代的无数个美好的镜头。

若是下半年和冬天的傍晚，或是一天干活累了，或在理过发后，一般就到街头的龙华池澡堂泡个澡。

龙华池是大通街上唯一的大众澡堂，据说它建于清末民初，由时任大通军政长官黎宗岳督造，至今已有上百年的历史。澡堂正门面向老街东侧，有一个高大的门楼，门楼上镶有一块石匾，石匾上刻着"龙华池"三个遒劲的颜体大字。

龙华池浴室虽然只有一个热水池子，但根据保暖性、提供的茶水点心和热毛巾把子的不同，分三个房间，设1角，1角5分和2角，三个等级。通常镇上的干部、教师、医生和营业员都选好一点的房间。我父亲是个渔民，他只要1角钱的房间。一次，洗完澡后，衣服里的皮夹子被人偷走了，回到家唉声叹气，晚饭都没吃。到澡堂洗澡，我们小鬼基本上都买1角钱的房间。但不论买什么价格的房间，所有浴客都脱得光光的，赤条条进入一个池子洗澡。有一次，我在洗澡时，突然一个农村来的小青年穿着短裤头进入浴池洗澡，我们顿感愕然。在赤条条的浴客众目睽睽下，那个穿裤头的青年仅在池子里偎了一下，不好意思地跑出去了。从这点来讲，在龙华池澡堂，实现了所有人赤诚相见。你若要穿衣洗澡反而是另类，被人耻笑。

九美小轮码头。在江河边生长的人，对船舶、港口和码头司空见惯，但是在20世纪五六十年代至七八十年代的内陆江河中，极少有大通小轮码头那么繁华。每天早、中、晚都有轮船从大通小轮码头起航、停泊。每天早晨，当天刚刚亮时，开往安庆方向的小轮就响起了汽笛声，打破了码头的宁静，召唤乘客做好准备。不一会儿，候船室挤满了人，有站队买票的，有买好票坐在室内椅子上的，有背包闲逛等候乘小轮的。整个小轮码头熙熙攘攘，喧嚣不已。当闸门一开，人们像潮水一样涌向上水小轮。送走了开往上水的客轮，码头又恢复了暂时的平静。过不了一会，开往芜湖方向的下水小轮开始上客，小轮码头又掀起了新一阵热闹和喧嚣。中午时分，上下水客轮再次停靠大通小轮码头，同样有大批先下后上的旅客。一个小轮码头，搅动了整个江南小镇。当夕阳西斜，停泊在小轮码头的长航客轮和其他拖驳、货轮塞满了码头，有静有动，呈现出现代化港口气派。入夜，码头渐渐进入沉寂，只有趸船上的高杆灯彻夜亮着，映照出威武高大的客轮和江水的流动。

小轮码头另一个景观是，傍晚时大通街居民来江边水泥台阶下挑水、洗菜，更多的一大排女人在此洗衣此伏彼起的棒槌声。码头，将江河与陆地连接起来，互为加持成就了小镇的繁华。

十美灵秀的澜溪女人。在我七八岁上大通街玩时，总觉得街上人长得比我们河南咀的人要好看得多，特别是女孩子更是个个漂亮。那时不知道，所谓好看，其实就是洋气，相比他们街上人，我们渔民要土气得多。从河南咀小学进入大通小学五年级后，我发现男女同学人数差不多各占一半，比起河南咀小学一个年级顶多只有两三个女生。大通小学不仅男女同学人数差不多，而且男女同学搭配座位。更令人赞叹的是，有很多女同学，不仅貌美如花，而且学习成绩优异，十足的"学霸"，成为名副其实的校花，美女同学和渔民穷小子之间的巨大的落差，我不敢有丝毫痴心妄想，只有把羡慕埋藏在心底。

大通街上有那些女教师、女医生（女护士）、女营业员，由于着装和工作环境优越，比渔家妇女洋气得多，她们不仅长得漂亮，更显得有气质，她们比河南咀的渔家妇女层次素养要高很多。一土一洋，高下立见。

⊘ 四水归堂话大通

大通古镇地处长江中下游南岸，位于安庆、池州、铜陵、三地交会处，也是安庆至芜湖之间轮船中转重要码头，更是周边四方交会的要津。历史上的大通，曾是一座蜚声中外的江南江岸重镇，一度拥有常住人口七八万，号称十万之众的沿江商业"巨埠"。大通以"镇"面世，有文字记载的始见于宋代诗人杨万里《舟过大通》一诗。明代洪武三年（1370 年），这里已设有巡检司、递运所、水泊所等经济检查机构，同时设有"水驿"。然而，大通（特别是和悦洲）作为近代沿江流域重要商埠的形成，还是起始于清代咸丰时期后，到抗日战争爆发，其间大约经历了 80 多年的生长发展时期，其中以清末至民国二三十年代最为繁荣，鼎盛时期的和悦洲以"小上海"名扬于世。

杜兰特说："地理是历史的子宫。"历史和地理构成了时间和空间的美名，地理哺育着历史，规范着历史。

在生产力不发达的时期，地理环境对人类社会和历史的影响具有决定作用。探究大通兴衰，追根溯源，就不得不追溯到一个极其特殊的天文地理位置和水文环境上来。而探究地理环境也可以甚至也离不开从中国传统文化的"自然国学"智慧里寻找原因和答案。

中国古代天文学家，将天空中可见之星集合体分成二十八宿，以天空的东、南、西、北四个方位想象成四种动物形象。以大通和悦洲四至为例，东边是长龙山，蜿蜒绵长，郁葱起伏，生机勃勃；南边是青通河入江口，鱼水情深，舟楫争流；西边是大江中珍稀白鳍豚和江豚，逐波戏浪，远处岸边是一望无际的丰沃田野；北边是羊山矶，突兀峭拔，屏障阻风。江心洲聚四方之气，江心洲势似元宝形，寓意招财进宝之祥瑞之地，此乃物华天宝也。

古语云："良禽择木而栖，凤非梧桐不落。"明察暗访，条分缕析可知，洲上同姓、同宗之家较少，多为杂姓，缺少大姓宗族，这一方面反映了和悦洲的规模开发史相对较短，另一方面也表明和悦洲是一个移民型聚落。移民包括周边本省地区，有来自两湖、江苏等外省。"客民分八帮，一曰两湖，即湖南、北也；二曰金斗，即庐州也；三曰大邑，即安庆府；四曰新安，即徽州；五曰泾太；六曰旌德；七曰池阳；八即土著。"可以说，洲上居民几乎全为外来之移民。万民聚而汇之，如飞凤落巢，注定是人杰地灵的绝配。

来水进入明堂，临近洲边，四方八面之水如群鹤相攒，重更迂回数十里，步步回头不肯离去，环抱有情。所谓"山管人丁水管财，山水环顾定有情"，此乃上等之吉地也。如果借助徽州传统建筑文化，运用徽派古民居——天井这一具象，我们不免惊奇地发现：这里的地势呈"四水归堂"状，江心洲四面环水，如同一颗镶嵌在浩瀚大江中的明珠。一年之中不同季节分别有四方来水汇聚或影响此域，是一种得水聚气的风水格局。水主财。所谓四水归堂，形象地说就是四方八面的来水注入江心洲及夹江这个天井。主要有：

一是自西向东的安庆（长江安庆段与江西湖口交界处）、贵池江段与大通交界处的上游西边来水。这是长江主干流，源至顶流的天河。由于江心洲和悦洲的凸起阻拦，改变了长江的流向，本来自西向东流的长江，到这里变成了由南向北流，俗称"长江拐弯"。得天独厚的水利条件，成就了大通的繁荣。早在西汉时，这块地方官方就设置"梅根冶"，炼铜铸钱，直至明清。著名地理学家顾祖禹（清初人）在《读史方舆纪要》中记载："贵池县……梅根河，在府东西十五里，其源一出九华山泻于五溪桥，一出太婆山泻于马衙桥，交于双河，又北达大江，亦曰梅根港，港东五里即梅根监，历代铸钱之所，有钱官司之，故梅根港亦曰钱溪。"可见，大通的上游梅根冶就是历朝官廷铸铜钱的机构所在，自古生财源远流长。无独有偶，清同治三年（1864年）九月初，曾国藩由安庆乘舟江下途经大通荷叶洲，眼前地势令他为之一亮，遂登陆与幕僚勘察，筹划在"大通设招商局，中路售盐向以大通为总汇"。清同治四年（1865年），曾国藩镇压了太平天国的革命运动，以两江总督兼清廷盐政大臣身份，由南京西上巡视途经大通，确认了和悦洲为沿江流域开办盐务的最佳场所。选择大通和悦洲集中督销和征收厘金，既能集中管辖，又可节控苏皖、浙、赣等数省水上航运。更有大通（包括河南咀）、和悦洲之间为一窄长内江带，可任千艘大船停泊栖息，免受风浪袭击，在这里设盐务关卡，实乃百川会海，安如磐石，一劳永逸享得万金之利。曾国藩站在和悦洲上遥望江流，仿佛看到黄金如潮水正随着江涛滚滚而来。从此，"盐务招商局"、盐仓和督销局相继成立并建成。各路盐船云集大通和悦洲江湾者常年不计其数。道光后期，在大通设"楚西掣验局"，驻局领导人仍为道员。楚岸（湖北、湖南）、西岸（江西）一带掣验局专管上游三省的盐船过境时掣秤验照收税。小小的大通和悦洲其影响力居然"上接两湖"。

二是由西北向东南的枞阳白荡湖、枫沙湖、陈瑶湖等注入长江大通段的江北来水。枞川江北大地是名副其实的"鱼米之乡"，尤其是江北广袤肥沃良田盛产的稻谷，从清末至抗战前，大通两岸米行多达20多家，成为沿江芜湖之外的著名米市。几大湖出产的鲜鱼等水产品，汇集大通和悦洲市场出售，"一度压断了街"。妥妥的加持形成了大通的米市和鱼市。"蕞尔荒洲"为何一跃变成"人烟稠密，瓦屋如鳞"，考察大通的兴盛热闹与繁华，其中之一离不开与一江之隔的枞阳江北紧密联系。可以说大通的平民百姓有一半以上是枞阳江北过来的人。他们在大通建镇初期（大通镇始建于宋神宗末年，即1075年）就从江北来到江南的大通，千余年来祖祖辈辈在这里繁衍生息。清末至民国时期，大通镇上的"三大木行""四大茶庄""八大帮会""十大饭店酒楼"，还有"四十八家鱼行"无一行当没有江北枞阳人。据史料记载，当年在白荡湖、陈瑶湖、枫沙湖中以打鱼为生的有数百上千人之多，适逢出鱼季节，每天进入大通鱼市交易的鲜鱼达千石，占大通鱼市的半壁江山。大通镇上40多家鱼行中约一半是江北人开办的。他们还发明制作了一种叫"臭鳜鱼"的菜谱，在盛夏仍可运至皖南徽州，至今已成为徽菜一道名菜，并且成为一个产业而做强做大。

三是自南而北的长江南边的内河湖泊，即青阳、木镇、童埠、十八索和缸窑湖等广袤水域的青通河，在河南咀出口处注入鹊江（夹江）的南边来水。据乾隆《铜陵县志》记载："大通河，在车桥南十里，其水自青阳九华山发，又一出梅山冲，一出天门山，合车桥河入于江。"正是这条发源于九华山的青通河，凭借绵延不断的山川和一望无际的湖泊，襟江带河，造就了千年渔村河南咀，带来了历史悠久的渔业旺盛，成就了大通鱼市场的几百年的繁荣，因而有了河南咀渔村名扬沿江五省的佳话。同时，由于青通河水系发达，沿河自古就建成了青阳、木镇、丁桥、童埠和澜溪老镇等古码头。早年皖南山区，铁路不通，公路甚少，小道崎岖，交通不便，徽州山区和邻近各县纵深广大腹地的土特产品，如棉花、黄豆、桐油、生漆、茶叶、蚕丝、苎麻、牛皮、猪鬃、鸡蛋等的外出和所需食盐（包括本应由陆路转向和悦洲下游芜湖销往上海的皖南主要外销商品——茶叶，也必须经和悦洲抽厘后再行）运销；加上后来的英、美等国经销的肥皂、火柴、面粉、煤油和香烟并称为"五洋商品"的输入，这一出一进、经商运货，主要依靠木帆船作为交通工具，从青通河进出口，不仅货畅其流，还包括人员往来、信息资金的流动，极大地促进了大通商贸、经济和文化发展繁荣。

四是东海大潮涨水上溯长江最远点，到达大通，此为海水东来，故称东方来水。由于长龙山的阻隔，形成了海潮在这里回头的自然景象，上演了"大海在这里回头"的自然奇观。这是一条暗流涌动且具有无比强大力量的内生动力源，由于长江干流黄金水运主航道东西和上下游的通江达海，而东海又与四大洋七大洲相连。因此，自和悦洲设置盐务机构起，仿佛开了挂一样，"一业带来百业兴"。"下通苏杭"让名不见经传的大通一度享有"小上海"的美誉。据考证，和悦洲的盐称"淮盐"。古时候淮河贯穿了江苏的连云港一带的盐场，其中淮安集中一个点，扬州一个点。淮安的盐是往北方销售，称"北盐"；扬州的盐往南方销售，称"南盐"。南方销售的"淮盐"正是从扬州进入长江，然后下到上海，上到江西、湖北等省。由长江下游扬州运盐至大通的船只，共有十八帮。那时各路盐船云集大通和悦洲江湾者，常年不计其数。从和悦洲连接铁板洲10余华里之水域，桅樯如林，风帆遮日，连渡江的小船也难以穿过。其中一票和两票的盐船（每票四包）为多数。更有能载三票、12000包之巍峨高大盐船停泊。当时无机动设备，重载的盐船泊在大通港，必须等待适宜的大风方能启航，导致大批盐船一停就是数月或半年之久。船老板和跟载的盐商们又都是些腰缠万贯的富商，待航之际，无所事事，于是常年大批大批地留居大通和悦洲，不分日夜地涌上街头，吃喝玩乐，纸醉金迷。由于有各种航运船在此经过或停留，于是又有了专门承修来往船只的修船厂，带动了新的人、财、物的兴起。由于盐业的做大，设立了盐公堂（为盐商们聚会议事活动场所）。盐公堂集资雄厚，曾资助"振通电厂"发电。盐务经营采用"盐票"和"引"方式，是政府发给商人购盐、交税、运销的专利凭证。据此对食盐产、运、销征税。可以说推动大通和悦洲从荒地向巨镇演变的一个最重要因素即是盐务。此时方圆 3 公里的江心洲竟有三街十三巷，人口 10 万，一派歌舞升平景象。

正是天工造化河湖通江达海的四象机缘，汇聚了人流、物流、资金流和信息（文化）流，对应了人脉、财富、社会、文化，才成就了大通的 80 年的繁荣昌盛。由于地理水利之便，大通不仅发展成为以商品流通为主要职能的经济重地，也是历史悠久的文化名镇。历史上，屈原、孟浩然、黄庭坚、朱元璋、孙中山等众多伟人名士驻足停留，或登临咏唱，抒发豪情壮志；或翻检时空，祈福无涯过客。

特别是与九华山佛教圣地的结缘，对大通的影响是显而易见的加持。唐开元七年（719 年），新罗国（今朝鲜）皇族近亲金乔觉渡海来华，途经大通，上了九华山。日换星移，几经演变，九华山辟为地藏菩萨道场，成为中国"四大佛山"之一，并称著于世。正因为如此，来朝拜九华山的长江上下游和南北各地香客，途经大通时的情景，蔚为壮观。每年正月和九、十月两度，南京、镇江、扬州、上海一带下江香客，还有来自更远的东南亚的佛教信徒纷至沓来，云聚大通。大通的大士阁为九华山"头天门"，朝圣的香客上岸第一站拜"大士阁"，然后或是乘船经青通河水路上九华山；或是走旱路（青铜路）徒步可直达九华山二圣殿。

运用传统文化的人文和自然国学智慧的望远镜，登高俯瞰，一幅"大通四水归堂"立体画，尽收眼底。

此外，大通地处交通要冲，多元文化交融汇聚的近代通商口岸，也使儒、释、道文化与西方的天主教文化在此和谐共处，相互影响，兼收并蓄，形成了独特的开放、包容的大通文化。小小的弹丸之地，竟有西班牙、英国、德国和美国的四座教堂。

唐代大诗人孟浩然诗云："人事有代谢，往来成古今。江山留胜迹，我辈复登临。"历史的车轮滚滚向前。随着山河的变迁，社会的演变，尤其是改革开放之后经济的高速发展，现代交通已从水运为主让位于"铁公机"等现代交通工具，导致原先以水运为中心的大通迅速衰落。但是大通古镇并没有因地理的变迁、物质遗存的消失和时事的变幻而不复存在。它是安徽同时具有历史唯一性、生态稀缺性、地理位置独特性的重要历史文化遗产。运用中国人文和自然国学传统文化的望远镜，登高俯瞰，一幅"四水归堂"立体画，尽收眼底。

运用传统文化的人文和自然园学智慧的望远镜，登高俯瞰，一幅"大通四水归堂"立体画，尽收眼底。

❱❱ 老镇探秘

从我记事开始，就听大人们说到"老镇"。

所谓老镇，顾名思义，就是比现在的大通镇（街）还早，并且两镇不在一起。起初不明就里的我，总以为那是一个很遥远的地方。童年时偶尔几次随父亲的打鱼船经过"老镇"或在"老镇"河段停留捕鱼，知道了老镇离家门口四五里远，濒临大通河，其西南还有一条小河（即名为小河口）流向大（通）河。这里鱼比其它水域多，"七（月）进八（月）出"的渔季，这里集中了许多捕渔船。不捕鱼的时节，渔船常常停靠在老镇河边一排排柳树荫下休息。长大后，无论是去戴家冲拾柴火还是前往渔业公社的鸡冠山小学教书，"老镇"都是必经之地。

老镇位于大通镇东南约四五里路，东边是低山丘陵地带，南临澜溪河，西临青通河，北为铜贵公路。从大通上街头通往老镇，一路经过老桥口、大士阁、八面佛、蔡家涝、五僧堂等古地名。（过了）老镇，其周边东南西分别有大碑、驴子岭、和尚宕、上水桥、下水桥、蜈蚣山、鸡冠山、半边月、吊罐山、江猪摆浪等一系列自然人文气息的古地名。

1939 年拍摄的九华山头天门——大通的"大士阁"古寺庙

20 世纪六七十年代，老镇已是一个破败的村庄，到处都是青石、麻石和半断古砖码起来的房子和菜园，残垣断壁是它的主色调；河流退水时会看见岸边一排排古砖，不知是古城墙脚还是古码头地基；河边满目都是厚厚的碎砖瓦、陶片和露出泥土的木桩。常言道："柏木桶熬不过破瓦罐。"不免想问，这河边木桩是何方神圣，居然和破砖破瓦破陶瓷罐共存千年而不腐！

21 世纪初，沪渝高速公路大通段建设，老镇村经历了历史性大拆迁，加速老镇村落的衰亡，老镇村民被拆迁安置到了民福家园。

曾经，我伫立老镇河边，总会油然而生一种"思古之幽情"，想象这江南水乡的老镇、城墙、商铺、古徽道、独轮车、码头、渔船、晾晒的罾网、渔火、桅杆、船帆……一系列诗性的人文自然景观；在脑海里似乎也勾勒出了温婉灵动、勤劳智慧、精进图强的地域人文特征写意画。

老镇虽已远去，可是，若拂去历史尘埃，掀开它神秘的面纱，你会发现：老镇绝对是本地区方圆 30 公里范围内最有年代感的地方，没有之一。毫无疑问，先有始建于北宋时期的老镇，后才有明万历年间移址建设的大通镇。原长江江畔的雏港，演进重镇澜溪，后到大通至今，历时 2500 余年，这里地下尘封了众多古代秘籍和极为丰富的文物遗迹。

左图来源于 1936 年安徽省地图——大通市界图；右画为章文生创作

老镇前的青通河发源于九华山东麓岔泉岭，自南沿谷北流，穿越青阳县蓉城镇，至元桥汇支流东河、东山河，续北流径童埠至双河口，与七星河相会，再北流弯曲经水桥湖、老镇澜溪，至今大通镇入长江。

青通河下游上段，从老镇看过去，东北远近山峦起伏，纵横交错的溪水积聚于广阔平坦的低洼区，自然形成湖泊，称水桥湖、天目湖，邻接青通河。湖的东北边主要有三条河。东南有河水源自青山、尖山曲折流入天目湖，称长河。东有源出天门山西山系的溪水弯曲西流，为上水河，又称天门河；北有源自伏牛山等山系的溪水，于郎家涝下处合为下水河，又称水桥河。上下两河在上水桥汇成南流，称澜溪。相邻水桥湖，转弯西流，至竹墩山（又称吊缶山）南麓注入大通河。此河西北边为山丘地带，东南边堤连水桥湖。水浅堤露，溪与湖各自流淌；水涨堤淹，溪与湖连成一片。水面广阔清澈，随风起澜。《孟子·尽心上》云："观水有术，必观其澜。"古人称呼这条河流为澜溪，秀丽美名，流芳千年。

察古之地图，战国时代，老镇直接滨临长江，青通河与澜溪汇合注入长江，形成天然的港湾口岸，该港即地当要冲的竹墩山麓。史载，楚怀王六年（前323年），老镇即为鄂君启商船队沿江东下的终点港。

除地理位置优越外，老镇周围地区物产富饶是吸纳人口集聚的又一要因。史料有载，西晋武帝大封宗室为诸侯王。惠帝、怀帝时期，五湖乱华，八王之乱，永嘉南迁，造成社会动荡，民不聊生。西晋短暂统治结束，晋室迁都建康（今南京），史称东晋。北方社会之乱，广大士族和百姓，先后纷纷逃到江南。东晋义熙元年（405年），中原颍川郡定陵东地（今河南舞阳）士族民众南迁江南，选择山明水秀、资源富饶、水路便利的临城县（三国吴赤乌八年即245年置临城县，今青阳中北部），侨置定陵县。其境域包括了今铜陵市区东南的大通（澜溪老镇）、天门等镇村广大地域。其中，古澜溪无疑是最为耀眼令人瞩目的首选之地。

由于青通河与水桥河、天目湖等江河湖泊在澜溪汇合，老镇襟江带湖，当地渔民常看见江豚在此嬉戏，于是在竹墩山下出现了一道景观："江猪摆浪"。竹墩山嘴阻挡了季风，加之此处水底下地势平坦，水浅河窄，老镇东南西大片湖区又成为渔民捕鱼的主要鱼场。宋代从徽州来老镇的先有佘氏家族，稍后移民的有高、张、朱、吴等姓氏家族，也即河南咀的先民渔民。他们靠水吃水，以打鱼为生。古时坊间俚语有："大通佘，河南高。"河南是河南咀。反映了佘、高是本地渔民的主体。此后，由于移民的流动，老镇兴盛和发展演变，形成了高姓等捕鱼与佘姓经销鱼这一供求关系产业链。

北宋著名诗人黄庭坚于元丰三年（1080 年）初夏泊舟南岸江口，作诗《阻水泊舟竹山下》，描绘山景风光秀丽并抒发感怀。竹山即澜溪镇竹墩山。南宋杨万里的《舟过大通镇》其中"江中浪拍天"和"渔罾最碍船"描写的正是老镇江边河湖渔罾图景。而清朝人黎近所作的《渔乐图》长句诗，虽记述的是县丞到大通渔课，但却以轻松灵活的笔调，为我们诠释了一幅老镇江南水乡渔人特有的生活气息。

舟楫相连、渔歌声声、商贸辐辏、经济富庶，寺院庄严，游人如织，澜溪老镇古埠繁荣景象呼之欲出。

得山水地利之便，物产的富饶，加上汉唐的梅根冶炼铜铸币基地的兴盛，铜官山（利国山）铜矿经碎石岭小路运送至老镇码头，或泊港过夜，或上船疾驶运抵贵池梅埂，更因徽州七县商家的聚集，老镇一跃而成为贯通皖南山区与沿江地区商贸活动的水上门户，商贾云集，相继形成各种集市。至此，老镇街道建设与时俱进并得以展开。

从史料和遗址得知，老镇的选址布局十分注重与自然环境融为一体，因地制宜巧用地理位置，依山傍水，南北走向建镇。南起竹墩山麓江口，向东沿澜溪弯曲的北边，为低山丘陵地带，称王家山，历久列为坟地。按家族划分区界，坟墓由江北桐城运来的花岗石，砌成坟头、碑，行道铺石板。江口向北沿大河约 1000 米，兴建街市，其东边是低山丘陵相连，面临街道，依山势相继建造错落有致的大小庙宇，曾称九寺十三庵。其西边是大通河滨，相继建造别具特色的房屋。地基的前部面临街道，筑于岸边；后部采用木柱（桩）入水支撑，凌空架齐连接前部平台。房屋为木质结构，架置其上，形成下空上实。乘船观望，相似楼阁，俗称"吊楼"。下空处可泊小船，上实因需而置，主要设客栈、商铺、民居等，鳞次栉比，屋宇整齐。街道铺有青石板，古色古香，整洁雅致，朴实中透出纤巧和灵气。经贸繁荣，人口稠密，气度不凡。既便于产业和生活，又彰显出徽文化水文化的特色气韵。

老镇澜溪,自铜陵首置定陵县为辖地时起,皖南有不少县的物资交流,经青通河、七星河通往长江,兴为口岸,到了南朝渐成为商贸繁埠。唐代设驿站。竹墩山与澜溪镇相通,唐代建杉木桥,屡损屡建,明改建石桥又毁,今仍可见遗迹。独特地理位置的澜溪镇,形成水陆交通纽带中心。水运,可乘船向上到古定陵县,又可到青阳童埠或蓉城,人们也可渡河到梅根冶。陆路,即古驿道分上下路线,下路自澜溪街南端(竹墩山)相水寺,经下水桥、合门、缸窑、渡长河、老鼠石,过双河口渡口,抵达贵池地里庵,经五溪前往九华山。上路自澜溪街北边即寺庵后的驴子岭,经上水桥,到牌头坊分岔,向东北经董店,可达古镇顺安。向南经塔山、蟠龙,渡长河,西垄、店门口,到古定陵县(唐后定陵乡,今为丁桥镇)、木镇等,是通往泾县、南陵、太平等县古道。始澜溪街北经驴子岭到牌头坊的路面,依山势主要铺设大小不等的鹅卵石。运输工具主要靠肩挑、驴驮、独轮木车、轿子等。历经岁月的磨砺,古道路面上的青石、鹅卵石日渐光滑,石板经车轮碾成沟槽,古道至今仍依稀可见。

经历元末明初的战乱后,社会局势再次稳定,长江中下游地区商品经济浪潮不断高涨,尤其伴随着以经营"盐、茶、木、典"四业为主的徽商的兴起,不仅刺激了城市的兴起,还促进了市镇经济的繁荣,经商人数众多,经营行业多,经营范围又广,交易市场规模逐渐扩大,商品集散地主要由长江支流向干流迁移。而老镇偏居青通河这一流域面积较小且枯水期断航的长江支流岸边,加之地理空间狭小,再也无法满足更便捷、更大规模的水路商品贸易和人口聚集,遂衰落成为一处普通的村落。相反,位于长江干流之滨、地理环境更优的澜溪街、和悦洲一带更适合船只的安全停靠、货物的集散和交易、人员的流动与安居等,于是新兴的大通镇应运而生,各类官、私机构纷纷涌现,到了清末民初达到繁盛阶段,成为与安庆、芜湖、蚌埠齐名,并称安徽"四大商埠"。

而今,游人漫步于"老镇路"及周边山水境地,寻古探幽,必将带来浓厚的兴趣。虽然只能从残留的一些古遗址上,找寻历史的痕迹。一块石头,一片砖瓦,一泓碧水,一座古桥,一条古道,一间屋址,一首古诗……这些岁月不经意间洒落的碎片,都能折射出珍贵的历史文化遗存,无不彰显着古镇丰厚的历史积淀和深层的文化底蕴,让人品味良久,不由得追怀那历史的沧桑变迁,让人回眸那逝去的辉煌印记。

老镇部分宋代瓷器残片　　　　老镇古码头遗址

老镇挖掘出的唐代"开元通宝""乾元重宝"钱币

陶柱头（左）、瓦当（右上）、砖块及条石（右下）

架设在老镇、小河口和鸡冠山的高铁天桥

滨临青通河的老镇河边尽是古木桩和唐宋元明时期的碎砖瓦陶片。沪渝高速公路和合福高铁老镇段高架桥不仅连接着山水地理，也接通了古今历史。

❯❯ 家门口的天籁之声

早先的小渔村毗水而建，在没有工业化的年代，这里一片宁静与祥和。门口的小路无车马喧嚣，悠闲的渔民在家里织着渔网和罾。永远不能忘记家门口那么多种天籁之声。这声音来自大自然的陆地、空中（树上）、水中（水边）。

一唱雄鸡天下白。鸡叫报晓是河南咀先民落脚此地的经典传说。小时候，曾听到河南咀的吴大话（吴少春）说他家屋后菜园地里夜里偶有金鸡叫，不是宝贝就是要出人才，而且这宝贝会在吴家人之内得到。在吴大话家与吴大金家相邻的巷弄的地上，多个夜晚，有人不止一次看到一窝小鸡，天亮又不见了。据说是金元宝出来活动。乡亲们一传十、十传百，这是一个子虚乌有的传说。一二十年后，宝贝倒是没见到，而吴氏家族真的出了个名震国中的大才子。我对鸡叫最有切身体会的是小学一年级被吸收为少先队员，要到大通小学宣誓戴红领巾。老师说人生有三大光荣：第一次是入队，第二次是入团，第三次是入党。那个晚上，从来没有失眠过的我，几乎一夜无眠，觉得天老是不得亮。不知多少次的辗转反侧，忽然听到我家的白翻毛大公鸡喔喔喔地叫起来了，随后邻居和周围各家的公鸡纷纷啼叫起来，天终于亮了。这是我对雄鸡报晓切身体会和感动的时刻。从此，每听到公鸡的叫声，不管是家里的、墩子邻居家的，还是家门口对面大同圩吴家墩的，雄鸡一声声、一阵阵，反复几次的喔喔喔的鸡叫声，那都是表明漫漫长夜的结束，新的一天开始。当然，还有一种母鸡的叫声，常回荡于午后下蛋之后，一只或几只老母鸡咕咕咕地重复高叫着，那是一种显耀，也可以说是告知主人，看，我又给你下蛋了。这叫声对饲养人来说，就意味着收获。

　　听取蛙声一片。农历春三四月，池塘水暖蛙先知。河南咀村后的渔花塘边，是青蛙栖息的天堂。只要有水塘，就能听见蛙鸣。蛙鸣一个显著的特点如同乐队表演，像是集体大合唱或曰合奏，很少是独鸣。傍晚时分，这种共鸣不受任何干扰。那阵势，如同排山倒海的天兵天将降临，每个蛙都会发出吼声，哇哇哇哇……此起彼伏，这里只有一种声音，而且长时间的发声，不知疲倦，没有任何褒奖，完全是自发的，这是蛙的一统世界，没有任何杂音，充满了活力。置身于蛙声之中，又像是进入了原始的童话世界里，整个人与蛙融为一体，同频共振。有时夜晚，偶尔经过鱼花塘，只要听到这蛙叫，就不感到害怕。而在秋冬季节的夜晚，鱼花塘这一片阴沉沉的，又没有了蛙声，死一般的寂静。"独坐池塘如虎踞，绿杨树下养精神。春来我不先开口，哪个虫儿敢作声。"长大后，才知道少年时的毛泽东也很欣赏蛙的精气神。

　　意欲捕鸣蝉，忽然闭口立。盛夏，天热得让人喘不过气来，人到哪里都逃脱不掉这酷暑。可这时屋边的杨柳树上唯有知了叫个不停，这声音真是夏天的标配，我们听见这声音，不但不觉得吵闹，反而让人安静。一旦听蝉鸣，再热也能在午间入睡，仿佛是催眠曲。真是古诗所云"蝉噪林愈静，鸟鸣山更幽"。除了蝉鸣外，还有另一种虫鸣，那就是纺车蛄，"哆哆哆……哆哆哆……"，那叫声虽没有蝉鸣的群体合奏，但这个独唱配合着蝉的合奏，更是分外的协调，它们共同演绎着盛夏的优美旋律和季节的韵味。

　　红窗映树斑鸠鸣。在城乡接合部的河南咀，见得最多的鸟儿除了麻雀再一个就是斑鸠。斑鸠一般春末夏初就进入繁殖期，而且一年有多次，所以它的数量相当多。"哥哥……哥哥……"，一年到头，都能听到这个长相和鸽子差不多的鸟叫声。晴天有，雨后也有这种鸟叫声。成年斑鸠一般都是出双入对地活动，似乎总谈情说爱，所以它们鸣叫时，也会此伏彼起，遥相呼应。凡是树木繁茂的地方，都有较多斑鸠常住，并且这叫声一年四季不断，斑鸠与人类一直和谐相处。

喜鹊喳喳乌鸦哇。我大约四五岁时，我家大门的前面是一块菜地，菜地里种有白菜、萝卜、菠菜和大蒜等，在严冬，这些蔬菜都匍匐蜷缩在厚厚的白霜下，菜地篱笆边有几棵高大的杨柳树，只有枝丫没有树叶，稍微抬头仰望，树丫上有喜鹊筑的巢穴。当东方的旭日照射大地时，菜园里高大的树干和枝丫上飞来几只喜鹊，体形有大的、有小的。大喜鹊肥硕的身体有黑羽毛，也有白羽毛，长尾巴，喳——喳——喳——，喜鹊飞来飞去，蹦蹦跳跳，叫个不停，此刻小朋友会想道："小喜鹊，叫喳喳，今天客人到我家。"念书的小学生，课本里的喜鹊又会啄树上的虫子吃，是树木和庄稼的益鸟。喜鹊又叫报喜鸟，总是那么受人喜欢。常飞来菜园杨柳树上的不光有喜鹊，还经常同时飞来几只乌鸦，尽管乌鸦和喜鹊长相相似，也吃害虫，但乌鸦全身漆黑，大清早一叫起来，总是让人不待见而使人讨厌，要是夜晚听到叫声，更是令人害怕。

鸡叫、蛙声、蝉鸣、油葫芦扯嗓子、鸠唱、鹊喳、鸦啼……如此众多曼妙的声音，是老家不同季节的旋律，这声音最自然最纯粹最干净，全赖于人与自然和谐共生。

❱❱ 渔家子弟眼中的羊山矶

我最早接触羊山矶时只有五六岁。那一年，父亲的鱼花棚搭建在羊山矶下游的横港。天气好的时候，父亲带我上船看他们倒鱼花。我记得第一次，船行至羊山矶山脚下，我一抬头，一堵数十丈高的悬崖峭壁突兀悬在头顶，山脚被江浪洗涤后，许多山洞凹进去了。山顶像帽沿一样伸向江面，似乎马上就要铺天盖地扑下来。惊恐中，我大叫："快走！快走！"此时，大人们故意起哄说："不好了！山要倒下来啰！"我一闭眼转过身，他们将船划离江岸，指着江中的漩涡说："不得了，船马上要被卷进去了。"我一看，那漩涡圈核心像脸盆口大小，窝中间空心，深不见底，漩涡顺时针旋转，发出吱呀吱呀的响声，似乎可以席卷任何物体。吓得我直哭，他们笑得更欢了。晚饭时，他们又寻我开心，问我下一次敢不敢再上船了？我连连摇头。父亲笑着对我说："孬子，还当真的。"这时候,大人们说起了羊山矶的来龙去脉和奇闻轶事。饱读诗书的大伯说:"这羊山矶,大小有13座山头,山峦绵亘,活跃起伏,与大通长龙山相连。大矶头、二矶头,形如一对羊角。凸岸一侧,直抵长江。迎鹊江和外江两水冲击,明流暗拱,始终岿然不动。此处乃众山咸止,众水咸集。"我听得入神,此时,一只奔跳的领头羊,美自天成,活化我的脑海中。大伯呷了一口酒继续说道:"古言道,'山主人,水主财',铜陵得山得水。以我之见,不要很久,铜陵必有大的复兴。"大伯的话刚一停顿,长辈高宗福接上话来说:"羊山矶地势险要,为江防要塞,历来是兵家必争之地。从太平天国的石达开到民国的孙中山都到此亲督战事。从抗战到大兵过江,羊山矶一直是主战场。特别惨烈的是抗战时,四川军与日军在羊山矶一带展开激战。川军在灯笼沟的湖滩上插了大片毛竹签子后,当官的放心地赌钱去了。哪知日军穿的是东洋皮靴,用炮火轰垮了羊山矶上的防御工事后,迅即攻上南岸,把川军赶入湖中剿杀,顿时血染湖滩,川军几无生还。大通古刹红庙也被鬼子焚烧殆尽,至今人们夜晚都不敢在那里居住。"此时,已经义愤填膺的我,对后面的话已听不到了,一心想长大后当兵报国。哎,羊山矶能挡住大江洪流,却难逃人祸。

自那以后,我对羊山矶产生了一种既神秘又敬仰的心情,一有机会,就吵着要上船去看羊山矶。我看到:在春夏的傍晚,夕阳如血,山色葱茏,江水波光粼粼,白鸥翱翔,帆船点点……我听见在羊山矶脚下,月光如洗,匆匆过往的旅人在古道上行走和对话的声音。江浪拍打沙滩发出的阵阵哗哗声,远处不时传来的轮船汽笛声……羊山矶静如处子。

见证羊山矶卓尔不凡的风姿,是我十八九岁的时候。有一年发大水,我同父亲装煤从大通到铜陵,返回时,从南岸上行,船行至羊山矶,突然一股潮水向船头压来,父亲说:"快划!"我使出浑身解数,猛划几桨,终于使船进入了靠岸的回流。此时,极目四望,天际一片汪洋。洪水已漫过羊山矶半山腰,一叶扁舟在江中显得形单影只。夏季暴涨的洪水,如一群脱缰的野马,以排山倒海之势奔腾而来,直逼羊山矶。山水碰撞,洪水被撞得粉身碎骨,浪花飞溅,形成数个偌大的漩涡不停翻滚着。很快,主江流向着江北冲去。另一股回流沿着岸边逆向而上。此时,羊山矶的大矶头、二矶头,如砥柱中流,昂然挺立,稳如泰山。

船过羊山矶，父亲说："这个羊山矶的漩涡里过去不知有多少条船翻了，早先民间慈善家在这里拉了一道篾缆索，方便船家和朝拜九华山的香客过往。那时候山上有宝塔，就是为了镇锁江流，降伏洪魔。"是啊，羊山矶护佑了铜陵市，羊山矶不能有事。我盼望羊山矶的宝塔什么时候再重建起来。如今，我早已为人父。当我带着孩子走过皖江第一桥回家时，看到矗立在万里长江上的羊山矶雄姿，突然想到，这个传奇的地方，居然把历史、地理、宗教系于一身，将人与自然、社会联于一体。羊山矶，它的存在，恰恰演绎了太多的兴衰荣辱，它是铜陵人永远不能释然的精灵！

羊山矶

❱❱ 最是难忘老家景

"夕阳河边走，举目望苍穹，袅袅炊烟飘来了思乡愁。多少回朝夕晨暮思念着你哟，清清河水是我流淌的泪。窗外明月光，映照我脸庞，月之故乡亲人是否安康？捧一盏乡酒，陪伴着你哟，无论我身在他乡与远方。给你我的喜与悲，不只为那山与水，分不清是梦与醒，忘不掉是你身影。穿过岁月春与秋，尝尽世间爱与愁，何顾此时别离与拥有。"这首歌，表达的是游子思乡之情。人生在世，最难忘，是故乡。河南咀因河而生，青通河是河南咀人的母亲河。曾经的青通河及河南咀在儿时少小的人们心中是另一种风姿，让人难以忘却，萦绕心头，挥之不去。

春

春，从雨水这个节气开始，雨有了使命，水有了情感，万物更新。从家门口走到小圩埂上大同圩堤，圩内全是一片郁郁葱葱，麦苗、红花草主宰了一切，大千世界就是一个字：绿。大圩堤内外梯形坡更是清一色的绊根草，有农家的孩子放小鸡、小鹅，远处也还有几头牛低头安闲地吃着草。

清明节前后，大人们纷纷在操场上的菜地里砍树枝，当作树苗。有柳树枝、白杨树枝、法国梧桐树枝，父亲把这些树苗栽在菜园地的篱笆旁边，也挑选一些笔直的嫩树苗梢带回家栽在门口。几个月之后，这些树都吐出嫩嫩黄黄的树芽，再变成绿叶。这一过程，验证了大自然创造生命神奇的本领。要是在吃饭后的时光，我们会将柳树条子折下来，编成柳树枝圈，戴在头上，攒一把木制手枪，学电影里"张嘎""李向阳"的样子，捉迷藏、打游击。有时躲到青通河旁边陡坎子下，偎在两尺多深的青草窠里，谁也找不到。那青青的河边草，散发出阵阵的特有的最原始的植物芳香味。

稍大一点，放学后，立马丢下书包，会主动地邀门口三三两两的伙伴们去大同圩圩里讨野菜。这些野菜有马兰、黄个头、荠菜、芋蒿，不仅猪能吃，有的人也能吃。猪吃的野菜有蒲公英、野蒿子菜。那个年代，我们很小的年龄就为家里做一些力所能及的事，开始是被逼的，后来大部分是自发的。一句话，穷人家的孩子早当家，知道为家长分忧。

春天，青通河水渐渐地上涨。此时，正是桃花鲴鱼汛的季节。早上有打网的、扳手罾的，一天好的能捕到十几斤桃花鲴鱼。特别是到了鱼汛的傍晚，河边一排的手罾，起罾时，罾里会有十几条或二三十条鲴子鱼，蹦蹦跳跳，用捞兜抄起放入鱼袋或篮子里，这是最开心的时候。我们十几岁时，经常清早就被父亲喊起来去大通街小轮码头，或操场的外江边，或庙嘴头去扳罾。

暮春夏初，门口不少人家焐十几或几十只小鸡，在老母鸡的带领下，刚出生的小鸡在庭前觅食。可是，一不小心就会有一只小鸡在人们的眼皮底下被低空盘旋的老鹰叼走，恼怒的人们望着远飞的老鹰跳脚诅咒。那年代，老鹰出奇得多，老鹰抓小鸡防不胜防。

春天，青通河九华山和皖南山区洪水自南向北而下，长江里各种鱼类从大通河口溯流而上，浩浩荡荡，沿河抵白浪湖、缸窑湖、十八索大湖，直至进入青阳童埠众多大湖，河湖中水草茂密，饵料丰富，鱼群在此打籽繁衍成长。这是有别于农耕时事的春种秋收，只不过这是由大自然造化使然。

夏

盛夏，一阵暴雨之后，傍晚时分，天上又现出了西斜的太阳，一不经意就能看到天边升腾的彩虹。坑坑洼洼的地面，高一点的地上是湿漉漉的，低洼的地方还一直地淌水。只在这个时候，我们的几个小伙伴们，纷纷从家里跑出来，到门前的荒滩上顺着水沟扎坝，当水积蓄满上土坝时，用一根木棍戳进泥巴拔出，此时一根水柱射向远方。顷刻大坝倒塌，汹涌的洪水顺势从高处冲向下流。环顾周围，潮湿的地面上有爬行的蚯蚓，树上知了又开始拼命地欢叫了，门口的池塘里高处的水漫向低处水溏，流动的水有时候发出哗哗的声音，一些鱼儿逆流而上，跃动的鱼儿露出鱼背，有时候跳出水面，落到塘埂上，蹦来蹦去。坐南朝北的老屋，大门正对着九华山的方向，站在门口看天，天穹深邃，碧空如洗，清得蓝，朗朗清。湛蓝的天宇中，有几片白云，似动非动，有白云的点缀更显出天空的蓝和醒目。清新的空气，一口气吸下去，身心惬意无比。若是站在家门口，向南边看，不经意间，挡在100多里的九华山前面的笔架山像几根擎天柱，笔挺地耸立着。虽然家与笔架山相距较远，但看起来就像在门前一样，跑几十步就可以到达的地方。夏季雨后天晴的傍晚，更有今日罕见而那时常见的刚被雨水洗过的天幕上，一道弧形的七彩虹横空出世，继而它的外围又出现了一道颜色稍黯淡的副虹——霓。这种情景，到了六七十年代就再也未曾出现过。当然，这种彩虹在我一生的梦里依稀重现，真的是梦魂萦绕，一生难忘。夏季常发大水，大人们搭水跳架子，船紧靠门口。晚上有人划着船集中在柳树寨里听人说故事，任凉风吹拂，乡人何等惬意？

秋

入秋，江南老家那地方进入秋季，但仍处于夏末，有时比夏天还热。此时的青通河，正是鱼汛季节。河南咀岸上的人家推开门，几乎家家白天都空无一人，小渔村的人们都到哪里去了？答曰，都到青通河里捕鱼去了。人在岸边，人在船上，船在河中。扳铲罾的，撒网的，岸边扳架罾的，扳手罾的，河中放挂钩的，打撑篙网的，会于两岸的拦河罾有起有落……一条青通河，被渔民搅得沸腾不已。即使这样，千百年来，青通河的鱼都取之不尽。可是，到了20世纪七八十年代，青通河周围圩造田，使它变瘦了，成了一条小沟。又因污染，使长约28公里四季捕鱼的一段活水河，由于生态受到破坏，青通河不仅没有鱼了，连河水都快干涸了，原来充盈的河流，就像老妇的乳房一样渐渐地干瘪了，瘦巴巴的，流不出奶水了。

秋天，人总会感到天是那么高、那么蓝，空气是那么的清新。感觉气定神闲，吸一口，五脏六腑通透，一个字：爽！

每逢农历八月节，明月高照。大人们用筛子托着月饼、石榴、板栗，来到小塘埂外，对着皎洁的月亮，恭敬地请拜月亮。月光下，既明朗，又静穆，既明媚，又朦胧，即使是夜晚，也是如此。

进入深秋，家门口高大的白杨树、柳树、椿树，一大清早就飞来了几只大乌鸦落在上面蹦蹦跳跳，"呀，呀，呀！"叫个不歇。虽然我不喜欢这种鸟叫，但一听到它的叫声，就突然感知秋的悲凉，让人有一种大自然独特的苍凉。上学后，才知道乌鸦是益鸟，乌鸦会吃害虫，是庄稼的保护神。由此，对乌鸦渐渐产生好感。可惜今天，在家乡已难觅乌鸦的踪影。

有一次，在父亲的渔船住了几天。一日，渔船休息时，靠在青通河边的鸡冠山边。随父亲上得山上，会看到10来棵枫树，绽放的红叶，在秋日的阳光下照射下，熠熠生辉。摘一片枫叶，似乎饱含了无尽的情思，有了红枫，更映衬了大自然的秋趣和诗意。

秋末，鸟儿纷纷忙碌起来，它们或在树丫上或在树梢上筑成了大大小小的鸟巢。它们同人类一样准备迎接寒冬的到来。傍晚，天空中更有一队队南飞的雁阵，忽而"人字"忽而"一字"的队列，"昂昂"地叫声，不知是口令还是口号？

好一个秋日，诚如宋朝诗人程颢所云："闲来无事不从容，睡觉东窗日已红。万物静观皆自得，四时佳兴与人同。道通天地有形外，思入风云变态中。富贵不淫贫贱乐，男儿到此是豪雄。"

冬

冬季，当你还在被窝里蜷缩着身体的时候，窗外屋檐下的麻雀就叽叽喳喳地叫个不停，一听就知道它们快乐的样子。天好的时候，太阳悬在东边的山岗上，家门口的空地上，是一片厚厚的霜白，屋前的菜园里，几棵高大的柳树枝上，喜鹊上蹦下跳，有的飞向远处，有的从四周飞来，落在树丫上，叫个不停，活脱脱的一幅"喜鹊登高枝"的图画。大人们说："喜鹊叫，客人到。"不明事理的孩童，天天盼家里来人，好弄一顿好吃的。可是，尽管喜鹊经常叫，有时候多少天也没有人来，但是也有喜鹊不叫的时候，家里也来了客人。总之，孩子们总是对喜鹊充满了好感。

那时，冬天总是大雪纷飞。只要下雪，我家不严密的墙壁和窗户总有一些雪花飘落进屋，有的落在床上，没有内裤的我，早上起来，光腿伸进絮裤里，顿感冰凉冰凉的。有时一连多少天狂下鹅毛大雪。河南咀的操场上对风口的低洼处积雪厚达1米多，曾有野狗陷入不能自拔而活活冻死。有的人家担心不结实的茅草棚子被厚厚的大雪压垮，会在天一亮就爬上梯子扒雪。下雪对小朋友们来讲却是开心的事。清早起来，堆雪人，下午放学的小学生分成两队打雪仗。大力气的同学抓起雪团子往身体矮小的同学衣领里塞，冷得小同学直打哆嗦喊着、哭着，骂着，但还是觉得很快活。

大雪停了，到处都是整个白茫茫的银色世界，不知从哪里来的那么多的鸟儿，纷纷涌向冒着炊烟的房舍前。这时，家门口的人就会把门前雪铲掉，留一块鸡罩大的空地，放几把粮食，然后用一根小竹棍顶住鸡罩边檐，在竹棍上系一条细麻绳一直连接到屋里。饥饿的麻雀、八哥和其他鸟类，不知是计，见到吃的食物，会蜂拥而入，尽情地吃个饱。突然，绳子一拽，竹棍倒下，鸡罩严严实实地将贪嘴的十几只鸟儿罩住，被俘虏的鸟惊慌地扑打乱撞，不一会儿一只一只地被捕获者捉住，成了人家餐桌上的美食。

最冷的时候，不是下雪时，而是雪后寒。早上起来，就会看到屋檐边挂着一排老长的冰溜子，像冰棍，不怕冷的小鬼用竹竿捣下，捡起来玩。每次上学经过鱼埂，都会看到冻实了心的小鱼塘。有的同伴还捡一些小石头抛向鱼塘的冰冻上，"呲"的一声，只见石头滑向远处，被砸的冰冻上只留下一点白痕。于是，伙伴们会纷纷跑到冰冻上滑冰，并跑着嬉闹。下午渔家十几岁到八九岁的儿童纷纷去滑冰，互相冲撞，是少儿最开心的时候。

"春有百花秋有月，夏有凉风冬有雪。若无闲事挂心头，便是人间好时节。"别了，那个四季分明、充满生机与活力的小渔村，那个一到傍晚炊烟袅袅、母亲呼喊孩儿回家吃饭的招呼声，那个从学校回家经过鱼花塘小埂上、放学嬉戏打闹无忧无虑的一班天真少年，那个天蓝、水绿、大地干净、空气新鲜、宁静与祥和的故乡——河南咀。

» 沸腾的大通小轮码头

对河南咀人来说，交通出行的便利得益于大通小轮码头。"搭小轮"是20世纪五六十年代出生的人抹不去的记忆。当父辈在贵池的郭港、梅埂和铜陵的横港、扫把沟和铜陵县江边装鱼花时，各家的子女们就会相约过一周就要送菜到沿途渔花棚。有当天去当天回的，也有次日返回的。乘小轮不仅方便，而且票价低廉。送菜、搭小轮是十几岁孩子们走向外界开阔视野的极好的机会。

每天早晨、中午和傍晚都有轮船从大通小轮码头起航、停泊。轮船的马达轰鸣、汽笛声声，靠近下街头的小轮码头，人头攒动，车水马龙，构成了小镇美好独特的风景。大通客运小轮是大通周边（包括河南咀人）连通上至安庆下至芜湖沿江各地码头的金桥和纽带。

大通客运小轮码头是铜陵港的前身，隶属长航芜湖分公司管辖。大通小轮码头位于大通镇下街头。五六十年代，大通是长航客轮东方红303、东方红304等多艘客轮在此停靠驻点过夜的地方，是上下水客轮的起点、终点码头，南来北往的旅客都落地在大通，大通大小旅店、客栈每天均客满。夜幕降临，这里仍是人声鼎沸，热闹非凡，为大通带来前所未有的繁荣。曾经的这里，每天早晨，当东方的天际刚露出一抹鱼肚白时，下街头各旅社的旅客纷纷早起洗漱，早点摊早已开门，油条锅冒着滚热的香油气味，包子、馒头蒸笼散发出一片雾气，旅客落座后摊主吆喝着端上早餐，小镇迷漫在氤氲蒸腾的人间烟火气中。

当开往上水安庆方向的小轮船拉响了汽笛声，这是召唤乘客。不一会儿，小轮码头开始热闹起来，那些到上水的枞阳老洲头、桂家坝和贵池的旅客，纷纷加入售票处窗口排队购买船票长长的队伍。候船室和码头熙熙攘攘，纷繁喧器。当轮船再次拉响了汽笛，轮船发动机也随即开始发动，伴随着轮船发动机的轰鸣，开始晃动起来，船夫解开了缆绳抽起了跳板，轮船载运着旅客驶离了码头。送走了开往安庆方向的客轮，码头又恢复了平静，显得空荡荡的，沐浴在早晨阳光中的小轮码头的安静和空闲是短暂的，过不了一会，开往芜湖方向的客轮到达码头，小轮码头又掀起了一阵新的热闹和喧嚣。

曾经的大通小轮码头，不仅是大通最繁华热闹的地方，也是一处江岸好风景。夏季每到傍晚，金色的晚霞像点点碎金洒落在停泊轮船的码头上，把江岸的晚景装点得格外妖娆。狭小的码头空地上挤满了人，有等家人的、有接亲友的，也有等托运货的，但也有一些路过这里的行人停下脚步看热闹的。

远远响起轰隆隆的汽笛的鸣叫，在小轮码头上空回旋良久。轮船缓缓地由远方向码头驶来，停在码头水面上，后面还有波涛粼粼的浪花在跳起了美妙的舞蹈，犹如一个小精灵。这里有接客的、有送客的。人们一边看下船的乘客，一边闲谈，不时地指指点点，从人群中看谁家有人回来了，谁又乘船外出了。

"笛……"随着一长声汽笛鸣叫，轮船离开码头。船老大站在船头甲板上熟练地甩收起拴在码头上的缆绳，起航了。轮船缓缓地驶向远方，水面上泛起阵阵浪花，长江水面波光粼粼，在清晨月色下闪耀着灵动而神秘的光华，来自冬天的寒风，在水面上低低回响。

小轮码头，它也是一个小社会，尽显人间百态。尽管有铁栅栏闸口，还是有人无票乘船，逃票的人也时有发生，有性质恶劣的被扭送大通公安分局。那时候，客轮和码头上经常有小偷作案。曾经有个贵池观前的年轻人把几百元钱放在裤子屁股后面的荷包里，不想在大通下船登岸时，一摸荷包里钱被人偷走了。他失魂落魄，边跑边喊，"我钱被偷了哦！"他急匆匆跑到大通派出所报案，你想想，派出所怎么能抓住那个小偷？据说，这年轻人因此得了神经病。还有河南咀几个小鬼，乘小轮去枞阳县老洲外婆家，结果，他们几个人在船舱里打起了扑克牌，打牌在兴头上，谁都没有想到过了目的地，只好到下一站下船，再搭下水小轮返回大通，等于来回白跑一趟。小轮码头，尤其是到了过年边，和悦洲菜农挑着满满两箩筐芹菜芽，和其他冬季蔬菜搭乘下水小轮到横港或铜陵县码头，然后乘公交车到铜陵市区售卖。

小轮码头的历史就是一个经典，尽管乘坐轮船时代已远去，但它那票价的低廉、准时正点的朝发夕至和沿江两岸风景的浏览始终留在那个时代人的记忆中，毕竟它曾给大通和周边的老百姓带来过方便、快乐和繁荣。

》 远去的青通河客轮

在中国，河流之多，不可胜数。但内河通航由轮船跑客运的却不多。所以，内河能够航行载客达百人的客轮，一定是一条水系相当发达的大河。20 世纪 60—70 年代，只要是发大水的年头，从大通河口到青阳县的童埠河段，长达三四十里，河道最窄处至少也有六七十米宽的青通河，一定是水深河阔。每年 4、5 月至 10 月之间，总有一条分上下两层的大木船机班轮，往返出现在秀美多姿的青通河之上，特别是当这班客轮傍晚归来经过（大）通河（南咀）两岸时，甲板上站着的众多旅客会不时地向两岸观看的居民挥手、说笑，那是一种多么亲切和谐的人与人之间的友好关系。这条不同于行驶在长江大铁船的内河木质小客轮，是长航在计划经济年代为铜陵、青阳和贵池 3 县人民量身定制的水上交通工具，它的开航得到了沿途百姓热烈欢迎。今天看来，它真正体现了政府想民之所想，帮民之所需的执政理念。一条午发夕归的木质机班船小客轮，通过青通河，把党和政府与人民群众紧紧联系在一起。

在汽车尚为稀罕物的年代，从青阳、贵池沿青通河两岸的山里人要把物资运出来，单靠肩挑人扛是多么的劳累和不便？有了这班客轮，旅客会将山里的竹木、柴、炭等山货通过这条装载量达四五十吨的机班轮船运出来，而且船票最远也只有 3 角钱。山里的旅客在大通旅社歇一夜，次日上午在大通街上出售山货特产。一旦销售告罄，采购一些居家日用百货，中午早早吃过午饭，搭乘每日中午开行至童埠的这趟机班船返回。在当时，此小机班轮就成了青通河沿岸老百出门远行的首选交通工具。

通常机班轮每天中午 12 点从大通鹊江码头开出。搭乘这班客轮的旅客有本地及附近经商和投亲访友的人，更多的是返回山里的外地人，他们早早在候船室买好船票，只待码头上工作人员手提喇叭一呼唤，人们纷纷前往闸门外排队，时间一到，把闸子的人打开闸门，少则 30 多人，多则 50 来人，或匆匆行走或一路小跑登上跳板，悉数进入客轮，有的进入底下舱内，有的只在船甲板上。12

点整，小客轮拉着汽笛，徐徐离开大通港，由北向南驶入青通河入夹江口，进入青通河。途经大通河主干河道，沿途有大士阁、老镇、鸡冠山、吊罐山、白浪湖、鹤门，停靠的第一站是西岸贵池的佘家咀（水产站）码头。从这里下船登岸的旅客主要是贵池县茅坦、下洲、登上和桐梓山一带的农村的农民。然后，有少量旅客搭这趟机班轮到童埠或者是去大通。客轮离开佘家咀，向东南对岸驶去，20多分钟后，靠近青阳县的童埠码头。这是青通河内河古老也是最大的码头。每到一站，船员系好缆绳，放下跳板，几声短笛和一串口哨响过，航闸门被打开，旅客匆匆经跳板上岸或登船，秩序井然。在童埠码头往南，还有种子店和远桥两个码头。在东边的这几个码头上下的旅客以青阳人居多，或是外地人来青阳往返的。

我曾数次到青阳县境内投亲访友乘坐过这条木质机班船客轮。我每次都喜欢站立在甲板上，意在欣赏青通河沿途两岸风光。这和坐长江轮船感觉大不一样，浩瀚的长江，一条小客轮在江心行驶，两岸景色基本上是远景，模糊不清，哪有在狭长的青通河行驶的这条50吨左右的大木船上近距离观看青通河两岸青山村舍那么醒目清晰，那么令人陶醉。从大通港至河南咀庙嘴头，在鹊江之上，可以俯瞰通河千年古镇和千年渔村。然后一路往南，轮船历经父兄捕鱼的各河段鱼位置，金家墩、百面佛、长安、五神堂、老镇、小河口、三段（鸡公山）、二段、头段（三县圩）……

20世纪六七十年代，青通河在贵池和青阳的境内，两岸大部分湖滩还没有圈圩，只要发大水，内河不见，代之而起的是百平方里浩瀚的湖泊。当客轮行驶进十八索水域，水天一色，白帆点点，鹰击长空，举目近处水是水，远处山是山，仿佛置身于一幅中国水墨画中，令人心旷神怡，人与自然融为一体。我倚靠甲板栏杆上，突然想起《唐诗三百首·其一百六十八》中"江水无情何所慕，愁满阑干无倚处"的诗句。不过，我此时心境恰恰与此诗反其道而行之，大自然赋予我神力，让我有意修为，予知时志，故循其善而作为。

由于青通河受汛期和干旱天气影响，它也脱不了一切内河季节性属性，凡汛期，只要是发大水，这条客轮不仅可以到达青阳县的童埠，还可以继续向东南的种子店和远桥码头行驶停靠；但若是旱情年头，夏季只能到达童埠，如遇严重的旱情，长江和青通河水非常小，那就得停航。

五六十年过去了，机班船客轮，一直留在我的记忆深处，不是因为乘坐这条小轮船票只要一二角钱价格的便宜，也不全是登船满足游玩的雅兴，而是因为对青通河太一往情深，那里有祖先和父兄栉风沐雨、披星戴月捕鱼劳作留下的轨迹和烙印。

航行于青通河的木机班船

❯❯ 老车站

大通何时建了汽车站，大概在 20 世纪 60 年代初。那时，大通小轮码头就是山里竹木材炭集散地。经常有一辆辆大拖挂汽车装满货物从长龙山一路风驰电掣开向江边码头，并鸣着刺耳的喇叭声，胆小的孩子吓得边跑边哇哇大哭。

随着经济社会的发展，大通镇上有了汽车站，这给大通及周边居民出行带来了极大方便。第一次到大通汽车站是一个冬天。大雪后，天放晴。我为了去青阳丁桥二姨娘家买车票。我从家里走到长龙山岗中的天主教堂下，有一幢小洋房车站，站长一家人住在里面，站长姓苏（后来知道叫苏克成），个子高高的，好像是北方人，长得像画报和电影里的苏联人，他操着北方话说："今天不能卖票，要等两天看雪化得怎么样，车子才能开。"又过了两天，那是一个下午，我买了从大通到丁桥的一张汽车票，大约下午2点半，客车开了。当汽车坐着我们十几个旅客从五里亭下坡时，我自然产生了一种豪情，望着车窗外的景象，一切往后闪闪而过。由于汽车是疾速行驶，平生第一次坐车的我，也像电影里的人物一样，忽然产生了一种豪情满怀感。

进入 70 年代后，公路拓宽，老车站的房子不得不迁址。从原来的大通小学迁往二三百米远的小山头上，与后来的镇自来水站和镇政府靠在了一起，一下变得很热闹。新车站开头还是老苏当站长，后来随着年纪越来越老，增加了新人。汽车站前面是窗口卖票，后面还有一个车库，可以停两三辆客车。那时，往返铜陵大通的客车根本没有现在这么高级豪华，坐了感到很舒服，而是一辆大卡车改装的，一辆车上两排木板，车顶是帆布棚。好在当初来往的乘客不多，都是有急事或赶路的人。一般一趟单程要两个小时。除了小轮码头，就是这里最热闹，分布在新建、董店、贵池、大同圩的知青基本上都是到这里等车，经常能看到下放的上海知青，他们边等车边交谈，小车站连接着乡村和集镇，还有本地的人来这里送亲戚，都会在这里送别。

小车站有时热闹，有时冷清。到了 80 年代，人们求快求变的观念强烈，小车站成了香饽饽。每到月末，大通中学的老师、大通医院的医生等机关职工和回市里厂矿上班的工人纷纷到铜陵市、县城都要乘车。夏天清早挤车就挤得一身汗，根本就没有座位，往往从头站到尾。

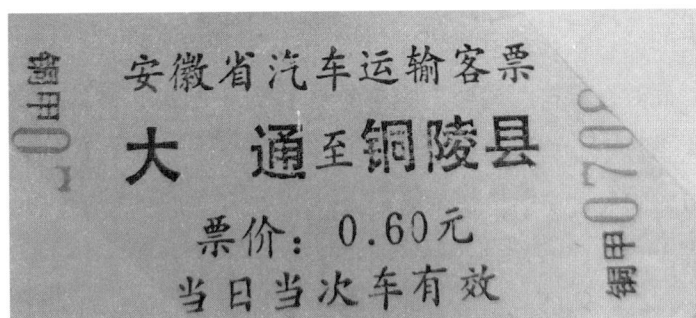

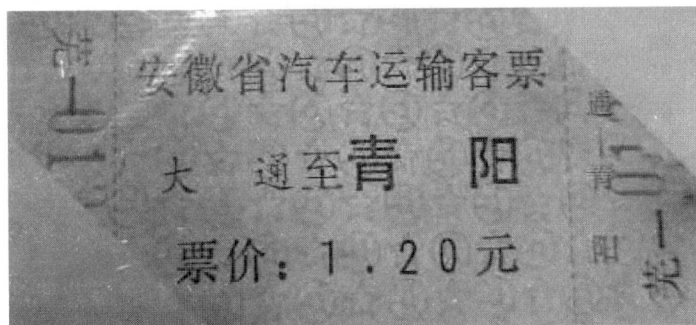

90 年代初，大通小车站每周一早上到市里上班的人最多，还有许多菜农挑菜到市里赶早市的，七八十岁挤早班车。天还没亮，小车站就挤得水泄不通。

随着经济的发展，社会的进步，特别是高速公路的出现，出租车到私家车的纷纷上路，特别是城乡公交车的通行，老车站不知何时关闭了，人员改制了，最后建站几十年的小车站，彻底消失了。那里只有一块公交车的临时站台。

大通车站在我的心中占有一定的位置。如果说少年时代坐小轮，小轮码头是我通往外界的水上驿站，那么到了青年后，大通车站就成为我年轻时心中的驿站。

》 走过泥泞的日子

立春之后便是雨水。正月及二月后，江南特有的"春涝"便如约而至。诚如宋朝汪藻诗云"一春略无十日晴，处处浮云将雨行"。这个季节，于无深处听惊雷，要么雨水倾注；抑或淫雨霏霏。江河暴涨，尤其是青通河咆哮汹涌的山（洪）水吞噬着位于出河口的弹丸之地河南咀小渔村……而此时河岸上的人家，就处于一年一度"尽室泥泞深，化为糜烂场"的境地。

透过时光的窗口，回望 20 世纪六七十年代走在家乡的泥泞地，深切感知到泥泞的力量。此时，渔村河南咀的家家户户正着手整理、修补自家的渔具。由于各家积蓄大多数不多，仅有些少的余钱，加上这春荒漫长的捕鱼淡季，渔家只出不进，只能啃老底子，依赖年前积攒的微薄积蓄买回最为底线的"计划米"口粮。多数人家只有两餐稀粥一餐干饭，有的三餐都是稀粥腌菜，有的人家偶有断粮，晚上早早睡觉。由于粥稀，好多小孩在床上尿床，半夜挨打。因经常在夜里尿床被邻居听到，有好事的同学在班上一宣扬，绰号称为"来尿精"的大有人在；裤子尿湿，次日没衣穿，旷课躲学者有之。

在渔村，天潮连着地潮。天上是雨水，手上端的碗里是稀粥；婴儿尿片湿漉漉的晾在屋子里；火桶里架着烘烤潮湿的衣物，冒着异味的潮气。仿佛整个世界就一个字"湿"。

放眼天地间，冷风吹雨，"雨大添泥泞，风清减浪痕"，呈现出"茅茨烟暝客衣湿，破梦午鸡啼一声"的况味。

老天老是下着雨，人们"深知阻泥泞，步履忘何如"。只能蜗居在屋子里。在渔村，男人补罾、织网；生产队指派有技术的老渔民指导女人们做鱼花缏、补缏袋。要是自家的房子很小，多数人都跑到带有天井的老徽派大屋子人家里，在那儿做活儿或谈白，或者请教补罾补网的技术活。而在屋外，地上全是泥泞地。低洼的地方，是一滩浑浊的泥水。由于渔村狭小，宅基地和住户拥挤，人们只能穿行在路径单一，细小弯曲且散落丢弃废纸、烂菜帮子、烂稻草和垃圾的泥泞中。人来人往，脚下的泥土被踩得稀巴烂。有时一些毛糙的孩童踩到水洼宕里，泥水溅得别人一身泥浆，不免招来别人一顿咒骂。这个"风雨吹打人，泥泞飞上衣"的日子里，不太注意整洁的小孩和大人，裤脚总是沾满了许多烂泥巴印子，即使用身体的热量把裤脚整干了，也露出了星星点点的泥巴点子。有的同学父母不用心，晚上将孩子的湿衣裤和鞋放在火桶里烘，半夜烧着了，夜半三更，有人惊呼："不好了，着火了！"届时，整个小渔村都沉浸在惊恐之中。其实是虚惊一场，并没有烧着房子。若是遇上汗臭脚的年轻人来家在火桶里烘脚，他的鞋袜臭气熏天，弥漫了一屋子，令你无处躲藏。经常见同学衣裤、鞋上有烧焦的洞。也有在床上被窝里烘火的，把被子烧着了，幸亏扑灭及时，未酿成大的火灾。因为茅草屋多，所以家乡专门雇了一个更夫，叫老何，每天晚上打更。入夜，他身上挂着打更的竹筒，一手提着一盏马灯，一手间歇敲打竹筒。从河南咀小渔村下墩至上墩几个来回，敲着更板，有节奏地喊几遍："小心火烛哟，火烛要小心啰。"

在家乡，那些平时不讲究、特别是不爱干净的邋遢人，裤脚和鞋总是沾满了泥浆。也有不乏真干净的谦谦君子，他们能做到出污泥而一尘不染。当然，这只有一贯讲究爱干净整洁的极少数清丝人。泥泞带给这个缺少砖头沙石更没有青石板和水泥路的小渔村，是一片满目肮脏的泥泞。面对天上的雨水和地上的泥泞，小孩们只有无奈地蛰伏在自家门口向外探头探脑，也有邻家孩童在屋檐下张望。偶尔雨小或是雨停，酷爱自由的小孩子们总是想到外面走走，找些干土块和一些碎瓦片垫在路上，像走在梅花桩式地来回跳跃。但是总是失败，只要走出去，没有不湿鞋的，甚至沾上了更多的泥水，往往遭到父母的训斥。踏着泥泞的人，多么向往走在被雨水冲刷过的干净的石板路上。因为这个缘故，家乡的少年多么想离开这片泥泞地，到大通街上居住，最好生活在那里。可见，能逃避泥泞，对少年具有多么大的诱惑力呀？

雨，一个劲地下着，老天像水帘洞一样湿漉漉的。无论是雨天还是不下雨时，小孩们穿着破胶鞋，因为走的人多了，水和着泥，泥泞更加嚣张！谁要是滑倒跌倒，一身烂泥，立马将你变成泥人，弄得"里外不是人"。

由于多日的阴雨，有的学生天天穿胶鞋，胶皮鞋若破了，脚在胶鞋里被水浸泡，脚板底长了鸡眼，有大的，有小的，严重的有好几个鸡眼，大的鸡眼形状像肚脐眼一样，面目可憎，如不根治还会长大，也疼痛。多日的潮湿，有人关节炎复发，有人罹患风湿病。

在物资极度贫乏的年代，老天爷无所适从。春涝，虽带来泥泞、泥淖和泥沼，可是大自然中的所有植物亟雨水润泽而生长，或生根发芽或含苞待放。而靠水吃水的渔民，一年的收获，更是指望这一两个月丰沛的春雨和漫溢江河的春潮，在鱼汛时节斩获肥美的鱼蟹。反之，如果春旱，则江河断流，河塘干裂，那更是庄稼人和渔民的噩梦。古人讲："不与天地斗巧"，人类只能顺应和利用大自然。中国人的生存智慧是"两害相权取其轻，两利相权取其重"。从这个意义上来讲，踏着泥泞的日子，未免不是预示着一个丰收的年景。正所谓"不辞泥泞极，即此是丰年"。

如今，村村通的水泥路已连接千家万户，即使多雨的江南水乡也难再见到满目肮脏的泥泞路。随着打造水清岸绿产业优美丽长江铜陵经济带和实施10年禁捕，昔日的小渔村早也实现了转型，人们思之极恐的"困泥泞"及其那个日子已一去不复返了。

于细细咀嚼中，那些苦涩却也有滋润的别样味道。那些出生于20世纪50—80年代行走跋涉于泥泞的渔家后人，如今绝大多数早已远走他乡。这些人中，不仅有散落在国内的北上广深大城市，也还有侨居欧美大洋洲异邦。要感谢泥泞，虽然曾经带来诸多不便，但只有脚踏实地，一路前行，不怨天尤人、不怨声载道，一定能走出泥泞。

把这泥泞记忆之痛的种子播撒在春泥下，化为希望之苗苗壮成长，定会繁花似锦，硕果累累。原来，只有春雨才能带来春泥、春生、春发、春芽、春苗、春花……踩着泥泞又算得上什么呢？

》青通河大堤上的军号声

人生当中，有一些珍贵的际遇美好的图景和深切的感受往往来自少年时期。这种小确幸，并非你事先有意安排好的，恰恰是这种不期而遇的小概率事件，能让人终生不忘。那是 20 世纪六七十年代的孟秋时节，正是小渔村人没日没夜全力投入捕鱼的关键时期。有一天下午，我和门口的高传华听说在三县圩大拐湾和头段往上正在出鱼。而我的父亲和高传华的父亲此刻正在搞一条（扳铲罾的）渔船，在头段扳船罾。我们的打算是去那里扳手罾，完了后还可以在父亲的渔船上吃个晚饭并住宿在船上。少不更事和不明就里的我俩，听到风就是雨，一人架起一把手罾，飞快地赶到离家 15 华里的三县圩。来到青通河头段那一带，可是面对一湾偌大的青通河，根本没有我们想象的捕鱼场景，有的是青通河的小浪不停地拍打着三县圩堤埂脚发出的哗哗声；远远的湖心中，只见父亲和生产队其他社员捕鱼的大铲罾，他们分明不会注意我俩的到来。此时，已近傍晚，我俩又失望又饥饿，无助的两少年互相埋怨起来，现在回去也是不可能。无奈之下，我说三县圩有部队军垦农场，看看能不能讨点吃的？于是，我俩放下手罾架子，从河边越过三县圩大堤，翻过大堤来到驻扎在圩埂下的解放军驻地营房。不幸的是，两只高大硕壮的军犬呼地窜出来，扑向我们，就在我俩惊恐万状中，从部队厨房走出一位战士，不知他对军犬叫了一句什么名字，两只狗乖乖地回到他身边，他问我俩干吗的？我说，来青通河找捕鱼的父亲，没找到，现在饿了，想吃点东西。他说吃啥呢？还有一点锅巴饭，你俩填填肚子吧。他给我俩每人一小铁碗锅巴饭，让我俩吃了。感觉那锅巴米饭特别好吃，似乎没填饱肚子。怀着万分感谢的心情，我俩离开了军营炊事班房。不知是不是"食饱心自得"的原因，此刻，我俩登上（童梓山至三县圩）大湾的大圩堤上，俯瞰圩堤下的土墩子上杨柳树掩映着几幢农舍，冒着一缕炊烟，晚霞西下，落日的余晖将童梓山、军垦农场无尽金黄色的稻田和浩瀚的十八索大湖染成褐红色，我从来没有见过这么美的景色。抬头西望，夕阳之下的贵池牢里圈横亘的群山，展现出又一幅"苍山如海，残阳如血"的图画。

我俩走到青通河边的手罾旁，准备用力呼喊父亲，等待父亲划船来接我们。

突然，从圩堤上传来"笛——笛——笛"的军号声，往大堤上一看，只见一位紧锁腰带身体笔直的号兵站在圩埂头上，面朝西面圩堤下的军垦农场的军营，起劲地吹着勤务号。悠扬缓慢的军号声，在沉静的自然界，是那么地具有穿透力。不知何故，我一听到这神奇的声音，就情不自禁想到古时征战的况味，一句辛弃疾的"醉里挑灯看剑，梦回吹角连营"倏忽闪现。这号声是那么古老、那么遥远、那么神秘、那么苍凉、那么静美、那么博大……一种无法言表的厚重感、沧桑感油然而生。

》 渔圩笛声

　　渔圩上的办公室和渔场职工宿舍都修建在鸡冠山上。鸡冠山在白浪湖渔圩的东北角，老镇村西南方的青通河南岸，大水时，孤独如水泊梁山。渔圩上最难过的是炎炎盛夏的白天，室外室内热浪袭人，无处躲藏，男男女女都熏烤得黑乎乎的。难得快活的时候，就是夏天凉风习习的夜晚。吃完晚饭后，渔圩上的职工洗过澡，洗晾好衣服，已是傍晚时分。劳累了一天的人，陆续搬来凳子竹椅和小竹床，不约而同地来到工具屋南墙旁空地上乘凉。这里有几株高大的法国梧桐树，山下是一望无际的白浪湖水面，山上八面来风，是乘凉的好去处。

　　入夜，在荒郊野外，我们围坐在一起，一边纳凉，一边闲谈。上了年纪的人谈乡邻百态趣闻，老党员讲政治运动。这些毫无新意天天重复的老话题，一开头就知道结尾。说实在的，渔圩上的日子令我寂寞难耐。我不大常住在这里，经常赶回10里远的家中。我对渔圩改变印象并产生好感的是始于某一个夜晚的笛声。一个明月清风的夜晚，突然从东北方向传来了一阵悠扬的笛子声，在夜风的吹拂下，时远时近。那是电影《春苗》的主题歌的旋律。那笛声一下子摄住了我的心。我情不自禁地哼唱起来："翠竹青青哟披霞光，春苗出土哟迎朝阳……"我刚唱两句，在场的年轻的男女像被注入了兴奋剂似的，立即声情并茂地对唱起来，尽管他们乐感不强唱词也不太标准，但他们都有强烈的歌唱欲。一曲结束，又响起《孟姜女》的笛声，如泣如诉，一下子把人们带入了遥远寂寞悲戚的意境。两个女青年高小萍和高传英随声唱道："正月哪里来是新春，家家户户啊点灯……啊灯……"此时，哀怨凄凉的笛声、歌声在夜阑人静的空山旷野飘荡，仿佛整个世界都在倾听。刚刚豪情奔放的人们，一下子又跌进愁苦伤感的深渊。此后，又有一曲曲激越欢快和哀婉凄美的旋律穿透我的耳膜，我的心潮随笛声和歌唱上下起伏，时而兴奋时而消沉时而昂扬。"横笛闻声不见人"，我循着笛声，发现那是从山下小河对面的老镇村传过来的。是谁居然能吹奏出这么悠扬美妙的乐曲？我虽没看到吹笛者，但想想他或许和我一样，也是个音乐青年。熟悉而久违的笛子声，具有一种穿透岁月时空的魔力，在我心头顿时涌起一种情愫。我不好意思地离开乘凉的人们，迎着笛声走向一处高地，伫立着，沉思遐想，仿佛又回到了童年……"黄昏笛子半夜箫"，我在上小学时就学吹笛子，自娱自乐。上初中时，见我有如此爱好，同学章礼云特意买了一根长箫送给我。其间还学了二胡，上高中时就不摸这些乐器了。不过，我虽不擅长唱歌，但对这些曾经把玩过的乐器仍很快找到乐感。任何新歌听了几遍，不看曲谱即能用笛子或二胡演奏出来。我当下决定明日就回家拿笛子，要与那未曾谋面的吹笛者隔空对吹。

从家中带来乐器后，一有空闲，我就迫不及待地把玩起来。但是出乎我的意料，无论吹奏什么好听的歌曲，断然找不到那种激情，我吹出的都是一些生硬难听的曲调，我问听者如何，他们只说还好。显然，这不是我最想要的评价。从此，我打消了在众人面前吹奏的勇气，只偶尔一人躲进小屋里习练吹奏。"要与那个吹笛人比试"，成了无声的心语。让我始料未及的是，我在渔圩小屋里的吹奏，让圩上不少小青年掀起了学习乐器的热潮。每至傍晚，鸡冠山吹拉弹唱，乐韵悠扬。一班小青年十分投入地演奏笛子胡琴箫，有时还配合动感的肢体语言。有摇头晃脑的，有抖动身体的，甚至有张牙舞爪的，令人忍俊不禁。

一天傍晚，我到渔圩最边远的西南角吊罐山一带巡圩，行至大拐圩埂时，远远就听到我极为熟悉的悠扬的笛声。我急切的脚步不由得放慢下来，生怕惊动打断了这天籁之音。笛声使我触景生情，此时，夕阳西下，湖光山色，风景如画。在悠扬的笛子声中，晚霞一片璀璨，柔和的金色光芒普照天地万物。微风吹拂，白浪湖面波光荡漾，青通河和十八索水天一色、舟楫点点，人迹未见，渔舟未归，这真是一幅难得一见安宁无边的美景！我极力搜索它的主题，"哦，这不是《渔歌唱晚》吗？"这笛声，"一声清长响彻无"。在我心中，一珍藏就是30多年。

多少年来，久住城市的我不是听不到笛声，而是经常听到电视里、广播里、电脑里，也有参加婚礼宴会听到名家的独奏表演，但都找不到渔圩笛声的自然野趣和韵味。现代都市太喧嚣太嘈杂，表演商业味太浓。原来，听笛是需要经历、文化和意境的。我怀念渔圩的笛声，是因为那时我们都年轻，"弦凝指咽声停处，别有深情一万重"，那时是用心去吹奏的啊！

如今，不知道昔日在渔圩上那些夜晚和黄昏吹笛者，可安好？虽然这些吹笛者有小河东边老镇的农家少年，有吊罐山三队渔家少年，但他们都是我的同年人。真诚希望这笛声还能响起。

》 夜宿白浪湖

大通白浪湖，1976 年是"我把青春献给你"的地方。曾经的经历变成故事里的人，其中不少还伴随着我的人生在梦里再现。虽然我渐渐老去，但梦里的我和那里的人、环境还定格在几十年前的岁月。这使我有一个新发现：梦永远是年轻的。有学者证实：一个常做梦的人，会显得年轻。我的发现为这一学说增添了新的佐证。

为了寻梦，我决定故地重游白浪湖。

车到大通后，我徒步走到九华山头天门——大士阁。入寺后，见早先的破庙悄然变成规模宏大的佛国，数幢大雄宝殿依山而建，庄严肃穆。这里香火缭绕，先我而来的善男信女正在焚香叩拜，口中念念有词，虔诚至极！

出大士阁，有一石碑，上写"老镇"。春日里，一个人在熟悉的河岸边行走，感觉真好！到老镇村时，听到音响播放的歌声"老公老公我爱你，阿弥陀佛保佑你，健康有力气……"抬头一看，临河地高坡上矗立着一幢豪华的三层洋楼，掩映在一片桃花林中，在阳光的照耀下，熠熠生辉。原来歌声是从楼里飘出来的，门口站着一个小孩，我问："这是你家吗？"他点点头。我心中不免欣喜。忆想 40 多年前，此处基本没有一间瓦房，村民中尽是（得血吸虫病的）大肚子，真乃是"一片萧疏鬼唱歌"的穷乡僻壤。如今因为党的惠农政策，昔日的大肚村变成了名副其实的社会主义新农村。

老镇的西南，隔一条小河，对岸即鸡冠山。白浪湖养殖场办公室就设在那里。以往过河有渡口，但自从沿江高速公路修建后，河口上已架起了一座巨大的公路立交桥。百余年的野渡，一朝消失了。上得公路桥，视野一片开阔：白浪湖静如处子。来到场办，"你找哪一个？"一个带着贵池口音的少女立在门口笑着问我。"我不找哪个，30多年前我在这里待过，今天来看看。"说话时，我看到墙上还保留我曾写的字依稀可辨。"稀客，稀客，快进来坐！"在寒暄中，我得知，这女孩姓祖，已成家。白浪湖鱼圩是她公公承包的，她的丈夫和公婆就管理这方圆几千亩的白浪湖。我问这小媳妇，可认识吴宗德，她说："你说的是吴师傅啊？我打电话叫他来。"宗德是我的老乡，比我大几岁，我听说鱼圩改制后，职工全都回家了，只有宗德被留下来了。约10分钟后，宗德来了。"呀！你怎么来了，事先也不跟我打个招呼，今天场长又不在家。"我说："没关系，能看看你也不错。"白浪湖上风餐露宿，使宗德的皮肤更加黝黑。宗德说："我带你在这上面逛逛吧。"那小媳妇说："你们不要走，我婆婆一会就来，中午在这里吃饭。"我说："你太客气了！"宗德对我说："好，就听她的安排。"我们俩在鸡冠山上转悠着。鸡冠山是屹立在青铜河边的一座小孤山。我那时在这里时，山上有许多树木，四季灌木丛生，有时候还能发现一些名贵的中药材和野兔。今日几家住户在山上种了大片蔬菜，临河的山坡上栽了一翠竹，竹林里有数十只鸡在觅食。站在鸡冠山头俯视，青铜河成了一条小水沟。我问宗德："怎么不见渔船？"他说："早就没有鱼了，河里连螺蛳都搞不到。"我说："过去这个季节正好是桃花汛，一发山水时，长江里的鱼蟹逆洪而上，在青铜河里繁殖，我们一晚上能搞几十斤鱼。"正说着，一位老者走到我们面前，瞅着我问："你是不是原来在鱼圩上待过的？"我点点头，也认出他来，原来是鱼圩上专门摸拼（竹片，用绳子连接起来的挡鱼的工具）的老张。"还是你们好，大圩是我们挑的，我在这里干了一辈子，到老来只能拿点生活费。"言谈中流露出不满。

我和宗德信马由缰地向鸡冠山的山嘴走去，路桥工人正在忙活。宗德对我说："前几天，工程队挖了一座古墓，我捡了一把青铜日月剑，一个工人捡了一只铜镜。被文物专家鉴定是1000多年前的陪葬品。"我说："这个小山丘上哪来的千年古墓？"宗德说："别小看这鸡冠山，传说古代的风水先生看过，大通长龙山有二鸡守护。叫作上有鸡冠山，下有羊山矶。"原来看似名不见经传的小山，居然有如此深厚的文化底蕴。当我们来到山尖时，看见脚下植被已被掀去，满目疮痍，鸡冠山的鸡头部分逢中一半已被劈去，裸露的山体，像被肢解的动物，那红土一片血色，白色的经脉像骨头一样。顿时，我的心情沉痛起来。这山也是一个生命体呀！我们也看过了一些其他地方，但此后兴致再也提不起来。中午时分，宗德的手机响起，是小祖喊我们吃饭了。

在场部食堂里，一张八仙桌上已摆满了色香味诱人的七八道菜：荤菜有鲜肉烧咸鱼的龙虎斗；湖水煮湖鱼的红烧鲢鱼；野菜是马兰、黄个头、芋蒿、芦笋、地地菇和自家种的蔬菜，全是原生态的。我说："大嫂，你怎么不在这里开一个土菜馆？"大嫂笑着说："好呀，那你来投资，我给当厨师。"她叫媳妇把酒给我们斟上，非要宗德陪我喝。恭敬不如从命，面对如此丰盛的菜肴和盛情，我和宗德一杯一杯地干。婆媳俩一边看着我们喝酒，一边听我们讲当年挑大圩的往事。那小媳妇尤其听得入神，仿佛看到她那稚嫩的脸庞和专注的眼神，我想30多年前，我不也是这样年轻、淳朴吗？但我那时做测量工作，一个月只有25.5元的工资，而她，这么小小的年纪就成了白浪湖的主人了。她赶上了好时代呀！真是干得好，不如出生得巧。酒逢知己千杯少，不知不觉这酒一直喝到下午4点多，一瓶杏花村酒让我和宗德给喝干了。酒酣气益振，食饱心自得。当我走出食堂，远眺白浪湖，碧波如镜，恰似温顺的少女。信口吟诵起苏东坡"楚地阔天边，苍茫万顷连"的诗句。我突然滋生了要在湖上留宿的渴求。我对宗德说："我今晚陪你值班，做一个湖上春梦。"宗德笑着说："只怕你到半夜要吵着回家哦。"我哪里知道，他已收听了天气预报，夜间有大雨。

黄昏，湖边蛙声四起，实为壮观。只有到这里，你才品味到春的真真切切。偶尔，从老镇山对过有唤人的声音送过来，是母亲呼儿回家吃饭还是旅者叫渡？只有身在旷野里的人才能体验到其中的滋味。

入夜，一片宁静，水天连成一体。浩渺的湖面上，只有远处的吊罐山那边有几点渔火流动，那是看圩人在巡夜。

宗德划着小船，黯黯的水波形成的势能又犁出缕缕的涟漪。桨声与湖水的碰撞发出"哗——哗——"的响声。这桨声对我而言，是那么熟悉又是那么的久违，它带给我亲切的回忆。少小的时候，经常是天还未亮，父亲带我划船经过这里，到牌坊头装石片。那时候，白浪湖还没圈圩，我和父亲默默地划船。如今父亲早已过世，而桨声仍如当初一样响起……"突突！"小船行至一片水草边，两只受惊的野葫芦（水鸟）贴着水面，拍打着翅膀飞向远处。我心头一颤，看似无声寂寞的荒野，其实还有众多的生灵在栖息，要不是我们的造访，这两只水鸟还将恩爱地偎依到天明呢！小船向湖中央挺进，空气中夹杂着特有的鱼腥味，我深深地吸了一口气。宗德见我很开心，欣慰地说："小鹏子，今天怎么样？"我说："太难忘了，不虚此行。"看看船已到湖心，宗德把竹竿插入湖中，让船在此锚地。我从舱口爬出，伫立在船头上。环顾四野，静极了！浩瀚的湖面上，只有一叶扁舟，一览无余。苍穹下，我们似乎被吞没。在这悄无声息的宇宙里，"我"又是多么的渺小。我仰视深邃神秘而又令人敬畏的星空，心情十分平静。仅仅三四十年的时间，昔日浪遏飞舟的青通河，今已成一小水沟，河水不能饮用，鱼虾荡然无存。灵秀的鸡冠山，今已被弄得支离破碎。干子大半辈子的渔场职工，在公平与效率的对决中，仅领一点微薄的工钱回家了……在回乡的路上，对自然、乡邻的亲近，我不禁油然而生些许悲悯。人类既是创造者又是制造者，人类的活动是一把双刃剑，对规律的遵循和对规则的信守的失度，是造成人与自然、人与社会不和谐的渊薮。在此，我苦苦探求，试图取得求解之道。黑暗中，我看到绵延数公里的长堤，那是先辈留给后人的杰作呀。突然我悟出了补救之道：爱，唯有爱山川、爱河流、爱一切动植物、爱人类、爱父母兄弟姊妹、爱他人，方能真正实现"资源节约型，环境友好型，人人有饭吃，人人能说话"的和谐共生理想社会。

"要下雨了！"宗德说着拔起了竹篙，奋力将船划向白浪河的西南埝——十八索。船靠近埝角边，宗德问我刚才为何那么专注，他都不好打扰我。我说出了心中的忧虑。宗德不等我说完，告诉了我几个好消息，一一地回答了我的疑问：国家已经立项，并且已列入"十一五"规划，即将对青通河进行疏浚。由外商投资，在鸡冠山将建一座大型休闲山庄，政府将拨专款绿化，恢复植被和生态。渔圩回家的职工，除了增加退休工资外，还享受低保和大病统筹……正说着，天边闪电突现，雷声由远而近，紧接着豆大的雨点打在身上，我们赶紧钻进船舱，关好舱门，突然炸雷霹雳，暴雨像天瓢倾倒，雨水倾泻在篷布上，发出"奔……奔……"的震撼声。宗德说："你不是要来吗？这下后悔了吧？"我说："哪里会后悔，简直是千年等一回！"这暴雨冲刷了我心头一切烦恼，把在都市里的喧嚣和纷争一扫而净，增添了对自然和人生的热爱。我想，有了爱，我、你、他便不会沉沦。

舱外，水的世界。舱内，我和宗德谈着童年的趣事。不知什么时候我进入了梦乡：在湛蓝的天空下，鸡冠山古树参天，由我侄儿投资的休闲山庄生意兴隆。许多年老的渔民正在那里下棋、打牌。老镇那边山林里，成百上千只白鹭在空中盘旋、嬉戏。我们在青通河里绑罾、撒网，捕到的鱼装满了船舱。机帆船载着外国香客开往青阳，上九华山朝拜……

下半夜时分，我似醒未醒，也不确定自己身在何方，反正不是在家里。扒开舱头芦席棚边缘，夜幕中繁星闪烁。模糊中居然想起了元朝诗人唐温如《题龙阳县青草湖》"西风吹老洞庭波，一夜湘君白发多。醉后不知天在水，满船清梦压星河"的诗句。

清早醒来时，我身上暖暖的。原来宗德已上岸，他的大衣盖在我的被子上，心中一股爱意。

在白浪湖渔圩上

❯❯ 消失的湿地

江南多湿地，处处鱼米乡。自从居住在城市喧闹的市中心后，可能因年岁的增长，时常梦见少小在家乡边的三县圩摸鱼、捉蟹、砍柴、捡稻的经历。三县圩位于铜陵、青阳、贵池三县交界的地方，建于20世纪60年代初，西依桐梓山，东南邻青通河，北与大同圩一埂之隔。是完全依靠人工肩挑起的十几华里的大圩埂，圩内面积有七八千亩。围圩之前，此处有一条长河与青通河相通，原先的湖滩正好位于陆生和水生生态系统之间的过渡性地带。这里的植被和各种植物极为丰富，养育了高度集中的鸟类、哺乳类、爬行类、鱼类和无脊椎物种，堪称生物多样性的摇篮。1966年，中国人民解放军6377部队开进三县圩。两年后，又有安徽大学的师生在这里学农锻炼。从此，先前人迹罕至的原始湿地变成了军垦农场。

　　三县圩离我的家乡大通河南咀约 15 里路，在"文化大革命"时期，我正读小学和中学，上课是三天打鱼两天晒网。因家境贫穷，我的少年时代过早地挑起了为家庭创收的担子。物产丰富的三县圩，注定了我要与这块土地结下不解之缘。我和我的同伴们要从大自然里讨野菜采藕莲割蒲草摸鱼虾砍柴。在军垦农场，我们名曰拾麦捡稻，有时实则非偷即抢。我和伙伴们在早出晚归的路上，在干活的间歇，我们说故事，谈看电影的观后感。我们还阅读和欣赏了部队与大学生出的一期期图文并茂的专栏。最开心的是盛夏天，我们在三县圩的长河里洗冷水澡、嬉戏打闹。三县圩，曾经是我们获取物质资源和享受精神生活的乐园。

　　那是在一个深秋的早上，我跟随大人和兄姐们划的船，第一次到三县圩捞湖萍。清晨，站在圩埂上看三县圩，像揭开盖的热水锅，雾气蒸发。太阳出来后，一望无际的湖草，间隔一汪汪水塘。走进圩内，偌大的湖场像黑洞一样吞噬了我们几人。钻进茂密的一人多高的枯草丛中，不时，一只只鸟儿扑哧扑哧地飞起惊叫着飞向远处。我们一边打捞浮萍，一边担惊受怕。一歇下来，这里静得令人毛骨悚然。一怕一不小心陷进沼泽不能自拔，二怕草窠里冷不防窜出一只獐麂或野猪的袭击。因为三县圩依桐梓山而围，山里的獐麂、野猪、野兔经常窜到湖内觅食。果不其然，当我们几人都在忙于打捞浮萍的时候，突然有人喊："野猪！野猪！"我吓得抱头鼠窜，跑到大人身后。人们敲打扁担，高声喊叫逮野猪。但无一人敢上前追赶。只见一口野猪仓皇冲向湖里，奋力爬上岸往桐梓山方向逃去。这次险遇，不但没有阻挡我对三县圩的眷顾，反而是开启了我少年时代来三县圩"采集"活动的序幕，此后是一发而不可收。三县圩是个聚宝盆。春光明媚，春风吹拂，大地上的野生植物忽如一夜又绿遍，湖中荷叶竞相绽开。经过寒冬的各种动物纷纷苏醒，倾巢出动。春雷炸响，大雨之后，河汊沟壑相连，湖里的鱼儿逆流而上，此时，我们举手之劳，就能抓到忘情戏水的大鲫鱼和大鲤鱼。夏日，接天莲叶无穷碧，映日荷花别样红。我们蹚进荷塘，拔藕带、摘莲蓬、打荷叶、割蒲包草。从夏到秋，我们拉菱角菜摘菱角、拾麦子捡稻子，有时候还"顺带不为偷"。秋后到入冬，当部队开闸放水，湖滩上成群结队的白鹭争抢鱼虾。我和伙伴们下湖捉鱼、捡田螺、摸河蚌、挖藕。有一回，我捡起的一只大湖蚌有 4 斤多重，拿回家剖开，发现肉中长着一排透亮圆润的大珍珠。由于湖底淤泥肥沃，这里生长的藕又粗又长，内行和有力气的人，一天能挖100多斤鲜藕。最使我不能淡忘的两件轶事至今仍是个谜：一天傍晚，伙伴家松在湖岸边看到一只像猴子一样的动物蹲在土丘上，身上一轮轮花花绿绿的毛。双方对视之后，它突然一头扎进湖水里。听大人说，那动物就是水猴子，俗称水鬼，在水下力大无穷。还是在三县圩，有一次，乌云滚滚，雷电暴风骤雨之中，同伴徐桂林等3人在湖心的一条小船上躲雨。亲眼看见湖面上突兀地升起一条蛟龙般的龙卷风，在上空翻腾，吐出的水柱几丈长。时隔几十年，当我再次分别与他俩核实当初所见之事时，他俩均持肯定的回答：亲眼所见。在三县圩，有人捉了一对鸳鸯带回家养；有人抓住了一只受伤的天鹅；有人看见了一条好几米长的蟒蛇；冬天里，无数的乌鸦、喜鹊、八哥像人类赶庙会一样聚集，叽叽喳喳，黑压压一片。但是，随着部队垦荒的全面铺开和深入推进，圩内河湖水渐渐抽干，大片湖滩被改造成良田，各种野生动植物失去了赖以生存的园地，它们逐渐销声匿迹了。作为人类见证之一员的我，再也看不到让我梦魂萦绕的湿地了。

五 南有嘉鱼

❯❯ 织罾网

在江河捕鱼离不开生产工具，其中最为主要的是罾和网。河南咀渔民捕鱼工具主要是罾和网。罾是用来扳的，叫扳罾；网是用来撒的，叫撒网或打网。这两种工具都是古老的捕鱼方式。

罾和网，通常指的渔网是包括渔罾在内的麻线编织品。罾网的历史都很早。《楚辞·九歌·湘夫人》："罾何为兮木上？"在青通河，不知从什么朝代或许自宋朝起就有先民运用网和罾捕鱼。其中有文字记载的佐证是南宋杰出诗人杨万里《舟过大通镇》诗："淮上云垂岸，江中浪拍天。顺风哪敢望，下水更劳牵。芦荻偏留缆，渔罾最碍船。何曾怨川后，鱼蟹不论钱。"这里的渔罾，就是用竹竿做支架的渔网，或称为敞罾。河南咀的罾有船上的敞罾、依托河岸的架罾和简易的手罾。其构造基本上是罾网四角见方，四边带钢，中间凹下如锅状，底部有兜用于装鱼。渔民编织罾网时用竹纱针（梭子）沿八卦形网由底部向四角辐射，随着罾网面积扩大，编织的网眼也逐渐放大，到适当面积时收梭并织在边沿纲绳上，一把罾网就做成了。读到此诗，我们眼前仿佛出现了诗人乘坐的小舟在江河中迂回不前的景况，看到了诗人因旅途不畅受阻而不快的表情，那茂密的芦荻和数不清的罾网似是挽留诗人停下脚步来浏览这江南渔乡的风采。在河南咀，从我记事起，父辈和兄长不捕鱼的时候就在家里做罾和织渔网。过去，家里老屋还在时，屋梁上总是悬挂着一把破旧不堪的渔网和卷起来的一捆捆渔罾，这都是浸染着父亲高韵祖艰辛与耐力、智慧与汗水的结晶。看到它总让人有一种抚今追昔的感慨，仿佛在它身上还能找到往日的影子，似乎在它身上还留存着岁月的余温。这些渔罾和渔网，耗费了父亲的人生时光，让他从少年变成了老年，常年的低头弯腰做罾织网，以至于让他成了驼背。父亲一贯身体瘦弱，但他脑瓜灵活，所有的渔具制作，一摸不挡手。特别是做罾织网，不论多么复杂的网片联结，需斗环，涉及代数几何知识，形成漏斗状的网兜，只要经他手，大脑心算，很快就能严丝合缝，一个罾眼不多，一个网格子不少，令人钦佩。我永远不会忘记的是父亲在他50多岁时，一年四季，只要是不捕鱼的淡季和闲散时间，除了一日三餐吃饭外，他一天到晚，起早摸黑坐在堂屋竹椅上，一手捏着挂在板壁上拖下来的网片，一手攥着纱针（竹梭子），游龙一般在罾网片上来回穿引做罾，多的时候一天要做1万个罾眼，少的时候一天也有六七千个罾眼。费时近两年，心无旁骛近乎宗教般的笃信执着做了一把2丈×2丈即4平方米面积、深度约1.1丈的密罾，罾做好后，他说，这把密罾差点把我的眼睛搞瞎了。殊不知，他的腰更弯了，背更驼了。由于青通河在70年代围湖造田，鱼的活动空间越来越小，导致鱼类剧减。做好的新密罾摆在屋梁上束之高阁。70年代末，在父亲60岁生病并且病情加重时，不得不将这把新密罾卖给了河南咀其他渔民，得款80元，母亲将这笔钱用于在大通小吃部（饭店）买猪肉馅饺子给父亲吃，让父亲做了饱肚子鬼。

网，河南咀人口中所指的网有别于罾。它专指撒网，又名旋网。撒网也叫打网，多配合渔船使用，是一种用于浅水区的小型圆锥形网具，用手撒出去能使网口（有锡脚子缀连）向下，并用与网缘相连的绳索收回来，轻便可携，但对使用者技术要求很高。河南咀人都会织网打网。

在河南咀，做罾织渔网，快手有六队的高宝根，一天能做1万个眼，四队的高传道织网打网都是高手。身在渔村，耳濡目染，让我们所有的渔家儿郎自小就能掌握一门做罾织网的技术活。比如做罾，一开头用麻绳的钢起个角，角的数字从开始一个角尖子生根，一排排往下放升格子，叫作丢二、丢三……一直到最后一片罾做好，四个角往一块斗起来，就形成了一个有四边钢口带兜像锅状的罾。网的直径60个兜，一大兜有500~600个眼头。一把网像圆锥形，通常一丈多高，撑开时底盘直径约1.5丈。不论是罾还是网，根据捕获鱼类的品种、大小，都有功能各异疏密各不相同的规格，分一指、二指、三指和五指罾网。传统的罾网使用的是麻线，由渔家妇女撕麻、织麻、纺线，如果是做密罾密网，则要求麻线均匀细长，而不会纺线的，则粗细不一，甚至起鼓子，根本不好用。20世纪七八十年代，市面上出现了化纤尼龙线，它比祖辈世代以麻线织罾网有很多优越性。一是它比麻线韧性强，不易断；二是它日晒雨淋水浸不腐烂。因此，河南咀渔民不论是第五、第六生产队做罾、还是第一、第二、第三、第四生产队织网，全都采用尼龙丝制作了。

如今织渔网早已成了过去时，但它曾经是渔家人生产劳动的重要组成部分，它带给我们每一个渔家人的不仅是物化劳动成果，也是智慧和精神财富的结晶。

◎ 扳手罾

记得很清楚最早的一次扳手罾，那时我大概10岁多，八九月的一个早上，我好像有约似的，清早爬起床，直奔门口河边陡坎处放下手罾，不一会儿，不知怎的，好像我的手罾挂住了什么，但罾还是能慢慢地起水。用劲拉起来一看，一条大草混子鱼在罾里咆哮着、舞动着，我不用捞筅，将手罾和鱼直接拖上岸。这一条4斤多重的草混子送回家后接着又在原位置扳罾。扳两三罾以后，罾起水后又感觉罾很沉，似乎是罾再次被水下什么东西绊住了一样，用力拽起罾，只见罾底里一条大鳜鱼张开鱼腹下的一对鱼鳍和脊背上的刺，摇动着尾巴，拍打着水，说时迟，那时快，我拉起手罾拖上岸上好几米远，将大鳜鱼捉住。那时候，渔民捕的鱼只能卖给大通水产公司。一称两斤，单价0.35元一斤，得了7毛钱。

别看手罾小，但它也有它特有的优势，只要哪里出鱼，我们背起手罾就出现在哪里，有时候遇到好位置，手罾扳的鱼远远超过船罾和渔网的收获。扳鱼最关键是选到好位置。往往打蟹子网的河岸边就是好位置。有一次，在60年代中后期的10月，天气已有凉意，河水似乎冰凉，上午太阳出来后，开始出鱼了。我顾不得一切，在小河口蹚齐腰深的水，人站在水中扳手罾。有时一罾起，由于手罾篙子插在水中，罾口与河水相距不高，鲤鱼、青鱼、草鱼在罾里纷纷往外跳，逮住的鱼并不很多。出鱼就那么一阵子，过后就不见鱼群出现，错过了就错过了。多年后，回想起来，再没有这样好的机会了。还有一次，在长安蟹子网靠西边头埂扳手罾。一个中午都没有扳到一条鱼。下午2点多钟，开始出鱼了。随着大人们打蟹子网先是每网一二斤鱼，渐渐地鱼越来越多，到顶兴时，每网都有七八斤甚至十几斤鱼，我敏锐地感到今天我赶上了鱼汛。果不其然，当我扳手罾时，似乎感到手罾里好像绊到了什么东西一样沉重，我用力拉手罾绳子，手罾快要起水时，一条大鲤鱼在手罾里蹦来蹦去，兴奋的我伸手去捉，哪知那条大鲤鱼劲太大，一扭动，手一滑，大鲤鱼滚到了河里，到手的收获没了。紧接下来，一罾扳了两条小一点的鲤拐子鱼，我吸取刚才的教训，将手罾架子扛起来，将手罾一直扛到几米的岸上，把两条约十斤重的鲤鱼从罾里抱起来，放进网兜里养起来。那天，我一个多小时，用小手罾扳了二三十斤大鱼，有鲤鱼、鳜鱼和大鲢条子鱼，这些鱼都是沉水杂色鱼，比较值钱。不能忘记的1970年，在二段（鸡冠山下面的河岸）扳黄姑鲳子。白天和我一道扳手罾的同伴们听说桐梓山的解放军讲晚上要在大通街放电影，他们被这样的喜讯所陶醉，纷纷急着赶回家。虽然有人说今晚要出鱼，但这只是猜测，有可能，并不是绝对可靠的。当他们走后不久，我和（船罾湾在二段）父亲刚吃过晚饭，傍晚六七点钟时，突然听说"头段"开始出黄鱼姑子、鳤子了，在二段的铲罾纷纷下罾，果不其然，不到半个小时，黄姑、鳤子下来了，我架起手罾，在二段蟹子网东边岸边选好位置，一会儿，一罾扳起，一捞兜黄姑和鳤子，罾起罾落，每罾都有二三斤鱼。扳到鱼时，那种快感形容不出来。罾起时，罾里的鱼活蹦乱跳，最后都涌到罾底兜里，有时一捞兜还打不光，还须第二捞兜打鱼。那一晚，在月亮寒里，我一个多小时扳了100多斤黄姑鳤子，第二天，卖给铜陵县计划委员会的干部高家辉，每斤1角3分钱，一共卖了13块多钱。我用其中的5块钱买了一件枣红色的卫生绒内衣，还买了几斤苹果带给在二段罾船上的父亲吃，这是我年纪小时用自己挣的钱给父亲第一次买吃的。

扳手罾最吃苦的是二三月里扳山水罾，家门口好位置往往早被别人占有了，要想好的位置只好过河到大通高上老镇下的河边寻找。有一次我和张生顺就在河对岸大通上头埂摆河的二老板渡口边石头堆子处扳上水罾，一晚到天亮，任凭打雷下雨、挨冻和瞌睡侵蚀，因为隔一条河，有家也不能归。不过，那次我一夜扳了十几斤又大又肥的鲇条子鱼。

最有成就的扳虾子经历。有一年冬天，我在十八索守拼扳密罾，正逢十八索大圩放水干湖，拼漏了。擅长捕鱼的我早有准备，正好带了两把密手罾，我在手罾爪的一边系上了另一把密罾，当圩里的虾子随着水往下冲时，虾子全挡在我的手罾里，每罾起来都是一捞兜。那一个夜里，我到天亮时，共扳了100多斤虾子，两大菜篮装不下，只好把虾子倒进岸边的土坑里。这个用小手罾一晚上扳100多斤虾子的历史纪录，至今无人打破。

扳手罾，关键是位置，即该水域是不是鱼经常出没经过的水域范围。同时，"扳罾如守店"。你如果缺乏耐心或者守不住一个好位置，那你将一无所获。放大了说，为人处世缺少定力，也将一事无成。

扳手罾，我起过早，受过凉，挨过饿，熬过夜。有时满载而归，更多的是一无所获。扳手罾，我从青通河河口到20多里远的梅家小河；到过鹊江上至大同圩洋油站的江边，中到河南咀庙嘴头江河交汇处，下到小轮码直至大通灯笼沟江岸；也背起手罾去离家10多里的下水桥缸窑湖河滩。

在我十几岁的青少年时代，扳手罾已成为我人生阅历中的一个重要阶段。它练就了我谋生的本领，增加了家庭收入，锤炼了我战胜困难的意志，耐得住寂寞，懂得了坚持和守候，经历过得失的悲喜，这些都是不可忘却的。

鱼汛期日夜坚守

》》拖爬网

出身渔家，少年时代的我，每到下半年，要说捕鱼的活儿，其中就有拖爬网。爬网，是我们那个渔村渔民捕鱼的一种工具。爬网是用麻线织出来的，两片网，再用麻线织成一个网兜，网兜连接两边网片，大网兜里还编织了一个反向的小网兜，鱼进来了就出不去。网兜的边沿是弧形的，绑上铁角子，形成几个开口。爬网顶部有一根扎实的竹竿串起来，用绳索将竹竿两头系紧，有一根五六米长的粗麻索用于拉爬网。在船上捕鱼时，将爬网轻轻放下去，爬网落在河底，铁角网兜口先着地，拖网人拉网上的竹竿，爬网自动形成几个张口，随着划动的渔船往前行走，爬网将匍匐在水底的鱼虾和蟹收入囊中。因爬网不断向前推进，这些进入兜中的鱼虾进来了就被动地裹在里面搞不清方向，最后爬网起水，捕鱼人拎起爬网，拖上船，将爬网里的鱼虾等捡出来，放进鱼舱。不用船拖爬网，拖网的人只要将爬网沿河边丢下，顺流而下，拖到十几米的距离，将爬网拖上岸，将爬网里的鱼虾捡起来，装进鱼篓里。我拖爬网，主要是沿青通河或附近的鱼塘湖岸边。印象最深的是，每到三四月发山洪，从长江进入青通河的鱼类，再逆流而上，此时，我只要在没有障碍物的河边，放下爬网，拽起爬网绳子，迅速往下游快步行走（爬网的推进一定要快于洪水下冲的速度，否则爬网就会卷成一团，根本捕不到鱼）。发山洪时，一般能捕到鲶鱼、鳜鱼、鲫鱼、小螃蟹之类的。用爬网捕鱼，最多的季节是到每年的下半年，此时气温渐渐地转凉，特别是到年底天寒地冻时，蛰伏在河水下的鱼类基本不动，长期的观察，有些水下较深的地段，就是鱼类集中的地方，在此处下网，我们屡试不爽，手到擒来。有一次，我在三县圩一个大拐深水坎子那块拖爬网，有一网拖了两条大鳜鱼，一大一小，大的四五斤重，小的一斤半左右，一个上午，拖了十七八斤鱼。只可惜，那时鱼不值钱。还有一次冬天，我砍柴路过大通姚风嘴，看到湖干过后十几口大鱼塘，直觉告诉我，这里上千亩的湖面干了以后，十几口鱼塘里的大鱼被起走了，肯定还有剩余的小鱼小虾。于是，第二天，我一大早背起爬网，来到（现在叫祠堂湖的南边）塘口，第一网下去，起网，就收获了两斤多肥胖的死光皮、罗狗子和大黑虾。一上午，我用爬网整整捕了四五十斤小鱼小虾。别看这些小鱼小虾貌不惊人，可是在严冬里，在那个计划经济且全民贫穷的年代，把这些小鱼剖好，扒掉肚子里的肠子，用大火一煮，小火一焖，兜起来，端上桌子，再盛一碗饭，舀几勺鱼汤，吃起来，那味道比什么鱼都鲜美，特别下饭。几大碗饭，一下就吃个精光。

　　拖爬网，我到过贵池的桐梓山闸口和十八索大圩口，每次去都不会空手，总有少则几斤，多则十几斤的收获。我也到过下水桥，冬日的阳光下，拖着爬网，有时累了，坐在古石桥墩上歇会儿，晒着太阳，仿佛进入诗意的栖息地。也曾到了白浪湖旁的小河口拖过爬网，这些都是美好的回忆。虽然我经历了苦和累的拖爬网的活儿，但在今天，尤其是当今的少年再也不能背着爬网在青通河里捕到鱼虾了，可能永远不会有了。

青通河里拖爬网

》 扳架罾

直至 2020 年长江禁渔之前，当你乘船在江上行驶时，在长江大通段的夹江岸边，偶尔还能看到孤单的架罾时起时落，那是渔人在扳架罾。

20 世纪五六十年代，大通河两岸规模较大的捕鱼工具除了河南咀的船罾和网船数量较多外，其次就是架罾最为起眼。从河南咀下个墩排到上个墩，几乎相隔几米的就有架罾出现。出鱼时，好位置的架罾一天能扳几百斤甚至上千斤上色的大鱼，并不逊于船罾的业绩。我喜欢扳架罾，它就在家门口。我家在上个墩河边曾有一个架罾，出鱼时，扳到的鱼把 1 米多高的大篾竹鱼笼子装了大半截，鱼在笼子里面黑压压满满的，足有上百斤鱼。我那时年纪尚小，没有力气，特别是架罾在深水处，阻力大，扳不动，主要靠我母亲日夜不歇去扳罾，有时吃饭还要送到河边。出鱼扳架罾时，我们全家忙得不可开交。记得贵池茅坦下洲远房的老家婆和大舅妈、二舅妈住在我家，她们羡慕得很，她们最喜欢在这个季节来我家，一住就是好多天，因为餐餐都有鲜鱼吃。为了在我家多住几天，她们也帮忙日夜扳架罾。那时青通河鱼不但多，而且鱼的品种也非常丰富。大鳡鱼、吹火筒鱼、河豚，甚至连长江里的大华达子鱼、鮰鱼都能扳到。张宗顺妻子高义芝在她门口有一个大架罾，扳的鱼多的时候，用好几个大澡盆装，看到一种类似吹火筒一样的十几斤重的长嘴大鱼，她家人像抱小孩一样抱着那条大鱼。扳架罾也怕遇上凶猛的大鳡鱼，它劲大，罾起水时，一头能将罾钻个大窟窿，破罾网是不能捕到鱼的。

河南咀扳架罾出名的有刘炳庆母亲，她长期在李家墩子上边扳架罾，出鱼的时候日夜吃住在架罾棚子里。还有杨德甫，他不会扳船罾捕鱼，人家不带他，所以自己家人扳架罾。在青通河扳架罾最出名的是曾当过新四军的丁四和，他让自己当教师的老婆辞去工作，在鸡冠山与吊罐山下建了三大间土壁子瓦屋，夫妻及全家老小扳架罾，成为渔民和社会上的笑谈把柄。

除此之外，架罾扳河豚瓣子更为壮观，一起罾，架罾内的小河豚如繁星似的此起彼落，又如万箭穿心在罾底汇聚，往往要打好几捞兜，仅出河豚的一个小时，就能扳几十斤甚至上百斤。这些小河豚不好卖，除了家里吃，就是送给亲友。最令人难忘的是各家各户烧河豚的当儿，让整个河南咀沉浸在那特有的浓浓香气之中。扳架罾也有麻烦头痛的时候，出鱼时也是退水时，大流水在东风的劲吹下，河水汹涌流向长江，一些没有做好防备措施的架罾会被激流冲垮，罾爪折断，罾网撕裂。架罾针对不同的季节扳不同的鱼。一般讲，每年十月秋

河南咀庙嘴头的架罾

季出鱼都是大鱼，如鲢鱼、胖头鳙鱼、鲤鱼、鳊鱼、混子鱼等，此时系的是罾眼大一点的稀罾。到后来就是小鱼，像黄姑子和油鲴鱼，也时不时地扳到其他的小鱼小虾，这时就换小罾眼的密罾了。

架罾，曾经是大通河里的景观，是渔村的标配，更是一抹亮丽的风景线，它代表了一个时代的存在。它的消失，也就意味着在大自然野外捕鱼时代的彻底结束。

❯❯ 摸　鱼

生长在渔村又是渔民的后代的男孩子，除了利用多种工具在江河里捕鱼外，青通河退水时，就会在河滩里摸鱼。下半年经常找到周边野外沟渠塘坝的水面捉鱼，多是用泥巴在水沟上下做小土坝，将可能有的鱼虾围在一段水沟里，再用携带的破旧脸盆或是种菜地的粪瓢吃力地戽水，等到水快干时就开始捉鱼。有时候做坝的泥巴太软，戽着戽着，上面的泥巴坝突然倒塌，刚刚戽少了的水又满了，前功尽弃，懊恼不已。还有就是每逢年底家门口生产队干塘，起鱼后放水前，青少年多出现在鱼塘里紧张摸鱼。

20 世纪六七十年代青通河水产资源丰富，除了盛产各种鱼外，还有黄鳝、螃蟹、乌龟、老鳖之类，这也是青少年捕捉的对象。但摸鱼大有技巧，难者不会，会者不难。最多也是时间最长摸鱼的地方就是桐梓山军垦农场老河道和通向青通河的排涝站大闸口内外。军垦农场（即三县圩）面积有四五千亩，为保证旱涝保收，部队在南头埂紧贴桐梓山山脚处，建造了一座排灌站，有几台大功率排灌机。江南水资源丰富，很少看见把江河里水通过闸口灌进圩内的现象，基本上都是把圩内水往外排出到江河里。由于三县圩内不仅有大片农田，也还有河湖塘汊等低洼处，水面宽阔，且长年不干。这些地方到处都有天然的荷叶藕塘，野生鱼类极为丰富。特别是鳊鱼、鲫鱼、大青混、大白混鱼多得不可胜数。在夏天，一旦开机排涝，三县圩内四面八方的水涌自动进入古长河里，长河中汇聚的水顺着干渠缓缓向南流向闸口，鱼随水进入闸机，水排出（进入青通河），而大部分的鲜活的鱼瞬间被打晕，或者被斩断，晕鱼漂浮在干渠水面上，有的还不停地动荡，斩断的四分五裂的鱼沉入水渠底。当停机时，水渐渐退下，我们这些十几岁的少年，纷纷跳入闸口水渠，开始摸鱼，摸到半段的大鲤鱼、大混子有二三斤甚至四五斤重，其中鳊鱼、鲫鱼因个头小，往往只是受轻伤，摸到这些鱼时，还是活的新鲜鱼。碰到开机时间长，出鱼多，好的时候我们一两个小时就能摸到一二十斤鱼，差不多每次都不空手，这种摸鱼活儿既不累又收获多多，十拿九稳。由于摸到的鱼太多，有的人家吃不掉，还把鱼腌起来，晒干，存起来，随吃随取。70年代初有一年初冬，青通河水已进入枯水期，童梓山排灌站外出口的大塘与外河隔绝，不知何故，靠近外河闸口大塘出鱼了。我们得到消息，赶到那里。上午9、10点时，大闸口外深塘里出现了密密麻麻的黄姑鲻子鱼，鱼头攒动，我们用捞兜使劲捞鱼，由于捞兜柄长度有限，塘中间的更多的鱼捕不到，尽管是冬天，为了捕到更多的鱼，许多青少年和妇女毅然脱去棉衣棉裤，下水捞鱼、捉鱼。

摸鱼，我不如渔家的小孩。他们很小就懂得哪些水域有鱼，把水搅浑，鱼被浑水呛后，漂起来了，即"浑水摸鱼"。1977年秋，我在鸡冠山小学当民办教师，这个季节，青通河河水已退下去，山旁边露出了许多大水塘，塘里就有一些鱼蛰伏下来。一个星期天，我没回家，中午几个三队的几个学生带我在鸡冠山对面的王家山河边摸鱼。我们泡在山下河边水中，不时传来"我摸到一条鲇鱼！""一条鲤鱼！"两三个小时，太阳快要下山，我只摸了几条小杂鱼，但朱护喜和朱长荣这两个学生各自摸了好几斤鱼，还有安丁鱼和螃蟹。其中有一条1斤多重的大鳜鱼（给了我）。

60年代，在青通河入江河口，每年冬天还有摸大冷的人。河南咀的渔民从不挣这个苦钱，主要是无为、江北外地穷汉专门在天寒地冻时节来此地摸鱼。60年代，几乎每年春季到来将会遇到山洪暴发，湍急的洪水严重冲刷侵袭着大通以及南面河南咀的堤岸。年复一年，前端堤岸崩塌，家园难保，护堤固堤，刻不容缓。有关方面筹集资金、调动人员、筹措物资材料，将油松树木料打桩固定，把大量沙袋护住堤坝、把大批炸石片沿线堆放，经过人们不断努力、想方设法，河堤终于转危为安。近山识鸟音、近水识鱼性。久而久之捕鱼人发现在木桩周围、大石块窟窿洞内鱼特别多，一些捕鱼工具对水下这样的障碍物毫无用武之地，于是有人在寒冷的冬天赤着身子到水底下窟窿洞穴里去捉鱼。顾名思义，"摸大窿"。风和日丽，气候暖时鱼儿来去不定，不得集中，只有到了天寒地冻的隆冬，木桩上的青苔，大石片缝隙处的虾米、壳虫以及浮游微生物吸引着鱼类在这里留藏。冬天摸大窿人，需要具备身体好、水性好、耐寒能力强、潜水屏住呼吸时间稍长，这些要经过训练。一般两人合作轮换作业，岸上人员还要承担救助工作，准备轻铁皮子围成一圈避风，圈内生火取暖，准备若干白酒、食品。一切妥当后，先下水者用水搓身适应性准备后方才下沉干活，冬季河水已枯，水不太深，但水下作业时间紧迫。两三分钟左右就要浮上来呼吸换气，好在已探好路径，哪些窿窿里有鱼已熟悉，接着再去摸，顺利时把鱼笼子对接窿窿口，用手把鱼往笼里塞，笼子口装有倒须齿，鱼进了笼子是跑不掉的。有时一次就能装笼三四十斤鱼，品种有鳜鱼、鲤鱼、鲫鱼、鮎虎鱼和螃蟹等，两人轮流作业后，常能捕捉 100 多斤鱼。捕鱼者上岸后，虽寒冷难耐、冻得发抖，却也嘘了一口气，大功告成。在柴火边取暖时，皮肤发红，青一块、紫一块，这活儿不是谁都能干的。擦干水渍，披上棉衣，吃点熟食，灌几口白酒，苦中有乐。只要鲜鱼能卖上好价钱，美滋滋的，明儿、后天再接着干。这个摸鱼的最有名气的姓周，他是一个孤老，他在大通河摸鱼有好多年。他光身穿一件破棉袄，佝偻着背，河南咀人吃晚饭时，他就捧着一个破旧的铁瓷碗来讨饭，手直抖，先是千恩万谢，然后狼吞虎咽把饭吃掉，至于他夜晚在哪里睡觉，无人关心，无人过问。

▶ 抓螃蟹

20 世纪五六十年代，青通河面阔水深，水草丰茂，河水四季流动，水质清澈干净，饵料丰富，营养充沛，这样的生长环境，是各种水产类天然的乐园。除鱼类外，这里的螃蟹肚底色白，螯头刚劲有力，品质上乘，肉鲜味美。每年10 月，青通河水渐渐退去几万亩广袤的湖滩渐次露出，繁殖生长了大半年之久、长得硕大肥厚的螃蟹随河水而下外，但仍有相当多的螃蟹栖息于滩涂和爬上河岸边。这个时期，河南咀的渔民都在青通河扳船罾和在船上打渔网，尤其是四队劳力在各个位置段固定渔船，名曰"打蟹子网"。而还未参加渔业生产的十几岁的青少年就会结伴，在吃完晚饭后，提着马灯前往河滩或者更远的老镇周围的小河口、鸡冠山下的白浪湖滩，于天黑时点亮马灯，也有带装有三节电池的手电筒，沿河滩巡视，捉拿抓捕螃蟹，河南咀人把这个活儿俗称"照蟹子"，此活由来已久。

会"照蟹子"的人，知道哪些地方经常有螃蟹出没，抓得多的一个夜晚能捕捉到一二十匹螃蟹，成熟的螃蟹大的一只约半斤重，小的也有二三两重。公蟹"膏"肥厚，母蟹"黄"饱满。那时，螃蟹虽多，但不值钱，一般的螃蟹（不论几匹）只卖 4~5 角钱，1972 年美国总统尼克松访华时要吃长江螃蟹，当时的收购价才 1 块钱一斤。因此，捕捉到的螃蟹很少卖，大多自家吃。有烀着吃的；有蒸熟后将蟹肉拆下来，下挂面吃的；有将蟹肉与山粉打糊，放各种佐料吃蟹糊……过去青通河两岸螃蟹特别多。河南咀小渔村后有许多鱼花塘，往西边是操场菜地，北边滨邻长江，10 月，人们经常在操场上逮到螃蟹。有一个晚上，我打一把手电筒，在家门口前与李家墩下的荒滩水沟边，看见两只螃蟹趴在地上吐沫子，见有动静，两只螃蟹立即爬动起来，但它哪里跑得过我？只三两步，我一下跨上前，不费吹灰之力捉住了这两只螃蟹。还有一次，我在鸡冠山小学当教师时，1977 年深秋的一天晚上，我与张帆老师去白浪湖渔圩"照蟹子"。真是运气好，不到一个小时，照到了 3 只大螃蟹，当晚就烀熟，在附近小店打了点散酒，以大闸蟹为下酒菜，美美地大吃大喝了一顿。正在备战高考复习的我们俩，自嘲调侃地说："这个日子比上大学快活多了。"

❱❱ 脄　鱼

脄发 chǐ 音，意为"去除内脏"。《韩非子·难言》中有"苌弘分脄"，说的是"进言之难，一不小心下场惨烈"，苌弘便是其中之一。

苌弘为周朝名人。有记载，苌弘忠于职守。他在王室任职期间，极力辅佐周王，维护王室的尊严。为避王朝之乱，帮助王室摆脱困境，苌弘和刘文公商定在瀍水以东的狄泉附近扩建周城。由于周王室财力匮乏，苌弘四处游说，最终完成了这一伟大工程。

相传，苌弘死的悲壮、死的冤屈，其血三年化为碧玉。《庄子》将三位忠臣进行了并列，有"比干剖，苌弘脄，子胥靡"说。

可见，在"脄"使用早期，这是个带有浓重血腥味的字，与"剐"相近。

而在后世演进中，随着社会由野蛮进入文明，重人伦、重礼仪，"剐""脪""靡""腊"的适用对象由人转向了动物，"脪"最终落在了鱼身上，并与鱼形成了固定搭配：脪鱼。

河南咀成人男女都会脪鱼，既快又准。不论大鱼还是小鱼，也不管是活蹦乱跳的活鱼还是死鱼烂虾，都会脪得干干净净。

入冬，鲫鱼不进食，肚里没有屎，肠子是空的，他们能将鲫鱼翻过来，用刀尖划开鲫鱼鳃边处，挑出鱼胆，灌猪油，挂晾风干。还有脪小河豚棒子，里面有一肚子河豚油，但他们仅用刀准确剔除河豚肚内胆。至于脪活黄鳝、白鳝、泥鳅，也手到擒来。而不会脪鱼的人，往往把鱼胆脪破了，煮的鱼苦，一锅鱼都不能吃。还有人脪鳜鱼、安丁鱼手给鱼刺戳了，胀疼不已。更有人脪鱼，把自己手脪破了，鲜血淋漓。河南咀人脪鱼主要是妇女们。1951 下半年产销社大集体，胡度文与高韵祖扳一条船罾，一天扳了 3000 多斤黄姑子鱼，动员河南咀女人们脪鱼，夜晚点汽油灯加工。除了在家里脪鱼外，还专门到水产站去脪鱼，一般脪的多为大鱼，如鲤鱼、混子、鳊鱼、白雀鱼、鲫鱼、鳜鱼等沉水鱼。也有集中送来的大量小鲳子鱼。有时打零工，按劳取酬，有时包月，发工资。脪鱼都在下半年鱼汛之后一个多月时间里，也有青阳、贵池大湖大圩干圩起鱼在腊月里。

大通水产公司脪鱼多由内部家属工包揽，但远一点的水产站则请河南咀妇女去脪鱼。脪鱼时间长的有和悦洲与佘家咀水产站。

和悦洲头水产公司大门朝北，靠江边一方砖墙围墙，靠西南方向是竹篱笆围栏，高度大约 2 米。靠江边左侧是职工家属住宅，靠江边右侧以围墙搭着屋棚，脪鱼的场地。院内西南方向有一排长龙的房子，是储存咸鱼的仓库。

成品咸鱼，打包存放库内，等上船销往外地。每当长江发水时，顺江水而下的江西、湖北老吊船，船头尖细且高，停泊在水产公司江边的麻石驳坎边，搭好跳板，工人们用竹筐抬着有人长的大鱼，迈着稳健的步伐，打着号子，"嘿呀嘿，嘿呀嘿……"步调一致，快步走上岸，步入脪鱼的车间，居民们手持宽宽的刀头弯弯尖尖的锋利的刀具，脪鱼的各道工序有条不紊地开展起来了，人们嘈杂声和脪鱼刀的哧哧声不绝于耳。

河南咀的妇女们，从早上七八点钟就乘船过夹江投入紧张的劳动中。脪鱼、洗净、鱼沥干水分，放在大陶瓷缸里用食盐放一层鱼，撒一层盐，待鱼腌透了，捞起放在竹帘上，利用晴好天气晒干。特别是秋冬季是水产公司，腌鱼的旺季。公司内灯火通明，挑灯夜战，劳动的号子此起彼伏，一直劳作到深夜。

每当河南咀的妇女在干脆鱼活的时候，中午各家去送饭，她们吃饭就像抢火一样三下五除二，吃完饭又投入脆鱼活儿中。而送饭的小孩到围墙边的下水道，捞鱼内脏的鱼泡、鱼鳃、大鱼牙齿、鱼肠等，也叫鱼杂，鱼肚货带回家将鱼肠脆开，洗干净，烧鱼杂，一般加一些腌菜、辣椒糊。顷刻，锅里翻着气泡，鱼香的味道，直刺鼻孔。这才只是第一道工序。第二道更重要，将鱼杂从铁锅里兜起来，放入陶钵锅里，再放点葱花、姜、蒜佐料，用炭火烧炖，约半个小时，满炖钵的鱼杂直突，热气铺天，鱼汤上漂着金晃晃的油花，令人垂涎欲滴，一家人大口地吃着饭和鱼杂，用鱼汤拌米饭，喷香可口，令人食欲大增。米饭开怀地吃，大声说笑着，美食晚餐，难以忘怀。

有时候，大人还在脆鱼、干着工序烦琐的活儿。送饭的小孩可以到和悦洲水产站附近玩耍，看看这座古街道残垣断壁，抠墙脚下面是否有铜钱和其他值钱的东西。

河南咀妇女脆鱼另一家地方是贵池茅坦青通河边的佘家咀水产站，时间在1967—1969年。在那里脆鱼是长住，一干就是一个月左右。送来的鱼除了青通河青阳贵池一带的鱼外，其余就是上游起虾爬、干塘、干圩等的鱼。在这里干活，夜以继日，十分辛苦。脆鱼人系一条围裙，一天到晚坐在小凳上，脚穿雨靴，左手捉住鱼，右手捏着刀，不停脆鱼，两手沾满了鱼血。冬天，有时双手冻得裂开多个口子，更有得冻包的红肿生疮。经常晚上加班，利用晴好天气，晒干腌制的咸鱼。储存、打包、待外调销售，青通河大量经过加工腌制的咸鱼，通过轮船和陆上交通工具销往江浙、上海等沿江下游城市。

会脆鱼、会腌鱼、会烧鱼是河南咀人特别是老一辈妇女最擅长和拿手的一个绝活，外地和周边至今无人能比。

❯❯ 夺船记

20 世纪六七十年代每年的夏季发大水时，青通河上装运黄沙的各种船只日夜繁忙。可是，逢大旱之年，青通河两岸的湖滩变成荒滩，杂草之下全是厚厚的黄沙。而此时，装载十几吨、几十吨的大驳船队也无法在狭窄的河道中运行。唯有载货吨把两三吨的小舢板船吃水不深，恰恰便于通行。每逢这样的年月，青通河也无鱼可捕，渔民们干脆将渔船变成了运沙船。但是，如果用这样的载货二三吨的小渔船搞运输，那太不划算，因为买一船黄沙要花六七块钱，早出晚归，用一天时间来回划几十华里水路，一小船黄沙顶多赚个一两块钱。而要是在盛产黄沙的湖滩上挖一船沙，运到大通，卖给黄沙站或者是建筑工地，一船值 10 块多钱。那个年代，10 块钱相当于 50 年后今天的 500 元左右，这可是一笔不小的收入啊！可是，那个时候的湖滩都是归各地公社、大队和生产队所有，这荒滩下一旦有黄沙这种资源，谁都不会让人侵占，于是乎，当河南咀的人要来挖沙时，必然遭到当地人的阻止。1965 年 8 月正是大旱之年，青通河两岸大片湖滩干涸，河南咀 3 个生产队劳力就去那荒滩里挖沙。其中一个叫高志迁绰号为大将军的人，他和他的继子高小黑（高兴民）去挖黄沙时，停靠在湖滩边的装沙船被附近农村生产队社员扣留了，"大将军"赶到时，看到对方十几个年轻人，每个人手握铁锹或木棍子，个个气势汹汹，高喊要把大将军父子俩捆起来带走。大将军身材高大，力气过人，但毕竟对方人多势众，要动手寡不敌众，好汉不吃眼前亏。而且你在人家地盘上偷挖黄沙，自知理亏的大将军打不过人家，吵不过人家，眼睁睁地看着十几个人把自己的一条船拖走了。这一情况，惊动了同去挖黄沙的其他船上的人，于是，胆大的把装满黄沙的船赶紧划走了，胆小的把装到船上的黄沙卸了，空船划回家。各自回到家后，十分懊恼的生产队劳力集中到大将军家，大家商议如何将被扣的船只夺回来。那个年代，偷挖黄沙属于搞单干，一旦发生纠纷，渔业公社干部是不会出面协调解决的。众人商议，先是派人去那一带村子摸清情况，找到船到底藏在何处，然后再计划考虑如何夺回被扣的船只。捕鱼的人，虽然不占有资源，但大多头脑灵活。于是派几个装扮得像干部模样的中青年人，分成 3 个小组，每组两人。他们穿上小洋纱的夏装，戴一顶新草帽，每人拎着一个小皮包，带一把折叠的小纸扇。一看就像上面派下来的干部，他们分别来到青阳的童埠和贵池茅坦一带。连续几天，走村串户。有一组来到贵池茅坦公社的地方，沿着河边跑了几个小村子，终于在第 7 天的一个中午，在下洲小队一间孤零零的队屋边，看到了队屋的屋檐下，貌似一条船的上面盖了许多柴草，不细看还以为是草堆呢！他们两人一个放哨，一个来到队屋屋檐下，掀开柴草，果然发现正是大将军家的渔船，架在两条板凳上。他们二人神不知鬼不觉地立马离开。回到家后，向大将军报告被扣渔船的情况。大将军马上召集本队的劳力，现场碰头，大家觉得事不宜迟，越快越好，以防夜长梦多。当天下午，大将军让老婆和弟媳妇上街买了包子、油条和一大篮子点心，又买了鱼、肉和一些新鲜时令蔬菜，烧好。请生产队10多个年轻人吃饱喝足，为他们夺船壮行。这些年轻人个个身强力壮，他们分乘3条船，歇人不歇桨，3条船像箭一样向贵池茅坦下洲驶去。经过3个多小时的奋力划船，船到达目的地。船一靠岸，3条船上的人在探路人员的带领下，直扑队屋，众人掀开遮盖在船上的柴草，抬起船帮子，向河边跑去。由于人多，动静太大，惊动了村子里的狗，村子里的人发现了船被抢走，有人大喊："偷船啦！快来呀！"很快就有10多人先后追赶了过来。深夜里，人们的脚步声、呼喊声、狗的吠叫声夹杂在一起，乱成一团。说时迟那时快，抬船的劳力架着船，快步跑向河边，他们将船推向河里，然后各就各位，4条船奋力向河中央划去。下洲的村民赶到河边时，只能眼睁睁地看着几条船的影子，越来越远。

　　天亮时，家门口的人才起来，就看见找船的20多人已经齐聚在大将军家门口了。不一会儿，他们吃着丰盛的早点：油条、油炸花卷、肉包子、发糕、酱油干子、五香豆等，他们吃着、喝着、说着、笑着，沉浸在昨夜夺船成功的快乐之中。讲的人津津有味，听的人交口称赞。

　　这真是：

> 将军渔船扣十日，
> 众邻妙商锦囊计，
> 假扮干部细察访，
> 夜袭下洲夺船归。

》 木镇河摔罟

青通河虽然鱼类丰富，但捕鱼是有季节性的，有秋季出鱼（鱼汛）的高潮，也有春夏冬季的淡季，特别是每年的腊月，青通河枯水期有的河段只剩下一条干瘦的河道，上游有的河段水更浅，小木船在人的前拉后推时才能前进，哪里还有鱼搞？但是有一个地方是例外，恰恰是在腊月里，在那里水下屯集了很多很多的鱼，故河南咀人去那里捕鱼早已有之。那个地方叫木镇，那一带的河流也就叫木镇河。何为木镇河？它与青通河是什么关系？有必要厘清青通河的河道形成。

青通河发源于九华山东麓岔泉岭，由五大水涧水汇流成溪，即称芙蓉溪，长约 10 千米，呈树枝状分布，自南沿谷北流，穿越蓉城镇，至元桥汇支流东河、东山河，续北流经童埠至双河口，与七星河相会，再北流弯曲经水桥湖、老镇澜溪至大通，在河南咀入长江。而位于青通河下游的七星河为最大支流，有南北二源：南源出自青阳、泾县交界的黄柏岭潭溪，与王狮等四溪汇流成南河；北原出自南陵县河湾水龙山老虎头，称水龙溪，至钱桥芭茅溪成北河。南河与北河在木镇处，汇流为七星河，经朱家渡弯曲东西流向，全长约 20 千米，河宽 20～30 米，至双河口入青通河。从人们习惯叫法，把陀龙、插花山甚至丁桥这一带水域统称为木镇河。

1973 年腊月，在叔父高学武的提议邀约下，河南咀六队部分人自愿组织 5 条罾船去木镇捕鱼。我与叔父高学武划一条罾船，从河南咀家门口的大通河，由北向南，向木镇河划去。

青通河流域，蜿蜒曲折，两岸山林葱翠，松、杉、竹等，翠绿掩映。当罾船进入童埠新河口、杨家团、朱家渡、磨山和插花山时，河水越发深绿，巍巍青山层层叠嶂，山下水中酷似灵璧石的奇石嶙峋，自然天成，这里风光妖媚，绮丽妙趣，恍如仙境。

我们划着捆绑两根各两丈多长竹罾爪的虎头罾架子，经过四五个小时不间断地划行，终于在当天下晚到达木镇河畔插花山下。我们这些带芦席棚的罾船，白天捕鱼时，放平弓起来的芦席棚，晚上睡觉时，撑起芦席棚，前后两头通风处各用一张芦席遮挡住，所以，那段日子，我们吃住都在船上。

次日上午，在叔父高学武的指挥下，5 条船安排 2 条船系好铲罾，在下游稍微狭窄的河道坐北朝南，放下敞罾；另外 3 条船划向上游 20～30 米远的水域，按左中右的布阵，一边往下游划船（同时用桨叶子拍打河水），一边有人用竹篙子用力挥舞向水下拍打，这个动作叫撵（nǔan）罾，也称撵鱼（其实河南咀人方言是撵罾，就是赶走、驱赶的意思。为什么要撵罾呢？因为冬天水下鱼不动。很早以前，这里水域弯弯溜溜的，圈圩后挖土，干脆裁弯取直，开通了新河。而新河水浅，新河把老河水堵住了，老河水深，鱼就留下来了。还有挖得更深的水坑处叫窖凼。当地人就在窖凼处倒插松树桩，又扎了许多成捆的竹丝（俗名虾爬）沉入窖凼（dàng）。冬天，鱼就藏身在窖凼里不动。

经过一阵轰轰烈烈的驱赶，搅动水下深藏的鱼，它们纷纷往下游河段游去，早已在那里张网以待的大敞罾，正待兜捕。差不多时，估计逃亡之鱼已进入罾内，说时迟那时快，两条罾船迅速扳起罾，起水后，罾内几十斤大朱红子鱼蹦蹦跳跳，搅得水哗哗直响。此后，整整搞了 5 个多小时，扳了 200 多斤鱼。可我是挥舞竹竿子的，到了下午 1 点多，力气使过了，还没吃午饭，我饿得直不起腰来。当看到一条条一二斤重、嘴和尾巴朱砂红的翘嘴鱼时，我又忘了饥饿，鼓起勇气，投入又一轮紧张的撵鱼活动中去了。

木镇河撵罾，我们一共在那里待了 11 天。特别是插花山，依山傍水，一年四季山清水秀，山头倒映在水中，犹如漓江山水，置身此处令人心旷神怡，美不胜收。陀龙山岗上还有洞穴古窟，内里供奉菩萨像，我曾上岸来此拜谒过。朱家渡乃古渡口，历史悠久。由于撵罾太忙，不能上岸买菜，没有蔬菜吃，天天吃鱼，火气大，真是吃鱼都吃怕了。那时鱼不值钱，每天扳的鱼卖给木镇的鱼贩子。小鱼 1 角多钱一斤，大朱红子鱼四角几分钱一斤。不过，这是我一个在校生挣钱最多的一次，足足分了三四十块钱。

绿水青山的木镇河

》 网 趣

生为渔人之家，并非人人都会撒渔网捕到鱼。因为打网扳罾真正是一个技术活，看着容易做起来难。河南咀人原先都会打网扳罾，自新中国成立后搞大集体起，渔民协会将当地渔民作了一分为三的分工，定为第四、第五、第六3个生产队，其中四队专门打渔网，五队和六队专门扳铲罾，这样的分工，导致了年轻的渔民不愿越雷池一步，扳罾不撒网，撒网不扳罾。作为划归扳罾的第六生产队的我，成年后，也不会打网。但我看见人家打出的网姿势那么优美，还能捕到许多鱼，我很羡慕，真的想学会打网这门活儿。一次，在我的要求下，父亲教我在门前小场子陆地上打网，他理网循序渐进，提网干脆利落，十分娴熟，他双手捧印，动作优美，虽然身材瘦小，一把三指网约十一二斤重，随着一转身，双手一丢，渔网纲举目张，满开炸顶，像圆锥体一样张开在空中，然后一个圆周网底罩在地上。一招一式，很有章法。而当我照着父亲的样子拣网理网时，控制不住低头弯腰，总感觉到丢三落四的，泼泼洒洒，理不清爽，好不容易总算理完了网，由于不得法，对我而言，似乎很重，我抬头哈腰，跃跃欲试，还没站稳，急切地将手中的渔网抛开前去，纠缠的网衣和裹着的网脚子，使得网的底部范围只有鸡罩大小的面积。越是不会的事越想学，后来，我经常找机会学习打网，偶尔也碰巧打开了网。回想数次练习撒网，终因没有学得真经，网打得还是不好。打网最令我内疚的是上高中时，家住和悦洲农村的同学汤月生，他告诉我，他家门口菜地旁边有一口大鱼塘，那里养有许多大鱼，如果有渔网，可以下网拖鱼（实际是偷鱼）。于是，我找到了我大哥张小马，借了一把三指网，晚饭后用菜篮装好网，过和悦洲渡口，到同学家。入夜，我与汤月生偷偷来到大鱼塘边，然后一人牵一把网兜，分别走向两边。网不断在水里前行，惊动水下鱼群，纷纷跳出水面，突然网拖不动了，分明是遇到了水下障碍物，再使劲拉网，只会让网稀巴烂。只得下水把缠在树桩上的渔网摘下来。此次，不但一条鱼未获，还把我大哥的一把大半新的好网拉得好几个大窟窿。当我将损坏的破渔网还给大哥时，老实善良的他没有一句怨言，我反而感到深深的内疚和自责。

　　七八十年代，我常与外出参加工作回家探亲的兄长们到青通河河口去打网，那里是江河交汇处，也是各种鱼活跃的水域。我不擅撒网，只能趟艄桨，好在约我打网的都是打网高手。打网的关键是要找到鱼经常出没的鱼位置，否则，收获甚微或者一无所获。春季桃花正开时，我和在池州钢铁厂的高新民在青通河口用密网打桃花鲳子，收网时，好几斤白花花的桃花鲳在网兜里乱窜，但它们难逃"法网"。由于运气好，那次竟打了二三十斤桃花鲳鱼。打三指网大多在河中央，不会趟后艄桨的人在船头人拽网时，船往前行，此时，渔网会压在船底，影响起网。因此，多数时候趟艄桨的人会把船划向岸边，船艄也有了依靠，船固定了，前面收网逐渐缩小，鱼儿才会自动钻进网兜，这就叫前后配合默契。

　　70年代初有一年的下半年，已招工到铜陵县"五七干校"的高家龙（小家龙）回家。那天，天气晴好，他约我去大通河口打撑篙网。他父亲高宗良是四队渔民，也是会打网的老把式。高家龙不但会打网，还懂得哪里水下有鱼。在河口，水下没有障碍物，在他的指挥下，我把渔船划到鹊江大通小轮码头一带，这块水底有沉船和石头堆子，是大鱼冬眠的地方。撑篙网直径2丈长，比一般的渔网大得多，光有力气不会打的人，会把网裹在一块张不开。据说大力士余二和尚不擅长打撑筒网，把网从河西扔到了河东。这可是一门较复杂的技术活。只见高家龙娴熟地理网，留一些网铁脚子，用长竹篙子一头的叉头把网一撑，剩一些网往竹篙子的另一头一搭，叫我使劲划桨，待网摇漂起来时，他将竹篙一抽，整个大网张开落水着江底。收网时，他感到网绳不断颤抖，说有大鱼。

说时迟那时快，当网兜起水时，一条红尾巴大鲤鱼赫然出现，跃动着身子，搅得江水哗哗作响。到家一称，重达25斤。这次打网的经历，使我深知，打网乃至捕鱼是要有位置的，这和人生的道理一样，选择比努力更重要。由此不得不佩服打网人。

四队渔民在打网

斯言河南咀

河南咀位于鹊江与青通河口交汇处的南岸，陆地与贵池相连，操场在鹊江南岸与江北的枞阳遥遥相望，渔村房舍成南北条状隔青通河与大通街相向并列。发源于青阳九华山东麓岔泉岭流经百余里的青通河在河南咀注入长江，归于东海。此地扼贵池、铜陵、青阳和枞阳四县交汇点，交通区位优势十分显著。明朝洪武三年（1370 年），这里已设有巡检司、水泊所等经济检查机构，后又设"水驿"；清朝在此建有参将营房和练兵操场。古时嘴头宛若白鳍豚长喙挺江北出，伸向鹊江中间达数华里，其上建有龙王庙、高氏祠堂和多幢徽派民居等建筑物，实为砥柱中流，为万里长江上的一道奇观。

800 多年来，沿江河岸一度舳舻千百，桅樯如林，罾网云集，渔舟唱晚，炊烟袅袅，渔灯村火，可谓人杰地灵。然，受江河冲刷，地理变迁，此消彼长，至今辖区面积亦不足百亩。1962 年成立的铜陵县渔业公社，河南咀是其主体，鼎盛时期河南咀人达 826 人。得益于大自然造化，这里风光秀丽，具有独特的渔村地理人文风情。

河南咀历史悠久，渔民世代相传。1000 多年前，此地荒无人烟，芦荻密布，为渔民和商船停泊避风的天然良港。明代从贵池石门高迁徙而来的高姓渔船常在此处或打鱼或在附近歇息。某日半夜三更，渔民们听到河南咀有雄鸡啼鸣，天亮时仍杳无人迹，一连数日莫不如此。一位带头大哥的高姓渔民认为，此处必是金鸡落巢的宝地，遂开发河南咀。

随着人口的不断集聚，大通集镇的日益发展，特别是青通河渔业资源的丰富和鱼市的兴旺，河南咀在明清时期先后有高、张、吴、孙、史、叶、朱 7 大姓氏从事渔业生产。从明朝颁发的鱼鳞册及相关青通河河票可知，势力最大、股权基本为高、张、吴三家所拥有，据说其中高姓占 56%，张姓占 23%，吴姓占 21%，高家绝对控股。所以，河南咀又称"高家阙"。民间谚语："不吃半斤铁，过不了高家阙。"

头戴壳日帽身着满裆裤，披着棕蓑衣在风雨中行走的身影，那就是河南咀人的标配。

河南咀捕鱼业之盛，为沿江的湖北、湖南、江西、安徽、江苏诸省闻名。

而因"渔"衍生的水文化、渔文化底蕴深厚。

历史上有许多文人名士在此驻足停留，登临咏唱，描绘渔水文化风情，留下了千古不朽诗篇。唐朝张建树有《竞渡歌》描写江边观赏龙舟的情景，与历代的大通龙舟赛场景相吻合。南宋诗人杨万里《舟过大通镇》"芦荻偏留缆，渔罾最碍船。何曾怨川后，鱼蟹不论钱"，诗中真实地记录了当时青通河捕鱼的热闹场面和鱼市的繁荣。明代徐庸的《渔乐图》和清人黎近的《渔乐图长句》以轻松灵活的笔调，诠释了一幅色彩鲜明的江南渔乡风光图，同时也洞察出渔家过着那种与世无争、怡然自乐姜太公似的隐居生活，亦是一种境界。河南咀的水上龙灯已被列为安徽省非物质文化遗产名录。

河南咀之所以成为千年古渔村，究其原因，得益于这里得天独厚的地利条件。每当春暖花开，长江大量鱼苗和成鱼随着春潮经青通河河口由北往南溯流而上，进入水草饵料丰盛的白浪湖、缸窑湖、十八索大湖和青阳童埠湖等大大小小湖泊水域繁育；金秋时节，江水落潮，肥鱼虾蟹顺河而下，游向大江。此时节，渔民张网以待。一条渔船一天捕鱼数千斤也不罕见。可惜自20世纪60年代以后，由于围湖造田，筑堤建闸，破坏了渔业资源的生态环境，加之80年代水体污染严重，酷捕滥捞竭泽而渔，终致千年渔村无鱼可捕。

1984年，河南咀（和撤销后的渔业公社）并入大通镇渔业村。1986年，省政府批准，大通渔业村原农业户口全部转为城市户口，改大通渔业生产合作社和渔业村为"河南咀居委会"，2005年8月改"河南咀居委会"为"河南咀社区"。2019年青通河河道疏浚，河南咀被列为拆迁地块，原河南咀世代居住的居民一部分迁往大通新区，一部分被安置在大通民福家园。从此，千年渔村河南咀已彻底消失，蝶化成另一种形式存在。

河南咀渔村

后 记

　　河南咀，是一个有历史沧桑感也有很多故事的古老小渔村。千百年以来，历代渔民以自己的勤勉智慧和汗水，辛勤劳作并繁衍生息在这里。留下了丰富的渔文化，涵盖了水情、气象、造船、麻线纺织、罾网编织、渔业、语言、服饰、医药、烹调以及民俗等多方面物质和精神文明结晶。虽然不全能登大雅之堂，但沉淀了许多让人百听不厌常听常新的乡土记忆、民间故事、传奇传说。这就是小渔村特有的文脉。我采用非虚构纪实性形式诉诸文字，集成此书。我把这本书看作是我写给她——故乡的情书。

　　我相信：只要这些写河南咀的文字还在，河南咀就在。

　　当然，写作特别是村志性质的文字涉及历史人物、事件，是一项严肃且十分麻烦的工作。古人讲"史笔如铁"，其出发点和落脚点都应实事求是。除了作者亲身经历外，不可仅凭道听途说，不加辨析，包罗万象，从而一筐装。更不能凭空捏造和任意发挥，胡编乱造。而应尽可能语出有据，有史可录。依据的来源应是古代文献、各种版本的志书和档案以及家谱。因为是村史，囿于史志少载或不载之欠缺，根据民间传说和采访乡村中老者和有志于此的专家学者，并加以考证，也可以弥补缺漏，民间记忆经互证，同样有闪光点。为此，本书在写作前中后各个阶段先后走访了众多历史亲历者和有关知情人员，召开十几至 20 多人的座谈会共 4 次，电话微信咨询不计其数，先后两次去安徽省图书馆和安徽省档案馆查阅资料，多次在铜陵、池州档案馆查阅有关材料，掌握了大量第一手资料。基于开拓河南咀的高姓乃是贵池石门高的移民，遂两趟赴石门高古村落采访；多次到池州棠溪、石门高周围等地，并邀请石门高老者来大通，与高氏后人交流；与多位至今已是外省的石门高高氏后人、全国高氏大通谱主要编者和有关著作的作者，通过电信切磋疑难问题。为此，把史实、叙事和评价融合起来，使本书较具有独特的历史成因和可信度而顺理成章。

当然，由于年代久远，人事代谢，真正有价值资料并不很多，有太多的人物事件在时间和空间上没有确切记载，很难令人信服，多少会留下些许历史缺憾。其次，人无完人。涉及乡亲中的先人过往所作所为，若秉笔直书，难免得罪今人。但我本着对历史高度负责的大义，在写作上既不苛求于历史人物，也不为尊者讳。亲不掩其恶，疏不漏其善；爱尔揭其丑，厌尔赞其美。尊重史实，不吐不快。

当把《渔歌唱挽——千年渔村河南咀》呈现给广大读者后，它已远远超出了那块弹丸之地本身，它是天下史实的缩影。

感谢铜陵市史志办为本书写作出版列入重要项目计划。

著名学者吴稼祥先生在本书写作中及时给予了道义支持和精神鼓励，同时，他在特别繁忙中放下手中要事审阅初稿，并在成书前把脉定向，为本书命名，撰写文章，为本书加持赋能。

著名作家、安徽省作家协会主席许春樵先生与作者虽仅一面之交，但在作者的请求下，欣然允诺，他花费大量时间和精力拨冗审阅此书，为本书作序。

因有两位学界泰斗级人物的襄助，使本书蓬荜生辉。

高克西自始至终全力支持，不仅应约修改文章，还承担了一些重要地情稿约的写作。

高家振提供了大量的历史资料，纠正了不少与事实不符或相去甚远的谬误说辞，为本书的准确性和丰富性居功至伟。

本书从酝酿到着手写作先后多次采访和召开座谈会，乡人高根宝、张生道、吴家和、高宝殿、高宗渊、高传道、李祖福、吴大金、金山等，他们均是耄耋之龄（其中数位年事已高者在此期间去世），他们对本书写作曾给予了热情支持，积极提供口头资料和素材，更彰显发心写此书时间之紧迫、成书之稀罕珍贵。

高成俊、高敏松、高陆旬、张恒、张黎明、高和平、张生保、高立新、高诚勇、李智华等积极参与，为成书做了力所能及的事宜。

因书中人物事件时间地点多发生于传统概念的鹊江及周边，写作中参看或少量引用了《铜陵文史资料选编》、《鹊岸春秋》、潘法年的《岁时风俗考》、耿宏志的《习俗·方言·文艺》等作品；同时选用了张国平等同志所拍照片和其他同志所作绘画。

本书有些文章和提纲经多人指点而修改，恕不一一罗列。

本书最终在中国文史出版社出版。该社编辑团队认真细致高水平高质量的工作，让本书增光添彩。可谓一次结缘，一生朋友。

在此，一并表示感谢！

由于年代久远，人众星散，资料缺如，又由于故乡有文化且思路清晰的老者寥寥，尚健在耄耋之年记忆也渐次遗忘，有关档案未备存，更因作者知识水平、阅历和精力所限，凭一己之力担此重任，实为自不量力。虽宵衣旰食，筚路蓝缕，然书中尚存诸多内容遗漏，人物、事件和事物交代不全，有的含糊不清甚至错误，希望读者特别是家乡人不吝赐教，批评指正，定当欣然接受。

作　者

2024 年 7 月